中国社会科学院近代史研究所
民国文献丛刊

中国社会科学院近代史研究所 译

顾维钧回忆录

第八分册

中华书局

顾维钧和李宗仁交谈　1950年，纽约

顾维钧与时任参议员的尼克松握手　1950年，华盛顿

顾维钧在电视节目"会见记者"中会见记者　1951年1月28日，华盛顿

顾维钧陪同蒋经国会见美国国务卿杜勒斯　1953年，华盛顿

出版说明

顾维钧先生回忆录的第七卷记述的是他驻美任内后期的情况,即1950年至1956年间的事。这六年的回忆,主要内容有朝鲜战争期间及停战后的美蒋关系、战俘问题、对日和约、日内瓦会议对台湾的影响、美蒋共同防御条约、联合国席位问题以及毛邦初案、孙立人案的经过和内幕等等。也许是由于年代比较晚近,记忆犹新,顾先生对这一部分的叙述极为详细,有二百五十余万字之多,是全书中篇幅最长的部分。为此,我们把它分成五个分册,即第八分册至第十二分册,陆续出版。

1949年迄今,祖国形成了分裂局面。顾维钧先生作为国民党政府的大使,自有其鲜明的立场和观点;但顾先生的记录,不论从哪一方面来说,对了解和研究这段历史都有重要的参考价值,这是不容置疑的。顾先生当年接触的人和事以及这些人和事给予顾先生的影响,尤其是某些第三者的传闻私议,在三十多年后的今天看来,读者当能有恰当的理解和中肯的分析。

顾先生对1950年以后经历的叙述,涉及许多台湾的人和事,这些人和事,由于海峡两岸的隔绝,对我们来说是比较生疏的。因此在翻译过程中往往会遇到一些问题,要费许多周折去解决。即使这样,还有些人名、机构、职务名称仍未能查证准确。这一点希望读者谅解。我们更殷望能得到台湾史学界、外交界同仁们的合作,也希望海内外读者对我们的讹误之处给予指正,以期本书的翻译更臻完善,这也是符合顾维钧先生生前愿望的。

目 录

第八分册

第七卷

再度出使华盛顿

下

（1950—1956）

第一章 朝鲜战争爆发后的中美关系

1950 年 6 月 24 日—1951 年 2 月 1 日

第一节 朝鲜战争的爆发及其
于美国对华政策的直接影响

1950 年 6 月 24 日—7 月下旬

我听到战争爆发的消息是在星期六晚上,当时我正在恩格尔伍德的新泽西别墅消夏。晚上十一点钟,收音机里广播:北朝鲜的武装部队于星期日上午七时(朝鲜时间)从七个不同的地点向南朝鲜入侵,现已越过 38 度线以南四五英里。据广播说,北朝鲜已向南朝鲜宣战。

1950 年 6 月 24 日的新闻报道,使我联想起 1941 年 12 月 7 日,我在伦敦郊外穆尔公园李德俊夫妇的寓所听到日本偷袭珍珠港的那次消息。我在日记里曾这样写道:

> 奇妙的是,两次进攻都在星期日清晨发动,显然这是利用美国国内周末休息之机。如果苏俄执意蹂躏南朝鲜,把它拉入铁幕那边,我真不知事态会发展到什么程度;有可能会引起第三次世界大战。不知美国将如何应付?它不可能对此置之不理,因为这是对美国威望的直接挑战。另一方面,如果美国接受挑战,苏俄会不会插手,公开挑起武装冲突?这样就会引起非常可怕的第三次世界大战。

在美国,主张先发制人的战争的意见正在日益兴起。认为进一步的姑息与等待可能给苏俄以时间,使它变得更加强大,而美国目前拥有的原子弹和氢弹比苏俄要多,其工业生产也处于优势。

北朝鲜的进攻和日本偷袭珍珠港这两件事之间,还有另一类似之处,就是两者在美国显然都引起了很大的震惊。但在这两起事变发生之前,事先都有过告诫,指出这种进攻很有可能,甚至迫在眉睫。就日本偷袭珍珠港而言,蒋委员长根据中国在日本的情报活动,曾于1941年11月中旬亲自电告罗斯福说,日本有进攻珍珠港的意图。这份电报显然未引起重视。就朝鲜事件而言,1950年初我曾与几位熟悉朝鲜局势的人士作过几次非正式交谈。谈话中我曾明确表示:如果要防止在朝鲜引起战争,必须采取严格的预防措施。肯定地说,韩国驻美大使张勉同我的谈话和同美国国务院的谈话所采取的便是这一立场。

此事还可追溯到1950年1月,一位美国陆军上校对此也有过一番有趣的谈话。回忆当时曾有两位上校前来访问,即弗兰克·柯林斯和普雷斯顿·古德费洛。他们向我建议组织一支外籍兵团帮助中国打共产党。确切些说,古德费洛主要是自己想从事这项工作。他认为自己对帮助我们组织秘密武装特别有用,因为他在南朝鲜有这方面的经验。他说,他是李承晚的终身好友和顾问,就是他,在抗日战争胜利后,用一张军队的证件把李承晚装在军用运输船上偷偷送回朝鲜的。他还说,这件事是背着国务院办的,因为国务院反对李承晚回朝鲜,他们主张金奎植当朝鲜总统。古德费洛还说,在组织这项工作的头几个月中,他是李承晚的顾问,又是朝鲜大选的监督人。大选结果,李的对手共产党人一败涂地,李承晚当选为总统。

他告诉我,他还是李承晚同美国驻朝鲜占领军总司令霍奇将军之间的联络人,因为他自己是总司令的助手。在这方面,他讲过这样一件事:当初,国务院曾经主张组成有朝鲜共产党参加的联合政府,并曾就此事指示麦克阿瑟将军转告霍奇。这是霍奇对古德费洛说的。接着,李承晚跟古德费洛一起去了霍奇的司令部。当霍奇表情坚定而又严肃地要求李承晚按国务院的指示组成联合政府时,李表现紧张不安,点着一支香烟吸了一口后,就让香烟慢慢的燃烧。他说道:"同共产党妥协,无异同天花打交道。"说完这句话,他起身就走了。李走后,霍奇对古德费洛说,他百分之百地同意李的意见,但是为了执行盟军最高司令的命令,他不得不极力推动。古德费洛还说,盟军最高司令对此与霍奇也持有同感。

据我了解,那时的李承晚在国务院的心目中是一位不受欢迎的人,正如蒋委员长在国务院之不得人望一样。大概就由于这个原因,使得国务院对李的政府不给予足够和及时的援助。后来曾任中国驻南朝鲜大使的刘驭万当时是联合国朝鲜问题委员会的报告员,他刚刚结束了工作,对这些内幕了解颇多,就是他告诉我此事的。1949年10月下旬他来访时,刚从朝鲜来美国参加中国出席联合国的代表团。由于中国的政局问题,他何时返回汉城,尚未作出决定。据他说,李承晚并不是美国人心目中的宠儿,但李承晚既已当选为韩国总统,美国当局不得不对他容忍一些。他还说,至于朝鲜其他两位要人,金九已遭遇意外,金奎植已经失势,眼下还没有其他的领袖人物。

在同古德费洛的继续交谈中,我问起他关于北朝鲜进一步进攻的危险性和朝鲜爆发内战的事。他说,去年(1949年)9月初,李承晚匆忙派人把他找去,他一到汉城就听说北朝鲜预定9月19日发动进攻。于是,他便劝说作好准备,采取有力措施,以便应付上述情势。结果俘获二百四十三名北朝鲜士兵,而南朝鲜则丧失了四名士兵,其中二名被打死。所有北朝鲜被俘人员,完全按照美国程序,并有美国军官以观察员身份到场监督,经军事审判后,一律予以处决。

此后,北朝鲜没有再次来犯。虽然据称9月攻势延期至11月,而事实上无一来犯者。

古德费洛说,目前南朝鲜人迫切想挺进北朝鲜,因为他们觉得自己力量强大,拥有一支训练有素的十万人军队,不过,美国政府极欲制止南朝鲜人挑起事端。他本人最近曾到那里去,就是为了这件事。接着我问他在朝鲜爆发战争的可能性和危险性有多大。他回答说,美国政府的立场是,避免南朝鲜主动进攻北朝鲜。但是,如果一旦北朝鲜入侵南朝鲜,那么,南朝鲜应予抵抗,并且挺进北方,结果带来的将是第三次世界大战。他说,只要是这种情况,侵略系来自北朝鲜,即使发生第三次世界大战美国人也是会理解的。这就是策略。

这里,我还可引证另一次谈话,那就是此后的 10 月份中我同刘驭万的谈话,当时他正好同联合国委员会再次逗留朝鲜之后随委员会返回美国。他告诉我,他作为联合国委员会的成员,经过对朝鲜情势的一番研究,了解到北朝鲜一定会进攻南朝鲜,只是进攻的时间难料。他还说,南朝鲜军队对北朝鲜的入侵毫无准备。

据我看来,如果委员会在 6 月 24 日前已经知道这个情报,那么联合国和美国当局势必也已获悉。但这种看法仅是事后诸葛亮。很显然,在 6 月份的最后一周内,已经没有更多的时间采取认真的预防办法。因为事态的发展来得太快了。

星期日,即 6 月 24 日那天,我焦急地听着收音机里每小时一次的新闻广播和评论员的评论。这时艾奇逊不在华府,去他的乡间别墅了,听到消息后,他清晨亲自驱车返回华盛顿。杜鲁门总统已远离华盛顿,去到他在密苏里独立城的家中。但据说,他随时在听取国务卿艾奇逊和国防部长路易斯·约翰逊对事态发展的报告。那时约翰逊同布莱德雷和杜勒斯一起正在离出事地点较近的东京。

据先前报道,杜鲁门总统预定星期一才返回华盛顿。他要求人们保持镇定不要任意猜测。星期日下午三时,白宫新闻秘书查尔斯·罗斯还宣布说,总统将在独立城呆到星期一。但是半小时后,又宣布说总统已决定立即乘自己的飞机返回华盛顿,因为他想尽快了解有关这一局势的全部真相。他说他认为局势不足使人惊恐,但是"可能有危险"。

汉城来的消息令人沮丧。入侵者正不断向南推进,并无遭到坚强抵抗的迹象。我打电话通知谭绍华公使将华盛顿的情况电告台北。最新的报道说,联合国安理会已召开紧急会议,通过了一项决议,命令立即停火,入侵者应立即撤至38度线以北。决议并要求各会员国给予一切协助,督促决议的执行,并不得向北朝鲜当局提供援助。

秘书长特吕格弗·赖伊应美国政府,确切些说是应安理会中美国代表的要求召开了安理会紧急会议。经过四小时的会议,安理会以九票对零票通过了上述决议;南斯拉夫因要求安理会首先听取北朝鲜代表发表意见的提议遭到否决,表决时弃权。会议上未使用否决权,因苏俄仍在抵制安理会。

6月26日,我未能乘上纽约飞华盛顿的早班客机,只得尽可能早地乘坐下午两点四十五分的班机前往华盛顿。韩国总统李承晚已通过驻美大使张勉向杜鲁门总统转递了一份特别呼吁书,请求紧急援助。他说,韩国没有得到过美国国会通过的、总统批准的任何军事援助。又说北朝鲜长期以来一直准备进攻南朝鲜,他的政府曾就这一紧迫情况向美国政府提出过警告。

叶公超外长从台北来电话告我,蒋委员长嘱我注意健康,并要求我协同蒋廷黻研究在安理会中提出呼吁,控诉苏俄。控诉中要指名苏俄是入侵南朝鲜的真正侵略者,北朝鲜只不过是它的傀儡而已,中共侵略的情况与此相同。

我对叶说,这可能会引起美国的误解,认为我们企图以苏俄为目标,扩大事态的发展。我说,这对我们所处的地位不利。美国仍在试图使朝鲜事件成为局部性问题,并已要求莫斯科从中斡旋,促使北朝鲜撤军。我还对他说,韩国大使张勉在向安理会报告北朝鲜入侵他的国家,请求安理会进行干涉,制止侵略行为时,也没有提到苏俄的名字。我们谈话一结束，我就打电话告诉蒋廷黻，征求他的意见，他完全同意我的看法。于是我就把我们的看法立即详细电告台北。

在华盛顿，美国政府内阁成员和在首都的其他首脑一起，开了一整天会议。正如我在早些时候提到的那样，北朝鲜进攻南朝鲜一事，尽管南朝鲜通过其驻华盛顿大使，而且据我推测，还通过美国驻汉城大使，事先对美国警告过北朝鲜入侵南朝鲜之举已迫在眉睫，但此刻对华盛顿仍然好似一颗出人意外的政治炸弹。不过，华盛顿还是迅速采取了行动。麦克阿瑟将军被授权向韩国政府提供各种军需品。杜鲁门总统在发表这一决定的同时，还宣布美国政府将大力支持安理会的努力，以"终止这一对和平的严重破坏"。

6 月 27 日更是多事的一天。新闻界接到紧急通知，当天下午杜鲁门总统要发表重要声明。中央社的蒋荫恩拿给我一份国务院于十二时十五分发布的事先写好的新闻稿。其中，总统说他已命令海、空军支援和掩护南朝鲜陆军击退北朝鲜入侵者。并说他已命令第七舰队阻止大陆进攻台湾；同样，他也期望台湾的中国政府停止对大陆或对公海和中国水域内的航运采取任何军事行动。他说第七舰队将负责执行上述命令。他的措辞非常肯定、坚决。

至于台湾问题，总统还宣布说，有关台湾地位的确定，有待"该地区恢复稳定与和平，或者签订对日和约，或者由联合国讨论决定"。这就把人们的注意力集中到台湾岛最后的地位问题上。虽然这样做的用意大概只是美国方面为其急剧改变政策以保护台湾寻找依据，但是人们还是对美国政府的幕后意图引起了种种推测。例如，声明一经发表后，联合国所在地成功湖就盛传说：美国的意见似乎认为台湾的国民政府不再被认为拥有主权了；很可能台湾的地位问题要作为悬而未决的问题，以谋取中共的默许，进而为美国断然排除国民政府，同意接纳中共政权进入联合国铺平道路。

在台北和其他一些地方,舆论界疑虑重重,认为"联合国讨论决定"这一措辞,是把台湾置于国际托管之下的意思。当然,依华盛顿和其他一些国家的看法,这未尝不是解决问题的可能办法之一。但是,从我国政府的观点看,这是绝对不可能的。

据我在日记中所记,当时我自己的反应是,上述台湾问题的声明,措辞是粗暴的,简直很蛮横。官方声明中使用如此措辞以对待友好国家,实属罕见。但是,鉴于报道说艾奇逊和他在国务院的同僚曾强烈反对美国改变对台政策,直至星期一(6月26日)早晨,在总统采取坚定立场作出最后决定后,他们方才让步,这也就不足为怪了。据报道,总统说过,由于美国的利益需要改变政策,他不在乎影响个人人格或过去既定的政策;因此,艾奇逊宣布赞同这次改变政策的决定。但是很明显,艾奇逊领导的国务院在过去辩论中所采取的立场是坚持原来的既定政策,而不是偏离这一政策的。

至于对杜鲁门对华政策声明的一般理解,我的印象是,如果不是彻底变更,至少也是对国务院所制定和奉行的对华政策作了重大的修改。下述情况足以证实我的看法。蒲立德从马萨诸塞州打来电话,对我们的努力取得胜利表示祝贺。十二时三十分,另一位中国的友人、五角大楼的保罗·格里菲思以电话通知我有关杜鲁门总统的公告时,也向我表示祝贺。表示祝贺的还有诺曼·利特尔夫人。我对他们的帮忙都一一致谢。

关于台湾未来地位的含糊措辞和杜鲁门声明中的粗暴语调,显然他们中间却无一人发觉。他们为政策变化的积极方面所迷惑,而没有注意到声明的显然意图是想把台湾和国民政府的地位加以冻结。我说过,一般的印象是,声明是往好的方向变化,而且从某种意义而言,它比国务院的对华政策是进了一步。我电告台北的,不仅有杜鲁门声明的全文,还有我的评论,即劝告政府不要以批评的态度说任何激怒美国的话,也不要对它表示过分满意。

下午三时，使馆新任参事，也是我国驻联合国代表团参事游建文从成功湖打电话来说，蒋廷黻正在出席安理会会议，美国代表奥斯汀参议员此刻正在宣读杜鲁门声明的全文。他征求我的意见，蒋廷黻应该怎么表示。我建议说，蒋不要评论有关台湾地位的那段话。我对他说，那段话里有不利于我国的可疑含义。我说，如果蒋一定要表示的话，可以只就美国政府承担阻止大陆对台湾武力进攻一事表示赞赏。

那天晚上叶公超从台北再次来电话说，蒋委员长完全同意我关于美国对华政策新声明的看法，并就根据安理会决议，为响应联合国秘书长赖伊的号召，拟提出派军队去朝鲜一事，征求我的意见。因为那天下午安理会通过的上述决议中号召联合国各会员国"向大韩民国提供为击退武装进攻，恢复该地区的国际和平与安全所必需的援助。"

我对叶公超说，下午给他发的电报中已有我的几项建议。我强调提议时不要具体说明我们将提供何种援助，只须表明我们乐意在保卫台湾安全的条件许可下，贡献我们最大的力量。我认为这样做十分重要。另一方面，我说，提出派遣军队问题同样很重要，不过在正式向联合国提出之前，应该先同美国政府磋商，以便了解他们的看法。我强调进行这项工作时应严守秘密，以免使美国当局为难。同时，不应附加任何条件。我对他说，向美国要求装备是不明智的。我这样说，是因为他对我说过我国军事当局曾坚持要求这一点。我认为我们只可说在装备方面，我们将尽力而为，虽然可能达不到美国的标准。我还说，有必要告诉美国，我们对此事严守秘密，在我们同美国达成某种默契前，连联合国也不通知。

叶公超还告诉我，美国驻台北大使馆的斯特朗先生已向蒋委员长呈交一份有关总统声明的备忘录。政府就如何回复的问题讨论了几个小时。我的第一个反应是往访国务院，询问声明中有关台湾这一节的含义是什么。仔细考虑之后，又决定别再为难国务院了,因为他们对政策的改变得说几句解释或支持的话,处境已经够窘的了。

同一天,我又见到温应星将军。他刚从台湾回来,随身带来一份采购军火的清单。他想通过自己的影响和在陆军及五角大楼美国友人的协助下,以剩余物资价格从美国军火库存中购得一批武器、弹药和军用品。他把清单给我看,真是又长又多。

事先,我已接到同温一起拟定清单的江杓将军和总统府秘书长兼委员长外交政策顾问王世杰的来电,要我协助温,看看是否有希望获得些军需品。(江将军是中国驻美国军品采购团团长韩朝宗上校的前任。)我建议温非正式地试探一下,不妨首先在低一级的人员中摸摸底。但我又说,鉴于杜鲁门已宣布对台新政策,美国第七舰队并承担了防止大陆进攻台湾的任务,此刻还是以不提为宜,最好先同王守竞和韩上校磋商一下。

两天过后,温将军再次来访,报告他同陆军地面部队司令德弗斯将军会谈的情况。德弗斯对他说,他的申请须经最高级当局决定;并说鉴于总统已发表了对台政策新的声明,与其去华盛顿,倒不如去麦克阿瑟总部试探一下口气然后加以推动更为合适。

我问温他对美国对蒋委员长的态度和杜鲁门新声明中所用粗暴措辞的背景以及冻结台湾地位的意图等方面作何理解。温说,据德弗斯告诉他,只要艾奇逊继续担任国务卿,便不会对蒋委员长个人有好的态度。他们认为蒋委员长同希特勒、墨索里尼和佛朗哥一样,都是独裁者,因而是反民主的。

直到 7 月中旬,我才同温将军再次谈到他的申请。当时他来汇报说,已最后决定不向美国政府提交军需品清单了。并说他按我的建议同王守竞磋商后,觉得不应提出清单。我同意他的看法。我说过,由于朝鲜危机和美国保证保护台湾不受中共进攻,局势已经变了。

6 月 28 日,星期三,国务卿艾奇逊举行记者招待会。一名新闻记者在大使馆的提示下,间接地向他提出一个问题。艾奇逊作答说，杜鲁门总统并不是在决定台湾的法律地位，开罗宣言中表明的是参加国的意见，其含义是它对没有参加那次会议的国家并不具有约束力。艾奇逊还说，至于要求停止对大陆采取海、空军事行动的事，美国不可能要求一方停止进攻，而同时又让另一方继续进攻。

同一天，蒋廷黻打电话告诉我他在安理会会议上对台湾问题发言的内容。我向他说明了我建议他回避评论杜鲁门声明中有关台湾地位那一段话的理由，而这段话依我看来，有充分可能包含着不利于我国的含义。我说这样可容我们有时间对此予以仔细研究，必要时再作申述。我还告诉他，叶公超对声明的公开评论——说新声明使人既惊又喜——会使人们对我们的真实反应产生一种误解；但他事后代表中国政府所发表的声明全文则是恰当的，也是较好的。

叶公超的声明全文如下：

中国政府原则上接受美国政府备忘录中之建议；并已应美国之请求，向我海、空军所部发布命令，暂停海、空军事行动。中国政府迅速作此决定，系基于下列考虑：

第一　在缔结对日和约前，美国政府应和中国政府一同承担保卫台湾之责任。

第二　台湾属于中国领土之一部分，此乃有关各国所公认。美国政府之建议应不改变开罗宣言中预期的台湾地位，亦不应在任何方面影响中国对台湾拥有之权力。

第三　杜鲁门总统二十七日声明中的上述建议与政策，系应付大陆及太平洋地区危急局势所采取之紧急措施。在此危急局势下，已有若干国家受共产主义威胁或已成为其侵略的受害者。中国政府期望美国政府上述措施在适当之短时期内对遏止共产主义侵略能获得成功；如以上措施证明不足奏效，则中国政府将不得不协同有关国家政府采取更为有效之手段，以抵御此种侵略。

第四　中国政府无意背离抵抗共产主义侵略及维护中国领土完整这一双重意义之政策。

翌日清晨,叶公超从台北再次打来电话,说政府现已决定派遣一支三万三千人的陆军部队,他要我通知国务院,并说他已把决议的备忘录草案用电报发给了我。但我尚未接到该电。他解释说,决议原先遭到军方人士的反对,他们说装备很少,须用于台湾,因为他们毫无希望从美国获得军需品的援助。叶说他不得不力争此事,经过四小时的辩论,并在他的文官同僚和王世杰的支持下,出兵赴朝的决议最后方才获得通过。

他问我陈之迈是否还需要留在华盛顿。他正考虑调他到别处去,因为他接触共和党人过多是不利的,会引起执政的民主党人的反感。我说,此点我早已多次告诫过陈,从现在起他会较为小心行事。并说,总的说来,他在此有作用,可以保持某些公共关系。

几小时后,我接到外交部发来的两份电报:一份是关于打算出兵朝鲜的备忘录草案;另一份是6月28日叶外长致美国驻台北代办斯特朗先生的备忘录全文,即对斯特朗6月27日就杜鲁门总统当天所发声明呈送蒋委员长备忘录的答复。

中国政府在6月28日的备忘录中通知美国政府,业已应美国之请发布命令暂停海、空军的军事行动。备忘录接着指出,中国政府拥有的一些沿海岛屿,经常受到共产党的不断袭击。因此,美国下达给第七舰队的命令中可否将防止对这些岛屿的进攻一并考虑在内。备忘录还建议,美、中两国应开始直接磋商,以协调行动。

负责远东事务的助理国务卿迪安·腊斯克原定那天下午四时约我会谈,但是在三点三十分时来电话说,他刚巧被召去白宫参加会议。他问我是否可去见利文斯顿·麦钱特先生,要不就等第二天上午十时再和他会见。我决定去见麦钱特。麦钱特在迪安·腊斯克的办公室接见了我,这是出于对职业外交官的礼节。

我往访的目的是交给他一份备忘录,说明我国为支持联合国决议,愿派遣军队去朝鲜,先就此事征求美国政府的意见,然后再向联合国安理会宣布我们的决定。

在场的有麦钱特在中国科的一位同僚弗里曼先生。看来两位都很友好客气,毫无前几次访问时那种紧张之感。我受叶公超之嘱告诉他们,鉴于情况紧迫,我们将送交麦克阿瑟将军一份更为详尽的备忘录,供其讨论,以便采取必要的准备步骤。我还促请他们对大陆沿海我国岛屿的地位问题加以考虑。

我问他们,共产党几乎每天都在进攻我们,我们是否不作抵抗?如若进行自卫,美国是否认为并无不当,与我们同意停止对大陆采取一切军事行动的诺言不相违悖?我还告诉他们,第七舰队的飞机事先未曾通知我国当局,于 28 日,即星期三,飞越台湾军事设施和机场上空的事件。并说,这表明有必要在台湾设立一个联络处,以免日后发生类似事件。他们问这是不是谣传,经说明此事确系事实,且已给民政官员造成许多麻烦之后,他们才同意设立联络处。

我个人认为,星期三事件是美国缺乏协作的典型事例。华盛顿说台湾不得对大陆采取任何行动后,太平洋上的美国舰队立即采取行动执行这一决定,但并未采取足够的措施事先通知台湾当局,也未将他们的意向告知台湾当局。他们把台湾似乎看作北朝鲜或中国大陆的一部分。如果中国军事当局不加克制和谨慎行事,很可能酿成事端,因为军事当局有理由认为是共产党派飞机来袭击台湾。

同麦钱特的会谈我照例作了记录。我想在这里提一下这份记录。记录中写道,我告诉他们说,我是奉我国政府之命去见国务卿或助理国务卿的,以便将中国政府对联合国秘书长的通知的答复,或即将答复的复文内容通知美国政府。秘书长的上述通知,系遵照安理会 1950 年 6 月 27 日通过的决议,要求各会员国提供必要的援助以协助击退北朝鲜对南朝鲜的武装入侵。我说,中国同美国一样,是联合国忠实的会员国,因此,中国政府决定,在防卫台湾的必要条件许可下,从有限的财力物力中提供自己最大的支援。我说,这就是行将对秘书长的答复中的大意。复信并未提及援助的具体类型,不过政府已决定派遣陆军开赴南朝鲜协助作战,因为台湾控制下的海军、空军颇为有限。我还说,由于美国在维护联合国权威,制止对南朝鲜的武力进攻方面具有领导作用,中国政府愿意首先知道美国政府对其提议是否赞成,意见如何。

麦钱特说,他得悉中国政府的这一意图尚未通知联合国秘书长,为此感到高兴。

弗里曼问道,将派遣多少兵员是否已经确定,部队是否已准备就绪。

我回答说,我获悉我国政府已准备就绪,拟将三万三千人左右的陆军交由麦克阿瑟将军指挥。军队随带的是原有的装备,自然不及美军的装备标准。如果这项建议可以接受,运输问题还须另作安排,因为中国政府缺乏运送这支军队的船只。

弗里曼说,他对中国政府的建议表示赞赏,并要我向我国政府转达他的赞赏之意。他将立即向他的政府报告,并将尽早告我美国政府的反应。

我说,鉴于南朝鲜局势危急,我国政府还指示中国驻日本代表团团长前往征询麦克阿瑟将军意见,了解可能采取何种积极措施。上述建议如果美国原则同意,则可采取步骤作具体安排。

麦钱特认为那是合乎逻辑的程序。

然后,我提出杜鲁门总统声明中有关防止对台湾的任何进攻,以及要求我国政府停止反攻大陆的一切海、空军军事行动问题。我认为杜鲁门声明中说到第七舰队已奉命监督停止一切这类军事行动,是在假定中国政府方面已经发布了必要的命令的基础上所说的。但我诧异的是,总统在发表声明之前,是否已通过美国驻台湾海军武官或第七舰队司令同中国政府进行过接洽。

而在我的印象中，并未有过这类接触。

接着，我谈到中国政府 1950 年 6 月 28 日提交美国代办斯特朗的备忘录，该文件是对杜鲁门总统 1950 年 6 月 27 日备忘录的答复。我说，为了节省时间，中国备忘录是交由斯特朗先生直接转呈给总统的，并未通过这里的大使馆。我相信按照一般常规，斯特朗先生一定会把备忘录先交给国务院。所以，我猜想麦钱特先生必然了解答复的内容。我解释说，其中有一点涉及到一些在中国政府控制下、并具有重要地位的岛屿。这就是广州海岸外的伶仃和万山诸岛，厦门海岸外的金门岛，福州海岸外的马祖岛和浙江海岸外的大陈诸岛。此外还有台湾附近的澎湖列岛。

我说，杜鲁门总统声明中是否已将上述岛屿考虑在内，尚不明确。这些岛屿对保卫台湾具有重要意义。尽管这样，中国政府对这些岛屿上的国军已发布停止攻击大陆的命令；但如国军受到攻击，则不得不进行自卫。为了防止发生误解，中国政府愿意知道美国政府对这些岛屿的态度。

麦钱特说，他已见到复文文本，其中所提诸点现正在考虑中。他认为这个问题很可能由第七舰队派员与台湾协商解决。其中如须作政策性的决定，当然应由华盛顿决定。就目前而言，这个问题正在考虑之中，尚未作出决定。

我说，我的想法是第七舰队或华盛顿可派一代表前往台湾，以确保双方之间最密切的合作，防止产生任何误解。接着，我谈到了前天发生的一件令人不安的事故，这是我国外长叶公超前天晚上打电话告诉我的。即有一个编队约二十架飞机飞越台湾上空。警报立刻响了，叶外长和其他部长们不得不躲进防空掩蔽室内。由于飞机在台湾的军事设施与机场上空飞得相当低，我国战斗机当即起飞迎击，幸而认出了这些飞机是美国飞机，紧张局势方得解除。

麦钱特摇摇头问我，这是否只是谣传。我告诉他们这是事实。麦钱特和弗里曼两人均说，那未免使人难以相信，并说他们对此毫无所闻。可是他们一致同意我的意见,即有必要作某种联络安排。

我提议说,可以通过设在东京的麦克阿瑟总部作出这种安排,也可同第七舰队司令作此安排。同时我加上一句,说到这样的联络安排,我想提一下雷达设备的问题。

麦钱特说,他想起了大使馆为了台湾的防御之用,一直在试图获得一些雷达设备。

我说道,我无意趁此机会强要。我所要说的是,依我国政府之见,台湾必须有最新式的雷达设备。中国防空当局已有一些雷达设备,但是不够现代化。那些设备的名称虽叫 I.F.F①,可是只能发现逼近的飞机,无法区别前来的飞机是敌机还是友机。如果台湾装备有最新式的雷达设备,就能迅速识别共产党大陆来的任何敌机,也就可以防止任何不幸事件的发生。

麦钱特表示同意,说他将向国防部汇报此事。

于是我说,关于这方面,我想起了一位美国人,姓名已记不起,他愿意向中国政府提供一些雷达设备。这位美国人曾向国务院申请过出口许可证,可是没有办成。因此,他请中国大使馆代他向国务院交涉。我已派人去有关部门核实过此事。如果能迅速发给那位美国人许可证,我将不胜感激。

弗里曼说,如果能提供给他有关申请详情,这件事很快就能解决。

我答应给他提供必要的详情。告别前,又向他重申,我希望对中国建议派遣地面部队去南朝鲜一事立即给予答复。弗里曼陪我到电梯口时,我又请求他务必尽快提请国务卿和白宫注意备忘录。

翌日即 6 月 30 日清晨,叶公超从台北来电话,告知我派遣地面部队计划的详情:即拟派遣一支配备好的陆军,由二十架 C-46

---

① 敌友识别器。——译者注

型运输机运送,另有战斗机掩护;如果从海上运输,则由海军掩护。他说司令官的人选,已有三人在考虑之列,但想担任此职的人颇多。他要求我把这些补充的情况通知国务院。我的印象是,台湾认为美国理所当然会同意中国派遣军队。我告诫他说,国务院迄今尚未给予答复。

接着,叶公超同我商量有关郭泰祺的去留问题。他问我是否可委任郭为大使馆顾问,以便解决他能留居美国问题,免遭移民局的麻烦。如果不行,他将任命他为外交部顾问。我说待我考虑后再告诉他。我也请求他再考虑一下李翰担任顾问的事,如果不行,就重新任命他为大使馆公使衔参事。他答应考虑后通知我。他再次向我保证,他正在尽最大努力使大使馆员司的薪俸能按时发给,并建议我待朝鲜局势好转后去台湾温泉休养度假。

叶还告诉我,蒋委员长已将李惟果、皮宗敢和陈之迈发给他的一些电报转给了他。这些电报中涉及的事,或者我已办妥,或者外交部正在考虑之中。我对他说,陈从未向我汇报过拍发电报之事。叶认为陈是使馆人员,不应未经向我汇报即擅发电报。叶再次提出把陈调离,但我劝告他不要这样做。他说,那他将要求蒋委员长电令他们,凡事要先向我进行汇报。

在中国官场中,人们经常会遇到这类问题。有些自命不凡的年轻人急于在蒋委员长前表现自己,这就是为什么在其他一些使馆中有时出现不必要的纠纷和争吵的原因。但在我的使馆中,只要一出现这类问题,我就力加制止,并采取豁达态度。我常劝告同僚和其他使馆的主管人,特别是那些同他们的员司经常发生摩擦的主管人。第一,对待员司要一视同仁,不要显出任何徇私偏爱(这是常有的)。重要事情,凡是作为使馆人员就应了解的,要让他们都知道。这样,谁也不会感到自己被排除在亲信圈子之外。我奉劝的第二件事,也许比前一件更为重要,即公开使馆的财务,让使馆每个成员对此一清二楚。财务问题当然涉及到他们的个人利益,这样做有助于工作的顺利进行。

当天上午九时四十五分,助理国防部长保罗·格里菲思如约给我来电话。他说,国防部长约翰逊正午将回五角大楼,问我届时能否前往会晤。他说约翰逊不久又将他去,但约翰逊已说过要等候我。于是,我在正午十二点去拜访约翰逊。一刻钟后他到达了。我看他仪态很沉着从容。我对他说,杜鲁门总统6月27日声明中宣布的反对共产党侵略的新政策,立场明确,我愿表达蒋委员长和我个人对约翰逊先生为改变对台援助政策所作的努力表示谢意。我对他说,我理解这是一场艰苦的斗争,约翰逊先生的努力终于取得了成功,实在令人高兴。

约翰逊说,由于国务院的坚决反对,这确是一场艰苦的斗争,但他最后还是取得了胜利。他认为他最近的日本之行是适时的,并且认为朝鲜时局的发展有助于他促使对台政策的改变。他想起12月份《时代》和《生活》两家杂志曾吵吵嚷嚷要他辞职,以之作为一种抗议。若是他辞职了,他就不会在促使改变政策上取得成功。他要我向蒋夫人和孔祥熙说,他已实现了他的诺言。

我说,我一定写信告诉他们。然后,我面交他一份前天提交国务院的备忘录副本,内容为答复联合国秘书长有关提供军事援助之要求。我还交给他一份即将提交国务院的补充备忘录副本,在这份备忘录中表明中国政府愿为共同的反侵略目的提供军事援助的细节。

约翰逊阅毕这两份备忘录后说,在白宫今天上午九点召开的会议上研究了中国政府提供三万三千部队一事。他就是刚从那里回来的。大家对此提议深表赞赏,但是,鉴于南朝鲜的局势,以及日本离作战地点较近,因此决定先派美国地面部队。约翰逊接着解释说,在朝鲜作战,实际上是在联合国的主持下进行的。麦克阿瑟将军虽是美国代表,但他也是驻日盟军最高统帅。因此,对其他盟国提供的援助,接受与否,应由麦克阿瑟决定。从法律上讲,美国政府不能命令他这样做或那样做。他还说,他理解中国提供军事援助是向联合国提出的;事实上,美国派军队去朝鲜,同样也是为了响应联合国号召履行安理会的决议。

我同意约翰逊提到的派军队去朝鲜的法律地位问题。我说中国政府在给联合国秘书长请求支援的复文中，迄今只提出它乐意提供力所能及的最大援助，因为派遣地面部队是否可行，中国希望先同美国政府进行磋商。我说我已告诉国务院，中国派遣地面部队的命令，在弄清美国政府的观点前将严守秘密。

约翰逊说，对于中国的要求，并未作出决定，原因他已说过。他婉转表示，就美国方面而言，中国不妨按照原来拟议的建议提交联合国。我说，这样的话，我将要求我国政府尽快宣布这项建议，并将详细内容通知联合国。约翰逊说，这样很好。

告别国防部长后，我立即顺便去见助理国防部长保罗·格里菲思。和往常一样，我要告诉他关于我的谈话内容，这样可以表明我对他的信任，让他尽快知道一切。在国务院中我通常也是这样做。一个部的首长往往非常繁忙，有许多公务缠身。通常是他的同僚、副手在研究问题，得出结论，然后向部长作出建议，而部长则往往是会同意那些结论的。

我把对部长所说的内容告诉了格里菲思，还告诉他我把两个备忘录的副本交给了部长，其中一份是我前天交给国务院的，另一份即将交给国务院。

格里菲思说，在过去一个月中，他一直希望对台政策会发生有利的变化，因为正如他告诉过我的一样，美国人民对中国非常友好，不愿看到中国被蹂躏、中国人民受人奴役。

接着我说，我曾对约翰逊讲过，这是一场艰苦的斗争，部长在处理这一棘手的局面中能获得成功，手法实属高明。

格里菲思说，那真是一场硬仗，国务卿一直持反对态度。但是约翰逊并没有撒手。他深信应援助台湾，并一直在为实现此举而艰苦地进行工作。

格里菲思认为中国派军队去南朝鲜是一项了不起的建议。他曾预见，如果出现紧急情况，单靠海、空军部队是不足应付的，必须有地面部队。南朝鲜陆军缺乏作战经验,而且装备不足,因此出现了严重的不幸事件。三个月前,十万荷兰陆军在印尼行将被解散时,他曾指出应保留这支陆军,可能在东亚有用。拥有一支如此庞大的、有组织、有作战经验、装备精良的军队,对付危急局势就会大不一样。因此他曾飞往海牙敦促国务卿提出上述建议。但是他的建议未获采纳,在印尼的那支荷兰陆军还是被解散了。

格里菲思给我的印象是,北朝鲜的进攻实际上并非意外,但美国对此几乎毫无准备,以致目前的军事形势变得非常严重。格里菲思无法告知我,稳定这一局面需要多长时间,也说不上局势可能发展到什么地步,严重到什么程度。他说,这在很大程度上取决于苏联的反应。如果俄国人不介入,毫无疑问,整个局势在相当短的期间内会得到解决。

我对格里菲思和国防部长为促进国民党中国的事业所作的种种努力,再次表示谢意。我确信,这种事业是两国休戚相关的。美国政府目前在朝鲜采取的立场,已经不仅得到美国人民的支持,而且得到了整个非共产党世界的支持,这可以从对联合国号召支援的一片积极响应声中看出来。

格里菲思说,美国政府所采取的立场是它唯一可采取的立场。只是,他认为对于中国来说,这种立场本该采取得更早一些。他认为虽然为时稍晚,但是对大家都有好处。随着时间的推移,美国人民要求对台湾提供越来越多的支援,因为他们始终坚信对中国人民的友谊。

我再次向格里菲思道谢,并说国防部长这些日子的工作尽管十分劳累紧张,看来他非常健康。

格里菲思说,约翰逊由日本归来后,没有休息过一天,最近几天连觉也睡不好。因此他已力促部长下午就去弗吉尼亚他自己的乡村别墅好好休息一下,今天下午他就要去了。

那天下午晚些时候,艾尔弗雷德·科尔伯格前来访问,说对于共产党对南朝鲜发动的侵略,我们应该准备发表一份声明,表明我们的态度和看法,并表示准备给予援助,因为这是中国一直在为之独自进行斗争的事业之一部分。他还说,我们应该向美国政府建议,请求杜鲁门总统发表一份支持国民政府的声明。

他对杜鲁门声明中有关台湾地位有待进一步确定那段话深表惋惜。他建议我们在声明中完全引用《开罗宣言》中所规定的将台湾归还中华民国的词句。他说美国人并不知道《开罗宣言》或《波茨坦宣言》中对台湾问题实际都说了些什么话。

原来在星期二(6月26日),他曾过访前总统胡佛,交谈一小时许。前总统对整个时局的看法非常悲观。他认为中国完全有理由怀疑美国政府因同苏联打交道而牺牲国民党中国,这是又一次出卖中国。他认为西欧软弱涣散,根本顶不住苏联的进攻。他还认为西欧会拒绝参战,保持中立。他的意见是,如果韩战发展成同苏联打仗,美国在朝鲜将不得不面对一种危急的情势,其任务势必十分严重。他认为《大西洋公约》和《共同防御援助计划》都不会产生结果;美国将因无同盟者而不得不独自面对这场危机。

皮宗敢来打听消息时也提出了杜鲁门声明中有关台湾的问题。他认为我们应采取某些行动,予以修正。关于台湾或朝鲜的军情,他既未问起,也没有提出任何建议。显然,他想同我讨论外交和国际法问题。

我向他说明,这段话可能得出正反两种解释:可以是好,也可以是坏。不过我对他说,值此朝鲜局势危急,我国又提出派兵帮助击退北朝鲜武力进攻之际,向美国政府提出这个问题是不可取的。此外,艾奇逊在记者招待会上已经说过,台湾地位的决定必须等该地区局势稳定,签订了对日和约或由联合国审议。令人遗憾的是最后这一句,但从法律上讲,这又很难反对,因为艾奇逊已经解释过了,《开罗宣言》表明的只是与会国的观点,其含意是它对未参加开罗会议的联合国会员国并不具有约束力。然而《开罗宣言》是我们对台湾提出主张的主要依据。

艾奇逊是一名律师,他纯粹从法律的观点去理解《开罗宣言》及其意义和影响。当然,他对《宣言》采取法律的、狭义的观点,也是在为他自己的目的和政策服务,即:可能的话,干脆把远东的国民政府一笔勾销,或者至少把它降至次要的地位。因此,注意一下年初的情况是颇有意思的。他为了服务于他对待国民政府的这一政策,竟然以为缩小"任何律师的疑虑",把台湾看成中国的一个省的做法是有利的。当然我是指他 1950 年 1 月 5 日的声明,即他为了澄清当天早些时候杜鲁门发表的对华声明而紧跟着发表的那个声明。

晚上,我出席了埃德加·莫勒夫妇的宴会。莫勒是一位很出色的新闻记者兼评论家。他对国际问题颇有兴趣,而且十分精通。莫勒很担心美国政府有意于冻结台湾的地位。至于朝鲜问题,他担心美国陷入了困难时期。当伤亡人数开始报道到国内时,他认为美国人对拯救朝鲜的政策便将开始产生不同的想法。他说,如果美国在朝鲜获胜,便可能激起苏联的介入。如果失利,这就意味着战争将旷日持久,结果是人员伤亡与日俱增,财政负担日益加重(就像目前的越南战争)。

莫勒反复询问,怎样才能对抗美国政府冻结台湾的意图。在餐桌上他也一再问及此事,赞扬中国提供军事援助的建议。另一方面,同时在场的国务院的哈蒙德则于言谈之中,颇带冷嘲热讽。他问我们是否能将军队运送到朝鲜。我答说我们乐意提供一些C-46运输机时,他以讥讽的口吻问道,这样做要花多长时间,是不是我们打算把士兵像沙丁鱼一样堆积在机舱里或者让他们都站在那里。我说,我们没有很多船只和飞机,但我们的愿望是尽力而为,作为联合国的一个忠实会员国,就得协助抗击侵略。我说,从我在第二次世界大战中的经验看,我们在 C-46 运输机上能运载的人数要比美国多,因为我们要求的空间标准没有美国那么高。

7月1日,我出席了第十四航空队联谊会主办的一次招待会,因为这个会的大多数会员在中国抗日战争时期曾服役于飞虎队。大约有一百来人出席,其中有些人还能说几句中国话。和我谈话的人都说,他们在中国内地同中国人的接触中给他们留下了愉快的回忆。波音飞机机场指挥、英国的格拉布准将回忆起那次照料我的情景,当时是1943年,我赴美途中,道经巴西的纳塔尔北部,蒋夫人那时正在美国作正式访问,我则奉蒋委员长之命去华盛顿参加蒋夫人的访问团。晚间,国会中夏威夷州的众议员约瑟夫·法林顿夫妇举行招待会。席间,有一位宾客对我说,美国的百姓不能理解为什么美国一定要为南朝鲜去打仗,却不帮助中国的国民党人去抵抗共产党的侵略。

　　我利用两次招待会之间的空隙回到双橡园,在那里我接到了美国对我们为了响应联合国号召,建议派地面部队去南朝鲜一事的复文。这是使馆参事崔存璘收到复文后立刻从使馆送给我的。美国备忘录对此有礼貌地加以婉言拒绝,并建议在作出最后决定之前,应由麦克阿瑟总部和台湾的中国军事当局双方派出代表进行讨论,以确定台湾防务之需要。

　　7月19日大使馆武官皮宗敢到我处汇报。据皮说,于斌大主教认为美国之所以不同意中国出兵朝鲜的建议,原因在于我们尚未接获美国答复就将此事在台湾过早地公布了。我同意他的意见,认为这次公布是失策,因为美国认为在他们考虑了建议并回复我们以前,不应作任何公布,这一点至关重要。我对他说,我是6月28日根据政府的指令,向国务院提出该项建议的,6月29日,台北即将建议予以披露。我得悉此事披露后,立即去电台北,敦促注意我报告的内容,并对政府在处理这类微妙的外交问题上缺乏协调,表示遗憾,但这已为时太晚。

　　诚然,美国拒绝的原因要比台湾提前公布建议复杂得多。华盛顿或多或少是以综观全局的眼光来看待远东局势的。他们急于想使朝鲜危机局部化,认为把国民党军队置于联合国指挥下,有可能使战争扩大到中国。一旦共产党中国参加战争，谁也不能保准苏联不会进攻欧洲，这是美国在欧洲的盟国所深感忧虑的。此外，同共产党中国毗邻的其他亚洲国家对它的意图原已忧心忡忡，此刻更担心朝鲜冲突扩大化。他们希望华盛顿能遏制住朝鲜局势。因此，尽管实际上朝鲜战局看来需要外部援助，但华盛顿不想接受蒋委员长的建议。除了还有其他一些原因外，美国无意以任何形式同蒋委员长和他的政府联结在一起，也是一个原因。这是当时国务院的既定政策。

几星期后，五角大楼的奥凯里赫上校让蒋荫恩转告我说，艾奇逊反对接受中国出兵朝鲜的建议，说是台湾想利用美国为它的军队谋取新的武器和物资，还说谁能保证国民党中国的武装部队中没有共产党，他就听说过国民党的军队中有共产党人活动。奥凯里赫说：谁也回答不了艾奇逊的提问，因此，这项建议被搁置一旁。（这表明国务卿对国民政府的态度多么不友好，甚至敌对。）

7月2日下午二时三刻左右，国务院麦钱特来电话说，鉴于美国对中国建议派遣军队一事的态度引起了不少猜测，他们建议尽快发表中、美两方的备忘录，即在当天亦即星期日下午四时予以公布，而不等到原先在7月1日双方商定的日子即下星期一发表。我说我尚未接到台北的回音，但如国务院认为最好不要等待的话，我也不反对。他对我的同意表示感谢。

晚上九时半，叶公超从台北来电话，谈了几个问题。第一，他提出大陆沿海一些岛屿目前继续遭到中共袭击的问题。他解释说，我军事当局不得不进行抵抗以防卫这些岛屿。军事指挥部切望采取海、空军侦察活动。因此，政府期望美国不致视此为违背停止对大陆采取海、空军军事行动的规定。

第二，他说通过美国海军武官处进行联络工作是不够的。为了迅速沟通情报，希望同第七舰队直接进行联络。否则，一旦台湾遭到中共飞机袭击，发给第七舰队的呼救信号就不能很快收到。他还对我说，东京盟军最高司令说原已指示美国驻台北海军武官所罗门上校提前通知中国政府,第七舰队空军将于6月28日飞越台湾上空。可是,电报在所罗门的办公桌上放了一整天,他却在高尔夫球场上没回去。(我认为这个解释是真实的。)

第三,他说政府已同意和麦克阿瑟总部举行会谈,并且期望东京方面派出高级代表参加,包括一些有外交经验的官员或一名外交家,叶本人也打算参加这次会谈。同时叶还说,台北为出兵南朝鲜将继续进行准备工作。他猜想东京和华盛顿之间,在决定我们出兵朝鲜的建议上是在踢皮球,互相推诿。

第四,他说美国驻台北代办斯特朗态度冷淡,不受欢迎。然后,他要我将上述各点向国务院说明。最后,他要我告诉蒋廷黻,经我建议他已被授权正式通知联合国关于我国派遣军队的建议。叶所说我的建议,指的是我曾建议说,由于这项表示或要求是联合国根据安理会通过的决议发出的,旨在帮助南朝鲜抗击侵略;同时由于美国既已答复了我们,我们自应将我国的派兵建议通知联合国。

我记着外长电话中所谈各点,于次日下午三时往访负责远东事务的副国务卿迪安·腊斯克。首先我提到国务院7月1日的备忘录,即对大使馆关于中国提出派遣军队去朝鲜以支持联合国的两个备忘录的复文。我通知腊斯克,中国政府完全同意国务院备忘录中的建议,由麦克阿瑟总部和台北中国军事当局双方派出代表进行磋商。

我又说道,与此同时,我国政府正拟将响应安理会紧急号召而提供军事援助的建议通知联合国。由于安理会是向联合国所有会员国提出号召的,我国政府在同美国政府交换意见以前,对于愿意提供援助的种类未作详细说明。现在美国政府既已对中国建议的派遣军队一事表达了它的观点,中国政府自应将其建议正式通知联合国。至于中国建议能够落实到何种程度,当然要视中美双方军事当局在台北进行磋商的结果而定。

腊斯克说,杜鲁门下令第七舰队防止大陆进攻台湾,并没有改变台湾防务的状况。中国政府在总统发表声明前,已考虑到自己保卫台湾的军事实力不足。他认为这一状况目前依然存在。中国政府鉴于共党威胁进犯台湾(据北平的广播),自应考虑这一新的情势。

我说中国政府在台湾拥有相当实力的陆军。我认为派遣三万三千人去朝鲜支援联合国,并不意味着防御力量会有大的削弱。不过我承认这些军队的装备与美军相比有很大的差距,特别是因为中国能够支配的精良装备原就非常有限。但是作为联合国的一个忠诚会员国,中国政府认为理应并有必要表明乐于尽力支持联合国。

腊斯克说,美国政府十分赞赏此项建议,至于腊斯克本人,他只是把台湾本身的防御需要作为整个远东局势的一部分来加以考虑。第七舰队负有防止进攻台湾的使命,但它还负有执行自朝鲜沿海迤南广阔地区的其他任务。我问他第七舰队是否出动全部兵力,腊斯克答说是全部,它的实力还算相当雄厚。

接着,腊斯克问起中共军队在大陆上的调动情况,中国的报道是否有确切的数字。

我回答说,关于数字,报道并不完全一致。据说在朝鲜边境大约有二十万中共部队。迄今为止,我尚未听到他们已进入朝鲜,但是如果进入的话,可能他们会穿上北朝鲜的军服,这是共产党惯用的伪装伎俩。在我心目中,毫无疑问,中共同北朝鲜是合作一致的。有相当大一支北朝鲜部队过去曾站在中共一边在中国东北对中国政府军作战。

腊斯克记录下我刚才所说的内容后说,在印度支那、香港和朝鲜边境上,都有共军在调动。

我问他,据报纸报道说,带有红星徽志的飞机已经站在北朝鲜一边参加朝鲜战斗,此说是否属实。

腊斯克说,是有那种带红星徽志的飞机在飞行,但北朝鲜空军用的徽志也是红星,底为黄色。人们看见的飞行中的红星飞机,很可能是苏联的。不过可以肯定地说,那些飞机,还有坦克,都不是北朝鲜造的。他还说,整个朝鲜局势依然处于变化不定的阶段,很难预见其结果如何。不过此间当局仍强烈期望这次冲突是局部性的。

接着,我提出了第七舰队和台湾中国军事当局之间的联络问题。我回忆起上月28日舰队的飞机飞越台北军事设施上空进行空中侦察的事件,幸而此事未发生任何严重后果。我告诉他,前几天我在报上看到,舰队为了同中国军事当局取得联络,有一小组军官在台湾基隆港登陆。但我从台湾方面得悉,那几位军官只是为了获取淡水和观光而进行的例行登陆。

腊斯克说,联络问题将立即予以安排。

富尔顿·弗里曼当时也在场,他说已建立了一些联系。我表示同意,并说,据我所知,驻台北的美国使馆海军代理武官已被指定为联络官。但是我说,他是在唱独角戏,要他单独一个人在工作上作出成绩是困难的。例如,东京麦克阿瑟总部追究上月28日第七舰队空中侦察台湾一事时,得到的答复则是,美国驻台北海军武官事先曾被指示通知中国政府,但事后发现,这位武官碰巧有约会去高尔夫球场消磨了一整天,而指示他通知中国政府关于飞行一事的电报,一直到他晚上归来,还放在他的办公桌上。因此,我认为加强这种联络是完全必要的,以便有效地发挥作用。

弗里曼说,海军武官处有两三名人员。腊斯克说,他将同麦克阿瑟总部商讨此事。

我认为,预备在台北进行的磋商,也可以讨论这件事,因为舰队完全归麦克阿瑟指挥。腊斯克同意这一想法。于是我提出下一个问题。

我向他问道,对于诸如广州沿海的伶仃和万山诸岛、厦门沿海的金门岛、福州沿海的马祖岛和浙江省沿海的大陈诸岛等,中国政府仍保有军事阵地,对于这些岛屿应如何处理,不知是否已作出决定。我说,昨晚我国外长叶公超通知我,这些岛屿天天受到大陆共产党的袭击。为避免误解或使人认为中国政府不遵守停止对大陆发动任何军事行动的协定,当地岛上的守备部队在遭到进攻时,只进行自卫,未对共军采取报复措施。然而,这一状况不能无限期地继续下去。中国空军甚盼能恢复其对大陆的空中侦察。中国政府想知道美国政府对此的看法。

腊斯克说,美国政府理解这一问题的重要性,一定迅速寻求解决办法。他答应一两天内作出决定后通知我。

我还问,关于苏联及其卫星国的部队调动情况,美国政府接到些什么报告,苏联是否有在朝鲜边境集结军队的迹象。

腊斯克答道,他们不断收到朝鲜边境有苏联军队调动的报告,但这些都属正常的调动。

我问起伊朗、土耳其和南斯拉夫边境附近的军队调动时,腊斯克说,过去倒有报告提到这些地区有军事调动情况,但现在的报告并未表明有任何异常之处。

我说,这种军事调动可能属于冷战策略的一部分,用意在于试探西方民主国家的神经反应。

腊斯克说,也许是这样,但另一方面,他们也有可能在这些地区挑起事端。

接着我说,据报载,苏俄各地正在举行群众大会,谴责美国干涉朝鲜事务。我问他这种报道有何重要意义。

腊斯克答道,也许有某种用意,值得注意。

关于我们的交谈,我在日记本上作了如下记载:

> 腊斯克很忙。艾奇逊来电话找他,他说他正在同我谈话,几分钟后就去。我得出印象,美国对朝鲜局势感到震惊,正面临着许多由此而引起的、过去从未设想过的新问题。

7月5日接见皮宗敢时,他交给我一份台北国防部的报告副本,是关于共军在大陆上的动态。该报告提到共军在朝鲜边境一带集结部队,林彪部下五万北朝鲜籍部队再次从华南调往东北。

我嘱王守竞博士立即译成英文,送国务院一份。皮已给美国国防部送去了一份。

中国青年党首脑曾琦偕夫人前来要求协助办理赴欧旅行和以后再返美国的手续。他建议我们尽力促成中国派兵进入北朝鲜一事,将来如向大陆华南一带发动进攻时,这批部队就可用来挺进东北。他说这样我们便可一南一北,采取钳形军事行动。

我对他说,我们一定要有耐心,美国还在希望朝鲜冲突局部化。我说我们切不要有任何会激怒美国的行动,也决不要说任何会激怒美国的话,否则会使他们猜疑我们有所企图。如今,他们正"处境艰险",我们应尽一切可能,设法消弭以往的隔阂,恢复中、美之间过去的友谊和真诚合作的精神。我解释说,他们的对台新政策是勉强通过的,但这对我们改善同他们的关系,已算开了一点门缝。朝鲜局势能不能局部化,谁也不敢肯定。然而,无论如何,我们光复大陆的希望就在于加强同美国的谅解和友好合作。

我建议他身体恢复健康以后再去欧洲旅行,因为他每隔三个月仍需输一次血,而现在只有他的家属中有人供给血库等量的血,他才能获得所需的血。(因给他输的血太多了,医院开始要求血应由他家属中的人供给,以便使血库存的血足供其他病人之用。)

次日,星期四,刚从台湾考察回来的经济合作署的马尔登先生前来告诉我他考察所得的印象。他说他在那里的所见所闻,给他的印象很好。有了杜鲁门的新政策,他认为我们应该促使经济合作署给我们更多的援助,特别是那些能使台湾扩大生产提供出口的项目,以便增加我们的外汇收入。他认为我们应该在台湾投入更多的军队从事于灌溉、木材工业和修筑公路等生产活动。他还说,应该允许美国人来帮助经营和监督台湾的各种工厂,以便采用美国最新的技术和经营方法。为了达到上述目的,他认为还应选送一些工厂的工程师到美国工厂中进行学习和培训。

刚从台湾、马尼拉和香港访问归来的郑宝南也在那天前来看我。他对我说,他发现台湾的情况比去年9月份有所好转。军容比前整齐,政府部门现在也充实了一些较年轻的人。不过政治空气还很紧张,经济状况仍然是令人最头疼的问题,储存的物资只能维持六至八个月。士兵的月饷已有所增加,但他发现他们的伙食还很糟糕。他去看过他们吃午饭的情形,六人一桌,中间只有一碗白菜,很少油,没有肉。但看来他们还挺健康,在操场上作各种体育活动,表现很好。不过他发觉,对于台湾岛的安全,包括高级军政当局在内,谁也没有把握。

郑面交我叶公超外长的两封书信,然后说道,就在他离美赴台前,他曾同伊利诺斯州的参议员保罗·道格拉斯进行过一次交谈。道格拉斯对他说,他并不同情国民政府,但是愿意听一听,了解一下实际情况,如果可行的话,想助一臂之力。由于在大陆上的土崩瓦解,道格拉斯对蒋委员长和中国军队的评价很低。叶公超的信中有一封是给他的。(道格拉斯曾在阿默斯特学院任教,当时叶公超在该学院求学。我想他曾经教过叶,所以多年来他俩一直保持着友谊。)郑给我看了信中的内容,写得很好。对台湾最近的改进之处和政府内外各方人士精神振作的叙述,颇有说服力。

一周后,郑宝南再次来访,他把替道格拉斯草拟的一份备忘录草稿拿给我看。原来昨天晚上,他见到了道格拉斯参议员,和他谈起最近他去台湾后所得的一些印象,并同他早先在1949年8—9月间访台时所得的印象作了一番比较。他说,道格拉斯对此颇感兴趣,并答应郑如能给他整理出一份这次谈话的书面材料,他可以作为一份备忘录加以散发。这就是为什么郑宝南起草备忘录,并于此刻让我看看的原委。我翻阅一下,其中有他对台湾情况改进的观感,还有他对美国的建议,即美国应如何对台湾提供经济、财政和军事援助等。我提了几点修改意见。我说总的来讲,这份报告很好,看后令人鼓舞;这些建议如被采纳,必能产生有建设性和价值的结果。我建议他请道格拉斯在散发前,先呈杜鲁门总统和艾奇逊一阅。至于传播问题,还是由参议员本人以发表演说的方式加以散布为好,不要以一名去台湾访问的中国人的报告形式散发。

周锦朝和他的胞弟周植荣也去台湾访问过,最近归来后,也作过赞扬台湾的观感报告。6月27日,他俩曾前来访问,向我谈了他们的访台观感和他们此番来华盛顿的任务,其中之一是拜访杜鲁门总统。他们兄弟是西海岸的美籍华人,通过他们在旧金山同民主党华人俱乐部的联系,与国会山颇多接触。有一回,周锦朝在旧金山的一次竞选宴会上还接待过总统。

他们告诉我,他们曾受到蒋委员长的款待,并同他作过一次长谈。蒋委员长对他们说,他从不干预美国的内政,尽管有种种相反的传说。显然这是因为周氏兄弟提到杜鲁门对中国政府的代表在1948年美国总统竞选中支持托马斯·杜威一事深感不满。他们说,王世杰根据他们的建议,为蒋委员长起草了一封致杜鲁门的英文信,并译成中文请蒋委员长亲自过目。他们正打算把这封信带给杜鲁门,期望引起美国总统的好感。他们还告诉我,他们甚至认为蒋委员长不妨同杜鲁门会晤,以便当面澄清一切误解。他们没有给我看信,但是说他们将随信呈交杜鲁门一份报告,内容就是他们对台湾军事、政治和经济等状况的观感。这些观感一般说来是有利于蒋委员长的,认为他是官场和老百姓公认的领袖。

我认为给杜鲁门送这样一封信是不可取的。总统选举中的恩怨早已成为往事,没有必要旧事重提,特别是不愉快的旧事。重提不愉快的旧事不可能澄清气氛,只能引起麻烦,因为这是两国首脑之间的棘手问题。确切些说,这样做害多利少,甚至会引起新的憎恨。

我劝他们不要这样做,做了很可能引起反感,变成事与愿违。但要制止此事已为时太晚。他们已经把这件事告知了总统的私人秘书康内利,并已安排他们在 6 月 29 日星期四下午去见杜鲁门。

星期五(6 月 30 日),周锦朝应我之约前来共进午餐,并向我报告他同总统交谈的情况。他说,他同兄弟周植荣星期二见到总统仅几秒钟,星期四又被接见了片刻。第二次接见时,总统对他说不用担心,"中国将生存下去"。周说,一天晚上康内利也同他们交谈了四小时,并要他们耐心等待。他还说,星期二他已把他们报道台湾情况的备忘录交给康内利转呈杜鲁门。他没有给我一份备忘录副本,但给我看了其中有关李宗仁和蒋委员长的部分内容。信中说中国民众仍然把蒋委员长看作领袖,蒋委员长和中国政府如何努力争取李宗仁回台合作共事,拯救国家,以及李的得力助手白崇禧如何告诉李,他主张一切应以团结合作为重,力劝李回来同蒋委员长共济时艰。

当我问起蒋委员长给杜鲁门总统的信时,周说他已于星期四交康内利转呈杜鲁门。但此刻康内利告诉他说,信尚未转呈,因为他考虑如果转呈的话,是否需要复文。他又解释说,所需复文要由国务院办理。因此,他认为在此情况下,此信以不递为宜。(显然白宫的工作人员也意识到国务院对蒋委员长的态度不好,而且很坚决。)

农村复兴联合委员会主任委员蒋梦麟于 7 月 7 日来访。他应行政院长陈诚之召,即将返台讨论农村复兴联合委员会的工作。他告诉我,有一次他同经济合作署的克利夫兰交谈时,克利夫兰问他,中国人怎能忍受有这样的一位蒋委员长。还说,如果能说服蒋委员长辞职,美国会毫不犹豫地全力帮助中国。克利夫兰说这是他个人的意见。蒋梦麟说杰塞普也问过他同样的问题,甚至出租汽车司机也问他蒋委员长在哪儿,并且议论说:"他真没用。"

蒋梦麟说,根据他同美国上层和下层人士的多次交谈,据他看来,美国拒绝给我们更多援助,原因就在于蒋委员长。即便现在杜鲁门公布了新政策,阻止大陆中国进攻台湾,但美国人告诉他,这只是指第七舰队在那里时要维持现状。换言之,关键是第七舰队。一旦第七舰队撤离台湾海峡,那就只好让台湾像过去一样去自生自灭了。

但是蒋说,他有一种看法,如果台湾军队减少四分之三兵员,放弃光复大陆的计划,它就能自给自足。他认为光靠岛上的资源想光复大陆是不可能的。他还说,美国人也坚信如此,他们认为这就如同美国大陆陷于敌手,要靠夏威夷的资源来进攻和光复美国大陆同样是不可能的。

蒋接着说,蒋委员长既然还在执政,不愿让贤,这就没有指望了。美国人认为中国的自由主义者应该而且能够承担起收拾残局的任务。但是他又说:"中国没有那样的人。"正如有一次他对宋子文说的那样,问题是中国有了蒋委员长不好办,可是又不能没有他,因为中国缺乏新的领袖,也因为蒋委员长一向刚愎自用,惯于独裁,只喜欢在他左右的那些唯命是从的平庸之辈。

他说,吴稚晖是国民党中央监察委员会里的学者和元老,又是孙中山先生的亲密合作者之一。有一次他告诉蒋说,蒋委员长因出身微贱,不敢信任任何人,即便是吴自己,他也信不过。吴说,他帮助蒋委员长,只是因为他认为蒋委员长是眼下唯一能领导反共复国,使中国免遭共产党统治的人。(吴是典型的中国学者,一个正派人,一生拒不做官,宁作黎民百姓,以刚正不阿闻名。他是一位深受人们尊敬的元老,但生活甚为清寒。1946年我去看他时,他住在重庆一家独间铺面的小阁楼上,室内只有书桌一张,床铺一架,在窗外一块地方搭盖着厨房。)

听到有人公开批评蒋委员长,不免感到有些吃惊。当年政府和蒋委员长还在大陆时,对新闻界和一般公众舆论的控制很严,国民党方面绝少有人愿意公开发表议论。尽管人们对政府的各院、部还有一些批评,但一般说,很少有人公开议论蒋委员长,即使这种批评本来是很自然的。由于蒋委员长是国家元首,并且始终抓住国家元首这一地位不放,人们一想到大陆失守,自然就要归咎于他。

起先,这种批评是隐蔽的,但当美国的批评变得十分明显,而有些批评又表达了一些中国人一直想说而又不敢说的心里话,这就起着鼓励的作用。此外,正如蒋梦麟指出的那样,在美国有许多迹象表明,人们认为如果中国不是蒋委员长领导而由其他的人领导,获得美援的机会就会大些;而人们又把美援看作是拯救中国的唯一希望。关于这方面的问题,我下面还要说到。

7月7日下午,我应腊斯克之请去国务院见他。他向我解释说,约我去的目的,是通知我美国政府对中国军队驻在缅甸的意见。他提及的那批政府军队,是由于中共巩固了他们对云南省的控制后被迫撤至缅甸的。这支由李弥统率的部队是云南省主席卢汉正式投向共产党后,于1949年12月进入缅甸的。

1950年7月中旬,外交部来电要我设法请美国驻缅甸大使出面斡旋,让缅甸当局允许中国的国民党军队进入位于云南南端边界附近的缅甸景栋地区,以便争取时间予以撤退;并请不要坚持解除这支部队的武装,或对它继续进行轰炸。(1949年12月缅甸承认了中共政府。显然,它切望避免同中共发生任何意外事件,认为对国民党军队采取了某种行动,即可防止共产党进行干涉。)我立刻复电询问有多少部队,撤离缅甸需要多长时间,是否携带武器撤走等情况。我担心美国不把情况弄清楚了是很难干预的。再说,缅甸政府对它刚刚获得的独立又是非常敏感的。

在7月7日那天,腊斯克曾表示希望中国政府准许缅甸政府解散这支部队,并将士兵拘留。他说美国将保证他们受到优待。

我说中国军队越过缅甸边境并非自愿,他们急盼返回云南。令人遗憾的是,缅甸当局对之非常粗暴,还派飞机去轰炸,这就发生了冲突。然而中国军队对缅甸人决无恶意或抱有野心,只求宽容一点时间,以便返回云南。

腊斯克说,中国、缅甸、泰国、印度支那边境的局势已很紧张,缅甸当局担心如果不解散和拘留国军部队,中共军队就会开进缅甸,这样将使局势恶化。

我提到不久前中国驻曼谷代办同美国大使举行的会谈,我国代办曾要求美国从中斡旋,为国军部队返回云南作出安排。但腊斯克说,中国代办只是要求美国大使帮助使中国部队在解散后获得优待。

我问是否允许中国军队在解散后离缅返滇,腊斯克答道,缅甸人不但急于要解散这支部队,还要拘留其士兵,以免给中共部队以任何口实。此外,他不知道这支部队怎样才能返回云南而不与共军发生冲突。

我说云南是一个幅员辽阔的省份。

腊斯克说他去过那里。

我说腊斯克先生很熟悉这个地区,我感到很高兴。并说共军的势力还不足以达到缅甸边境的每一个角落,再说还有其他国军在云南进行游击活动。我确信在缅甸的国军愿意回归云南,希望能找到让他们返回云南的某种办法。

腊斯克说,他将继续对这点加以考虑,但是在此期间,准许解散和拘留在缅甸的那些士兵看来是上策。

我说我一定向我国政府汇报。接着,我提到有一家报纸上报道说,美国政府已要求各石油公司停止向大陆中共供应石油。我对他说,那天早晨,我在收音机里听到美国政府还要求英国政府停止向中共供应石油;英国政府答复说,他们无意接受美国的建议。我说我不知道那些报道是否属实。(不言而喻,我国政府对禁止把军用物资从香港运往中共控制的大陆港口一事非常关注,希望美国能向英国当局陈明此点。叶外长已在台北同罗伯特·斯特朗谈及此事,并要我向国务院提出。)

腊斯克说,美国政府一直在同英国人讨论这件事,但是就他所知,英国一些石油公司认为如果拒绝向中共供应石油,中共会在大陆上对他们采取报复手段,例如课以特别税金,或给公司人员制造麻烦等。

我问道,腊斯克先生可否见告,麦克阿瑟总部是否曾委派代表同台湾中国军事当局举行会谈。

他答道,他不了解,但他认为该项建议三四天前才作出,无疑会尽快得到实现。

接着我又问他,关于中共军队在大陆上的调动情况,以及他们对台湾、朝鲜和香港有何企图,国务院接到过哪些报告。

腊斯克说,国务院接到过一些报告,但不很全面,因此未能作出任何肯定的结论。他说他相信中国政府有更多的便利条件可以收集如我最近送给国务院的那类有关共军情况的情报。我表示同意,并说我不时接到这类情报,自将乐于继续送交国务院。

同一天,安理会决议:"支援朝鲜的部队和其他援助"交由"美国领导下的统一司令部调遣使用"。决议进一步要求美国指派一名上述部队的司令官,并报告安理会(《联合国公报》,1950 年 7 月 15 日,第 45、88 页)。7 月 8 日,杜鲁门宣布麦克阿瑟任驻朝鲜联合国军总司令。那天是星期六,我往纽约和恩格尔伍德休假度周末,然后准备离此去纽约州的哈密尔顿,定于 10 日即星期一到科尔盖特大学发表演说。

我离开前给叶公超一份电报,提醒我们要有耐心,因为美国报界一直在报道台北当局批评美国政策的声明。我强调指出,华盛顿的愿望是防止朝鲜战争扩大化。我说华盛顿非常谨慎,不会碰苏联的领土,并否认北朝鲜有苏联飞机出现的迹象。它还重申美国派遣军队去朝鲜是履行它对联合国关于防止侵略、恢复和平所应尽的义务。

我告诉叶,据此间报纸报道,中共在派遣大批军队去北朝鲜的同时,曾发表声明谴责美国应对战争负责,并且声称他们将贯彻"解放"台湾的政策。我说这可能是一种策略,为的是转移世人对他们在朝鲜所作所为的注意。我指出,共产党的声明引起了美国的极大关注。理由之一是,此间政府在谋求澄清这样一点,即挑起战争扩大化的是中共而不是美国。因此我对叶说,我们应有耐心。

此外,我说美国态度发生比较有利于我国的突然变化,实在是出于形势所迫。他们对我们内心还是不满的。我国当局在发表公开声明时一定要避免刺激以至激怒美国,免得给敌人以可乘之机。我指出,我们一定要,并且也应该能够机密地同美国处理好任何问题,这样方不致暴露两国间潜在的隔阂。同时我建议我们应利用此一有利转机,重修我们同美国的友好关系。

星期日,我再电叶公超,告诉他我刚结束的一次谈话,证实了我上次电报中所担心的问题。有一位美国友人今天上午来访时告诉我说,一位美国政府要员对台湾当局最近发表声明指责美国采取的措施如何如何不当,感到非常愤怒。我告诉叶公超,这类反应对我们很不利。因此,我希望我们尽量避免此类表达方式,因为这确实有损于中、美两国的合作事业。

星期一,我乘火车去哈密尔顿附近的尤蒂卡,科尔盖特大学校长凯斯派代表前来接我,并陪我一起到了大学。一到大学,我就接到华盛顿来的一份电报,通知我叶外长想从台北给我通电话。但是我必须等到星期二上午才能返回华盛顿,猜想他要说的一定是有关海军上将斯特鲁布尔最近访问台北的事。

星期一晚上,我同凯斯校长夫妇和其他几位宾客一起共进晚餐,其中有太平洋学会美国委员会秘书莱恩先生,他以前是在美国国务院驻外机关事务局,最后任驻新德里的总领事;一位是印度驻华盛顿大使馆的代表;还有新任国务院中国科科长柯乐博先生。腊斯克原已同意应邀前来讲演,由于工作繁忙,不克分身,改由柯乐博代表。韩国大使馆的韩先生未能准时出席宴会,稍后才赶到。

上述朝鲜人、印度人、柯乐博和我都是那天晚上来宾中的讲演人,讲题是美国对外政策总题目下的《亚洲:民族主义、殖民主义与共产帝国主义》。那天是美国对外政策的第二届年会的第四天。太平洋学会美国委员会秘书莱恩是会议主持人,我是那天晚上第一个讲演人,题目是《亚洲的危机》。散会后凯斯校长对我说,我的讲演被认为非常全面、明智和见解正确,我听了感到很高兴。

下一个讲演的是柯乐博。他对中国共产党统治下的中国大陆情况作了如实的叙述,给人留下的明晰印象是,共产党的民族主义政策同一边倒的亲苏政策结合在一起,以对抗美国和其他西方民主国家;他们的歪曲真相宣传和对人们开空头支票;他们操纵反美示威游行;他们日益加强对外国传教士的控制;还有,中国人中间的幻想正在日益破灭。这是一次客观的中共政策的真实写照。

朝鲜客人韩先生发表了令人激动的讲演。他感谢美国帮助击退对他们国家发动的入侵,同时也表达了他对这场斗争结局的信心,尽管眼下从前线传来的消息令人相当沮丧。就在一天以前,我在日记本上这样写着:

> 韩国军队和美军在南朝鲜退却的消息令人沮丧。显然只有少数美军投入战斗,而且没有坦克掩护。目前正力图从东京火速调派增援部队,另有约六千名海军陆战队正从美国驰援中。

印度客人说,他不是以印度大使馆成员的身份发言,既不代表大使,也不代表印度政府,只代表他本人。话虽如此,他还是以印度官方的观点发言,强调作为抵制共产党活动最重要的办法是提高亚洲广大民众的生活水平。他还谴责殖民主义,维护亚洲的民族主义。

同一晚上,我搭火车去纽约再转华盛顿。上午七时十分抵达纽约,在宾夕法尼亚火车站赶乘七时三十五分开往华盛顿的火车。车到华盛顿,我便直奔办公室。叶公超没有从台北来电话,改为拍给我电报,通知我台北同第七舰队司令斯特鲁布尔的会谈很成功。并谓政府首脑已同意我的建议,对于美国有关远东总的局势或台湾局部地区的政策和态度,不要作考虑欠周的新闻报道,或感情冲动地妄加批评,以免激怒美国政府和公众。事实上他发给我两份电报。在前一份电报中,他说,起先我国当局深怕美国对台湾防御上的过分严格的限制会有害于该岛合法的防务工作。他说,当然这点使我们不放心。由于不放心,这就导致了产生我曾提到过的台北的声明。但是,经与斯特鲁布尔会谈后,双方已有较好的谅解。因此,政府已发布训令,命令宣传界不要轻率推测,应采取友好的解释态度,作为报刊评论的基调。他要我相机向美国当局婉言解释导致先前发表声明的原委。

叶公超在另一份电报中告诉我,斯特鲁布尔的来访和他同我们就军事合作问题所进行的讨论业已取得具体成果。他说,据斯特鲁布尔表示,台湾和澎湖列岛以外的许多其他岛屿如金门岛等,不属于第七舰队防务职责范围以内;斯特鲁布尔还说明,美国准备承担联合控制和侦察之责。

叶公超的电报接着说,今天(7月11日)他亲自通知美国代办三点。(显然,提出这三点意见前,台北当局已有所讨论,因为同斯特鲁布尔的会谈大概是在10日星期一举行的。)这三点如下:

(1)鉴于我们负有保卫大、小金门岛之责,因此对共产党的炮攻隔海予以回击,理所当然不能视作对中共采取军事行动。

(2)我们将继续对台湾沿海的中外航运实行海上封锁,但是对大陆沿海水域,我们的封锁令只限于挂我国国旗或中共旗帜的船只。

(3)我国政府理解第七舰队的保护范围仅限于台湾和澎湖列岛。

叶说,他并告知代办,上述诸点,双方应严守机密。

叶还说,驻台湾海军武官和第七舰队派至台湾的十名情报官员未同我们就有关新闻、谍报的交换等事宜进行讨论。接着,他提到我 7 月 7 日和 8 日电报中所提各点,说是受到台湾各方人士的很大关注,并说已经指示各家报馆,不要发表任何带刺激性的或足以被共产党利用的声明或评论。

7 月 13 日我接到叶公超另一份来电。电报中说,据可靠情报,陈毅所部第八、第九兵团共十二三万人已开始调往福建。此外,福州的机场跑道已拓宽一倍。根据我们最近的情报,中共确在准备进攻台湾和金门。

他要我向美国方面提出此事,并告诉他们,为了保卫台湾、金门,我国空军不得不轰炸大陆上的机场以及共产党方面集结的部队。他说这一行动实为我方防御之必需,切望美国方面予以赞同。叶并说他已通知美国代办。

由于已经接到叶外长上述来电,当同一天我读到《纽约时报》上伯顿·克兰从台北发来的报道中引证吴国桢省主席的话时,不免大为惊讶。该报道称,吴主席对中共必将下令进攻台湾一事,表示怀疑,因为他认为不出三周即将进入台风季节。吴说:"事实上,台湾海峡从 9 月底到明年 3 月初风浪很大,大家一致认为,在明年 3 月 1 日以前,入侵台湾的危险业已消失。"

次日,我将这份报道的要旨抄送叶公超一份,并询问来自大陆的入侵威胁的实际情况到底如何。我还对他 7 月 13 日的来电作了回复,文字相当长,以供政府参考,并劝告不要坚持我方有权或有必要轰炸中共大陆以破坏他们的飞机场和攻击其准备入侵台湾而集结的军队。我说,华盛顿可能认为这是我方有意扩大朝鲜危机,这样就给了美国政府以撤回保证阻止入侵台湾的借口。

我说,尽管美国把援助南朝鲜和防卫台湾这两件事合在一份声明中,但是两者的有效程度并不相等。美国援助南朝鲜是根据安理会的决议,对此有些国家已作出响应,并付诸行动,甚至已有某些国家派遣海、空军去南朝鲜参与保卫工作。但在保卫台湾问题上,美国的声明是单方面的,各国没有赞同的反应,与此相反,英国已通知美国不想参与。此外，声明中有关台湾的部分，措词明确，一方面命令第七舰队执行美国的政策，另一方面又禁止我们对大陆发动任何进攻。

关于美国对南朝鲜的支援，我指出美国政府并未做好充分准备，也未提供足够的兵力。因此，在它急遽进行援助南朝鲜时，军事上很难取得成果，因此在朝鲜出现了困难的局面。目前的情况是，美国政府确实在忙于调兵遣将，以加强其在朝鲜的兵力，期望挽救局势，防止丢失整个南朝鲜，以免使自己陷入"骑虎难下"的困境。

我指出，遭受挫败的情绪目前正萦绕在美国朝野人士的心头。如果我们现在要求美国同意我方轰炸大陆，尽管这对我方的自卫是不可避免的行动，但是美国会把这看作是我们对他们提出的安全保证不予信任的迹象，或者他们甚至会猜疑我们的真正意图是想加剧局势恶化，增加他们的困难。我说这样甚至会使同情我们事业的人丧失信心，助长本来反对美国向台湾提供安全保证的人的声势，鼓励他们主张改变政策，以解除美国承担的一切责任，与此同时，还迎合了这里一股反对国民党中国的舆论的意愿。

我还说，即使我们使美国政府谅解了我们的困难，它要同意我们的做法，就必须修改它声明的政策。换言之，我们无异于要求美国"朝令夕改"，这也是美国难以同意的。

我的意见是，在这样的危急时刻，我们处理局势一定要非常小心慎重。至于对金门的防务，由于斯特鲁布尔业已向我们宣布，它不属第七舰队防务责任范围以内，因此我们依然有行动的自由。至多只须事先通知他，以便取得他的谅解。也要通知麦克阿瑟总部，目的在于使它了解最近情况。但是关于我们想轰炸中共大陆的机场和部队以阻止他们入侵台湾，我方这类行动则与美国保证台湾安全的声明直接冲突。如果坚持我们的主张，我担心会影响美国对我们的态度。

我还进一步指出，我国国际地位仍然孤立。我国向联合国控诉苏联一案虽仍保留在议事日程上,但是要对这件事的是非曲直进行讨论,或判定苏联为侵略国,都不可能实现。其真正原因在于美国不愿支持我们,而其他国家则又唯美国的马首是瞻。

因此,不仅联合国不会理会苏联的罪恶而予以裁决,而且有些国家像英国、印度等已承认了中共政权,眼下正在谋求剥夺国府在联合国的代表权,以实现中国共产党的愿望。他们用牺牲国民党中国的办法,指望影响苏俄,以便一举而同时解决南朝鲜的战事和代表权问题,因此要同莫斯科达成一项默契。(两天前我已就这一问题发一份电报给外交部。)

我说,为了应付这一局势,我们务必十分谨慎,免得美国再向坏的方面改变它的对华政策。我建议,我们应耐心谨慎,等待局势向有利方向转化。目前中共部队正向朝鲜边境集结。如果他们真的入侵朝鲜,参加作战,这就明显地证明他们把美国看作敌人。届时美国很可能同意我们派遣部队去南朝鲜,甚至鼓励我们反攻大陆,从而形成中美联合阵线,两国再度成为盟国。

最后,我说由于台湾的防务问题影响到我国军事方针,加以我国政府正当处境维艰之际,因此情报一定要准确无误。我本人由于远在美国,因而不想对这个问题提出我的看法。不过,由于这个问题在外交方面也有潜在的影响,特别是在同美国的合作方面关系重大,因此,我对这个问题不揣冒昧,还是提出了上述浅见,仅供政府考虑。

星期五晚上,我前往恩格尔伍德,途中又起草了一份电报,到宾夕法尼亚火车站时寄给了大使馆发往台湾。电报是汇报蒲立德对上述问题的忠告,我在前一天下午见到了他,他的意见同我一样。

两天以后我到宋子文的哈里森乡村别墅访问,宋也认为台湾应保持耐心,避免刺激华盛顿。由于朝鲜局势恶化,美国受到的压力很大,弄不好它可能放弃台湾不管。(事实上,7月14日有消息说,北朝鲜人已越过锦江,美国人和南朝鲜人目前正在进行后方保卫战。南朝鲜政府已经撤离位于锦江南岸的临时首都大田，迁往更南的大邱。)

宋子文同我在进晚餐时一起交谈了有关朝鲜的局势，认为可能发展成第三次世界大战。他说这就是第三次世界大战的序幕。我说这就要看苏俄的意图了，不过我也想不出一项妥协方案，既能挽回美、苏双方的面子，又能真正解决问题，而不是临时停战。他还认为战争的结果，在美国必然会引起通货膨胀，不过美国的经济实力比起苏俄来还是占有无与伦比的优势。我同意他的看法，认为情况确系如此。但我说这场战争可能长时间拖下去，虽然结局肯定有利于民主阵线。

次日7月17日，我接到叶公超就我劝告对轰炸大陆机场和共党集结部队一事应该慎重的电报的回电。他说我的见解甚是，接着他解释台湾当局何以作出此项建议。他说，鉴于中共在积极准备入侵台湾或金门，加以美国正全神贯注于朝鲜战争，我们已向美国建议，由我们轰炸大陆的机场和部队，以减轻美国在防卫台湾问题上的困难。他对我说，关于此事，美国代办已于7月15日亲自通知他，美国政府基于杜鲁门总统6月27日的声明，认为我方建议与美国政策相左，因此难以同意。

事实上，7月14日我还就斯特鲁布尔访问台湾和我方同他的会谈情况另外发给叶公超一份电报。倘若7月11日叶给我的电报中所提三点已同斯特鲁布尔讨论过，我想知道迄今是否有任何反应。我还问到斯特鲁布尔对我们建议的轰炸大陆机场和共军部队的事是否已经接受或者默认。我想知道，除了叶曾通知美国代办说明此事外，政府同斯特鲁布尔或东京的麦克阿瑟是否已有所接触，以便弄清他们的观点。

我又告诉他，几天前在一所美国大学中，我碰巧见到国务院中国科新任科长柯乐博。他告诉我，斯特鲁布尔访台与国务院备忘录中所说的由麦克阿瑟委派一名代表去台湾是两回事。(他指的是国务院1950年7月1日的备忘录，即婉言谢绝我们提出派遣

军队去南朝鲜支持联合国军的建议。该备忘录一方面对我国建议表示赞赏,同时又说:

> 然而,鉴于北平中共政权发言人近日来一再发出大陆共军将入侵台湾的威胁,美利坚合众国政府认为,在就出兵朝鲜、削弱台湾防卫兵力是否明智一事作出最后决定前,宜由麦克阿瑟总部派出代表会同台湾中国军事当局就台岛抵抗入侵之防务计划举行会谈。麦克阿瑟总部将与台湾中国有关军事当局取得联系。为此目的,将由麦克阿瑟总部从东京派出代表。)

最后,我问叶公超,麦克阿瑟是否仍有意派遣一名代表同我国军事当局进行磋商。

7月18日,接获叶公超对我所提几点附加意见的复电。复电中说,我电报里提的三点,是在斯特鲁布尔离台后才送交美国代表请其转交国务院的。就在同一天(7月18日),他(叶)还给东京的中国代表团团长何世礼发出一电,要他向麦克阿瑟询问此事。

叶证实了斯特鲁布尔访问台湾是受命于麦克阿瑟的,并说斯特鲁布尔有重访台湾之意。不过斯特朗代办说,他本人并未听到麦克阿瑟将另外委派一名代表同我国当局举行会谈之说。

关于我所询问大陆可能入侵的真实情况,7月15日接到了外交部的回电。电报说,台湾方面对中共可能进攻的日期,众说纷纭。国防部根据自己的谍报,认为共军即将发动进攻,因为他们已经准备就绪,最近又在加紧部署。自7月下旬到9月底,预料共军会利用这段时期的气候条件随时可能发动入侵。10月份后气候条件有了变化,入侵得冒更大的风险。

美国大使馆武官处也认为7月至9月间进攻台湾对中共较为有利,因为气候条件合宜。不过,由于这期间有飓风,因此他们认为进攻也许在10月份。他们还认为中共的准备工作尚未就绪。柯克上将发表了另一种见解,认为如果苏俄不给提供海、空军支援,他们便无法渡过海峡。(柯克是第七舰队前司令,当时他是台湾一家专为国民政府经营进出口业务的美国公司即中国国际商业公司的负责人。他还是军事顾问。)至于吴国桢向记者发表的谈话,外交部认为那是他个人的意见。政府是从根本利害着想的;从整个看来,政府认为入侵随时都有可能。

7月18日我去蒋廷黻处访问他。他说已向美、英两国驻联合国代表提出建议,为了反击朝鲜战争中的共产党宣传——说什么白人,主要是指美国人和英国人,在对朝鲜人推行帝国主义政策,以便统治亚洲——因此让一些亚洲国家军队参加作战是明智的。如果不是国民党中国的军队,那么像菲律宾等其他国家的军队也行,同样会起这种反宣传作用。

他还向他们说,安理会有必要通过一项决议,强调反对北朝鲜侵略的军事行动,具有纯洁的动机,保证在联合国主持下,绝无一个国家在反侵略中谋取任何领土或特权。美、英两国代表对于通过这样一个决议的可取之处均表赞同。但蒋又说,在美国代表罗斯同国务院磋商后,美国代表团下定决心答复他说,他的主张是令人感兴趣的,但有些技术问题难以解决,例如,由谁在安理会提出这一决议案,苏联代表是否会加以曲解。

然后,蒋和我一起讨论了蒋委员长给我们两人的电报,要我们警惕印度和英国在朝鲜危机上搞妥协,即让中共政权进入联合国,而排除国民党中国的代表权。蒋说,他前些时候已电告外交部,成功湖其他多数国家的代表团对印度的行径均不持赞同看法。

蒋委员长的忧虑是可以理解的。紧接着安理会6月27日决议之后,英国和印度两国政府便各自单独活动谋求和平解决朝鲜危机,主要是通过他们的大使在莫斯科进行试探。英国的试探甚少成果,但印度的方案取得相当大的进展,这个方案就是把在朝鲜取得共产党的合作同让共产党中国进入安理会联系在一起。

这样做符合印度一直主张北平政权进入联合国的立场。现在印度又坚持说,北平的席位和苏联代表回到安理会不但对联合国发挥其职能是必要的,而且对恢复朝鲜和平也是必要的。

早在7月7日,我发给外交部一份伦敦合众国际社的电讯摘要。该电称,英国驻莫斯科大使曾会见过苏联副外长,讨论朝鲜问题。接着苏联政府发表一份声明说,苏联政府对英国大使提交的备忘录尚未作出答复,因为英国大使没有提出解决朝鲜问题的任何方案。外交界人士认为,看来苏联的态度在于促使英国提出一项具体的解决办法。

印度人并不那样慎重拘谨。我在电报中接着说,据新德里电,尼赫鲁在一份公开声明中说,核弹应禁止使用,共产党中国应允许参加安理会的协商工作,并说这和苏联回到安理会是迅速和平解决朝鲜问题的两个必不可少的条件。

我在7月12日发往外交部的另一份电报中进一步叙述了英国和印度的立场。我说英国已提出派一支海军分舰队参加朝鲜战争,这就非常清楚,它不打算参加第七舰队对台湾的防务。美国的反应是对此颇为谅解,美国也不打算同台湾准备进攻大陆的事发生任何关系。

至于印度,我说,它以亚洲盟主自居,希望在东西方之间充当调解人的角色,从而在世界舞台上突出自己。它极端妒忌中国,想在国际舞台上取代中国。它企图剥夺我国在联合国和其他国际会议上的代表权的行径,比起英国来还要露骨得多。我进一步指出,自印度承认中共政权以来,这里大使馆同印度使馆已不再保持接触,但我们仍有必要继续活动,防止印度实现其追求的目标。

就在第二天,尼赫鲁向斯大林和国务卿艾奇逊分别发出了内容完全相同的信件,信中阐明了他的目的。实际上,他认为停火和从南朝鲜撤军,要视是否把国民党中国在安理会的席位给予共产党中国而定,如果给了,苏联代表就会回到安理会参加会议;他

说,这一切配合起来便能恢复和平。但是 7 月 18 日艾奇逊的回复却坚决反对尼赫鲁的建议。他说:

> 联合国可能面临的困难,最严重的乃是和平遭到破坏,或者说是侵略行为。我们认为,结束北朝鲜的侵略,绝不会取决于联合国对眼下摆在面前的其他问题的决定。
>
> 任何时候都没有出现过任何阻挠苏联充分参加联合国工作的情况,除非苏联政府自己决定不参加。安全理事会业已显示出有能力并愿意为维护和平而竭力工作。
>
> 我们认为,关于中国在联合国的席位,对各争执国家政府的争议,须由联合国根据实际情况作出决议。目前联合国各会员国对此一问题所持意见分歧颇大。我知道你会同意,该项决议不应受非法侵略或其他对联合国构成高压或胁迫的任何非法行为所左右。

上述复信于 7 月 19 日在美国发表。那天我在日记上写了以下数语:

> 国务院公布了就尼赫鲁以接纳中共政权进入联合国安理会为基础的调解努力所答复的信件。美国对尼赫鲁建议坚决加以拒绝,但措辞委婉。

尼赫鲁 7 月 19 日回复艾奇逊的信也同时发表在新闻稿中,信中感谢杜鲁门和艾奇逊对他的信件给予考虑,并为他致力于调解的理由辩解,例如他说:

> 印度政府自 1949 年 12 月 30 日承认中国的人民政府以来,一直力求实现接纳其代表进入联合国的各种组织和机构。我们现在的建议乃是这一努力的继续。此系实事求是提出,并望能为和平解决朝鲜问题创造一适宜的气氛。我认为现在接纳中国进入安理会不会助长侵略行为。

尽管尼赫鲁继续这样坚持他的目标和辩解,但是鉴于艾奇逊的答复,尼赫鲁的调解努力至少已被暂时搁置起来了。英国的调解活动也停止了。

7月22日我又发给台北叶公超一份合众国际社的电讯摘要。该电讯说英国驻莫斯科大使于7月20日提交苏联副外长照会一件,大意为:(1)不应将中共在联合国的代表权问题作为解决朝鲜战争的条件加以提出;(2)如果苏联有意协力解决朝鲜局势,应以联合国决议为基础。因此我说,英美两国的态度现在已趋一致,英苏磋商就此中止。

至于联合国总的反应,蒋于18日告诉我,多数代表对印度的作法表示不赞同。不过印度和英国的努力自有其奏效之处:中国的代表权问题再次被提了出来,这个问题肯定已列入9月份即将召开的联合国大会的议程,有些报道就是这样肯定的。

7月12日中国驻古巴代办郑伯峰前来告诉我有关古巴的立场,他说古巴总统的当选尽管得到古巴共产党的支持,但他本人是反共的。总统已向他保证,古巴决不承认中共政权。7月13日下午,蒋廷黻给我打电话说,刚接到外交部电报,通知他埃及外交大臣告诉我驻开罗公使,埃及将不支持接纳中共政权进入联合国的任何建议。但是外交大臣又说,埃及由于影响不大,国力有限,如果问题的解决决定于它所投的一票时,它是不能坚持很久的。(当时安理会中有一名埃及代表,当然,一票之差可以使情况大不相同。)

7月27日,国际货币基金组织中国执行董事顾翊群向我汇报了几桩令人深感兴趣的事。第一,国际货币基金组织的埃及执行董事告诉他,印度驻开罗大使曾专访埃及外交大臣,游说埃及投票支持中共政权进入联合国。不料大臣对大使说,埃及歉难同意,即便美国这样要求,它也不会同意。

其次,他说巴基斯坦参加了基金组织,并且报告说它的货币原有票面价值没有贬值,引起了印度的忿怒。由于印度的货币早已贬值,它要求巴基斯坦的货币同样贬值,以防贸易竞争中处于不利地位。顾翊群说预料在基金组织执行董事会议上,印巴两国之间免不了有一场恶斗。印度理事已在开始谋求其他一些理事的支持,但美国态度对印不抱同情,因而两国关系不很友善。

早在7月19日,我听到一则有关朝鲜局势和它在美国政治舞台上所引起的反响的有趣汇报。蒋荫恩来对我说他同奥凯里赫上校的谈话情况。上校刚从五角大楼听说,路易斯·约翰逊大概要辞职,并将参加1952年的总统候选人提名竞选。朝鲜危机使约翰逊的政策受到太多的批评,批评他缺乏远见。美国士兵在朝鲜简直不愿作战,其中有许多实际上是拒不作战,只是当局不敢泄露这个事实,蒋认为危机将是长期性的。

次日即7月20日,蒋荫恩又来汇报说,奥凯里赫得悉一些其他方面的可靠消息。他说,第一,美国政府已决定直接进入北朝鲜,以便一劳永逸地解决朝鲜问题。约翰逊将以他的职位作为这次军事行动的成败的赌注。他因为第一次从日本派去南朝鲜的美军作战无力而受到指责。话说回来,这些士兵大部分是接替退伍军人的新兵,毫无作战经验。这就是他们拒绝作战或缺少战斗力的原因。可是,现在约翰逊已获得总统的谅解和批准,直接从美国本土调派军队去朝鲜。由于在美国水域内俘获了几艘苏俄潜艇,它们的机械装置已被暴露,对付它们的防御武器已经设计出来,因此不用再担心运兵和运载给养的船只会受到苏俄潜艇的阻挠。大约在8月中旬就可以发动反攻。

当时,由于对苏俄对美国的政策。态度和意图所引起的猜测,使国际气氛非常紧张。普遍认为美苏之战终归难免,就看莫斯科是愿意立即挑起战争还是等待一个时期。显然,苏联潜艇一直在公海上往来游弋,监视美军的活动。不过,据报告透露,这些潜艇已被发现,现在已经能够拦阻其活动,这样遂使美国部署军队有较大的自由,不必担心同苏联人突然发生对抗。

其次,奥凯里赫听说艾奇逊反对没有英军参加就派军队进入北朝鲜的决定,但同时他对取得英国同意派遣地面部队一事仍是拖延不决。另一方面,约翰逊已经说服了杜鲁门授权美军单独出兵北朝鲜。如果进军失败,约翰逊将辞职引退,这样也可让他为1952年竞选总统作些准备,或者为吉米·贝尔纳斯作候选人而效劳出力。

奥凯里赫所谈,虽不可视为确实无疑,但极有意思。据当时公认,联合国军的目标是恢复战前的原状。换言之,联合国军和美军不得越过38度线。可是事实上,三周以后,即1950年8月10日,美国代表沃伦·奥斯汀在联合国的发言中却宣布联合国行动的目标是统一朝鲜,这是美国想跨入北朝鲜的第一个信号。

7月21日曾琦来访,他对我说,美国人在朝鲜对付共产党敌人时太天真了。他认为美国人只占据点和线,而不是面,这样要打败共产党人是毫无希望的。(事实上美军作战一直不太顺利。据前天报道说,美军最后丧失了大邱;即使新调来两个师在釜山以北的东海岸登陆,增援美军第二十四师,他们仍然不能发动反攻。而且,美军司令迪安将军据说已失踪。)

曾琦说,共产党擅长打游击战,也善于打阵地战。又说,他可以给美国将领出些主意,如果我看到有机会的话,他乐于会见他们。他本人并未见过多少美国要人,因为他不会英语。他说了解共产党的战术,这对美国人是重要的。

这天,医生给我注射了一系列预防霍乱、斑疹伤寒和副伤寒的针剂。我决定应蒋委员长之嘱离美返台,并打算尽快成行,在那里呆三两个星期,以便同政府磋商问题。

第二节　赴台磋商时局问题

1950年7月下旬—8月21日

7月18日叶公超来电,奉蒋委员长指示,要我回台参加为期两周的会议。21日我即决定赴台,因此找医生为我注射必要的防疫针,于星期五晚赴纽约稍事周末休息并商议问题。

星期一宋子文来访,我们照例交换了彼此的看法。他认为蒋委员长宣布解散国民党中央执行委员会和中央监察委员会是排除 C.C.派势力和蒋夫人娘家亲属的影响。他揣度这是王世杰、张群等人鼓动的,为的是牢固地树立他们自己的政治势力。

据宋说,蒋夫人最近为了家庭的事打电话给孔祥熙夫人,实际上是告诉她同第七舰队斯特鲁布尔上将进行的会谈取得了成功。她还邀请孔祥熙和他(宋子文)回台湾。(这是蒋夫人的一种善意暗示,我认为她的建议是想平息台湾兴起的一股抨击之风,说是孔、宋两人侨居美国,安享他们贪污营私之所得,而台湾老百姓却生活在水深火热之中。)然而宋子文托我抵台后代他问蒋夫人,他在台湾能干些什么,除非给他某种明确的任命。此外,宋说,他的左臂和左手需要经常治疗。

宋还认为,面对杜鲁门提出防止大陆进攻台湾的保证和使华盛顿感到操心的北朝鲜的危急局势,我们应保持有尊严的缄默,一旦共产党当真入侵,就要求美国履行诺言。他说现在提出许多问题要美国政府回答是不明智的。

我也是那种看法。最近,大约五天前,我向使馆武官皮宗敢就表示了这种看法。皮是来汇报他同众议员周以德的谈话的。周以德对他说,他曾向负责远东事务的助理国务卿腊斯克质问有关杜鲁门的声明。如果台湾行使其反攻中共大陆的权利,杜鲁门有关保护台湾的声明实际上变成要攻打台湾,他问这是怎么回事。周以德认为,杜鲁门在同一份声明中,一面维护公法,反对北朝鲜的侵略,一面却禁止台湾对中共的侵略采取行动。腊斯克对他说,根本不是这个意思;声明是在仓促中起草的,主要意思是防止冲突的扩大。他对周以德说,他打算为此向中国大使作一解释。我对皮说,腊斯克对我没有直接作过解释,但是他确实讲过,声明是在朝鲜危机的紧急时刻中匆忙拟就的。我自己也没提出这件事,因为鉴于目前我国的处境,我们得现实一些,同美国搞好关系,不要去纠缠面子和声誉的事。

星期一我同宋一直交谈了大约四十五分钟,这时胡适和蒋廷黻来了。我和他们三人共进午餐,以便讨论中国在当前世界局势危急的时刻应该怎样行事,以及对形势发展的估计。我向他们提出了三个问题,希望能把他们的看法转告台湾,因为我肯定抵台后有人会向我问起他们的意见。

胡适首先谈到 6 月 23 日他在纽约同腊斯克交谈两小时的情况,那天正是北朝鲜入侵南朝鲜的前夕。他说,这次谈话是弗雷德里克·麦基安排的。他首先向腊斯克解释,自从他们上次谈话以来快一年了,有鉴于"国务院在对华问题上毫无建设性的政策",他没有拜访过华盛顿方面的任何要人。接着,他对腊斯克说,作为一名历史学者,他清楚地看出,美国如果建设性地运用一些政治手腕,本来是可以防止第一次和第二次世界大战的,自己也可以避免卷入其中。他说目前世界局势充满冷战寒潮,这并非美国期望避免的第三次世界大战的序幕,而是第二次世界大战没有真正结束。

胡适还对腊斯克说,由于缺乏美国海军的支援,中国大陆已沦入共产党之手,并且造成了远东的紧张局势。抗日战争中,美国的道义上的支持,使得中国在困难重重中仍能顶住了侵略。这次美国拒绝给中国以道义上的支持,已导致了中国的沦陷和亚洲的危机。

腊斯克评论说,照胡适这样说法,这一切都是美国的过错了。胡适断言说,正是那样。又接着说,所谓院外援华集团,腊斯克原来表示反对,认为不明智,事实上从来就不存在。(我和胡持同样的看法,制造"院外援华集团"正是为了损害国民党中国的形象,这是有利于反华政策的论点,同时也是受参议员麦卡锡观点支配的人推出的一项对策。)胡举出国会通过为数不多的七千五百万美元军事援助供给"中国地带"之用,而杜鲁门总统从未对中国花过其中一文钱。胡对腊斯克预言,美国如继续其非建设性的政策,将会卷入第三次世界大战。他对我们指出,他的预言第二天就部分被证实了,因为就在那天,北朝鲜发动了对南朝鲜的入侵。

我问胡,腊斯克想同他谈话的目的是什么。胡说,腊斯克问起他有关自由中国运动即自由同盟的发展情况,这个同盟胡一直在筹划组建中。他回答说,作为一个平民,无论他本人的声望在这里有多么高,但他没有丝毫权力。由于没有权力,他不能领导任何运动或组织政府。他对腊斯克说,他认为蒋委员长是唯一的领袖,尽管实际上他承认,在国务院的心目中,蒋委员长是不受欢迎的人,而且只要蒋委员长还是中国的元首,美国便不会向自由中国提供军事援助。

记得中国农村复兴联合委员会主任委员蒋梦麟在同许多美国人士交谈后,特别是同经济合作署的克利夫兰和菲利普·杰塞普谈话后,对于援华的前景也得出了相似的结论。就在星期一这次会谈前一星期左右,蒋廷黻曾对我说过类似的话。那是7月18日的事,当时我们正在讨论英国和印度企图以牺牲中国为代价调解朝鲜问题,和国务院的对华态度。他说尽管美国保证防止对台湾的进攻,它的对华政策仍原封未动。这话是对的。他又说,美国和英国(贾德幹)曾问起他一年前主持组织的第三政党的情况。他回答说,鉴于目前的远东局势,推动该项工作需要时日。但是蒋廷黻说,实际上要劝蒋委员长下野非常困难,特别是同李宗仁发生分歧以后,因为这样做意味着李的再度上台。

蒋廷黻认为最好的办法是蒋委员长纯粹作为宪法上的总统,政府依新宪法行使其职权,此后不受他的干预。他认为这样也许使美国对他较能容忍。蒋说蒋夫人返台前,他把这个意见对她说了,但迄今尚未听到她的回话。他断定说,他的想法不为台北所赞同。

蒋廷黻还对我说,联合国中文翻译处当时的处长赖琏和纽约市唐人街《美洲日报》编辑潘公展曾问他说,是不是他和我可以同他们一起讨论一下如何重整台湾政局问题,以便克服美国政府的反对,好对中国进一步提供军事援助。他说晚上他要同他们见面。我说最好我不参加了,而且中午我就得去华盛顿。

有几个原因使我不想去参加讨论。第一,他们两人都是国民党老党员,他们心里是怎样想的,我不清楚。国民党监视得非常严密的正是非国民党人士方面组织政党的任何企图,这是国民党人所最不愿意的事。至于这些人要求讨论问题的真正动机,我不清楚。我想也许他们只想引我们谈谈看法。正如我先前在谈论第三政党的问题时指出的那样,台湾的新闻记者在我8月份刚抵达台湾时,确切地说,在我刚下飞机到达台北机场时,就问我他们可否报道一下有关我同蒋廷黻和胡适一起另组政党的事,以及这方面有何进展。连蒋委员长也向我问起此事。

星期一的聚会上,胡适发表意见,他建议委员长摆脱国民党总裁之职。胡称国民党为"庸人党"或"耗子窝"。他认为这样做是符合美国政府期望的一项实在办法。第二,蒋委员长应为他自己万一遭到不测,例如病故或被炸死而准备好总统继承人的应急措施。又说李宗仁尽管是副总统,但他不能被视为合适的继承人。胡适就是这样把他的观点表达得非常坦率,因为我同他相识至少已有四十年之久,我们经常开诚布公地谈论问题。

蒋廷黻说,他对国民党政府的前途很悲观,尽管在半年内,也许它还能存在,因为美国在这段时期内不大可能承认中共政权。但是如果朝鲜局势能圆满解决,美国,特别是国务院,便会承认中共政权。即使第三次世界大战爆发(他认为不大可能),美国即便打胜,也不会支持蒋委员长领导下的国民党政权,帮助它返回大陆。更大可能是,美国期望大陆上某些非共产党人士和具有自由主义思想的人士,甚至于是脱离莫斯科势力范围的共产党人和非共产党人士,联合组成一个政治集团,在美国帮助下建设新中国。

我说,我对美国的真实对华态度也是这种看法,午餐前我对宋子文就是这样说的。不过,我认为,目前正当世界局势风云变幻之际,在今后几个月内,采取上述决策,以期获得美国百分之百的支持和援助,现在为时还不算太晚。如果没有这种善意的支持和帮助,自由中国注定要失败,甚至台湾可能失守,这不一定归罪于共产党的入侵,而是由于美国的政策。因此,中国现在正处在十字路口。我还对他们说,如果发生第三次世界大战,我相信美国最终会获得胜利,但是这种胜利,只有付出很大的努力和经过持久的斗争才能获得。

胡适强调台湾必须实现真正的民主化政策,并引证了土耳其总统伊诺努由于民主选举的结果,把政权和平移交拜亚尔的例子。蒋廷黻则着重指出保卫金门岛的必要性,并认为为此不妨从台湾派遣空军轰炸附近的大陆地区。但宋子文说,这个办法现在恐怕行不通,因为苏联供给中共的喷气式飞机能轻而易举地击落国军的飞机。

我说,美国公众对中国人民至少仍很友好,愿意帮助他们。连杜鲁门还对我的一位朋友说过:"不要担心,美国不会让中国人垮掉;他们将在美国的帮助下重新获得自由。"这种帮助正是我国救亡工作所必不可少的。

对美国前驻南斯拉夫大使理查德·帕特森请求为即将到来的大选给民主党基金会捐款一事,蒋征求我们三人意见,看是否可行。我们大家都不赞成,认为不可取,哪怕这么做的真实意图是为了使白宫把政策改变得有利于国民党中国。

午餐过后,我去拉瓜迪亚飞机场搭机回华盛顿。次日上午,我会见了助理国务卿腊斯克,告诉他我即将返台一行,并问他几个问题。我反复思考了召我回台的原因,在脑海中系统形成一些人们必将询问的问题。这些问题可以归纳如下:(1)美国对我国沿海岛屿的政策;(2)对台湾的军事和经济援助问题;(3)发生第三次世界大战的可能性和迹象;(4)美国对刚爆发的朝鲜战争的政策;(5)接纳共产党中国进入联合国问题。我觉得这些问题想必都是蒋委员长和其他政府首脑一直萦绕心头的重大问题,正如最近几个月内他们给我的电报中所表明的那样。因此,为了给蒋委员长和政府带回对美国政府的政策和态度的最新评价,我决定弄清国务院最近的一些观点。为此,我约好了会见远东事务司司长腊斯克,还拜访了对日和约问题顾问杜勒斯,他同国务院有非常密切的联系。

在约见腊斯克时,我曾指示使馆秘书向腊斯克说明,我不想麻烦国务卿,深知他忙于重要公务。换言之,我想要的是坦率的观点,而不是对我所提的对华政策问题进行搪塞或躲躲闪闪回避答复。按照经验,我预料国务卿是会这样做的。

会见时我对腊斯克说,我即将启程去台湾磋商国事,预期离美两周。我向他说明约见的目的,是想了解美国政府在一系列问题上的见解,其中有些在前次会谈中早已提出过。我特别关注载于我7月7日交给他的备忘录中的问题,例如中国大陆沿海的一些岛屿问题,国民政府在那里仍保持着重要的阵地,但中共一直在进攻。

腊斯克立即说,美国政府已经通知台湾中国当局,总统命令第七舰队防止来自大陆的进攻的范围,不包括那些岛屿。当然,中国当局可以采取必要的措施以对付中共的进攻。至于恢复空中侦察问题,美国政府已通知国民政府可以恢复和平的空中侦察。

我仍提出关于大陆沿海岛屿防范共军进攻方面,我国政府想知道美国政府对台湾拟派飞机轰炸中共在大陆上准备发动进攻的设施,特别是准备入侵台湾而集结在沿海的军队的意见。关于轰炸问题,我说我以为美国政府难予支持,因为这样做与杜鲁门总统给第七舰队的命令相违背。

腊斯克说,已经通知国民政府,美国政府难于同意此点。为了保守机密,国务院对我在备忘录中提出的各种问题是一件一件答复的。他认为对外国船只的搜查和封锁问题还得研究。他还说,中国政府对航运方面的所作所为已经引起了一些麻烦。

我猜测腊斯克指的是一艘英国商船沉没的事。我说已接到台北来电说,这次意外事件的发生是由于中国海军司令在危急时刻下令造成的,现已向英国当局致歉。我继续说,我国政府也打算轰炸大陆上为入侵台湾所作的准备,例如集结的军队和飞机场等。但我认为美国人很难赞同,因此已建议我国政府不要坚持此点。

腊斯克说,任何这样的轰炸都与杜鲁门总统的命令背道而驰。美国所以不赞同的理由是,由第七舰队提供保护在政治上和军事上的裨益,超过了这类轰炸所能带来的任何利益。美国军事当局的经验是,一般的轰炸飞机场和其他军事设施是无效果的。为了奏效,必须是连续持久的战略轰炸。他认为中国当局为了保卫台湾,应保存一切军事资源。保卫台湾是当务之急。要是中共实现其进攻台湾的威胁,那就会出现不同的局面。第七舰队将会有所行动,同时他希望台湾当局也要奋起保卫台岛。这也可能引起联合国的关注。它同中国政府早已提交联合国的问题不同,因为这样一来就成了维护国际和平与安全的问题了。

我接着提出另一个问题,征求腊斯克的意见。我问在同共同的危险斗争中,为了使国民政府的政策同美国更趋一致,国民政府该怎么办。我说我深深感到,由于两国政府都在进行保卫共同事业的斗争,双方之间应更加密切合作。

(当天我在日记中写道,我想提出的问题中,这个问题最为重要,即在当前情况下,我们怎样做才能使我国的政策与美国的政策更趋一致,以便为了共同的事业,促进两国间的合作,那是我一直为之奋斗的目标,因为甚至在哥伦比亚大学当学生的时代,我便深信中国人民和美国人民是天生的朋友,他们应通力协作,以促进世界和平。)

腊斯克不是直接回答我的问题,而是提出问题来反问我。他说他想知道报刊上报道的国民党大改组的真实性质是什么。(他指的是蒋委员长解散中央执行委员会和中央监察委员会,就是前天宋子文同我讨论的那个问题。)

我回答说，这是又一次努力，实行改革，改善处境，以平息国外的批评，满足民众的愿望。换言之，这是一场国民政府和国民党努力走向民主化的尝试，排除妨碍改革和前进的分子，引进更加自由和民主的新生力量。

我说从政治上看，委派吴国桢为台湾省主席就说明了这种倾向。吴在岛上给台湾人享有更多的行政管理权，以满足人们的愿望，他在这方面的工作一直很出色。如条件许可，吴主席正在为今秋举行另一次选举工作作准备，以便使议会能更加代表民意。军事上原来的多头指挥已进行精简，协调和合并。那些持有更多自由思想和更为合格的人，被授予更大的职权。因此总的来说，我认为台湾的局势已有很大的改善，并继续向好的方向前进。

腊斯克说，国民政府可以不仅把自己看做是台湾的合法政府，也是大陆人民的合法政府；但关键在于保住台湾，这是首先要考虑的问题。他知道中国政府当然旨在光复大陆，但那必须付出极大的努力，单靠台湾岛上的有限资源，很难完成此项任务。为了保卫台湾，集中保存岛上的一切资源，改组国民政府，以满足人民的要求，是明智的政策，这样可以赢得人们的信任和支持。

腊斯克说，几个月来美国政府已接到台湾改善局势的喜讯。吴国桢处理行政事务颇具才干，希望他能继续执政。但最近几周来的报告却不令人鼓舞或安心。他认为万一台湾遭到入侵，岛上武装部队的忠心并非毫无问题。当然，第七舰队将尽力防止任何对台湾的入侵；但可能有些帆船会逃过舰队的火力和岛上防军的警戒，而在岛上一些地方登陆。正如一名神枪手能够打死池塘中一大批鸭子，但总会有几只逃脱。腊斯克重复说，因此为了保卫台湾，保存岛上的资源，继续致力于改革，以便加强政府在人们心目中的地位，这才是当务之急。

接着，腊斯克问我，有关东北和华北方面的民情有何消息。

腊斯克怀疑在东北和华北的中国人是否会赞同中共政权的亲苏政策。他认为像毛泽东这样的人物不会甘心执行克里姆林宫的命令,而不为中国人民谋福利。(当然,他说的就是美国国务院的愿望,尤其是期望北平能脱离莫斯科。)

我解释说,在这点上,中共政权的首脑中是有分歧的。正如腊斯克所了解的,中共政权中不仅有共产党人,还有同路人和政治投机家。甚至在共产党内部也只有一些是百分之百的俄国路线支持者,而其余的则只是程度不同地跟着走而已。

但是我很快说,尽管在中国有些首脑人物和老百姓强烈反对亲苏政策和苏联控制中国的企图,但是除非有武装力量的支援,例如游击队或在大陆登陆的国民党军队,否则这些人是不能作有效反抗的。积三十年的经验,苏维埃的严密组织和控制技术已发展到登峰造极,任何人如被怀疑对共产主义原则不忠,就会立即遭到指控,如有必要,则加以清洗。我又说,腊斯克所谈的,把台湾所有资源全力用于防务上的高见,是正确而切合实际的;只是大陆上游击队向国民政府求援的悲惨呼声,政府不能全然漠视不顾。这和倾全力于企图光复中国大陆是有区别的。

接着,腊斯克问起这些游击队是否真像共产党人所说的那样是些土匪,或者像以前的共产党游击队被政府视为土匪一样。

我回答说,据我个人估计,大陆上的武装分子至少其中三分之二是前国民党部队,约三分之一为当地土匪,他们利用混乱局面混水摸鱼。

腊斯克说,据悉那些游击队只是乌合之众。他怀疑,他们是否有力量占领一个地区并建立行政机构。

我答道,在华中和华东诸省的游击队是有组织的,并在统一指挥下协同作战,已同台湾建立了密切联系。华西和西南诸省的游击队,尽管他们大多数也是前政府部队,但协调得不那么使人满意。这些游击队的总人数相当可观。我国政府有必要重视这些游击队的求援呼吁。为什么今年初实现了几次沿海登陆,其原因之一就是为了开辟一条交通渠道,以便同游击队取得联系,向他们提供物资给养。

我不知腊斯克对这些活动究竟有何想法。我说,据我看来国民党政府继续支持游击队是很值得的,这有利于鼓舞大陆上的人民反对共产党统治的士气。当然,国民政府不论怎么做,一定是经过慎重考虑的。美国政府如认为这么做可取,是否准备承担其中的一部分工作。据我所知,总统有权决定使用的去年国会通过可用于中国地带的七千五百万美元,那一大笔结存金额,至今依然未曾动用。我深信使用这笔钱的很小一部分以帮助中国游击队,必会取得很大的成就。

我又说,我提出这个问题是因为在我最近去纽约州哈密尔顿的底特律经济俱乐部和科尔盖特大学演说期间,俱乐部主席和大学里的其他几位人士曾说,他们对我的演说未涉及大陆游击队活动这个问题感到失望。他们说,美国人对游击队活动非常重视。因此,我不知道在腊斯克眼中,中国政府是否应集中一部分人力物力,专心致力于发展这种游击活动。

腊斯克踌躇片刻后说,这个问题一定要加以考虑,但他当时不能作答。

接着,我提出联合国中国代表席位的问题。我问他,在即将召开的联合国大会期间,他是否认为有些国家会提出接纳中共政权进入联合国问题,以及这种发展是否有可能影响到国民政府在联合国的地位。

腊斯克回答说,他不像我,他从思想上没有预见到这个问题,不过任何会员国只要想提就可以提出这种建议。但是美国的态度最近已由国务卿表达得很清楚,即从美国的观点说,在目前的局势下,在即将召开的大会上提出这个问题是不明智的。腊斯克确信,美国采取的明确立场,在大会上将会影响许多国家的态度。他认为事态的发展不可能影响到国民政府的地位。

我又提出了朝鲜战争的问题。我问他,尼赫鲁力图调解朝鲜冲突的插曲是否已近尾声。我说,我提这个问题是因为从最近出版的《纽约时报》上读到一篇报道,说尼赫鲁最近曾就这个问题给国务卿送来了一封私人信件。

助理国务卿腊斯克说,《纽约时报》的报道与事实不符。自从公布印度和美国两国政府之间往来信件以后,并未收到这类个人名义的信件。事实上,国务卿已经说过,他认为尼赫鲁致力调解之事已告结束。美国的立场是不能给侵略者以报酬,如同意以接纳中共政权进入联合国作为结束朝鲜战争的条件,这岂不就等于给侵略者以报酬? 当然,尼赫鲁不认为这是付出的报酬,因为印度始终赞同中共政权进入联合国,还一直努力于促其实现。但那不是美国的立场。

我向腊斯克陈述我的看法。我说,看来尼赫鲁思想相当混乱。一面支持安理会关于停火的决议,要求北朝鲜从南朝鲜撤军,同时又鼓吹召开停止冲突的讨论会,并且为了使俄国参加讨论,提议接纳中共政权进入安理会。但是,尼赫鲁根本保证不了俄国将放弃妨碍议事进程的政策而愿意进行合作。我说,如讨论会失败,下一步怎么办? 苏俄和中共政权在安理会中定会否决安理会为了维护宪章想做的一切。即使经过尼赫鲁的努力,朝鲜危机得以圆满解决,他岂能保证苏俄及其卫星国不会在一些别的地方制造朝鲜式的新事件? 我说,在任何情况下,只要有苏俄和中共政权在内,安理会一定会成为瘫痪。我认为美国政府打消了尼赫鲁的企图,非常有远见;我对问题已完全结束,感到非常高兴。接着,我问腊斯克,英国在莫斯科进行的调解活动也已告终止是否属实。当然,据我了解,英国的观点与尼赫鲁的不同。

腊斯克回答说,英国在莫斯科调解的目的,几天前艾德礼在英议会中已说得一清二楚。

最后,我提出中国军队在缅甸的问题。我对他说,他在上次交谈中对我说的话我已全部向上汇报。我国政府对那些部队已下达了指令,在条件许可下,要竭尽全力,按照美国的要求去做。但是,军队期望返回云南,只要求再宽限些时日。我问腊斯克,缅甸当局对此是否曾再一次向美国提出过抗议。他回答说,他们并未正式提出。但是他依然认为,中国军队最好不要坚持返回云南。据报,中共部队已集结在云南边境。缅甸当局担心,如允许中国军队留在缅甸,怕中共军队借口入侵缅甸。腊斯克说,据他了解,这些留缅国军为数不多,组织性和战斗力也都不强,因此他们不可能有很大作用。接着他问我何日启程离美。

我说,7月28日星期五动身,请他向国务卿转达我的辞行,因知这些日子他公务繁忙,不想亲自去请见,以免耽误他的时间。

腊斯克说他一定照办,并祝我旅途愉快,期待我回来再度相见。

我说,我返华盛顿后,一定向他详述我在台湾所见所闻的一切。

我同腊斯克的交谈历时达一小时之久。尽管没有获知任何新的情况,但我自信得到了最新的信息。我又明确获知,自从我同国务院上次交谈以来,国务院已通过驻台北的美国大使馆将一切情况转达台北当局。

紧接着,我立即往访杜勒斯,这也是事先约定的。他刚从日本和朝鲜归来。我一开头就对杜勒斯说,自上次在他赴日、朝之行前夕同我交谈以来,远东的局势已发生了很大的变化。

杜勒斯说,此次出国是调查日本的情况,并同麦克阿瑟讨论对日和约问题。

我提到最近报刊的报道,说美国政府正在促进对日和约的谈判,我问是否属实。

杜勒斯回答说,他本人不知有此事,如果这指的是和约谈判,则并非事实。但如果指的是美国政府内部对即将出现的对日和约进行讨论,则是事实。(他老是保持非常清醒的头脑,回答问题,对局势的叙述,总是恰如其分;对报上失真的报道,他又能着重澄清是非。)

他继续说,在日期间,他没有机会同国防部长约翰逊会见或讨论有关对日和约的问题,只是在约翰逊动身返美前夕见了一面。自他本人返华盛顿以来,朝鲜危机已使他和他的其他同僚忙得不可开交,因此,他没有时间为了此事同国防部打交道。不过,只有在国务院和国防部所采取的政策达成一致以后,才能提请总统作出决策,然后再与一些直接有关的国家联系,进行磋商。

(从言谈之中,证实了国务院和国防部之间存在的分歧尚未消除。杜勒斯是被派去向麦克阿瑟征求意见的。虽然随着朝鲜战争的发生,国防部的意见较以前的分量重了一些,但鉴于国务院和国防部之间存在意见分歧,麦克阿瑟的意见,在制定政策上,自然可起举足轻重的作用。)

想起杜勒斯动身去远东的前夕,我曾给他一封短简,表示不反对早日缔结对日和约,但是,鉴于远东和世界的国际局势均处于不稳定状态,任何这类法律文件应规定一条原则,用以制约日本与苏俄和中共的关系。朝鲜危机的出现,看来更加强了这种考虑的重要意义。

杜勒斯说,他认为应把和约工作向前推进,朝鲜危机就着重说明早日签订和约的必要性。接着,他详细介绍了在日本讨论过的一些问题,告诉我有关那里的一些情况和日本领袖人物的态度。他又指出,关于共产党人在日本的颠覆活动,这是苏俄煽动的,因为苏俄的主要目标之一,就是要把亚洲的日本和欧洲的德国纳入它的势力范围之内。

我们又提出一些有关对日和约的具体问题加以讨论。接着我提出与缔结对日和约有关的一件事,说如果促进一项亚洲公约,而且使日本参加在内,这是可取的。我们对这个问题讨论了片刻,然后我又提到了朝鲜危机。我问杜勒斯,是否认为危机有可能发展到更加严重的地步,例如成为第三次世界大战。

杜勒斯说,这个问题只有莫斯科才能回答,这完全决定于它的政策。但是,他肯定这个危机是旷日持久的。我说这也是代价非常高的,他表示同意。他回想起在决定派地面部队去朝鲜的工作会议上,他曾表示反对,其理由是,尽管北朝鲜只有大约八百万人,但苏俄可以利用亚洲无穷的人力,特别是中共的人力,继续煽动冲突。美国军队每消灭一个共产党士兵,就会出现两个共产党士兵继续作战。

杜勒斯又说,当天上午接到报告,已有大批中共军队抵达汉城。军事人员未敢肯定这批军队究竟是中共的,还是以前曾在中共军队中服役的北朝鲜部队,现在调回朝鲜来同北朝鲜军队并肩作战。不过,他们是朝鲜人还是中国人的问题,关系不大,他们都是共产党人,要紧的是他们是来参加作战。

我说,美国派兵协助南朝鲜抗击北朝鲜的入侵是采取了严正的立场。但是如能有亚洲其他一些国家的军队参战,自有其重要意义,这样便能驳倒苏共惯用的论点,说美国是帝国主义者,一心想剥削和控制亚洲的国家,以煽动亚洲人仇视美国。

杜勒斯说,据说泰国已提出派遣四千名军队去南朝鲜。不过,他担心这批军队装备好后运往朝鲜,已为时过晚;或者即便能赶上用场,但他们究竟有多大的战斗力,他也感到怀疑。

我认为美国如能把亚洲所有的自由国家和联合国其他会员国的人力资源汇合在一起,以同俄国所能利用的无穷人力相抗衡,将是一项可靠的政策。否则,美国方面的牺牲将会非常沉重,以致造成美国公众方面的忧虑不安。

杜勒斯说,这就是为什么他反对美国派地面部队去朝鲜的原因。一旦走了这步棋,就无法结束,因为俄国将继续利用它在亚洲无穷的人力储备来对付美国的军队。

我对杜勒斯说,我即将去台湾商讨问题,预期两周后回来。我问他,为了实现中美两国之间更密切的合作,台湾能做些什么或应该做些什么。

他说,据来自台湾的报告说,那里的局势矛盾百出,很难预料会发生什么情况。他不知道刚才同我会晤的腊斯克是否也已同我谈了这同一问题。他说,据了解台湾岛上中国军队的忠贞程度是值得怀疑的。保卫台岛不遭共产党的入侵至关重要。因此,专心一致、全力以赴保卫台湾,乃明智之举。

我说,中共要入侵台湾,必须具备一支大规模的海、陆、空军协同作战的部队,况且还有做好作战准备的第七舰队,防范着对台湾的任何进攻。中共当局果真会实现他们对台湾入侵的威胁,我是怀疑的。

杜勒斯说,第七舰队的实力并非十分强大。一旦共产党发动入侵台湾有了初步的迹象,岛上的中国军队将会起来叛变反对国民政府,第七舰队将无能为力来给予有效的帮助。

我说,关于在台湾的中国军队的忠贞问题,一度曾非常令人担心;不过自今年2月发现了一个阴谋,破获了一个范围广泛的间谍网之后,局势已在妥善控制之下。就在最近还逮捕了一些共产党间谍的嫌疑分子。

杜勒斯认为,这些逮捕更多的是作为清除政治反对派的恐怖手段,而不是对付中共的间谍。

我说,这类事以前在大陆上曾发生过,当时负责安全的特务机关滥用职权。我认为台湾目前不存在任何恐怖政治。据中国私人方面的报道和独立的美国观察者的报道,都指出岛上的政治和军事形势有了很大的改进。我说,腊斯克给我的印象,也是认为台湾的中国军队的忠贞不是没有问题,我也对他做了同样的解释。

杜勒斯说,他也确信中美之间实现更密切的合作是可取的。但他发觉,尽管国民党中国和美国共同致力于反对共产主义危害的斗争,但他们之间很少有共同的语言,这是非常奇怪的。

我指出今年6月27日杜鲁门发表的声明,表明了政策的改变,但措辞粗率,台湾对此十分敏感。我曾奉劝我国政府,对声明中有关措词,切勿提出任何问题。重要的实质是,美国政府已经承担责任,阻止中共入侵台湾。

杜勒斯对我的看法,表示高兴。他说,朝鲜局势的出现是那么突然,以致美国政府不得不迅速采取行动。回顾获悉北朝鲜入侵消息之后的两天内，竟完成了那么多工作，从向联合国安理会申诉起，经过召开无数次长时间的会议，一直到实现了集体行动，派遣海、空军去朝鲜，他认为这确实使人惊奇，是很大的成就。

谈话又回到今年6月27日杜鲁门总统声明的话题上。杜勒斯说，措辞是有粗率失礼之处，其中所说的"要求国民政府克制"等辞句，不如说"恳请国民政府"那样辞句为佳。经他的建议，总统在致国会的咨文中正是这样修正的。修正后的措辞其含义与原来一致，但效果则完全不同。（这里他和我的意见一致，即在制定关于外交政策或对外关系的声明时，一定要郑重谨慎。外交家经常不计时间，搜索枯肠，务期措辞精当，用语确切，而非一般政治家或政客应付任何国内政治局面者可比。）不过，杜勒斯认为，我要求中国政府对措辞不要抱过分的反感是对的。当时的确无暇顾及有礼或失礼的问题，重要的是美国第七舰队要负责保证台湾的安全。

我说杜勒斯是一位经验丰富的外交家，一生同国际问题打交道，深知两种说法意义相同，但在读者心中却产生两种不同的效果。不幸的是当时的环境也妨碍了美国同台湾磋商有关国民政府应做的工作。据我所知，美国的决定于星期二上午才通知我国政府，并要求在五小时内作出答复，因为总统已决定星期二中午发表声明，当然，形势发展得那么迅速，我想美国是不得不立即采取行动的。

杜勒斯说，情况就是这样。

我说，这引起了一些不必要的不安达数天之久。我不知道杜勒斯先生是否听说过，当时曾发生过一起事件，几乎造成开枪射击，即第七舰队曾派遣二十八架美国飞机对台湾的军事设施进行侦察的事。我随即对他讲了所发生的一切。我说，这事件是由东京的麦克阿瑟总部发动的，据悉，给中国当局的通知已下达给驻台北的海军武官，碰巧那天他应约往高尔夫球场一整天，因此，从东京发来的那份电报一直摆在他办公桌上迄未拆封，直到空中事件发生后的当晚,他才回家。

杜勒斯说,他有所耳闻。他认为这是不幸中之大幸,因为没有造成任何损失。我对他说,我从腊斯克处获知,不久即将派遣一位新的高级海军武官前往台湾,建立更密切的联络工作,我对此感到高兴。

(在我个人的记忆中,这种由于意外擅离岗位而造成惨重损失的还有日本空军偷袭珍珠港事件。那天是星期日,所有军官都去度假休息,没有坚守他们的岗位。日本人深知此种情况,因此决定在星期日发动进攻。)

7月25日下午,我召开一次大使馆高级人员的会议,讨论有关美国对台湾的政策和朝鲜危机问题。会议的召开也是想知道他们对美国对国民党中国的政策和我们应该如何改进两国间的关系以及推动我们光复大陆的事业,有些什么新的看法。为了赴台之行,也许将在会议上讨论,我事先要准备一些资料,所以要求他们每人,在其职责范围之内,对不同的主题各准备一份备忘录。其中有经济援助问题;美国的军事实力问题;美国空军体系与苏俄空军的比较问题;利用那笔一亿二千五百万美元的援助问题,以及动用这笔款项用作军事援助的建议;船舶抵押问题;中国政府各机构在美国银行里的财产和中共当局对这些财产的反要求问题;中苏关系问题;自朝鲜战争爆发以来与国务院互换照会问题;对改善中美关系的各种建议;以及中美两国之间的债权债务问题。

根据会议召开的主旨而准备的另有两份备忘录,特别饶有兴味。一份是崔存璘准备的目前美国对华政策的摘要;另一份是陈之迈准备的自朝鲜战争爆发以来,国会舆论的调查报告①。我于7月26日接到崔先生最后定稿的报告,是根据会议所提供的各类意见,加以归纳修订的。

---

① 陈之迈和崔存璘备忘录见附录一、二。

这两份备忘录都澄清了一个应强调的问题,即美国政府的对华政策根本没有改变。从表面上看,美国的对华政策曾经有所变化,但那只是临时性的变动,以适应新的情况而已。这正如7月6日我致电叶公超所说的那样,美国的态度已朝着有利于我国的方向发生了明显的突然变化。这实质上是出于环境的压力所致,他们对我们依然怀有不满。

实质上,华府当局正在等待时机,同时鉴于在朝鲜作战,又同苏俄进行冷战,不得不重新估价形势。冻结台湾,使该岛免落中共之手,给自己留下时间,以便审视一下,由北到南,在横贯太平洋诸岛的美国传统防御战线上台湾的重要性。美国还想在台湾保持一个据点,直至它在日本的任务完成为止。按照美国的想法,亚洲的日本,正像欧洲的德国一样,是苏俄的主要目标。只要美国对日本还负有全部责任,它就不能丧失在台湾的据点,特别是前途未定的朝鲜,就在附近。

最后,事实上,由于美国国内对国民党中国的支持日益增加,就杜鲁门来说,在紧张的国际形势下,对台湾除了采取现时这样的步骤,别无其他途径,这样还可以保持必要的国内团结。毕竟今年是大选之年,共和党人已在抨击民主党政府的外交政策,特别是远东政策。然而,即使如此,如果总统给第七舰队的命令起到保护国民政府的作用,这也仅是杜鲁门政府的副产品。美国政府对于国民政府、台湾和中共大陆诸问题,在采取新的、决定性政策以前,还会几经变化。

7月26日我召开另一个会议,这次是大使馆外的官员参加。其中有远东委员会的中国代表李惟果、中国青年党领袖曾琦、技术代表团团长霍宝树、武官皮宗敢、前驻东京公使现任远东委员会代表团顾问杨云竹、技术代表团秘书长李翰和政府采购委员会的韩朝宗。大使馆的参事王守竞和刘大钧也出席了会议。会议的目的是征求意见,关于国内行政和对美关系等方面,我国政府该怎么办,以便在光复大陆以及在重建"自由中国"方面,改善我国的处境。

那天的情况我记录在日记上。关于谋求美国更多的援助，曾琦的分析和建议代表了台北典型的心理状态，实质上是中国式的、主观的。但是李惟果的看法，条理清楚，颇中要害。一般说来，所有发言者都能深入洞察时局的实质。

次日，腊斯克约我会晤，我那天的日记写道：

> 美国建议我们下令在缅甸的中国军队解除武装，不要与缅甸当局相对抗。除非我国同意，否则缅甸将提请联合国安理会处理。

翌日下午六时，我应邀往国务院去见腊斯克。腊斯克以通知约会时间过于短促，向我表示歉意，随即他就提出雅科夫·马立克决定担任 8 月份安理会主席职位的问题。自 1 月 13 日以来，苏俄代表一直未参加安理会会议，现在刚通知联合国秘书长赖伊，按照规定程序，它的代表将担任 8 月份主席的职位。

腊斯克说，他刚听说马立克终于决定担任安理会主席的职位。他问我，根据我对安理会的"丰富经验"，对苏俄代表的动机是怎样认识的。

我说我也摸不准马立克的动机，但是我的看法是，苏俄政府在目前的情况下，显然想利用担任安理会主席职位的机会，推进他们的目标。其他的人把主席一职只看作组织会议日常工作的一种职责，而俄国人却非常重视这一职位，因为作为主席，他们可运用其巨大的影响左右会议。

腊斯克认为，这大概是马立克要提出反对中国国民政府的合法资格，坚持接纳中共政权。然后，遭到否决，他就退席。

我对他说，我认为这有可能，甚至马立克还会就苏俄对总的世界形势的看法大放厥词。（后来结果证明，我们两人的推测都完全正确。）

接着，腊斯克说，他请我来是因为缅甸的中国军队问题。据国务院最近收到的报告表明,中国军队和缅甸人之间的纠纷再次发生。在目前不稳定的局势下,该地区出现扰乱和平的事件是非常不幸的。不仅缅甸政府,泰国和印度支那对这种局势也表示非常不安。

我对腊斯克说,星期二他曾向我谈到这件事,过后我已向台北送去一份简单报告。

腊斯克说,由于他知道我即将赴台,原想等我到台湾后亲自向政府汇报。但是,局势的发展日益紧迫,他想要我设法尽快将此事报告中国政府,提请注意,三两天之内,此事很可能提交安理会。这样一来将对中国很为不利,因为中国还有许多其他问题要取决于国际论坛。他说美国政府正在力图阻止这项活动,因此,他期望中国政府明察利害,立即采取措施,命令滞缅国军接受缅甸当局解除武装。

我说,我将另电台北,并问他缅甸政府是否真想将此事提交安理会。

腊斯克说:"是的。"

我向他提出另一个问题。我问美国政府是否有意派司徒雷登再使台湾?我说,据我了解,司徒雷登已恢复了健康。(我提出上述问题有几个原因:首先,台北急需有位美国大使,但不是司徒雷登,自从他拒绝随同中国政府迁往重庆以后,就被中国政府认为是"不受欢迎的人"。其次,据传美国驻香港领事卡尔·蓝钦有被派驻台湾担任代办之说。)

腊斯克说,国务院尚未考虑这个问题。虽然司徒雷登健康情况大有好转,但他的左臂仍然有些麻痹。

接着,我提出一件我从收报机得到的引起我注意的消息。据报道,参议员康纳利已宣布经济合作署的款项,从现在起,欧洲国家可用以重整军备。我不知这是否真实。我不熟悉经济合作署的工作,但我确信同经济合作署有关的国家,可利用这种相应款项,以扩大其军工生产。如果这是实在的,则发展军工生产比起直接重整军备更加有益得多。

腊斯克说,那是对的。接着,他通知我,一位新海军武官,贾勒特正被派往台北——他带领一批人员可能早已到达,以便同中国当局保持更好的联系。

就在第二天,国务院正式公布,委任海军将领哈里·贾勒特为驻台北海军武官;还公布任命一位代办衔的外交代表,卡尔·蓝钦去台北。其时作为美国代办的斯特朗早已在台北。国民政府迁都台北后,他是 1949 年 12 月下旬从香港去那儿的,但这只是一种权宜之计,因为美国当局既不想派司徒雷登大使返华复任,又不立即派遣新任大使接替。正如其他涉及中国的问题,美政府都在等待观望。因此,在 1950 年 7 月,甚至只委派一名代办,就显得颇为重要,特别是蓝钦可能就要晋级为公使。这表明国务院正在公开承认它已把重点放在台湾方面,但国务院想采取在政治上尽量减少冲击的做法。

同一天,即 7 月 28 日,我接到台北有关中国军队在缅甸问题的电报。来电依然要求给予时间,让这些部队携带武器和装备撤往老挝。看来,这不符合美国提出的紧急劝告,饬令这些军队接受由缅甸当局解除其武装。事实上,不照此办理,国民政府会遭到缅甸向联合国安理会的控诉。我吩咐谭绍华公使,立即去见中国科的柯乐博或弗里曼说明这件事。(我自己在当天下午动身去台北。)

下午六时正飞机起飞,约五十人前来送行,包括所有大使馆的高级官员、使馆馆员和各主要机构的中国首席代表,例如世界银行和货币基金组织、技术代表团成员和驻华盛顿的军品采购团。随我同行的是一等秘书顾毓瑞。

飞机经由底特律、明尼阿波利斯、埃德蒙顿和阿拉斯加州的安克雷奇等地停站后,抵达东京。那里有参加盟国对日委员会的中国代表团成员前来迎接。这是当地时间 7 月 30 日下午三时正,但华盛顿时间只是 7 月 29 日。

当我获悉麦克阿瑟携其高级参谋人员，以及参加盟军最高司令部的中国代表团团长何世礼一起，刚离东京去台北，深感意外。我对麦帅赴台一事，事先毫无所知。这一定是在台湾和东京之间秘密安排的，也许白宫事前并无所闻，当然亦未经其批准。

中国代表团的陈地球（延炯）对我说，大约在一个月前，蒋委员长曾经表示，想邀请麦克阿瑟访问台北，以讨论台湾的防务问题，以及台北和麦帅统率的美国军事总部之间的联络问题。鉴于局势，麦帅推延了访问。但是在 7 月 28 日（当地时间）即星期六晚上，他通知何世礼，说他可以在星期一启程。因我按照预定时间应于 7 月 30 日凌晨四点四十五分（当地时间）抵达东京，所以何世礼希望我能同代表团一起返台北。但事实上我的飞机晚点，抵达东京已是下午三时正，其时代表团早已启程。

我在日记上写道：

> 关于麦克阿瑟这次访问的特殊使命，除了讨论台湾的防务和联络工作外，还引起了我种种猜测，可能他要讨论我方提供地面部队去南朝鲜协同作战的落实问题，或甚至安排如果在朝鲜半岛和釜山的美军被迫撤退，将撤至台湾的事。特别因为在飞机上，有一位军医官劳伦斯·凯泽将军曾对顾毓瑞说过，南朝鲜的局势很危急，美军有可能奉令撤退，不是撤退到日本，而是撤退到台湾，以俟最后反攻，收复朝鲜。

后者大概是麦帅突然决定去台湾的原因。日记继续如下：

> 看来，这并非不明智之举。因日本尚在美国的军事占领之下，从美国的声誉和盟军最高司令部的威望上着想，把败军之师开赴日本，这是不足取的。

中国代表团的陈先生陪同我们在东京观光，特别指给我们看一些地区如各火车站，那里贴有大张告示，禁止日本人在火车站某些区域通行，把那儿的出入口通道留给盟国专用。我们中国人是盟国之一，所以经美国卫兵检查后可以通过，而外面的日本人就不行,他们以好奇的目光,凝视着中国人从那些出入口通过。较大较新式的出租汽车上还标有"严禁日本佬乘坐"的字牌。这次东京之行给我的印象与1915年东京之行相比何啻天壤,当时我是从北京去美国转赴墨西哥就任中国公使之职的途中,经由朝鲜和日本。而与我1929年的经历更是大相径庭,我那时是从加拿大返沈阳途中经过日本,我在那里受到百般刁难,在下关甚至遭到日警的无礼虐待,他们借口我是中国人,强要我在登记表上以中文签名,拒不接受我的英文签名。

当晚陈先生举行宴会,代表团各个处的主管人员都出席了,其中有前天津市市长张伯谨①,他是当时代表团里文职人员的首脑,最近接任教育、文化、卫生、新闻和宣传合而为一个组的组长。宴会上总的谈话中心是围绕赔偿问题、归还掠夺财产问题、临时赔偿的搬迁问题,以及拆迁一些中国需要的日本工厂的政策等等。当夜十一点半,我动身去冲绳岛。

最后,次晨五时半(当地时间六时四十分),我抵达台北,大批政府首脑和友人前来迎接,其中有行政院院长陈诚、省主席吴国桢、参谋总长周至柔、司法行政部长谢冠生、总统府秘书长王世杰、张群和何应钦将军以及其他一些人士。说老实话,这么多显贵人物会集在一起来迎接我,使我深感不安。此外还有中外记者,摄影记者和其他人士,我甚至还没有来得及同他们握手,陈诚即将我接入他的汽车,驰往蒋委员长为我准备的宾馆,宾馆非常邻近蒋委员长的官邸,也是外长叶公超避暑的地方。

我发觉一件意外之事,我的日记本内,大约有十几页空白页,即1950年在台湾逗留的那些日子。由于怕行李过重我记得没有携带日记本,但是在台湾时,我确实曾在活页纸张上写下一些笔记,打算以后把这些笔记插进我的日记本内。不过,在那三周之

---

① 原文是 Chang Po-ch'un, the former Mayor of Tientsin,经查,应是前北平市副市长张伯谨。——译者

内,酬酢频繁,几无暇时,相继同委员长会谈,同行政院长会谈,以及应邀在立法院外交委员会和监察院作了演说。每天会客至少八至十起之多,接见新闻记者的交谈,出席宴会以及参观军事设施,经常忙碌至深夜,使我精疲力尽。大概由于上述原因,我未能一一在日记上记述。但是,我记得也曾记下一些,尽管这些日记目前不在我手边。我不得不凭借我的记忆和记载每天约会的打字日程表,来回忆我的台湾之行。

总之,我抵达台北的当天早晨,就去谒见蒋委员长于总统府。那里挤满了中美两国的官员,等待麦克阿瑟到来同蒋委员长会谈。实际上,我同蒋委员长在一起只有十分钟左右,他说麦帅即来参加由他召开的一次军事会议,参加会议的中美两国的官员,就站在我们谈话的屋外。

我不知道会议将提出些什么问题,也不知道要讨论些什么。当我同蒋委员长一起走出屋时,我们就站住了。麦帅刚刚到来,蒋委员长向他表示欢迎。我们三人站在一起交谈了几句,等候蒋夫人到来。她一露面,就向我欢迎致意。接着,蒋委员长引着麦帅步入会议厅。因我不在邀请之列,就离开了。

关于这个可以明显看到的重大机密,我有些迷惑不解。在麦克阿瑟到来之前,蒋委员长同我简短的交谈中,也未向我谈起他们会谈的目的。不过,我的直感是,谈判大概是关于朝鲜战争与台湾军事局势有关的问题,特别是据新闻报道说,过去几天中,朝鲜的战事使人相当沮丧不安。据说,美军正处在北朝鲜人重大军事压力之下。正如我以前所说的,我以为甚至会讨论美军撤退到台湾的问题。我猜想,会谈一定会包括台湾防务所需物资问题,以及同盟军最高司令部和第七舰队的联络工作。至于委员长想派遣三万三千名中国军队去协助作战一事,由于我于清晨已获悉麦帅的答复是否定的,我看当前的会议将不会讨论这件事。

1970年冬,我到台湾和香港,曾同何世礼将军谈及此事,颇为有趣。他向我谈到一件二十年前发生的,但他却从未向人透露过的事。他说，我确实曾在蒋委员长面前保全过他的仕宦前途，而我却一无所知。他对我说，1950 年初，杜鲁门已正式宣布美国在西太平洋的防务利益不包括台湾诸岛。由于 6 月份朝鲜战争即将爆发，北朝鲜正准备进攻南朝鲜，驻日本的麦克阿瑟派前美国太平洋舰队的柯克海军上将去要求蒋委员长派中国军队前往南朝鲜，以抵抗北朝鲜的侵略。委员长因而指派周至柔将军同柯克进行会商。两人开始纠缠许多细节问题。蒋委员长本想为中国远征军争取一些服装、武器和给养，但柯克拒不接受。6 月 26 日朝鲜战争实际上业已爆发，而他们的协商还在进行中。

何世礼说，其时麦克阿瑟已得到所需派遣到朝鲜去抵制侵略的部队，而蒋委员长从内心中急于想派中国军队去朝鲜，这不仅是要借此抬高中国军队的身价，而且为了将来着想，必须讨好美国人，因为没有美国的支持，台湾本身就无法维持。

何世礼回忆起 1950 年 7 月下旬，我去台湾汇报工作的途中，到达东京时，我急于想探知麦克阿瑟对这一问题的意见和部署，因为蒋委员长曾指令我，以他的名义提出中国愿出兵援助南朝鲜抵抗北朝鲜的侵略。但是，关于这个问题，我原先在华盛顿已同美国政府讨论过，未取得圆满结果。因此，在我的要求下，是他为我安排了同麦克阿瑟的一次会谈。

何世礼在回忆我初次到东京时，他为我安排与麦克阿瑟会谈的情况，在与何的交谈中，我好像也想起那件旧事。但据我的日记，我抵东京时，麦克阿瑟和何世礼已动身去台北。据我的日程表所载，我抵达台北那天是 1950 年 8 月 1 日，当天上午八时三刻，我就去拜访麦克阿瑟。因此，会谈一定是在我抵台的第一天上午。这次的时间混淆是可理解的，因为我在东京确实曾会见过麦克阿瑟，但那是在我返美途中的事。总之，我回想起 1950 年我初次到台湾时，在蒋委员长大本营碰见麦克阿瑟之前，我已和他有过一次会晤。我又回想起曾为了替蒋委员长提出派遣军队一事，试探他的意见，因为华府最高当局对此不表示意见，只宣称该事由麦克阿瑟决定,因为总统已任命他为最高统帅,全权处理朝鲜战争。

何世礼说,在那次会谈中,麦克阿瑟回答我提的问题时说,派遣中国军队去朝鲜的时机已经错过。过去在台北谈判时,由于中国人提出了许多琐碎问题,致使谈判长期拖延不决,因此他已另作安排,目前已不需要从台湾派遣中国军队去朝鲜了。

何继续说,随后他见到蒋委员长时,委员长要他再去见麦克阿瑟,重提派遣中国军队去朝鲜一事。(这次有了明显的变化。蒋委员长从我那里获悉麦克阿瑟的意见,由于这次即将举行的会见有中美两国的官员在场,所以不想在会上提出这个问题,改为召见何世礼,吩咐他私下再向麦克阿瑟提出这个问题。)但何说,他对委员长说,麦克阿瑟早已向我和他表明,几周前倒有必要派遣中国军队去朝鲜,但现在时机业已过去,他已另作安排了。因此,再向麦克阿瑟重提此事,恐亦无济于事。

何说,蒋委员长很不高兴,对他不愿再去见麦克阿瑟面谈此事,怒形于色,并说这是命令。因此,何说,他只得鼓起勇气,直率地对蒋委员长说,最卓越的中国外交家已同麦克阿瑟面谈过这个问题。要是这位卓越外交家亲自努力想改变麦克阿瑟的主张而未能成功,则由他再去劝说麦克阿瑟,自是毫无希望。麦克阿瑟既已下定决心,不用中国军队而另行安排,在这个问题上,恐不会改弦更张。蒋委员长听了何不想去见麦克阿瑟的原委后,似有所理解,最后终于默认了这样的结果。

何世礼又对我说,那时他和我的想法一样,即当美方求援时,我们确实错过了表示愿意支援并愿同美国合作的良机。我方通过周至柔提出的所有琐碎问题,与迅速而及时响应美国的求援,两相比较,一是微不足道,一是有深远的影响。机会难得,而却当面错过,在全世界人民心目中,我们失去了一个无法挽回的良机。

上述我同何世礼的谈话,说明我们所谈的那个问题,在台北8月1日的会议上未曾讨论过,但那次会议倒是讨论了几个其他的问题,并且颇有成就。例如,对麦克阿瑟访台,蒋委员长的声明强调,"联合保卫台湾和中美军事合作的基础"业已奠定。麦克阿瑟的声明也强调了会谈属于军事性质。他返东京后说,对万一台湾遭到进攻,中美两国军队的有效合作,业已部署完毕。我本人接到一份军事物资供应计划副本,显然那份计划是在8月1日会议上交给麦克阿瑟的。我曾把这份副本带回华盛顿。而且,麦克阿瑟离台不久,以其副参谋长陆军少将福克斯为首的军事联络组即抵达台北,并立即投入工作。据蓝钦的《出使中国》一书中的叙述(57页),代表团于8月5日抵达台北,在四十八小时内,他们就致电东京,上报了中国军队最急需的军火物资清单,嗣后又越过美国大使馆,径自继续向东京盟军最高司令部汇报。

我回台为期十七天。现列举突出的几件事,以示我的繁忙。摆在我面前的是我的约会日程表,上面记载着每天的约会,或居家接待客人,或出门往访朋友,我计算了一下,十七天之内,约会共达一百三十起。秘书为我保存的约会日程表,上面记载着来访者名单,但那只限于留下名片的来访者,而不是包括全部的来访者。而且,这只包括我在台北的前十五天,其余两天我均外出,环游全岛,参观各武装部队的总部,还往访了海上诸岛,如澎湖列岛和金门,以便了解那里的情况。

另一方面足以说明我的繁忙的是,在我停留期间,一共作了十三场演讲,例如在国民党的纪念周上讲话。纪念周每周举行一次,通常蒋委员长亲自出席,出席的还有包括五院院长在内的其他政府要员。此外大约还有一半的演讲是在台北以外的地方举行的,由于蒋委员长要我访问武装部队的各个总部,我欣然照办。但每到一地,总有人邀请我给军官学校学生演讲,例如海军基地的军官学校、陆军总部的军官学校、装甲兵团总部的军官学校和空军总部的军官学校等。由于热情邀请,我还给立法院和监察院的委员们作了演讲。然后,我访问了革命实践研究院,并作了演讲。实际上,这是我访问中最感兴趣的地方之一。蒋委员长指定政府的高级公务人员到研究院经过一段时期的学习,借以提高他们的教育水平,学会公共事务的现代化管理方法。我还曾向评议院的成员作了演说,这是国民党最近改组中新创设的一个审议和咨询机构。

1950年6—7月解散了中央执行委员会和中央监察委员会,分别改设中央改造委员会和中央评议委员会。大批党员,包括老党员,诸如孔、宋两家以及C.C.派的成员,未经协商,均予免职。国民党的新组织是由蒋委员长同他的积极合作者蒋经国将军掌握的。

改组工作是以重用蒋经国为首的年轻一代为基础而进行的。改组后的常务委员会、实质上的国民党执行机构,由比较年轻、更为积极的人组成。其中大多数人都与蒋经国的观点相同,又是他的坚强支持者。当然,这个新的阵容是蒋委员长亲自精心筹划的,以便使国民党成为更有效的工具,能够指导和监督政府的工作。在改组的过程中,他又修订了国民党党章,使总裁即党的领袖的权力比以往大得多。实际上,有关党的人事和制定党的政策,由他一手包办。

老党员中的一些人,诸如白崇禧、何应钦之流代表党内一派势力,知道政治空气已起变化,情况业已改变,都靠边站了。这是要求变革的时代,变化已经出现,虽然按照传统的做法为老的党员安排好了舒适安逸的生活,可是他们都已被调离权力的核心。这样,何应钦被任命为新设立的战略顾问委员会主席,只对总统负责;白崇禧为副主席。他们又被任命为评议院的成员,评议院的职能系对党执行政策起监察作用,而党的政策是由中央改造委员会的全体制定的。评议院的成员中还包括一些其他老政治家,这些人过去对制订政策有影响,并经常晋见蒋委员长。

总统经常召开党的评议委员会议,向他们作有关国民党党务工作的报告。在这种情况下,总统会邀请一些著名人士发表演说或作报告,作为议程的主要项目。正如前述,在我返台期间,召开了一次会议,前一天通知我,作为主讲,向评议院作报告。当然,我原以为没有必要向这个机构发表演说,但是,我知道他们一定会邀请我,并料定他们想听取关于国际局势的报告,特别是有关美国的政策的报告,以及我本人对这些问题的观点。

蒋委员长坐在椅子上,给我作了介绍。每当我的评论吸引了他的注意或显然获得他的赞许,他就鼓掌,所有其他的人也就相继鼓掌。至于党的秘书长的报告,只寥寥数语而已,在我听来,其报告相当敷衍塞责。这是评议院会议的一般气氛。

三周之内,酬酢频繁,其中同蒋委员长的会谈是最重要的会晤。据我的日程表记载,先后谈话共四次,赴蒋委员长夫妇的宴会两次,其中之一,是我抵台的第一个晚上举行的。据顾毓瑞的回忆,蒋委员长周到地给他派来一名侍从副官作陪,并巧妙地暗示给他,我们的谈话全都是面对面的密谈。我回忆起蒋委员长当时比1946年那次在南京见面时看来心情更加沉重,但未显老态,这由于他始终保持简朴生活,非常注意保健之故。我还同行政院长陈诚晤谈三四次,同外长的交谈,就数不清了。事实上,我同各院的院长和所有部长,以及大部分主要官员,包括文武官员,都进行了交谈,其中包括蒋经国,他在党内的地位正蒸蒸日上。

我同蒋委员长之间交谈的那些主要问题,都是我早就预料到的。我向他报告了在华盛顿最近发展的情况,关于美国的对华政策及其态度,以及华盛顿最重要的首脑层,从总统以下一直到国务卿、国防部长和国会两院的领袖,在对华问题上的政策和态度,以及关于国民政府、中共政权、美国在西太平洋的安全、对日和约,还有美国日益对树立印度的地位感觉兴趣等问题。但蒋委员长、行政院长和其他首脑们急于了解的问题是,中国究竟能获得多少军事和经济援助。因为这是台湾绝对需要的,越多越好。在我思想上,这也是个突出的,最应重视的问题。

我阐明了中美关系已面临非常困难的境地。国民政府不仅要力图实现光复大陆的政策,而且也要保持它在台湾现有的地位。主要的问题在于中美两国政府一定要相互了解,共同致力于坦率而又友好的政策,以便保持最密切的协作。我进一步阐明,国民政府处于这种特殊情况下,应该把我们的声誉和自豪的问题放在一边,谋求建立一种坚定、实际和可靠的两国合作基础,这比什么都重要。换言之,我们面对当前的局势,得比美国人更实际些,因此,应致力于当务之急。

我对他们说,在美国民众中,甚至在政府里某些首脑人物中都有些人对我国有良好的情感和深厚的友谊,但也有些人,好像要把国民党中国一笔勾销,他们正期待将来同中共政权进行合作。尽管这样,我指出,美国人都是由衷反共的,而且要竭尽一切可能,与之斗争。因此,只要国民党中国坚定地进行反共事业,就会经常获得来自美国公众的巨大同情和赞赏。另一方面,我也指出,在这特殊的时刻,政府中也有个别人物存有问题。有些批评意见不是毫无根据,而有些则是夸大的。我力图转告蒋委员长,他在美国并不太受欢迎,而且在美国政府中也有某些首脑人物根本不欢迎他。他们对中国的领导和作为整体的中国政府的评价,如按中国人的观点来看,可能认为是非常偏激的情绪,但从美国人来看,却认为这是现实主义的。

我又想起,政府各部门和各党派中的著名领袖,最经常问起我的一个问题,表明他们把希望集中寄托在第三次世界大战的来临。这点虽已在预料之中,但他们还是非常迫切地想了解我的看法。我毫不犹豫地指出,就国际局势判断,不仅从华盛顿来看,而且从欧洲各主要国家的首都来看,都毫无第三次世界大战的迹象。所谓世界大战,指的是主要大国间的冲突,即美苏之间的冲突。我告诉他们,倒有一种可能,虽然可能性很小,就是美苏双方的任何一方,错估了对方,并想恐吓对方,也许由于意外事件使战争接着爆发。但是,美国确实不打算挑起战争,它会尽一切可能防止战争的发生,除非被迫作战。我本人深切感到尽管莫斯科摆出一付踌躇满志,甚至妄自尊大的姿态,它也并不愿意发生第三次世界大战，而是希望通过恐吓手段，吓住美国人，取得最后胜利。但据我所知，也许我知道的非常有限，从苏俄的内幕，它的战备实况，和它的真正实力同美国实力相对比，如果苏俄的领袖是现实主义者，(共产党人一向是现实主义的。)在可以预见的将来，根本不会发生第三次世界大战。

现在我想起，在我讲话时，对这个问题说得非常肯定，一股失望的阴影出现在他们的脸上。在国民党秘书长的办公室中的圆桌讨论会上，出席的国民党领袖们表现得格外明显。当我说得那样斩钉截铁，看来，他们好像大出意外。在他们的眼中，第三次世界大战如非迫在眉睫，也是不可避免的。正如我说过的，有几位中国著名的领袖到国外出席国际会议和联合国大会，返国后作报告，他们都坚信第三次世界大战即将来临。当然，那是他们热切期待的发展方向，因为这可以给国民政府提供返回大陆的最好机会。但是，揆诸那时的世界实况，如果不是他们的如意算盘，也不过是一种幻想而已。

我力图使他们了解，美国人不论从天性、从经历和从情感上都是反对任何性质的战争的，并将采取一切可能办法，坚持使他们的政府防止战争，除非是被迫而战，像第一次和第二次世界大战的情况那样。我说，指望美国人对国际局势发展的错综复杂情况，能高瞻远瞩，了如指掌，这是不恰当的。他们的旨趣在于世界和平事业，在于世界安全，不受侵略，当然，首先是美国自己的安全。

接着，那些同我谈话的人，当然都想知道共和党人在下届选举中有多大希望执政。既然战争不会立即发生，那么，其次当然就希望共和党人当总统并控制国会。众所周知，共和党是更加同情和关心远东的事务的。我对他们说，大概下届政府将会是共和党的，这有很大的可能性，因为在美国的政治史上，一般说来，一个政党连续执政，在白宫任总统的期限是八至十二年；达到十六年的，已是超过惯例。自富兰克林·罗斯福总统于 1932 年当选以来,民主党已执政了将近二十年。因此,我说,下届政府将是共和党的,这种可能是合情合理的。但是,现届政府还有两年多时间领导这个国家,我奉劝他们,作为我国现行对美政策的依据,不要寄希望于两年后有变化的可能。

台北政策的另一个问题给我的印象是轻率而谬误的。我同行政院长陈诚的谈话中,特别碰上了这种问题。他要求对外交和国外领事工作强制实施压缩计划。其主要理由总的来说是外汇短缺,财政拮据。计划想撤销一些公使馆、总领事馆、领事馆和国外的一些代表团。对此我深感意外,觉得非直言无讳、大胆指出这项政策的不明智之处不可。但是,陈诚对我解释,由于政府财政拮据,甚至很难凑齐足够的经费,以维持政府开支,因此,勉强保留这么多领事馆和在国外的外交代表团,以及各种国际组织中的会员资格,这是一种浪费开支的行为。

我对此感触很深,恳求他再加考虑。并对他解释说,由于国民政府已经丧失了大陆,不得不在这个小岛上(我说小岛,因为它与广阔无垠的大陆相比,当然是小的。)重建自己的政府,它要维持本身成为国际大家庭中的一员的唯一希望,寄托在保持其与非共产党世界之间的国际关系,并敦睦友谊,一旦时机到来,当我们投入光复大陆的斗争时,可以指望获得这些国家的同情和支持。保存这些外交上的据点,我国政府不仅在国内人民中间,而且还在将近二千万海外华侨中间,维系着希望和信念,而这些华侨几乎都是反共产主义的,他们期待早日光复大陆。

我对行政院长说,据我所知,外交和领事工作每年经费预算大约是三百万美元,这相当于维持我国陆军一个师约一万名士兵的费用,而我国当时的现役军事人员,包括海陆空三军大约有六十万人。我国总的军费预算表面上占全国财政预算的83%—84%,但实际上超过90%以上。如裁减武装部队一个师,对我国军事实力,不一定会有多大的影响,但是节省下来的经费,用以维持我国整个的外交和领事工作,已经绰绰有余。

陈诚表示反对。作为一个军人，要他赞成裁军，大概确实有困难。在这个问题上，他一定深知蒋委员长的观点，并同其保持一致。结果，几个公使馆，相当数目的领事馆，特别是中东和南美洲的都被关闭了。我国在国际机构中的常驻会员代表，例如加拿大的魁北克国际棉花委员会的常驻代表也被撤回。但是，过了二三年后，台北才发觉有必要设法重建近年来撤销的那些公使馆和领事馆，重新参加各个委员会。

　　关于这一点，我附加说明一下，就是我以前从未以任何身份到过台湾。但是，一到台湾，立刻给我深刻印象的是，在一些公共建筑物的墙上，在火车站、飞机场，甚至在一些主要大街的街口都涂写着大字标语，大意是：准备两年，反攻大陆；第三年投入实际反攻；第四年攻克大陆，肃清一切共产分子；第五年在全国举行祝捷盛典。

　　我见到这些，非常高兴，认为这是我国领袖人物光复大陆的意志和决心的象征。但五年的时间，一瞬即逝。我记得对他们说过，如果五年的时光消逝，而反攻大陆、光复国土又复一事无成，人民会感到失望，其反应也许比目前更为不利。在目前情况下，还可以用光复大陆这种目标和诺言暂时作为支撑精神的支柱。

　　他们的解释不是不现实的。他们说，人们的心情，特别是那些撤退到岛上的人，在大陆上留下了所有的一切：他们的财产、家园，有些人甚至远离父母，抛妻别子，他们正处在情绪非常低落沮丧之中，因此不得不鼓励一下他们的士气。当时我想，那种解释多少有点道理，但是，我认为过甚其词，则大可不必。通过我和美国当局的谈话，就更加觉得那种过分夸张的做法实无必要。我知道美国人切望我们守在岛上，利用一切资源，坚持自力更生，而把光复大陆的问题，留待将来计议——这一观点显然是基于他们的这种信念：一是认为收复大陆是一项艰巨的冒险事业，必须事先具备必不可少的条件，而这是我国当时的国力所无法做到的；二是美国当时的策略是维持台湾的现状不变，直到他们看清国际局势如何发展为止。

我建议,我国的领袖们在鼓舞民众士气,增强他们对前途的信心的同时,也要做一些更加具体和实际的工作,如实行改革,安抚当地人民的人心等。当地台湾人是相当不安的。他们对在陈仪省主席的高压统治下,他们称之为大屠杀的"二·二八事件",记忆犹新。当然,吴国桢的省政府,正如在我离开华盛顿以前,我给美国友人所作的解释那样,已开始显示出关心民众生活的迹象。精简了军事统治集团的层层机构,不但有助于节省国家预算,而且也提高了工作效率。尽管如此,还有大量工作有待于去完成。我觉得,尽管需要不少的时间,这是会完成的。

我的一生,即使年轻还在中国时,始终感到作为一名中国人是非常自豪的。打开地图一看,中国的领土辽阔,人口众多,自然资源丰富,这些条件综合一起,是建设一个伟大国家的巨大资本。中国人有聪明才智,我国的文化和哲理,我一直认为确实高出于西方。因此,在我到达台湾时,很难相信,我已变为这样一个中国的公民了。这个中国局限于一个约一百九十三公里长的一个小岛上,人口包括那些新从大陆来的人在内,仅有一千至一千一百万,这使我深感惶惑不安。但是,我也渴望,无论如何,我们应设法找到一条新的途径,有所作为,竭尽全力,在我们现有的基础上,建设一个能开创新事业的国家,以代替那个被外国友人批评,甚至谴责为独裁政府,狭隘高压的一党专政,毫不关心民众福利和基本需要的国家。这就是我的期望。

我理解现在是非常艰难的阶段。从陈诚坚持紧缩政策,甚至紧缩到要关闭一定数目的公使馆和领事馆这一事实,可以看到这一点。虽然我反对上述做法,有所争辩,但他作为行政院长,有责任谋求经费来源,使面临矛盾重重的政府维持下去。据我本人的观察,可以看出来经济实况远不能令人满意。例如我见到高雄市外一座大型炼油厂,原是日本人建造的最大的工厂之一。人们刚在试生产,但是生产效率只达到原来生产能力的百分之十至十五。

台湾工商业的基础是在日本统治时期由日本人建立起来的，经营大企业的是日本人。因为台湾当地人从来没有在这些大企业中占有大的股份，或在岛上的行政管理中占有重要的地位，所以在日本人撤退后，当地人即不知所措。其中只有少数本地人拥有一些资本和财源，并在日本统治时期有所建树，因此就由这些人出来维持那些企业，其他的人则不知该怎么办。当然，发生的变化之大，出其意料，谁也没有思想准备。那些来自大陆的人，面对现实，正哀叹不已，不知道他们该怎样生活下去。那些有财源支援的人是极少数的一些例外，至于其余的许多人，已抛弃了他们全部或大部分财产，有点不知所措。

当然，这也会影响政治局势。由于民众的生活，无论在金融、工业和商业等方面都处于混乱时期，他们没有精力投身于政治活动。据我自己的观察，政治上的对抗减少了，政治热忱也降低了，而合作的倾向则有所增加。我所见到的军政界各种不同派系的许多首脑人物，其中的许多人，都毫无例外地对时局变化到如此地步致使他们撤离大陆，被迫逃亡到这个陌生的孤岛上存身，深感悔恨。

我和行政院院长陈诚所讨论的另一件事，即对各部及其他政府机关派驻美国或在美国设置的众多代表或代理机构，（其中包括民政机关、军事机关，例如武装部队设置的代表。）大使馆如何协调其工作的问题。他们都各自对其台北的某个部或某部门负责，他们所有的报告一向都不经过大使馆，其所作所为以及所报告的内容大使馆均无所知。只有当他们碰上了困难或者遭到了挫折，才来拜访大使馆，要求大使馆和美国政府的有关部门联系，帮助他们解决问题。在和美国国务院商讨某一事件时，大使馆经常面对一种使人感到非常诧异的答复。例如答复中对其某一行动的理由，国务院会说它早已作了具体说明，但是大使馆对这些理由一无所知，因为中国代表常越过大使馆单独处理问题，并径向台北汇报,而没有向大使馆通报。

在台北同陈诚的谈话中,我说这种混乱和缺乏协调的情况,时常导致发生本来可以避免的困难,必须予以防止。他立即看出症结所在,并建议我,尽量经常举行纪念周或召开会议,他会指示各有关部会,指令各自驻美的代表保持同大使馆互通声气。这样,我返美后,就照他说的那样办。在10月份一次大使馆全体工作人员参加的纪念周上,我提出以使馆为一方和以政府派遣驻美的各种机构或代表为另一方,请两方面协商增进彼此协调的方法问题。

人们当能记得多年以前,国民党中央执行委员会常务委员会,为了纪念国父孙中山先生,下令每周必须举行总理纪念周。这是一项经常的工作,长期以来我一直坚持召开这样的纪念周,但这和开会谋取工作协调的问题是另一回事。那时,我想的不是一般的政策,也不是行政院给所有驻外使节的全面指示,而是曾经在台湾讨论过的,并特别指令驻美大使馆的那些事。因为在其他的国家,没有像在美国那样有我们的那么多的部门派遣代表常驻在那里,在当时其他国家也不像美国那么重要。这种情况在华盛顿是这样,在纽约亦复如此。

大使馆每次例行的纪念周上,不是我就是谭绍华公使向使馆人员讲话,通常是报告过去一周内发生的重大事情,或请各驻美代表,逐个就有关他们遇到的重要问题作报告。但是,尽管如此,他们要讲什么,讲多少,完全由他们自己决定。他们口头的报告,经常不包括他们自己向其上级建议的观点。但是,在这次我回美后所召开的新型例会上,所有驻在这里的机构和代表,不论是同美国政府部门打交道的,还是一般说来在美国作生意的,包括世界贸易公司、资源委员会驻纽约办事处和中华新闻社等,全都出席,因为我希望所有部会机关的驻美代表都来参加。而且,要求每位代表各抒己见,对同大使馆协调工作提出改进的方法。由于大家坦率发言,衷心合作,结果是令人满意的。

在台北我同陈诚及其他官员谈话的另一项收获是关于协调工作上的某些调整措施。例如台北经济部恢复了商务参事的职位,连同两名助理作为大使馆的人员。先是,刘大钧博士曾在商务处担任商务参事,该处多少有些独立于大使馆之外,因其支付的薪金和经费开支都直接来自台北的经济部。

8 月 17 日,接待二十位来访者向我祝愿一路平安以后,我同陈诚共进午餐。下午二时我动身赴飞机场,乘去东京的飞机,午夜抵达。次日中午十二时半,在东京盟军最高司令部拜会了麦克阿瑟。这次会晤很重要,而且是有意义的。因为我受蒋委员长之托,转达他的口信,仍然是有关朝鲜战争中使用中国军队的问题。陪同我参加这次会谈的有何世礼将军。

我对麦克阿瑟说,我正准备离开台湾,去华盛顿返回工作岗位时,蒋委员长获悉我打算拜访麦克阿瑟将军,要我面达他个人的口信。蒋委员长非常感谢他的访问。这次访问在台岛已产生了非常好的影响,为我们两国的共同事业作出了卓越的贡献;但是他感到遗憾的是,在国外引起了出乎意料之外的反应和疑虑不安。

麦克阿瑟说,疑虑不安是来自那些闲居终日无所事事的人,别人有所作为,他们就感到不安。(我明白他暗指一些在华盛顿的人。)

我对麦克阿瑟说,蒋委员长也希望我对他说明,蒋委员长一直关注着朝鲜的军事局势。我说,蒋委员长在对付共产党军事战略上有非常丰富的经验,尽管他自己没有在大陆上击败中共。他的经验认为,美军同朝鲜共产党作战,由于不熟悉朝鲜的地形、语言和当地人的风俗习惯,有诸多不利之处。在同亚洲的敌人作战时使用亚洲的军队是绝对必要的,这是蒋委员长的意见。

我继续说,身为国民党中国的元首,蒋委员长曾向联合国建议提供三万三千名中国军队,参加抵抗北朝鲜的侵略战争。但是,由于该项建议未被采纳,蒋委员长不拟重提。尽管如此,从同麦克阿瑟将军的私交出发,蒋委员长愿意派遣一万五千名军队,不作为中国政府的援助,只作为志愿军,旨在实现联合国在朝鲜的事业。如果此项建议麦克阿瑟将军认为可以接受,蒋委员长保证短期内把军队派来朝鲜,完全归麦克阿瑟将军指挥。我说,不知麦克阿瑟将军对此建议有何见解。

麦克阿瑟说,朝鲜的军事形势已在控制之中,中国政府以前建议派遣军队一事未被采纳,因为当时首先要考虑的是台湾的安全和防务工作。(这是华盛顿方面强调的理由。)他说,联合国的许多会员国都曾要求派遣军队,但是,他真不知道,把他们的军队送上战场以前,训练和装备这些军队要花多长时间。他怕把这些军队送到朝鲜时,可能战事已经结束了。(这一点完全没有成为事实。但他虽身处逆境,可显得非常乐观。)他说,朝鲜问题目前正在联合国讨论,一定会找到一个令人满意的解决办法。

我说,我想联合国这次一定要找到一个解决朝鲜问题的根本办法。事实上,联合国大会早就通过有关这一问题的决议,明确提出了建立一个统一、自由和独立的朝鲜。联合国大会的决议之所以未能生效,完全是由于苏俄从中作梗的结果。北朝鲜的侵略显然是受莫斯科的教唆和指使,这是大家都明白的。

麦克阿瑟说,他毫不怀疑,北朝鲜在南朝鲜的军队最后一定会全部被歼灭,除非他们撤回北朝鲜。但是如果俄国人愿意同民主国家谈判达成协议,要求北朝鲜军队撤回,他怀疑北朝鲜是否会听从俄国人的命令,因为北朝鲜人一定以为胜券在握,而感到兴奋自满。麦克阿瑟重复表示,假如北朝鲜人留下来不走,他们将会被歼灭。到那时候,俄国人会在北朝鲜人心目中丧失威信,这样俄国人就将同意联合国军队越过38度线,再度统一朝鲜。(对局势的这种看法也未免有点过分乐观。)

我说,我认为联合国的目标是在建立一个统一、自由和独立的朝鲜。如果它的军队停止在38度线上,朝鲜依然分为南北两部,就不能保证北朝鲜将来不卷土重来,重新发动侵略。就朝鲜的利益和远东的和平而言,联合国唯一可行的健全政策,就是履行联合国大会通过的决议,而该项决议之所以未能生效,实出自苏联的阻挠。

麦克阿瑟说,他完全同意我的观点,还表示希望我在成功湖坚持这一论点。谈话到此,我就起身告辞。

这次会晤的主要一点是,麦克阿瑟再度谢绝了我国提供军事援助。而从他提出拒绝的理由来推断,我的印象是,他已接到了指示,是按照华盛顿当局对待蒋委员长和国民党中国以及台湾的既定方针而提出的。但是,看到他对朝鲜冲突问题和在他的统帅下的联合国军队最终必将取得胜利,始终持十分乐观看法,也使人觉得很有意思。

8月21日回到华盛顿,那天我把这次旅行的印象,摘要记述如下:

> 这次的旅行,我一直是睡不安枕,食无定时,每天在气温为华氏90—100度的条件下,连续不断的会议、讲演、访问、会谈、宴会,以及接待来宾达十六天之久,又曾搭火车去高雄市及其邻近地区一行,倦怠已极,亟需休息。

我继续写道:

> 我去台之行,只是三周前的事,然而,重返我的办公室,颇有生疏之感,我觉得,这里同我在台湾的紧张和酬酢频繁的日子相比,是平静而安逸的。在这次旅行中,我再次同我国政府首脑相接触,了解许多情况,对民间疾苦也多有见闻。这些所见所闻,以前不可能得之于电报或通信,甚至也不可能从时而由台湾来美的人的口中得知,这使我感到非常高兴。尽管如此,归来后仍颇有松一口气之感。

第三节 美国对台态度暧昧的后果

1950 年 8 月—1951 年 1 月 1 日

一、美国暧昧态度下的台湾合法地位问题

1950 年 8 月 22 日—9 月中旬

8 月 22 日,我由台返任后的第二天,向美国国务院要求约见艾奇逊先生,向他作返任后的礼节性拜访。这是近一年来双方第一次约见。过了几天,艾奇逊的秘书打来电话说,国务卿忙于出席国会的听证会,无法约定时间。不过,只要一有机会,他就会打电话来约定晤面的日期和钟点的。这是他不愿立即接见我的外交辞令。我对公使衔参事谭绍华说,国务院的电话既然这样说,我就不再期待在最近期内见到艾奇逊了,请他代我提出要求在下星期的某一天,同助理国务卿迪安·腊斯克会见。

22 日,蒋荫恩来汇报时提出,因为据传在即将召开的联合国大会上,国务院的对华意向不稳,我应该会见国防部长路易斯·约翰逊。蒋并说奥凯里赫上校愿意为我安排同参谋长联席会议主席布莱德雷将军见面,探讨一些问题;可能安排的是一次工作午餐。布莱德雷将军我是认识的,但并不熟悉。

后来,我国驻华盛顿空军办事处主任毛邦初将军和使馆武官皮宗敢将军来我处听取我对台湾现状的印象。另外,我又在使馆召开了一次会议,向使馆全体人员作了有关台湾的报告。他们中多数人从未到过台湾。我把我在台湾的工作过程,以及我对台湾的印象,给大家作了全面的介绍,其中包括台湾在政治、财经和军事方面取得的进展,以及政府一面努力争取台湾民众的赞助和支持,一面着手改组国民党等等。这是在大使馆内召开的时间最长的一次会议,使馆中非官职人员也都参加。

8月23日晚间,我举行晚宴,招待参议员帕特·麦卡伦夫妇、参议员斯泰尔斯·布里奇斯、参议员威廉·诺兰以及众议员周以德夫妇。那时有几位参议员要求我谈谈我在台湾的观感,因此我就安排了这次晚宴。那一年,麦卡伦打算在参议院改选中参加竞选。他听说援华委员会的弗雷德里克·麦基在竞选运动中一直为他在内华达州的竞选对手兼政敌效劳。他也正想和我谈谈这事。

参议员诺兰渴望了解我对台湾的印象和麦克阿瑟将军台北之行的情况。他和周以德两人都确信,国务卿艾奇逊仍然决心要通过联合国承认中共政权,不过他想假以时日,等候朝鲜危机结束。周以德说,杜鲁门不喜欢蒋介石的心气并未有所改善。四位来宾都认为,本届政府对国民党中国不可能采取真正友好的政策。但是,他们也认为,如果即将来临的选举导致议会的控制权发生变化,那对本届政府将产生很大的影响。而且,他们还觉得,这次共和党大有可能赢得国会的控制权。

宴会是星期三的事;星期五,我举行了一次记者招待会,解答了一些有关我在台湾所见所闻的问题之后,便乘火车离开华盛顿,来到纽瓦克,然后换火车赴斯普林湖。开年以来,我这还是头一次到海边去游泳,在阳光下轻松自在地休憩了一番。这和在台北,甚至在华盛顿时那种炎热和繁忙生活相比,多么悬殊!可是,到星期二傍晚,我又回到华盛顿。原来星期一谭绍华给我打来电话,说星期四(即8月31日)下午四时,腊斯克要接见我。因此我就决定在星期二傍晚返回华盛顿。

在我暂时离开华盛顿的短短一段时间内,竟然发生了不少重大事件。首要的一件是有关麦克阿瑟将军向国外退伍军人协会发表文告事件。麦克阿瑟将军访问台湾时,我正在台北。关于这件事在美国引起了什么反应,当时我没有取得第一手情报。可是,我返任以后,很快就了解到他8月1日的台湾之行在政府中和在成功湖都引起了不少的批评和不安。其实,我还在台湾的时候,白宫就已派遣艾夫里尔·哈里曼到东京去了。据了解,他的使命是向麦克阿瑟阐明美国对台政策的界限,并要求这位将军确保支持这项政策。

事实上,麦克阿瑟访问台湾这一事件本身即含有美国同国民党中国在军事上进一步密切合作的意义,因而引起了某些集团对美国政策声明的可信性产生怀疑。在麦克阿瑟访前不久,杜鲁门总统曾于7月19日给参议院的国情咨文中重申美国在台湾采取行动的有限目的。他宣称,军事中立无损于台湾的"政治问题"。他并且否认美国希图在那里取得任何特权。在联合国,美国首席代表沃伦·奥斯汀致联大秘书长特吕格弗·赖伊的一封信中,也重申了美国在台湾所采取行动的有限目的。

但是,麦克阿瑟很明显,是深信台湾对美国在太平洋上的安全具有重大战略意义的。他不仅未经华盛顿许可就去台湾同蒋委员长进行会谈,而且在8月25日,就是我离开华盛顿去斯普林湖的那一天,还发出一个文告,拿到国外退伍军人协会年会上去宣读。文告中长篇大论地叙述了台湾对美国在战略上的重要性,还谴责了某些人主张在太平洋采取绥靖政策和失败主义的论点。杜鲁门总统发觉此事以后,立即命令麦克阿瑟把那个文告收回。文告虽已收回,但为时太晚,已经无法阻止它在非官方刊物上发表。8月26日,这个文告首次在《美国新闻与世界报道》上刊登了出来。

与此同时,周恩来致电特吕格弗·赖伊,向安理会提出正式控告,指责美国对台湾执行的政策是武装侵略中国的领土,是违反了联合国宪章。周恩来宣称,安理会有责任谴责美国政府,并应立即采取措施,使美国入侵部队从台湾和其他属于中国的领土上撤走。

美国政府立即接受了这一挑战。在某种意义上来说,美国政府的反应简直有点出乎意料。另一方面,由于美国在台湾所承担的义务纯粹是单独行动,至今没有取得国际上的任何支持,因此,杜鲁门政府急于要接受共产党的挑战,以便借此机会在国际讲坛上阐明美国对台湾的立场,指望通过这种办法在国际上取得一些支持。

8月25日,奥斯汀大使写信给联合国秘书长赖伊,拒绝有关侵略的指控,并请求安理会进行全面的调查。他反复申述,美国在台湾所执行的是不偏不倚的中立化行动,其目的是维护和平和防止冲突扩大化。美国对台湾没有任何野心。与此相反,美国所采取的行动,并无损于将来通过政治方式解决该岛的地位问题。

这封信从内容和措辞来看,显然还有另外一种目的,那就是,再次请那些已经开始怀疑美国对台湾的动机的人放心。杜鲁门总统6月27日发表的有关台湾的文告不仅未能得到联合国其他成员国的支持,甚至还遭到了某些成员国的谴责。在整个8月份,雅科夫·马立克,以当月安理会主席的身份,卓有成效地为苏俄开展了宣传工作,控诉美国对亚洲怀有帝国主义图谋。此外,马立克还继续利用其主席职权,把朝鲜危机的讨论放在一边,反而重弹其中国在联合国代表权问题的旧调。事实上,他在主持召开第一次会议期间,就以主席身份裁决了国民党中国没有资格参加尔后的会议,尽管他这样做是彻头彻尾置安理会议事程序条例于不顾的行为。但是,马立克的动机是可以清楚地看出来的。他企图引起人们注意美国在台湾问题上的立场是单向性质的,从而扩大美国与其欧洲盟国以及像印度这种亚洲国家之间在中国问题上的分歧。

在上述这种背景之下,就在奥斯汀发表声明的第二天,麦克阿瑟给国外战争退伍军人的文告见报了。这个文告反映出麦克阿瑟本人对于台湾对美国防务的重要性,以及任凭台湾陷入敌对军事大国手中将引起的极端悲惨的后果等问题所抱的见解。这样就引起了一场轩然大波。从美国政府当局的观点来看,它严重地损害了政府试图进行的计划,毁灭了奥斯汀大使在消除各方对美国意图的怀疑,以及在中国问题上建立自由世界统一战线等方面可能取得的成就。

当然，在各个方面，众说纷纭，莫衷一是，许多人（包括我在内）不禁感到，这位将军的声明和总统要求撤回声明的命令，似乎同美国国内政局不无关系。其时1950年国会改选的竞选运动已经全面展开，本届政府的亚洲政策已经成为竞选运动中的主要争论点。许多人（包括我在内）觉得是在观看一场风云人物之间的大拼搏。

麦克阿瑟是个个性非常强的人物，得到各方广泛的钦佩，他还以富有独立精神而著称。他和马歇尔不同，他不像个规规矩矩的士兵那样绝对服从三军统帅杜鲁门的命令。我回想起在那以后几个月，有一次我宴请威廉·康纳将军、福蒂埃上校、卡尔·尼克斯先生和董显光博士时的一席谈话。福蒂埃过去是负责东京盟军最高司令部情报工作的，并且在8月份曾经随同考察团到过台湾。康纳在本世纪初曾在天津指挥过美军的一个团，当时马歇尔是副团长。福蒂埃说，麦克阿瑟是美国军事史上最卓越的军人和战略家，没有谁能超过他。卡尔·尼克斯是俄亥俄州的工业家，在中国有产业。他说，据他了解，所有同麦克阿瑟共过事的、或在麦克阿瑟手下工作过的人都钦佩他；当然，钦佩和爱戴并不是一回事。康纳和福蒂埃二人都同意这种说法，并补充说，麦克阿瑟同他的参谋人员不太接近，主要依靠他自己的判断。福蒂埃说（我猜想是为了强调这一点），6月27日，紧接着北朝鲜发动进攻后，在东京召开的电话会议上，麦克阿瑟接到杜鲁门的命令，要他动用全部海空武装力量援助南朝鲜（但不提供地面支援）。当时麦克阿瑟眼睛凝视着远方，沉思了半晌，然后，缓慢而坚定地向到会的人说："在我通知你们以前，什么也别干。"

另外有一些人认为，麦克阿瑟发表声明和撤回声明，还有其他内情。例如，有人觉得这是美国外交工作中的互不协调现象造成的。换句话说，麦克阿瑟的声明反映了美国的政策确实在发生变化，但是，他正好在一个不恰当的时候把情况透露出来了。许多人认为,本届政府当前的对台态度是优柔寡断,模棱两可。他们很高兴麦克阿瑟的直率声明,认为这就是远东局势的实际情况。他们觉得,至少麦克阿瑟的见解比杜鲁门、艾奇逊政策更合理些,这种政策虽然也信誓旦旦地保证美国要保卫台湾,但不愿真诚地同台湾国民政府合作。一个历来坚持言论自由的政府居然企图压制这一声明,也引起了另外一些人的义愤。

但是,从国际的角度来看,真正的问题在于麦克阿瑟是美国驻远东部队的总司令,同时也是联合国驻朝鲜部队的总司令。他对美国公众所讲的话,对整个联合国都有牵连。联合国的许多成员国是不一致的,而且对中国问题都特别敏感。此外,无论联合国的代表人物或是美国的代表人物发表公开声明时,都应该考虑到联合国的观点。

8月28日,杜鲁门总统公布了他给美国驻联合国首席代表沃伦·奥斯汀的信件,再次重申了美国的主张。该信件支持奥斯汀在联合国的立场(该信件也抄送了麦克阿瑟),并声明美国欢迎联合国调查中共所指控的美国入侵台湾问题。

与此同时,周恩来再度以个人名义致电秘书长赖伊,指控美国在中国东北地区蓄意侵犯中国领空,具有扩大战争范围和破坏和平的罪恶意图,要求安理会谴责美国的行动,并立即采取措施,使美国侵略军全部撤出朝鲜。奥斯汀大使立即建议安理会指派调查团到现场调查。次日,他写信给秘书长赖伊,否认中共所控告的事实,正式声明美国欢迎安理会指派调查团到现场调查。同一天安理会议定把中共控告美国轰炸中国领土的问题列入下次会议的临时议程。安理会并决定,把中共对美国武装入侵台湾的控诉也列入该会议程。

在台湾,消息传来,群情愤慨,自不待言。外交部9月7日来电反映,台湾公众舆论极为不满。人们都说,虽然中华民国对苏俄提出控诉已经一年有余,至今仍毫无结果;可是,苏俄毫无事实根据,仅仅利用周恩来对美国的一纸控诉,提出了一个提案,美国立刻就重视起来,并且提议派遣调查团进行调查。他们觉得,这显然是对中华民国极不公平的行动。

电报还说,联合国各机构和绝大多数成员国仍然承认我国政府是中国唯一合法的政府。可是,联合国忽然又依据一个我们认为是叛乱傀儡政权的控告,提出组成并派遣调查团。电报指出这种夸大叛乱分子重要性的意图,正在台湾引起极大的疑虑,而且也使我国政府的威望和尊严受到极大的威胁。电报中说,公众舆论认为,我方不应接待此种代表团,立法和监察两院外交委员会的观点也是如此。因此,蒋总统已在台湾召开了一次扩大会议,决定反对组织和派遣调查团到台湾进行调查。电报还说,届时,国民政府将毫不犹豫地在安理会行使否决权。但是我们把否决权视为一种迫不得已的手段,因为行使否决权与我国和其他民主国家的传统是背道而驰的。

显然,在这个问题上,政府的决定,是在外交部长的反对下作出的。29 日上午,我正要离开斯普林湖返回华盛顿的时候,接到外交部长从台北打来的电话。他说,委员长、立法院、王世杰和张群都反对派遣调查团这种意见。他正在为维护自己的立场而孤军作战,要求我给他打个电报,说明我的看法,做他的后盾。

两天以后,我在国务院分别同腊斯克和艾奇逊会谈时,都提出了这个问题。原先由于我认为同国务卿的约见暂时不能实现,才和助理国务卿腊斯克约定在 8 月 31 日见面的。不料,后来艾奇逊的秘书给大使馆打来电话,也要求在 8 月 31 日安排一次会晤。

同艾奇逊约定的见面时间早一些,我在两点十五分去赴约,发现中国科科长柯乐博也在座。下面引用一段我那天的日记:

> 这是一年来我第一次同艾奇逊会谈,因为自从白皮书发表以来,我就不愿意见他,所以,我一直没有和他约会过。如果会见,那就必然会是一次十分紧张的谈判,因为我曾强烈地反对公布白皮书,而他是那样顽固地坚持自己的主张。但

是,今天的会谈却显得十分友好。他一点也没有露出一年前那种神情紧张而言语冷酷的态度。他即将同贝文和舒曼在纽约举行三国外长会议,我主张他采取强硬立场,使他们赞同美国的对台政策;并从统一的立场出发,支持在联合国中建立起联合阵线,以对付苏俄和整个共产世界。看来,我这番议论似乎打动了他,尤其是因为我说,我这样主张是为了自由世界,而不是单纯为中华民国着想。他似乎颇为我的话所感动,他说,他愿意全力以赴,但不敢说准能成功。

我的谈话记录中记载,讨论是由我开头的。我告诉国务卿,我刚刚从台湾归来,愿意同他谈谈自己对台湾形势的印象。我在台湾时,除了同政府举行会议和磋商外,还在全岛作了一次旅行。我对他说,我看到台湾在行政、财政、军事等各方面所进行的改革都取得了可喜的进步,我为此颇感振奋。我说,以财政改革为例,政府的开支现在完全以切实可行的预算为基础,尽管仍有赤字,但收支之间的差额,在过去七个月中,已经大为缩减。去年12月份的赤字曾达到预算的80%,今天已减到20%,而且,随着新财源的不断开发,可望在年末达到收支平衡。

军政方面,我对艾奇逊说,现役军人的粮饷已经大有改善。我并说,我对台湾民众的情绪也设法作了调查。我认为总的看来,民众是满意的,在知识分子中更是如此。我觉得,一旦中共果然来犯,毫无问题,民众是会效忠并支持政府的。

艾奇逊说:他听了我所谈的印象感到很有意义,他要记录下来。

我说,有一两件事想同他研究一下。我听说台湾问题已经列入安理会议程,还听说三大国外长即将在纽约开会。估计他们将会把台湾问题结合远东形势和朝鲜战争等一起进行讨论。

国务卿说,即将到来的外长会议没有制订议程,但他也相信,会上会把台湾问题提出来讨论的。

我说,这就是我所以要请他把美国对台湾问题的态度加以阐明的原因。譬如说,美国拥护由安理会来讨论这个问题,目的究竟是什么?艾奇逊先生认为安理会讨论的结果会是怎样?就这件现在措辞为"对武装入侵台湾的控诉"的问题而论,不消多长时间,就可澄清问题,结束讨论。因为,中共制造美国入侵的谰言,纯属一种宣传手法,用以诽谤美国。为了使真相大白于天下,美国欢迎讨论这个问题是很自然;但是,仅就这一点而论,用不了几分钟时间,就可使自由世界确信,控告是毫无根据的。事实上,这种讨论是大有利于真理,大有利于自由事业的。

我说,这些讨论可能,我也希望能包括杜鲁门总统已在 6 月 27 日阐述了的美国对台政策。据我理解,这种政策的出发点是促进和平事业,其主要目的是维护台湾地区的和平,防止朝鲜敌对行动的扩大化。由于北朝鲜武装侵略而爆发了朝鲜战争,美国的这种政策显然是为了适应朝鲜战争爆发后朝鲜和远东出现的新形势而采取的。我希望我自己对杜鲁门总统的台湾政策的理解和解释是正确的。

艾奇逊说,是正确的。

我说,如果在安理会上讨论台湾问题时,仅限于上述两点,那对民主国家的共同事业就大有好处。如果讨论超越上述两点,触及问题的政治方面或台湾的地位问题,我确信,这些讨论就只能导致混乱,使问题复杂化,从而暴露出各民主国家之间存在着分歧。我个人认为,反对共产党侵略的国家之间必须避免互相倾轧、不和。自由世界的行列中如果暴露出任何分裂现象,只能有利于苏联和共产世界,因为,苏联和共产世界的政策一贯就是分化瓦解自由世界,玩弄挑拨这个国家去反对那个国家的伎俩。事实上,我不禁认为,中共的控告就是为了想在自由世界各国之间播下不和的种子。因此,为了建立反对共产党侵略的联合阵线,最好是避免涉及台湾问题的政治争论。

艾奇逊说,建立自由世界的联合阵线是极为需要的。美国肯定不希望人们目前就讨论有关台湾的政治问题。实际上,要求把问题列入议程的并不是美国。但是，一旦开始讨论，就不可能限制在上面谈到的两点上。不同的国家对这个问题有不同的见解，而且各国必然会觉得，对涉及这个问题的政治论争进行讨论具有重大意义。

我说，我意识到，安理会的其他国家有可能会把台湾的政治问题提出来讨论，而苏联则是肯定要提的。但是，我认为，如果美国能向各国表明，除了控诉中直接提出的问题以外，美国不愿把其他论争纳入讨论，那就必然会对安理会其他理事国产生巨大影响。不管怎么说，讨论得出的任何结论都不应涉及问题的政治方面，这种问题尽可以留待将来再解决。远东军事形势才是最迫切、最重要的问题。

我估计，这次讨论将以通过一项决议而结束。我想，如果美国能注意使决议草案仅仅包括上述两点，即：中共控诉美国侵略是毫无根据的；大体赞同杜鲁门总统的对台政策；除此两点外别无其他，则就是一个理想的决议了。因为，这样不仅能使中共蓄意捏造并得到苏联支持的诬告大白于全世界，而且，可以结成一条对付共产党侵略势力的联合阵线，借以加强自由世界的事业。

艾奇逊表示同意，认为那是合乎理想的解决办法。不过，他担心的是，在国际纷争中，理想的解决办法往往是不能实现的。尽管美国希望把涉及这一问题的政治论争留待将来解决。但是某些其他国家会不可避免地把这些论争提出来。

在介绍我的第二个论点时，我说，我知道英国反对杜鲁门总统的对台政策。如果确是这样，那是不幸的。杜鲁门总统的政策，其宗旨全在于保卫和平事业，并对远东地区的武装冲突加以限制。这和联合国宪章的精神是完全一致的，任何一个爱好和平的联合国成员国也不会不赞同。说实在的，我说，我甚至认为，爱好和平的国家不仅应该赞同美国的对台政策，而且假如中共入侵台湾，从而迫使美国立即履行他击退一切对该岛的武装进攻的公开声明时，还应支持美国在该地区恢复和平的行动。这种支持将是一种履行联合国成员国义务的行为,而不一定意味着是支持台湾的中国政府。我本人肯定就不会这样认识,因为我知道,时至今日,我国政府在世界上已经不那么受人尊重了。我并说,中国政府决不对中共采取任何挑衅行动。

艾奇逊说,中国政府不进行挑衅,那是非常重要的。可是,最近他就收到了令人不安的消息说,中国政府急于要轰炸大陆中共军队集结的地方和海上的船只,那就是挑衅。

我说,沿海一带某些岛屿仍在我政府控制下,那里驻有国军。这些军队发现大陆上的共产党正在准备进攻他们,不得不采取某种行动,以防止进攻。但是,正如我已经指出的那样,我国政府决不采取可能令人认为寻衅的行动。

艾奇逊指出,这在中国当前处境下处理有关台湾问题,将是一种决定性因素。

我把话题转回到英国对杜鲁门总统台湾政策的态度上。我说,英国对总统的政策给以任何一种支持,都将成为两国在目标和行动上团结一致的有力佐证。

艾奇逊说,英国甚至不能赞同美国的政策。他不了解其他国家对这一政策的看法,就问柯乐博。

柯乐博回答说,有些国家表示同情美国的政策,然而,还没有一个国家宣布过赞成它。

我表示希望艾奇逊在即将到来的三国外长会议上,要利用他的影响促使英国和法国站在一起,支持美国的政策。三大国的观点统一以后,必将对安理会其他成员国产生巨大影响。

艾奇逊说,这正是他想做的事情。可是,他知道各国都有自己的见解和政策,他不敢说能否获得成功。

接着我表示了我的希望,并告诉他,这也是我国政府的希望,就是纽约的美国驻联合国代表团在处理安理会议程的具体项目时,要同中国代表团保持密切联系,以便中国代表团能够对美国代表团给以最充分的合作与支持。在维护自由与和平的事业中,我国政府的政策历来都是支持美国的正义观点和公正立场的。

艾奇逊说,他感谢中国代表团的合作精神,并将转达给在纽约的美国首席代表奥斯汀。

我同艾奇逊会晤后,随即顺便去见腊斯克。我在日记中这样记载:

> 我同腊斯克的谈话还是那些内容,不过谈得更详细一些。我还提出了其他一些问题,又谈了我对台湾局势的印象,这我已对艾奇逊谈过,因为这是我先后要求拜会国务卿和助理国务卿的目的之一。

我同国务卿谈话时,有中国科科长柯乐博在座;而同腊斯克会晤时,则有中国科科员珀金斯在座。谈话一开始,我就回顾在我启程去台湾的前夕我和腊斯克的会晤,当时我对他说过,待我返回后,我将向他通报自己对台湾现状的印象。我对他说,我同本国政府许多领导人举行了多次会谈,并应邀到立法院、行政院和国民代表大会述职。我意外地发现,台湾这么多的政府机构竟然能运行自如,这使我很高兴。我还周游了全岛,访问了各城市和四个兵种的武装部队。我考察了各武装部队的官兵,参观了军营,而且还亲自尝了尝供应他们的伙食。总的看来,我发现伙食还算差强人意,比过去在大陆上供给军队的伙食要好得多,而空军则是最好的。

腊斯克说,在美国,待遇最好的是海军。

我告诉他,我随意询问了不同部队的一些士兵,大约有四十五人,发现他们的士气良好。整个来看,这些部队是令人满意的。大多数年老的职业军人已从部队中淘汰,留下来的人大多在十八岁到二十五岁之间。

在回答他提出的军令统一问题时,我说,已经有所收效,但仍存在有待改进的地方。所有军队是由国防部节制的,但实际上,军队中传统的私人关系仍然起作用。

在回答腊斯克的另一个问题，即关于空军和海军问题时，我说，代理国防部长也是中国空军的首脑。中国海军司令是桂永清上将。他曾经是我驻伦敦大使任内的武官，回国后就负责海军。多年来桂永清一直和蒋委员长关系密切，和蒋委员长之子、装甲部队司令蒋纬国一样，他们两人都可以直接到蒋委员长那里去接受命令。

随后，我说，在我们上次会晤时，腊斯克先生曾提到一件事，我已在台北进行了调查，那就是所谓台湾的恐怖统治。我告诉他，我已经查明，有大批人被类似秘密警察的特务机关逮捕。之所以要逮捕，都是出于肃清共产党间谍网的需要。现在已经消灭了三个间谍网，其中两个是由北平组织的，一个是由莫斯科组织的。但还有些谍报组织尚未查明。

我说，逮捕嫌疑分子时，特工人员往往过于卖力。我发现，在维持台湾和平与安全的问题上，文官与军人之间有不同观念，这是症结所在。军官中有些是在日本留学回来的，他们认为，宁可错捕一百个，也不能漏掉一个，这是上策。他们相信这样的理论，就是，被捕的人只有能证明自己无罪，才能获释。而文官则多数是在英美留学回来的，他们在理论上认为一个人除非有确凿罪证，否则应被看作是无罪的。我并说，我离开台湾时，这个问题正在幕后进行激烈的争论，文官正在同军人的传统习惯作斗争。我相信，文官终将取得胜利。

谈到台湾民众的心情和感觉，我说，我参加过一位曾任台湾市长的台籍人士举行的招待会。他邀请的仅仅是各行各业的台湾籍头面人物、台湾立法委员以及台湾省议会议员。（主人曾担任过我的秘书，举行招待会是我向主人提出的建议。）我发觉他们对国民政府都很满意，尤其是受过高等教育的人，他们意识到在国民政府统治下，与在日寇统治下大不相同，台湾人同样可以服役或当官，和大陆来的人在政治上完全平等。

我接着说，台湾人不是毫无怨言的，特别是对年初为了补充防务经费而增收两种特别税是有牢骚的。据我了解，台湾人的不满，主要是征收特别税的某些人过于苛酷造成的。另一种牢骚的由来是，政府征用了一些学校校舍，交给从舟山、海南岛撤退下来的军队使用。我说，政府已了解这些不满情绪，并且正在全力纠正中。例如，政府已经宣布，今后不再征收特别税。至于学校校舍问题，行政院院长陈诚曾向我保证，12月底将建成可容纳二十万人的兵营，到那时学校的建筑物就可重新用于教育了。

我又说，总而言之，我觉得台湾的现状是令人鼓舞的。政府决心继续大力进行改革。关于实施国家宪法，我看到，行政院各部部长都敢于坚持他们的权利和权限，敢于发表意见，即使蒋总统在场也是一样，这使我感到特别满意。

随后，我又谈到台湾问题已经列入安理会议程问题。我说，两小时前我对国务卿讲过，最好是把安理会的辩论限制在军事方面，而不触及政治方面的问题。我说，我认为把所谓美国武装入侵台湾的诬告弄个水落石出，是大有好处的，而且不消多久，就可使事实真相大白于全世界。当然，共产国家集团则又当别论。通过辩论，还有助于使得各国普遍赞同美国的对台政策，即杜鲁门6月27日宣布的政策。如果超过这两点，把台湾的政治问题或台湾的地位问题等提出来讨论，则必将引起混乱，并使问题复杂化，从而暴露出民主国家间不团结，也就等于直接为苏联及其共产国家集团效劳。

腊斯克说，尽管美国可以力求避免讨论政治方面的问题，但无法不让别国把这类问题提出来。他觉得，民主阵营暴露分歧是不幸的，但共产世界对这种情况早已一清二楚了。

腊斯克又问，我认为两三年之后，大陆会发展成什么样子？游击队是否有可能拥戴出来某一个地方性的领袖人物？北平政权内的党外人士，是否可能建立起某种类似军阀割据的局面？

我说，游击队很活跃，有的组织得也很好。大陆上很可能会出现一些领袖人物，但是，如果没有台湾的支持和指导，他们就不可能有所作为。

腊斯克说,之所以要问再过两三年大陆上可能出现什么情况,那是因为,如若有充分的理由可以证明,在这段时期中共产党不能维持他们的统治,那就可能会影响已经承认中共政权各国的态度。可是,如果没有这种可能,那么台湾国民政府的处境就将非常困难,很难维持它的国际地位。尽管自由世界对朝鲜的态度是一致的,对台湾则很不一致。对台湾政策和态度不同的不仅是安理会各常任理事国,非常任理事国也是一样。而且,近东与亚洲国家,以及英联邦各国的观点,也显示着同样的分歧。假如主张台湾属于中国,那就随即会发生一个问题:谁代表中国?——是北平的共产党政权,还是台湾的国民政府?中共认为他们的政权代表中国,所以台湾应该属于他们;台湾的国民政府则认为他们的政权代表中国,所以把台湾看作是属于他们的。就这样,世界各国都抱有不同的看法,已经承认北平政权的国家则认为,中国就是共产党中国。

我说,我完全知道民主阵营各国意见分歧,步调不一,这就是我认为最好把问题留待将来再解决的理由。如果把台湾问题拿到安理会去讨论,我料想将会通过一项决议案,我认为这项决议案应包含两个要点:一是驳斥中共诬告美国武装入侵台湾;二是赞同美国的对台政策,使台湾中立化,以维护该地区的和平。

腊斯克认为,要做到完全不提台湾的政治问题是有困难的。看来,如果能在决议案中增加这么一条,就是说,在朝鲜的局势解决以后,台湾的前途将通过和平方式加以解决。这样可能使已经承认中共政权的国家觉得满意。

我说,无论安理会通过多少决议案,我总怀疑中共政权是否会遵守,腊斯克笑了笑说,国民政府恐怕也不会遵守。

我避而不作正面答复,说假如安理会的决议案竟然苛刻到逼着国民政府答应去自杀的地步,那就请不要奢望国民政府会欣然同意了。从前中国的皇帝有时会对一个大臣赐死,这位大臣就会欣然照办，因为这样可以避免绑赴刑场，受辱而死。但是，这种事情，决不可能在 20 世纪再演了。我接着说，我已经请求国务卿把法国和英国联合起来，在台湾问题上采取一致态度。假如安理会内这三个国家能结成一条联合阵线，那就会使安理会其他成员国深受影响，从而防止这些国家为苏联所利用，苏联正在想方设法分化自由世界。

腊斯克表示同意，认为应该努力达到这个目的。但是能否成功，他觉得并无把握。

我说，我真不理解英国对台湾的态度。英国为了保住香港，甚至不惜承认中共政权，但是这并不妨碍该国对台湾另持一种态度。很清楚，假如台湾陷入中共之手，则香港跟着就要陷落，这是必然的结果，因为中共会毫不犹豫地占领香港。

珀金斯问道，即使台湾不在中共控制之下，如果中共要占领香港，又有什么办法能阻止它呢？

我说，台湾的存在和它巨大的独步远东的武装力量起着一种威慑作用。中共懂得，假如他们入侵香港，同英国进入敌对状态，则台湾的军队就会毫不犹豫地进攻大陆，从而迫使中共打一场两条战线的战争。

腊斯克同意，认为台湾的存在，对中共确有遏制作用。

我说，台湾的存在在政治上也起着遏制作用，来自北平许多共产党党外政治领袖的私人信件都反映出要不是台湾还存在着，他们早就被中共清除掉了，共产党就不再认为需要留着他们，借以向全世界昭示，中共政权是得到各党各派支持的。

腊斯克再次问道，这些共产党党外领袖人物中，是否可能有个别的人物会变成独立于共产党之外，像军阀那样。

我说，我早就说过，这些人不满中共政权，但是他们无法和本省的游击队接触。因为共产党对党外军人领袖监视得极其严密。

腊斯克进一步追问道，两三年之内，游击队是否会强大到足以对抗中共政权？届时大陆的情况又将如何？

我说,在此期间,共产党会大大削弱。游击队大多是农民,他们恨共产党征收重税。一般民众也同样会觉得共产党的压迫难以忍受,特别是对北平政权一边倒的彻底亲苏外交政策不满。

腊斯克回顾起史迪威将军的部下萨顿将军曾谈过某些有关中国民众的情况。大意是说中国老百姓跟美国人一样,不太喜欢他们的政府。按照史迪威本人的说法,美国人不愿意看到中国民众有这种特征,其实这正好是美国人的特征。

这时,我把话题引回到英国对台湾的态度上。我说,我不明白他们这样做的道理。英国人是很精明的,但是,他们承认中共政权则是一种失算和估计错误。因为,共产党已经露骨地表示,他们并不热衷于同英国建立外交关系。伦敦看来是不愿意承认错误,但是,香港和大陆上的英国人已经丢掉幻想,并已认识到他们政府所犯的错误。

至于美国的对台政策,我认为要得到所有爱好和平国家的全力支持并不难,特别是国民政府已经决心不向中共寻衅了。这种支持将有利于和平,符合联合国宪章的条文和精神。支持美国的对台政策丝毫没有支持我国政府的含义。我知道,在今天这个世界上,我的政府已不那么受欢迎了。

腊斯克说,关于不对共产党挑衅问题,他曾收到过令人不安的报道,就是台湾曾派飞机到大陆去散发传单,这是一种很容易刺激共产党的行动。最要紧的是,不要让共产党有所借口,也就是说不向共产党挑衅。在没有任何挑衅的情况下,如果共产党还要进攻台湾,那么责任就在他们了。

接着,我说起杜鲁门总统给奥斯汀的信件,信中说到美国将欢迎联合国调查中共控告美国入侵台湾一事。我说,我估计拟议中的调查仅限于所谓的控告,不会触及台湾问题的政治方面。

腊斯克说,是这样。

同一天早些时候,台湾政治领袖柯台山来看我。他打算听听我对台湾的印象。我向他谈了我对台湾的印象,着重谈到台湾本地人的意见。我把所听到当地人的抱怨、追求和希望都告诉了他。但是,我又对他说,总的说来,他们对国民政府的态度是忠诚和信任的,国民政府已经在着手解决他们不满的问题。我说,行政院院长陈诚、省主席吴国桢都谈到许多令人不满的事,诸如征收特别防务税时方式粗暴;军队占用学校房屋,妨碍学生正常入学;特警人员在根除共党间谍、粉碎间谍网时,滥捕无辜;雇用下级公务人员时,歧视台湾土著,不给予充分就业机会,更确切地说,是在铁路、邮政、警察、学校教员等岗位补缺时,优先录用大陆撤退人员。他们还告诉我,为了缓解这种局面,正在做些什么。

那天宋子文也来看我,真是出乎意外。显然,他来华盛顿是找亚拉巴马州众议员博伊金解决宋子良重新回美的入境签证问题,以便宋子良出席巴黎世界银行理事会和国际货币基金组织的会议以后,可以重返美国。尽管大使馆和宋子良本人都费尽九牛二虎之力,但是国务院还是拒绝给他签证。

我们谈到各种最新发展情况。宋子文认为麦克阿瑟正在拖延他对北朝鲜的进攻,为的是等待11月份的大选揭晓。这个论点倒颇有意思。另外,我告诉他,台北的民众对他很抱怨,就是说,对宋子文本人,主要是因为他拒不认购爱国公债,也不想法使旅美华侨认购。可是,宋子文说,就目前华侨对政府现状的看法而论,他实在无法劝说华侨购买公债。我告诉他,孔祥熙购买了五十美元公债,也受到了台北的严厉批评,台北的人们以为他似乎该买上五十万。

9月1日,星期五,我乘飞机去纽约。到纽约后,同宋子文、胡适、蒋廷黻一起进午餐,谈谈我对台湾的印象,还讨论了我在台湾注意到的一些重大事项。我对他们说,我觉得总的来说,情况是鼓舞人心和使人兴奋的,政府在力图改进,行宪治国也取得了一些成就,这使我感到特别鼓舞。换句话说,委员长的独裁少了,行政院中的辩论,总统与行政院之间的辩论多了。

我说到这里,十分关心中国留美学生的中华教育文化基金会主席胡适博士请我不要理会教育部的要求,就是要对留美学生作一次调查,把他们对国民政府的态度和言论建档备查。关于蒋委员长建议同英国建立某种联系的问题,蒋廷黻说,他正在同英国驻联合国代表团进行接触,他将注意探明英国的态度,并设法对英国代表团施加影响。

蒋廷黻最担心的是,美国打算接受中共控告美国侵略台湾的挑战。他自己表示坚决反对美国的这一态度。我把腊斯克对我说的话告诉了他,并提醒他我们无法阻止把这一问题列入议程。我并说明,美国之所以建议派一个调查团对中共的控告进行现场调查,是为了防止中共要求派代表出席安理会,因为,假若他们的代表到了安理会,他们就有可能被邀请出席去说明控告的理由。蒋廷黻本人一定是很同意这一推论的,他交给我一份 8 月 30 日他同奥斯汀参议员谈话记录的副本,供我参阅。谈话记录中这样记载,谈话一开始,蒋对奥斯汀说,前天安理会开会时,他曾一度感到一切都完了。后来,奥斯汀参议员出面干预,反对要求中共派代表参加安理会辩论"武装入侵台湾"问题,这才使他松了一口气。(当然,邀请中共代表的建议是苏俄代表马立克提出来的。)我并对蒋廷黻说,尽管台北强烈反对指派调查团,然而美国是着眼于争取时间,因为调查团要写出报告是需要时日的。

我对安理会内形势的分析以及我们应如何处理这个问题的建议都包括在 9 月 5 日我拍发给叶公超外长的电报中。我在该电中说,安理会已经把共产党中国控告美国侵略一案列入该会议程。按照蒋廷黻对我所说,美国对中共控诉的反应是建议安理会组织一个调查团,对情况调查核实。我并说,我认为这个问题对我国的前途关系重大。我们应当采取什么态度,必须慎重研究,并作出决定。我自己的看法是,中共的建议无疑来自苏俄的授意,而苏俄则是借此坐收反美宣传战的果实。美国之要求调查,乃是无可避免的反应,并非自愿。

我又告诉外交部长,据我所知道,所有其他成员国都打算同意美国的建议。因此，我们如果单独反对调查，结果恐难如愿。如果我们行使否决权以阻止该项提案通过的话，美国将拒绝同我们合作，而且还会引起美国的反感。同时，苏俄及其卫星国将趁机扬言，说我们和美国勾结一起，掩盖侵略的事实。我警告说，要是这样，那就无异掉进了苏俄设置的陷阱。

我指出，即使美国的建议获得通过，调查团也没有必要去台湾。该团可以在美国研究全部有关材料，作为写报告的依据。如果调查团为了防止中共借口陈述控告理由，要求派代表出席安理会，真的要去台湾进行实地考察，我们就必须事先声明，为了保护军事防务机密起见，不允许调查团视察各种军事地区。

我又提出几点意见，认为这是我国政府就美国建议派遣调查团问题作出决定前应该考虑的。我说，关于美国命令第七舰队防止大陆中共和台湾的我国政府之间发生战争一节，是否构成侵略行为，这一点不应成为问题，因为战争没有发生。但是，从法律观点看，有必要根据国际法明确台湾的地位。中共与苏俄都承认台湾是中国的领土，并宣称，中共政权就是"中国"。那些已经承认中共政权的国家，尽管未必全都承认过台湾是中国的领土，但都承认共产党中国就是"中国"。但是，美国在 6 月 27 日和 7 月 19 日的通告中和最近杜鲁门总统致美国驻联合国首席代表的信件中所采取的立场同该国 1 月 5 日的立场完全背道而驰，认为台湾是在对日战争中由盟军根据波茨坦宣言和对日受降书所占领的领土，并声称台湾的永久地位应在对日和约中确定，或者由联合国决定。

按照苏俄与中共的观点，台湾已经成为中国的领土，美国从事保卫台湾，这就构成了干涉和侵略行为。但是按照美国的观点，保卫台湾的行为，是一种在国际法上能够站得住脚的行为。因此，如果我们承认台湾是中国的领土，而不认为台湾是从日本手里收回的领土、其地位要等签订对日和约时才能最后确定的话，那么，我们的立场与苏俄的观点就不谋而合。这样，就只剩下一个争论点了:就是到底哪一方代表中国?

我继续阐明自己的论点:我们的观点是,我们的政府才是中国唯一合法政府。因此,如果要问谁能代表中国,那么只有我们才能代表中国,中共无权提出任何问题。假如事情就是这样,那么美国保卫台湾的行动在国际法上就没有依据,除非我们宣布赞成和欢迎它这样做。另一方面,苏俄和中共则一口咬定,中共就是中国,借以给他们所谓的美国侵略找依据。与此同时,他们拒不承认我们有权认可美国的这一行动。

我说,至于那些已经承认中共的国家,他们也把中共看作就是中国。因此,他们认为台湾应该归还给中共。既然如此,他们就不可能赞同和支持美国保卫台湾的政策。此外,根据副国务卿腊斯克上星期(8 月 31 日)对我说的情况,还有另一个使人焦虑的问题。他说,今后还有许多国家很可能会一个接着一个承认中共政权,从而使国民政府的地位更加难以维持。

我说,因此我们的首要任务是,要在台湾地位问题上确定我们的观点。只有这样,我们在对待美国的建议时才会有信心。我指出,三个月以来,美国曾一再宣称,台湾的地位应留待将来确定。之所以要采取这种立场,部分地是由于看到问题的复杂性和重要性,部分地也是一种权宜之计。但是,美国暂时也承认台湾现在是由我们治理和控制着,并且是我国政府的所在地。我说,这是非常重要的,值得重视。至于国际法上所规定的地位问题,那倒可以留待将来再说。但是,在等待最后解决期间,美国却希望,台湾的防务最好由联合国来承担,而不要责成美国,美国现在已经承担了数不清的责任了。

我总结道,国际局势仍然动荡不安,前途如何,很难逆料。但是,美国的观点未必对我们无利。我再一次表示,希望政府在最后决定我们的态度时,要对问题作慎重的考虑。

不难看出,在我给外交部的电报中所强调的一点是,对于美国向台湾海峡派驻第七舰队一举在法律上是否站得住脚的问题,不论我们采取何种态度都有很大影响，务必慎重行事。这同另一件刚发生的事情有密切关系。9月2日，外交部给我打来一份电报，其中对杜鲁门总统8月30日在记者招待会上发表的声明表示担心。该声明说，一旦朝鲜恢复和平，第七舰队就无需担负防卫台湾之责。外交部问我，这意味着什么，要求我私下设法探明，还要我通知美方，即使朝鲜恢复和平以后，也还有重新爆发战争的可能。所以，台湾所受威胁不会消除。该电还说，据报英国、法国和美国现正进行秘密会商，以互相协调政策。该电并要求我加以密切注视，向部报告。

我给外交部回信，首先要求寄送一份外交部就此事致台北美国大使馆的备忘录副本，我知道此件业已送达美国大使馆。9月4日，接外交部复函，附来该备忘录副本一份，内容如下：

> 在杜鲁门总统1950年6月27日发表公开声明之前，美国曾请求中国政府停止对大陆的一切海空军事行动，以维护太平洋地区的和平。中国政府已在6月29日的备忘录中表示同意这一请求。中国政府已竭尽全力履行了由此产生的各项责任。因此中国政府认为，一旦现行的安排需要予以结束，美国和中国政府应就此进行协商并达成谅解。

> 事情很清楚，一旦第七舰队撤离这一地区，中共就会借故进攻台湾。不知这种情况是否构成6月27日声明所指的破坏和平，如果贵方能予以明确，则中国政府将不胜感激。如果答案是肯定的，则在此情况下，美国将采取何种步骤，请予明示，中国政府将不胜感激。

> 自从中国政府遵从美国政府的请求，对大陆停止全部海空军事行动以来，中共得以从各方面加强其入侵台湾的准备工作。苏联对中共的技术援助和物资援助，一直源源不断。与此同时，美国却未曾向中国政府提供任何援助。这样，中共就积聚了空前的力量，而中国政府则不能有所行动。一旦美国撤回其支援力量，必将使中国政府在军事上处于极为不

利的地位。中国政府深信,这些事实,必已获美国政府明察。

这个备忘录说明政府对这一问题是多么焦急。自从第七舰队进驻台湾海峡以来,政府刚刚适应,而转眼间又不得不考虑该舰队可能要撤退的问题。我收集足够的情报之后,立即回信答复了外交部9月2日的初次询问。

我对他们说,经过多方调查,我了解到,当初美国派第七舰队去保卫台湾,是由于突然爆发了朝鲜战争,其目的是防止这场战争的扩大化。这一措施完全是为美国自己着想。而且就在杜鲁门总统发表声明的当时,美国人就考虑到一俟战争结束,就要把该舰队撤回去。随后英国和印度强烈反对美国在台湾的行动。英国的理由是,这一行动有损于北大西洋公约组织各国的利益;印度之所以反对,是因为亚洲人对此有反感。美国私下向这两个国家保证说,等朝鲜战争一结束,美国就把第七舰队撤走。但是,8月30日,在杜鲁门总统举行的记者招待会上,有些记者提出了这个问题。杜鲁门总统对他们作了明确的声明,同时,对如此机密的情报居然走漏出去,使他大为吃惊。但是,我指出,美国最初的意图丝毫未变。美国政府的态度原已作过声明,而且实际上美国政府对台湾所采取的行动,乃是一种应付突然事变的措施。

最后,我对他们说,朝鲜战争何时结束,结束得是否圆满,都是疑问。国际局势可能发生变化,而且局势的进一步发展,也可能使得美国重新考虑它原先的政策。我们最担心的是,即将举行的三国外长会议上将讨论这个问题。英国的态度已经很明朗;印度在幕后活动得很起劲;法国人和其他西欧国家则不希望看到美国在亚洲卷入得太深,因为他们害怕这会有损于美国在欧洲所承担的义务;美国自身则比往常更为希望远东局势不要进一步恶化。

我强调说,近来美国某些负责方面一有机会就宣称,中共不见得会使自己卷入这一旋涡。我说,从这里不难推测,美国抱的是什么态度。最后我说,关于三国外长会议的情况,一俟收到更多的情报,我就汇报。

我国政府的忧虑是可以理解的。即便是在华盛顿当地,要了解美国政府对台湾的意图何在,也不是很容易的。例如,报刊上一个时事评论员同另一个时事评论员的解释就不一样,这个国家的报刊同那个国家的报刊的解释也不一样。6月27日杜鲁门总统的声明,使人相信美国对台湾的基本立场行将改变。随后,麦克阿瑟的行动和声明大大加强了这种信念。但是,美国政府对国民政府的态度并没有发生根本性变化,它反复重申,美国的意图是让台湾中立化。一俟朝鲜战争结束,他们就把第七舰队撤走,届时台湾的前途将通过国际行动来解决。可是,采取国际行动,就必然会产生台湾的地位问题。而把台湾问题提交联合国处理这一行动将再次表明,美国在台湾的利益,比它公开承认的要大得多。

9月8日,即我给外交部打电报,报告杜鲁门总统在记者招待会上发表声明那天,纽约《先驱论坛报》在社论版刊登了林语堂博士从巴黎发来的一篇文章。林语堂的文章是站在杜鲁门的立场来探讨台湾问题,他要求美国政府表现得更坦率些。我把这封信的副本以及附随的社论,收存在档案中。下面引述的是这封信中的几个段落:

> 最不幸的是,在谁也没有提出过台湾地位问题的时候,竟然由美国总统提出来了这个问题,这将给中国人民留下一个非常遗憾的印象。如果今天蒋介石竟宣布冲绳岛的地位尚未确定,有待研究,并提请联合国加以考虑,那么,可以肯定,美国人民一定会得出这样的结论:蒋对台湾附近的那个岛怀有企图。我作为一个中国人,对杜鲁门总统的宣言,也有同样的感觉。不然的话,我就不明白为什么麦克阿瑟将军访问了一个被认为是友好的国家,竟会使得美国政府当局如此张皇失措。……

> 我相信有可能美国会投票明确赞成以这样的方式解决

台湾问题,即由联合国托管,而由美国加以治理,并阻止讨论"满洲"地位问题。换言之,美国为了国家安全关系,不愿意背着霸占台湾之名,而宁愿让全体爱好自由的国家,把台湾推到自己怀抱中来。与这种暧昧手法相比较,中国人民将把麦克阿瑟那种对待美国在太平洋地区的安全问题的鲜明态度,视为一种坦率、正直、勇敢而具有政治家气质的作风。

该报的编者按语如下:

关于台湾问题,本来已经有一大堆说法,星期三,艾奇逊国务卿又给加上了一些充满外交词令的解释,但是这些解释仍然使人费解。迄今为止,麦克阿瑟将军已经访问过台湾,并且发表过声明说,决不能让该岛落入敌人手中。(他的声明,虽然没有被查禁,但遭到了严肃的否认。)杜鲁门总统在记者招待会上又发表声明说,朝鲜危机一旦解决,就把第七舰队撤走——这个声明显然是旨在抵消麦克阿瑟口头表示所产生的国际影响,但实际上是空空洞洞,毫无意义,(这并非由于文字审查所致。)杜鲁门总统在星期五(8月31日)的炉边谈话中,发表了经过深思熟虑的声明:我们并不是为了自己而想要台湾。台湾的未来应由国际行动,通过和平方式解决,而第七舰队驻防在那里,是为了使台湾免于陷入冲突……。但是,正如林语堂博士一针见血地指出,台湾问题一经提出,必然很快迫使总统对下述根本问题作出公开决定:台湾是必须掌握在朋友手中呢,还是不须如此? 如果答案是必须,那就还有另一个问题必须解答:台湾是干脆从红色中国分离出来,置于美国控制之下,或是采取地方自治的形式,作为西方军事大国在远东的前哨堡垒存在好呢? 还是继续把它看作自由中国的最后一隅,是中国合法政府的偏安之所,从而也是对大陆上的红色独裁政权展开政治、道德和游击斗争的合法基地好呢?

四天以后，即9月12日，三国外长会议在纽约开幕。但是他们的会谈并未引起外界多大注意。因为当时风传，杜鲁门总统已要求国防部长约翰逊辞职，并将任命马歇尔担任新的国防部长。约翰逊的辞职使我感到突如其来，尤其是因为几个星期以前，外传总统要求国防部长辞职，杜鲁门还郑重其事地辟过谣。另一方面，在我看来，马歇尔面临的这个新任命，是在当时条件下杜鲁门心目中唯一合乎逻辑的新任命。

　　马歇尔是唯一深孚众望、经验丰富的人选。在朝鲜战争的这一关键时刻，形势需要一位经验丰富的将军，要求他熟悉政府的政策、深刻了解第二次世界大战造成的种种问题。杜鲁门经过同一个有时不能同他合作，意见有时同他不一致的国防部长共事过一段时间之后，他物色国防部长时的一个重要考虑必然是密切的个人关系，这在马歇尔和总统之间，以及马歇尔与国务卿艾奇逊之间是存在的。杜鲁门也必然看得很清楚，马歇尔是唯一有可能指挥麦克阿瑟的国防部长，或者，至少能牵制住他。

　　那时，报纸也对杜鲁门的动机议论纷纷。报纸还猜测马歇尔的任命可能与外交政策有关。马歇尔担任国务卿时，曾是政府中倡导"欧洲第一"，"不干涉中国"等政策的主要人物。从这次任命中，大家得到的印象是，尽管现实形势迫使美国日益卷入亚洲的事务，但是美国政府的态度并没有什么真正的变化。

　　关于这一点，我同澳大利亚外长珀西·斯彭德曾有过一次颇有意义的谈话。9月13日我在澳大利亚大使馆举行的一次晚会上会见了斯彭德先生，他表示对国民政府很同情，还问了目前的情况。

　　我说，国民党中国同世界上别的国家一样，现在正在经历一段苦难时期，遇到了许多问题。我说，我深信，斯彭德先生对许多亚洲问题都很关心。

　　斯彭德表示同意，并说，西方政治家本来应该更多地关心亚洲，问题是他们对亚洲关心得很不够。他们似乎仍然认为欧洲和西方是世界的中心。

我夸赞斯彭德关于亚洲在世界形势中具有重要性的正确评价,尤其是对共产帝国主义的威胁,见解甚为恰当。在这方面,我说,很遗憾,像贝文这样的大政治家,竟然迫不及待地承认了共产党中国,而没有充分考虑这一行动的后果。

斯彭德说,在锡兰会议上,他对贝文说过,贝文对共产党中国的看法,以及打算承认共产党中国的作法,都是错误的。现在,八个月过去了,英国仍然被中共拒之于门外,反而要等待中共政权来承认英国。一个国家承认了另一个国家之后,反而要等待被承认的国家来承认自己,他认为这是历史上从未有过的。

我说,西方仍有许多政治家坚信欧洲是世界上最重要的地区,只要这个地区平安无事,世界和平就有了保障。可是他们不懂得,近年以来,国际舞台上已经发生了重大变化。自从共产主义从它的发源地蔓延到两大洲以来,已经成了全球性威胁。它的目标就是统治全世界,这是万变不离其宗的。虽然他们使用的战略经常有所变化,他们的目标却是永远不变的。中国共产党和其他共产党一样,也是一心一意想要建立共产主义世界。

斯彭德说,他曾对贝文说过,尽管他没有想到武装侵略会出现在朝鲜,可是,由于共产党的"罪恶"阴谋,欧洲和亚洲都有可能发生麻烦的。如果大韩民国没有遭到入侵的话,则其他国家,例如印度支那,也会受到共产主义邻国的进攻的。

我问他,伦敦方面对共产党中国的政策有没有改变的可能,英国的现行政策能否得到英国人民的支持。

斯彭德说,虽然伦敦当局由于共产党中国对待英国的态度而感到为难,但他并不认为政策会有改变。至于英国的公众舆论,由于他在那里的时间不长,因此无可奉告。如果一个人要想了解某一国人民的思想感情,他必须花费一定时间同那个国家的人民生活在一起。

我说,我看到在澳大利亚,斯彭德不承认共产党中国的政策拥有十分坚强的后盾。澳大利亚外长说,整个国家几乎都支持他的政策。澳大利亚的报刊,除了一个专栏作家以外,都一致赞同他的政策。

我向他询问我的同事,驻堪培拉的中国大使甘乃光的情况如何。

斯彭德说,他经常见到甘先生。去年底,因为他(斯彭德)的前任(工党政府的工党成员)准备承认共产党中国,使甘乃光感到颇为烦恼。但是,他出任澳大利亚新政府的外长时,已向甘保证,澳大利亚不会承认中共政权。

我说,我经常抱着极大的兴趣注视着斯彭德的言论,因为他对共产党在亚洲和世界的威胁具有真知灼见。我并说,我对他的亚洲国家经济开发计划尤其感兴趣。我表示希望该计划能像欧洲的马歇尔计划一样,在亚洲付诸实施。

斯彭德深信,单凭武力是对付不了亚洲共产主义的危险的。大多数亚洲人民生活贫困,因此首先必须提高他们的生活水平,从而根除共产主义的诱惑。他知道,亚洲各国当局都急于促进本国的经济发展,但他们资源有限,因此外援是必不可少的。斯彭德并说,当然,他的计划是长期性的,不可能在短期内取得显著成果。

我说,斯彭德计划的基本概念着眼于提高亚洲人民群众的经济福利,这肯定是正确的。但是,考虑到亚洲人口众多,资源有限而任务艰巨,因此外援对亚洲的经济发展是绝对必要的。换句话说,对亚洲国家的经济发展而言,民族企业和外援必须结合起来,形成一个共同的经济发展计划,这样他们才能更好地防止共产主义的威胁。如果能在二十五年内完成这个计划,就不算发展缓慢。

斯彭德说,这必然是一项长期的任务。目前,第一步是要在英联邦内搜集有关各国和不同地区情况的必要资料,以便对各种问题,各种需要和可以利用的资源等有一个全面的了解,以此作为基础,最后就可以制订出一个规划来。

斯彭德又说,他的主要的想法是,提供外援时不得附带任何条件,以便这个计划得以顺利进行,而不致引起受援国家的疑惧。

两天以后,我拜访了爱尔兰大使约翰·赫恩先生。这是一次回拜。六月中,他以华盛顿外交使团的一个新成员身份对我进行了礼节性拜访。不过,以前在日内瓦的时候,我们就是老朋友了。以前,他担任过爱尔兰驻日内瓦代表团的成员好几年,并且担任过爱尔兰著名政治领袖、爱尔兰驻国际联盟行政院首席代表瓦勒拉的法律顾问。我们畅谈了一番。在交谈中,我们谈到了马歇尔的任命和约翰逊的辞职之间的错综复杂关系。不过,赫恩首先问我,对世界局势有什么看法。

我说,虽然世界局势仍然非常紧张,但我并不认为朝鲜所发生的战争会发展成为一次全面的冲突。俄国人似乎并不想招惹西方到发生第三次世界大战的程度。

爱尔兰大使说,美国肯定不主张发动一场先发制人的战争。他又说,最近联合国部队在朝鲜登陆,似乎说明局势有所好转。我说,鉴于联合国军的反攻凌厉,现在北朝鲜正面临着两种抉择:要么撤回到北朝鲜,要么等着被歼灭。注意观察这场冲突的结局,是一件饶有兴趣的事情。

爱尔兰大使后来又问我,对马歇尔将军有何看法。任命马歇尔担任国防部长,是否会对国民党中国产生不利的影响,因为他知道这位将军是不大喜欢台湾的。

我说,马歇尔将军是一位伟大的军人政治家。至于他的任命对国民党中国有什么影响,我不想妄加评论。可是,我希望这位将军已经改变他认为亚洲和远东在反对共产帝国主义斗争中的重要性是相对的、或者是极不重要的那种见地。我说,共产帝国主义的危险是全球性的,马歇尔应该认识到这一点。尽管流行在华盛顿某些人士中的说法是,在对付共产主义威胁时,重点应集中在欧洲。但是,身在远东的麦克阿瑟则有更加明确的眼力,使他认识到同共产党俄国进行抗衡时，亚洲是极为重要的。

赫恩说，他对麦克阿瑟关于台湾对太平洋安全具有重要意义的演说被禁止发表一事感到惊讶。他问我对这一事件有何看法。

我说，这恐怕同美国的国内政治问题以及某些人物之间的个人倾轧有关。可是，据我所知，讲稿的副本，在预定发表的几天以前，已经送达白宫和国防部，而白宫最后决定，通过国防部长约翰逊发布指令，要求麦克阿瑟把讲演稿撤回。

赫恩相信，杜鲁门总统发现麦克阿瑟的个性太强，不易控制。这次事件表明，总统在封住麦克阿瑟的嘴时是有些顾虑的。接着，大使又问我对印度以及印度对国民党中国的态度，都有什么看法。

我回答说，我简直无法理解尼赫鲁的政策。几天以前，我阅读了一份关于中印关系的材料，这是驻印度的前中国大使①写的。他是我国第一位驻印度大使，也是最后一位大使。这份材料对中国如何努力促进印度的独立事业和在国际上怎样捍卫该国的地位，都作了客观的叙述。可是，印度政府对于这一切友谊和帮助，却是以怨报德，竟然撤销了它对国民政府的承认，顽固地支持中共政权。据我看来，现在印度已经获得了独立，在国际社会中已经成为羽毛丰满的正式成员国，它这样力图讨好中共政权，简直是在玩火自焚。

（赫恩所谈的问题，使我想起关于沈士华先生几天以前对我谈起的一件往事。沈是中国驻奥地利公使，在印度独立前夕，曾作为中国驻印专员去过新德里。当我向他谈起过去我国的亲印政策是错误的，他表示同意。他说到考试院院长戴季陶曾于1942年率文化代表团去印度，那时印度尚在英国统治之下。他了解到尼赫鲁正关在监狱里，就到尼赫鲁的家里，在尼赫鲁不在家的情况下，在那里盘桓了一整天，以表示他对这位印度领袖的同情和

---

① 罗家伦。——译者

尊敬。戴院长甚至想把他在南京的地产赠给印度高级专员，以示友好，尽管戴自己也不富裕，很需要钱，还得把产业卖掉，以换取款项。这是沈士华给我谈的若干往事中的一件。）

赫恩说，潘迪特夫人曾对他说过，中共代表一种改良运动，而不是十足地道的共产党人。她认为，如果对待得当，到头来他们会同莫斯科分手的。

我指出，中共是百分之百的列宁主义者和斯大林主义者。我说，中共是在莫斯科帮助下于1921年成立的，党的领导人心甘情愿地充当莫斯科的工具。在许多国际争端中，他们同莫斯科心心相印，他们的终极目的是由克里姆林宫统治全世界。美国政府一度认为能够同他们打交道，对他们施加影响，因此，美国大使和领事们一直留在共产党中国，希望能同中共达成和解。但是，最后，他们还是被迫撤离了，实际上是让人家从大陆上驱逐出来的。（实际上，直到前一天我才从张树先先生那里听到了一些可以证实此事的情况。张树先是著名的张绍曾将军的儿子。张绍曾之所以闻名，是因为在他任北洋新军统领期间，曾于1911年领衔给清朝隆裕太后发出通电，表示拥护共和政体，并劝告宣统皇帝逊位。张树先到美国是来找工作的。他告诉我，他在北平美国武官包瑞德上校的办公处工作过。这位上校曾竭力设法同中共保持接触，希望促进美国和共产党中国的关系，可是共方总是予以蔑视，时加侮辱。当他去找中共官员时，则被撂在一边，等候很长时间。后来，当他表示希望快些接见他时，对方就让他填写一张表格，详细填明他的官衔、职称和求见中共官员的原因。但是，尽管按规定填写了表格，送往求见的官员办公室以后，还是让他继续等候。这位上校询问迟迟不接见他的原因时，中共方面说，他们不承认他的官方身份。当上校坚决要求会见那位官员时，他几乎受到野蛮的对待。）

谈到英国承认中共政权一事，我说，一位英国朋友说得好，英国一直在等待中共的承认。一个大国承认了一个新政权，还得等候这个新政权反转来承认它,这种事在外交史上是没有先例的。

我们又谈论了一些其他问题,诸如爱尔兰参加北大西洋集团的可能性,爱尔兰根深蒂固地反对分割,以及北爱尔兰在整个爱尔兰经济上所占的地位等等。然后,赫恩先生提出了路易斯·约翰逊辞职的问题,也提到了艾奇逊退出内阁的可能性。约翰逊已经辞职,他不知道现在艾奇逊是否就要离开国务院。他说,早晨有一家美国报纸报道说,首席法官文森可能接替艾奇逊。

我说,以前报纸上时常提到文森的名字,这位首席法官是杜鲁门总统的知心朋友,他是个豁达大度的人。

赫恩先生回忆起一件往事,他说,文森自己曾对他说过,总统曾要求他出使莫斯科。文森说,那天他彻夜不眠地反复思考这个要求。由于他认为他的使命很难取得成功,所以他应该谢绝这一任命。然而,又考虑到总统对他的情谊,最后他还是同意了担任这项工作。可是,总统并没有在事前先同当时正在巴黎的国务卿马歇尔商量过,而马歇尔是不同意这一任命的。因此,总统就放弃了这一任命。(所有这些小事都足以证明,马歇尔在政府内的影响是何等巨大,他的影响甚至比总统有过之而无不及。)

赫恩认为,美国的政策没有连贯性。美国今天宣布一种政策,明天也许就会全部推翻。他回想起,在他启程来美上任前夕,瓦勒拉对他说,美国人是年轻的民族,精力充沛。凡是在地球上可以想象到的一切好东西,上帝全赐给他们了,可是,他们的信念和理想却又是那样飘忽不定。

9月17日,我邀请杜鲁门总统夫人的老友、俄亥俄州工业家卡尔·尼克斯先生同我还有财政部长严家淦共进午餐。尼克斯在远东有业务关系,他刚旅台归来,在台湾结识了一些中国高级官员,因此也渴望会见严部长。严家淦刚在巴黎出席世界银行和国际货币基金组织的理事会会议,会毕即将来华盛顿。

由于严乘坐的飞机误点,我只好改变计划,和尼克斯一同到机场去接他。途中,尼克斯告诉我,他这次访台期间,曾谒见蒋委员长,但未克长谈。不过,他有一种印象,即自从麦克阿瑟访问台湾以来,蒋委员长显得甚为欢欣鼓舞,好像从此以后,他懂得了怎样同美国打交道了,对于取得美援,也觉得满有信心。可是,据华盛顿方面的朋友们告诉他的秘密消息,杜鲁门总统对麦克阿瑟很不满意。总统在获悉麦克阿瑟飞往台湾时,竟至勃然大怒,发了一通脾气,对当时在他身边的朋友们宣称,要不是为了朝鲜战争,他一定会把麦克阿瑟召回美国,将他撤职的。尼克斯说,要是真的这样迅雷不及掩耳地行动,会使麦克阿瑟"当场晕倒"的。

尼克斯的情报是否确实,我不敢肯定,但不管怎么说,这表明麦克阿瑟访问台湾事先并未得到华盛顿的同意,而且这次访问使得杜鲁门总统大为不满。

1950 年 9 月 19 日,《纽约邮报》的一则电讯,或多或少地说明了这个问题。我自己没有收到可靠的消息,因而也就不能证实或否定它的可靠性。

由于一种绝非寻常的原因,马歇尔将军出人意表地被任命为国防部长一事,给台湾蒋介石的司令部当头一棒,有如晴天霹雳。

台北之所以如此惊慌失措,其原因是一年多来,前任国务卿陆续收到许多揭露国民党所作所为和计划要做的勾当的信件。这些信件并非来自别人,乃是蒋夫人本人。蒋委员长的这位夫人,在 1948 年访美期间,同马歇尔夫妇过从甚密,建立了热烈友好的感情。当时,她曾企图劝使杜鲁门总统向正在土崩瓦解的国军提供大规模援助,但徒劳而无功。蒋夫人曾在弗吉尼亚州的马歇尔公馆小住了几个星期。

由于蒋夫人写信时毫无拘束,马歇尔将军对中国问题的各个方面,特别是麦克阿瑟将军的所作所为,就都一清二楚,如何对付,自然成竹在胸。

举个例说,蒋夫人某次在信中预示麦克阿瑟即将去台同她丈夫研究台岛防务。那时,五角大楼和国务院对麦克阿瑟这次命驾在即的台湾之行，却还蒙在鼓里。随后蒋夫人驰函马歇尔。该函长达三页，单行打字，把麦克阿瑟和蒋介石的谈话内容，一五一十，和盘托出。如此大事，麦克阿瑟竟然不对华府报告。殊不知马歇尔早已洞悉一切，而且消息竟是来源于蒋夫人这等最高权威人士。这就是为什么马歇尔一经任命为国防部长，就使国民党军阀们陷入惶悚不安的原因。在以往和国民党人打交道的经验基础上，马歇尔现在又了解到他们想要干什么了，这要归功于蒋夫人。

记者们的消息显然是从五角大楼采集来的。这则报道的目的显然是在于说明麦克阿瑟现在的行径是在向华盛顿闹独立。他访问了台湾，在那里商讨了军事合作问题，居然没有向华盛顿打报告。当然，这时华盛顿和盟军最高司令部之间的关系正在恶化，而马歇尔将军，作为一名军人，自然而然地赞同总统对麦克阿瑟的态度。（我猜想，这也许是选择马歇尔接替约翰逊的另一个原因）。总而言之，马歇尔和麦克阿瑟之间的关系是不那么美妙的。文章的作者一方面十分清楚这两位将军之间感情疏远，另一方面，也十分了解白宫和国务院不喜欢蒋委员长和蒋夫人，同时，他还在宣扬当时盛传的麦克阿瑟很可能碰到的那些问题。但是，9月15日，麦克阿瑟在仁川登陆成功，扭转了联合国军的颓势。这样一来，杜鲁门总统原来曾经有过的把他召回的打算，暂时也就只好搁置起来了。

二、中国在联合国的地位

1950 年 9 月—1951 年 2 月 1 日

1950 年 9 月，国民党中国在联合国内的地位受到了严重的威胁。8 月末，关系到国民政府国际地位的两大问题已经排在安理会的议事日程上：(1) 对美国武装入侵台湾的控告，这是苏俄提出来的，但真正的依据是周恩来给秘书长的一封信；(2) 北平控诉轰炸中国领土。这一控诉，一方面导致苏俄建议在安理会考虑北平的控诉期间邀请北平的代表参加;另一方面,导致美国建议由联合国派遣调查团到现场调查。8月30日,蒋廷黻通知美国驻联合国首席代表沃伦·奥斯汀参议员,安理会的讨论已经产生了对中国不利的影响。他说,首先这种讨论已经对台湾的地位提出了疑问;这种讨论无形中已使国民政府成了一个流亡政府;这种讨论还间接地承认了中共有权代表台湾讲话。

9月11日,苏俄的建议付诸表决时,勉勉强强地被击败了。反对这项提案的美国再次力主由印度和瑞典到现场调查,作为代替方案。但是,次日美国的代替方案付表决时,由于苏俄行使否决权,也遭到了失败。这样中国问题在安理会上暂时成了僵局。但是,在成功湖即将召开的联合国全体大会上,某些会员国肯定要提出国民政府是否有权在联合国内代表中国的问题。

9月18日晚间,我应邀出席哥伦比亚大使苏莱塔—安赫尔和夫人为哥伦比亚驻联合国首席代表、该国国防部长罗维托·乌尔达内塔·阿韦拉埃斯博士举行的宴会,这使我有机会同他会面并交谈。他和大使都对我说,即使美国的态度有所动摇或改变,他们的政府还是要坚决支持我们。我觉得他们的态度使人非常振奋。

他们还对我说,他们认为,任何一个政府的代表权问题都是实质性问题,而不是程序性问题。因此,如果联合国要动议取消我们的代表权,他们将建议请国际法院提出咨询意见。这样,在法院作出决定之前,我们仍能继续保持在联合国的地位。他们说,这样就可以争取到时间,等待局面变得有利于我们。懂得这一切是很重要的,因为当时各方公认,阿韦拉埃斯很有可能当选为颇关重要的大会政治委员会主席,而中国问题首先将提交给这个委员会考虑。我立即把这些情况通知了蒋廷黻,并建议他同哥伦比亚代表团密切联系。

全体大会第五届正式会议在次日即9月19日开幕。果不出所料,甚至大会还没有来得及把主席选出来,印度代表团就提出了中国代表权的问题。当然，苏俄就接着建议驱逐蒋廷黻，并向北平政权发出邀请。但先后遭到蒋廷黻和艾奇逊的反对。

当大会的议程正好进行到此的同一天，我到国务院拜访负责远东事务的助理国务卿迪安·腊斯克，是他约我下午四点三十分见面的。腊斯克告诉我，他刚在电视上看过联合国大会开幕的情景，看见印度首席代表班涅迦尔·劳爵士提出一项决议案，要求由中共取代国民政府在联大的席位，维辛斯基表示支持。腊斯克说，蒋廷黻发表了一次生动的演说，当他从讲坛走回席位时，赢得了长时间的掌声。接着，艾奇逊催促道，时间不允许再考虑这个问题了，印度的建议应迅速付诸表决，作出决定。据腊斯克估计，表决结果将会赞成国务卿的意见。

（事实上，表决结果否决了印度的提案。但是讨论还在继续进行，一直到后来根据加拿大建议制定的决议草案获得通过才告结束。这项决议草案要求组织一个特别委员会来考虑这个问题并写出报告，在等待会议最后作出决定期间，由国民政府的代表继续出席大会。）

腊斯克说，他约我来见面，是为了要同我谈两件事。第一件，是印度尼西亚申请加入联合国的问题。他听说蒋廷黻对此要在安理会行使否决权。他说，美国和不少其他成员国都认为，接纳占有很重要地位的印尼，意义极为重大。中国如行使否决权，后果将是不利的，因为这也将对中国在联合国内的地位造成不良反应。

我说，我知道我国政府注意到印尼已经承认了中共政权，深怕一旦印尼进入联合国，联合国内支持共产党中国获得代表权的主张又将增加一票。

腊斯克表示同意，但他指出，如果由于中国行使否决权，而印尼被摈于联合国之外，则将引起许多代表团的不良反应，从而使中国失去不少支持票。他说，中国代表权问题即将在下午的大会上进行辩论，美国代表团在就中国问题同各国代表团磋商过程中,感到各国代表都很关心、支持印尼申请参加联合国的事,他希望中国能保证不加反对。当时中国在联合国的席位已经很成问题,如果再把阻止印尼参加联合国的责任揽过来,那就太不明智了。

我断定俄国及其卫星国也将支持印尼的申请,但不知道他们这种支持的后面,是不是有一个总体安排,企图把过去由于苏俄阻挠而迄未进入联合国的十多个国家统统接纳进来。

腊斯克说,印尼的问题将单独处理。其他十四份会员国申请书仍然陷于僵局,而且他不认为有那一份可能获得通过,因为俄国坚决主张要么全部接纳加入联合国,包括外蒙古与北朝鲜在内,要么一个也不接纳。他请我向我国政府转达美国的观点,并敦促我国政府指示蒋廷黻切勿对印尼的申请行使否决权。

我答应立刻照办。(这里我愿加点补充。正是由于我不失时机地向我国政府转达了美国的这一请求,9月26日对接纳印尼案进行表决时,蒋廷黻弃了权。他宣称,他对此感到遗憾。因为他的代表团虽曾率先欢迎印尼进入联合国,并为此而感到无比愉快,而国民政府从一开始就是支持印尼的,但印尼政府却承认了北平傀儡政权。他认为此举未免失于操之过急。因此,安理会表决时他只好弃权。这是颇具有政治家风度的处理方法。)

腊斯克接着谈他要谈的第二件事,就是美国代表团已经决定把台湾问题提交全体大会。国务卿在向大会发表演说时可能会提到这个问题。腊斯克还说,尽管他不熟悉大会的议事程序,他相信美国代表团将提出一份明确的提案,由总务委员会讨论,然后列入大会议程。

(在我临去台湾以前,曾于7月25日同腊斯克有一次会谈。我在谈话中曾提请他注意,联合国的某些成员国可能提出中国的代表权问题。腊斯克说,任何成员国只要想提就可能提出。但是,美国认为在即将到来的会议上提出这一问题是不明智的,这一明确立场将会影响大会上许多国家的态度。他认为,不会出现有可能影响国民政府地位的情况。)

我问道,美国打算把这个问题提交大会的着眼点是什么? 美国希望这次辩论产生什么样的后果?

腊斯克说,提案将以杜鲁门对台声明中宣布的两点原则为基础,第一点是,为了和平,台湾和共产党中国双方在军事上都应保持克制,以免朝鲜的冲突扩大化;第二点是,台湾问题应留在将来通过和平方式求得解决。接着他说,至于台湾问题应怎样解决,美国还没有定见。但是美国认为,不论怎样解决,都必须采取和平方式。换句话说,现在把问题提交大会审议,无损于美国或其他国家将来就这一问题的解决可能采取的任何决策。

腊斯克还谈到,把美国这一提案列入议程以后,要等到第六十三项议程关于古巴的提案经过讨论并得到解决后,才会加以考虑。他相信大会可能要讨论台湾问题,但不会得出什么结论。他认为大概会派遣一个联合国调查团到台湾去就地研究情况,并在一年后向下届大会提出调查报告。

我说,相信腊斯克先生一定知道,中国政府是反对联合国调查团到台湾去执行上述任务的。中国政府不认为台湾问题应列入大会议程。

腊斯克说,杜鲁门总统已经明确声明,台湾问题应该用和平方式解决,不是在签订对日和约中解决,就是在联合国解决。

我说,总统最近在记者招待会上的声明中说了,朝鲜战争结束后,第七舰队将撤离台湾。这个声明已经引起了台北方面极大的不安。如果再提出整个台湾问题应在联合国讨论的话,那将会引起我国政府更大的忧虑和担心。

腊斯克说,杜鲁门总统在 6 月 27 日的宣言中命令第七舰队保护台湾,要求国府停止攻击大陆,这是美国政府的单独行动,并未得到联合国其他成员国的附和。许多国家,其中有些已经承认中共政权,有些仍然支持台湾国民党中国,都深恐总统的宣言会引起国际冲突扩大化。这些国家都认为,美国早就应该把这一问题提交联合国,和过去对朝鲜局势的做法一样,让其他成员国也有机会来考虑这一问题。腊斯克承认,总统的对台声明确乎有些操之过急,不过,在当时情况下,总统也确乎有必要迅速采取行动。他并说,美国人民也感到不安,他们担心,万一台湾地区爆发战争,美国对台湾所承担的责任可能给美国造成更大的牺牲。他又说,把台湾问题提交联合国的目的,是为了把这个问题纳入往后能够以和平方式解决的渠道,并不是打算要立即解决这一问题。他认为如今国府的地位正处在危机四伏,穷于应付之中,这样做对国民党中国也不无好处。

我问道,如果台湾问题提交联合国以后,中共对台湾发动进攻,美国打算怎么办。

腊斯克说,一旦出现那种情况,美国肯定会毫不犹豫地出而迎战侵略者,这是为美国自身而战,倒不一定是为了国民党中国而战。但是,美国不希望出现因台湾问题而妨碍非共产主义国家间顺利合作的局面。

我问道,美国的意思是想把台湾问题冻结起来,留待将来解决,从而暂时扫清民主国家之间合作的障碍,这样说是否正确。

腊斯克说,他不敢说这样就不会有人议论台湾问题了。必然会有某些国家要表示反对国民党中国,这是不可避免的。但是,美国政府并不指望在不远的将来就能得出什么结论。

我再次问道,美国对台湾问题的主张是否曾在三国外长会议上研究过,英法两国是否已向艾奇逊先生保证支持这一主张。

腊斯克说,会议上研究的是程序方面的问题,并没有研究将来该怎样解决这个问题。在这方面,每个国家都可以自己决定自己的立场。美国尚无定见;英法方面没有作出任何承诺。不过他相信,该两国将一致支持美国的主张。

我进一步追问道,是否可以说,美国鉴于现在国际局势扑朔迷离,因此主要目的在于拖延时间,看看国际局势的发展趋向,方能决定对这一问题的解决究应采取何种立场。

腊斯克的脸红了,他说,差不多,他可以坦率地告诉我,(他要求我不要向我国政府报告,我当即同意。)尽管联合国在朝鲜战场上占了上风,但是谁也说不准苏俄会干些什么。它到底作什么打算,也许它自己也没有准定的主意。但是不论它有没有准定的主意,美国肯定是不知道的。谁也不敢说,俄国会不会在几个月或者一年内挑起一场全面冲突。因此,为了保证美国防务不受危害,台湾的安全必须有所保障。换句话说,美国乐于看到台湾能维持现状。他相信维持现状也同样有利于国民党中国。他又说,行政院长陈诚已经宣布要继续努力改善行政工作,并要继续进行改革。为此,也必须赢得更多的时间。

我说,中国政府决心继续进行革新与改进工作,随着时间的推移,当然会取得更多的成就。

腊斯克认为,联合国调查团去台湾,绝不会损害中国的奋斗目标,而是会产生有利的效果。因为调查团的成员将能看到中国政府已经取得了哪些成就,正在做些什么。这种良好的印象不仅会引起亲国民党中国的人士的重视,而且也会打动那些不同情国民党中国的人。

我说,如果要组织这种拟议中的调查团,那么该调查团的成员人选问题至关重要。我认为,最重要的是该团绝大多数成员应该是尚未承认中共政权的各国家的代表。

腊斯克表示同意,并说,到那时美国一定会设法使该调查团组织得令人满意。接着,他又谈到了美国对国民政府的援助问题。他说,美国将继续提供经济援助和精选的军事物资,以加强国府防御共产党进攻的力量。(显然,他是想安慰我们,使我们平静下来,不要过分反对美国的主张。)接着,他提到中美两国在外交领域内的合作问题,并说,他不希望看到国民党中国的国际地位突然发生变动。他还说,中国作为联合国发起国之一,从一开始就对这一组织的发展作出了很多贡献。

腊斯克扼要地重述了美国建议把台湾问题提交联合国全体

大会的两个基本意图:一是希望联合国分担使台湾和共产党中国之间维持现状的责任;二是保证在将来要以和平方式解决台湾问题。他说美国并不急于解决这一问题,只希望能把现状维持下去,因为这样对国民党中国有利。

腊斯克接下去说,台湾问题非常复杂,如果现在就着手去解决它,那将导致极大的困难。国民党中国和共产党中国双方都宣称台湾属于中国,这就立即引起这样一个问题:到底哪一方代表中国?国民政府和共产党政权双方都认为台湾问题是内政问题,双方之间的斗争是一种内战。至于哪一方能代表中国的问题,承认中共政权的国家与仍然承认国民党中国的国家之间的见解是不一样的。

我说,鉴于非共产党各国的意见存在着尖锐的分歧,我认为,如果现在辩论这个问题,那只能暴露这些国家之间的分歧和不和。我早先在一次谈话中说过,美国保卫台湾安全的政策,确实是着眼于维护这一地区的和平。因此,联合国一切爱好和平的成员国都应予以支持。

腊斯克说,我对美国政策的理解无疑是正确的。但是,为了和平而带头承担起保卫台湾之责的美国,终于发觉其他许多国家不愿意追随其后而感到孤立。因此,有必要把这个问题提交联合国,以免在当前世界局势依然紧张的情况下,在国际舞台上造成摩擦。

我说我将把美国对台湾问题的打算向我国政府报告。

第二天上午,我在纽约会见中国驻联合国代表团的郑宝南。他对我说,蒋廷黻显得疲惫不堪,要他处理共产党指控美国武装侵略,以及美国企图把台湾问题提交联大等艰巨问题,恐怕是不行了。郑希望由我来领导代表团,尤其是因为外交部长叶公超已经肯定不会亲自来美国主持一切。我对他说,蒋廷黻完全能够处理这些问题,况且他对这些问题以及安理会各成员国的态度都很熟悉,所以可以由他来处理。

郑宝南为人坦率,勇于发表自己的见解,即使他的见解可能同他上司的意见相左,他也不犹疑。我不知道他这次的动机是什么,不过,相信他是表里一致的。我觉得他的话有一定道理:局面确实难于应付,而蒋廷黻也确实疲倦了。我并不认为郑宝南的话是出于对人,他考虑的主要是中国代表团必须应付的局面。尽管如此,我还是不赞成中途换马。

　　就在那天,腊斯克向我透露,艾奇逊国务卿在联合国大会的演说中,要求大会考虑把台湾问题列入议程。9 月 21 日,他致书赖伊秘书长,正式提出大会应研究台湾问题,以便使问题能按照联合国宪章的原则得到和平解决。他再一次重申,美国的行动无损于台湾岛最终的政治地位,并且倡议派遣调查团到台湾就地调查。

　　9 月 22 日,我陪同来美访问的财政部长严家淦到国务院拜会腊斯克时,又和他见了面。在一个多小时的谈话中,腊斯克显得聚精会神,询问了一些问题。他在谈话中暗示,联大在美国建议下组成的联合国台湾问题调查团即将去台。他建议我们最好是整饬一下,特别是要整顿我们工作中有弱点的方面。此事他在两天前已和我谈过,现在显然是想强调一下,因为他知道严家淦不久就要回台。

　　关于腊斯克的总的态度,我想说几句。每当他指出中国政府及其政策或是领导人的弱点时,他总是谈得比较客观而公平。他和国务卿不同,他给我的印象是对中国不抱成见。实际上,我平素对他的印象是他具有学者风度,见解公平。他确实使我感到,他希望做到不偏不倚,力求见解客观并始终如一。我认为他是由衷地坚决反共的,不知道他个人是否也抱有和国务院某些人士可能也包括艾奇逊在内的同样观点,认为应该接纳中共政权进入联合国。(关于承认中共政权是否可取的问题,说不定甚至艾奇逊本人也还在犹疑。)

　　9 月 25 日,我设午宴招待次日即将返回台北的严家淦。来宾中包括联邦储备委员会主席托马斯·麦凯布,进出口银行行长赫伯特·加斯顿,海事委员会主席菲利普·弗莱明,国务院中国科的柯乐博、利文斯顿·麦钱特、罗伯特·巴尼特和经济合作署的哈伦·克利夫兰。迪安·腊斯克也在被邀之列,但他临时打来电话通知说,艾奇逊突然召他去纽约有事相商,因此不能出席。

在午宴上,我提起《纽约时报》报导,厄瓜多尔打算在安理会投票赞成中共代表参加关于共产党控诉美国武装侵略台湾问题的讨论。国务院的麦钱特说,确有其事,但美国还是要反对这种意见。我又问道,厄瓜多尔此举是否是为接纳共产党中国进入联合国鸣锣开道。他说,不,这不过是为了取证而已。我不禁感到,他对厄瓜多尔的改变态度是知之甚审的。(9月初表决的时候,苏俄关于邀请中共代表的提案仅以一票之差被否决,那次厄瓜多尔和埃及一道弃权,投反对票的当然是中国、美国和古巴。)我从麦钱特的谈话中也推断出,美国并没有设法阻止厄瓜多尔改变立场。

两天之后,蒋廷黻会见美国首席代表奥斯汀和他的副手格罗斯,请求他们敦劝厄瓜多尔代表弃权。9月28日外交部给我发来一份蒋廷黻拍给部里的电文副本。该电称,奥斯汀对蒋廷黻在印尼问题上未投反对票表示感谢之余,自称作为一个律师,他认为任何原告都应该得到陈述案情的机会。他对蒋廷黻说,原来美国希望能够组成一个调查团,以便中共能有申诉的机会。但是,这种主张不一定能获得通过,所以美国还没有正式提出这一提案。(我估计他的意思是说在全体大会上提出。)

他说,美国仍然反对让中共出席安理会进行申诉并参加辩论。尽管他将尽力劝说厄瓜多尔回避投票,但是能否成功,还不敢说。他并说,格罗斯已经同厄瓜多尔代表约期进行商谈。他并已要求国务院请美国驻基多大使敦劝厄瓜多尔外长训令他们的代表弃权。

但是,也有人对蒋廷黻说,到联大总务委员会下次开会的时候,美国将支持中国共产党代表出席该会议。实际上,此事已经取得杜鲁门总统的同意。

蒋廷黻说,当时正和我国代表团一起呆在纽约的我国驻秘鲁大使保君健也在和南美各国代表团频繁接触,请他们敦劝厄瓜多尔弃权。但是,昨天(9月26日)厄瓜多尔代表声称,他们坚决主张让中共出席安理会。奥斯汀给蒋指出,厄瓜多尔代表的立场是以安理会程序规则第二十九条,而不是以联合国宪章第三十二条为依据的,无论如何,也不会影响到中国的代表权①。

奥斯汀说,他的唯一目的是给原告以陈述意见的机会。但是,他自己认为,既然大会已经决定辩论台湾问题,安理会就应该让大会先辩论这个问题。可是,如果安理会表决让中共代表出席安理会,那么他就只好弃权。

蒋廷黻总括一句说,当时安理会的这场危机还是很有可能避免的。但是,至于中共取得席位的问题,既然大会总务委员会已经着手处理,他担心还会出现同样的麻烦。因此,他正在千方百计,设法同南美和阿拉伯各国接触,以期取得这些国家的支持。

终于还是未能说服厄瓜多尔代表改变立场。9月29日,安理会以7∶3∶1的票数通过厄瓜多尔的提案,请北平派出一位代表,在11月15日以后出席辩论北平控告"美国人侵台湾"的问题。美国、古巴和蒋廷黻投了反对票。蒋廷黻曾试图使这个问题被宣告为实质性问题,从而使他自己的反对票构成否决票,可是没有成功。他还提出了一项反建议,主张在大会对此问题进行研究期

① 安理会程序规则第二十九条称:

"主席可对安理会指定的任何报告人给予优先发言之权。

"为了阐释报告,可授予专门委员会或委员会的主席,或由专门委员会或委员会指定的报告人以优先发言之权。"

联合国宪章第三十二条称:

"联合国会员国而非为安全理事会之理事国,或非联合国会员国之国家,如于安全理事会考虑中之争端为当事国者,应被邀参加关于该项争端之讨论,但无投票权。安全理事会应规定其所认为公平之条件,以便非联合国会员国之国家参加。"

间,安理会对此暂停考虑。(9 月 22 日,这项建议草案已列入第一委员会议程。)但是,蒋的提案在安理会付表决时,只有古巴投了赞成票。至于大会方面,总务委员会已把台湾的法律地位问题列入了 10 月 5 日的大会议程。

台北政府所深切关注的是,任何有关中国的问题拿到安理会和大会上去讨论,都将再次引起我国的代表权问题,也有损于我国的国际地位和我国在台湾的处境。外交部同大使馆、同驻纽约的代表团之间,急电交驰,还给其他驻外外交代表发了电报,要求他们同所在国的政府交涉,以便取得这些政府的支持。此外,外交部还准备了一份分析透彻、措词犀利的备忘录。显而易见,这是经过仔细研究了有关这个问题的各方来电、意见和资料等全部档案,其中也包括我所发出的文电以后才写出来的。这说明台北已经意识到,这个问题必须慎重处理,否则,台湾国民政府的生存就要受到威胁。(关于该备忘录的详细论述见附录三。)

在那份长篇备忘录中,作为附加注释,引述了一则未经证实的新闻快讯,说的是关于正在联合国大会上流传着的美国就对日和约问题提出的备忘录。根据我自己的记录,10 月 13 日《纽约先驱论坛报》上有一篇文章证实,美国国务院,或者更确切地说,是杜勒斯(他不仅担任着国务院在对日和约问题上的顾问,同时还是美国出席联大的代表。)正在大会上向关心对日和约的国家,也就是远东委员会中十三个国家的代表团兜售美国提出的和约原则。其中第三项原则称:"假如四大国在一年后仍不能达成协议,则台湾和千岛群岛的处理办法将由全体大会决定。"该文章并称:美国提案所依据的基本原则是:"不应让日本及其八千万人民沦于苏联之手……。"

当然,我和在纽约的蒋廷黻以及我国驻远东委员会代表团团长李惟果也一直保持着联系。10 月 17 日,我还召集远东委员会中国代表团团员们开会研究了代表团给外交部的报告中,就对日和约中我国所关切的一些主要问题所提出的各项建议。理所当然,对于台湾的地位问题,讨论得特别深入细致。

我不同意谭绍华公使和杨云竹公使提出的那种墨守法规的见解,因为这种见解书生气十足,而且同我们力图在美国的帮助下维持国民政府生存的实利打算是背道而驰的,这种打算就是按照美国倡导的方式或政策,把台湾问题提交联合国去处理。我说,争取时间,等待国际形势向有利于自由中国事业的方向发展,这才是我们真正应该做的事。此时此际,如果执着于台湾在法律上和事实上都是中国领土的说法,那只能使美国的立场遭到破坏,而美国的立场是出于防止台湾陷入敌人之手的愿望的。同时,这样说法似乎反而使我们显得同中共和苏俄一鼻孔出气,而中共和苏俄之所以采取这种口号,其用意就是要给美国在台湾所采取的行动贴上干涉和侵略的标签。李惟果同意我的意见,认为我的主张是自由中国当前唯一实际可行的途径,最后杨云竹也表赞同。

第二天星期三,杜勒斯从成功湖捎信来说,他不能如约在星期四中午和我见面,而要推迟到星期五或星期六。我考虑还是订在星期六同他探讨对日和约问题为好,所以我就安排在星期五上午动身去纽约。但星期四气象报告说,星期五天气不好,我就改乘了夜车。

10月20日星期五,我会见了杜勒斯,在座的还有当时任杜勒斯的和约工作助手的国务院东北亚司司长艾利森和盟军最高司令部的巴布科克上校。我和他们在成功湖代表休息室共进午餐,随我从华盛顿前来的谭绍华也在座。

杜勒斯对我说,除了俄国人以外,他已经同远东委员会的其他成员都谈过了。他并向我扼要地介绍了美国对对日和约中应有的一些主要条款的想法,或者毋宁说是必须解决的一些主要问题以及美国对这些问题的态度。他给我一份备忘录,其内容是美国建议的七项原则,这份备忘录他也已分发给其他成员。

我提了好几个问题,他很轻松地说明了他的看法,并作了些解释。这使我清楚地意识到,美国并不急于缔结和约。至于那个头等重要的台湾问题,则由于朝鲜的危机以及印度支那和东德的冷战加剧,美国的政策是拖延时间,静观国际局势的发展。这次重要的谈话,由谭绍华仔细而全面地作了记录,这里我只引述在联合国有关台湾问题的那部分内容。

杜勒斯说,很久以来美国政府就打算缔结对日和约,由于各种原因,主要是程序问题,把这事拖延下来。但是,美国政府认为现在已不能再拖。鉴于现行的情况,关于条约到底应该包括哪些内容,现已有了一个不成熟的主张。

接着,他给我介绍了这一主张的要旨。关于领土问题,他说,需要专门有说法。日本必须承认朝鲜独立,接受琉球群岛和小笠原群岛由联合国托管,并由美国代管。至于台湾、澎湖列岛、千岛群岛和南库页岛的地位,日本必须接受将来由英国、苏联、中国和美国所作出的决定。

但是,如果在和约生效后一年内该四国对这些领土的地位还不能达成协议,则此问题就应由联合国全体大会裁决。关于中国政府所高度关切的台湾问题,他说,他要强调指出,美国政府承认三个有关的国际文件:《开罗宣言》、《波茨坦公告》和《日本投降条件》。但是,他说,我们必须承认,世界局势总的来说是处于动荡不安的状态,必须采取非常现实的态度。台湾是国际利害所系之地,鉴于这个问题的全面背景和远东目前的形势,美国对台湾也同样非常关切。

然后,杜勒斯谈论起日本的安全问题。他说,这个问题也十分重要。我简单地说明了我国政府总的态度。这时,杜勒斯把美国政府已经拟定并已通知艾利森的全面性原则声明给我作了介绍,并给了我一份副本。我立刻就阅读起来。下面是我的《谈话记录》的节录:

> 中国大使逐字逐句地阅读着那篇声明。等到看完,就立即发表意见说,他发现声明中把台湾和千岛群岛等同对待

了。他说,虽然对日和约尚待签订,但是根据杜勒斯前面提到的文件和台湾岛的历史背景,中国政府和人民认为,应当把台湾按中国的领土对待。中国政府把台湾问题看成头等重要的问题,不同于其他一般问题。对于美国政府在这个总的声明中昭示于全球的各节以外,倒底还有什么打算,中国政府自然深感惶惑不安。中国大使强调地质询,从那份简报所揭示的美国的对台政策来看,不知美国政府指望台湾问题最终将得个什么结果。因为,把这个问题提交联合国的是美利坚合众国,而台湾的地位问题本身并不在联合国职权范围之内。

对于这个问题,杜勒斯说,他无法作出答复,因为这个问题的许多方面必须同美国政府当局研究,由他们作出决定。他暗示准备在星期日返回华盛顿,星期一(10 月 23 日)将把此事就商于国务卿并接受指示。接着他说,就他所知,如今台湾是个是非之地,关系到国际,也关系到美国的利害。譬如说,美国决心冻结台湾现状,以便使世界这一地区,特别是际此朝鲜战争尚在进行之际,不致发生麻烦。他个人能够理解中国政府把台湾视为中国领土的立场。但是,站在美国方面,他希望中国代表不要在联合国过分反对美国的立场。因为中国的反对将使美国政府为难;而美国政府的政策本来是要防止台湾地区发生麻烦,这样一来就无法实现。中国政府声明自己的立场,以便有案可查,这没有关系。但是,如果强烈地反对美国的这一提案,那就不仅是给美国政府出难题,而且也反映出美中之间互不协调,不能合作。他强调指出,美国冻结台湾现状的政策对目前偏安在台湾的国民政府也不无好处。他声称,这种政策是为了使世界这一地区,至少在眼前保持现状。当然,美国政府希望不要爆发另一次世界大战。但是谁也没有多大把握能说,那一广泛的地区不会发生麻烦,而让台湾岛落入敌人之手是同美国的政策不相容的。然后,他表示希望我把他适才所说的美国政府的立场转达给中国政府,并请中国政府指示蒋廷黻博士,不要过分强烈地反对美国政府的主张。

除此以外,交谈的主要内容是日本的安全防卫和赔款问题。我又问他,对于缔结和约,美国打算采取什么样的程序;按照美国政府估计,缔结和约的工作要到什么时候才能完成。

随后,我立即去看我国驻联合国代表团副团长和驻加拿大大使刘锴。他正急于想了解美国对台湾的态度,并征求我的意见。我把同腊斯克和杜勒斯两人谈话的要点告诉了他。回到旅馆时,我本想起草一份电报稿,把同杜勒斯的谈话内容报告外交部。可是,打来的电话太多,腾不出手来。到下午五时,蒋廷黻来访。

我把杜勒斯同我的谈话告诉了蒋廷黻,重点是关于美国对台湾的打算,以及他为了拖延时间而考虑采取的做法。我说,杜勒斯曾坚请我向台北说明美国的意图,并劝请台北指示他勿再激烈反对并攻击美国的主张,因为美国正在设法把台湾问题暂时冻结起来,从而排除对台湾的地位问题作出任何决定的可能性,这是有利于国民政府的。如果我们对美国的主张横加反对,这只能使美国的这种努力受到挫折。我向蒋力陈,如果我们坚持台湾毫无疑义是中国领土的说法,美国力图防止台湾落入敌人之手的主张就会站不住脚。美国的说法是,台湾的地位还没有明确,或者说是尚未定案(这是杜勒斯的原话),因为如果把台湾看作是被盟军占领的日本领土,则美国对这个岛屿的安全问题,就可以有发言权,就负有责任。

蒋廷黻说,奥斯汀对他说的话,和杜勒斯对我说的如出一辙。他已经告诉奥斯汀,可以重新考虑自己的立场,(他原来的立场是坚决反对美国的观点;坚持台湾是中国领土;联合国无权讨论台湾问题。但最后这一说法在法律上是站不住脚的。)但有下述两项先决条件:(1)美国打算把这个问题提到联合国去辩论,不是为了确定台湾的地位,而是从西太平洋的和平出发。(2)美国要承诺不支持中共代表参加辩论。

我又力陈利弊，我说，鉴于目前我们在联合国的代表权危如累卵，最好还是现实一些，把我们的精力集中于维护我国的国际地位。如果联合国要对台湾问题作出什么决定，最好是按照美国的建议，能拖就拖，这样对我们是有利的。因为诚如杜勒斯曾经说过，腊斯克也曾作过暗示，国际局势十分不稳，谁也说不上在三两年内是否会再打一场世界大战。我说，如果我们一口咬定台湾是中国的领土，其主权属于中国，联合国无权过问，这和中共和莫斯科的立场毫无二致，这样我们就只能起到破坏美国主张的作用。而且这将立时引起一个问题，那就是到底哪一边代表中国，是北平还是台北。这正好坠入了印度、英国等已经承认中共政权各国的彀中。到那时他们就该说："中国就是共产党中国。"

第二天，星期日，我重新着手起草向外交部报告我同杜勒斯谈话内容的电文。但还是被打断了好几次，到上午十一点半才算完稿。随即派我的司机送往华盛顿交谭绍华公使用电报或无线电拍发。星期一上午，司机托马斯从华盛顿回来，带来一封王世杰奉蒋委员长之命而发的信。信中就如何在联合国应付台湾问题一事征求我的意见；并要求我作好安排，把蒋委员长在联合国纪念日的讲演稿公开发表。我把这一讲稿转交我国驻联合国代表团的游建文印发。随后我乘火车返回华盛顿，下车后径赴办公室。

10 月 24 日在华盛顿，我出席了阿瑟·斯威策夫妇为纪念联合国日举行的招待会。他是联合国派驻华盛顿的代表。在招待会上，我见到了以前一度号称为国务院智囊人物的帕斯沃尔斯基博士；据说美国草拟的联合国宪章草案就是由他执笔的，他也是顿巴顿橡树园会议时的重要人物；那时节，我同他打过不少交道。我对帕斯沃尔斯基说，艾奇逊计划用授权全体大会处理侵略和侵略威胁的办法来克服由于苏联滥用否决权而在安理会造成的僵局，这是对联合国宪章的绝妙解释，犹如美国最高法院为了适应不断变化着的情况而对美国宪法作出的解释一样。可是帕斯沃尔斯基博士认为这并不单纯是解释联合国宪章的问题,而是在实际上符合宪章的条文和精神的。

10月26日,我国出席远东委员会的代表李惟果来访。我也把杜勒斯所谈美国关于对日和约的想法扼要地给他作了介绍,并交给他一份杜勒斯交给我的美国备忘录,其内容为美国关于对日和约的七项原则。李惟果表示同意我对这些原则的评论。

与此同时,10月20日,联合国大会有一项议题,即联合国承认会员国代表权的问题,被提交到特别政治委员会。这项议题原是根据古巴的建议而列入议程的,现在古巴又提出一项决议草案,大意是一个国家能否取得联合国的代表权,应以该国是否能够和是否愿意实现宪章的宗旨并遵守其原则为依据。在会议的一般性辩论中,暴露出各方的意见大有分歧。但是,这并不出乎意料,因为这次辩论实际是过去多次辩论联合国代表权问题,特别是中国代表权问题的继续,自从1950年1月,苏联代表马立克在安理会举行会议时中途退出会场以来,联合国的许多会员国一直在为这个问题而大伤脑筋。

诚如10月21日外交部来电所称,古巴所提取得代表权的条件,总的说来对我们是有利的。但是,该电指出,我们仍应注意:(1)防止其他国家提出对我不利的修正案;(2)牢记上述目的,潜移默化地启发各国代表团,使他们对我国政府和共产党政权产生截然不同的印象。这样,审议我国代表权的条件时,这些国家就会乐于支持我们。该电并称,外交部正电令各驻外使团,扩大活动范围,并要求我同蒋廷黻保持联系,以便双方就这一问题同美国政府以及舆论界打交道时,在行动上可以协调配合。

不幸的是,根本无法防止别的国家提出不利于我们的修正案。不久之后,英国提出了另一项决议草案,即是否承认一个国家的代表权,应取决于那个国家是否有效地控制着该国全部或几近全部的领土,以及该国是否得到绝大多数居民的服从。当然,应用到中国问题上,这两种决议草案是大相径庭的。因此,10月26日,特别政治委员会决定,把这一问题交付十四国小组委员会,制定出一种折衷的解决办法。如果我记得不错的话,这些国家对此也是无能为力的。

11月1日,外交部长叶公超给蒋廷黻发了一份长电,嘱其向我和李惟果转达。这是对蒋廷黻和我多次去电的答复。其内容是政府对我等去电研究后的结果,另外是传达了总统和行政院长的下述指示:

一、关于联合国有关台湾的各种提案:

(甲)政府认为,蒋廷黻向杜勒斯所提各点是恰当的。

(乙)为了维护我国的政治地位,我们仍应坚持台湾是我国领土的一部分。如果美国能够理解这一论点,我方也将谅解美国的观点。

(丙)如果安理会在辩论侵略台湾问题时,打算派出调查团,我们应提出异议,甚至行使否决权也在所不惜。

(丁)如果全体大会打算就侵略台湾问题组织调查团并派赴现场调查,我们应投票反对。如果无法阻止组织和派遣该调查团,则关于该调查团来访我方是否可以给予方便的问题,政府不予考虑。

(戊)如果全体大会讨论台湾的地位问题,眼前我们可以支持美国的建议,即请求大会作出决议,维持台湾现状,并禁止任何方面使用武力。我们可以把它作为一项权宜之计,予以接受。至于组织调查团的问题,我们应予反对,并全力以赴,设法否决此项提案。

该电的第二部分提出了对当前局势所应采取的一些措施;第三部分是就美国关于对日和约的备忘录提出的一些建议。

11月3日,李惟果再次来访。他告诉我,蒋廷黻对别人说,(可能这是李间接听来的,我不知道是否确实。)他在工作中没有得到我的充分合作。如果这话是确实的,真使我莫明其妙,因为我始终是竭力使蒋了解我同国务院谈话的情况，并且竭诚地向他提供建议的。实际上，我一直认为我同他保持着十分密切的联系，差不多每两三个星期，就去看他一次，同他研究局势问题。

李惟果并说，他和我对台湾问题的看法是一致的，就是说，我们应当同美国携手合作，因为美国是在太平洋地区同国民党中国有着共同利害关系的唯一大国，而且美国仍在力图帮助我们，这倒不是因为他们对我们有什么偏爱，而是起因于中共的反美政策。他也认为，鉴于国际局势前途莫测，美国主张拖延和推迟解决台湾问题的那种动机，对我们也是有利的。

第二天我去纽约，在旅馆里接待了蒋廷黻的来访。我把我对处理台湾问题的四点备忘录拿出来给他看，互相斟酌了一番。对于我提出的第一点，就是鉴于美国提议要在对日和约缔定一年内对台湾问题作出决定，我要求大会暂不讨论台湾问题。蒋廷黻说，这一点看来是来不及了。因为前一天，大会政治委员会已经决定在处理希腊问题以后，就要研究台湾问题。他并说，虽然他自己已经同政治委员会主席商定，把议程上的这项议题尽量往后推延，可是在表决辩论程序之前，刘驭万并未提出反对，这使他感到失望。主席是合作的，但他要求刘把这个问题在政治委员会上提出来。虽然主席曾请刘一面注意事态的发展，一面耐心等待，对任何有关台湾问题的动议，除非是把这一问题往后推，都要提出反对。可是，刘并没有提出反对，因为在议程问题上没有别人要求发言。

他说，还有另一桩糟糕的事，在特别政治委员会对古巴有关接纳新会员国标准的提案进行表决的时候，我们的代表本来应该说"no"（否），但他却说了"yes"（是）。也就是说，当问他是否投反对票（no）时，他说："yes"。其实他想说的是投反对票。（由于英语的习惯用法不同于汉语；中国人说英语时，在这方面常出问题。）蒋廷黻说，他不得不在会议记录上将它纠正过来。但是损害业已造成了，因为这使得与会各国的代表惊讶不置。

蒋廷黻对我的第二点是同意的,就是建议把台湾问题的辩论限制在西太平洋的安全与和平范围之内,而不辩论台湾的地位问题。他也同意我的第三点,就是建议成立一个研究委员会,而不要派遣一个调查团去台湾进行现场考察。

蒋廷黻把我们研究的情况电告了在台北的外交部长叶公超,并给了我一份副本供参考。其中部分摘录如下:

> 昨天,我同顾大使商讨了台湾问题。经过研究,我打算同杜勒斯会谈一次。首先敦促他不提台湾的法律地位问题,而只提台湾对太平洋和平与安全的关系;其次是力促他不倡议派遣调查团去台湾。……杜勒斯今天不在纽约,最早也要到明天我才能见到他。等我先同他谈过以后,顾大使再去同国务院商谈此事。

我自己也把这次商谈的内容给叶公超发了个电报,其中有下列几点:

> (1)因为美国已向与对日和约有关各国建议,把台湾的地位问题交由英国、苏联、中国与美国去决定,如果和约缔结后一年内,各该国仍不能得出解决办法,则把此问题提交联合国去裁决,因而现在可以向联合国建议,业已列入议程的这一问题,就是台湾问题,应予推迟辩论。但是,由于全体大会在11月3日已经决定,该问题应尽早辩论,我们就碍难再提建议。(2)因为辩论不能推迟,所以我们仍应要求不辩论台湾的地位问题,而把辩论限制在台湾问题同太平洋和平与安全的关系范围内。(3)为了抵消派遣调查团去台湾的建议,我们可建议全体大会把问题提交临时委员会去研究,或者另外组织一个委员会去研究,并且请求有关各国代表提供材料和意见。至于派遣一个调查团到现场调查一节,确无必要。(4)关于和平解决台湾问题,我们原则上可以同意。但我们应该反过来提个条件,就是中共不得进攻台湾。……

叶部长回电说,尽管我们在原则上打算接受美国主张和平解决台湾问题的观点,我们还是应该保留反攻复国、光复大陆的立场。他还说,如果全体大会同意美国的观点,则我们打算:(1)向美方说明我们所处的困难处境,并声明我们理解美国的提案是旨在维护和平的应急措施,但这决不应该损及我们维护领土完整的权利。(2)保留从各个方面审查这一问题的权利。叶并说,此外,由于和平解决的提案包括禁止任何一方诉诸武力这一点,因此,就无需把"共产党政权不得对台湾发动进攻"作为一个条件提出来。他的电报是 11 月 11 日拍发的。

一般说来,那段期间内,联合国的主要注意力已经不是集中在台湾问题或是中国的代表权问题上,而是在朝鲜战争和中朝边界上朝鲜境内出现中共军队这些事情上。9 月 15 日美军在仁川登陆成功以后,联合国军已经能够把北朝鲜军队逐回到北纬 38 度线以北。9 月 29 日,南韩政府已经迁回汉城。这时,击退入侵军的既定目的已经达到,联合国军是就此停战,还是继续向北朝鲜境内推进,把朝鲜共产党政权推翻,使整个朝鲜统一在汉城政府之下,对此,联合国必须作出决定。

9 月 27 日,我曾以个人名义拟发了一份电报,把美国国内的情况通知外交部。我说,据我所得密讯,美国当局鉴于国会选举即将到来,朝鲜战局已有所好转,他们希望战争能够很快结束,借以影响舆论,赢得选票。因此,美国政府就把这种意向向报界透露出去,同时还在联合国内散布一种说法,就是美国武装部队是否应该长驱直入地打进北朝鲜去,这要由联合国来决定。他们还透露这样一种说法,即使联合国军进入了北朝鲜,而且到了有条件进行全朝鲜选举的时候,美国也不打算承担军事占领的任务。我说,这显然是为了安抚中共和苏俄,避免这两国直接参加北朝鲜的战争,从而使战争的范围扩大。

9 月 29 日,就是决定邀请中共代表在 11 月份参加安理会辩论台湾问题的那一天,八国向大会提交了一项决议草案,默认联合国军进入北朝鲜,用武力统一朝鲜。该决议草案号召采取适当措施,保证朝鲜的和平与安全;并在联合国主持下通过选举,建立统一、民主的朝鲜政府。10月8日,即全体大会通过该决议案后隔一天,美军跨过了北纬38度线,南韩军队则早已进入北部。三天以后,北平电台重播了周恩来9月30日提出的警告,即如果帝国主义者胆敢侵犯中国邻邦的国土,共产党中国决不能置之不理。与此同时,据报集结在鸭绿江边的中共军队正在不断增加。

10月1日,星期日,我离华盛顿到了纽约。次日,拜访了宋子文,彼此就朝鲜的局势交换了看法。他认为中共很可能插手援助北朝鲜。据传一条长达一百二十英里的运送军需品和部队的纵队正在东北境内出发,这就是中共插手朝鲜战争的开端。我有些不相信,北平竟会愚蠢到替苏俄去火中取栗,特别是因为莫斯科是那么小心谨慎,唯恐暴露其支持北朝鲜的真相。

当时真正的争论点是:苏俄到底打什么主意?它打算使朝鲜危机升级?或者是想掀起世界大战?共产党中国是否会唯苏俄之命是从?例如,9月19日腊斯克和我谈论美国政府谋求保持台湾现状的理由时说过,尽管朝鲜军事形势已经有所好转,但是谁也说不准苏俄会做些什么,美国确实不知道,也无法知道苏联在未来几个月乃至一年内会不会挑起一场全面冲突。

10月2日,宋子文和我晤谈时曾说,他认为尽管现在苏俄还不如西方民主国家强大,它会趁西方民主国家还没有作好准备,也没有完成重整军备之前,挑起第三次世界大战的。他说,如果苏俄坐等它的潜在敌人增强了实力再战,那就太愚蠢了。我对他说,在苏俄确实有把握打赢之前,它还不见得会走向战争。但是,苏俄现在还没有把握,因为各种报道都说,苏俄的原子弹储存量不如美国多。我说,另外,苏俄一直在从冷战中捞取好处,今后仍然可以不战而捞到更多的好处。

10月12日,我接见希腊大使阿萨纳斯·波利蒂斯。这是一次礼节性拜会,但我很高兴能见到他,他的叔父尼古拉斯·波利蒂斯和我在日内瓦和巴黎时是同僚,这位侄子跟他的叔父一样,是位才华横溢、学识渊博的外交家。由于他在莫斯科担任过四年大使,他谈了他对苏联人民和苏联政策的看法。他说,苏联人民由于不了解国外生活和制度的情况,因此相信只有苏联式的生活和制度最好。总之,他们无权过问政治。不时举行的选举也完全是一种闹剧。有一次,他的厨娘害怕遭到报复,竟大哭起来,因为她不能按照政府的要求,长途跋涉,回到家乡去投票。他为厨娘给莫斯科的警察头子去了电话,请他安排她改在莫斯科投票。手续办好以后,她就去投了票,或者说是在发给她的选票上写了个"是"字,她既不知道投了谁的票,也不知道给多少人投了票。

波利蒂斯不相信斯大林死后这种局面会有多大变化。他说,在这种制度下,是政治局控制一切。斯大林死后,莫洛托夫最有希望继承他,因为他会做一名政治局的驯服工具。据这位希腊大使说,莫洛托夫是个唯唯诺诺的人。驻莫斯科的大使们都知道,莫洛托夫只要和斯大林一商量,一夜之间就会把他自己的意见推翻。波利蒂斯还说,斯大林对共产主义已经漠不关心,仅仅是把它当作实用主义的口号而已。斯大林确实是在为苏联的强大而奋斗,俄国人民正是为此而崇拜他。波利蒂斯认为,俄国人不会为共产主义而战,但肯定会为祖国而战。他又说,俄国人正在把他们国家所有的历史伟人一个个重新搬出来,作为崇拜的对象,甚至还给人们重新恢复了东正教会。

在我回拜时,双方又接着谈下去。关于斯大林,波利蒂斯强调说,经过斯大林格勒战役以后,他在所有的肖像上都是清一色地以一个全副武装的军人出现,他的胸前挂满了各种高级勋章,这是因为他希望使他的陆军元帅们显得黯然失色,同时还要把最终打赢这场战争的光荣归属于他自己。至于交换意见的方法,他说,对共产党人而言,说谎是一种合法的手段。他们与外部世界没有共同的行为准则。文明国家依靠的是诚实,但是共产党人却不知道诚实为何物。他们不相信战争最后是能避免的。

我的回拜是在 11 月 15 日,那时,中共出现在北朝鲜已是确切无疑的事实了。10 月 26 日,联合国军打到鸭绿江边时,中共已经开始参加了剧烈的战斗。11 月 5 日,麦克阿瑟将军用一份专门报告通知安理会说,10 月 16 日中共第一次越过了中朝边界线,联合国军现在同中共部队正在直接交战。正如 11 月 5 日上午我给叶公超外长的电报中所说,国务院与五角大楼都已承认中共参加了朝鲜战争。国务院正在等待麦克阿瑟和联合国朝鲜问题委员会的报告,以便决定应采取的对策。五角大楼推测,中共的意图是在保护北朝鲜的游击队根据地和发电厂。

三天以后,安理会通过一项英国提案,要求北平派一个代表团来讨论麦克阿瑟提出的中国介入朝鲜战争的报告。同一天,11 月 8 日,我打电报给外交部说,据密报,国务院已经要求印度从中共方面查明其参加朝鲜战争之事。到 10 日,美国、英国和其他四国在安理会提出一项决议草案,要求所有国家停止帮助北朝鲜,撤回各国的军队,同时保证中朝边境线不受侵犯,并充分保护中共与北朝鲜在边界地区的合法权益。11 月 15 日,国务卿艾奇逊在华盛顿向中共作了类似的保证。

在此期间,我同当时任马歇尔将军远东情报助手的卡特·马格鲁德少将作了一次饶有兴味的谈话。11 月 10 日,他和我都是何士先生的午宴上的客人。马格鲁德同其他美国高级官员一样,显然还相信毛泽东有可能变成中国的铁托。我纠正了他的这种看法,至少在当时的情况下他的看法是错误的。为了使他信服,我给他讲了许多道理。我的话似乎颇能打动他。我说,中共在北朝鲜的介入,是和莫斯科商定的一种政策。在前台扮演的是中共,在后台策划指挥的则是克里姆林宫。那时候,北平事事仰赖莫斯科,只能唯莫斯科之命是从。然而,北平也可能认为,莫斯科应该自己动手干。我告诉他,莫斯科对中共的控制与日俱增,几天后,我见到了何士,他说,我的谈话收到了良好的效果。

11 月 15 日晚间,我约董显光餐叙。谈话间,他把拜访马歇尔和腊斯克的情况告诉我。马歇尔说,朝鲜局势很严重。董认为,马歇尔显然为此而感到烦恼。腊斯克也对他说,中共在朝鲜的介入是很严重的事态,尤其是因为还摸不清中共的目的何在。

那时,中共介入北朝鲜主要是出于莫斯科的唆使之说,虽然还没有被普遍接受,但人们确乎是这样猜测的。华盛顿当局不仅关切中共的企图,也琢磨不透苏俄在幕后活动的目标何在。一方面,经过头一个星期剧烈战斗之后,中共的"志愿军"突然后撤,使得早就存在的认为毛泽东是独立于莫斯科的那种臆测以及他在国际事务中仅仅是在追求着有限目标的那种希望,更为得势。总之,中共的后撤,引起了这样一个问题,即是否仍然可以采用外交手段诱使中共置身于战争之外。这样,就使外交界围绕着这一目标刮起了一阵旋风。

11月16日,我在日记中记下了这样一段话:

艾奇逊向中共所作的保证是联合国军不会进入满洲;对于他们在边界地区的权益,包括电力设施在内,将作出安排。杜鲁门在今天的记者招待会上,证实了上述保证,并发布了书面新闻。

回顾一下发表这些通告和声明的情况,实在使人触目惊心。唱的全是讨好中共政权的调子,而在美国的首都,国民政府仍然派驻有全权代表。我每每怀于回想那些日子的情景,以及我是怎样挨过那些日子的。每天每日都有安抚中共的新尝试出现,而中共则变得一天比一天桀骜不驯,这在联合国表现得特别明显。

11月11日,北平断然拒绝出席安理会辩论有关中共干涉朝鲜的指控。同时,中共宣称,应安理会就辩论台湾问题提出的邀请,不久即将派出代表团,并且这个代表团还可参加辩论美国"干涉"朝鲜的问题。

当然,当时还有中共侵犯西藏的事件。11月15日,萨尔瓦多提请全体大会注意西藏人的呼吁。此次事件,北平是在10月25

日宣布的,而事实上,进攻在 10 月 7 日即已开始。

这个问题对于联合国以及我国政府来说都特别复杂,因为西藏人反侵略的呼吁是以他们自称西藏是独立国家为依据的;但是中国,不论中华民国,或北平政权,都认为西藏一直是中国领土的一部分。蒋廷黻 11 月 20 日从纽约给我打来电话说,全体大会讨论这个问题时,他将维护中国对西藏的宗主权,但反对中共对西藏诉诸武力。我告诉他,中国从来都主张对西藏拥有主权,而不仅是宗主权。许多国际协定和国际公约,特别是同英国签订的那些协定和公约,都承认中国对西藏拥有主权。我说,最好是不要说宗主权。他当即同意把西藏称为中国的一部分。

他打电话的主要目的是想和我研究 11 月 16 日他再次会见杜勒斯时的谈话内容。杜勒斯曾告诉他,在他同杜鲁门总统与国务卿艾奇逊谈过这件事之后,美国政府已经决定要求推迟考虑台湾问题,而把它列入全体大会政治委员会议程的最后部分。鉴于朝鲜的局势是如此,并且由于中共的干涉而更趋严重,值此时机,要求考虑这个问题,并促使台湾岛中立化,是毫无意义的。

回忆起 11 月初的时候,虽然我国代表团希望推迟讨论台湾问题,但政治委员会还是决定继希腊问题之后就开始辩论台湾问题。可是,到了 11 月 16 日,美国却不再急于辩论台湾问题了。希腊问题的辩论刚在 11 月 15 日结束,杜勒斯就约见蒋廷黻,研究把台湾问题的辩论推迟到议程结束的时候。

杜勒斯并说,美国将支持考虑中国控告苏联的问题,而且将提议由临时委员会指派一个专家委员会,而不是按原先的设想,由全体大会指派一个调查委员会或研究委员会来进行调查研究。组成专家委员会的目的,是收集和审查有关苏联违反 1945 年中苏条约和帮助中共叛乱的事实与证据。

杜勒斯还对蒋说,他希望蒋能支持他推迟辩论台湾问题的提案。他说,如果蒋不支持,美国公众可能产生误解,认为这意味着国民政府不同意推迟辩论,从而,又推论出推迟辩论是有利于中共的。蒋廷黻说,他已经答应支持杜勒斯,也同意指派专家委员会来审查苏俄侵略与违反条约的问题。

中国指控苏俄侵略和违反联合国宪章以及中苏条约的问题,是政治委员会议程中的下一个项目。这个问题是上届大会移交过来的。实际上,蒋廷黻在第二天就向委员会提交了一份很长的声明和决议草案。他在声明中列举了一年前全体大会辩论这一问题以来,苏俄继续违反条约和宪章的事实,他要求指定一个委员会搜集资料,并向下届大会提交报告。

同一天,11月21日,合众国际社发出了一篇报道,其内容是美国政府对下述情况的反应,即英国企图怂恿美国同意向中共政权建议建立二十英里的缓冲地带,以使中共更加放心的设想。美国对此虽然没有作出承诺,据说美国政府确曾表过态,就是如果要建立缓冲区,则以中朝境内各占十英里为原则。我自己觉得,英国的建议姑息共产党的气息过浓,有损于联合国在自由世界的声望。不过,这并非出乎意料。

11月10日,我给叶公超拍发了一份合众国际社伦敦报道的摘要。其内容是,英国政府和人民非常担心中共介入朝鲜战争。他们害怕西方列强将被卷进亚洲的战争,无数的部队将陷入泥沼,而欧洲的防务却仍很虚弱,这就使人倍感困窘。英国政府中的人士也觉得美国的行动过于轻率,而当时的局面又非常难办。该报道简要地概括英国报界的舆论说,属于左翼的《新政治家》周刊和《民族》周刊报严厉批评麦克阿瑟造成了这种困难局面,主张更换司令官。伦敦《泰晤士报》主张尽最大努力同中共达成和平解决;保守党刊物《旁观者》也呼吁处理这种局势要特别慎重。

事实上,英国在姑息中共的赛跑中,似乎是紧跟在印度之后的第二名。当时这种情况不仅出现在联合国,在其他国际组织中也是一样。11月16日,我接见了出席电信会议的中国代表陈先生,他刚从日内瓦回来。他告诉我,他觉得美国和南美国家很同情我们并支持中华民国保有代表权。在欧洲国家中,以比利时最为友好。印度在会上和在别处完全一样,是中华民国最坏的敌人。英国则在表决时弃了权。在我的询问下,他说,我国以两票之差失去了万国邮政联盟的代表权。主要是由于我们的代表在会议开幕的那天才到达,太晚了,来不及在开会前先同其他国家的代表团接谈,而且事先也未能通过外交部同其他代表团或他们的政府进行接触,而那些承认中共政权的代表们却都在积极为中共活动,并且为中共代表团安排一切。中共代表团则早已到达日内瓦湖另一侧的蒙特勒城,正在等待表决的结果。由于表决的结果是驱逐中国国民政府,我国代表在参加开幕式以后,只得让位于共产党代表。陈先生并说,由于万国邮政联盟把我们排除在外,现在邮政通信很不方便,挂号信不能直接邮送台湾,必须经由马尼拉中转。

星期四为感恩节。由于即将举行的安理会和全体大会都十分重要,我特地来到纽约。我同宋子文在一起晚餐,我把英国和印度积极准备同预定于次日到达纽约的中国共产党人进行接触的情况告诉了他。我说,美国表面上是采取强硬态度,企图给美国公众和亚洲的自由世界造成假象,其实美国政府也同样渴望使用合理办法,甚至是不合理办法,去诱使中共撤回他们在朝鲜的军队。看来这就是美国当时的真实意图。关于华盛顿为了达成停战,到底准备让步到什么程度,一时谣诼纷纭。

关于这个问题,我刚收到叶公超打来的一份电报,其情辞相当急切。他说,根据各方面的报告:第一,联合国大多数成员国似已深受英法两国的影响,为了在朝鲜恢复和平,以至不惜姑息中共;第二,各方甚至相信北平和莫斯科之间的观点存在分歧;只要能够精心利用这种分歧,就有可能说服并诱使毛泽东的政权走铁托的道路。他说这种信念有如下一些依据:(1)将解决朝鲜问题和为共产党争取在联合国的席位联系起来的建议,已被共产党中国拒绝;(2)中共在东北三省集结重兵,也是准备在必要时用以对付苏俄的;(3)在中共入朝部队的指挥问题上,北平和莫斯科之间也有分歧。第三，一旦中共派来出席安理会会议的代表团到达纽约时，各方面将竭力同他们建立直接联系，只要他们表现出哪怕只有一丝一毫可以圆通之处，有关方面将无有不愿以联合国的代表权为诱饵，吸引他们达成谅解的。第四，国务卿艾奇逊已经再次宣布，美国不打算使用否决权阻止中共进入联合国。叶指出，虽然这一点原是美国既定的政策，但在此关头予以重申，肯定是有其用意的。

叶在电文结尾中说，根据上述各种报告，台湾各界人士对我国的代表权问题深感忧虑。他问我对这种局面有何看法，是否能探明美国的真实态度，并要求我如有对付这一局面的办法，就向他提出。

我刚接到叶外长的电报时，电中所谈的局面又已进一步恶化了。与联合国和美国那股主张姑息的思潮相反，身在战场的麦克阿瑟认为，朝鲜的冲突如果使用武力，就可以解决得既迅速而又彻底。11月24日，他发动了一次大规模攻势，旨在赢得这场战争。他对部下说，大家将能够回老家欢度圣诞佳节。同一天，以伍修权为团长的中共代表团经由伦敦到达纽约，准备参加定于27日开始的安理会会议。这事在新闻记者和摄影记者中引起了极大的好奇心和轰动。苏联代表团的马立克和其他共产党代表们都到机场欢迎中共代表。马立克同伍修权在机场会谈了十五分钟。秘书长赖伊也派他的礼宾官让·德·努伯爵前去欢迎。第二天的早晨的报纸报道说，中共代表们在联合国总部收到了大量的花篮和花束，送礼物的人们都不肯留下姓名，也不带名片。

那个星期日，蒋廷黻想会商一下当时联合国的局面对中国的代表权问题的影响，我们为此安排了一次午餐，在座的还有宋子文和胡适两位一起参加会谈。但是蒋廷黻非常之忙，直到下午三点方才露面。当时他说，在关于在联合国内中国的代表权问题上，他的代表团面临危机。英法两国正在为安抚中共而奔走。安理会内的情况更为严重，已经有五个成员国承认了北平政权。现在法国又在支持英国的观点,这就有六票赞成接纳中共了。唯一挽救危机的办法,就是说服南斯拉夫改变态度,投弃权票。这也不是没有可能。例如,11 月 8 日,我给外交部拍发了《纽约时报》刊登的一条贝尔格莱德快讯,其内容是,如果中共公然介入朝鲜战争,同美国发生冲突,则南斯拉夫将采取反侵略的立场,遵照联合国决议行事。

蒋廷黻说,他在南斯拉夫外长卡雷尔吉回国以前,已经同该外长谈过此事。虽然卡雷尔吉本人不敢说什么时候能同本国政府作出决定,但实际上他已答应将来在安理会表决代表团问题时弃权。蒋说,沃伦·奥斯汀对我们深表同情,但是他必须遵照国务院的命令行事。例如,奥斯汀本人过去是反对邀请中共代表参加讨论共产党控告美国侵略台湾的,然而国务院命令他做的却正好相反。

在我这方面,我仍然认为在台湾问题上强调台湾是中国领土的一部分是不可取的,或者说,这样似乎是在支持中共和苏俄的论点。最好是说,美国派遣第七舰队对这一地区强制执行中立化并提供保护一事,曾经同我方磋商,经我方行使主权,予以同意的。同一天,11 月 26 日,中共在朝鲜对联合国军大举进攻。到 11 月 28 日,盛传美国即将屈服于英国和印度的压力,同意把联合国的席位交给中共。外交部来电称,台湾方面为此倍感不安。我决定求见迪安·腊斯克,以便澄清此事,并向他询问,在中共发动反攻,联合国军遭到溃败威胁的不利军事情况下,中华民国怎样做才能助一臂之力。据麦克阿瑟将军报称,这是一次新的战争。接着又着重报告说,总数约有一百万的军队,已经或者即将同联合国军接战。局势确乎非常严重。我和迪安·腊斯克约定在次日下午三点见面。

那一天我费了不少时间,把事态的最新发展通知外交部。我在其中一个电报中说,据东京电讯称,麦克阿瑟将军已向美国政府报告,中共以国际边界线应有安全保证为借口,已经出兵参加朝鲜战争。他说,这已构成了一次新的战争,严重冲击了他早日结束战争的计划。他并说,目前需要采取的措施已经超出联合国军统帅权力之外,应由联合国成员国和世界各国政府来解决。另一份报道称,国务卿艾奇逊已经指示首席代表奥斯汀,把此事提交联合国讨论。

在另一份电报中,我告诉外交部,艾奇逊那天上午曾出席参议院外交委员会的会议,他着重谈了中共介入朝鲜战争的问题,说此事很可能造成危险局面。他还担心苏联会利用朝鲜的局势,在欧洲发动侵略。我在电报中说,会后该委员会的主席宣称,中共武装介入朝鲜战争,显然是中共当局采取的出自官方的行动,而不是所谓志愿人员的私下活动。

我在第三份电报中指出,由于中共出兵干涉,朝鲜战争已趋恶化,这使这里官方各界感到十分紧张。杜鲁门已经召集了一次国家安全委员会和内阁的特别会议,研究如何对付这一局势。艾奇逊曾先后出席参、众两院外交委员会会议,报告当前局势。在这两次会议上,他都宣称,使朝鲜局势恶化和怂恿中共采取行动的主谋者是苏联,但是目下他还不打算公开归罪于该国。

我说,会后,两院众多议员,不分党派畛域,一致表示极度愤慨。至于如何对付的问题,总起来有五种见解:(1)要求联合国作出决定,采取积极而果断的措施,就是说,号召成员国出兵制止侵略;(2)授予麦克阿瑟将军特种军事权力,使他有权指派空军轰炸中国境内的军事集结点和交通线;(3)向中共政权发出最后通牒,警告他们当局,如不撤回他们的军队,将使用原子弹对付他们;(4)向我国政府提供全面军事援助,并向台湾派遣军事代表团,研究如何使用我们的武装部队,对付中共政权;(5)在苏联命令中共政权从朝鲜撤出全部军队以前,暂停美国同苏联之间的一切谈判。

我发出的另一份电报谈的是五角大楼采取的官方立场。国防部长马歇尔在一次女记者集会上演讲时,也要求联合国采取坚决措施,但是他指出有必要保持沉着与谨慎,以免引发另一次世界大战。他对听众说,如果战争不可避免的话,美国只能采取一种全国规模的行动,依靠人民的统一意志,以最迅速的手段,加强国家的力量,迅速动员起来。

最后,我报告了那天晚间艾奇逊的广播。我说,艾奇逊声称,中共的干涉是地地道道的侵略行为,也是对世界和平的严重威胁。他说,如果中共当真是为中国人民的利益而奋斗的话,就应该及时停止他们的这种行动。他也谴责苏联的目的在于征服整个自由世界。他说,美国决心加强国防,在联合国力量所及的范围内,美国必将给予侵略者以打击,以维护世界和平。

第二天下午三点,我到国务院访问腊斯克。我在日记中写道:等待会见腊斯克的时间比往常要长些,约十分多钟。候见室里挤满了新闻记者,气氛显得相当紧张,这是因为从朝鲜前线传来的消息不断恶化。当腊斯克最后出来把我请进去的时候,走在他前面的杜勒斯显得颇为紧张而焦急。迪安·腊斯克的表情也很严肃。

我开门见山地谈了安理会11月28日举行的会议。我说安理会原来打算邀请中共代表出席讨论所谓美国侵略台湾的问题,这对我国政府和我本人都感到很担心。我们认为这事起不了好作用,只能给中共代表提供一次机会,让他为苏联进行恶意的宣传。我说,现在已经很清楚,伍修权在安理会和全体大会的两次演说纯粹是宣传性的。伍说的虽然是中国话,但他表达的观点却是克里姆林宫的。伍蓄意歪曲历史事实,把美国的对华政策说成是侵略政策,帝国主义政策。这不但任何人都不会相信,连他自己也不会相信。伍修权对美国的控诉完全是虚张声势的。我接着说,伍对美国的谴责,使我想了一句中国谚语,叫做"贼喊捉贼"。伍在演说中控告美国的种种罪行,其实正是俄国人想要干的坏事。他的目的显然是在转移视线,让真正的侵略者——苏联溜走。

腊斯克说,十之八九,伍的演讲稿是俄国人替他写的。(据说安东尼·艾登曾在英国下院说过,那次演讲除了稍微长了一点之外,听来活像是维辛斯基在讲话。)

我说,很清楚,伍企图证明美国是和平的罪人。不过,伍所说的那些话,绝不反映中国人民的真实感情。我说,据最近几天报纸的报道,有人主张等中共代表来到后同他进行谈判,以便找到解决朝鲜问题的办法。有些人走得更远,建议向中共提出尊重中国东北边界的保证,继续向中国东北供电,甚至在朝鲜一侧设立缓冲区。但我认为所有这些建议全都注定要失败的。因为中共在苏联的指使下,决心要取得整个朝鲜的控制权。在苏联主宰全球的计划中,它一直希望征服亚洲,而朝鲜正好是北亚的大门。

我回忆起中国在1894年曾为了朝鲜而同日本打仗,十年之后,沙俄为了同一目的,干了同样的事。6月份北朝鲜进攻大韩民国和现在中共武装干涉朝鲜的目的,都在于攫取整个朝鲜半岛。因此我想,中共会把西方强国向他们提出的和平意向解释为软弱的表示。巴黎、伦敦暴露出来的紧张不安,只会使北平政权变本加厉地骄横跋扈起来。

腊斯克说,我提到的那些保证,与其说是为了安抚中共,不如说是为了使联合国的某些成员国放心,这些国家害怕朝鲜战争扩大化,急于尽一切可能防止这种事态发生。

我说,我国政府得到的消息说,英法两国为了寻求解决朝鲜问题,打算与中共接触,美国也有这样的意向。我认为,英法的这种举动,只能被共产党看作是一种让步。我怀疑这些消息是否真有事实根据。

腊斯克说,他没听说法国人同中国共产党有过什么对话。英国人一直在北平试图弄清中共政权的意图。在成功湖,报纸报道英国和印度一直在寻求同中共接触,但据他知道,这事始终没有成功。他并说,美国政府确实没有这种打算,也没有采取任何步骤去同中共代表团接触。

接着,我请腊斯克说明一下美国在联合国对朝鲜问题的政策。

腊斯克说,奥斯汀将敦促安理会正式通过要求中共军队撤出朝鲜的六国决议案,苏联是肯定要行使否决权的。如果出现那种情况,这个问题就将提交全体大会。最近,全体大会根据所谓"艾奇逊和平计划"而批准设立的机构即将开始行动。

我问道,据我所知,那个六国决议案,两星期前即已提交给安理会,鉴于朝鲜局势有了新的发展,现在是否就要交付表决?如果安理会不通过这项决议案,是否会把该决议案提交全体大会?

腊斯克说,奥斯汀先生将请求安理会表决原先的决议草案。要换一个决议草案不那么简单,因为这是由另外五个国家共同发起的。但是,将向全体大会提交另外一份把朝鲜最近事态发展情况考虑在内的决议案。

我说,自从 6 月 27 日杜鲁门总统发表关于台湾的声明并派遣第七舰队进入台湾海峡以来,我一直在敦促我国政府保持冷静,切勿采取任何可能被误解为刺激或挑衅的步骤,或者发表任何类似的声明。现在中共已经公然对朝鲜进行干涉,投入了几十万军队,同联合国军在那里作战。换句话说,他们不加掩饰地在朝鲜犯下了侵略罪行……我认为,局势显然已经发生了变化。在这一危急局势下,我国政府愿效微劳,不知是否能在成功湖或朝鲜有所贡献。我说,我提出这个问题,并非根据我国政府的指示,因为我从未收到这种指示。我之所以提问,是为了供我自己参考,以便向我国政府提出建议。

腊斯克说,他希望我能够告诉蒋廷黻博士,在他答复伍修权的声明时,如果能强调一下美国人民和中国人民之间的传统友谊,美国政府将表示感谢。美国政府历来执行对华友好和援助的政策,从无侵略中国的意图。他并说,当然,奥斯汀先生会在这方面对伍修权作出适当的答复。但是,他认为,由于蒋博士也是一个中国人,他的话作用要大些。

我说,我一定把腊斯克先生的口信转告蒋博士。我相信,蒋博士会乐于在他的演说中强调这一点的,因为这是千真万确的事实。对于朝鲜的军事情况,腊斯克表示,希望中国政府不要发表正式声明,因为在最近几天内,几个主要的有关国家就要作出决定。

我说,我将把此事上报我国政府。接着我提出关于英国和印度对中国在联合国的代表权持什么政策的问题。据说英国和印度正在为接纳中共政权进入联合国以取代中华民国而奔走活动,而且他们一直在寻求美国的支持。我向他询问有关这方面的实际情况。

腊斯克说,英国和印度确实在为北平政权进入联合国奔忙。但是他相信,朝鲜最近局势的发展和伍修权在联合国的演说,已经使他们泄气了。他并说,美国没有考虑过这个问题。最近几天发展的情况,使他的国家更不可能这样做了。

我说,由于中共向越盟提供支援,法国在印度支那的日子也不好过。伍修权本人已经说得很清楚,北平政权还要继续支持越盟。可是法国驻联合国的代表团对这些事实好像视而不见,反而站在共产党中国一边。我说,我对法国人这种不合理的态度实在无法理解。

腊斯克说,法国害怕朝鲜战争向外蔓延。印支问题的焦点是那里的人民热切希望取得独立。他相信,法国政府现在已经理解这一点,并已决定让印支三国在法兰西联邦总体内取得独立。他并说,这应该能够满足印度支那取得独立的愿望,从而缓解那里的紧张局势。

我说,我发现美国正在加速援助印支的法国和越南军队。

腊斯克说,这是确实的,并说,由于美国的优先权制度,直到最近,才有少数几批武器和飞机到达印度支那,但不如他预期的那么快。

谈到贝文在下院发表的赞成在联合国以北平政权代替中华民国的声明,我说这是令人遗憾的,因为这表明西方国家间缺乏团结。这样,要对付共产党的侵略就更加困难了。腊斯克说,自由国家之间打交道,这种情况是不可避免的。我想,这大概是自由世界必须为它的民主制度支付的代价吧。

我从国务院回来后,维克托·奥凯里赫上校来通报说,当局已经决定不在朝鲜使用原子弹。他还说,由于中共军队在朝鲜战场上锐不可当,参谋长联席会议已经建议使用国民党军队,但不是在朝鲜,而是在大陆,以分散中共的注意力和实力。除非中共停止进攻联合国军,否则就将允许轰炸东北的军事目标,必要时甚至可以使用原子弹。奥凯里赫说,这一切将在四十八小时内作出决定。他给我的印象是,似乎上述建议已经得到了马歇尔的认可,但我还是有些怀疑。

然而,他所说的一切还是很重要的,因为这能说明局势是何等严重,以及华盛顿考虑采取的是什么样的决策。在朝鲜战场上,联合国军被北朝鲜和中共军队压迫得步步后退。人们,特别是欧洲同盟各国,害怕会爆发一场全面战争。在联合国,苏俄与中共的立场绝对一致,终于使人们,包括那些持怀疑态度的人在内,确信中苏两国是合作无间的。正如杜鲁门总统 12 月 1 日致国会的咨文所说:中共攻击联合国军的唯一的解释是中国人误入了歧途,或者是被迫进行鲁莽的进攻……以推行苏联的帝国主义图谋。

由于报纸报道美国正在考虑使用原子弹,这就加剧了欧洲对爆发全面战争的恐惧心理。外界误传,杜鲁门总统在回答记者提出的问题时曾说过,如有必要,美国将使用原子弹,以及决定使用哪种武器的权力属于前线指挥官。这一讹传在英国议会里引起了一片喧闹。英国人渴望战争不要蔓延,这一点,他们在联合国的所作所为可以说明。他们对麦克阿瑟将军的机智和谨慎缺乏信心。(下一节中将进一步说明此点。)上下两院一致敦促艾德礼首相去华盛顿同杜鲁门总统面谈。艾德礼向杜鲁门提出了这一建议,杜鲁门立即同意。11 月 30 日晚间公布了这次访问。

情况一如那天我在日记中写的："这事使紧张局势进一步加剧。"我在该天的日记中写道：

> 显然，他希望说服美国采取英国的观点。伦敦各家报纸，从《泰晤士报》到《工人日报》异口同声地要求英国不应让别人牵着走，或是盲目追随美国在亚洲的领导，也不应遵循麦克阿瑟所执行的危险政策。麦克阿瑟"圣诞节结束战争"的攻势，成了英国议会和报纸猛烈攻击的对象。

那天晚上，我向外交部电告华盛顿的新情况。我说，美国政府内部已经决定对中共的干涉采取强硬政策。如果中共不愿撤退，或是继续他们现在的行动，美国就将毫不示弱，坚决同他们战斗到底。

我指出，那天杜鲁门在记者招待会上说过，一旦必须采取行动的时刻来到，美国就会使用它所掌握的任何武器。我说，人们从马歇尔和艾奇逊最近所发表的演说里也可以看出，他们的态度是强硬的。我说，但是他们愿意用联合国的名义行事。因此，他们在成功湖、伦敦、巴黎等地积极活动，旨在获得多数国家的支持。这样，一旦苏俄在安理会对六国决议草案行使否决权，美国就可以向全体大会提交另一个性质更强硬的提案，并且比较有把握地使它很快就获得通过。此刻美国所担心的是，像英国、法国这类国家是否会赞成它。我说，如果三方协商在几天内没有结果，美国就会把这个问题按原计划提交在巴黎举行的三国会议进行讨论，以便取得一致意见。现在，华盛顿刚宣布英国外交大臣将飞抵美国同杜鲁门总统面谈。我想，外交大臣是为了影响美国的态度而来的。

我告诉外交部，如果美国不能说服英法两国结成统一战线，我们在联合国，特别是在安理会的代表权问题将变得很棘手。如果我们能促使南斯拉夫弃权，那么我们的代表权似乎还不至于动摇。

在全体大会上，由于大多数成员国仍然唯美国的马首是瞻，我们不但必须接触那些赞助我们的国家，而且还要继续同美国保持最密切的联系和合作。

12月1日，我接到外交部长叶公超一份密码电报，他让我阅后转交蒋廷黻。他显然还没有收到我的电报，因为他说蒋委员长刚通知他，许多英联邦成员国将对苏俄和中共执行安抚政策。他还说，可能艾德礼首相会建议美国把我国在联合国的代表权作为同共产党达成协议的一种筹码。他要求我和其他的人都立即多方面活动，以增进美国各界对我们的同情，并接近美国那些同情我们的人士，打击这一阴谋诡计。

实际上，情况比台北所担心的还要坏。我刚草拟了一份指导我们对英国现行政策开展宣传工作的备忘录。其中谈的是英国的谬误政策，例如，为了寻求同北平政权通过谈判解决朝鲜问题，不仅主动提出在北朝鲜建立缓冲地带和在联合国内由中共取代中华民国的席位，甚至还要把台湾交给北平，并且撤出朝鲜；而且英国还打算劝告美国不要在亚洲陷得太深，而要把力量集中于欧洲的斗争，以对抗共产帝国主义。

12月2日，星期六。我正要乘火车去纽约，蒋廷黻打来了电话。他通知我，杜勒斯告诉他，在他（杜勒斯）的建议下，美国总统杜鲁门和国务卿艾奇逊已经决定推迟由联合国考虑台湾问题。记得11月20日蒋廷黻曾告诉我，杜勒斯在16日告诉他，美国已经决定要求把台湾问题推迟到政治委员会议程的末尾，现在则决定把这个问题干脆拖下去。

星期日，威廉·里基特（在下一节中，我将详谈此人。）从华盛顿打来电话说，根据主人的决定，"树木砍倒，土地出租。"我领会这句双关话的意思是指联合国席位将交给北平，台湾将交给中共；要不然，就是美国将承认北平。横竖是个令人不安的消息。

过后我妻子打来电话，说是马隆参议员认为，我必须立即回华盛顿去见塔夫脱参议员。马隆告诉她的消息和里基特说的一模一样。但是,塔夫脱不在首都,要到星期一(即次日)才能回来。可是她说,如果我同意的话,她想代表我去见他。

我给蒋廷黻打了个电话,请他提高警惕,另外又请在华盛顿的谭绍华急电蒋委员长、行政院长陈诚、外长叶公超报告这一消息。实际上我在事前听到风声后,已于星期五去电报告,美国在英、法、印三国的压力下可能采取这一行动。当然,伦敦、巴黎、新德里都认为,对北平采取强硬态度,就意味着扩大朝鲜冲突,从而一致敦促采取一种近乎姑息的政策。

次日,宋子文打电话来探听消息。我把这一令人担忧的情况告诉了他。那天上午,又从另一处传来了同样的消息。宋子文说,他在国会中的朋友,意思是指亚拉巴马州的博伊金,请他和他的弟弟宋子良一起去华盛顿看望几个朋友,目的是争取援助,他问我有何意见。我说无论如何要去。

十点四十五分,蒋廷黻来到我的旅馆,双方交换了情报。鉴于成功湖的局面和气氛,他也一直忧心忡忡。关于我们在那里应该遵循的政策,外交部在致我们二人的一份电报中提出,要对拉丁美洲小国家与中东国家的代表团下力量。但是我觉得这些国家是不可靠的,这些国家的态度还是要取决于美国政府的意图。蒋廷黻对此表示同意。

原来,我们希望在联合国能得到许多拉丁美洲小国和中东国家代表团的支持。但是,提出由安理会邀请北平代表参加台湾问题辩论的是厄瓜多尔,而埃及事先也曾对蒋廷黻说过,他们支持我们,可是在表决时却弃了权。至于其他一些阿拉伯国家也靠不住,这一地区对国民政府确实存在着危险。

担任过几年美国驻伊朗和阿富汗公使的恩格特先生,代表世界银行在中东、印度和巴基斯坦进行了八个月的视察之后刚刚回来。他在回答我的提问时,说明了那些国家的情况如下:

(1)阿拉伯人反对以色列的情绪很强烈。

(2)虽然约旦有点独立性,但阿拉伯联盟国家对待外部世界基本上仍然是一致的。

(3) 这些国家都把美国看作领袖，希望得到美国的保护。如果美国对中东问题表现出软弱与犹豫不决，则他们对共产党的统治企图就不会认真抵抗。他们过分讲究现实，他们对共产党的意识形态知道得很少，也是一个原因。他们知道自己所信仰的宗教不能为共产主义所接受，但是他们也没有决心作徒劳的抵抗。

(4) 阿富汗既不亲苏，也不亲中共，现在就是感到需要同莫斯科和北平和睦相处。因为过去一直和俄国和中国这些大国抗衡的强国英国，现在已经退出印度。阿富汗王国的安全要依靠王国内部帕坦人的支持。帕坦人是阿富汗主要民族之一，和其西北省及附近的部落是同一种族。他们是勇敢好战的，正在抵抗巴基斯坦吞并他们的企图，这说明了阿富汗与巴基斯坦间现存紧张关系的原因。虽然阿富汗在宗教和种族上同巴基斯坦相似，但现在却更靠拢印度，其原因也在这里。

我同恩格特交谈是在 11 月 2 日我请他吃中饭的时候，我觉得他的话很透彻，因此，当我告诉蒋廷黻中东国家靠不住的时候，是以他的话为依据的。总之，事实证明我是对的。一星期以后，这些中东国家同那些追随着印度的其他国家一起，提议举行一次把中华民国排除在外的远东会议。

前面谈到我和蒋廷黻的会晤是在 12 月 4 日。我们谈到杜勒斯对蒋所说让联合国推迟考虑台湾问题之事，蒋说，杜勒斯告诉他，为达到这一目的的程序尚待制定。问题是，是要求把这项问题从议程上删去；还是保留着，但不规定考虑的日期，或是申请完全搁置，无限期地拖下去。

蒋走后，我接见了纽约中华新闻社主任倪源卿。我把我们在联合国的代表权遇到的危机告诉了他，并且交给他一份我就英国的政策撰写的备忘录，供报社编辑和广播评论员使用。他说，他本来应当在星期六就见到我,但因我的火车误了点,因此没能实现。当时我所乘火车误点一小时,因为要给杜鲁门总统的专车让路。杜鲁门是在费城出席观看了陆军对海军的足球赛后,为了安全保卫,乘专车在戒备森严中回去的。

倪先生对蒋夫人想方设法要把他调走很不高兴。他说,幸而外交部次长沈昌焕两次拒绝换人,这使他稍稍振作一些。我也试图安慰他说,处在今天的危急时刻,我们应当本着自己的良心,尽最大努力为国效力,而不应像平日那样,整天提防着别人在想搞些什么政治花招,置国家危难于不顾。

其后不久,我接见纽约一位女律师范妮·霍尔茨曼小姐。她证实了英国政策的实质是牺牲国民政府以安抚中共。不过,她并未听到什么有关美国屈服于英国、印度和法国的压力,同意中共进入联合国的确切消息。她建议我利用我的一位加拿大朋友,与各方广泛接触。

叶公超从台北打来电话说,我致蒋委员长报告美国决定接受英国建议,让中共代表在联合国取得席位的急电,已经收到。他们都很焦急。我告诉他,我已同蒋廷黻谈过,我们两人正尽最大努力,挽救这种局面。

同一天上午,艾德礼首相到美,杜鲁门总统和艾奇逊国务卿到国民机场迎接。艾德礼宣读了事先准备好的声明,强调英美目标的一致性,并且指出在共产帝国主义给自由世界造成的困难时期,需要更进一步和更密切地合作。两位领导人在下午四时举行了第一轮会谈。事后我听说,这次会谈主要是听取双方关于朝鲜、远东以及西欧的情报。

我的妻子同塔夫脱参议员会谈之后,打来电话说,塔夫脱还没有听到美国打算同意共产党中国进入联合国的消息。但是,塔夫脱对她说,他对这事始终在怀疑。并说,如果美国政府决心把席位给中共借以安抚他们,那么,国会一点办法也没有。不过,他答应想办法打听到确切的情况。

12月5日,星期二中午,我到蒲立德处餐叙,当时周以德众议员也在座。蒲立德也还没有听到美国打算安抚中共的消息。但他说,如果真是如此,他也并不感到意外。他早就料到艾奇逊和马歇尔会出此一招。但是,如果能拖到1月份新国会开会的时候,政府就不敢做这种事情了,要做的话,政府将会在国会遇到很多麻烦。

那天下午,我了解到杜鲁门总统和艾德礼首相已经一致认为,目前让中共进入联合国不合时宜。晚间我接见威廉·里基特时,向他问起此事。他说不知道,但答应可以从他侄儿丹尼斯·里基特那里打听出来。丹尼斯·里基特是艾德礼首相的私人秘书,此次随行来美。

总结一下那天的大事,我在日记中写道:

> 大多数报刊和共和党方面的国会领袖,以及某些民主党方面的领袖,已经直言不讳地反对姑息中共。有些人则正面攻击英国目光短浅而自私自利的政策。诺兰参议员昨天发表了强烈谴责一切姑息政策的演说。塔夫脱参议员在上午说,政府没有将当前的局势通知共和党人。虽然有时也告诉他们一些事实,至于应该遵循什么政策,则并没有征询他们的意见。二十位共和党议员联名给杜鲁门写了一封信,警告他不得向英国屈服或姑息中共,并敦促政府采取强硬手段,对付朝鲜的局势。

5日晚间,宋子文打来电话说,他在国会里的朋友也告诉他一些情况,这同星期天我听到的消息是一样的。但我告诉他,当天下午我收到的消息很好,消息的来源是可靠的,看来不会错。第二天早晨,威廉·里基特证实消息没有错。正像他答应过的那样,他问过他的侄子,打听出来,艾德礼同意推迟讨论让北平取得联合国席位的问题,但是他嘱咐我还要继续努力,不能松劲。

那天,即12月6日,晚上七点半,我和里基特一同驱车到切维蔡斯俱乐部共进晚餐。他又一次证实了上午对我说的那些消息，但仍然知之不详。关于前些时候他建议我去找艾德礼的事，他说，他的侄子告诉他，我和艾德礼是好朋友，但在当时情况下双方会见，未免有些尴尬。这一点我充分理解。我认为这对我自己来说是颇为尴尬的，相信艾德礼的反应一定也是这样。

12月7日，我见到宋子文和宋子良。他们已经同他们在国会内的朋友接触过，并了解到杜鲁门总统没有同意让共产党中国取代中华民国在联合国的席位。我对他们说，英国首相同所有的英国政治家一样，既是现实主义者，也能圆通达变。在美国公众和国会强烈反对姑息政策的舆论面前，他已经放弃了敦劝杜鲁门总统的打算。

12月8日，在杜鲁门与艾德礼作了一次短暂的会谈以后，由白宫发表了联合公报。公报强调要执行不姑息的政策，同时保持敞开谈判的大门，以促成朝鲜战争的和平解决。联合公报又说，由于英国已承认北平，因此，艾德礼赞成中共取得联合国的席位，而美国则表示反对，而且今后仍然反对。

我觉得，在官方公报里，公开亮明政策上的分歧，是意味深长的。这说明声明是说给两国国内政界人士听的。但是联合公报也声称，双方同意不让这些分歧妨碍彼此的团结。并说，双方的目的是共同而相似的。

詹姆斯·赖斯顿在《纽约时报》上发表的文章预测到了会议的结果和意见分歧。我了解到，他这篇文章是同杜鲁门—艾德礼会谈参加者之一，无任所大使菲利普·杰塞普谈过之后写出来的。因此，当宋子文上午打电话来询问消息时，我告诉他赖斯顿的文章往往是可靠的，因为我经常同赖斯顿和杰塞普两人有接触。

当然，这次会议没有真正解决任何问题，我国政府在联合国的地位仍然处在风雨飘摇之中。12月9日，我在日记中写道：

> 成功湖谣诼纷纭。有些人说，中共表示愿意媾和，愿意

谈判和平解决办法,条件是:要在联合国内以完全平等的地位进行谈判;谈判的内容应包括一切对远东局势有影响的问题,包括台湾和印度支那问题在内。

北平中共代表伍修权派人去请赖伊,赖伊就到华道夫·阿斯多利亚饭店去和他见面。印度的班涅迦尔·劳再次会见了伍修权。这些消息引起了许多谣言,迄未获得证实。德鲁·皮尔逊预测,由于美国轰炸机被牵制在朝鲜,到春季苏联将在欧洲发动战争,而且不久就要重新封锁柏林。他并说,北平要求获得联合国席位,美国从台湾海峡撤走第七舰队,中共和美国武装力量同时从朝鲜撤出,把这些作为解决问题的条件。

12月10日,星期天。我听说印度、巴基斯坦、菲律宾同一些中东国家共十三国,正在拟定一个"呼吁朝鲜停火"的决议案。另外还有一个决议案也即将出笼。这个决议案呼吁由美国、英国、苏联、法国、共产党中国、印度、埃及等国举行和平会议,讨论和解决一切远东问题。但菲律宾则缩手不敢支持这个决议案。

次日下午,在埃塞俄比亚大使伊姆鲁及其夫人举行的招待会上,我见到了菲律宾大使伊利扎尔德先生。他说,他不理解艾德礼所发表的英国那种主张姑息北平政权的态度。我同意他的说法,并对他说,英国人鼠目寸光,最终必将损害英国的利益,也将损及中华民国和美国的利益。我告诉他,中共正在帮克里姆林宫的忙,希图控制亚洲,这是去年11月在北平召开的所谓亚洲工会联合会上决定的。他要求我向他提供这些资料,以便转给他的政府。因为伍修权在联合国政治委员会发表的演说中,反复提到菲律宾,使他受到了特大的震动。伊利扎尔德说,菲律宾国内的胡克也是共产党,中共对他们似乎特别感兴趣。

(实际上中国与菲律宾的关系还要复杂。为了澄清一些问题,我想谈谈马尼拉华侨商会会长许世堂那年夏天对我讲的一席话。许先生来访时带着伊利扎尔德的介绍信。看来,他是一位很练达而机智的商人。他说，胡克不是真正的共产党，而是包括许多不满腐败和无能透顶的季里诺政府的人。他并说，中国人几乎独占了零售商业，并经营着进口贸易的大部分，因此菲律宾人对中国人非常嫉妒，从而政府就执行了一套反华政策。）

12月12日，印度的班涅迦尔·劳爵士在政治委员会提出了两个提案，这两个提案我早在星期天就听说过了。一个是由亚洲和阿拉伯十三个国家倡议成立三人委员会，以寻求停火的基础；另一个是十二国提案，建议召开会议，根据联合国宪章的原则，使远东争端得到公正的解决。意思是，一旦达成停火协议，即可迅速召开第二个提案中设想的会议。到12月14日，政治委员会在一份临时报告中向大会提出的停火建议业经大会通过，并且成立了由大会主席伊朗的纳斯罗拉·恩泰扎姆，印度的班涅迦尔·劳爵士和加拿大的莱斯特·皮尔逊三人组成的停火委员会。

与此同时，政治委员会仍在考虑另外三个决议草案：一个是11月30日在安理会上被苏联否决，随后又提交到大会的六国决议草案，其实质是要求中共军队立即撤出朝鲜，同时确认中朝边界不受侵犯等等；第二个是苏联提出的，要求立即从朝鲜撤出全部外国军队，把朝鲜问题交由朝鲜人民自己去解决；第三个是亚洲和阿拉伯国家的十二国提案。

12月11日，据报美国赞成停火的决议草案，英国也表示赞成。因此，我想，联合国很可能会通过那个决议草案，而把六国的决议草案搁置起来，这说明美国的立场犹豫不决。但在12月14日，外交部长叶公超来电传达美国新任驻台北代办卡尔·蓝钦向他面呈的备忘录的大意，其内容是关于美国在联合国的立场问题。这份备忘录已分送联合国其他各成员国，其内容如下：

> 美国在朝鲜战争中，没有要求停火，也没有怂恿其他国家采取任何促成停火的行动。如果中共同意停火，美国愿意接受，但这种停火不得带有任何附加的政治条件，或其他任何不体面的条件。如果达成停火协定，则美国愿意同共产党

谈判朝鲜问题,其目的在于取得和平解决。至于在谈判中可能出现涉及美国立场本质的问题,美国则不准备承担任何义务。

美国在政治委员会曾支持六国决议案,该决议案后来在安理会被俄国人否决了。只要中共还在朝鲜同联合国军作战,则联合国大会通过这项决议案就是必须采取的最起码行动,如果联合国不采取行动,则联合国的威信,以及世界人民,特别是美国人民对联合国的拥护都将丧失殆尽。美国认为,毫无理由地把这个决议案拖延而不付表决是不能允许的。但是,美国并不打算过快地采取行动,以免人们有理由相信,联合国已无权处理问题。如果达成停火协定,以期随后可能举行的任何谈判获得结果,美国准备暂不对六国决议案采取行动。如果停火协议不能终止敌对行动,则为了完成联合国决议中规定的任务,美国仍将继续在朝鲜作战。如果发生共产党的进攻越过北纬 38 度线,企图把联合国军驱逐出朝鲜,那么,联合国就有必要采取除通过这一决议案以外的行动。如果出现这种情况,则美国将支持联合国作出决议把中共宣布为侵略者,并要求最初赞助联合国在朝鲜采取行动的各国给予支持。联合国在 6 月把北朝鲜宣布为侵略者,对中共可以同样办理,因为他们正在侵犯大韩民国和联合国军,因而也就是藐视联合国的权威。美国欢迎联合国其他成员国发表见解。

12 月 20 日,叶公超给我发来的我国政府复电。大意是,中共开第一枪时,就应该把他们宣布为侵略者。此举如不及时,则后患堪虞。该电说,“鉴于共产党进行侵略这一事实,不仅是针对朝鲜,而且也是针对联合国本身的,如果联合国通过停火建议,那不仅在法律上说不过去,在政治上也站不住脚……中国政府反对这样的决议,但是,为了尊重大多数自由国家的意愿,对于决议的通过不打算提出严重的反对意见。”但是复电中还说,政府对行将被接受的停火协定深感担心,并认为如果以中国在联合国的席位作交易,那就是美国所谓的"不体面"的条件。

电文并称,中国政府对六国决议草案不能满意,因为草案没有把中共斥为侵略者。但是,既然该草案着令共产党撤军,并拒绝承认由于侵略而形成的局面,中国政府将给予充分支持。复电说,如果局势进一步恶化,例如中共越过北纬 38 度线,那么,中国政府就认为,联合国在决议草案里所设想的那些措施以外,还有必要采取更有效的行动。复电并向美国保证,中国政府将不遗余力地同一切自由国家合作,按照联合国决议的规定,承担各种集体责任。

与此同时,我同各方面作过一些颇为重要的交谈,这些谈话都说明,各方面对共产党的目标正在产生一些新的评价。例如 12月 14 日,我出席了皮宗敢将军招待博尔特将军夫妇的晚宴。博尔特将军是美军陆军负责计划和作战的副参谋长。当年马歇尔担任驻天津美军步兵团军官时,他曾和马歇尔在一起。他说,中共的夜间出击曾使美军屡次遭受重大损失(我估计他说的是在朝鲜),但是现在我们有了经验,准备也比较充分了。他也认为苏联确实是中共的后台老板。

我的朋友,前波兰驻巴黎大使卢卡塞维兹伯爵,当时担任总部设在伦敦的自由波兰运动非官方代表。他谈了许多有关苏联的事。当时他正驻在华盛顿同美国政府保持联系。12 月 15 日,他来拜访我,谈到波兰被苏联领导人牢牢控制着,不但国防部长罗科索夫斯基是苏联元帅,而且波兰军队,自师而下的每一级首长,都是苏联军官。可是,人民讨厌而且憎恨俄国人。迄今为止,自由波兰运动有十五万受过训练的基干军队,过去是安德尔斯将军的部下,大多数居住在英国,一部分住在法国。他们需要武器和给养,以便一旦发生战争,可以用来作战。至于二十多万散住在英国的波兰人,他们很不愉快,因为他们是流落在国外的异乡人。但是,总的来说,他们都还没有失业。

他同意我的看法,认为苏联把重点放在亚洲,想在亚洲同西方列强打仗。他甚至说了一番大道理,以证明他的想法。他说,他相信,一旦苏联军队在欧洲大陆上同西方国家的军队进行严酷的战争,欧洲的卫星国,甚至乌克兰的老百姓都会起来造反的。但是,在亚洲,不论是西伯利亚、中亚细亚、中国或朝鲜,苏联都不害怕有这种危险。他并说,发生战争时不能指望法国打仗,因为,法国的军队和警察里边,到处都密布着共产党人。意大利人也不愿意打仗。但是,波兰人跟中国人一样,他们会为了恢复独立而战斗的。

次日,联合国全体大会休会,由政治委员会开会处理朝鲜问题。接到三人停火委员会的报告,政治委员会立即向北平的周恩来和纽约的中共代表伍修权分别发出内容相同的通知各一份,要求对朝鲜实现停火的条件进行讨论。恩泰扎姆主席还通过瑞典大使馆,向北平转达了一项要求,要求伍留在纽约,参加三人委员会的停火谈判。

我在那天的日记中写道:

> 为了乞求北平代表伍修权说一句好听话,委员会的态度是可怜的,毫无骨气,而且置联合国宪章的原则或联合国的宗旨于不顾。这显然是渴求妥协到了不惜代价的程度。现在他们正在乞求伍展缓行期,目的是希望取得北平赞同谈判的答复。但伍傲慢地声称,他此次来美的任务仅限于控告美国侵略台湾和中国,并未受权谈判停火。

两天后,由于没有收到回音,政治委员会决定休会,以待停火委员会提出报告。伍修权预定在第二天就要离美,而北平却迄无只字回音。但第二天早晨九点半,威廉·里基特打来电话说,他适才听说,伍已经同意推迟行期,停火问题可能会有令人满意的答复。但是,当天下午四时,共产党代表团乘飞机离开纽约,回北平去了。他们带走五十三件行李,在飞机场用一千美元的大钞支付超重行李费,这说明他们美金不少,毫不吝惜,一定也买了不少好东西。

一小时前,即三点钟时,我拜访了杜勒斯,主要是问他一些有关对日和约的问题。但会谈持续了足有一个钟头,因此我们有机会也谈谈朝鲜的局势。一如既往,他毫不拘束,把双脚放在椅子的扶手上,谈话很随便,态度友好。因为我们彼此很熟悉,在历次国际会议上已经共事三十多年了。

谈到朝鲜的局势,我问他对停火协定的前途有何看法,联合国某些成员国坚持不懈地争取实现和平谈判,可能会有什么结果。

杜勒斯说,中共已明确表示,在同意停火之前,他们要求实现三件事:(1)撤退在朝鲜的全部联合国军;(2)撤退台湾海峡的第七舰队,把台湾移交给他们;(3)取得联合国的席位。有些国家一直在为实现停火而奔走呼吁。他的印象是,这些国家会不惜在这三点上对共产党作出让步的。

我表示,希望美国政府不要轻易让步。

杜勒斯说,杜鲁门总统和艾奇逊国务卿都已经正式声明反对姑息,因为姑息就是鼓励侵略。杜勒斯认为,美国政府不会承认中共政权,也不会把台湾交给他们。但是,至于让中共获得联合国席位和撤出在朝鲜的联合国军问题,他相信如果那些在寻求和平解决问题的国家确实能找到一个使各方都不失体面的适当方案,那么,大多数联合国成员国是会同意的,美国也会接受。

我说,我希望美国不要接受。我知道美国政府曾发出过一份已分送各国的备忘录,声称美国政府未曾建议停火,不过如果停火能得到联合国批准,美国也准备接受,但美国不会接受在停火建议上附加的任何政治条件。我还了解到,假如中共拒绝接受停火,则美国将促请通过"要求共产党军队撤离朝鲜"的六国决议草案。如果共产党不撤军,则美国将根据联合国宪章,建议联合国采取制裁他们的进一步措施。

杜勒斯说,他适才已经说过,杜鲁门总统和艾奇逊国务卿都已经宣布过,他们采取反对姑息的立场。但是,杜勒斯感到,联合国的许多成员国担心战事扩大成为全面战争。为了挽救和平,这些国家几乎不惜牺牲一切。有些国家确信联合国对当前形势应采取现实主义的观点;中国共产党已控制着中国大陆,因此,不能把他们排除在联合国之外。他对加拿大外长莱斯特·皮尔逊所采取的态度特别感到失望。看来,皮尔逊似乎迫不及待地要不惜一切,同中共达成和平解决。

我说,我不理解,在联合国初创时期起过重要作用的皮尔逊,为什么竟这样地置联合国宪章的原则和宗旨于不顾。有一种可能的解释就是,他受到了那些经常拍拍他的肩膀,想利用他的英国人的熏染。我接着说,使我感到惊奇的是,英国人在他们的军队正遭到中共屠杀的时候,竟然这样急不可待地要把联合国的席位奉送给中共。这正中俄国人的心意,因为把席位给予共产党中国,意味着在俄国人一边增加一票,而且是在安理会有否决权的一票。这样,就把在安理会中起控制作用的五张票中的二张归了俄国,而美国只有一张。投票时,美国不可能总指望英国或法国,像苏联指望中国那样可靠地跟着它投票。即使能指望英国站在美国一边投票,那么法国的一票就成了决定性的一票了。但因为法国国内有庞大的共产党,法国的态度往往是摇摆不定的。把联合国的席位给予中共,必将大大加强苏联在安理会的地位和势力,而不利于美国和整个自由世界。

我接着说,我认为对于联合国内的绝大多数国家像中东的国家,特别是拉丁美洲那些国家来说;除了和平的整体利害关系而外,远东的冲突与他们的重大利害无关。他们没有一定的见解,只是唯美国的马首是瞻。假如美国政府和美国代表团坚决遵守联合国宪章,并通过直接说明,使各国知道美国的这一态度,那么我确信,他们必将一致拥护美国的观点,而不致被少数几个显然不惜任何代价,为安抚共产党国家卖力的代表团引入歧途。我知道,实际上确有某些国家在怀疑美国本身在思想深处也是赞成某种形式的姑息政策的,尽管表面上也想造成一种印象,似乎美国在对付中共的侵略时是坚持强硬政策的。这种怀疑给了其中不少国家一种借口或者说是理由,以推行其绥靖政策,并且使这些国家认为,他们这样做会满足美国的愿望。所以美国政府应该设法使其他国家的代表相信,在捍卫联合国的原则和宗旨上,美国的立场是认真而又坚决的,这是头等重要的事。

我说,我可以同意某些方面提出的见解,认为朝鲜并不是决定性的战场。如果联合国军有必要撤出朝鲜,那就尽可以撤退,只要联合国在原则上不让步,只要联合国各成员国继续反对并抵抗共产党人的侵略,就不会造成永久性的遗害。不过此事牵涉到一个有关道义的大问题,那就是对联合国的信任问题。如果这个世界组织由于权宜之计而牺牲原则,鼓励侵略,那它就必定要失败。这不仅会丧失大韩民国和中华民国人民的信心,而且整个自由世界都将对未来失去希望,因为全世界都很清楚中共是个侵略者。到那时,联合国就将步国际联盟的后尘。

我说,尽管中共干涉朝鲜已被公认为是罪恶的侵略行为,但是有些代表团却在成功湖宴请中共代表团,把该团的团员们当作贵宾对待,这种态度和行为已经引起各方的纷纷指责,认为这种行径同这些国家作为一个世界组织成员的身份是极不相称的。特别是当这个世界组织的军队为了抵抗侵略,已经遭受并且现在仍在遭受一个政权的入侵部队的屠杀,而成功湖的中国共产党人恰恰就是这个政权的代表。联合国的大门对爱好和平并愿意履行联合国宪章所规定的各项义务的国家是敞开的。当中共政权的军队正在攻击和屠杀承担维护和平事业的联合国军时,怎么能够认为这个政权是一个爱好和平的实体呢?我反复强调,道义问题重于一切,决不能忘记,或者在应付朝鲜局势时把它抛弃。我说,我完全相信,在处理国际问题时一贯坚持道义原则的杜勒斯先生,会同意我的观点,并力图维护这些原则。

杜勒斯同意道义问题确实很重要。在这次谈话开始时,我曾就美国关于对日和约问题的七点备忘录,提出了台湾的地位问题,这必然就联系到联合国的形势问题。杜勒斯说,有关的各个领土的处理问题,只要取得各盟国的同意即可,而台湾问题则应在整个联合国内进行研究。虽然美国的备忘录建议,关于台湾及其他领土的处理办法应在主要有关大国间达成协议,如果不能达成协议,则这一问题将由联合国决定。但是最近以来局势已经发生了很大的变化,以致台湾问题必须设法同联合国联系起来,才能有理由把第七舰队派驻在台湾,使台湾中立化。

我说,我能够理解美国的观点,但这并不一定意味着联合国必须讨论这一问题,或者必须作出决定。美国代表团要求把台湾问题列入全体大会的议程,这是可以理解的。但是,后来美国代表团又要求推迟讨论这一问题,这使我感到欣慰。然而从成功湖方面传来的消息又说,某些迫不及待地想安抚中共的代表团,打算在最近期间就讨论台湾问题。

杜勒斯说,美国政府并不认为在目前情况下讨论台湾问题是适时的。他认为最好是把这一问题交给临时委员会去研究,而不要求很快就付诸讨论。

次日,12月20日,我国出席联大代表团的黄朝琴先生来看我。他说,他在成功湖和弗拉欣的工作,随着全体大会休会,已经结束,他即将返回台湾。他说,关于国民政府的地位,情况仍不太好。那里的气氛一般都倾向于姑息中共,而美国的态度则是游移不决。接着,我们又谈论了印度、加拿大、英国和中东各国代表团以姑息中共换取停火所玩弄的种种策略的背景。

另一方面,奥斯汀的副手格罗斯对蒋廷黻说,关于他所问的中国在联合国的代表权问题,美国的态度并无改变。他觉得,其他国家的态度似乎也已有所改善。格罗斯说,同一个月以前的情况相比,危险似乎减少了一些。他并说,美国肯定不会放弃台湾,我们应当放心。

上述情况是蒋廷黻在前一天同格罗斯谈话以后,于12月20日用电报向外交部报告的一部分。蒋也给了我一份副本。报告中还说,他问格罗斯对联合国内总的情况如何看法,格罗斯把12月17日晚间他同三人委员会争论的情况告诉了他。那天一直争论了三个钟头。格罗斯说,这三个人仍然坚持要在18日向政治委员会提出关于停火的十二国决议草案,但不讨论其他政治问题。格罗斯说,那样不会有什么结果。实际上,他认为这三个人的态度可能导致联合国解体。他告诉这三个人,苏联正在搞阴谋,企图把美国同联合国其他成员国隔离开来。假如提出十二国决议草案,美国肯定会反对,因为这个草案会使民主国家瓦解自己的阵线。因此,他要求这三个人重新考虑。最后,他们说,他们就不提出这一草案了。

　　19日,三人委员会改变了主意,又给周恩来发了一份电报。这份电报旨在使对方了解,委员会正在推动召开十二国决议草案所提议的会议,并将把北平政权包括在内。但也指出,要使会议开成,首先需要实行某种停火的安排。

　　但是,这一切都成了泡影。12月22日,星期五,北平电台广播了中共断然拒绝停火的消息。其理由是,三人委员会是非法的,联合国决定成立三人委员会也是非法的。该广播说,中共政权不是联合国成员,没有接受建议的义务。这条新闻使三人委员会顿时陷入一片混乱之中,灰心丧气。印度的劳一声不吭;皮尔逊则溜之大吉,回渥太华去了。三人委员会声称,等下星期收到正式答复后,将给政治委员会打一份报告。(果然在12月23日收到了答复。)

　　尽管联合国每试探一次,就遭到一次拒绝,但还是千方百计想安抚中共。不知这种安抚要进行到何时为止,真是莫明其妙。周恩来在12月23日的答复中,把朝鲜的局势归罪于美国的"侵略"。周恩来并声称,唯一可以接受的谈判基础是从朝鲜和台湾撤出"美国侵略军",并把联合国的席位给予中共政权。我想,这种局面,部分是美国摇摆不定的政策和姑息共产党的倾向造成的,尽管这种倾向可能还没有达到英国那样的程度。毫无疑问,美国作为西方集团的领袖,有足够的力量可以坚持自己的态度,并影响它的盟国,使他们接受美国的观点,跟着美国走。英国人,他们的典型代表人物就是艾德礼,一旦碰到了美国公众和美国国会的强烈反对,也就不再逼着美国政府同意把安理会的席位给予北平政权了。但是,美国没有采取坚决的立场,这就给北平政权开了绿灯,使他们得以坚持一种毫不妥协的态度。

可以这样说,当时联合国在朝鲜战场上是打输了,因此,为了谋求停火,不得不迁就妥协。虽然在李奇微将军指挥下的反攻取得了胜利,但那毕竟是到1951年1月才发动的。1950年12月下旬,他们确实是在考虑,可能不久就会被迫全部撤出朝鲜,并且制订了应付万一的计划。但是那种准备工作仅仅是一种暂时性撤退的措施而已。我不相信美国会这样干脆撤走,把一切后果承担下来。

12月26日,我从纽约和谭绍华通电话,获悉外交部来电提出,把台湾问题从全体大会议程上删去,并悉蒋廷黻曾报称,联合国内对待我国的气氛已见好转。我估计伍修权走后,北平刮来的那阵反美和反联合国的风暴,已经使大多数亲共的会员国认识到,只靠一厢情愿是办不成事的。

下午两点半,蒋廷黻亲自来到我处。我把同杜勒斯会谈的要点告诉他以后,就和他研究外交部关于台湾问题的来电。该电要求我们研究一下如何才能达到把所谓的台湾问题从全体大会议程上删去这一目的。并要求我们估计一下,关于由中共取代国民政府在联合国的席位问题,在联合国内的观感如何。我力陈,删除议程无关重要,重要的是如何尽可能地防止讨论这一问题,蒋表示同意。杜勒斯曾对我说,采取删除台湾问题这一议程的办法,不仅使美国在向台湾海峡派驻第七舰队的问题上为难,以及在面对印度、英国反对美国的对台政策时,无法为自己的立场辩解,而且还会引起各种纠纷。譬如说,如果提出把台湾问题的议程删去,可能反而会引致联合国立即讨论这一问题。从业已承认北平政权各国已经表明的态度看,这是不利的,尤其是从亚洲和中东国家代表所组成的十三国委员会的态度看,就更为不利。这些国家一直在致力于谋求同中共和苏俄举行和平会议,实现和平解决朝鲜问题。我希望不要给他们以可乘之机,以讨论删削议程为名,而把我们所希望删除的问题提出来加以讨论。

关于外交部提出来的第二个问题,蒋廷黻想起,一星期以前,格罗斯曾对他说过,由于北平发言人在联合国表现不佳,中国代表权的问题已见缓和。此事他已向外交部作了报告。但是,他同杜勒斯一样,觉得这只是危险性相对地减少了些而已。蒋说,实际上,我们在联合国的地位,仍处于风雨飘摇之中,主要是因为美国对这个问题的态度摇摆不定。他给我举了个例,十三国委员会成员国土耳其的代表萨皮尔,有一次见到奥斯汀。奥斯汀对他说,必须坚决反对委员会姑息中共的一切企图。为此,萨皮尔在委员会作了一通措辞强硬的演说。可是,过了不久,格罗斯再见到他时却说什么只要不附带任何政治条件,美国并不反对停火。这句话使土耳其大使不禁愕然。因此,他在委员会第二次开会时,就一言不发,只好由菲律宾的罗慕洛去反对把停火作为召开和平会议的条件。只是由于埃及建议把这两个概念分开,各备一个提案,这才使得那一天得以安然度过,对和平会议的提案没有作出决定。不过我和蒋都相信,北平拒绝停火建议,应该能使大会任命的三人委员会丢掉幻想,也应该能使自动组织起来的十三国委员会灰心丧气的。

结果我们只部分地想对了。1月3日,政治委员会开会接受停火委员会的报告时,三人小组承认失败了,并且声明在当时提出任何建议都无济于事。但是,一星期后,政治委员会再次开会时,三人小组置共党的拒绝于不顾,还是拟出了一套新的原则,以便一旦实现停火,可以作为和平解决的基础。三人小组于1月13

日把这些原则提交政治委员会,并分送给北平。虽然三人委员会这次提出的条件比上次的更为姑息妥协,可是这些新条件却得到了美国的支持。

这项一月方案在本质上同早先那个一样,把停火提案同包括苏联和共产党中国在内的全远东首脑会议联系在一起。但是,提交给中共的文本是由五个特定条款组成的。第一条要求立即作出停火的安排。第五条声明一旦达成停火协定、大会将建立一个适当的机构,包括英国、美国、苏联、中华人民共和国等国政府的代表,以便按照现行国际义务和联合国宪章的条款,求得远东问题,包括台湾和中国在联合国代表权问题的解决办法。

我特别担心的是第五条。1月11日,我邀约当时在美国的四位高级外交家开会研究。这四位是前任驻法大使钱泰、联合国负责托管事务的助理秘书长胡世泽、驻加拿大大使兼任我国出席联合国代表团副团长刘锴、驻意大利大使于焌吉。我在日记中写道,我的目的是要研究得到美国支持的所谓停火和实现和平五点方案提交联合国以后,联合国内出现的局面。

我在会上说,我认为美国过于动摇而软弱,因为美国官员对我说过,他们不打算在任何实质性问题上让步。但是,支持那种屈膝求饶的提案这一事实,只能损害联合国的威信,鼓励侵略者提出愈来愈苛刻的条件和要求。我坚决主张,如果其他国家代表团不愿意有所作为,则我国代表团应该大声疾呼,坚持道义。我说,如果有像白里安或史末资那样的政治家或演说家出来保卫联合国所赖以存在的道德原则,那么,公众舆论就会振作起来,迫使成功湖的代表们放弃他们那种不体面的绥靖政策。我说,既然联合国已经宣布北朝鲜为侵略者,并且为了贯彻联合国宪章,已经对北朝鲜实施了制裁,那么,对于来自朝鲜外部、处心积虑,并有苏俄在后台唆使的中共的进犯,至少应该予以同样的制裁,这是不言自明的。

于焌吉表示同意,刘锴对莱斯特·皮尔逊的绥靖政策深感遗憾,而且和我一样想法,认为皮尔逊是受了伦敦的影响。钱泰大使对结局抱悲观的态度。我们都希望北平不要直截了当地接受。我确信北平会发出一个含糊其词的答复,拖延时间,以利其朝鲜战场上的军事行动,希图征服整个朝鲜半岛,同时在成功湖各非共产党国家的代表团之间播下更多的不和种子。

1月13日,星期六上午,我的男管家从华盛顿打来电话说,昨晚和今晨叶公超从台北两次给我挂电话,请我给他回个电话。我想,他一定是在担心,要是北平接受了联合国五点和平方案的话,不知美国的态度和意图如何。我正设法给他回话,可是台北通知说,早先挂的电话已经撤销。

星期一,我同蒋廷黻叙谈。他说,美国代表团要支持五点和平方案,事先也不和他打个招呼。美国代表团的态度,使他感到失望和讨厌,以至最近几天以来,他根本不想和美国代表团的成员接谈。至于提案本身,他曾质问为什么不要求北朝鲜把他们的军队撤到38度线以北去,意思是想修改这一提案。他并说,其他的人也曾试图反对这个提案,并加以修改。最后,他们采取了单纯表决停战委员会补充报告的策略。作为十二个亚洲和阿拉伯国家的代言人的埃及代表把这一手说成是适当的行动,并极力促其实现。

蒋廷黻认为北平不会断然拒绝这一建议,而将作出一种既不是接受,又不是拒绝的答复。我的看法也是如此。我对他说,我对此方案有些担心,尤其是第五条。因为,国务院过去对我说过,美国不打算在任何实质性的问题上作出让步。但是,如果北平接受这个新方案,那么,将来在表决中共进入联合国问题,以及台湾问题等实质性问题上,美国将无法取得多数票。

两天以后,1月17日,北平拒绝了联合国的第二次建议,并提出他们自己的新建议。三点钟,我从无线电广播中听到了北平拒绝建议的通告,也听到艾奇逊宣布,北平的反建议是不能接受的。稍晚,蒋廷黻打来电话说,美国代表团的格罗斯刚到彼处面告,美国认为北平拒绝五点和平方案是没有挽回余地的。现在就应着手要求发表文告，宣布北平为侵略者，并要求集体措施委员会考虑进一步的措施。格罗斯说，美国将要求北朝鲜军队撤到北纬38度以北，并将郑重提出，无论同中共举行什么会议，都必须有国民政府出席。

蒋荫恩也来电话。他想告诉我，艾奇逊发表了拒绝北平反建议的正式声明，同时还谴责北平冒天下之大不韪，置全世界对和平的渴望于不顾。我在广播中听到说，由于艾奇逊支持带有绥靖色彩的五点方案，他受到了议会内外各界人士的抨击，因此他在那天中午的记者招待会上，显出一副忧郁而沮丧的样子。可是，忽然有人递给他一张纸条。他看了以后，立刻显出如释重负，并恢复了泰然自若的神情。纸条上的消息是，北平拒绝了五点方案。

第二天午后，我同腊斯克在国务院作了一次长谈。我们谈论的第一个问题就是五点决议草案。谈话一开始，我就对腊斯克说，我所以要见他，是因为我国政府深切关注联合国全体大会政治委员会通过的五点停火决议案，特别是那第五点以及与此有关的事项。看来此条似乎包含一种置联合国宪章于不顾而纵容北平的意图。我说，我当然知道北平已经拒绝了这份呼吁书，并提出了所谓的反建议。我说，此外我还注意到，昨晚国务卿立即宣布了美国不能接受中共的反建议，这使我很高兴。接着，我问他下一步准备采取什么行动。

腊斯克说，美国代表团将请求联合国宣布中共政权为侵略者，并继续支持已经通过的关于朝鲜局势的决议，即要求其他成员国不援助共产党侵略者，并吁请集体措施委员会研究对付侵略的下一步措施。他并说，奥斯汀当时正在政治委员会发表演讲，提出这一建议。

我认为呼吁停火起不了什么好作用。我知道像印度和中东那些国家都曾极力主张呼吁停火，但是，我觉得，他们还是误解了中共的真实意图。我说，尼赫鲁是呼吁停火的主要发起人，他一贯敦促联合国正视现实，并强调中共是个不可忽视的强大因素。但是，他好像忘记了中共干涉朝鲜是一种侵略行为，比北朝鲜的侵略更加凶恶。屡次企图姑息北平，并没有促使和平事业前进一步，反而使联合国的威信每况愈下。我并说，美国支持停火决议案这一事实，又使我国政府进一步感到担心。因为，如果北平接受了停火决议并从而召开研究远东问题的会议，美国将发现自己处于一种十分困窘的境地。到那时，如果表决任何实质性问题，诸如中共进入联合国问题和台湾的处理问题等，美国都将处于少数一方。

腊斯克说，即使中共接受这项和平呼吁，美国也不会感到比它同意采用这项呼吁书之前更为困窘。因为在这件事情上，美国在联合国一直处于少数地位。联合国许多成员国之间意见不一致，那是由于有一部分成员国已经承认了北平政权。他说，美国之所以支持和平方案，是因为考虑到一旦北平拒绝和平方案，可以便于采取进一步的措施。

我主张，给中共烙上侵略者的标记，是应该采取的适当步骤，但还不够。我认为，为了充分履行联合国的政策，还要采取其他措施，诸如外交制裁、经济制裁以及如果可能，还有军事上的制裁。

腊斯克说，即将采取某些措施，给中共施加压力，迫使他们重新考虑他们的态度。

我表示希望，施加压力并不意味着把原来那个五点停火计划重新搬出来谈判。我并指出，就采取进一步措施以对付危机而言，我国政府作为联合国的忠实会员国，随时准备竭尽所能，协助联合国在朝鲜或在中国大陆，采取任何对付中共的行动。

第二天，众议院通过决议，要求联合国立即宣布共产党中国为对朝鲜的侵略者。众议院投票时，几乎是全体一致通过。四天以后，参议院表决同一决议案时，也是无一异议。

1月20日上午,哥伦比亚大使苏莱塔—安赫尔来访,目的是了解情况并征求意见。彼此谈了五十分钟,双方就美国对朝鲜问题和中共进行干涉问题的政策和意图等,交换了情况和看法。苏莱塔—安赫尔说,每星期他至少有一整天同驻纽约和成功湖的本国代表团在一起,和他的同事、任联大政治委员会主席的乌尔达内塔·阿韦拉埃斯讨论问题。作为该委员会的主席,阿韦拉埃斯先生忠心耿耿,时刻不忘联合国宪章。

　　他说,中共既然拒绝了停火的五点呼吁,下一步应采取的唯一合理措施就是立即宣告中共为侵略者。为此,二十个拉丁美洲国家代表团曾在巴西代表团办公处开过一次会,并且邀请奥斯汀出席,同他们研究这一局面。拉丁美洲各国代表团都一致主张立即发出上述宣告,可是,奥斯汀先生却要求稍缓时日。苏莱塔—安赫尔说,这就是为什么政治委员会集会听取停火委员会关于北平拒绝呼吁的报告以后,没有采取行动,而宣告休会的原因。

　　他接着说,美国的公众舆论认为,美国是非常急于想宣告中共为侵略者的,而不予积极支持的倒是联合国其他许多成员国。甚至阿韦拉埃斯也受到了美国报纸的非难,说他在中共拒绝联合国呼吁以后,没有立即行动起来,召开他的委员会会议。阿韦拉埃斯鉴于这种情况,已经决定召集委员会另一次会议。如果奥斯汀仍不提出关于宣布侵略者的决议案,拉丁美洲国家就打算主动把这个决议案提出来。

　　苏莱塔—安赫尔对我说,奥斯汀对于他主张延缓的解释是,此事必须先同其他国家的代表团研究,以保证取得所必需的三分之二多数票。因此,前天,阿韦拉埃斯从奥斯汀那里获悉必要的票数已有保证后,就决定在当天下午召集会议。但是不久,谣传中共军队已从朝鲜各战区后撤,战事趋于平静,这是中共希望和平解决的象征。至少那些最积极反对对中共采取轻率行动的代表团是这样解释的。结果,有些代表团的态度再次变得摇摆不定,从而又把会议往后推延了。

我插进了几句话。我说,一小时前,我从无线电中听到,朝鲜战争的休战已经结束,共军正在原州从三面进攻联合国军。无线电还报道,联合国军统帅部正在紧急增缓原州前线。激烈的巷战正在该城进行。

苏莱塔—安赫尔说,这就澄清了情况。这条消息证实了成功湖方面所传中共改变主意的谣言是没有根据的。他打算立刻就把这一情况通知他的同事。

后来,在谈话中我再次提起政治委员会即将于当天下午召开会议来考虑中共拒绝停火呼吁的问题。我问苏莱塔—安赫尔,他料想会议会有什么结果。

他说,美国人告诉他,美国已经有把握能获得四十多张票——换句话说,有把握取得三分之二的多数。但是,不管怎么说,二十个拉丁美洲国家在主张立即宣布中共为侵略者这一点上,立场是一致的。当时有两个拉丁美洲国家代表团还在等候国内的指令,但不久,他们也都加入了一致的行动。

我说,这件事很鼓舞人心。联合国决不应忘记宪章,必须坚持到底。

他指出,虽然拉丁美洲国家由于财富不多,在物资上贡献有限,但是,他们非常重视问题的道义一面。以他本国为例,哥伦比亚虽然是个小国,但也期待着联合国能维护国际和平与安全。如果这个世界组织不坚持自己的基本原则,那就是毁灭自己所赖以生存的基础。联合国对中共干涉朝鲜的问题,在行动上犹豫徘徊,已经使人们丧失了信心,认为联合国的用处不大。他们推论说,假如一个小国对另外一个小国犯下了侵略罪行,联合国可以采取警察行动压服该侵略者;如果是一个大国侵略了一个小国,那个小国就活该;如果两个强大的会员国之间发生了战争,联合国就得寿终正寝。

我说,我已经跟美国朋友们,包括国务院的朋友们说过,中共对朝鲜的干涉,事迹昭彰,联合国的某些成员国应该带头维护宪章。有些成员国一再企图姑息中共侵略者,这只能起到降低联合国威信的作用。

我在日记中对我们之间的谈话评论道,他也感到美国的政策摇摆不定,难于指靠,无法追随。他也觉得很难使美国公众了解哥伦比亚在联合国的政策和态度。他说他的同僚、政治委员会主席阿韦拉埃斯对于美国报纸和国会攻击联合国,特别是攻击他的政治委员会行动迟缓,感到迷惑不解。

那天下午,政治委员会开会,奥斯汀参议员代表美国向政治委员会提出一份决议草案,内容大致和 1 月 18 日他在政治委员会的概述相似,建议宣布共产党中国为侵略者,要求北平停止敌对行动,撤出在朝鲜的军队。另外还要求成立由集体措施委员会部分成员国组成的专门委员会,以便研究对付侵略的其他措施。

1 月 22 日,格罗斯在纽约宣布,美国的对台政策要取决于美国国家安全的考虑。美国坚决主张,将来有关台湾的任何会议,都必须有国民政府参加。对于中共加入联合国的问题,美国从未作过任何承诺。这种立场同华盛顿和纽约方面流传的说法大不相同。我知道那些说法并不承担任何责任,问题的最后决定还是要由华盛顿来作出。显然,格罗斯的声明反映了美国当局作出的最后决定。

但是,远东局势的发展还没到头。格罗斯的声明给我带来的一点轻松感,一下子又被北平提出反建议的消息吹得烟消云散。格罗斯刚发表过声明,印度的劳立刻宣称,北平政权已向印度驻北平大使潘尼迦说明了他们的反建议,那就是在拟议中的七国会议第一次会议上应达成停火协议;让一切外国军队撤离朝鲜,然后,北平将劝说其"志愿军"离开朝鲜;并应作出安排,让朝鲜人民自己解决自己的问题。这是第一阶段。第二阶段要求美国军队撤出台湾和台湾海峡;协商全部其他远东问题;并确定北平在联合国的合法地位等。

劳建议委员会休会四十八小时,以便进一步考虑上述问题。

这次会议原是应美国的要求而召开的,目的是要宣布北平为侵略者,并要求集体措施委员会考虑进一步的措施,所以美国反对休会。但经表决,以 27 票赞成休会,23 票反对,6 票弃权而否决了美国的意见,因此政治委员会还是决定休会。英国和印度一起投了反对美国的票。我在日记中写道:

> 这对联合国、对世界上最强大的国家和自由世界的领袖——美国,是多么不光彩的场面。这表明了分歧、领导无能和对联合国宪章基本原则的漠视。在那些热衷于姑息中共的人们头脑里,道义二字已经消失得无影无踪。自私自利、眼光短浅,必将伤害他们自己的长远利益,并削弱全世界爱好和平人民希望所寄的联合国。

显然,正是这种情况导致美国参议院在 1 月 23 日全体无异议地通过敦促联合国把中共定为侵略者的决议。

同一天,我给外交部拍发了一份詹姆斯·赖斯顿在《纽约时报》发表的特约通讯的摘要。我觉得他的报道往往是可靠的。文章说,国务院的官员们宣称,印度代表递交的解决方案(中共的反建议)是绝不能接受的,因为它没有接受联合国通过的停火建议,反而提出了一些次要的问题。这就使人深信不疑,中共并没有改变他们的基本态度。可是,人们认为,印度这一自称是转达中共改变立场的行动,可能把表决谴责中共侵略行为的决议案一事往后推延。该通讯接着说,美国官方人士认为中共提出的有限停火建议是毫无保证的,因此,美国不可能支持北平参加联合国。在国会内各党各派对中共提出的反建议也有所怀疑。一般认为,北平的目的是分裂非共产国家的统一阵线。但是,人们也觉得,不妨下些功夫,把新提出的条件的性质弄清楚。

次日,1 月 24 日,政治委员会休会四十八小时以后继续开会。但是,美国拟迫使联合国把中共宣布为侵略者的企图又一次碰了钉子。亚洲-阿拉伯集团,以印度代表劳为发言人,提出一项新的决议案,即立即同中共举行和平会议,以安排停火,和平解决朝鲜问题和其他远东问题。换句话说,他们现在要求联合国接受中共的要求,拟议中的和平会议要在停火以前召开。

尼赫鲁在新德里,以粗鲁的口气对美国的政策提出了批评。艾德礼在伦敦的所作所为也和尼赫鲁差不多。现在,美国同英国、印度之间的分歧已经公开化,这使莫斯科感到高兴。那天中午,艾奇逊在记者招待会上甚至否认,在劳提出建议以前,印度曾同美国商量过,或美国事先曾有所了解。他并且否认,艾德礼在英国议会发表他的反对联合国对中共侵略朝鲜一事采取断然行动的声明之前曾同美国有过任何接触。如果艾奇逊的谈话属实,那么印度和英国在联合国内反对美国的政策,竟然已达到事先同华盛顿连招呼都不打一个的地步。

第二天早晨,叶公超从台北打来电话,主要是为另外一件事。但是,他也渴望知道,美国在成功湖提出的宣布北平政权为侵略者的决议草案结果如何。我告诉他,亚洲-阿拉伯集团同英国纠合一起,打算姑息北平,可能会延缓对美国决议草案的表决,但是不见得能阻止其通过。

最后,1月30日深夜,政治委员会表决一项把中共称作侵略者的修正决议案。表决结果为44票赞成;7票反对,其中有苏俄集团、印度和缅甸;9票弃权。不过,英国和加拿大是在决议草案中增加了一个补充条款,并由奥斯汀提出一项保证后,才同美国一道投了赞成票的。补充条款中规定,一旦决议通过,应设置一个三人调停委员会,以寻求和平解决的办法。奥斯汀的保证是,制裁行动将不立即付诸实施,而留待有英国参加的十四国集体措施委员会去研究。另外还有一项谅解,只要委员会认为和平解决还有希望,就不提出什么措施。

即使有了这些修改,印度的劳仍然强烈反对这一决议案。他忿然宣称,通过这一决议案就等于关死了和平解决的大门。但是骰子已经掷出去,最后终于作出了决定。现在,就等联合国全体大会去决定批准或是批驳了。2月1日,全体大会投票表决美国的决议草案。结果和政治委员会表决时一样,44票赞成,7票反对,9票弃权,北平政权被打上了侵略者的印记。

三、对台新援助的初步阶段

1950年8月—1951年2月1日

在本节前几部分中,可以看到美国政府对台湾,特别是在国民政府对台湾主权及其在联合国代表权两个问题上,未能采取明确的立场,是和国际形势有关的,这包括同苏联集团的冷战、朝鲜战争、美国在日本承担的义务以及美国与其欧洲盟国的关系等等。下面我想讲一讲美国在援助国民政府政策上的暧昧态度。例如在援助方面,美国当局曾一再强调,只有台湾更迭领导,美国方能采取较为鲜明的立场。但是,尽管表面现象如此,而且公布出来的材料也不多,美国在1950年还是给了台湾国民政府以经济和军事援助。经济援助从未中断过,只不过略有削减;军事援助虽然为数不多,也已在朝鲜战争爆发后重新恢复了。

8月1日,麦克阿瑟将军与蒋委员长在台北会晤时曾讨论过台湾在国防方面的需要。中国政府当时也曾向麦克阿瑟递交了一份军需计划。麦克阿瑟此行看上去似乎并未得到华盛顿的正式委派,但无疑是得到了华府默许的。因为美国国务院6月29日向国民政府提交的备忘录中就已提到:除非中国军事当局与麦克阿瑟将军司令部的代表已就保卫台湾岛免遭侵犯一事举行过会谈,否则美国政府无法就中国政府所提有关派遣军队的建议作出最后决定。

麦克阿瑟来访之后不久,一个由麦克阿瑟司令部的福克斯少将和福蒂埃上校率领的军事联络组抵达台湾,着手调查台湾在军事方面的某些需要。调查结果直接报送东京麦克阿瑟将军。

同时,在华盛顿,杜鲁门总统于7月26日签署了1950年度军事援助法案,分配给中国地带七千五百万美元军援,这个数字与上一年度相同。继而在 8 月 16 日当我尚在台北之际，美国国务院向中国驻美大使馆，同时通过美国驻台湾新任代办蓝钦在台北向叶公超提交了一份关于军需物资问题的照会，内容主要是允许以现金向美国有关机构购买"纯为保卫台湾所需的精选武器和物资"。

这些事态凑在一起颇不寻常，虽然 8 月 16 日的照会措辞含意是国民政府必须使用自己的款项，而且这项政策仅限于短时期内有效，国府还是归结为这样的认识，即现在至少可以从拨给中国地带的款项中动用一部分，尤其因为台湾政府认为自己显然缺乏购买"精选武器"的财力，动用拨款就更为必要了。

8 月 22 日，即我自台北返回华盛顿的次日，收到了叶公超的电报说：

> 我海、空军之补给，包括物资及弹药均急待补充。盟军最高司令部虽已给我若干补给，但仅限于其自用补给品中可以节余的部分。如今美方表示，我们可利用共同防务援助计划以现金购买各种补给品，因此我们似可要求他们从军事援助法规定的拨款中拨出部分款项用以购买喷气式飞机以及其他军用品，尊意以为如何？

在其后的几个星期中，我做了大量调查工作，发回了几封复电，以期向政府阐明美国在援助问题上的真正立场。在此顺便提一下 8 月 31 日与应邀来访的中国驻华盛顿军品采购团团长韩朝宗上校的一次谈话。在谈话中我再次强调，尽管有朝鲜事态的发展，第七舰队在台湾海峡的出现，乃至美国对台湾在战略上重要性的估计可能已发生变化，我以为美国政府对国民政府及委员长的态度并无丝毫改变。我告诉韩上校切勿向台北报告一些有关美国提供军援与补给等表面上看来有利的消息，因为这样会使台北抱有幻想，要求使馆向美国政府提出不起作用的请求。我说，美国的对华政策基本上不会有所改变。也许五角大楼某些低层官员可能表示同情,乐于相助,然而那多半是交际手段,因为他们深知自己的行动必须以政府的政策为转移。

美国国务卿艾奇逊本人同样面临着如何向美国公众阐明真相这一难题,但他似乎采取回避的态度。在9月7日的记者招待会上,记者们问他:"既然我们真心想使台湾中立,我们又为什么向那里运送飞机用油及其他军需品?"

《纽约先驱论坛报》9月7日报道了艾奇逊对记者所作的回答:"美国向中国提供的任何军需品都只是为了防御目的,绝非旨在进攻中国大陆。"他解释说,这些军需品的重要性在于与第七舰队的任务有关。并说台湾防卫的具体需要是什么,要由麦克阿瑟将军决定。但艾奇逊明确表示:"不可能发生台湾岛对大陆进攻的事,而且目前没有进行任何可能导致这种进攻的行动——没有发动,没有鼓励,也没有准许这种进攻。"

9月13日,我给外长拍发了一份相当详细的报告。我说,我利用一切可能机会与国务院进行多次交谈,关于军援问题所获情况如下:

(1)杜鲁门总统1950年1月5日的声明继续有效,并无改变。但是鉴于朝鲜战争的突然爆发,第七舰队受命前往保卫台湾,从战略观点看,在一定条件下加强台湾防卫力量应成为美国的辅助目标。所以,在当前阶段,美国政府除允许我国政府**用我们自己的资金**,根据国务院8月16日备忘录所列美国军事援助基本原则购买军需品之外,另拟向我国赠送一定数量的军火和物资,但只限用于保卫台湾的目的,项目与数量待定。我提醒外交部长注意国务院照会中"纯为保卫台湾所需的精选武器和物资"一语,用以强调我的论点。此外,我还解释说,这项政策只是短期有效,至于将来如何发展,将视远东局势的演变而定。

(2)了解到:购买军援物资的款项来源并非重要和急迫问题。如果需要合情合理且数量不大,麦克阿瑟将军就可以在他权限范围之内予以解决。如果不是这样,那就需要麦克阿瑟根据调查了解的情况起草计划呈送华盛顿当局研究决定。我并获悉,事实上麦克阿瑟已经向我们提供了一定数量的军需品和汽油。看来,我们在致美国代办的备忘录中所说美国未曾向我们提供过任何军需品,是与事实不尽相符的。

在第二点中我还说到,按照现行援助法,美国政府不是不能够从七千五百万美元拨款中划出一部分用于台湾。(该法业已公布。)但是经过仔细观察之后,我清楚地看到了他们**并无**采取这种行动的意图。此外,该法案规定总统有权在"中国地带"使用这笔款项而且不必公布如何使用。因此,即使有什么开支出自这笔款项,美国政府也只需在内部记一笔账而已。

(3)在几次谈话中,我注意到,根据国务院的了解,中共尚无侵犯台湾的意向,这种看法表露得很清楚。美国方面担心的倒是朝鲜战争有可能扩大和远东其他地区爆发事端。况且,美国本身及其他有利害关系的地区的需要也很迫切。因此,仔细推敲他们关于只能短期援助台湾的声明,便知他们言外之意是,依照他们的观点,援助台湾已不像7月份那样紧迫。

我说,简言之,美国对台湾军援物资多少,全看它是否认为这是迫切需要而定。如果盟军最高司令部确认台湾的需要紧迫,并能做出合理而有效的建议,而且得到国务院和五角大楼两方面的支持,我们才比较容易取得成果。最后我强调说,这是美国方面当前的态度。马歇尔将军行将接任国防部长职务,(已做出此项任命,且参议院已于9月20日通过。)今后可能的发展,我将设法探明。

美国在8月至9月中旬向中国提供经济援助时也遵循了与军事援助相类似的方针,即放宽了限制,主要是为了维持现状。简言之,就是为使台湾暂时不受中共侵犯,做一些起码应做之事。这样,美国在朝鲜战争爆发之前对中国所提供的经济援助就是在美国经济合作署拨款项下继续进行的,但仅限于急需商品及短期项目,两者均不可转用于军事目的。然而在战争爆发之后,经济合作署援助计划逐渐扩大,并开始考虑一些长期项目。

1950年8月30日,公使衔参事陈之迈起草电稿,答复外交部询问经济援助的来电。电稿谈到杜鲁门总统8月17日向国会所作的有关美国经济合作署援助计划的报告是属于一种例行的步骤。截至1950年3月,援华款项仍有一亿零四百万美元的余额。但是1950年的援外法第202款规定:这笔余额只能用于"中国和中国地带",而且至少应有四千万美元用于包括台湾在内的自由中国。

陈之迈解释他的观点说,最近几个月来拨到台湾的经济援助款项,所占全部经援的比例已大有增加,甚至有几个属于长期性质的工业项目也已在美方认真考虑之列,估计这四千万美元恐不足一年之用。他还说,美国对东南亚的援助也正积极推进,所需款项也感到不足。根据可靠情报,美国经济合作署为此正在草拟方案,准备明年提交国会,要求追加援外法第202款规定的款额数字。

电报建议,在这种情况下,我们应采取的态度是:提出若干计划,促进使用已指定用于稳定台湾经济的款项,待款项用尽后,美国将不得不增加其对台援助。电报还说,为得到较大份额而与东南亚各国争款,并非上策。至于为货币平准基金请求援助一事,我们多次试探美方看法,但至今仍认为正式提出要求,时机尚不成熟。

外交部9月13日的复电指出,援外法第202款虽规定只给中国四千万美元的援助,但1949年七千五百万美元援助项目中事实上尚有五千万美元的余额,此点已见经济合作署的报告。因此,我们可向美国提出将此款留拨中国使用。

从来电不难看出,国民政府对经援和对军援一样,不仅对利用现有拨款抱有希望,而且认为可能获得新的援助。9月17日晚,我设宴为财政部长严家淦洗尘,他是在巴黎参加了世界银行及国际货币基金组织的理事会之后刚刚到达华盛顿。次日上午,我陪同严部长到财政部会见了约翰·斯奈德部长。这是中国财政部长应有的礼节性拜会，而这次拜会也有意向斯奈德探询是否有援助稳定中国货币的可能性。负责国际金融事务的助理部长小威廉·麦克切斯尼·马丁也在座。

在向斯奈德介绍严家淦时，我说斯奈德先生或许最近在巴黎召开的世界银行及国际货币基金组织的会议上已经见过严先生了。这位财政部长开玩笑地说，严先生的出席一点也不引人注意，跟着提到捷克斯洛伐克想剥夺严先生的中国代表席位而由中共代表代替的一幕。

我听他谈及此事便说，多亏斯奈德先生和其他理事采取了坚定立场，才使捷克之计迅速失败。

斯奈德说，他高兴能为中国国民政府代表团的利益发言，而且在会上得到广泛支持。

然后我说，严先生在回台北途中路经美国，今日专诚拜访，拟将中国政府财政状况有关问题向斯奈德先生做一介绍。严先生致力于改进中国财政管理，想来斯奈德先生必定乐于听取。

斯奈德说他非常乐于了解一下中国政府的财政状况，于是严家淦就将政府在减少预算赤字、保存黄金储备以及稳定货币等方面所取得的进展向斯奈德做了简要的叙述。他强调说，由于在台湾以银元为货币，因此他能够编制预算。他说现有三级财政体制，一是中央政府的，二是省政府的，三是岛上各区地方政府的。省政府和地方政府的预算可以平衡，但中央政府的预算仍有很大赤字，不过收支差额已大为缩小。1月份岁入与岁出的比率为一比八，现在为三比四。用于弥补赤字的黄金外流已由每月十七万盎司下降到3月份的四万盎司，9月份更降至三万盎司。他还说美国经济合作署的援助也是中国政府在财政方面取得进展的一个重要因素。严家淦接着说，政府面临的主要困难仍是庞大的军费开支，总共占国家预算的百分之八十六，而用于民政的只占百分之九点六，其余的用于支付贷款利息。他说，虽然台湾银元的价值还算稳定——台元与美元的兑换比率从五比一贬值到十比一,——可是他非常希望得到一些援助以稳定货币。

严家淦在回答斯奈德有关物价的提问时说,物价相当稳定,而且某些物品在最近几个月中已大幅度降价。

斯奈德对严家淦所提供情况表示感谢。他问麦克切斯尼是否还有什么问题要问,麦克切斯尼说没有问题,我和严遂起身告辞。

在那个星期里,我还陪同严家淦分别拜访了进出口银行行长赫伯特·加斯顿和该行董事会董事高思先生。据我在日记中记载,在两次拜访中他们都没有提出我国抵押借款拖欠问题,这显然是体谅我国的困难。其后我于 9 月 22 日又陪严到国务院拜会了迪安·腊斯克。

三天前在我与助理国务卿腊斯克谈话中谈到中国在联合国的处境问题时,他谈起美国对中国政府的援助。其目的虽然很明显是要使我放心并安抚中国政府,但他也确实说过美国将继续向台湾国民政府提供经济援助,并且还要赠送经过挑选的军事援助项目,以便加强其对中共进攻的防御力量。

在严家淦与腊斯克会见时,中国科科长柯乐博和副科长罗伯特·巴尼特也在座。说了几句客套话之后,严家淦简要地叙述了他本人和中国政府在改善财政经济状况方面所做的努力。他谈到了以银元作为财政收支标准、编制实事求是的预算、稳步缩小收支不平衡、岁入的主要来源,以及由中央政府委托省政府代收除关税以外的各项税收等问题。他还述说了政府以出售外汇、黄金和国家接收的日伪财产以抵消每月的赤字的情况,但他强调说,主要还是依靠出售黄金。他也叙述了生产上升以及对日本和对英镑区出口贸易增长情况。

腊斯克不时插问,其中有如下问题:

(1)中央政府如何将黄金转交台湾银行公开出售?

严回答说,中央政府将一定数量的黄金转交台湾银行,用以弥补一定期间内的财政赤字;银行通常只出售此项黄金中一部分即可应付。

腊斯克问,私人是可以购得黄金,还是只能购得与黄金等值的凭证。

严回答说,现行规定包括一定的限制,人们可以按规定从台湾银行购买黄金。规定要求购买者须在银行开储蓄存款账户,过一段时间之后,他可以提取黄金。个人最多只能购买五十盎司黄金,而且他必须是在 1949 年 4 月 1 日以前就在台湾定居的人。加以限制的目的是为了防止来自大陆的富有者做黄金投机买卖。

(2)在那些承认共产党政权的国家里,国民政府的外汇损失大致有多少?

严说,他当时说不出详细数字,但他可以说这个数字相当可观。仅在香港和伦敦就分别损失了一千万港元和八十万英镑。

(3)在台湾总的经济中,大批的部队起了什么作用? 严要求他进一步说清问题。腊斯克说,他心目中想的是中国大批的军队在台湾的经济生活中是否可以做出某种贡献,例如在生产领域内。

我说我一直认为最好能让相当大一部分的士兵从事生产,而不要闲呆着专等中共进攻时好去打仗。假如能腾出一半或三分之一的部队来,就会有二三十万体格健壮的人参加建设工作。这不仅可以改善台湾的经济状况,还会减轻政府的财政负担。

腊斯克说,顾大使所说正是他所想的,腾出来的这些现役人员可以从事伐木、修路、种菜等工作。

严家淦说,这个问题一直在研究之中,而且已经开始试行一些类似腊斯克先生所建议的方法。例如,中国空军从日本人手中接受了一些大型机场,现正在将其中一些不用的改为农田,每个小队分几块土地去耕种。收获的农产品不须上缴政府,而是补充空军给养。然而军方人士并不支持这种想法,他们强调的是对军队保持控制的重要性。他们认为,如果让军队做非军事性工作,必须分散去做,那他们的纪律就难以保持。况且大量军人从事生产事业也需要先投放一笔资金。

我说假如能得到经援购买农业机械,我个人是赞成把大量台湾士兵投入建设性工作中去的,其结果可能对台湾经济大为有利。

腊斯克说他提出问题,正是因为心中有此想法。

严说,虽然政府还没有开始实行此种计划,却在认真研究中,他希望事情能朝着这个方向发展。

(4)腊斯克问,在严先生看来,台湾政府无论在政治、军事、经济方面,或在人民与政府之间的关系方面,存在的弱点是什么?

严问腊斯克,他提出这个问题,是否心中另有高见。

腊斯克回答说,由于台湾问题已排在联合国大会的议事日程上,到时必然对此进行讨论。他相信讨论一开始,各代表团为了对台湾当局有更充分的了解,肯定会提出不少的问题来。

严说他很难立时回答。但他即刻想到的是国民政府预算中军费比重很大。倘若目前的和平局面能维持下去,台湾的武装力量当然可以大大削减。作为财政部长,他非常乐于见其实现。然而只有军界人士才最了解未来发生战争的危险性大到什么程度。

腊斯克办公桌上的电话铃响过数次,那是国务卿打来的紧要电话,严和我便起身道谢告辞。

9月24日,星期日,我举行冷餐会欢迎严家淦,参加的有中国政府各驻外机构首脑和主要成员,以及各个国际机构中的中国代表。在我的提议下,严家淦就台湾的财政及经济状况做了一个饶有兴味的报告,并回答了一些问题。每个人对于这次聚会和讨论似乎都感到浓厚的兴趣,因此在长达四个小时之后,我才得以宣告冷餐会结束。

星期一,我陪同严家淦拜会了联邦储备委员会主席托马斯·麦凯布。经过介绍之后,严说明了他此次访美目的。麦凯布说他很想了解一些情况,于是严就简述了台湾在财政方面的困难和问题、改善的努力和进展。所讲与前几次同其他美国官员会见时所谈的内容大致相同。

麦凯布问及中国政府如何弥补赤字，并询问了中国出口贸易和国际收支情况。他还问了几个一般问题。其中一个问题是："台湾人民对国民政府的态度如何？他们对政府领导人有无信心？对于政府工作是否还满意？"

严已答说，台湾人民对政府十分满意，而且很少受到共产宣传鼓动的影响。他相信，如若中共进攻台湾，台湾人民必将团结一致，支持政府打退进攻。

麦凯布问到吴国桢，说曾在上海见过他，认为他生气勃勃，颇有胆识。他说不敢说吴先生是否能说是稳健的，但像他那样有能力、有气魄、诚实而正直的人却最为美国人所欣赏。我想他所谓稳健，恐怕指的是吴的脾气，他热情一上来就说些过头话，而且喜怒形于颜色，毫不掩饰。然后，麦凯布大讲台湾政府领导人应该如何如何，无异给严上了一课。他说，美国人民对中国人民同情、友好，有着最深厚的友谊，可是听说中国政府腐化、无能，实行反动统治，又感到非常失望。他们最希望看到的就是在台湾能有一个由新人物组成的领导层。他们对中国现领导失去了信心，希望看到出现新的领导。他相信一定会出现许多像吴国桢那样为美国人民所欣赏的人。美国人所期望的是中国的领导人能为中国人民的幸福而工作，提高人民的生活水平，以诚实、廉洁和有效的方式管理政府工作。美国人对腐化官吏侵吞公款以肥私囊，却又逍遥法外的事，听都听得厌烦了。

麦凯布说他对于严家淦所说中国政府改革财政管理已取得的进展和有待克服的困难很感兴趣。他相信只要有了新领导人，他们为人民信任又能依靠人民，他们一定可以从美国获得他们所需的一切，美国人民是乐于帮助的。他列举杰斐逊、亚当斯和汉密尔顿等美国伟人为例，说他们发动了美国革命，为这个新的国家奠定了基础，而他们都是爱国、诚实、极有才干，以火一般的热情为造福人民而工作。

麦凯布说他和美国政府许多领导人谈过话，得知他们看到近几年中国所发生的事情而对中国的领导人丧失了信任，对他们不再抱有希望。因此他希望能有更多的生气勃勃、精力充沛、年轻有为的人出来领导中国。他说，人民渴望胜任工作的新领导人，这本是非常自然的事。邱吉尔是战争时期一个非常伟大、具有很高威望的领袖人物。英国人民对他的贡献表示赞赏，但他们又感到他与人民缺乏联系且显得不合时宜。因此人民不相信他能解决他们所面临的难题。美国人对英国工党政府并不欢迎，然而英国人民支持它。

麦凯布又举了菲律宾的例子来做说明。他说他曾会见过季里诺总统的前任罗哈斯并与之交谈了整整一个上午。他立即感到罗哈斯是个有魄力、有个性、为人正直的人，他谈到决心为菲律宾人民的事业竭尽全力，态度十分诚挚。麦凯布说罗哈斯曾谈到他是如何提倡在菲律宾根除腐化、进行建设的，但现任菲律宾总统季里诺则迥然不同，他被一伙无耻之徒包围着，看来全然得不到人民的信任和支持。麦凯布认为他无法与菲律宾政府的现领导人打交道。

关于芬兰，麦凯布说，美国人民对它一直尊敬和信任，因为它悉心维护自己的声誉，力求自力更生。它欠美国的债务数目不大，但履行偿债义务非常认真，博得了美国人的高度赞赏。说到美国国内政治，麦凯布说，虽然他是共和党人，却因为该党缺乏新的领导人使他丧失了对该党的信心。

在谈到美国对外援助时，麦凯布说美国人民已经认识到他们责任重大。美国人民是关心世界事务的，乐于帮助那些在其优秀领导人的领导下励精图治的国家。十年前谁也不会相信美国会采取像马歇尔计划那样耗资数十亿美元的宏伟计划，而如今已成现实。麦凯布说，同样，在六个月以前人们也很难相信在南朝鲜受到北朝鲜进攻时，美国竟会急忙赶去保卫南朝鲜的自由，并做出了如此巨大的牺牲。他又说,美国对其他国家并无任何领土要求,美国也并非帝国主义国家。美国只希望能有一个和平的世界,以便它在这个世界里可与其他国家相互合作、共同繁荣。它乐于看到别的国家提高生活水平。他们如果愿意,也可采用美国革命先驱精心设计的民主政府体制。美国首先寄希望于欧洲,而后才是世界其他地方,这就说明了为什么继美国革命之后又爆发了法国革命。

麦凯布说世界已发生了很大变化,政府领导人必须认识到人民的利益和幸福是至高无上的。例如,在任何地方人民都再不会容忍军阀那一套。这就是他盼望中国产生为人民效力的新领导的原因。他认为新领导一经产生,美国人民当然会给中国一切必要援助。麦凯布最后询问了中国大陆局势以及人民对共产党政权的态度等问题。

我说麦凯布先生刚才所谈的确乎是根本问题,我完全同意他认为领导人必须为人民幸福而工作的观点。我最近去台湾,亲眼看到像财政部长严家淦及省长吴国桢等领导人奋发努力,使各方面都取得了长足的进步,因而感到深受鼓舞。我又说,我在台湾参加了国民党中央改造委员会的一次会议。该委员会的十六名成员承担如此重要工作,平均年龄却只不过四十岁左右。

麦凯布问中国共产党人是否名副其实的共产主义者,是否有可能摆脱克里姆林宫的影响而独立行事。

我回答说,中国共产党人是正统的马列主义者,他们在一些最重要的问题上与莫斯科的观点是完全一致的,而且还乐于采用苏联的一套做法。大陆人民一定会迅速起来反对共产党的统治的,这一点毫无疑问,但是他们恐怕会像游击队那样处于一种无组织状态。除非有外部的援助,否则他们就很难进行有效的反抗,更谈不到推翻中共政权。因此,台湾必须能够维护好自己的政权,这一点至关重要。只要国民政府能够存在并继续进行其反共事业,它就会成为大陆人民希望的灯塔。况且这对于东南亚的其他国家也是有好处的,因为共党把我们的政府视作眼中钉、肉中刺,而国民政府的继续存在就会使共党对中国的邻国所怀的阴谋难以得逞。

麦凯布问国民政府拟如何光复大陆。

严家淦回答说那是一项艰巨的任务。然而大陆局势正在急剧恶化,以致在两三年后,那种反对国民政府的情绪也同样会落在共产党政权头上。换言之,在共党政权开始瓦解时,国民政府便可轻而易举地获胜,正如在类似情况下共产党成功地推翻了国民政府一样。因为事实上中共获得成功,主要不是依靠其军事力量的优势,而是由于国民政府本身的腐败所致。他深信将来局势一定会扭转过来,而且受益的必然是国民政府一方。

当晚我在日记中做了如下的记载:

> 与麦凯布的谈话非常透彻。这次谈话持续了一个半小时。他听严家淦详细叙述台湾当局改善财政经济状况的努力和成就,但看来他对此并无兴趣。在谈话结束前,他坦率地表示,美国政府,或者如他所说是美国人民,愿意看到能有"全新"的领导人出来领导中国政府。此举一旦实现,而且新领导能得到人民的信任与支持,那么,中国需要多少援助,美国都可如数提供。他说,美国人民对中国现领导已失去信任。他说,这一点在所有国家都是一样的,就连英国在战争时期最伟大的领袖邱吉尔都不得不让位于其他人,因为英国人民不相信他是和平时期的好领袖。

麦凯布的思想核心是蒋委员长的领导业已成为美国援台的障碍,这种说法在二次大战后的中美关系中已经不是什么新话题,这一点我早已痛苦地意识到了。不过在朝鲜战争期间,这种议论变得更加频繁起来。关于这个问题,可以回忆一下我于1950年7月与农村复兴联合委员会主任委员蒋梦麟及蒋廷黻的谈话,以及我与蒋廷黻、胡适和宋子文的会谈。当然,8月我不在华盛顿。然而在 9 月下旬，麦凯布再次提出了这个问题，10 月份我又听到更多的说法。事态的真实情况是 9 月下旬和 10 月份朝鲜战争的形势是朝着有利于联合国军方面发展的，美国方面极其乐观地认为战争即将结束，正在考虑联合国军撤退之后如何重建朝鲜的问题。报载麦克阿瑟将军说过："战争肯定即将结束"。在联合国中，美国对于台湾问题态度模棱两可，尽量留有余地，而华盛顿对台湾的援助政策也可以说是这样。严家淦一直在洗耳恭听人家告诉他国民政府该如何如何做，就是听不到任何新增或追加援助项目的好消息。与此相似，继麦克阿瑟访台之后到达台湾的一个军事联络组于 10 月 3 日撤离，此后也未见其根据调查采取行动。

10 月 10 日，杜鲁门总统宣布他将赴威克岛与麦克阿瑟进行会谈。会谈于 10 月 15 日举行。翌日，奥凯里赫上校对我说，他在国务院的朋友们告诉他说，杜鲁门总统同意麦克阿瑟在亚洲政策上的观点并将在旧金山的演说中概括地谈到。至于台湾，两人各自发表了看法，双方承认意见有分歧，但最后达成默契，麦克阿瑟作为模范军人，必须忠实执行总统的每一道命令。

奥凯里赫还谈到杜鲁门任命马歇尔当国防部长以便撤掉麦克阿瑟，而路易斯·约翰逊之所以推荐马歇尔接替他出任国防部长，只不过是为保全面子而走形式，用以表明约翰逊的辞职出于自愿。他解释说，马歇尔和麦克阿瑟素来不睦。麦克阿瑟曾因为马歇尔没能很好地遵照他的新想法改编一个师就把马歇尔从陆军部参谋长的宝座上踢了下来，改派他主管一支国民警卫队，这纯粹是降职。

我之所以更强调这一点，是因为一直使我印象很深的是，这两位将军存在着个人间的不合，正像在麦克阿瑟和杜鲁门之间存在着误会一样，据说多半是由于马歇尔在华盛顿。约翰逊与麦克阿瑟颇为接近，我猜想奥凯里赫通过约翰逊的关系也与麦克阿瑟接近，而且奥凯里赫是个上校，自然早已认识麦克阿瑟，而且很可能在他手下供过职。

翌日，10月17日，杜鲁门在旧金山发表对外政策演说，他对听众说，他与麦克阿瑟进行过一次令人满意的会谈。在早些时候发表的一项声明中他也提到："在会晤中意见完全一致。"但在这两次声明中均未提及台湾或国民政府。

10月18日，我邀集哥伦比亚大学的中国校友开会，为了组织一个地方性组织为庆祝哥伦比亚大学建校二百周年筹集资金。像去年一样，筹集来的资金将用以购买纪念品赠与哥大以感谢它过去和现在为中国培养大批学子，使他们得以在中国的政府部门、各种公私事业供职。使所有与会者都感到诧异的是，在会上听到了台湾哥伦比亚大学校友会致哥伦比亚大学校长艾森豪威尔的一封信，信中说将按我在台北时的建议向该大学捐赠一笔款项。可是该信继而用了很长篇幅阐述国民政府反对共产主义的斗争，要求艾森豪威尔校长支持中国的反共事业，并运用其对美国政府的影响为中国争取援助。这与为学校募捐是风马牛不相及的两回事，无怪大家都甚为诧异。

10月20日，我去纽约见蒋廷黻，主要目的是研讨联合国的局势问题。我把麦凯布关于美国援华前景问题的谈话告诉了他。我说，麦凯布的观点是：只要我们能换上美国人民相信的新领导，我们就能得到所需要的任何数量的援助，因为美国人民对中国人民是深怀好感的。蒋告诉我，杰塞普博士曾在9月底来看他，问及他一直打算建立的第三党进展情况以及进展不快的原因。甚至问蒋廷黻为什么不能赶走蒋委员长。蒋廷黻说，他回答说建立新政党需要时间与经费，而由于美国对华政策造成国民政府在联合国中地位日益不稳，他不得不竭尽全力去支持国民政府，使之不因国际压力而垮台。

翌日，我接见新近由台湾取道东京到达美国的董显光博士，他路经东京时曾再次见到了麦克阿瑟将军。在回答他所提出的问题时，我告诉他美国政府对蒋委员长的态度仍无改变。他说在别处也已了解到这种情况。他已见过蒋廷黻，也谈到了杰塞普和蒋谈话的内容。他也谈到在东京他发现麦克阿瑟对蒋委员长也不再那么热情了，表现得相当冷淡，对蒋委员长连一句问候的话也没有。他猜想这是由于麦克阿瑟得到报告，知道蒋夫人经常写长信给马歇尔，通报麦克阿瑟访台情况以及他与蒋委员长在台的谈话内容之故。我告诉他，美国政府原拟撤换麦克阿瑟。我给他讲了路易斯·约翰逊怎么免的职，马歇尔为什么出任国防部长；还告诉他只是由于仁川登陆的辉煌胜利才使整个计划未能实现。

10月24日，我接见了著名的农业学家、中国在农村复兴联合委员会中的三个委员之一的沈宗瀚博士，他以代表身份前来美国参加一个农业及食品供应会议。他说离台前曾去晋谒蒋委员长接受指示。蒋委员长说不提出和强调光复大陆的口号绝不可能，否则就难于维持大陆反共游击队及所有大陆人民的士气，而会使他们大失所望。蒋委员长还告诉他，当前使用的口号应是"巩固台湾、光复大陆"八个字。

沈行前也曾向行政院院长陈诚请示。陈告诉他美国对蒋委员长偏见很深，因此不愿扩大对国民政府的援助。陈说，但是除蒋委员长之外，再也没有别人能维持台湾这种不稳定的局面。蒋委员长纵有弱点，但他为反对共党威胁而战的决心是坚定不移的。为了进行这场严酷的斗争，他不畏任何艰难困苦，这也是值得称颂的。沈说他同意陈诚的看法，并且说，除蒋委员长以外，任何人处此困境，恐怕早已自寻短见了。

次日晚间，我宴请董显光和沈宗瀚。董说他这次离台主要是为了向东京的盟军最高司令部报到，以便保留其中央通讯社派驻盟军最高司令部记者的身份，蒋委员长还要求他到纽约协助蒋廷黻做宣传工作。董又提到曾与蒋廷黻交谈，了解到杰塞普与蒋廷黻谈话时，曾问起他在组建新自由党方面为什么未取得进展，为什么中国人摆不脱在美国政府和人民心目中已失去信任的蒋委员长。在谈到他发现麦克阿瑟对蒋委员长不如以前热情时，他说这是他亲自从麦克阿瑟那里直接获得的印象。此外,何世礼将军先前也已告诉过他。

两天以后,我接见了中央社驻华盛顿分社的蒋荫恩。他来报告说,奥凯里赫上校还没有见到助理国防部长保罗·格里菲思,因此没有杜鲁门与麦克阿瑟在威克岛会谈的直接消息。他说,格里菲思仍想辞去国防部职务,因为他过去与路易斯·约翰逊共事关系密切,自然不愿与接替他的人共事。

司徒雷登大使在他的亲信秘书傅泾波陪同下于10月28日来大使馆进行回访。大约一个月以前我对他进行过礼节性拜访。当时,他久病初愈,气色很好,不过他自称实际上并不像表面上那么好,下楼梯以及起坐都还要别人搀扶。那次我主要对他讲了去台湾所获印象,台湾改革的努力,以及军队士气、政府和人民的情绪都明显高涨。

这次司徒雷登回访,我们讨论了中共对外国传教士的政策。他说虽然他过去任校长的燕京大学中有一些传教士给他写信说,共产党当局对他们的工作尚无干扰,但他认为这只是时间问题,到头来必会加强对他们的控制。

10月31日我往见董显光,交换了有关美国对台政策的情况。他说他很希望离职,不过只要蒋委员长在世一天,他还是要干下去的。说到这里,他回忆起他过去的经历,特别是在印度工作的经历,当时印度在联合国给我们找了很大麻烦。他说有一次他要求出任驻印度新德里的大使,但是当年的考试院院长戴传贤却荐举沈士华以接替罗家伦。依照董的看法,印度之所以反对台湾是与罗家伦大使不受欢迎密切相关的。

11月1日我在日记中记了两个波多黎各民族主义分子企图谋杀杜鲁门总统一事。事件发生在总统下榻的布莱尔大厦,引起了巨大震动。所幸当时总统正在楼上小睡,没有受到惊吓。然而这一事件似乎使大选前的紧张气氛进一步加剧了。离大选还不到一周,共和党人为打破民主党在两院均占多数的局面,几次做出重大努力,使得争夺议席的竞选活动达到了新的高潮。

11月2日,我的侄子顾应昌来看望我,他是哈佛大学经济学系哲学博士。他讲了自己在大选年的一些亲身感受,极有兴味。应昌曾任远东委员会顾问,当时在密执安州立大学讲授几门经济学课程及公共政策课,这次来华盛顿是为参加联合国粮食及农业组织会议。

他说他们系主任告诉他,这所大学是州立的,目前正在选举当中,言论也好,讲课也好,都要十分谨慎,避免引起民主党或共和党的批评和不满。应昌解释说,在密执安州,工会很有势力,通用汽车公司之类的财团也很有势力。因此,系主任告诉他讲话时调子一定要保持中庸稳健。有一次原定邀他到当地扶轮社去演讲。系主任同他研究这件事,一听他认为美国政府过去犯有错误,才造成今天在中国和朝鲜的局面,赶快打消了让他去讲话的打算。(言论自由的概念可谓达到了"新高度"。)应昌说,看起来,在学校当局的脑子里,政治占支配地位,他们最怕在州立法机关引起不利影响,因为正是这个立法机关每年投票决定给学校的拨款。虽然必须承认这位系主任忠告我侄子的态度是坦率友好的,但应昌的这一番话仍不失为是对所谓"学术界独立自主,不受政治影响"的有趣述评。

在其后的星期二大选日,共和党确有所得。他们在参议院多得了五个席位,这样,距民主党的多数只差两席,在众议院也新增二十个席位。许多观察家都认为,这次大选结果对共和党来说已经是够幸运的了,虽然共和党或许还不满足。首先,共和党不在国会掌握控制权,所以在1952年总统选举到来时,他们对国家遇到的麻烦可以不负责任。其次,由于该党在一定程度上有所加强,作为一个反对党可以更有效地起作用。从这个意义上讲,选举的结果对国民党中国也是有利的。例如,我在上一节中曾提到,美国政府看来很可能在12月份对中共做出让步,同意将国民党中国在联合国的席位让给中共。当时蒲立德就对我说,如能设法阻止，拖到1951年1月新国会召开以后，到那时美国政府就不敢那样做了。他意思是说到那时国会中对此等动议的反对意见无疑必会大大加强。

大选日那天关于朝鲜局势的报道特别令人不安。麦克阿瑟将军进一步证实了他最近向安理会所做报告：自10月16日起中共的"志愿军"已在朝鲜出现。他告诉新闻记者说，中共未经宣布战争状态即已参与朝鲜战争。短短的两周以前，多数美国人还以为这场战争可望早日结束。如今公众知道中共已进行干预，情绪急剧变化。现在谁也不知道战争会拖多久。麦克阿瑟警告说，只要不许联合国军越过满洲边界进入中国，中共就会继续派遣大批增援部队进入朝鲜。

无疑，事态的发展使人们加强了对援助台湾问题的关注。10月28日我收到叶公超来电，说美国代办蓝钦曾告知我国政府，首批交付的经过严格挑选的军需品将于10月30日由美国装船运出，11月22日前后可抵台湾。叶解释说，我们曾编制我陆、海、空三军所需物资装备明细清单，刚刚以一式三份提交美国代办请其转交美国政府，但是国务院和五角大楼均未收到。叶说，据中国驻盟军最高司令部首席代表何世礼报称，麦克阿瑟也未将上述物资装备清单转交国务院，而盟军最高司令部正在根据联络组的报告自拟一份清单准备送交出去。这份清单比起我们原来的那份，增减项目很多。叶请我找皮宗敢想办法从国务院探明选定了哪些军需品，分几批运送，以及每批都有些什么装备。

11月3日，我复电叶公超，告诉他一位与白宫有联系，地位很重要的国会议员私下告诉我：五角大楼昨晚已做出决定，加速将军需品运往台湾和印度支那。据说运往台湾的主要装备是备件和火箭筒。

经派王守竞去国务院中国科查询，我于三天之后再次致电叶公超，答复他10月28日来电所提问题。我告诉叶，据中国科科长谈，除第一批弹药正运往台湾外，他只知道还有一批装备待运，总重量十四吨,装的是修船用备件。我告诉叶,国务院答应将第一批运货清单送交大使馆一份,不过该科长估计美国大使馆已将清单递交外交部。我告诉叶,如未收到,请电告我,我将寄一份给他。我还告诉他,虽然我曾从台湾带来华盛顿我们最初起草的三军所需军需品清单,但没有交给国务院,主要是考虑我们的清单与麦克阿瑟的可能有出入。我指出,如果送交了我们的清单,只能使问题复杂化。

11月8日,星期四,皮宗敢将军和韩朝宗上校应邀来访,因为外交部要求了解运台途中军需品种类,我想与他们讨论一下这个问题。我要求皮、韩二人随时将各自从五角大楼有关部门打听到的消息报告大使馆。他们二人已分别接到参谋总长周至柔下达的内容相同的指示。

翌日,叶公超电告首批运送的弹药清单,已由麦克阿瑟派出的联络组在该组被召回之前递交参谋总长周至柔。他要我查明运送军火的船只自美国起航的日期,并秘密查明全部精选军需品清单的内容,以便对这些军火的使用做好必要的准备。

11月10日收到韩朝宗送来备忘录,内容如下:

> 奉周参谋总长至柔指示,我非正式向美国陆军部探询运送军火的细节,已得到非正式消息,并于日前报告台湾。

> 该部昨日通知,由于港口过于拥挤,难以得到明确具体消息。但有一点肯定无疑,即已有一批军火正在运台途中,据信是交付驻台美国军事代表团的,细节不详。但表示运送军火的船只已于上月底启运。这与大使馆所获国务院通知内容吻合。

> 美国陆军方面强调,既然此项新援助是麦克阿瑟司令部及其在台湾的代表所经办,因此建议应直接向他们去了解细节。看来,他们认为直接或通过国务院向陆军部了解都是不恰当的。

> 黄思研中校曾向美国海军部非正式探询。十四吨备件

据信是从菲律宾运出的,但细节不详。提供消息的人甚至告诫说,就连这一点微不足道的消息也不要向国务院透露。

11月17日,我终于能根据进一步探询所获向外长提供较多细节,虽然仍远非完整全面。我告诉叶公超,皮宗敢拜访了负责计划与作战的助理参谋长博尔特将军。博尔特告诉他,为了使工作统一,军援事务均由美国驻各国使馆武官处处理。但若为统一军事行动所需,则由美国驻军司令官直接处理,并与各有关政府妥善安排。因此,首批运往台湾的军火的细节问题,我们应直接向贾勒特海军上将询问。

博尔特说还有几批军需品将运往台湾,但确切批数及启航日期不详。不过我告诉叶说,据来自国务院的消息,两批货物已于11月5日从旧金山运往台湾。我说博尔特曾指出,杜鲁门总统业已指示,在"共同防御援助计划"中指拨若干款项用于援助台湾。至于军需品的选择与运输问题,过去与今后均按麦克阿瑟建议安排。最后我告诉叶说,皮宗敢也报告说,国务院军品管制司的负责人曾说,在"共同防御援助计划"中给我们的优先权是相当优厚的。

11月20日,星期一,中国空军驻华盛顿办事处向惟萱上校来访。他说美国空军方面证实我所得到的消息,即美国将于1月份通过本迪克斯航空仪器公司将两套雷达设备交付台湾,其余七套将于3月1日前后交付。他们还向他证实,这都是麦克阿瑟自东京来电建议的,他认为雷达对于台湾的防卫工作至关重要。

11月23日,援华的首批军火运抵台湾。外交部于11月24日来电告我此事,并说将送给我一份详细清单。11月25日周至柔也告我这个消息,但是他说这批弹药数量质量均有不符。他说现正卸货核对,一有结果,便将细节通知我。

在这同一时期,美国对台湾的经济援助也有了一些进展。11月4日外交部曾电告,据报纸报道,参议员康纳利说,总统要求国会除1950年夏经国会批准对中国地带进行经济援助的一亿美元之外,授权他增拨一亿美元。电报说还要求国会批准三千五百万美元作为优先款项,以适应太平洋地区的需要。

在距此四天之前,自1950年6月以来一直任中国技术代表团团长的霍宝树和该团秘书长李翰来访。他们说,新就任经济合作署署长的威廉·福斯特将出访包括台湾在内的远东地区。他们给我看了一份报告这一事件的电报草稿,是分别拍致叶公超和严家淦的。我建议与其要求行政院长陈诚,莫如要求财政部长严家淦给福斯特拍一封表示欢迎的电报更好些。由与财政经济有直接关系的人来表示欢迎会更合适一些。他表示同意。

福斯特于11月16日抵达台北。回到美国之后,他提出几项有关增加对远东各国经济援助的建议,台湾包括在内。

11月8日,我的助理商务参事石道生的妻子前来,想亲自问问我,可不可以由我向国务院通融一下,把运到美国的五十箱家具放行。家具属蒋委员长一位居住在美国的亲戚所有,已从香港运抵纽约。通融一下是要使家具作为大使馆助理商务参事石道生的个人财物入境。我坦率地告诉她这样做不好,况且属个人所需的旧家具根本可以免税进口。我告诉她,国务院对中国和中国上层人物有损个人和国家令名的行为是没有好感的。我说,过去已有一批货物运抵纽约交与此人,虽然当时报关用的是她丈夫的名义,但现在再次这样做是不合适的。

我之所以要提此事,只想说明大使馆要管的事情如何复杂多样。有时,在类似情况下,作为朋友我不是不想通融,但我总是看得远一些,感到这样做不好。另一方面,从下面所讲的一件事中,也反映了美国当局对蒋委员长所主持的政府的态度,和我个人在那紧要时刻为防止加深误解所做的努力。

马鸿逵将军于11月9日来访。他来美国治病,已逗留了数月之久。他说他极盼他和全家的护照签证延期。总共八份护照:他们夫妇的两份需要延期,孙子及孙媳的两份要将原来的由美国过境改为留美学生护照,七岁和十岁的两个儿子和一个十个月的女儿的三份要由原来的由美国过境去巴西改为来美。

他告诉我巴西驻香港使馆对三个孩子的问题做过安排，拟派一个领事的儿子陪同他们前往巴西。马说，但是现在他觉得让这么小的孩子们去巴西而没有大人同行是不恰当的。他要求我向国务院申请给予特殊照顾。

我说我将尽力而为，不过倘若同美国法律抵触，恐怕连国务院也无能为力。令我感到震惊的是，他竟说花多少钱他都愿意。我告诉他谈不到这一点，同美国当局打交道根本不是钱的问题。我说，在美国与在远东不同，法律具有普遍的效力，甚至对杜鲁门总统也不例外。

事隔不到一周时间，竟然发生了一件令人大为震惊的事。我的夫人告诉我说马鸿逵太太拜访过她，说大使馆一个经管护照的矮胖的秘书曾和纽约的陈某一起见过马将军。这位秘书告诉马将军说，如愿付出一万二千美元，护照问题包他满意。马太太告诉我的夫人说，马将军手头无钱，当初还是用了她的五万美元做路费他们才得以从香港来到纽约。我的夫人告诉她一分钱也不要给那个秘书。

这件事使我非常恼火，我怀疑是大使馆中某个那样身材的人。因此赶忙在次日上午我假充回访亲自登门拜访了马将军，实际上是要告诉他，而且也真的告诉了他，为了中国的声誉，而不只是为大使馆和我个人的名声，万万不可做那种又让国务院怀疑中国官员还在照旧腐化的事。

我告诉他，对中国有种种指责我总尽力进行辩解，使我感到最难对付的就是对国民政府高级官员贪污腐化的指责，尤其是蒋委员长的亲戚们。我告诉他美国人对于由经济上失误造成军事上无能并不甚了解，可是他们却都了解腐化是怎么一回事。我告诉他，我曾坚决主张，对国务院第一次提出的一亿二千五百万美元的军援款项，要明白规定使用办法，我还曾多方努力使美国人相信我们已制订出在使用美国军援中防止贪污的办法，这才使他们这次未再提出因缺乏防止滥用的保证而不再提供军援的问题。

我还告诉马，1922年我在北京当外交总长时，一个代表美国联邦无线电公司的美国人是如何被美国驻华公使舒尔曼博士送回美国去的。当时中国海军拟建设一个无线电通讯站，这个美商为了击败其日本竞争对手而与中国签订合同，他对我进行了私人访问，并暗示愿意以重金贿赂我。我对舒尔曼说，我完全赞成如他所求与美方签订合同，可惜这位联邦无线电公司代表所采取的手段太不高明，结果反而只能使他达不到目的。他这样一来，再没人高兴为这件对两国都有利的事奔走效劳，当然我也不好在政府面前支持美国的要求了。舒尔曼立刻明白了我的意思，为联邦无线电公司代表的不体面行为表示了歉意。就这样，这位代表不久之后只好永远地离开北京回国。

我告诉马将军说，在此中美关系困难重重之际，国务院或者至少国务院的某些官员，一直睁着大眼收集中国举措不当的证据，以说明他们对援助国民党中国的建议缺乏热情完全是有道理的。因此，我恳求他如果大使馆中有任何人胆敢在办理护照的事务中向他索要金钱的话，请他立即通知我。

马将军否认曾有人向他索取金钱。（我想这是因为他看到我强烈反对这种行为，所以他就加以否认，以免在大使馆中引起纷扰。如果他承认了此事，我必然会行动起来，采取极为严厉的措施。）他说，他不会送给谁金钱的，不过对那几位帮过忙的人送上一两件礼物也谈不上不得体。我还是提醒他不要送价值昂贵的礼物。

然后马将军告诉我他在纽约曾会见过李宗仁将军。李说，一旦与共产党交战的合适时机到来，美国将会支持他的。

11月15日我见到董显光。他说他曾在五角大楼见到马歇尔将军。他说，马歇尔是个公事公办的人，一开口便询问他从台湾带来了什么消息。董说蒋总统已通过王世杰让他要求马歇尔增加对台军援并促其尽快实现。马歇尔说他对此事发展过程的最新情况不甚了解，需要查问一下。董说马歇尔一次也没问起也没提到蒋委员长，但却问起了在台湾的一些中国官员，诸如陈诚、张群以及孙立人等。他还不知道陈诚将军已不在总统府任职而出任行政院院长，也不知道王世杰已是总统府的秘书长。

两天以后，在我举行的午餐会上，一位客人卡尔·尼克斯，在别人都离去之后又多留了二十分钟，为的是能和我谈一次话。他正在考虑如何提出一份关于中国希望从美国得到一笔稳定货币贷款的备忘录。他说备忘录将呈交杜鲁门总统，写成之后，他会送底稿给我看。我给他讲了我进行活动的背景——我同财政部长、迪安·腊斯克、沃尔特·巴特沃思、麦钱特等人进行的讨论，贝祖贻同经济合作署克利夫兰的谈话，以及我同国会几个有关委员会委员们的谈话。

尼克斯再次谈到，反对给蒋委员长更多援助的主要不是国务卿而是杜鲁门总统。尼克斯说，当杜鲁门总统问及那一亿三千万发子弹是如何落在共产党手中的时候，他的脸都气得通红了。尼克斯说，他认为这些困难是难以克服的。美国政府有意支持几位中国将领，主要还不是希望他们能够取代共产党，而只是希望他们成为破坏共党政权的军事力量。他告诉我，正在考虑的名单上包括张发奎、孙立人、张群和李宗仁。尼克斯继而说，杜鲁门总统表示他已完全丧失了对蒋委员长的信心，随着白皮书的发表，杜鲁门已不寄希望于蒋能在美援的支持下建立一个崭新的中国。

后来，台湾政界领袖柯台山前来要求我予以经济上的帮助，以使他得以在美国再继续研究四个月。他说留在华盛顿大有用处。国务院建议他列出一张二十四名台湾学生名单，不经国民党政府选派而到美国学习，国务院将负责他们的学费和生活费用。

他又说他在乔治·华盛顿大学政治外交学院的几位老师或同学也在国务院兼职，他们经常同他讨论台湾及国民政府的问题，他们都表示国务院再也不会同蒋委员长打什么交道。国务院的官员们正指望着张群、陈诚、马鸿逵和李宗仁能形成几支尖利的矛头以瓦解中共政权，然后在美国援助下再建一个自由中国。他说他们设想要搞一个同大陆上的中共政权相分离而在联合国托管下中立的台湾。

他说，如今国务院要让蒋委员长去"自生自灭"，但不是不管那个政府，只要中共的威胁继续存在，国务院还是要给予台湾援助使之足以维持生存，但不想让援助多到足以使蒋委员长光复大陆，重新成为那里的领袖。

11月18日，我又一次见到了沈宗瀚。自从我们上次会面以来，他曾在哈佛大学讲了中国的农业政策，并在美国农业部讲了如何根据中国农业改革经验贯彻"第四点计划"。他说他根据同哈佛大学教授们和国务院官员们的谈话，可以看出当今美国的政策是造成一个独立的台湾国，而不鼓励任何进攻或光复大陆的企图。他们说，如果为落实民意而在台湾进行一次选举的话，蒋委员长也可以参加台湾共和国的总统竞选，如若竞选成功，他可以按照民意继续执政。

五天之后，即11月23日，第一批军需品到达台湾。24日，中共代表团抵达纽约参加讨论台湾问题的联合国安全理事会会议。我那时已在纽约，在那里我接待了董显光。他即将返回台湾。我让他返台后向蒋委员长强调两件事：一是加强与大陆上的游击队的联系，二是与那里政治上无党派分子加强联系。我还交给他一封致外长叶公超的信和一份给他自己的备忘录，二者讲的都是关于以较简单较迅速方式授予美国朋友勋章与奖章的问题，那些纯然出自友谊而为中国努力工作的美国朋友，应该得到我们的承认和赞赏。

翌日中午，我与宋子文共进午餐，他提议于11月26日（星期日）与我、胡适和蒋廷黻共同开会讨论一下我们在联合国的处境问题。他还告诉我，陈立夫业已到达纽约，并说他在台湾差一点被蒋委员长下令逮捕起来。他们两人闹翻了，陈立夫离开台湾前往马尼拉、日内瓦和其他等地之前没有去见蒋委员长。宋说陈在近期内不会回台湾了。

星期一,我接待了中国空军驻华盛顿办事处主任毛邦初将军。他去台湾作了短暂停留之后刚刚回到华盛顿。我问他,传说行政院要改组,是怎么回事。他说在台北也有谣传,说何应钦将军可能接任行政院院长,因为他以前在国民政府的许多部队中威望较高,这些部队有的还正在大陆打游击。毛邦初说,陈诚在当参谋总长和国防部长时好过问政治,如今他是行政院长,虽是文职,却要过问军队的事。

11月27日,这一天是中共在朝鲜对联合国军发动大规模进攻的第二天。到了28日,就有传闻说美国将会屈服于英国和印度的压力,迁就中共,把中国在联合国的席位让给他们。在朝鲜,联合国军正在被迫撤退,麦克阿瑟将军报告说,这已全然是一场新的战争。局势非常严重。我约见迪安·腊斯克,想借以对联合国局势有个较清楚的了解,并问他在朝鲜军事形势不利的情况下,国民政府能帮点什么忙。(这次谈话的详情见上节。)

虽然在这次谈话中我没有机会说多少话,但我肯定没忘记提醒腊斯克,我国政府愿提供三万三千军队的建议仍然有效。这个问题看来仍悬而未决。记得在11月28日我曾给叶公超拍了一封电报,大意说,在那天艾奇逊分别会晤参众两院外交委员会之后,议员们对于应如何面对中共干涉一事纷纷表示自己的看法。其中有一种看法就是主张向我政府最大限度地提供军援,并向台湾派出一个军事代表团以共同商讨如何利用我们的武装力量去对付中共政权。

如同往常一样,在我离开助理国务卿办公室的时候,一群记者早已等候在门外,希望能听到一些有价值的新闻。他们所提的问题之一就是关于提供三万三千军队的问题。翌日的《纽约时报》中有这样的报道:

> 顾维钧大使今日(11月29日)声称中华民国为朝鲜战争向联合国提供三万三千军队的建议仍然继续有效。

回到大使馆,我接待了维克托·奥凯里赫上校。记得他所告诉我的事情当中,有一件就是美国参谋长联席会议建议,不要把国民政府军队用于朝鲜而要用于中国大陆,以分散中共的注意和实力,并说此事将于四十八小时之内做出决定。虽然他说这项建议以及他所提到的其他问题均经马歇尔认可,但对此我很怀疑。

奥凯里赫离去之后,威廉·里基特接着来访。此人我在以前曾提到过,是一个与英国情报机关屡有联系的英国冒险家。我们是在伦敦时的老朋友,此时他正在华盛顿。两个星期以前我欢宴赫伯特·佩尔先生时他是陪客。佩尔和我曾在伦敦的战争罪行调查委员会一同工作过。席间里基特大谈英国不愿意继续接受美国援助,因为那一点物质援助敌不过所带来的道德败坏。他的话曾使在座的许多美国客人感到十分震惊。

29 日,里基特告诉我,他有意去中国游说毛泽东或其他领导人不要采取按克里姆林宫意志行事的那种无法无天的政策。他认为如能给他一个去中国的机会,他有把握成功。我试图对他加以劝阻,但全然无用。他还鼓吹制订工作计划,对游击队领袖加以支持,对共产党领袖人物进行策反。

次日上午我接见了合众国际社记者内德·罗伯茨,他让我谈谈国民政府的军事力量,大陆游击队的活动,我对朝鲜局势同世界和平之间的关系的看法以及亚洲战场和欧洲战场相对重要性等问题。我强调了共产主义威胁的全球性质,苏联帝国主义的本性、势力范围及目标,以及它怎样把亚洲看作是统治世界计划的一个不可缺少的基地,也谈到了中共政权的傀儡性质。

12 月 1 日里基特再次来访,并略述了打算怎样在大陆收买共党将领及开展游击队活动的计划。他说他已与约瑟夫·戴维斯(当时白宫非常信任的一个人)谈过多次,进行联系。他将要会见马歇尔和中央情报局局长比德尔·史密斯将军。尔后,他还将会见杜鲁门总统。他要我帮助从台湾方面得到合作,但他说他的美国上司曾清楚地告诉他说不得与蒋委员长及其亲戚打交道。

我告诉里基特说,绕过蒋委员长的做法是荒谬的。实际上,没有蒋委员长配合,他所需要的合作就根本不可能。但是里基特还是想知道,在台湾或大陆有哪些其他领袖人物可以集结成一个独立的体系以反抗北平政权。

我认为他之所以要走这条路,全是为了获得华盛顿的赞同。因此我告诉他,美国当局曾探索了一年之久,意在找到一些"自由主义分子"去领导自由中国,但目前尚未找到。我说,政治上的领导人不是一朝一夕就会产生出来的。中国花了二十年的时间才出了蒋委员长这样一个国家领袖。我告诉他,问题的关键是能不能让军队服从命令,舍此之外,任何领袖也不会获得成功。我说今日台湾国民政府的军队仍然只听命于蒋委员长一人,别的人都不行。

里基特离去之后,毛邦初将军又来看望我。他告诉我美国空军已同意卖给我们 P-47 型飞机代替那些不再生产的 P-51 型飞机。P-47 型飞机虽然速度并不很快,但却耐用而且对我们更为实用。他还说这些 P-47 型飞机可以作为剩余物资以每架几千美元的价格卖给我们。因此,如果国务院建议以 P-47 型代替我们所要求的 P-51 型的话,我们就接受。

晚上我参加了弗雷德里克·布鲁克夫人为欢迎罗尔斯顿夫人而举行的一次宴会。罗尔斯顿夫人直至最近仍是罗尔斯顿钢铁厂的厂主,而且是一个忠诚的共和党人。布鲁克夫人向我讲述了她是多么不赞成美国当局的远东政策,尤其是对华政策。还说她认为美国在雅尔塔出卖了中国是一件十分令人痛心的事,也正是由于这次出卖才导致了如今朝鲜和远东的可悲局势。

12 月 2 日,星期六,董显光按我在他临走之前的建议从旧金山打来了电话。我让他急告台北,在美国有人想对大陆上的政治和军事人物进行策反。我说有必要给我开一张可信赖人物名单以备应用。他说他也听到过此事。那天下午我因成功湖(联合国总部所在地)局势紧张,乘火车匆匆赶往纽约。4 日回到华盛顿。

当晚十时,里基特再次来访。他说已同意让他进行他的计划。一切有关完成使命的方式方法,执行这项计划所需经费以及补给品之类的数额等等,统由他全权决定。他还将决定是否可以,如果可以又如何在军事上使用台湾的武装力量,在政治上利用蒋委员长的名义和威望作为他希望在大陆上建立起来的崭新大厦的屋顶。他告诉我,美国当局已同意他向我通报一切消息,凡是送呈当局的报告,都要给我一份抄件。他们向他问起过我是否正直,并同意他说我为人廉洁公正的看法。

翌日下午,我应邀参加蒲立德举行的午宴,众议员周以德在座。他说艾夫里尔·哈里曼刚才代表白宫告知二十位左右议会领袖说,国民政府的军队很可能就像当初在大陆时一样,很不可靠而且很可能会拒绝打仗,所以不能使用。这是他在回答一位议会领袖提出为何不接受国民政府的建议使用他们的军队时说这番话的。我告诉他,这纯属一种怀有偏见的说法,因为台湾的军队眼下正渴望有机会能打回他们在大陆上的老家去。

周以德还说,国务院对蒋委员长的看法也没有改变,他们仍将不和他来往。他说,就在上星期五(12月1日),腊斯克还曾派人请他去,问他认识大陆上哪些政治领袖,他们可以利用来建立起一个反抗北平的政权。

当晚,里基特又一次来访。他继续与我讨论他的计划,并说他曾见过比德尔·史密斯,此人将成为领导他的唯一上司。他说他也曾见过马歇尔将军。马歇尔告诉他,由史密斯领导他,除他以外任何人不得过问他的工作。(这是做这种工作通常采用的方法,单线联系,保证绝密。)史密斯答应派一位陆军上将和一位海军上将协同他一起工作,里基特还有权决定是否接受或选择另外一个人。换言之,他有全权选择一道工作的恰当人选。

据里基特说,马歇尔原想要会见我,非正式地向我了解里基特的情况,但后来又决定,由于我的官方身份的关系,还是不要我卷入此事为好。

我必须说,我对里基特是非常了解的。实际上,当我在伦敦的时候,我们曾在一起想针对日本侵华战争问题共同做出点名堂来。他足智多谋,勇敢干练。我真说不清他和英国情报机关一起到底在近东推翻了几个王国,又建立了多少新王国。他有办法弄到钱财、武器等等。他准是告诉过马歇尔说他很了解我,我也了解他,因为我认为马歇尔以前是不认识里基特的,所以马歇尔才想要会见我,或许我能谈一些里基特的情况。但他们最后还是决定不这样做。

　　就在他们谈话这期间,人们正在传说美国当局已经做出决定,将我国在联合国的席位让给中共,第一个把此事通知我的正是里基特。正因为如此,里基特继而谈到,将中华民国在联合国的席位让给北平的决定,意味着不久美国就将承认北平政权,最多不会超过两个月。他表示愿意为我提供一整套住房。他说我总应该有个安身之处,而且他也应该对我加以照顾。我对他表示了感谢,然而执意谢绝,并表示我是在为事业,亦即为我的国家而工作,实际上是为自由世界而工作的。我个人所需极为有限。有两家大出版社曾约请我为他们写书,约请还继续有效。

　　我接着又给他讲了从前联邦无线电公司代表曾试图向我行贿的那件事。我想不等他张口就使他相信他脑子里的那种打算是行不通的,对我对他都没有好处。

　　说起写书的约请,我想提一下1949年5月31日我在日记中所记的一件事。有趣的是,那时出版商们估计我很快就会有大量闲暇,所以希望我写回忆录。他们何曾料到,我又为国家工作了整整十九年之后,现在才按《哥伦比亚大学口述中国历史计划》动手撰写我的回忆录。我的外交官生涯既没有像里基特于1950年12月所担心的那样被强行结束,也没有像出版商于1949年5月共军跨过长江接二连三夺取南方城市时所料想的那样早早完结。

　　根据我的日记的记载,我与何士于5月31日和两位道布尔戴出版公司的先生共进午餐。

这两位先生中,一个叫吉布森,他正是在那一天从传记部主任的职位卸任,另一位则是接替他的人。两个人都要求我为他们写几本关于中国的书。他们认为以我的名字出的书定会畅销,而他们以为凡是从未到过中国和对中国毫无所知的人定会因我的名字而愿意读一读这些作品并对其发生兴趣。吉布森认为一部以回忆录形式写成的、包括我一生中与许多显赫人物的联系在内的中国外交史定会具有很高价值而且会拥有广大的读者。我答应考虑这个建议,并答应以后再商谈一次。

记得他们又给我打过电话,问我是否已做出决定并邀我前去共进午餐。在谈话中,我说经过考虑之后,认为现在做出许诺为时尚早,而且即使我写出一点什么东西,若干年之内我也不愿见其发表。

1950 年 12 月 6 日下午,我接见周锦朝。他 6 月间曾几次来访,商议如何把蒋委员长的一封信和他所拟的一份关于台湾问题的备忘录通过总统私人秘书马特·康内利递交杜鲁门总统的事。他拟好另一份备忘录之后,在 11 月 17 日又一次来访,告我备忘录已递交杜鲁门总统,他说这份备忘录内容是呼吁美国给予中国国民政府以援助,充分利用在大陆的游击队及反共领袖以抗击共党政权,以及为达到此目的有必要购买武器弹药来提供给他们。他给我看了杜鲁门总统收到备忘录表示感谢的复信,其中写道:"收到备忘录非常高兴。"周说该备忘录是在俞大维的帮助下写成的,董显光也知道此事。他说他还要再次会见总统和另外几位领导人。

他说,关于以前由他送给白宫的蒋委员长那封信,始终没收到杜鲁门总统的回音。委员长的信旨在解释在美国 1948 年大选运动中中国绝未干预过。他回想起康内利曾告诉他说,写回信就得国务院写,那必将造成国务院的极大困难。

所有这些谈话都表明,即便已经考虑将国民政府在联合国安理会的席位让给中共之际,包括政府某些人在内的许多美国人当时还在念念不忘同大陆游击力量保持联系并加以利用。后来,美国人,多半是中央情报局,与在香港的一位中国将领建立了单独联系,此人也主张利用大陆上的游击力量从后方阻挡和干扰中共的攻势。

6日晚上,我请里基特出去吃饭。他对我讲了他与中央情报局长比德尔·史密斯所做的安排。史密斯曾要求他去会见在纽约的一位海军上将,与他进行磋商。(我知道此人就是白吉尔海军上将,他于1950年3月在纽约就任美国东部海军军区司令新职。)里基特知道委派来协助他工作的海军军官是布鲁克林海军造船厂的海军中校,一位工程师。他说这个人和一位陆军军官将负责为他传送所需的物资与经费。如前次所说一样,他说他有权接受这些官员或建议另换别的官员来完成任务。他还说他将于下周会见他们,以便决定用不用他们。

在我这方面,我向他提供了一份中共方面军政要人名单,可供他对这些人做工作。名单概括了他们的履历,作为日前业已交给他的材料的补充。我曾要他写一份包括他本人在国际舞台所获主要成就的简历,但他尚未完成。

12月7日,星期四,对我来说是一个大忙的日子。中午我接受了美国全国广播公司负责时事节目的哈克尼斯先生以问答形式采访,并录了音,备作当晚广播之用。他所问的问题大多是关于我认为国民政府能起什么作用以及向朝鲜提供三万三千中国军队等问题。

次日《纽约先驱论坛报》的一篇报道谈到上述后一个问题时,说我讲起我国政府表示愿提供三万三千军队,而且说此项提议仍继续有效。该报道提到我还说过,国民政府在台湾有六十万训练有素的地面部队,在大陆还有一百五十万游击队积极与中共武装力量周旋。(见《纽约先驱论坛报》1950年12月8日第八版)

说到此处,我想加上一句,这家报纸在1950年12月6日还曾刊载了蒋委员长的一项声明，提出要警惕出现"另一次慕尼黑事件"，并说如果慕尼黑事件一旦重演，"战争就随时可能爆发"。他在专门召开的记者招待会上对上述声明又加以补充说，他前一时期做出的向朝鲜提供军队的许诺仍然有效，并宣称："如果能授予联合国军总司令全权接受我们的军事支援，我们当然愿意履行我们的承诺。"

一周以后，《美国新闻与世界报道》发表了就"亚洲的危急局势问题"对蒋委员长无线电话采访的报道。蒋委员长在回答第一个问题时，坦率地阐明：

> 鉴于北平政权已成为联合国的敌人，因此，美国在台湾的海、空防御方面所进行的合作，不应继续以自由中国应克制进攻大陆的军事行动为条件。尽管我们的海、空军急需援助并需进一步加强其实力，但我们却从未在计划中设想在光复中国大陆、恢复自由的过程中使用美国的地面部队。

记者后来又问到，"估计共方在华南可能有一百万军队可以反击国民党的任何军事行动，您同意这种估计吗？"蒋委员长回答说："这种估计大体上是正确的，但是我们在大陆上有一百五十万以上的游击队，大多数都在华南同一地区之内。"

12月7日下午，宋氏兄弟宋子文、宋子良来访，主要是告诉我他们已会见过他们在国会里的朋友，并且得知让共产党取代国民党在联合国席位的意见未获杜鲁门总统同意。他们还说那些国会友人赞成用台湾的武装力量去对付大陆的共产党人。他们谈到另外一点就是，传闻首席法官弗雷德·文森将于明年年初接替艾奇逊出任国务卿。我说我也听到过这一传说。

奥凯里赫上校同一天也报告说，国务院对于和平解决朝鲜问题已不抱希望，并暗示应当援助国民党中国使之在大陆上起作用。他的理解是，宁可让国民党人与大陆的反共游击活动配合起来对付共产党政权，也不要将他们的力量用于朝鲜战场。他说在朝鲜是不会投原子弹的,但是在中国东北,对于诸如共军集结地、露天货场、交通枢纽、军需仓库之类的军事目标还是要轰炸的。他还告诉我,很可能不得不从朝鲜撤军。但是果真如此,撤出的军队也决不会像蒋荫恩所误解并向我报告的那样送往台湾,而是要送往日本本土和冲绳岛。台湾将用来做海空基地,以加强海上封锁和对大陆的轰炸。

然后奥凯里赫说,马歇尔将军年事已高,不久即将辞职。(事实证明确实如此。)他又说迫于英国的压力,他相信麦克阿瑟不久也会让位于他人。我也有此印象,因为伦敦方面批评麦克阿瑟不负责任,担心他的态度和行动会将西方集团推入第三次世界大战之中。当时在华盛顿的英国首相艾德礼想必也会迫使杜鲁门总统接受这一观点。杜鲁门总统也早已火冒三丈,因为麦克阿瑟的许多声明与白宫和国务院所发表的声明相互抵触。他在朝鲜的行动不止一次表现为对总统的抗命。

谈到麦克阿瑟的时候,里基特也说过,依照英国军事当局的看法,在朝鲜的溃败主要原因是由于麦克阿瑟的贻误,他发动进攻多不合时宜,而且说话太多,好出风头,致使敌方获得情报。他还说从现在起,英国将参与指挥战斗并封锁战争消息,英国在朝作战军队决不发布任何重要战争消息。

在这些责难的背后存在着美英之间的分歧,即便不是政策上的分歧,也是意见上的根本分歧。至少在这个时候英国担心的主要原因是,由于麦克阿瑟对远东问题滔滔不绝,公开泄露对朝鲜战争的看法、偏爱轰炸大陆和动用国民政府军队,这一切使英国在当时局势下奉行的谨慎政策遭到冲击。似乎英国把朝鲜战争估计得过分严重,在评价共方意图上也过于惊慌失措。况且,英国虽然是第一批承认共产党中国的国家之一,却并不因此而使它在处理它和北平的关系中感到轻松些。相反,这只会使中共的领导人可以对英国采取更为强硬的态度,这就使英国左右为难,所以它不希望看到由于实际战争使局势进一步恶化。

上文曾谈到 12 月 8 日艾德礼—杜鲁门发表联合声明,谈到他们对中共占有联合国席位的问题意见不同,但同意这种分歧不应妨碍两国的团结。这话显然是说给两国人民听的。这说明大西洋两岸的双方在各自的对华政策方面都很固执,他们之间的分歧是不易消除的。

我于 12 月 7 日接待的另一位来访者是台湾中央警官学校校长李士珍。他是在参加了在科罗拉多州丹佛市举行的国际警察会议之后来到华盛顿的。他告诉我,经周锦朝的介绍,他已会见过副总统巴克莱和杜鲁门总统的秘书马特·康内利。他对于自己能影响美国舆论感到十分自豪,希望通过大使馆给行政院院长陈诚拍一封电报。我表示同意,条件是要给我一份电文的抄件,因为他给我的那份待发的电报已经译成了电码。后来他送来了电文,电报按他的要求拍发。实际上陈诚早就曾电嘱我在必要时给李帮助。

最后,还是在 12 月 7 日那天,我听到确讯,美国政府不会屈服于英国的压力,把我们在安理会的席位让给北平的中共。我还电告叶公超一些经援方面的好消息。我告诉他,经济合作署远东处副处长说,经济合作署署长福斯特视察各国之后回到美国,他认为预定给予远东各国的援助款项太少,不足以维持度过本财政年度(1951 年 6 月)。为此原因,他建议要求国会采取进一步行动修改军援计划。业经国会通过的对各个地区的军事援助计划可以向上调整百分之五。

这项建议正由国会一个小组委员会加以研究。如果建议最后经国会通过,则超出原拨援助远东款项总数部分,可以从援助欧洲的项目中调拨出多达一亿美元予以解决。至于这项追加款项如何分配,目前尚无确定的计划。但是十之八九是要根据实际需要来加以分配的。

我告诉叶,美方已经认识到,计划援助台湾的四千万美元至多只够维持到 1951 年春季之用。美方还认识到,为了保持台币币值稳定,除了原定的援助物资外,还有必要适当增加援助。之所以要为1951年下半年制订一项新计划,这是另一个原因。但是美方对我们的金融政策表示不满,希望我们能够继续采取合作态度以克服台湾的经济危机。

星期六皮宗敢报告说,他已会见过周以德,周以德谴责了艾奇逊和英国对国民政府的政策。皮还会见了蒲立德,蒲立德告诉他,首席法官文森将成为下一任国务卿,我最好能与他建立好感。其实这一切我早就知道。我告诉他,实际上文森夫人还是不愿意她丈夫放弃现任职务而接受新职务的,他现任的首席法官是终身职,而且其荣誉仅次于总统。

此后我又会见了美国劳工联合会刊物《全国导报》编辑威廉·艾伦。他曾一直反对艾奇逊的对华政策和马歇尔主持下国务院的远东总政策。他强烈反对共产主义,而且同意我的见解,即政治家的智慧要求一切反对共产帝国主义的国家结成联盟,不论其国家政体和思想意识如何。我们两人都认为,1941年6月邱吉尔知道德国无端侵犯苏联后,决心在反对希特勒德国的战争中与苏联结成联盟,为此而向苏俄提供援助的举动是完全正确的。

周锦朝那天打电话来。他说他已会见过杜鲁门总统,总统要他去见比德尔·史密斯,谈谈他所提动用大陆中国游击队的建议。因此他便去会见史密斯,而史密斯又要他去会见在纽约的一位将军以推进该计划的实现。(上文曾谈到史密斯要求里基特去见在纽约的一位海军上将以商讨他的建议。显而易见,史密斯是非常谨慎的。他长期以来一直是个军人外交家,而且深受马歇尔的宠信。此外,他只是在最近才接任了中央情报局局长职务,他的前任在朝鲜战争爆发后卸职。)

周说他还会见了总统特别顾问哈里曼先生。哈里曼也对他的进行游击活动的建议很感兴趣。周又说他已将此事告知李士珍,并问我李近来是否安好。我告诉他我过去与他只有一面之雅,但是陈诚院长来电要我给予热情接待。

12月11日,星期一,蒋荫恩报告说,他在国务院的朋友讲,蒋委员长和我所说的在大陆有一百五十万游击队,这个数字显然是不真实的。于是我找出上周《中央日报》上所登载的大陆各个部分的地图和所附数字分析给他看,我要求他把这份报纸给他的国务院朋友看看。

星期二我接见了伦敦《每日电讯》的但尼斯·史密斯。他被派驻华盛顿已达数年之久,今日来访是在汉密尔顿·赖特夫人的示意下前来与我建立联系的。他对他们英国政府的社会主义政策似乎反对,而对其外交政策却不十分清楚。不过他同样对苏联帝国主义表示怀疑,而且也看到了它对自由世界的危险性。

大使馆的商务专员刘大钧告诉我,他的朋友荆檠石打算见我,因为他急于为他的美国朋友起草一份备忘录,这些美国人赞成建立一个由各党派的自由主义分子组成的政治派别,美国将会对这个派别给予帮助和支持。显而易见,由台湾的自由主义分子组成某种自由主义政府,这是一种极为普遍的想法,不仅美国政府这样想,美国人民和在美华人也这样想。

即将会见伊利诺斯州参议员道格拉斯的郑宝南先生前来征求我的意见,问我该向道格拉斯说些什么。我告诉他应强调两点,一是需要利用世界上一切反共力量去反击共产党侵略,二是国民政府的军队仍是整个亚洲抗击共产帝国主义的最强大完整的军队。我说,共产帝国主义是共同的危险,一切偏见或其他考虑均应服从于为战胜此种危险而进行的崇高斗争。我指出,有远大目光的政治家提倡的就是这样的政策,就像邱吉尔在1941年6月听到德国开始侵犯苏联时便主动提供援助那样。

郑宝南告诉我,他打算脱离善后事业理事会设在美国的办事处去芝加哥写演讲稿,准备以巡回演说为生。我听后丝毫不感到奇怪。许多中国人,不论处于政府圈子内外,都急于自谋出路。那些来自大陆的人,与官方没有关系的,认识到共产主义的威胁,愿意在国外定居。在政府供职的,不论是在领事馆或其他外交机构还是在政府其他部门,也都在为自己寻找出路,因为他们无不对宦途前景感到悲观。

晚上八点钟,里基特前来共进晚餐。他带艾伦·杜勒斯先生来和我相见。杜勒斯是美国中央情报局第二号人物,在地位上仅次于比德尔·史密斯,他受史密斯的委派与里基特共同完成使命。里基特说他已会见过白吉尔海军上将,但没有谈出什么结果。不过史密斯还是要求他尽早实现远东考察之行,归来后递交一份报告,谈谈有什么工作应该做,并提出自己的建议。他要求我也到台湾走一趟,但我说我目前在这里的工作很重要,无论怎么说,我在台湾露面为时尚早。

我考虑过再次赴台与蒋委员长和政府其他官员会面,就有关事项进行商讨,特别是当事态的发展表明美国方面确实支持里基特,而且确有采取某些具体措施以实现其计划的坚定意图时,就更需要商谈。事实若发展到那一步,一番极其伟大的事业在望,那时候我当乐于赴台湾亲预其事,和在台领导人商讨出个结果来,因为我不仅在军事方面而且在政治方面有我自己的明确看法。

但是在里基特已经进行过初步勘查,并能证实美国将对其全力支持以前,我无意为他的计划赴台奔走。我和里基特相识多年,对其背景及过去的历史有所了解。正如我说过的,他是个属于"高级冒险家"之类的人物,他有许多想法在我看来有时简直是异想天开。因此,我不敢肯定他的计划必能得到美国的全力支持,而没有这种支持他的计划绝无获得成功的希望。除非我确信美国人真正能做他的后盾,他们的确准备执行那项计划而且对他全力支持,否则我去台湾是毫无用处的。

在席间的谈话中,里基特还谈到他同意他的美国朋友们的意见,即任何以开发自然资源或其他目的的商业计划,(意指在推翻了共产党统治后的大陆。)原则上中国占百分之五十一,美英占百分之四十九。这百分之四十九,其中百分之六十归英美双方中发起计划的一方,百分之四十归另一方。他本人主要是对石油及家畜饲养方面感兴趣。(我在前面曾提到过,他在中东的全部活动都是受其主要目标指导支配的,那就是代表英国壳牌石油公司和新泽西美孚石油公司等全球性大石油公司寻求石油开发特权。)

次日一点钟,里基特来接我前去与约瑟夫·戴维斯和艾伦·杜勒斯共进午餐。这是一次起确定作用的谈话。席间明确了他的使命,艾伦同他的关系以及我作为私人朋友所起的作用。里基特重申,他是进行这项工作的唯一负责代表,不要求或期望为他的旅行和花费索取补偿。这个问题留待他完成任务时再提。他的意见得到其他二人的确认同意。他要依靠我的帮助与合作去争取台湾对他的帮助。至于蒋委员长,他将在适当时机向他做适宜的建议,基本想法就是重建一个与西方保持友好合作的自由中国。他只要给比德尔·史密斯,亦即给美国方面递交什么报告,都要给我送一份抄件,做到对我毫无隐瞒之处。他表示向我保证绝对忠诚。对此另外二位也表示同意。

一个附带的收获,戴维斯和我之间消除了一个误会。这指的是去年他未事先通知并征得我的同意,便让人把我花园中几棵树砍了枝那件事。他住在我的隔壁,这几棵树遮挡了他的视线。后来他在 23 日口述了给我的信,在信中承认已见到我 6 月 22 日对此表示不满的信,只不过他在信中没指明这件事实。所以我认为,他的来信就是给我的复信,因而考虑没有必要再写信,况且妨碍他从主楼和图书室瞭望大教堂的那几棵树已被他派人砍过,没有必要再来砍了。在我要告辞的时候,他说,砍树的事现在应该和解了吧。谈这件事的时候彼此非常友好,我同意这件事不再提了。

后来,我请杜勒斯坐我的车同去中央情报局办公大楼。路上,在汽车里,他问我对里基特有什么看法,对他有什么了解,问我认为他是否可靠。我说我认识他已将近二十年,他是非常忠实的;但是到目前为止我还不了解他的计划究竟是什么性质,因为他常常说一些笼统而含糊的概念。我说,也许他就是习惯于用那种方式讲话。杜勒斯解释说,里基特的工作首先是到远东去考察局势,目的是制订计划,提出建议。他说,美国方面在他没有提出报告之前,绝对不会做任何形式的承诺。杜勒斯又说,他是在上次大战中在伊斯坦布尔认识里基特的,对他的印象是一个具有冒险性格的人。(真是对极了!)他同意我说里基特是个足智多谋的人,专门喜爱干他将在远东从事的那类冒险活动。但是我们两个人也都认为里基特是个认真而又勇敢的人。至于他在这方面与伦敦的联系,杜勒斯认为英国政府未必熟悉现况,而里基特虽然是个名副其实的爱国者,但也并不见得赞同他的国家的政策。我对此表示同意。这是我和艾伦·杜勒斯个人之间一次推心置腹的谈话,这表明我们两人对里基特心里究竟想的是什么都不十分清楚。

在过去,里基特在北非和中东进行冒险活动的时候,通常是和奥尔巴尼英国外国情报总部一道工作,这个总部是由权势人物德文郡公爵领导的。英国政府里有人在伦敦告诉过我,这位公爵堪称是内阁的幕后缔造者,他不点头,他不答应帮助,谁也休想当上首相。公爵我行我素,在议会颇具影响,当时他凭借着对国外情报机构的控制而广泛施加影响。他有办法通过国外情报机构和人民制造事端。我认为没有必要详述这些,然而他所干的一些事情确实非常古怪,而又确实都干出来了。

那天晚上里基特再次来访。他说他又见了史密斯一次,事情均已安排停当。史密斯要求他尽快行动并请我予以帮助。我答应为他安排去台湾的护照签证及入境事宜,并将根据需要,安排他与适当的人士进行会谈。我过去也曾对他讲过,他至少需要有三个人,一个私人秘书,一个政治顾问和一个军事顾问。我告诉他,我经过几天的仔细考虑之后,想到了三个人,一位前院长和两位前部长。但是我建议将私人秘书职衔改为私人顾问,这样会更适合于我心目中的人选。我说如果他认为那三个人适合需要,我就给蒋委员长打电报做一全面报告,提出初步推荐。由于里基特只认识叶公超,不认识我心目中的那三个人,我建议他到达台湾之后去见叶,由叶介绍他认识他们。他们自会在适当时机安排他与蒋委员长会见。对这些建议他都表示同意。他走后,我电告蒋委员长并请求指示。

陈纳德将军应邀于 12 月 14 日来访。他赞成使用国民党军队,在大陆而不是在朝鲜,在二百万游击队员的协助下袭击中共后方,这样需要武器与补给不那么多,且不需要动用美国军队。他告诉我他想会见杜鲁门总统,一位众议员正在设法为他争取一次邀见。

我个人要会见陈纳德的原因是想问问他,万一有需要,他能否帮助游击队空运人员和物资。他说这很容易,因为他有一支一百多名飞行员和领航员的队伍,正在日本和马尼拉之间飞行,眼下又在驾驶 G-47 型运输机为驻朝美军运送军需品。

中午我接待了程远帆先生,他是在访问了除玻利维亚和乌拉圭以外所有的拉丁美洲各国之后刚刚归来。他向我述说了他对所访各国的华侨的印象。这位后来成为国民政府侨务委员会委员长的程先生当时是国民党海外工作会的主任。他说总的说来华侨还都是忠于国民政府的。但是在古巴的国民党人最为活跃,党部也最大,比台湾国民党中央党部还要大。我告诉他,旅美华人从整体看,同样也是同情国民政府的。而国民党在美国的活动进展之所以迟缓,主要是由于缺乏积极、明智和无私的书记指导此间的国民党各机构的工作。我解释说,中央党部派到美国工作的人,来到不久就变成了当地华侨界的寄生虫和盘剥者,很快失去了人们的信任和尊敬。他表示完全同意,他说实际上他也亲自看到了这种情况。

那天的第二个来访者是基督教公理会总会代表兼秘书荆槃石先生。他来告诉我他的美国朋友们渴望帮助组建一个第三党为自由中国工作。他相信所有的中国爱国领袖是会团结合作、一致救国的。他会见过李宗仁将军和李汉魂将军,认为他们应与蒋介石将军携手并肩合作。他说,但是甘介侯博士对李副总统施加了不好的影响,他告诉李说美国政府支持他(李)反对蒋介石。荆说,根本没有那么回事。他还说在纽约也把他的想法与陈立夫谈过。

12月17日,我因联合国局势问题去纽约,第二天十二点三十分乘火车回华盛顿。在动身之前我得到蒋委员长关于我报告里基特使命的电报的答复。答复是由王世杰写的。其中有一段建议我以皮宗敢为联络人通过约翰斯顿验证一下美国方面的态度。(约翰斯顿曾被美方派到台湾工作,据说是对在中国大陆使用游击队的问题进行调查研究。)然而在12月20日,皮宗敢来访时却告诉我,他已见过上周才从台湾归来的约翰斯顿,他发现此人有些含糊其词。他只告诉皮宗敢,在年底他向当局提交报告之后才能谈更多的内容。甚至在12月24日,皮宗敢告诉我,约翰斯顿也还只是在电话中说他将要来访,谈谈他援助大陆游击队的具体计划。皮宗敢说,简略地说,计划只不过是开始组织一个一千人队伍,并提供其所需武器物资。我想这只是先做个试验。

18日晚里基特来我处进晚餐,我告诉他已收到了台北的回电,要求证实他已得到授权,或者说证实美国政府确已授权他到台湾去会谈并制订在大陆的行动计划。我建议他设法安排一次会晤,或由他出面请吃一顿午餐,那就更好,这样我就可以见到比德尔·史密斯,而他也就可以一般地向我证实授权一事。我又说,由于整个问题比较微妙,史密斯可以不必说得过于露骨,但他必须向我明白表示里基特打算进行的旅行是经他同意的。里基特说让他试试看,成不成没把握。

上文曾提到,次日一大早里基特就来电话说,他得知中共代表伍修权已同意延期离开纽约,停火问题有可能得到一个满意的答复。事实并非如此。他还告诉我,十点三十分以前找不到史密斯。

十二点五分,里基特到我的办公室说,史密斯身体欠佳,不能参加午宴,但他相信史密斯是认为此事过于微妙,不便亲自与我晤面会谈。(史密斯的病其实也是一种外交病。)里基特建议我改同戴维斯共进午餐,让他尽可能把所知道的一切都告诉我,以便向我证实授权一事,也好满足台湾的要求。但是我说这并不解决问题,因为台湾所希望的是直接的证实。我对他说,我当然是信任他的,而且随时准备听取戴维斯的意见,但他们两个人毕竟都不是代表官方的。我从讨论一开始的时候就提醒过,里基特是个英国人,这一事实更使台湾感到为难。我推辞了同他和戴维斯共进午餐的邀请。

里基特显得心烦意乱,而且颇有几分激动地说,那么他就去告诉美国方面派个美国人来,因为台湾不愿意要一个英国人来办这件事。眼看就要起身离去,我挽留住他,让他仔细听听我的话,因为我从未说过台湾想要一个美国人。但是他作为一个英国人却要去完成美国政府的使命,台湾自然不那么容易理解。然后他说,这件事干脆不干了。我说,如果他认为这样做是最好的办法,那也就只好如此了。

没想到当天晚上他来与我共进晚餐并交谈。我给他讲台湾的立场是通情达理的,这给他留下了深刻的印象。我说,因为策划中的任务不仅涉及到成千上万人的命运,而且是关系到一个国家的前途和自由世界发展方向的大事。我说,在开始阶段,他在未受美国当局委托的情况下,须要独自进行研究、考察、和各方面商谈,然后提出自己的计划,这一点是可以理解的。但是台湾除非确信某个私人是得到了美国政府的全力支持,否则它当然不会认可把军事计划透露给这个人。台湾终归还处在与中共交战的状态中。

里基特问是否可以向他推荐几个在美国的中国人,他可以把这些人当做他手下的人而推荐给美国人,我说我要仔细考虑一下,还不能说准能为他找到这样的人选。说完了这席话,我便听凭里基特与我夫人继续谈下去,她和里基特也很熟。我不想和他继续深谈。

当晚更晚一些时候,世界银行的张悦联给我带来了一些北平政权发行的中共钞票——人民币,这是我答应为里基特弄来的。世界上一切搞国外特工的人惯常的做法是准备并携带一定数量的伪造的当地货币,因为如在当地购买大宗货币,定会引起怀疑,露出马脚。我想里基特正是为了这个原因才需要这些人民币当做制造伪钞的样张。

20日,我的夫人告诉我,在我出去参加招待会而不在家的时候,约瑟夫·戴维斯曾来过电话,说他想和我谈谈有关里基特的使命问题。他说此行是为了中国的利益,他认为这个想法非常重要。他本人已与杜鲁门总统谈过此事,发现他对此颇感兴趣。戴维斯又说,他不敢冒昧请我共进午餐。他希望我打电话邀他,他会在我认为方便的任何时候前来的。(最后还是我请他吃午饭。)虽然他已从里基特那里了解到我已计划好要去台湾,但他还是说,如果我不能去台湾的话,他认为我的夫人如能代我前往则是最好不过的了。她看来很愿意去,但我却不得不严词劝阻,因为这样做于事情毫无裨益之处。

下午四点钟左右意外地接到艾伦·杜勒斯的电话,告诉我他们对里基特的计划不感兴趣,还说他刚刚看到了一份对他不利的报告。(原来是一些石油公司提交的报告。)他之所以要告知我,是为了不致引起任何误解。此事差不多也就从此结束。

我在第二天的日记中写道,我的夫人突然去纽约会见里基特和戴维斯。虽然我已记忆不清,但我想一定是他们邀请她去的。她归来后告诉我,他们要求她再与我商量一下,目的是想说服我不要中断此事。实际上里基特原本想给叶公超打电话,要求与他在马尼拉会晤。显而易见,里基特看到我想要中断此事,(由于种种反面议论以及使杜勒斯改变初衷的长篇报告。)便决定设法与叶公超联系,看看能否影响他以使事情有所转机。

但是接线员开始时没能把电话接通,后来接通到了叶处时,叶把电话转到华盛顿,是我夫人接的电话。我以前已直接聆听过蒋委员长的指示,并告诉过里基特,必须由美国官方向我证实同意里基特的行动才好,所以在我夫人接电话之前,我还正在坚持向她解释此时打算与我国外长商谈此事是多么荒谬。我说,叶公超肯定会提出我提过的问题,而且肯定会先与我商量然后才做答复。因此,当我的夫人接叶公超从台湾打来的电话时,便告诉了他里基特建议同他在马尼拉会谈,也告诉他我反对这个主意。通话就这样结束了。

前一天,皮宗敢在五角大楼拜访马歇尔之后直接来到了我的办公室。他觉得马歇尔比上次见到时老了许多。他说,马歇尔不能马上理解他说话的意思,他不得不缓慢地一再重复。关于军用物资的装船运输问题,马歇尔似乎了解不多,问是谁负责此项工作。当皮告诉他是博尔特将军负责此事时,马歇尔打电话叫他来,但回答是他不能马上来见他。不过马歇尔确实说过,据他了解还有别的物资运去台湾。

谈到朝鲜局势时,马歇尔告诉皮宗敢说伤亡非常严重。执行殿后任务、掩护部队撤退的第二师的一个营遭到了惨重的伤亡,九百人中只有一百五十人生还。

12月29日上午,我接待了陈立夫和薛光前。他们是到华盛顿来参加在这里举行的道德重整会议的。陈立夫解释说,支持道德重整运动并无害处,尤其在他们宣布了自己是反共战士之后更是如此。但是我说我不同意他们反对抵抗暴力的一般立场,特别由于我在1937年有与他们打交道的经验。鲁特主教和道德重整运动的领袖布克曼在日内瓦曾特地对我进行过一次拜访,极力主张中国与日本和解,说是如与日本合作,就能从日本的经验中、从日本的工业发展中得到好处。当时我和中国代表团正竭尽全力在国际联盟中为反对日本侵略争取支持,而他们专程前往日内瓦,提出的倒是这样的一个建议。至于陈立夫,他说他对于蒋委员长与马歇尔将军之间的不和感到痛惜。他说这两位都是英雄，谁也不会承认自己是错的；只有圣人才肯说自己全错。圣人者，完人也。

几天以后，我设午宴招待陈立夫，应邀出席的还有曾琦、谭伯羽、皮宗敢、俞国华、谭绍华以及薛光前。席间，陈立夫讲述了他与马歇尔的谈话，还说马歇尔怀疑他（陈）是阻挠他为国共两党建立联合政府所进行的调处使之不能成功的罪魁祸首。他说，例如，马歇尔之所以怀疑他，是因为周恩来告诉过马歇尔说陈曾煽动过南京人民游行示威反对共产党并捣毁了中共的《新华日报》社。但是陈说，他既不曾煽动过游行，也无权阻止游行。暴民袭击报社是因为有人从报社二楼扔下一个茶杯，击中了一个示威者的头部，致其流血不止而引起的。但是马歇尔怀疑的最根本原因，是在司徒雷登任大使时，陈告诉他说，马歇尔根本不可能完成使命。司徒雷登将陈的原话传给了马歇尔。

陈说，实际上这话是他在有一天晚上告诉蒋委员长的，当时蒋委员长曾召他和王世杰去商讨有关马歇尔使团的问题。陈说他始终反对马歇尔这样做，因为苏联是中共背后的真正指挥者，而调整与中共的关系纯属中国自己的事。他认为马歇尔的使命是对中国内部事务的干涉，是不应该接受的。陈告诉蒋委员长说，苏联无论如何决不愿意看到马歇尔的使命成功，免得它在美国面前丢面子。他说蒋委员长被这个论点所打动，就问王世杰同意接待该使团来访的答复是否已经发出。王说已经发出。蒋委员长说："让他来一段时间吧。"王说让他看看共产党所作所为真面目也是一件好事。但陈说，他用中国的一句老话作反驳，叫做"得不偿失"。

29 日下午，约瑟夫·戴维斯应邀前来共进午餐。我们谈话长达两小时，坦率而友好。他说里基特是个冒险家，他只是最近才认识他的。第一次会面是谈判石油问题，他代表他的委托人与里基特办交涉。（人所共知戴维斯是一位著名律师。）他不太认识里基特,但发现他对朋友是诚恳忠实的。尽管有些石油公司说过里基特的坏话(可能出于生意上的嫉妒),里基特还是急于在国民政府合作下去中国大陆完成其使命,戴维斯本人也同意这项计划。关于美国支持的问题,我几次向他探听消息,他都说现在仍无任何承诺。里基特外出搜集资料,提出建议报告书,完全自费。他是一个很有办法的人,自费不成问题。他的报告对此间有权势的人物来说必定会引起他们的极大兴趣而加以研究。

在我们谈话当中,戴维斯两次谈到蒋委员长,说他如能事先采取某些预防措施,将他的个人财物全部打包装船那将是明智的,免得下台后手中一无所有。他给我的印象是,华盛顿当局有意接管台湾并使其成为一个托管地,在美国的支配下由另外的什么人而不由蒋委员长来担任统治者。这种想法里基特以前也曾向我透露过。

我坦白地告诉他,这种想法是不可能实现的,一夜之间是不会出现另外一位领袖的,中国在二十五年中才出了一位蒋委员长。虽然他有缺点,但仍不愧为一个爱国者,尽管他在统治大陆期间犯过错误,但是在那里他仍被当做一个杰出领袖而受到尊敬,寄希望于他能将大陆从共产党压迫下解救出来。他在台湾拥有大约六十五万精良军队,这些军队都听从他的指挥。不过戴维斯也间接提到,由于蒋在本国失去了人心,致使美国的统治当局对他怀有强烈的反感,对他缺乏信心。

我说有几个美国朋友出过一个主意:劝说蒋委员长以外出就医或进行体格检查为理由来美国访问,借此机会拜访杜鲁门总统,进行一次私人会谈。我问戴维斯他对这个建议有何想法。我说,当然,首先必须探明总统对此有何反应,如果总统表示同意,诸事必须预先安排好,以免发生任何故障。我想这也可以治好迄今为止仍在使我们的主要美国朋友头疼的创伤。我问道,这样一个计划是否会缓和一下气氛,恢复两国和两国政府间的传统友好感情呢?

戴维斯说这是个好主意。他认为必须想办法消除不悦心情，这只有用不伤双方面子的办法才能做到。但他立即又说他不知杜鲁门总统怎么看法。我要他寻找机会探听一下杜鲁门总统的意见，他说他先要仔细考虑一番，然后见机行事。我的印象是，他对于杜鲁门总统目前能否接受这个想法是没有多大把握的。

胡适博士于下午来访，和我谈了一个小时，主要谈了两件事。我告诉他美国政府仍对蒋委员长抱有偏见；他们最近还试图在大陆发动某种运动或活动，目的在于遏制中共政权，使之不能不稍稍收敛其向邻国扩张的政策。我说，他们仍在寻求以第三种力量为核心建立起一个非共产主义的、民主的、对西方友好并愿与之合作的新政权。胡适对此似乎不甚关心，说美国尽可继续这样做，但不会成功。他说蒋委员长是我们能找到的唯一足以团结大陆和台湾的非共产党人，领导光复大陆运动的领袖。1947年在南京时，蒋委员长曾力劝他参加总统竞选，根据他的亲身体验，他认为蒋委员长是大公无私的。至于安排蒋委员长对杜鲁门总统进行一次私人访问的想法，胡也认为是不可行的，因为除非对方发出邀请，否则蒋委员长是不会同意的。委员长非常自尊，从不向别人卑躬屈膝。

翌日，皮宗敢来，把蒋委员长拍给他的电报给我看。电报指示他如能见到马歇尔，问他对蓝钦公使建议给台湾军援一事是否已做出决定。（蓝钦曾主动将他的建议告诉了叶公超。他对国民政府十分同情而坚决反共。）但是要皮勿就这个问题提出任何建议。我告诉皮，我得到情报，美国政府将于十天后做出决定，要求国民政府协助遏制中共侵略，为此目的将给国民政府以必要的军事援助。

皮宗敢还告诉我，他已获准尽快去台湾。一周以后，在他即将动身之际，他再次前来向我报告。我要他密告蒋委员长，美国虽对通过游击队在大陆取得某种扩展感兴趣，同时却又仍然反对过多地依靠国民政府的合作。他们的目的是在大陆建立起某种反对力量以牵制北平,向北平挑战,但他们却不想支持蒋委员长充当领袖。我进一步告诉皮说,我在过去的六周内,曾与人会谈过八九次之多,得到了这种肯定无疑的印象。从我这方面讲,我所能起的最大作用在于使美国当局了解到关于建立某种政治机构以及最终谁将担任领导的问题应该暂时不谈,留待双方在适当时机共同协商解决。因此有一点非常重要,即蒋委员长应采取措施,务使指挥游击队和其他军事行动的军队领导人都是忠于国民政府的人,他们必须拥护由蒋委员长挑选或经他批准的人去负责建立大陆政治机构。这样,选拔的也好,任命的也好,都按照当地人们的意志行事,这就是民主的,美国朋友也不致太反对了。(我深知,这样一个庞大的军事计划如能实现,唯有蒋委员长能够胜任为其领袖。任何其他计划,只能招致分散我军兵力和削弱潜在力量的后果。)我还托皮宗敢带三封信给蒋委员长,另一封带给叶公超。

第二章　中共介入朝鲜战争时期

1950 年 12 月末—1951 年 7 月

第一节　美国对华政策改变的前景

1950 年 12 月末—1951 年 4 月 24 日

一、援华政策的发展及对国民政府的态度

1950 年 12 月末—1951 年 2 月中

　　每当旧岁新年更迭之际,总要举行一系列的聚会和社交活动,以共叙友情并祝愿未来岁月更加美好。1950 年圣诞节之夜,我参加了兰集同学会一年一度的宴会,并讲了话。这个中国同学会是四十年前在康涅狄格州哈特福德城由我和另外八个人创建的。除卢炳玉是在 1912 年加入该会外,其他出席的会员都是很久以后才加入的,他们大部分是同学会的第二代会员。同学会的前会长告诉我,虽然该会一向是一个非政治性的、超党派的社团,但时至今日,已经到了它必须关注国内政治并表明它反对共产主义侵略中国和全世界的时刻。

　　我说,人的一生,贵在有一个崇高使命,并应致力于创造完成这个使命的良好条件,那就是一个不受任何外国支配的、独立自主的、并在法治下享有基本自由的国家。我说,没有这样一个环境,任何人不论他选择的是什么职业,都不能指望达到他毕生的目的。虽然这只是一种想法,但是我仍然坚信如此。

12 月 27 日,按照我始创的惯例,举行年末宴会来招待驻美大使馆全体十八位馆员,以感谢他们一年来的合作。我在祝酒时强调了在我国以及世界的当前危机中,以坚强的决心和清醒的眼光,维护我国的民主自由,反对外国统治和政治极权主义的重要性。谭绍华举杯回敬,祝我健康。

1951 年元旦,我为驻美大使馆工作人员和在华盛顿的华侨举行了一年一度的招待会。这一年,有三百多位客人在来宾簿上签名,他们由他们的子女和亲友陪同。招待会的程序很简单,只有唱国歌、我的简短讲话和合影三项。国歌是在向来宾分发印好的歌词后唱的。我在简短讲话中重申了尽管世界局势恶化,但对自由事业的信念不变。合影是在自助午餐后拍摄的。我觉得这一年的招待会的气氛远较上年愉快,到会者似乎都很高兴。大使馆旧楼经过粉刷,焕然一新,也为招待会生色不少。

但是那天来自朝鲜的消息可不佳。广播电台宣称:在朝鲜,共产党在除夕午夜向汉城发动了早已预期的进攻。与官方声明以及仅仅三天前李奇微将军在前线发布的充满自信的宣告恰恰相反,看来联合国军根本未做保卫南韩首都的打算,而且部队以及平民的撤离已经开始。据报道,南韩政府已迁往未经宣布的某地,实际地点是釜山。

到了 1 月 4 日,汉城已经放弃。联合国军正在撤离仁川港;他们破坏了码头和其他设施。共军正向前推进,东取原州。一旦共军占领原州,就将切断美国第八军通往釜山滩头的撤退路线。

1 月 5 日,韩国大使张勉来访。他对他国内局势的变化深感不安,认为这将使他的政府的情况更为恶化。他来探询美国政府的真实意图,并想了解尽管美国否认,它是否打算从朝鲜整个撤退。他对美国第八军未能在撤退途中停下来抵抗以保卫汉城,颇为不解和失望。他还想敦促开展一个宣传运动,以呼吁中国的国民政府进攻大陆,开辟第二战场,从而迫使中共撤退或减少其侵朝部队。

谈话开始时,我先询问他据传他已被任命为政府总理的消息是否属实? 他将于何时启程回国就任新职?

张勉回答说,不幸的是这个消息属实。李承晚总统曾向韩国国会提名多人担任这个职务,但都被拒绝。面临这个僵局,李承晚想到了提名一位不属于韩国国内任何政治党派的人,因而向国会提出了他的名字,国会则一致通过。然而,他由于代表政府在联合国以及在华盛顿工作过度紧张疲劳,曾卧床两周,因而在被任新职后,未能立即回国。最近,由于朝鲜军事形势迅速变化,李承晚认为让他暂时留在华盛顿更为重要。

接着,他说明了来访的目的。他希望知道我对美国对朝鲜局势的意图的个人看法。他曾会见自杜鲁门总统和艾奇逊国务卿以下的美国政府各级首脑,但是他们都没有明确地把他们的最后意图告诉他,而只是说他们将继续战斗,保卫韩国。他说,但是事实上,作为联合国军主力的美军,既没有进行多少战斗,也没有设法保卫平壤。最近,他们未经防守就撤离了汉城。因此,美军的神秘意图以及迅速撤退的行动,使在美国或联合国统一指挥下同美军一起作战的南韩军队感到十分痛心,因为他们想要对敌人进行顽强的战斗。

我询问了联合国军和韩国军队相比各占多大比例。

张勉回答说,在总数为三十万的联合国军中,大约各占一半。然后,他说明他来征求我的意见,不是根据政府的指示,李承晚也不知道,而只是为了就美国对韩政策获得启发,以便向政府报告,供政府作为依据。如果美国政府打算从朝鲜全部撤出,并将韩国交由共产党统治,那么,他的政府就不得不到国外寻求庇护,而这是需要时间的。

我回答说,根据与美国政府负责人士和参众两院的一些议员以及报界和舆论界领袖的谈话,我的看法是美国不会自动撤出朝鲜,但是,如果联合国军因受敌人军事压力而被迫撤离朝鲜,他们也会照办。然而,迅速放弃汉城似乎表明联合国军急于撤退,而这种撤退仿佛是由于敌军在数量上占优势才迫使联合军撤退的。我说,我还有一个看法,那就是美国当局并不把朝鲜看做决定性的战场;他们不向朝鲜派遣更多的援军,这个事实表明我的看法是正确的。

张勉说,美国当局和他谈话时,也曾告诉他,美国已向朝鲜派出了全部可用的兵力,几乎没有可进一步派出的兵力了,因为其余兵力都被牵制在欧洲。既然这样,他认为美国唯一可供选择的办法,就是要求国民政府派兵进攻中国大陆。开辟这样一个第二战场,对中共来说,会迫使他们把注意力和物力从朝鲜转移,从而既能拯救韩国,又能拯救中国。他说,这是他个人的想法,不是政府的意旨。他曾向美国当局提出这个想法,但是他们并不赞成这个建议。当问及美国官员有何理由时,张勉回答说,他们没有提出任何理由,而只是对这个想法十分冷淡。但是他有这样的清楚印象,就是美国官员对国民政府仍感十分痛心,认为这个政府腐败无能;美国政府已把它一笔勾销,加以摒弃。

然而,张勉认为主张开辟第二战场的时刻已经到来;如果我发表演说敦促以使用中国国民党军队进攻大陆,作为削弱中共对朝鲜的侵略的措施,必将非常有作用。他说,美国新国会刚开始举行会议,向议员"兜售"这个想法是可取的。这样把两方面的压力结合起来,就可以迫使美国政府改变政策。

我说,美国的舆论,无论是在国会内还是在国会外,总是对美国政策产生巨大影响。我在工作中一直牢记着这一点。但是我的处境和他有所不同。我感到在美国政府,特别是国务院的领导人头脑中,仍然对我国政府存在着偏见,因而我不得不非常小心谨慎。向美国政府的现行政策挑战或者公开予以批评,对解决问题是不会有好处的。这只会进一步激怒他们。我总觉得他们忘不了白皮书。这份白皮书(White Paper)现在被这个国家里的人们称作是"粉饰书"(White-wash Paper)。我问他对最近他见到的美国官员印象如何。

张勉回答说,他曾会见杜鲁门、艾奇逊等人,所得的印象是,关于朝鲜,英国曾对美国政府施加不利的影响。有一次,当他拜会杜鲁门时,杜鲁门提到了他和艾奇逊与英国人讨论的情况,并脱口而出地说,英国人只考虑保护香港,因而不愿对中共侵略朝鲜采取强硬立场。

我说,英国人对整个局势的看法确实眼光短浅。他们担心美国深深卷入远东会危及西欧的安全。他们一向主张"欧洲第一",而且他们对华盛顿的政策制订人的影响很大,对整个国务院尤为如此。

张勉说,艾奇逊祖籍英国,因而是亲英的。

我说,我在和美国官员交谈时,一贯强调亚洲并非不如欧洲重要,特别是由于苏联的战略是以控制亚洲作为其统治世界的不可缺少的条件。最近,在两周前,我在国务院曾向他们指出,共产党把朝鲜看作生死攸关的地区,其目的在于整个夺取它。我曾说,以前朝鲜曾是两场战争的根源,因为朝鲜一方面是夺取中国的踏脚石,另一方面又是夺取日本的踏脚石;所以共产党对朝鲜的侵略必须从征服世界这一目标来予以看待。随着朝鲜落入共产党之手,自由世界,特别是西翼在太平洋的美国,就会感受其影响。

在回答张勉询问的有关中国大陆人民对国民政府,特别是对蒋委员长的普遍看法时,我说,大陆人民最初寄很大希望于共产党政权,但是现在他们经历了一段共产党实际统治之后,他们的幻想正在迅速破灭。甚至作为中共所依靠的支持力量的农民,也正在转而反对他们,因为农民须交纳的捐税远远超过国民政府统治时期。

张勉说,在共产党统治下的朝鲜人也有同样的经历。朝鲜农民须将百分之七十五的收成上交给共产党当局。

我提到了前一天参议员布里奇斯发表的声明。布里奇斯主张援助国民政府,以便使国民政府能够向大陆发动进攻。他还说,这种做法只需要少量武器、弹药和军需品的援助,以及有限数量的海空支援,而不需动员美国军队。我说,美国各地越来越多的人支持这个意见,但是大多数国会领袖并不赞同,他们惧怕中共政权的庞大人力,同时想要保全美国人的性命。我个人的看法是,我国政府愿意承担进攻大陆的任务,但是为了这样做,它就必须获得美国的全力支持。我回顾了在北朝鲜发动进攻打进南朝鲜时,我国政府首先表示愿为联合国军提供一定数量的军队,但是这个建议未被采纳。

我还对张勉说,我相信美国新国会开始就美国政府的对外政策展开辩论时,也会提出这个问题。(事实上,当我照例接到一份以最近的《国会议事录》为依据的报告时,我得知,许多人认为是共和党真正领袖的参议员塔夫脱,就在那天即1月5日在国会发表有关对外政策的重要发言时,提出了这个问题。)他说:

> 我相信这个政策还包括对台湾蒋介石的支持,向他提供武器和其他援助,使他能够自卫并能与中共在中国进行抗争,一直战斗到与中共讲和为止。当存在这样一个战争之时,谈论避免和共产党中国作战是荒谬的。当中国军队正在杀死美国士兵,而且北平宣布他们正在同美国作战并试图歼灭美军时,**我们照样也可以宣战**。这会使我们的军事指挥官得以放手去干,并迫使中共把部分军队撤回中国。蒋军以及大陆上的自由中国人民的作战可以成为共军占领东南亚的真正障碍。事实上,这可能是唯一的希望。这样一场战争肯定不需要涉及美军入侵中国,也不需要我们比目前的朝鲜战争多出一个人或多花一元钱。事实上,他会使我们付出的代价少得多。

张勉问道,如果共和党人执政,是否会对韩国和中国的事业更为有利,或者是否他们会再次转向孤立主义。

我回答说,我认为他们不会恢复孤立主义。我相信他们会持比较现实的观点,因为许多共和党领袖已经公开表明了他们的观点。我回顾了正是共和党的多数迫使第八十届国会通过对国民党中国一亿二千五百万美元军事援助的特别拨款。我说,但是我并未放弃这样的希望,即美国现政府最终会修改政策,谋取包括中国国民政府在内的所有反共力量的合作,以对抗共产党的侵略和共同维护自由世界的事业。事态的进展似乎已经迫使他们在对外政策的若干方面修正他们的观点。

我接着提到了张勉先前说的如果联合国军打算全部撤离朝鲜,他的政府就有必要到国外寻求庇护。我询问韩国政府目前在哪里以及将迁往何地。

张勉回答说,他的政府现已迁往釜山,美国大使也在那里。但是他们正在考虑朝鲜之外的某地,也许是济州岛,但是济州岛离大陆很近。当然日本距离朝鲜最近,但是他的同胞仍然记得日本占领的时代,所以日本也不合适。因此,他们会试图迁往菲律宾或者台湾。当我提出冲绳可能适合时,张勉表示与我同感。他说,事实上,冲绳是最好的地方,因为有美国军事力量的保护。

张勉接着谈到了他的大使馆需要一位对外联络人员,并询问我是否知道有人能做这项工作。他还问我的大使馆是否有人做这项工作。

我回答说,我的大使馆一直有人做这项工作,但是我很抱歉没有人可以向他推荐。然而有很多好的对外联络人员在谋求职业,尽管我估计国民党中国和韩国目前都不能为这项工作拨大量经费。

张勉说,他的国家可能是最贫穷的国家,没有任何岁入。他告诉我,他想起一位名叫斯塔杰斯的人,以律师为业,曾一直为韩国的事业工作,是李承晚过去三十年的朋友。张勉说,斯塔杰斯一年前曾两度访问朝鲜,想宣传他曾提到的同样想法,即呼吁国民政府在大陆开辟第二战场。张勉补充说,斯塔杰斯一直义务帮助韩国。他问我是否愿意和他晤谈。我向他保证,如果斯塔杰斯用电话和我的秘书约定会见时间,我会很高兴和他会晤。

几周后,斯塔杰斯带着韩国大使的介绍信来访。他也说,他是李承晚的三十年朋友,一直在周游美国为韩国呼吁援助,他愿意把台湾作为为了共同事业而值得援助的对象列入呼吁之内。为此他索取有关苏联在中国的阴谋、台湾的实力以及大陆的情况等资料。我除了向他提供一些明显的事实外,还答应把我的档案中的一些特别资料送给他,这大大出乎他的意料,使他深为感激。

在我和韩国大使会谈之前几天,众议院在通过二百亿美元巨额的紧急防御法案时,批准了一项附加条款,将对欧经援资金拨充对中国地带之用,并以把一笔特定金额实际上用于非共产党中国为条件。前于1950年12月7日我就曾电告政府有关这方面的好消息。经济合作署署长福斯特在访问远东后,曾断定为援助包括台湾在内的远东各国所确定的款项,不足以维持到该财政年度之末。我当时的理解是他将要求国会将援欧计划的资金转而拨充远东所需的追加款项。

几周之后,我得到一份供我参考用的福斯特与参议院拨款委员会主席麦凯勒和参议院外交委员会少数派的当然首要成员诺兰之间来往信件的副本。这些信件的内容对现行的和拟议的立法及其与美援计划和目标的关系提供了某些具体的和技术的细节。

信件的第一部分是福斯特于12月16日致麦凯勒的信,内容如下:

> 经济合作署目前正在第535号公法第二项的授权下,利用以前援华计划拨款所剩余的资金在台湾和东南亚开展工作。已要求授权总统将第535号公法第一项的拨款的5%转入第二项,以便使目前安排的计划能在本财政年度所余时间内继续执行,并为应付世界上这一战略的而又危急的地区的意外事件提供灵活机动性。
>
> 以前援华计划拨款剩下约九千八百万美元,国会指定四

千万美元用于援台计划,八百万美元用于对中国的人道主义救济,六百万美元用于资助在美国的中国学生和教师。然而,在制定各项计划中,据认为向中国提供救济是行不通的,而原来暂定用于这个目的的八百万美元可用于全部远东地区。因此,认为有五千二百万美元可用于缅甸、印度支那、印度尼西亚和泰国,尽管这个数字还略低于当年春天曾考察过这些国家需要的格里芬代表团所提出的数字。

目前已安排的计划在本财政年度内之所以需要追加资金,主要是由于最初估算时没有预见到的一些必要开支。由于印度的饥荒情况,总统决定拨款四百五十万美元为该国购买粮食。还需要三千万美元用于最近开始执行的菲律宾经济计划并用于继续执行台湾计划。台湾计划由于该岛军事形势的好转,已从按月执行的救济与复兴计划改为一种旨在使台湾能在数年内达到自给自足的计划。这些追加的开支不能通过削减其他国家已经安排的计划来予以满足,因为这种削减势必招致我们完不成在该地区的目标的严重风险。此外,自从制定最初估算以来,价格已大幅度增加。

到本日为止,在可供使用的九千二百万美元中,约五千二百万美元已经规定了用途。然而,自从国会授权在中国地带使用这些款项以来,大部分时间用于组织代表团,磋商所需的双边协议,和审查初步计划。因此,缅甸、印度支那、印度尼西亚和泰国的计划只全面执行了约两个月,修改后的台湾计划也大约执行了同样长的时间。按照目前已经达到的使用进度和为维持该计划的势头所需要的使用进度来看,即使不出现紧急情况,现有款项也将在本财政年度的第三季度内耗尽;而如果出现紧急情况,则所需的开支更将超过目前安排的款项。还需考虑到必须有资金以应付紧急局势。

当然,我们希望开支能控制在目前安排的计划所需的追加数字三千六百万美元以内。美国在这个动乱地区的地位不应当冒超支的风险,而应能够做到不超支。因此,要求授权把拨给欧洲地区的款项的5%转拨,以便有能够用来应付紧急情况以及继续执行目前计划的款项。例如,最近数周内已十分明显,军费负担对台湾经济影响很大,而且可能需要远远超过目前估计的款项才能防止发生经济和财政崩溃和保持已取得的实际进展。印度支那局势十分危急,建立当地武装力量可能增加财政负担,这就需要更多的经济援助。今年印度的农业再次歉收,为了避免饥荒,可能又有必要为增加粮食进口而提供拨款。这样的事例可能成倍增加,我们认为很清楚,当前为了慎重起见,手头必须有可用的足够款项,以便能够应付一旦出现的意外。

需要授权在各地区之间转移经援拨款,同样理由也需要国会把这种授权包括在共同防御援助计划的立法之内,以便使美国能够采取迅速而有效的行动以应付意外事件,以免威胁我们反对苏联的全面斗争。我们事先不知道反对自由世界的压力将在何处形成,也不知道美国在哪个领域内把它的经济力量用于反对共产党压力的全面斗争是明智的,但我们确实知道,有了能够迅速动员的财力物力,美国抵抗压力和坚持反对颠覆和侵略力量,就更有希望。

四天后,福斯特写信给参议员诺兰:

亲爱的比尔:关于我们要求从第一项的拨款中转拨5%的权力,你询问总目的何在。

自从今年的拨款法案通过以来,由于事态的发展,在目前至1951年6月30日之间,对欧洲经援所需的款项减少了,而对远东经援所需的款项则增多了。有鉴于此,我们认为授权把欧洲拨款项下的5%转入远东项下是可取的,这就有可能向中国地带提供为数一亿二千五百九十万美元的总额。

要求这一授权的直接原因是:把对台湾的援助金额增加

一千五百万美元,向菲律宾提供一千五百万美元以开创一项计划,以及偿还为减轻印度饥荒威胁而在美国购买高粱所用的款项四百五十万美元。此外,由于远东和东南亚动乱地区随时可能要求紧急行动,因而有必要进一步转拨款项,因此规定授权转拨似乎是稳妥的。当然,经济合作署提出的任何款项转拨还需得到预算局和总统的批准……

这封信附有一个正式声明,作为所提出的授权的根据。声明的最后一段如下:

> 由于台湾日益沉重的负担,因此急需追加款项。除非能够迅速提供追加拨款,否则台湾的经济将受到严重危害。菲律宾和台湾所需的拨款不能通过削减对缅甸、印度支那、印度尼西亚和泰国的业已安排的经援计划来予以满足,因为这种削减势必召致美国完不成在这一整个地区的目标的严重风险。当然,这些款项的任何部分都不得用于共产党统治区。

12 月 21 日我在日记中写道:

> 李榦(中国技术代表团秘书长)应我之邀前来起草发往外交部的电报,内容是报告参议员诺兰提出的有关二百亿美元防御法案的附加条款已在参议院通过。附加条款的大意是:经济合作署计划用于欧洲的拨款的 5%可由杜鲁门总统决定拨充中国地带之用。

在同一天日记中,我还记载了前总统胡佛发表的有力而具体的广播讲话,概述美国所应采取的应付世界局势的对外政策。这就开始了从那时起对以下两点的众所周知的"大辩论":(1)美国依靠地面部队所推行的欧洲第一的对外政策的价值问题,这个政策是和依靠海空部队推行以太平洋为重点的对外政策相对立的;(2)总统不经国会批准即可向国外派出美国军队的权力问题。

大约一周之后，众议院也通过了防御法案及其附加条款，可以将援助拨款从欧洲拨充亚洲之用。但是李翰报告说，在通过时，众议院将转拨的金额由5%改为3%。李翰说，但这不至于导致从转拨的总数中减少准备分配给中国的一千五百万美元。

　　这个附加条款一经通过，我就对有关利用这项业已拨充对华经济援助的拨款的建议进行了多次会谈。在大多数情况下，美国国务院的反对意见似乎是实现这些建议的主要障碍。

　　1月5日星期四下午，中国技术代表团团长霍宝树应邀前来讨论吴国桢省主席提出的有关使用已经拨出供中国用的经济援助拨款的建议。上文曾提到在这笔款项中，八百万美元是特别指定用于救灾的，六百万美元是用于在美国的中国学生和教师的。吴国桢曾建议我们设法从美国国会资助中国学生的六百万美元拨款中，分配给台湾二十万美元。他希望台湾派二十名学生来美留学，并建议台湾籍和非台湾籍的人数比例为十四比六。他还建议中美联合对考生进行考试和共同管理这笔资金。我想听听霍宝树的反应。

　　霍宝树最初认为最好试探一下国务院的意见。然而，他估计国务院批准的可能性甚小，因为这笔拨款和前两笔同样用途的拨款一样，（一笔为五十万美元，另一笔为四百万美元。）是完全受国务院支配和管理的；而国务院在为这种资助挑选学生时，是拒绝谋求同我们合作的。

　　我告诉霍宝树，不久以前，听说国务院得知吴国桢的愿望后，曾和台湾领袖柯台山联系，请他选派二十名台湾学生来美，并在其建议中规定绝不允许国民政府干预选派工作。因此，我建议最好不要和国务院谈这件事情，霍宝树表示同意。我说，此外，中华教育文化基金仍然可以用来从台湾派遣学生，这笔基金来自美国退还的庚子赔款，在过去四十余年里一直用于向美国派遣中国留学生。

　　当时在场的有大使馆负责文化事务和中国留学生事务的公

使衔参事陈之迈。他提到去年台湾曾在中华教育文化基金项下由台湾大学向美国派遣六名学生,其中两名是台湾籍,四名是非台湾籍。他还指出,国务院赞成让年纪较轻学生来美先学习大学课程,而台北的教育部长和吴国桢则都赞成让大学毕业生来美学习研究生课程。他补充说,动机的不同也是显而易见的。我吩咐他向中华教育文化基金会主席胡适请教可用于向美国派遣留学生的金额。

　　于斌大主教于 1 月 17 日来访。他要求我协助开辟途径,援助从大陆逃出来的一万余名中国难民。这些难民除香港政府的援助外,别无生计。前湖北省省主席、中国军队的著名司令官何成濬曾给于斌和胡适写信,要求从经济合作署拨款内拨给一些援助,这指的是 1950 年美国国会投票通过的救灾款六百万美元,这笔款实际上是要用于救济共产党中国的饥荒的,并将于 1951 年 6 月 30 日作废。于斌和胡适都认为这笔款项或者至少其中一部分可以用来帮助难民。我说,我将尽力而为,但是必须首先查清这笔款项未动用部分的实际金额。

　　次日,我和霍宝树及李榦讨论了援助在香港的难民问题。我还提出了克兰的建议。伯顿·克兰是《纽约时报》记者,从台湾回国休假,曾于 1 月 12 日上午来访。他对台湾的进步的印象基本上与我去年 8 月亲自在当地获得的印象相同。他叹息台湾缺少足够的军需品和装备,士兵的伙食仍然很差。他说,虽然孙立人将军为士兵所要求的每天三千五百大卡热量是高了,但伙食确有加以改善之余地。此外,他相信,如果士兵吃得好,他们在时机到来时,是能打漂亮仗的,因为孙立人正在对他们进行夜战和伪装训练。伪装下的夜战迄今是共产党的擅长,他们之所以能在大陆上战胜国民党军队,在很大程度上是由于这个长处。他建议我们联系美国政府提供像蛋粉之类的剩余食品,以改进中国军队的伙食。我认为这是一个很好的建议,如果略加修改,我们就可以和美国当局接洽。因此,我对霍宝树和李榦说,如我们向美国政府要求剩余蛋品供中国学童食用,这就会在一定程度上减轻中国政府的压力,使中国政府有可能增加中国军队的伙食开支,以增加士兵每人每天的热量。他们答应非正式地试探有关部门的意见,但对成功的前景表示怀疑。

大约一周以后,我设午宴招待清华大学校长梅贻琦和台湾大学校长钱思亮。我们讨论了用中华教育文化基金会管理的基金从台湾派遣中国学生赴美的可能性,因为清华本身已经被北平当局接管,不再向美国派遣学生或研究生。然而梅贻琦认为,只有清华可以动用这些资金,尽管中华教育文化基金会已经用分配到供其支配的款项资助了七名台湾大学的学生。

我还敦促梅贻琦和胡适和蒋廷黻一起帮助推动为哥伦比亚大学中国校友的捐款计划筹款。我对他解释说,这是我在两年前创始的一项计划,用以对哥伦比亚大学在各个学科为中国培养了和仍然培养着为数众多的青年男女表示感谢。

关于当时对中国军事援助的情况,似乎更为明显地受到美国政府偏见的妨碍。当指挥远东美军的麦克阿瑟将军和美国国会中很多共和党领袖急于看到国民党军队武装起来,以便可以代替美国地面部队同中共作战时,美国政府在与国民党中国的关系方面,仿佛不能超越白皮书的结论,尽管远东局势已经发生巨大变化。到当时为止,供台湾防御用的"有选择的军事项目"的有限计划也只不过是一批弹药,已经答应的第二批弹药尚未运到。事实上,我曾于1951年1月3日嘱军品采购团韩朝宗上校了解这批弹药是否像美国朋友对我说的那样已经启运。如已启运,我想知道包括哪些军需品。因为就在美国政府故意拖延的时候,台湾本身的防御需要正日趋紧迫。在朝鲜局势极端危急的情况下,美国第七舰队随时都有可能忙于在台湾海峡以外活动,这样就使台湾在危机中孤立无援。此外,3月份标志着最恶劣的季节风的结束。台湾海峡风平浪静的水域意味着共产党可能对台湾发动进攻。

中国驻巴拿马公使郑震宇来访并报告说,他正休假来美探望在费城患病的儿子。他把他为取消对巴拿马华侨的限制所取得的成就告诉了我。但是，显然，他来访的真正目的是要求我同意他访问美国国会的某些朋友以及杜勒斯。他在巴拿马认识的衣阿华州众议员塔利要他访问这些人，以便他可以向他们提出他对远东局势的看法。我让他向外交部要求延长假期，然后按塔利的建议进行访问。我还表示愿意拍发他起草并交我过目的电报，并且加上准予续假的建议。

数日后郑震宇又来告诉我他会见了参议员诺兰和众议员塔利以及国会中的其他几位朋友。在谈话中，他敦促美国放弃它对国民党中国的偏见并为共同事业提供援助。他还说，外交部同意他延长假期一周，期满他就得返回任所。

次日，我和郑震宇共进午餐；我们谈了三小时。他给我看了旧金山会议后他在 1945 年和 1946 年呈递蒋委员长的两封信（也就是条陈）的抄件，内容是敦促委员长改变领导政府的方法并实行改革。他说，这两个条陈的内容是经过他和其他许多国民党党员讨论并征得他们同意的，这些党员都曾在委员长身边工作过，其中包括李惟果和皮宗敢将军。但是他们都不敢署名。这两封信我都看了，非常坦率，几乎是直言不讳，而且用意良好。我们两人都为这些建议未得批准或实施而感到遗憾。（恐怕是建议措词过于直言不讳，因为我印象中的委员长并不喜欢直言不讳的措词。）

1 月 8 日，杜鲁门总统向美国国会提出了国情咨文。我在日记中写道，在咨文中，"他公开把世界的动乱局势归咎于苏联的统治世界的政策"。但是同样有趣的是，与以前的总统相比，他异常专心于对外政策。关于美国对付敌人的能力，他强调美国的国情取决于美国在全世界的朋友和伙伴的情况。这表明美国政策日益强调全球的重要性，尽管杜鲁门本人在 1 月初仍然首先考虑欧洲，然后才是属于第四点计划内的不发达地区。

数日后，蒋荫恩报告说，他曾和一位白宫秘书一起进餐。他向那位秘书探询，如果蒋委员长来美，杜鲁门总统是否会接见。（读者当能记得，最后一次提出这个问题是在 1950 年 12 月 29 日我和戴维斯谈话的时候。这个意见是几位美国朋友提出来的。他们希望两位领袖的这样一次会见将消除双方的恶感，有助于重建中美相互友好的关系。）那位白宫秘书曾对蒋荫恩说，如果蒋委员长访美，杜鲁门总统会接见他的，但是蒋委员长事先须摆脱他自己在美国的亲属并指示他们离开美国。两天后我见到宋子文时，我让他调查一下白宫对他的反感，但是宋子文说，无论如何他不赞成蒋委员长未经邀请即行访美。这也是我的意见。

其后数日我在纽约。在那里，联合国的情况也很危急。人们可能记得，联合国关于朝鲜停火的最新建议，即所谓的五项原则，使得台北政府、我国驻联合国的代表团以及我个人都十分不安，特别是由于国民党中国被排除在拟议中的会议之外。但是不言而喻，美国是支持这个建议的。然而，17 日中共拒绝了联合国的建议。美国代表团的格罗斯访问了蒋廷黻并告诉他，美国认为中共的拒绝是明确的。美国现将着手要求联合国发表声明，谴责北平侵略朝鲜。当艾奇逊也发表正式声明，拒绝北平政权的反建议并斥之为挑衅性地无视全世界要求和平的愿望时，我感到宽慰。但是，次日参议员诺兰告诉我，美国政府仍未改变他对台湾国民政府的政策。

参议员诺兰和我约定在参议院共进午餐。在对美国政府尚未改变其对台湾的政策而感到遗憾后，他也完全认为妨碍改变政策的是傲慢与偏见。他认为特别是艾奇逊不会忘记那份关于国民党中国的白皮书。但是诺兰说，在朝鲜抵抗中共军队和在亚洲抵抗共产党侵略方面，取得台湾国民党军队的合作，是对美国有利的。

诺兰赞成向台湾派遣军事代表团，以考察其需求并向美国政府建议如何利用中国军队支援反对北平侵略的斗争。他本人对他于 11 月在台湾岛看到的中国军队的情况、其高昂士气以及一般政府官员的情绪,都有良好的印象。他说,他来见我主要是询问最近数月是否有过以及有多少军需品运往台湾,并要求我了解为什么蒋委员长迄未答复周以德的信。那封信是请蒋委员长注意在采购汽油和 P-51 型飞机中所传闻的两起违法案件。我告诉他,已有两批军需品发往台湾,这是麦克阿瑟根据 1950 年 8 月派往台湾的观察小组的报告所作建议的结果。第一批总值一千万美元,第二批一千九百万美元。关于他问的第二点,我告诉他,待我了解后告知。

我接着探询诺兰,如果蒋委员长以某种私人理由非正式访美,就像很多美国朋友所建议的那样,他认为是否明智。蒋委员长一旦前来,就可以和杜鲁门总统进行个人会晤和交谈,从而消除过去的一切误解。我说,当然杜鲁门必须首先表示他愿意欢迎蒋委员长,而且最好方式是在蒋委员长到达美国后就邀请他在白宫共进午餐。我还指出,这些细节必须事先制定并在蒋委员长离台之前明确安排。我补充说,到目前为止,我不知道蒋委员长本人是否愿意访美,或者在远东局势危急情况下,是否能够访美。诺兰说,他认为不经杜鲁门总统的邀请,蒋委员长不应来美。

当天下午,我往国务院访问腊斯克,会见持续了一个多小时,我们讨论了很多问题。我在当天的日记中这样记述着:负责远东事务的助理国务卿给了我这样一个明确的印象,即美国政府仍然反对让国民党军队在大陆或在朝鲜作战。

谈话从讨论联合国有关停火建议和前一天北平拒绝这一建议的局势开始。在这个问题上,我认为指责中共为侵略者是应当采取的正当步骤,但是仅仅这样做还是不够的。我认为应采取诸如外交制裁、经济制裁以及可能的话还有军事制裁等其他措施,来贯彻联合国方针。腊斯克回答说,会采取某些措施来加强对中共的压力,以便迫使他们重新考虑他们的态度。因此,在结束这一方面的讨论时,我告诉他,我国政府作为联合国的忠实成员国,准备尽最大努力协助联合国采取在朝鲜或者在中国大陆反击中共的任何行动。

腊斯克接着提到了中共可能入侵台湾,并询问我认为这种可能会在什么时候发生。

我回答说,虽然天气和海面不久将对中共两栖登陆行动有利,但是我个人相信他们在完成征服朝鲜之前,不会进行这种尝试。我询问在这方面腊斯克曾得到什么情报。

腊斯克回答说,从3月1日开始,天气和海面将有利于中共从大陆横渡台湾海峡。他认为对于国民政府来说,要紧的是防守台湾岛以保证安全。

腊斯克问到国民党军队能持续抵抗多久。我回答说,从军需供应的角度来说,我没有确切的资料,但是我的印象是他们能坚持三周。三周之后,他们就不得不依靠国外的补充,而能够进行这种补充的只有美国。但是,我认为任何要横渡一百英里水域入侵台湾的企图都将是一项艰巨的任务,尤其有美国第七舰队留在那里时就更为如此。

我接着说,在台湾大约有六十五万中国士兵,其中一半是有作战经验的部队。去年8月我访问台湾时,正如我以前有机会对他说过的那样,军队士气非常旺盛。体弱的士兵已予清除,留下来的人则重新训练。由于他们都来自大陆,他们自然都急于要打回老家去。我说,在和大陆的入侵者作战时,国民党的防御除了有美国第七舰队的有利条件外,还具有海岸防御方面的有利条件。虽然我不是军人,但是我倾向于认为假定入侵者能成功地在台湾登陆,一个防御者能够对付两个入侵者。中共为了试图入侵台湾,至少需要出动二十万兵力。他们的一些部队或许能成功地在这个地方或那个地方登陆,但是他们很难使大批军队在台湾岛登陆。

我进而问道,倘若中共进攻台湾,美国第七舰队会怎么办?我希望它不会撤退。

腊斯克回答说,美国第七舰队将设法拦截侵略军,但是他认为侵略军会用数以千计的小船从大陆不同地点发动进攻。他指出,美国海军不易击毁所有的舢板;他知道这种小船浮力很大,几乎是炸不沉的。他说,必有许多小船能到达台湾;因此他认为需要动用岛上全部军事力量来击退入侵者。

在谈到派遣两万至三万国民党军队到大陆作战的可能性时,我说,这会转移中共的注意力,从而在一定程度上减轻联合国军在朝鲜所受的压力。正如中国俗话所说,打蛇要首尾并击。

腊斯克开玩笑说,他担心在朝鲜战场上的是两条蛇。

美国国务院中国科科长柯乐博当时也在座。他提到曾有过要求美国解除限制国民政府进攻中共大陆的呼声。他说,他听说中国立法院也曾通过中国驻美大使馆向美国国会提出这样的呼吁;并问是否确有其事。

我回答说,我已注意到报刊在这方面有所议论,但是我没有得到正式消息,也没有听说立法院作为一个机关,在这方面曾采取任何行动。

腊斯克评论说,台湾人民常常在狭义上使用"限制"这个词。(他显然希望从广义上来理解这个词。)他说,例如,对岛上中国军队的思想就没有限制。事实上,台湾中立对国民政府是有利的,因为在有第七舰队在海峡游弋情况下的这种中立会阻止中共袭击台湾。他反对这样的意见,即通过发动针对大陆上的中共的军事行动来迫使美国和国民政府结成军事同盟。他使我清楚地意识到美国不想卷入中国内战。

我回答说,这不是我国政府的意图。我说,当然,在台湾所有来自大陆的人都强烈希望有朝一日返回大陆,但是我知道这是需要时间的。国民政府最关注的问题是共产党在朝鲜以及在印度支那的露骨侵略构成了对整个亚洲的威胁。如果亚洲落在国际共产主义手中,台湾就不可能保持长治久安和自由。为此,我国政府随时准备在使亚洲免遭共产党统治的全面斗争中给予协助。

腊斯克问,一旦国民党军队被派往大陆作战,他们能有多大的战斗力。

我回答说,从我去年 8 月的亲自观察以及最近的报道判断,国民党军队已经准备就绪而且急于要打回大陆去。

腊斯克说,当海南岛遭到共产党入侵时,国民党军队并未进行防御。

我承认这是事实。但是,我指出,撤离海南岛是按计划进行的,理由有二:第一,共产党在武器和人力方面占压倒优势;第二,共产党在进攻时使用了近炸引信这种致命武器,这种武器国民党军队是不了解的,想必是俄国人供应中共的。因此,当共产党向海南岛发动大规模进攻时,就立即执行了撤离计划。

我接着提出了我国政府需要 100 辛烷值航空汽油的问题。正如我对诺兰曾经说明过那样,早在去年 11 月,我就曾接到我国政府来电嘱我向美国政府交涉此事。但是,当时我知道航空汽油由于在朝鲜作战而极为缺乏,所以我曾建议推迟提出这个问题。那时候,我知道我国政府库存汽油约敷三个月之用;由于已经过了两个半月,库存汽油想必接近用尽的地步。为此,我要求美国向我国政府提供一批航空汽油。这批汽油或者作为贷款或者作为赠予,因为我国政府的外汇极为有限。鉴于远东局势危急,我诚恳地希望美国政府同意我的要求。如果这批汽油不能作为赠予提供,那么,我国政府愿意部分地用可供美国喷气式飞机使用的 JP-1 规格的中国煤油来交换。我解释说,台湾已能生产煤油,美国驻东京的军事当局认为这种煤油适合美国喷气式飞机使用。我补充说,我提出这个问题,因为我知道这需要作出一项政策决定。

腊斯克说,他不能确定汽油是否有富余库存。然后他问柯乐博,是否需要针对我的要求作出一项政策决定。

柯乐博回答说,根据去年 8 月递交中国大使馆的信件,美国政府愿意协助中国政府用现金在美国采购军需品。因此,如果现在把航空汽油作为赠予提供,就需要作出新的政策决定。

腊斯克说,他愿意考虑这个问题,看看是否有可用于此的款项。然后请大使馆照会国务院提出这个要求,以便他能向其他有关各部协商办理。我表示同意。

话题转到印度支那局势时,我说,由于中共向越盟军队提供援助,局势也趋恶化。在印度支那,现有两万五千名被解除武装的中国国民党军队,他们是由广西和云南进入印度支那的。当地的法国军事当局和上述中国军队的指挥官曾商讨利用这批训练有素的中国士兵在当地和共产党作战,并且已经把这个问题提请巴黎决定。我说,据我所知,巴黎倾向于赞同这个意见,但又犹豫不决。我又说,据新闻报道,法国总理普利文将于当月月底访问华盛顿,他将和美国政府研究利用在印度支那的中国军队问题及其他问题。我想知道,在法国总理提出这个问题讨论时,美国政府将采取什么态度。

腊斯克回答说,他记不起这个问题了。他问柯乐博,法国人曾否要求讨论这个问题。

柯乐博说,法国人在华盛顿或巴黎都没有交涉过这个问题;但是在印度支那,法国人曾和那里的美国代表商讨过这个问题,但据他了解,没有取得任何进展。

腊斯克说,美国不反对这个建议。他认为使法国人迟疑不决的是北平政权的可能反应。他说,除此之外,法国人一定了解泰国人的情绪;如我所知,泰国人对国民党中国并无好感。(李弥部队由于受中共军队推进的压力而从云南退却后,他们在缅甸掸邦及与之毗邻的泰国北部地区的活动,使泰国人十分恼火。)

最后,我向腊斯克提出讨论的是 1950 年 12 月 17 日美国财政部长公布的外国财产管制条例。继杜鲁门总统于 12 月 16 日宣布全国处于紧急状态之后,国务院立即就管制美国与共产党中国及北朝鲜之间的经济关系问题发表了一个声明,内容如下:

> 美国本日采取措施对美国管辖范围内的中共全部财产实行管制,并发布条例禁止在美国注册的船只停靠中共港

口……以便贯彻 1950 年 12 月 3 日有关美国和共产党中国之间的经济关系所拟定的有效管制,即任何没有有效的出口许可证的出口货物均不得由美国输往共产党中国。

中共军队在朝鲜的干预迫使我们采取上述行动……只要中共领导集团按照国际共产帝国主义的计划破坏其国家利益和中国人民的福利,本政府即不可能采取其他做法。如果中国共产党人愿意撤出其侵略军并按照联合国原则行事,本政府准备迅速考虑撤销限制并恢复正常贸易关系……

商业部和财政部将公布必需的条例。如需副本,可向各该部索取。

次日,我从美国财政部得到了外国财产管制条例的副本。虽然这个条例主要是为了冻结在美国管辖领土上的中共全部财产,但是所指明的适用国家为"中国"和北朝鲜,因而对国民党中国驻美的机构和人员的影响也极为广泛,甚至是令人不安的。

例如,我在 12 月 17 日的日记中写道:

我乘火车前往纽约。在卡莱尔停车时,我听说美国财政部在前一天夜里突然下令冻结共产党在美国的财产,并要求中国其他侨民报告他们的财产情况。这似乎使纽约的华侨领袖感到十分不安。例如,和我一起进餐的资本家兼著名的投资家钟可成当时正焦急地等待香港电话。

12 月 18 日,宋子文来访,询问冻结令及其含义。12 月 21 日我和李榦讨论了这个命令的意义及其对旅美各阶层华侨的影响。他不大相信国民政府代表也需要申报财产情况,因为国民党中国的个别私人将免于申报,不过从命令的字面上看似乎有此要求。他应我的要求,答应向他在美国财政部工作的朋友查询,尽管据谭绍华刚在前一天见到的美国财政部总顾问雷恩斯说,命令的意思就是那样。

谭绍华在其有关这次访问的记录中写道,据雷恩斯称,条例有以下两个重要方面：

> 禁令和报告。
>
> 禁令条文不适用于中国国民政府及其机构和使领馆人员的财产，但有关国民政府及其机构和准机构财产均须申报美国财政部。国民政府的使领馆人员和其他官员也须申报其个人财产。不论财产所有人属何党派，均须申报。
>
> 至于个人，基本上旅美中国侨民的账户不予冻结，但全部或部分为中共政权经营的那些账户除外。此项原则适用于商业企业。他们的账户基本上不予冻结，但全部或部分为中共政权经营者，或大陆上的一些中国自然人或法人在其中有股权者除外。
>
> 在美国的中国个人，凡与中国国民政府或共产党政权无联系者，不需申报。凡代表台湾或大陆的某人或某机构持有财产的个人须向美国财政部长申报。……

12月22日，谭绍华前往国务院会见柯乐博，以了解国务院的观点。但是他发现柯乐博对于这个命令要求国民政府使领馆人员呈报他们的个人财产以及属于他们主管下的政府或政府机构的财产也感到困惑不解。

两天后，我和宋子文进行了谈话。他急于想了解冻结共产党中国在美国的财产的命令将如何执行。他认为这个命令要求所有旅美华侨申报财产情况。我告诉他，经询问美国财政部和国务院，得出了令人吃惊的解释，即不仅国民政府的驻美机构，而且中国政府的使领馆人员以及其他官员都得申报，某些没有官方身份的个人也一样。这个命令没有把个人除外。

我当然是从外交角度关注这个问题的，因为它涉及开创先例的问题，而更重要的是涉及我们国家声誉的问题。这就是我为什么就这个问题向腊斯克追根究底的原因。如我于1月18日对腊斯克所说的，外国财产管制条例是一个长达十六页的复杂文件。

它的实质是必须呈交有关中国使领馆在美财产以及中国政府及其机构在美财产的报告。中国政府驻美使领馆人员和其他官员也必须呈交有关他们个人财产的报告。我说，另一方面，诸如在美国可能已逗留两三年的临时访问者和在美国定居而与中国政府没有关系的中国侨民等则不须呈交有关他们个人财产的报告，但那些保管属于中共政权或属于居住在共产党中国的人的资金者除外。

接着，我说，我不想详细叙述这个问题，但它涉及两个原则问题。第一个是，就呈交在美财产的报告来说，我国政府被列入与北平政权同一类别。第二个是，根据公认的国际法和国际惯例原则，我本人和中国政府驻美的几位领事代表是否需要报告大使馆和各领事馆的财产，所有的外交和领事人员是否也必须报告他们的个人财产。

我补充说，我国大使馆曾设法要求美国财政部和国务院就以上两个问题予以澄清，但是他们的答复不很明确。然而美国财政部和国务院的官员声称，根据这个条例的文字，中国政府的使领馆和机构以及其在美的使领馆人员和其他官员都必须提出他们各自的财产报告。

腊斯克要求我就这个问题给他发一文件，以便能够进一步予以研究。

我说，我曾打算书面要求美国国务院予以澄清，因而我将乐于发出照会。

我访问腊斯克后，发生了一件有趣的事。离开他的办公室后，我照例被大约十名驻国务院的美国记者所包围。他们问我很多具体问题，我照例设法尽量少地答复他们。有人问到有关军事制裁的具体问题，我说，我们的谈话提到了采取这种措施的可能性。在提出这个问题之前，还问了我一些其他问题，例如："联合国是否应宣布中共为侵略者?"我说，联合国曾毫不迟疑地指责北朝鲜人为侵略者;北朝鲜人虽是在本国国土上作战，但是他们的方法分明是侵略。联合国对中共至少也得这样办;中共是有意对朝鲜进行干涉,是从朝鲜以外进军朝鲜的。向我提出的另一个问题是关于轰炸满洲或共产党中国。我回答说,我看不出有什么理由要对中国入侵朝鲜的基地继续予以保护。

我返回使馆后,蒋荫恩打来电话说,记者们交换了意见,并对我处理他们的问题的友好方式表示赞赏。他们对我的答复感到高兴。半小时后,合众社的电报机传送了我的谈论,内容完全和我的原话一样。

然而又过了半小时,蒋荫恩来对我说,记者们在国务院给国务院新闻发布官麦克德莫特看了问答的原文。麦克德莫特吩咐他们不要按原文发表。我不知道原因是什么。很可能是麦克德莫特曾被告知要以腊斯克所说的为限。我纳闷会不会是由于国务院方面过于神经质呢,在有关军事制裁的可能性方面尤为如此。我和腊斯克曾详细讨论过台湾配合作战的问题,而这正好是宣布中共为侵略者的进一步措施。

次日,如我所预料的那样,纽约或华盛顿报纸都没有发表我走访国务院或我答记者问的消息。我在 1 月 19 日的日记中这样记载,这是第二次掩盖我访问国务院的事实,而第一次则是我从台湾返美后到国务院访问国务卿艾奇逊的那一次。但是这两次发生的情况都和国务院遵循的惯例相反。

1 月 19 日当天,蒋荫恩来告诉我有关杜鲁门在布莱尔大厦举行私人家宴时发表的一些言论。当时在座的客人只有他自己的几位秘书。据蒋荫恩称,杜鲁门对他的夫人说,他为"他不是和那个女人结婚"而感到高兴。他还说,"如果他按照她对美国的要求办理",那他就"该死"了。这段涉及蒋夫人的话是由当日参加宴会的一位女秘书透露给蒋荫恩的,或许是特别为了透露给我听的。这虽然只是闲话,但它表明了杜鲁门总统对蒋委员长及其一家人的反感之深。

1 月 20 日是繁忙而多事的一天。首先是《纽约世界电讯》刊

登了合众国际社的一则电讯,电讯日期是华盛顿 1 月 19 日,内容是对台军事援助的新计划。据该电讯说:

> 政府官员今天宣布,美国正在为台湾拟订一项四千万至六千万美元的新的军事援助计划,以加强国民党防御赤色中国进攻的力量。
>
> 政府官员推测,定案计划可能比上述更大一些,因为共产党中国拒绝了联合国最近的和平努力。
>
> 据透露,美国目前在远东的战略部署,是以肯定赤色中国决心把联合国军赶出朝鲜为根据的,而这一情况增加了对台湾发动进攻的威胁。
>
> 然而政府官员说,新的援助计划并不表明美国把政策改变为准许国民党进攻中国大陆。目前的部署据说完全限于台湾的防务。
>
> 政府官员说,美国已经重申,决定把美国第七舰队留驻在台湾海峡,以防止发生由该岛发动的或由大陆发动的进攻。他们举出的理由之一是,美国不希望朝鲜冲突蔓延为一场远东战争。

与此同时,我收到了外交部一封电报。来电称,五角大楼根据盟军最高司令部派往台湾的联络小组的报告,现正草拟一项援助台湾的计划。外交部嘱我查明详情。我回复说,大使馆已经查明,合众国际社电讯(台北曾经很注意该则电讯)的资料来自五角大楼。然而,这个计划正在研究中,尚未成熟。我还说,据另一个机密消息来源称,联络小组建议的数字实际上大于合众国际社报道所说的数字,但是此事仍在华盛顿由各有关机构讨论中。

然而,这则电讯以及来往电报表明,到了 1951 年 1 月 20 日,华盛顿最终提出一个对国民党中国军事援助的新计划,只是时间问题,而且不会很久了。此外,就在那天,美国在联合国的行动似乎也表明美国愿意对台湾承担更多的义务。美国首席代表奥斯汀刚刚向联合国大会政治委员会递交了美国提出的宣布共产党中国为侵略者的决议草案,其中还要求一个由集体措施委员会成员国组成的委员会来考虑对付侵略的其他措施。

另一方面,哥伦比亚的苏莱塔-安赫尔当天在政治委员会开会前来访时曾暗示,美国的反共立场并不像它表面那样坚定。他指出,起决定作用造成政治委员会推迟举行会议通过宣布共产党中国为侵略者的决议的正是美国代表奥斯汀。

在这一点上,他还说,他的同僚、政治委员会主席阿韦拉埃斯曾在当天早晨再次打电话通知他,联合国的气氛变得非常模糊不清。他希望了解我对美国真实态度的印象。例如,哥伦比亚不能理解为什么美国政府不要求蒋委员长派兵去朝鲜或者去中国大陆。

我解释说,美国政府一向坚持台湾的中国军队应该为保护该岛而留在那里;他们认为台湾的命运是头等重要的。他们提出的另一个理由是,国民政府参加朝鲜战争可能使美国卷入与中共政权的全面冲突。但是我猜想真正原因是由于所谓的"白皮书"的存在,使得国务院难于接受我国政府提出的建议。接受就意味着承认美国政府方面过去的判断是错误的。

苏莱塔—安赫尔说,他同意我的看法,他也认为虚荣自负是美国拒绝利用台湾中国军队的真正原因。但是他接着询问几天前流传的一则报道是否属实;他认为这则报道出自伦敦,内容是:北平和莫斯科的关系并不密切,他们之间对抗激烈,中共在朝鲜的军事行动引起了他们之间的很多摩擦和猜疑,因而联合国应该谨慎对待北平政权,以便使它脱离克里姆林宫的影响。

我回答说,我也曾从报纸上看到这则报道,但是根据来自大陆的有关苏联和中共之间密切协作的不断报道,我认为伦敦的报道只是反映了已经承认北平政权的某些国家的主观想象而已。

两日后,奥斯汀的代表格罗斯宣布,美国对台湾的态度是受美国国家安全利益支配的,美国将坚决主张国民政府应参加今后任何有关台湾的会议，美国不赞成中共在联合国得到席位。总之，周围事件的压力正迫使美国朝着比较有利于我国政府的方向前进。

然而，我不像台北政府那样乐观。他们似乎认为，美国对中共态度的趋向强硬，不仅会导致美国对台湾的重要军事援助，而且作为其必然结果，会导致放弃"中立化"政策，放任中国政府随意进攻大陆，或许甚至是在美国的帮助下发动进攻。

1月22日，我收到了台北外交部长叶公超的电报。来电说，由于共产党方面拒绝讨论停火，国际局势已经变得比较明朗，美国方面一定会更多地考虑如何利用我们的军事力量，因而我国驻外大使馆在美方会谈时必须谨慎从事。接着，来电列举了各项指示，以资遵循：第一，我们必须考虑到以前麦克阿瑟提出的对我们的军援计划是以防御为限的，即使所列的军需品数量由美国全部供应，也不足以应付光复大陆之需。第二，根据对共产党的和对我们自己的军事力量的估计，即使在得到供光复大陆用的最充分的援助之后，我们也需要好几个月的准备才能发动进攻。第三，在准备过程中，海陆空三军都需要增加装备。即使美国空军和海军能够支援我们，轰炸大陆的任务最好由我们自己的空军承担，因此，为空军增加新的装备和为空军培训人员就特别紧迫。第四，在准备阶段，我们最好只进行有限的袭击，或者在一个很短的部署阶段之后，建立一处或多处海岸基地，以便增援在大陆上的游击队作战。第五，我们的军事力量从现在开始只能尽其全力以夺回大陆。第六，根据前述各点，我们的驻外使节在联系对方讨论军援问题时，不得主动提出上述任何一点。此外，如果美国或联合国提出任何具体建议，则在答复前应先将建议呈报政府请示。来电还说，如果和美国任何负责人士讨论有关进攻大陆以便予以收复问题，适当的办法是作为机密把实际情况（即物资短缺）告诉对方，并争取他的理解，但不要夸大我们的情况。然而，来电告诫说，在和报社谈话时，不得向他们透露上述六点，但是也必须避免虚夸我们的实力。

台北政府可能由于主观臆想,似乎既未对国际局势,也未对美国政策正确估计。就在那天以及其后几天,联合国大会政治委员会的事态发展明显地表明,酝酿中的美国政府对华政策并不像台北政府所想的那样坚定,中共拒绝停火一事也没有使国际局势明朗到所期望的程度。人们曾设想在共产党第二次拒绝停火条件后,自由国家会联合起来支持美国指责共产党中国为侵略者,但是这种情况也并未发生。

首先,印度的劳于 1 月 22 日向政治委员会提出了中共的反建议,这导致委员会休会四十八小时,以便能进一步考虑这个问题,尽管会议是应美国要求召开的,目的是宣布北平为侵略者。我对联合国和美国——尽管它是最强的国家和自由世界的领袖——这种软弱无力的领导、不团结、无视联合国宪章的突出的可悲现象十分吃惊。其次,当政治委员会复会时,美国敦促宣布中共为侵略者的企图依然落空,这是因为以印度为首的阿拉伯-亚洲集团被允许提出一个与共产党反建议一致的新的决议案。此外,尼赫鲁总理与艾德礼首相分别在新德里和伦敦非常坦率地批评了美国的政策,从而十分公开地暴露了非共产主义世界的分歧。

我个人认为,美国有关宣布北平为侵略者的决议案仍会由联合国大会通过,推迟只是暂时的。然而,当时很难判断最近的事态发展最终会对美国对华政策产生什么影响。但是在以后几天和我谈话的那些人都感到很有希望。

1 月 23 日,我接见了埃尔德;他是张学良少帅的朋友、拥护者和以前的秘书,也是少帅一家人的朋友。他前来征求我的意见,因为张夫人为了使她的丈夫获释已来美国,而且变得越来越不耐烦了。(她丈夫当然仍被监禁在台湾。)埃尔德说,好几位美国朋友经常问他,为什么张学良仍然被监禁。他们想了解如果让美国政府中与张有友谊的人与蒋委员长联系释放他是否可取。

我告诉他，首先是由于中国事态的逆转，及其后又由于整个世界事态的逆转，才推迟了张少帅的释放。共产党想从中得到宣传好处的企图也使政府更难于释放。我又说，释放只是时间问题。由于张少帅的物质享受正如埃尔德所知道的并不缺乏，由于蒋夫人已把埃尔德和少帅夫人不时送给少帅的东西（其中甚至包括照相机）转交给少帅，以及由于埃尔德所收到的少帅拍摄的照片表明少帅健康情况良好，这都表明他获得自由的时间不会很远了。为此，我告诉埃尔德，再耐心一点是明智的。

　　埃尔德说，他为了去远东工作，不久将在这里任职。他认为局势不久即将发展为导致美国政府要求蒋委员长再次合作的局面。我告诉他，我对美国对国民政府和蒋委员长的疑虑感到遗憾。我还表示希望事态的发展会促使两国恢复旧日的友谊和密切合作。

　　顺便提一句，当埃尔德在不到一个月之后再次来访时，他是为了告诉我，他已安排好出国到远东去，并以道格拉斯飞机公司董事长代表的身份访问台湾。他的任务是考察形势以及如果远东局势恶化为一场全面战争时的可能需求。他要求给他一些介绍信。

　　在那以后不久，他离开了美国，约五个月后回到美国。他在台湾逗留了三个月。他回来后告诉我，在蒋夫人的帮助下，他曾见到张少帅。他说，他发现少帅在体力上和精神上都大为好转。少帅的英语水平通过和赵四小姐练习，大为提高；赵四小姐在少帅被禁闭时，和他住在一起。少帅情绪很好，有各种报刊可读。他嘱埃尔德感谢我照料他在美英两国的家属。埃尔德还告诉我，少帅表达了这样的观点：只有委员长能够领导人民收复大陆，因此所有的人都应当支持蒋委员长夫妇。埃尔德本人对他看到的台湾军队情况印象很好，并向道格拉斯飞机公司的道格拉斯先生作了有利于台湾国民政府的报告。他说，道格拉斯也想帮助我们。（我想是通过向我们出售飞机。）

1月23日傍晚,我在卢森堡公使馆的招待会上见到了国际事务专家帕斯沃尔斯基;他以前曾在国务院工作。他告诉我,形势最近对国民党中国好一些了,比一年前好得多,他为此十分高兴。然后他对我低声说,正如他一直对他在国务院的朋友讲的那样,美国政府不久就会要求蒋委员长再次合作。

这是一个使人振奋的说法;但是,事实上,美国政府的政策仍然明显地对国民政府不友好,而且不友好到这样的程度,即加强控制中国人甚至中国官员以及中国美术家的入境。有一个例子。著名中国国画家王济远一直住在美国。他是我在华盛顿的前任魏道明的好朋友。他于1月24日来访,要求我协助他通过联合国俱乐部在华盛顿安排一次画展。他还告诉我,他在访问巴西后再进入美国时经历了一些困难。威斯康星州雷辛城的一家美国公司委托他制作该公司在雷辛城的大楼的壁画,他应该公司之请,前往巴西画棕榈树,作为壁画的准备工作。该公司付了两千美元订金来帮助他。他说,现在国会一些朋友通过参议员威利提出一项私人问题议案,以准许他不受移民法和驱逐出境条例的限制而永久居留。

再者,还有外国资产管制条例问题。这个条例实际上等于是专门对付国民党中国,这样的待遇通常不适用于友好国家。从某种意义来说,该管制条例应用于国民政府的机构和官员是可以理解的。例如,我知道这个条例的目的之一是制止中共对美国各银行中的某些账户提出权利的要求,这些账户是以国民政府或某部或政府某办事处的名义开立的。为了防止存款落入共产党手中,国民政府的官员曾随后通知银行把政府的账户转为私人账户。美国财政部在某种程度上是知道这种情况的,因为他们为制止中共提出的权利要求而采取的措施必须包括国民政府及其人员的账户在内。所以我所反对的不是美国财政部要求申报财产情况,而是在命令我们申报财产情况时所采取的明显的高压手段。

继腊斯克1月18日的建议之后,我当即照会国务卿要求进

一步澄清这个条例。照会于 1 月 23 日发出,最后一段如下:

> 鉴于该条例在上述诸方面的确切意义及适用范围含糊不清,如蒙国务卿惠予协助澄清此事,并依公认之国际法及国际惯例原则,就中国政府驻美大使及若干领事代表是否须提出大使馆及各领事馆财产报告以及全体使领馆人员是否须提出个人财产报告,促使作出适当裁决,本大使将不胜感激。再者,下述情况请惠予一并澄清。凡属于修订后的 1924 年移民法第 3(7) 节的中国政府其他官员,诸如驻联合国及驻设于美国的其他国际组织的代表团代表成员,以及属于上述法令第 3(1) 节的官员,是否须呈交上述大使馆及各领事馆财产以外的中国政府或中国政府机构的财产报告及在其管辖下的驻联合国代表团与驻设于美国的其他国际组织的代表团的财产报告,以及各该官员等在美国的个人财产报告。

> 此事虽正在研究之中,但如蒙国务卿将上述各节惠予通知财政部长,并要求将 1951 年 1 月 31 日的呈交报告期限予以适当延长,则不胜感激。

两天后,叶公超于清晨自台北打来电话。他首先询问联合国宣布北平为侵略者一事的进展情况,但这还不是他来电话的主要原因。他还告诉我,他和美国代办蓝钦谈了 1950 年 12 月 17 日公布的冻结与登记财产的命令,即关于要求中国政府机构和使领馆代表报告他们掌管下的政府财产以及个人财产问题。他说,蓝钦对这个命令有些惊讶,答应致电国务院联系。我当即告诉叶公超,我还没有从国务院得到消息。但是就在次日,国务院用电话通知我,他们同意将执行这个命令的期限延长十五天以便他们有时间全面答复我的有关这个问题的照会。

2 月 8 日,国务院的巴尼特打电话给谭绍华。巴尼特相当尴尬,因为国务院对我有关申报公私财产问题的照会的复信还没有送给我,但是复信内容已由国务院新闻秘书麦克德莫特于当天下午在华盛顿和成功湖发表。最后,我派周秘书去取复信。国务院在复信中表示决定放弃对中国官员申报个人财产的要求。

但是,这并不令人十分满意。2月15日我召集了一次会议,讨论我们是否应拒绝接受美国关于申报中国政府驻美机构人员掌管的中国政府财产的要求。大使馆的高级工作人员参加了会议。

王守竞和谭绍华希望照办,以免日后我们寻求更多的经济援助时,遭到美国报复。但是陈之迈、傅冠雄和顾毓瑞强烈反对。崔存璘采取中间立场,建议大使馆以需要仔细研究为理由要求延长提出报告的期限。我个人赞成拒绝,事先曾把我的理由告诉了谭绍华,并给了他起草致美国政府照会需用的书面材料。但是在最后决定向台北建议以前,我愿意听取大使馆其他主要成员的意见。

我把这一切都写在日记中并加上了下面两段:

> 美中不足的是,两年前大陆处于混乱时期时,我们在美国的许多官方代表或者奉命,或者出于主动,把公款转到他们的私人账户名下,目的是防止款项落入共产党手中。

> 就大使馆本身而言,这件事情是清楚的。我曾要求中国政府主计处委任的会计朱光泽照管和汇报。他说,全部账户共约有七八个;这些账户包括属于教育部、交通部以及军事援助协定项下的军事采购账户的资金;这些账户是以大使馆或中国政府的名义经管的,而且支票须经他签署并由我指定的另一个人副署,这就是我提到过的签署支取公款的支票的会签。只有交通部向美国海事委员会抵押船只收入的账户的支票是由我一人签署,但是这个账户只是名义上的,因为收到的款项立即又付给海事委员会以偿还抵押借款或利息。主要用来支付诺曼·佩奇的薪金和开支的宣传费存在我名下的账户,但是这个账户是标明专用的,据以开出的所有支

票也都同样标明专用。此外，这个账户是在欧文信托公司开立的，而我在那里没有另外的个人账户。所以不存在我混淆二者的可能性。

最后我决定最好的办法是向国务院发出照会，使我们的异议至少有案可查。因为即使是按照国务院2月8日照会修改后的条例办理，对国民政府也颇不恰当，而且开创了一个不寻常的先例。

3月29日，我仔细再读了致国务院的照会，其内容为我国政府最后的决定。政府决定指示其各机构按照1950年12月17日美国财政部的要求，向该部申报财产情况，但是不包括中国大使馆、中国驻联合国代表团或各领事馆。这些单位奉命将像以前应国务院要求提供情报——即便是最机密的资料——那样，在友好基础上向国务院提供他们的财产情况。这就是我向台北建议的折衷解决办法，以便不致造成和美国政府关系紧张，同时又维护中国使领馆享有国际法和国际惯例规定的特权地位。

如前所述，崔存璘和谭绍华曾因担心发生更大的摩擦甚至遭到报复而倾向于屈从国务院坚持要求我们完全接受美国财政部命令的意见。但是我想要使我们这个事例将来有案可稽，并且想要弄清国务院对这一政策是否真的毫不妥协，这一政策从国际法和国际惯例的观点来看是无理的，而且国务院从未试图为这一政策进行过书面辩护。

这个照会于3月30日发出。国务院于5月23日答复时，仍重申它2月8日照会的意见，并引用了美国财政部对我的照会的观点。后者的大意是，美国总统12月份的行政命令不是没有前例的，也并不违反国际法和国际惯例，因为在1941年，蒋介石总统当时的私人代表宋子文、中国大使馆参事刘锴、大使馆商务参事李斡和芝加哥、旧金山等地的总领事都呈交过财产报告，以响应美国总统当时的一项类似的行政命令。

我和谭绍华简短地讨论了国务院的答复。我指出，这两个行政命令的客观环境不同。我嘱他进一步研究并征求国际律师的专业意见。由于国务院的答复提到宋子文作为委员长的私人代表曾是 1941 年呈交这种报告的人之一，我和他进行了讨论。他解释说，当时呈交报告是为了防止冻结我们的财产，或是为了使冻结的财产解冻。（1941 年已在大使馆任职的崔存璘曾说，当时的冻结是根据我们自己的要求办理的。）

至于与美国财政部命令有密切关系的美国对共产党中国的禁运，这也对非共产党中国人产生了不利的影响。纽约一家中文报纸的一位姓李的编辑，于 3 月份来访，除致意外，并要求协助使几批被扣货物获准放行，这几批货物是由旅美华侨从香港装运到美国来的，但是由于没有证据证明该货物是在美国对中国大陆禁运之日也就是 1950 年 12 月 17 日以前在香港购买的，因而被美国海关扣留了。

其后不到一周，我接见了纽约中华商会的一个代表团。他们是来要求协助放行几批食品和杂货的，这几批货物是纽约、芝加哥和旧金山的华商在对中国大陆禁运以前，即 12 月 17 日之前从香港订购的，但是在 12 月 17 日之后才从香港启运。显然他们应该得到特殊考虑，但是美国海关和财政部当局采取墨守法规的态度，坚持要求提出证据。我告诉他们，这件事情只有通过国务院才能解决。

我还可以提一下香港实业家李君的遭遇，李君为他的棉纺工业联营买了一批墨西哥棉花，他来美国试图使国务院予以放行。他向我解释说，恰好在美国宣布对共产党中国实行禁运的第二天，这批货在从墨西哥运往香港途中被查封，现被扣留在西海岸。李说，他只能从香港英国人开办的银行为购棉价款筹措资金，因为中国人开办的银行都不敢贷款，而且必须先向北平报告以获得批准。

在这之前，我曾于 1 月 25 日出席了在宪法大厅举行的所谓名流演出会。这次演出由美军慰问协会组织，目的是为慰问武装部队筹集基金以及重振这个有用的组织,这个组织在第二次世界大战期间曾通过照料三军人员起过很大作用。有四千个座位的宪法大厅完全坐满。出席的有杜鲁门总统夫妇,众议院院长雷伯恩,许多参议员、众议员,艾奇逊、布伦南和斯奈德等内阁成员,最高法院汤姆·克拉克,陆军将领,海军将领,外交使团的成员以及社会各界领袖。法国大使博内的夫人带头作时装表演;古巴大使演奏了班卓琴;菲律宾大使表演了钢琴独奏《格拉纳达》;希腊大使指挥他的同胞穿着希腊民族服装表演舞蹈;雷伯恩参加了《圣玛丽钟声》的演奏;众议员拉斯廷和他的夫人及五个子女朗诵了《妈妈的玫瑰园》。但是最动人的甚至是最难忘的场面是巴克莱副总统的夫人阿尔文用轮椅把一位由于在严寒的北朝鲜作战而失去了双脚的来自宾夕法尼亚州莫里斯城的美国士兵推到台上,并由国务卿艾奇逊介绍他和大家见面,称他为不是来自白宫,也不是来自内阁、国会或政府任何部门的"美国最重要的人物"。

这次演出会最后由身穿军服的陆海空三军和海军陆战队的联合乐队的振奋人心的演奏结束。我的印象是演出会有双重目的,一是恢复美军慰问协会的活动,二是唤醒自由世界的危机感和重新武装及保持强大的迫切感。演出的含意是军事性质的。

次日,澳大利亚大使和夫人在澳大利亚大使馆为庆祝澳大利亚联邦成立五十周年举行招待会。梅金在迎宾队列和我互相致意时,又一次不厌其烦地对他的夫人讲述他在参加安全理事会工作初期,我给了他多么大的帮助。稍后,我见到了过去在远东委员会共事的希尔德林将军。我提醒他在远东委员会他经常对俄国人说的话。我对他说,"当前世界事态的变化对你来说是不足为奇的,因为你老早以前就预见到了。"他听了很高兴,并对站在他身旁的费伊法官说,当时他被认为在说到俄国人时过于直截了当,但是事态的发展表明他是正确的。

当晚,哈里·唐恩夫人在著名的"F"街俱乐部举行宴会。由于是非正式宴会,所以更加愉快。唐恩夫人坐在我的左侧,弗格森夫人坐在我的右侧。她们两位都是忠实的共和党员。我们尽情畅谈。她们毫无顾忌地谈论她们对政府外交政策的不满。唐恩夫人对"公平政策"和"新政"都同样给以批判。至于印度在联合国的态度，席上在我左近的人都大加指责，认为既不现实、又很危险。

在这一点上，我愿着重指出，共和党和美国一般人民对共产主义的厌恶，是根深蒂固的。因此，虽然在当前可以说共和党人对政府对华政策的部分批评和反对，是基于他们在野党的政治利益，但是中国问题本身，作为一个面对共产主义侵略的国家安全问题，是关系到美国和全体美国人民的根本利益的。共和党人正是基于这种信念，而对这个问题特别关注。

1月28日星期日，我在美国全国广播公司的"会见新闻界"的电视节目中露面。访问的记者有劳伦斯·斯皮瓦克、彼得·埃德森、鲁思·蒙哥马利和威尔逊，由玛莎·朗特里主持。向我提出的问题是直率的，但我也以直截了当的方式答复他们。蒙哥马利问我，在北朝鲜于6月份发动进攻之前，我们是否曾把已有军队从中国调往北朝鲜的情报供给美国政府，以及美国政府是否有意对于这些情报不予考虑。我对他提出的问题的第一部分作了肯定的答复，对第二部分则设法回避。我说，美国自然有它自己的情报来源并得出它自己的结论。事后大家都说我的回答很起作用，并说这次会见是成功的，对国民党中国的事业有好处。他们说，在美国，只有舆论才能影响政府的政策。

当晚，我动身前往纽约，由于发生了一件严重事故，火车到达时误点两小时。我所乘的那趟火车在威尔明顿附近时，前面有一列车撞上了一辆汽车，汽车滚下路基。1月29日星期一，就是我生日那天，我听说法国总理勒内·普利文刚刚抵达华盛顿并和杜鲁门总统会谈。我嘱在华盛顿的谭绍华去见国务院的柯乐博，把我们对被拘留在印度支那的约两万五千名中国军队的问题的意见告诉他，并要求他把这些意见转告在华盛顿逗留的普利文。

在我约于十天前和腊斯克会谈之后,我曾照例把会谈内容报告叶公超外长。关于被拘留在印度支那的我国军队,我要求他提供更多情况。外交部于 1 月 23 日作了如下答复:

(1)我国驻西贡和河内总领事曾一再向当地法国当局提出这个问题,敦促他们把我国军队送回台湾。前法国驻印度支那高级专员皮尼翁曾向我们表示,他本人愿意促成此事,并已向巴黎提出建议。但是法国政府担心中共以此为借口进攻印度支那,因此尚未表示同意。我们还曾向美国驻印度支那公使馆提出这个问题,恳切要求他们给予协助。但是公使馆答复说,没有国务院的指示,它不便过分干预这件事。换言之,和往常一样,它可以在它的权限之内在当地给予一定帮助,但是没有国务院的指示,它不能采取任何特殊步骤。

(2)1950 年 11 月 9 日,美国代办来外交部,试探我们对在当地使用国民党军队抵御共产党的意见。当时叶外长告诉他,我们这方面在做出决定之前,必须首先确切了解美国政府和法国政府对这个问题的态度,以及对这个问题的具体而确切的计划。美国方面至今尚未作出具体答复。(关于 11 月 9 日会谈及此后 1950 年 12 月 27 日会谈的记录,见附录四。)

(3)鉴于印度支那整个局势的逐渐恶化,我国政府正打算把全部军队连同武器运回台湾,以利用他们来加强我们自身在台湾的防务,同时也为了避免他们在印度支那牺牲。但是,如果美法两国政府有意于利用这支军队来加强印度支那南部的防务,以使法国能够把他们自己的部分军队派往北部,我们也可以考虑让这支军队在印度支那使用,但是只能是作为一支独立部队。

外交部来电还通知我,美国驻印度支那公使对情况很熟悉;据新闻报道,他即将回国述职。外交部嘱我设法和他会谈,了解美国方面的意见,并探明他们可能采取的步骤。至于更为详尽的情况,诸如国民党军队战斗人员、非战斗人员、难民、学生和文职人员等的确切数字以及他们被拘留的地点,所有这些都列在外交部的另一封减价迟发的长文电报内;这封长电于次日到达。

1月29日外交部又来电告知,我国驻巴黎代办段茂澜于1月21日报告说,法国外交部声称,如果法国把国民党军队送回台湾,这将违背美国执行的台湾中立政策,而法国是怕触怒美国的。段茂澜已经通知美国驻巴黎大使馆,要求把这个情况转告华盛顿。

同日,谭绍华汇报了他在国务院与柯乐博会谈的结果。柯乐博说,他恐怕没有机会和普利文讨论中国这个问题,因为他的访问是短暂的,而日程已经包括许多项目。但柯乐博答应向他的上司汇报,以便设法在适当时机转达我们的意见。

但是柯乐博指出,印度支那当局已于1月16日正式宣布,这个问题应按照国际法原则处理。他又说,如果法国的这个观点不变,那么,法国的立场和我们的立场确实相距很远,难以指望法国方面的同意或认可。

次日深夜,联合国大会政治委员会最后投票通过指责共产党中国为侵略者。1月31日我在迷蒙的暴风雪中回到华盛顿后,接见了蒋荫恩。他向我报告说,奥凯里赫上校告诉他,现在台湾从美国政府获得军事援助的可能性更大了。

奥凯里赫是正确的。事实上,美国驻台北代办蓝钦于1月30日向外交部长叶公超递交一份照会。照会通知中国政府,美国政府愿以援助形式提供某些军事物资以防御对台湾的可能袭击。但是,这仍然不意味美国对于蒋委员长或国民政府的态度有所改变。递交照会时,正值联合国大会政治委员会刚刚宣布共产党中国为侵略者。这说明美国已相当清楚地表明,美国和台湾的关系将根据美国的安全利益来决定。但是,美国对蒋委员长及其政府的猜疑是根深蒂固的。因此,尽管要求改变政策的公众和国会压力很大,美国政府不仅无意于谋求和国民政府的真正谅解,也无意在中国大陆、或者在朝鲜、或者甚至在拘留了我们大量军队的印度支那利用国民党军队。

迟至4月25日,也就是在互换照会后约两个半月,艾奇逊国务卿在记者招待会上声言,国务院照会所概述的援助并不表示对国民政府或整个远东的政策有任何改变。他强调美国政策要求台湾"中立化",而且第七舰队仍在执行这一政策。只是到了这时候国务院才把美国 1 月 30 日的照会和国民政府的复照公诸于世。在这之前,整个对台湾的军事援助问题是按绝密对待的;而且采取一切预防措施把控制权完全掌握在美国人手里。因此,虽然 3、4 月份和我谈话的很多人,继续期望美国对国民政府的政策发生重大改变,但是实际发生的情况与他们或我国政府所预期或希望的颇为悬殊。

1 月 31 日奥凯里赫来访后数小时,我接见了郑宝南。他来告诉我,他即将前往芝加哥。他最近出席了参议员道格拉斯举行的晚宴。伊利诺斯州共和党众议员詹尼森以及埃莉诺·杜勒斯夫人也出席,她是艾伦·杜勒斯和约翰·福斯特·杜勒斯的嫂子。

郑宝南告诉我,在讨论中杜勒斯夫人要求他谈谈对中国局势的看法。对此,众议员詹尼森立即问道,"你们为什么不能撇开蒋委员长?只要他掌权,美国政府就不会给中国很多帮助,因为美国政府发现他难以合作,而且对他的军事领导能力已经失去信心。"郑宝南恰当地回答说,他并不完全赞成蒋委员长的作为,但是由于蒋委员长是我们的总统,所以不主张背叛他;而且目前看来没有人能接替他。道格拉斯赞成他的说法。他说,他并不在所有问题上都同意杜鲁门的意见,但是他仍然承认杜鲁门是总统。

郑宝南还提出了一些积极的意见。在回答可以做些什么工作时,他说,美国可以援助在中共大陆上的游击队。这不仅会削弱共产党在朝鲜的力量,而且会有助于建立一支第三种力量,或者是一支新生力量,这种力量能在美国的帮助下最终取代共产党政权,因为美国不喜欢国民党政权。郑说,这个想法在聚会上给很多人留下了深刻印象。例如,杜勒斯夫人就请他去见中央情报局负责远东问题的艾伦·杜勒斯。

郑宝南说,后来他曾设法去访艾伦·杜勒斯,但是艾伦已去纽约。他又说,然而他并不急于见着艾伦,因为台湾已对他(郑宝南)起了疑心,并已通知联邦调查局监视他,尽管这是毫无理由的。

2月1日,大使馆的经办公共关系事务的佩奇在他初次访问台湾刚刚回来之后前来向我报告他的印象。1950年12月6日,就在他动身之前,他曾为这次访问来拜会我。当时我曾嘱他向叶公超外长和台湾其他领袖人物介绍美国最近的公众及报刊舆论,并嘱他注意搜集一些他想到的问题的最新资料。当时佩奇预计他的访问是短暂的。他告诉我,他预计在圣诞节前回来,并将对他的此行和他对台湾的印象给我一份书面报告。

他在2月1日来汇报时说,他曾和我国政府很多领袖人物晤谈,其中包括蒋委员长、行政院长陈诚、蒋夫人、外长叶公超、省主席吴国桢、财政部长严家淦,孙立人将军、桂永清海军上将和蒋纬国将军等。他说,这次访问给他留下了良好的印象,而且他的印象为美国代办蓝钦和经济合作署代表雷蒙德·莫耶所证实。他在答复我的问题时说,蒋委员长告诉他,如果杜鲁门总统邀请他,他将访美。蒋委员长还说,如果可能,他将利用美援保卫台湾;但是即使没有美援,他也要确保台湾。

佩奇又说,他返回华盛顿后,遇到了很多美国军人。他们问他,为什么孙立人将军没有被授予更大的权力,甚至地位不稳。他们愿意看到他掌握军权,并认为这样就会使中美在军事领域的合作比较容易。

当天下午,我接见了马朗热伯爵(?)他是由蒲立德介绍来见我的,尽管他是我在巴黎时的老相识。马朗热是朱安将军的副官,他陪同这位将军来华盛顿配合普利文总理访问美国首都进行会谈。马朗热解释说,朱安将军已负责领导法国全部武装力量,并被任命为艾森豪威尔将军在柏林的副手,而他本人已成为他们二人之间的联络官。马朗热还参加了杜鲁门和普利文之间的会谈。但是他声称他是以个人身份前来看望我的。不过我还是试探了他对拘留在印度支那的中国军队问题的意见。他说，当朱安视察北印度支那的军事形势时，他未曾陪同。然而很清楚的是巴黎的法国当局不愿激怒中共，尽管他们知道中共一直在通过由胡志明选派军事人员到中国境内训练，然后再带着新的武器装备回去的办法来援助胡志明部队。我得到的印象是这个问题没有在杜鲁门—普利文会谈时讨论。但是我认为不应当再犹豫或者担心激怒北平了，因为北平已经公开在朝鲜从事侵略，并已公开宣布它要援助胡志明从法国人手中解放印度支那的意图。

谈到法国对印度支那的总政策时，马朗热说，法国的政策不是利己政策，而确实是为了支持东南亚的人民阵线。然而法国现在已经没有余力来大量增援它的印度支那部队，并且希望美国的军事援助和军需品能够增加和迅速发运。

这位伯爵然后说，目前局势对国民党中国来说正在好转。他说，他相信不久美国政府终于会修改它的对华政策，那就是说，修改它对蒋委员长的政策。他说，美国军方似乎日益重视台湾的军事实力，目的是最终将予以利用；但是文官在这方面似乎仍然非常担心。然而，如果局势变得更为严重，美国人就将不得不利用中国军队。

两天后，外交部通知我，当法国总统在华盛顿时，我国驻西贡总领事曾再次把被拘留在印度支那的我国军队问题向当地的法国当局提出。他得知法国人由于没有美国的明确表态，以及由于他们本身的力量和资源有限，无意于——实际上是不愿意触怒共产党。因此，他们认为仍然难于就有关将国民党军队遣返台湾的问题作出决定。尹总领事已要求美国使馆把这个消息电告华盛顿。他还从美国驻印度支那使馆得知，美国公使只要留在印度支那，就会提出这个国民党军队问题和法国人讨论。

同日，即2月3日，我接见了中国著名的农业专家沈宗瀚，他原来留学美国，现正在美国任教。他在康乃尔大学和美国农业部讲学后，即将返回台湾。他说，美国人对中国局势不很了解，因此需要更好地宣传。我在日记中写道：

> 这往往是一种反复的、不费力气的批评。我对他谈了我的看法。我说，有效的宣传需要具备三件事：事实、有经验的专职人员和经费。但是这三条一直未能全部得到满足。我一向认为金钱不是一切。我们不能希望通过无视如下的问题来蒙蔽人民：为什么我们的四百万军队虽在数量上占十比一的优势，外加空军和海军的有利条件却打不了共产党？为什么我们没有把财源管理得好一些，以防止货币崩溃？为什么人民拒绝支持政府？我告诉他，大使馆一直在做很多工作，但从来是不声不响的，因为我们发现最有效的方法不是由中国人出面讲话，而是由我们向美国舆论界领袖或能够影响美国舆论的各界领袖提供情况和观点，然后鼓励他们向他们的同胞讲话和介绍情况。我说，这是一个有效得多的方法，但是成功的重要条件是我们不得因向他们介绍情况和观点而居功，否则有效性就会减少。因此，国内的人和这里的人都认为大使馆在这方面的活动不够，这是因为大使馆的活动一向是不声不响的；但是这种工作必须不声不响地进行。沈宗瀚完全同意我的意见。他说，他在参加非正式的协商讨论和回答许多坦率的提问时所碰到的情况也是如此。

我认为宣传问题像一匹跛马，容易遭到鞭笞。对这里宣传效果的批评并不得罪台北政府的任何人，反而能开辟前进之路。人们总是宣称："我能做得更好一些。如果你派我出国，给我钱，我一定干这干那。"这是一种要求被派遣出国的绝妙借口。

黄昏时，商务参事刘大钧报告了两件事情。第一，美国商业部邀请他参加商务部、国务院和经济合作署的代表会议，以讨论如何对共产党中国实行经济封锁；商务部还要求国民党中国协助提供有关当前禁运的执行情况以及有关美国公民或其他国家公民私下提供物资的情报。第二，刘大钧想了解他是否应该和怎样把我国政府各部向美国申请供应的物资压缩为最急需的物资,因为美国本身也需要大量这种物资以供防御和重新武装之用。我告诉他,如有必要,可与各有关代表协商。如果需要量不大,他就应该告诉美国商务部,该申请业已经过审查。

刘大钧随后又提出了第三件事情。那是刘大钧的朋友荆檠石要求把他的一封信交由大使馆转呈蒋委员长。刘大钧建议我在转呈信件之前应先慎重考虑。几个月前,荆檠石曾热衷于为他的美国朋友起草一份备忘录,主张成立一个由中国各政党的自由主义分子组成的政治小组,美国将对这个政治小组给予援助和支持。因此,他写了一封给蒋委员长的信,建议组成除共产党之外的各政党的联合政府。但是看来希望蒋委员长予以批准的指望实属痴心妄想。因此,刘大钧把信交给我时告诫我在转呈前要慎重考虑。事实上,仅在一周前,我曾电复蒋委员长有关中国某上校和荆檠石在美国的活动的查询。显然,有人曾向蒋委员长报告说,荆的活动是颠覆性的。

2月4日,我参加了汉密尔顿·赖特夫人在她家举办的鸡尾酒会。她名义上是招待我,但实际上是使我有机会结识史蒂文斯海军上将夫妇。史蒂文斯在比德尔·史密斯将军领导下在莫斯科工作了两年半,那时史蒂文斯是美国大使馆的海军武官。出席酒会的有新罕布什尔州参议员斯泰尔斯·布里奇斯夫妇、俄亥俄州女众议员弗朗西丝·博尔顿和众议员霍尔,以及哥伦比亚学院和巴纳德学院的女校友霍尔夫人。她曾和我同时在哥伦比亚大学上学。她说,她曾编辑巴纳德学院的校刊,正如我是哥伦比亚学院《旁观者》的总编辑。她认识著名的维新政治家康有为的女儿康小姐,她是巴纳德学院的第一位中国学生。

联合国驻纽约代表阿瑟·斯威策也出席了宴会。他对一些其他客人说,他在1919年凡尔赛和会期间曾建议中国签署奥地利和约,以便成为国联的一个最初的成员国。他说,他认为这样就会使我们摆脱由于对德和约包括不能令人同意的解决山东问题的条款而予以拒绝签署所造成的困难。他记得当我派秘书去克里荣饭店向他请教时,他曾向我的秘书提出这一建议。

次日下午,我接见了台湾人领袖柯台山。前不久,吴国桢省主席和陈诚行政院长曾要求他回台湾任职,以帮助台北新当选的市长和市政府完成工作。他已决定回台,但是他对我说,他更喜欢由一位年长者接受拟议中的职务,而他仍当平民。然而他愿意回台,并要求借路费。我照例在他需要资助时给予帮助。

我劝他记住两件事:(1)使其他台湾人相信,他们的最佳命运是在中国政府隶属之下实行地方自治;(2)拥护民主制度,勇于对中央政府提出建设性的批评,以便为大陆树立立宪民主的典范并鼓舞大陆人民。

2月6日,我参加了共和党妇女联合俱乐部举办的午餐会并在会上讲了中国问题。参加这次午餐会的有近二百名妇女,其中大多数是州的和地方的共和党妇女俱乐部主席和在三十九个州中的地方分部主席。午餐会由共和党妇女联合俱乐部主席、夏威夷州的国会议员法林顿的夫人主持。密执安州参议员弗格森的夫人介绍了我。我讲话未用草稿;饭前有好几位要求我大胆讲话,不要担心冒犯国务院,因为我是对中国的朋友讲话。但是在房间的尽头有一桌坐的是美联社、合众国际社和华盛顿各报的记者,大约有十几位。所以我的讲话比以往坦率,但还是审慎斟酌词句。我条理清楚地讲完之后,很多人向我祝贺。她们告诉我,对中国的局势和观点,她们觉得清楚了。威廉·里基特后来从纽约打来电话说,他从报纸上看到了我的讲话,并认为这次我说出了心里话。

两天后,参议员道格拉斯用电话介绍了亚拉巴马州基尔比钢铁公司董事长基尔比先生。基尔比本人于四时三十分来访。他告诉我,据说他的儿子于11月28日在北朝鲜的战斗中失踪。经他仔细查阅五角大楼的档案,不能确定他的独生子是被中共俘虏还是杀害。他急于想了解真相,"以便相应调节他们夫妇的生活"。他要求我给予帮助,因为五角大楼告诉他,中国使馆是唯一有可能帮助他查明真相的机构。

我对他深表同情,并说,我将设法要求中国在韩国釜山的大使馆予以查明,也许还须要求台北的情报机关给予帮助。他于是说,五角大楼也告诉他,在亚洲没有任何国家有比国民政府更好的中央情报机关。他确信,如果他的儿子被拘留在满洲某地或北平,我们是能够给他弄到消息的。我向他说明我将尽力而为,但对于获得成果不能抱任何希望。

以后不久,国务院也用电话为基尔比要求安排约会,但得知我已经会见了他。接着,2月10日,南卡罗来纳州参议员梅班克来访。他对我愿意帮助基尔比探明他的传闻在北朝鲜失踪的独生子的下落表示感谢。他解释说,基尔比夫人是他的堂妹,她父母双亡,后由他家抚养,直至结婚才离开他家。

2月11日,星期日,我接见了皮宗敢,他是昨天夜晚从台湾回来的。他说,在大陆上开展游击活动方面已经有些进展,大陆群众的反感已经成为反对共产党政权的最大的潜在力量。皮宗敢说,他曾向蒋委员长报告了美国对他的成见仍然根深蒂固,蒋委员长问他有什么解决办法。不过蒋委员长仍然认为艾奇逊是症结所在,这当然不是事实。皮宗敢曾告诉他,只有通过实行民主政治和建立廉洁而称职的政府,才能逐渐消除美国人的成见。但是皮宗敢的印象是美国对蒋委员长态度的这个症结,还没有为蒋委员长和他周围的人所完全理解。

至于军队,皮宗敢也获得了士气好转的印象。士兵吃得好一些了,不过仍然缺乏营养和武器装备。最后,皮宗敢说,陈诚曾吩咐他告诉我,下一个财政年度,我国政府至少需要七千五百万美元的经济援助。他还带给我一份军事援助计划。

星期日晚,我参加了埃及大使馆为庆祝埃及国王诞辰和国王与一位文官的女儿奈尔里曼小姐订婚而举行的招待会;这位女士将成为未来的埃及王后。我到达埃及大使馆较早,发现只有穆斯林各国使节和印度尼西亚大使已经到达,印尼大使和几乎所有其他在场的人都是已经承认北平政权的国家的代表,因而不便进行交谈。我们和往常一样握握手,然后朝不同方向走去,表面上是为了参观壁柜里的艺术品。

在此期间,利用国民党军队问题继续得到相当的关注。2月8日杜鲁门在记者招待会上宣布,他没有像报道所说那样接到麦克阿瑟关于在朝鲜或者在中国大陆使用台湾国民党军队的建议。(后来,麦克阿瑟在听证会上的证言表明,实际情况并非完全如此。总统可能没有直接接到建议,但是他无疑知道,由于朝鲜军事局势严重,麦克阿瑟是赞成使用国民党军队的;而且麦克阿瑟曾向参谋长联席会议提出这个建议。①)这是总统试图抵消有关美国政府对这个意见持赞同态度的谣传。

关于这个问题,顾毓瑞2月9日的报告很有意思。他说,记者特雷斯·科芬告诉他,利用国民党军队的问题曾由美国政府予以讨论,但是正如最近在国会军事委员会听证会所揭示,政府持异议的实质是:"既然国民党军队的士兵大多数仍然吃不饱和没有鞋穿,有什么保证说他们的士气现在比两年前好?有什么保证说一旦把他们派往大陆,他们不会拒绝作战而跑回老家去?"科芬说,他在广播中不知道怎样答复这两点。

我告诉顾毓瑞应该这样讲,即关于第一个问题,目前的士兵比较好,因为过去的动摇分子已被清除,服现役的士兵是经过重新训练的。关于第二个问题,我说,前不久的经验和目前士兵的情绪都表明,他们肯定会在大陆英勇奋战,以便打回老家去。因为现在他们知道,开小差偷偷摸摸地跑回家去也不能够和家属一起平平安安地生活,因为中共当局会搜寻和逮捕他们。我嘱咐他进一步说明,要弄清这些士兵是否会英勇作战的最好方法是通过

---

① 麦克阿瑟 1950 年 12 月 30 日致参谋长联席会议信:《远东的军事局势》,第 82 届国会第一次会议美国参议院军事委员会和外交委员会听证会。华盛顿,政府印刷局,1957 年版,第 2180—2181 页。

把他们派往大陆作战,在实践中考验他们。

科芬还告诉顾毓瑞说,陆军参谋长柯林斯在代表美国政府发言时也曾提出上述两个问题以排除使用国民党军队同中共作战。这和我早先得到的报告相反。那个报告的大意是,参谋长联席会议赞成使用国民党军队,但是政界领袖在国家安全委员会讨论时提出了这些问题。

对不同报道的可靠的程度,人们可以作出自己的结论。但是重要的是记住朝鲜战局当时刚刚开始转为有利于联合国军。事实上,2月10日,联合国巡逻队重新进入仁川和汉城;2月19日,随着联合国军在各战区全面推进,李奇微宣布中共遭到了严重失败。

无论如何,杜鲁门否认麦克阿瑟曾向他建议在朝鲜或者在大陆使用国民党军队,这个问题虽没有结束,但是此后的重点,至少在官方的想法方面,明确地从利用我们的正规部队转变为建立中国游击部队,不管这支部队是否和国民政府合作。甚至还有迹象表明,美国正在这方面采取实际行动。

2月9日,有一位先生来访(他要求我在任何报告中都不要提他的姓名),是关于基钦纳和唐纳德作为西方企业公司的代表申请前往台湾的护照一事。他说,他只和崔存璘通了电话,要求如果可能,就为签证提供方便,因为他们此行无疑会对我国政府有利。他又说,他这样办是根据他在中央情报局的上司的指示。但是他要求我按常规办理,而不要特殊对待。我在日记中写道:

> 很明显,他们这次出国与去年12月约翰斯顿所作的安排有关,这个安排曾由皮宗敢向我报告。据我了解,约翰斯顿曾前往台湾调查局势,而且带回来一份在大陆使用游击队的可能性的报告。他们将向台湾提供某些军需品,但是提供军需品的国家,显然由于安全和自卫的原因,都不愿意显露出他们与此事有关。

几天后,皮宗敢也为这件事情打来电话。他也要求我在拍发给台北的有关西方企业公司代表申请前往台湾的签证的电报中不要提那位先生的姓名。他说,如果提了他的姓名,那就会危害他今后和美国官员的交往。我告诉皮宗敢,我已经把有关那位先生的一切内容划掉。我补充说,外交部曾来电称,除了以前两份申请签证外,又有约六人申请;来电嘱我务必给予签证。

2月13日,蒋荫恩向我报告,有位英国记者曾向他询问有关《每日新闻》刊登的法恩斯沃思发自香港的一则报道。这则报道称,国务院正支持在香港的许崇智将军作为自由中国民主同盟的领袖在大陆进行活动,他的这种活动与台湾无关。我不知香港的这则报道是否可靠。我有这样的印象,即直接有关的是中央情报局而不是国务院。然而许崇智是由美国方面联系的,而他是以批评蒋委员长知名的。

据我本人所知,许崇智是孙中山十分喜欢的人物,也是一位很好的军人。1925年,新政府在广州成立时,他的政治生涯达到了顶点。他和胡汉民、汪精卫一起被选入国民政府的五人常务委员会,他还被任命为军事部长和广东省政府主席。但是,由于他和暗杀廖仲恺的阴谋有牵连,不久就被解除一切职务,被迫前往上海。从那时起,直至日本入侵,他通常被国民政府认为是持不同政见者。1945年对日战争结束后,他定居香港,一般认为他在那里过隐居生活。但是我猜想,美国人认为由于他的早年的经历和交往,他的声望足以领导一个在大陆上的独立运动。

几天之后,我接见了爱国妇女丛(音译)博士。她想通过她的美国朋友进行这样一个计划,即要求美国政府援助蒋委员长并争取他的合作,用他的军队在朝鲜或大陆作战,以减轻联合国军在朝鲜所受的压力。她还主张为了同样的目的而在大陆利用游击队。她告诉我,她有些朋友能和杜鲁门取得联系。她建议我联系总统的朋友、联邦储备委员会委员小瓦德曼。

她告诉我,在霍姆斯夫人家的一次宴会上,她获得特殊机会对十几位参议员和众议员谈论有必要帮助蒋委员长,使他能协助反对中共的战斗。她说霍姆斯夫人熟识杜鲁门夫人。然后她举例说明妇女的影响。在一次杜鲁门总统夫妇和霍姆斯夫人都出席的宴会上,小瓦德曼向坐在桌子对面的杜鲁门说,他希望总统重新检查他的外交政策,因为美国人民对此怀有疑虑。杜鲁门不喜欢听这样的话,就转向他夫人低声说,但愿他的朋友不再吩咐他该干什么。于是他夫人告诉他说,——霍姆斯夫人从旁听到的——小瓦德曼是一个真正的朋友,对他十分关心。这话立即改变了杜鲁门对小瓦德曼的意见的态度。这是传闻,但似乎相当可靠。

另一位来访者柯台山是台湾人,他来报告他和美国官员谈话的情况。他说,他曾见到迪安·腊斯克,参议员诺兰、史密斯和麦克法兰,以及众议员周以德和麦科马克。腊斯克曾就台湾的中国军队和大陆的游击队的力量和规模,他们对蒋委员长的态度,台湾人对国民政府及其前途的态度等,向他提出了许多问题,这些问题与腊斯克曾向我提出的问题大体相同,这说明他对国民党军队的实力以及国民政府在大陆人民中的声望怀有疑虑,同时还强调国民党军队数量缩减,以说明他们不是共军的对手,因为共军在人力和物力的储备方面要比国民党军队大许多倍。

柯台山给我看了一些参、众议员给他的信,其中大多数是鼓励他致力于中国人民之间的团结,在台湾建立典型的民主政治作为鼓舞大陆人民的范例。他说,他发现美国人现在的态度一般来说比他第一次访美时要同情得多了。他还发现很多美国人曾就撇开国民党中国而建立一个独立的台湾的可能性向他提出一些问题。但是,他说,现在他们似乎认为蒋委员长作为反共领袖是可靠的,而且只要中共继续进攻朝鲜,蒋委员长和他的军队就可以被利用来在大陆抑制或分散中共在朝鲜的注意力。至于是否将蒋委员长作为指导大陆上自由中国的政治领袖来加以支持,柯台山说,他们把这个问题留待以后再议。

按照他从美国人那里所了解到的,这样评价当时的局势看来是公平而正确的。他是在朝鲜战争爆发前抵达美国的,并且目睹了战争的爆发,特别是中共对战争的介入怎样使美国人民和华盛顿领导人开始认识到中共并不像他们自己所声称的是一个热爱和平的政权,而且,通过对比,认识到国民党政权终究不是侵略性的,比中共更为热爱和平。国民党政权肯定对美国不会怀有敌意。

二、关于对台湾的军事和经济援助计划

1951 年 2 月中—4 月 24 日

美国驻台北代办蓝钦于 1 月 30 日向叶公超递交了一份关于军事援助的照会。2 月 11 日,皮宗敢武官由台湾返美,给我带来了行政院院长陈诚的信件,说我国政府至少需要七千五百万美元的经济援助。皮宗敢还带来了总金额约为三亿美元的一份军事援助计划。在那以后的一周内,我收到外交部寄来关于美国 1 月 30 日照会和外长叶公超复照的正式抄件,复照表示中国政府接受美国照会中提出的条件和保证。美国照会全文如下:

美国政府准备根据修订后的第 81 届国会第 329 号公法的条款向中华民国提供某些军事物资以保卫台湾抵御可能的袭击。

这些军事物资以及在上述公法授权下所提供的任何其他军事物资,是在这样的条件下转让的,即这些物资将按照下列各项保证加以使用和处置;如中国政府不能照办,这将违反美国政府的条件,美国就可以视为停止继续交付物资的理由(不言而喻,下开条件之前三项中所含的保证也适用于自 1950 年 6 月 27 日以来根据上述公法转让给中国政府的物资):

(1)中国政府将使用这些物资以维护其国内安全或正当自卫。

(2)中国政府将采取美国政府和中国政府逐项皆能同意

的安全措施,以防止泄露与损害美国政府所提供的机密军事情报。

（3）中国政府同意接待美国政府派出的人员,这些人员将在中国政府管辖的领土范围内履行美国政府根据协议所负的责任,并将被提供充分的便利以视察所提供的援助的进展情况,证实所提供的物资正用于原定的目的,以及实现双方按照本协议所同意的其他行动计划和安排。这些人员,包括临时委派的人员,在和中国政府的关系方面,将作为美国大使馆的一部分,在美国外交使团团长的指挥和管理下进行工作。

（4）按照上述条件所提供的物资或其他可供军用的任何装备,不管是什么来源,也不管是在什么时候或以什么方式获得的,在没有先得到美国政府确认这些装备或物资不是美国所需要自用或需要用以完成美国所承担的军事援助计划之前,中国政府不得予以转让、出售或以其他方式处理。

美国政府请中国政府书面保证接受本照会的各条件,请予同意为感。

美国政府无意立即公布这次的互换照会;如承中国政府也同意不予公布,则不胜感激。

除我国政府的正式复照外,叶公超还向蓝钦递送了另一份照会,日期为1951年2月2日,全文如下:

关于台端1951年1月30日第13号照会,谨希确认第329号公法系指第81届国会通过之公法,而非如来照所说之第80届国会。

据我了解,根据修订后之第81届国会第329号公法,1949年和1950年财政年度拨给中国地带之款项总额为一亿五千万美元。如承告知此项拨款将划拨多少,提供的军事物资属于何种类别,贵国政府预计在多长时间内完成交货,则不胜感激。

倘蒙澄清贵国照会第二页第一段所述"正当自卫"一词的含义,亦将深为感激。

2月14日,美国大使馆答称:

美国大使馆谨向中华民国外交部致意,并荣幸答复贵国外交部长1951年2月2日的照会。来照要求得到有关美国在1950年和1951年财政年度向中国地带提供军事援助的有关情况。

本大使馆刚刚得到国务院电报通知称,在1950年和1951年财政年度期间,向中国地带军事援助的正常拨款总额为一亿五千万美元。

1951年财政年度的追加拨款向中国地带另提供三亿零三百万美元;此项追加拨款尚未就共同防御援助法案第301节和第303节进行划分。由于此项总额将用以满足整个远东地区对援助的紧急需求,因此决不应看作是属于给予中国政府军事援助范围之内。

除已经交付的物资外,对中国政府的援助的种类、数量以及交货日期尚待确定。

"正当自卫"一词对台湾不具有任何特殊意义。本词系指在《共同防御援助协定》内关于总政策方面所需的一项惯例保证。

关于1951年1月30日本大使馆第13号照会的第二段,国务院已确认"第80届国会第329号公法"应写为"第81届国会第329号公法"。本大使馆请贵国外交部惠予更正。

这个复照中所提到的追加拨款为1951年的(第一次)追加拨款法案。现引用《提交国会的共同防御援助计划下半年度即1950年4月6日至10月6日期间的报告》(国会文件第119号,第82届国会,第一次会议)如下:

8月1日,总统向国会提交了1951年财政年度拨款追加预算计四十亿美元,用以按照共同防御援助计划向外国提供军事援助。此项金额的拨款包括在总统9月27日批准的众议院第9526号决议即1951年追加拨款法案之内。根据第843号公法,三十五亿零四百万美元将用于向希腊、土耳其和伊朗提供军事援助;三亿零三百万美元将用于向韩国、菲律宾和中国地带提供军事援助。

从美中两国政府间互换的照会推断,美国的意图是确定已经开始执行的向台湾提供防御性军事物资计划的款项来源,并向我国政府清楚地说明这些军事物资已经和将继续交付的条件,即我国政府必须同意该援助计划不是我国政府立即可以利用的,而且整个事件过程必须严密保守秘密。很清楚,美国政府希望把全部控制权掌握在自己手中。尽管这样,美国政府还是正式承诺执行军事援助计划,这个计划显然将转入下一个财政年度继续进行。

2月15日,皮宗敢武官给我带来了他收到的总参谋长周至柔的来电。来电称,他已将我国军事防务所需告知即将回国述职的美国代办蓝钦。(根据我的卷宗中有关军事援助的编年资料,周至柔于2月12日将"台湾防务应予最优先考虑的物资"一览表交给了蓝钦,总额为八千二百二十三万三千五百五十五美元,此外还有培训费用。)周至柔在电报中还要求皮宗敢协助我先和蓝钦联系以求获得我们需求的物资。虽然尚未从外交部得到任何指示,但是鉴于台湾局势因大陆共产党可能入侵而日趋紧张,我决定向国务院发出要求给予此项军事援助的照会,同时,还发出要求经济援助的照会。

我当时正和中国技术代表团的霍宝树和李榦讨论下一个财政年度的经济援助问题。就在前一天,我们曾讨论要求美国政府在经济合作署援助国民党中国计划项下提供的总金额。按陈诚来电所说,台北期望1951—1952财政年度得到七千五百万美元,但是我提出我们可以加上一笔应急款项以应付可能出现的物价上涨。霍宝树和李榦同意我的意见。我接着提出了在要求中列入一些项目以提高士兵伙食的热量。我们都认为看来美国已经认识到军事援助和经济援助是相互关联的。经济合作署甚至曾宣布当年的目标是把该署对西欧各国的援助引向最有利于提高国防工业生产的途径。尽管这样，看来这个问题具体到中国还不成熟，这是由于美国对我国政府仍持有偏见和疑虑。

2月17日星期六，霍宝树和李榦再次来访。我们讨论了拟议中的致国务院的备忘录草稿，内容是要求在1952财政年度提供七千五百万美元的经济援助。我根据我们以往的讨论，提出要求增加一笔应付物价上涨的应急款项。美国的通货膨胀估计会逐渐恶化，除非有一笔应急款项用以应付物价上涨，否则就会减少购买的物资数量。至于在经济计划中列入一些项目以满足士兵摄取热量的需要，从而减轻我国军事预算的负担问题，我们讨论了多种可能性，如奶粉、蛋粉、资助学龄儿童，或资助我国政府目前照管的军人家属等等。

2月20日，即在蓝钦到达华盛顿几天之后，我设午宴招待他。其他来宾有国务院的柯乐博、斯特朗、巴尼特和珀金斯，经济合作署的格里芬和特纳，作陪的有霍宝树、李榦、谭绍华和顾毓瑞。蓝钦说，一俟他和国务院商讨后，就会来访和我面谈，以便和我保持联系。他告诉我，离开台湾前，他周游了全岛，对所见到的军队印象良好；他所碰到的台湾岛人民，总的来说情绪也是好的。他认为士兵的伙食有待改善，而且需要向军队提供更多的补给品。

次日，我最后严格地审阅了准备发往国务院的有关军事援助和经济援助两份照会，然后予以发出。之后，我立即离开华盛顿赴纽约和一些朋友为去基韦斯特度假作好安排。我终于接受了我的医生的劝告和坚决要求。很长时期以来，我一直患失眠症。后来在2月12日，我醒来时觉得不舒服，并发现自己无法保持身体平衡。那天是林肯诞辰纪念日，但是由于华盛顿不放假，我就照常到办公室。工作中我感到头晕。但是下午我找威尔纳大夫看病时,他没有发现不正常现象,血压、血红蛋白和心跳都正常。但是他说,我的神经过度疲劳。他劝告我休假,这和在他之前的考夫曼大夫过去四年中多次劝我的一样。威尔纳大夫坚持说,如果我尽了最大努力也不能很好地工作,那么,再继续坚持下去就没有意义了。

我于2月22日离开纽约,当晚抵达卡萨玛丽娜旅馆。我一到达那里,就在一些朋友的帮助下,安排了娱乐休息的日程。郭慧德特别善于安排这类事情。他是一个极为富有的工商业大家族成员,这个家族在上海、广州和香港拥有很多百货商店联号。安排的日程包括跳舞、玩牌、野外会餐、钓鱼、划船、游泳和打网球。这有些可笑,但使我得到休息和换换环境,而据医生说,这正是我极其需要的。

2月24日,我和大使馆的谭绍华通了电话,他告诉我说,俞大维已经抵达华盛顿。我嘱他以我的名义设宴招待,并说明我不在华盛顿的原因。如果俞大维愿意会晤美国政府的一些人士,我愿为他安排约会。

俞大维将军是前交通部长。他曾留学德国和美国,德语和英语都讲得十分流利。日本侵华战争期间,他在柏林协助采购军需品,并和德国总参谋部保持联系,德国总参谋部则又和在华的德国军事顾问保持联系。同时,他也认识很多美国将军以及美军的其他高级官员,而且很受他们器重。显然,他前来美国是为了观察这里的形势以及美国政府和美国舆论对蒋委员长和国民党中国的态度和政策。他是一位头脑清楚的思想家,有点沉默寡言,除非他觉得确实有事值得一谈,否则就缄口不言。总之,他不仅头脑冷静,才智出众,而且能如实审察客观事物。他不沉湎于幻想,也没有野心,一贯表现对政治无兴趣。我盼望和他一谈。

2月28日,宋子文夫妇和基思·怀特夫妇从迈阿密前来参加我们的聚会。怀特夫人是宋子文夫人的妹妹。我们大家一起聚餐。宋氏一行于次日即3月1日离去,但是在他动身之前,我和他进行了一次畅谈。他和我有同样的看法,即台北对今后的事态发展未免过分乐观。

3月8日,我函告俞大维,我遵医嘱在基韦斯特治疗失眠症,并希望和他在纽约会晤,这样他就不必再次前往华盛顿。次日,我垂钓一天,主要是在防波堤外面。我很幸运,钓了约二十条鱼,但是又全部放生了。鱼回到海里,恢复活力之速,令人惊奇。

3月11日星期日,我回到了纽约。我和俞大维通了电话,想约他于星期一或星期二共进午餐,但是他已经另有约会,而且坚持要到华盛顿来问候我。次日下午,我走访了蒋廷黻。他告诉我说,他将于17日启程赴台两周,以便和政府各首脑会谈。他已嘱代表团成员夏晋麟代他参加联合国会议,并在遇到困难时和我商量。

他说,关于建立第三种力量即一个新政党问题,美国首脑人物仍感兴趣。然而在过去一年中,他没有采取进一步行动,而且他曾告诉他的美国朋友说,最好的解决方法是支持蒋委员长进行改革。他说,其他办法,也就是支持蒋委员长而不进行改革,或者进行改革而不要蒋委员长,都是不切实际的。

他同意我的意见,认为美国政府从整体来说,并没有改变对蒋委员长的基本态度。美国政府对全力支持蒋委员长或者把他看作在中国进行反共斗争的唯一合适的领袖,仍有顾虑。蒋廷黻还主张支持像俞大维这样的一些文官掌管国防部。(后来俞大维被任命为国防部长。)

星期一下午五时四十五分,胡适按照约定的时间来访。我曾想去拜访他,但他愿意到旅馆来见我。他说俞大维曾对他表示,俞这次前来华盛顿系私人访问,而且在和美国朋友谈话时,除了泛泛的谈论外,不曾涉及有关中国的任何外交或政治问题。

次日我返回华盛顿。14日我去办公室赶办一些工作。15日俞大维来访。对于目前已经比较友好的美国的意向,他急于想知道我的看法,正像我也想知道他从和他的美国朋友交谈中所得到的看法一样。美国向我们提供了可用于保卫台湾而不是用于收复大陆的军事援助,同时经济援助也已增加。但是在内心里,美国对蒋委员长和国民党领导下的中华民国政府的误解和怀疑依然存在。我说,美国政府决不会下决心对苏俄或共产党中国执行一项坚定不移的强硬对外政策。第三次世界大战看来不会发生,因为苏俄正在不经战争便能获得它梦寐以求的一切,而美国则尚未做好准备;美国为了重新武装极需时间作准备。这就是我对局势的总结,俞大维完全同意我的意见,但他认为美国并不十分希望利用大陆游击队作为发展第三种政治力量的手段。

我告诉他,美国对游击队的政策依然充满疑虑,但是愿意进行有限规模的尝试;对于这种尝试并不抱能收重大的政治成就的希望,而只是为了满足国会和全国的要求,即要求利用游击队来对中共介入朝鲜战争施加压力。

接着,我问俞大维,他对我国政府的前途有什么看法,他泛泛地回答说,前景取决于三方面的情况:(1)我们自己在台湾的所作所为;(2)东西方之间世界局势的发展;(3)我们在华盛顿的外交努力。他把华盛顿看作是我们最重要的中心,并认为我国未来在很多方面是掌握在美国政府手中的。

他一再表示,他是一个晚辈,不懂得政治或外交,但是他同意我的结论。他认为这些结论反映了一位对国际事务富于经验和有洞察力的人的判断。他说,虽然他从未向交谈的美国朋友直接提出任何问题,但他对美国的真正态度的印象和我是一致的。但是,他希望如果可能的话,他想知道美国政府制订政策的领导人是否曾直率地表示过像我和他从各自的交谈中所推断出来的意见一样的观点。

他还提出三位大有前途的美国军人,并要求我和他们建立友谊。他们是美国陆军副参谋长博尔特将军、陆军参谋长劳顿·柯林斯将军,以及在国务院和在五角大楼与乔治·奥姆斯特德少将一起掌管对外军事援助的拜罗德将军。他说,下月他将赴台,但是不知道在那里将担任什么工作。出于健康上的原因,他希望担任轻松一点的工作。他一再表示,他对他在美国陆军中的朋友的访问可能有助于我(他认识美国军界很多领导人),如果需要他协助时,请我务必找他。

次日,星期五,大使馆雇用的对外关系代办人佩奇前来报告他周游全国时和新闻界谈话和联系的情况。他的目的是把他最近台湾之行所得的印象传达给美国公众。他告诉我,他发现美国公众对台湾的看法普遍有所好转。至于使用国民党军队在朝鲜作战或者进攻大陆,有些人就问,这些军队派到前线后是否会英勇作战,蒋委员长在领导能力和民众支持方面是否可靠。这表明这些疑虑不仅存在于华盛顿的领导人的思想之中,而且在全国大都有这样的看法,而且当时这些问题仍在广泛讨论中。

星期六晚,我参加了诺曼·利特尔夫妇在弗吉尼亚州阿林顿城他们家里举行的宴会。出席的客人有意大利大使塔基阿尼夫妇、前总统威尔逊的农业部长平肖的夫人,以及来自旧金山的一些朋友。当晚的宴会充满了一些不重要的小插曲。首先是塔基阿尼夫人恰好在临来参加晚宴时扭伤了手腕,她疼得厉害,不得不离席,先是上楼休息,继而去医院治疗。其次,在轻松的气氛中,有一件小事故反映了外交礼节的细致之处。

原计划有十二人参加宴会,但后来增加到十四人。前一天,我的儿子裕昌曾由他母亲引见给利特尔夫人。利特尔夫人热情地邀请他参加宴会。但是她显然没有考虑已经邀请了多少客人,也没有考虑多加了顾裕昌夫妇,银制餐具就不够用了。结果是塔基阿尼大使落得没有全套餐具。由于少了一把汤匙,塔基阿尼只好用茶匙喝汤,还喝得津津有味。女主人一发现,就赶快把自己还没用过的汤匙递过去,可是塔基阿尼说他喝得满好,并谢绝了更换。

塔基阿尼大使把这件事情处理得这样自然,这样大方,这是有趣的,也是令人愉快的。在我的经历中,传统的外交官往往对诸如此类的小事情看得很重;至少要暗地里批评女主人在外交宴会方面不及格。但是塔基阿尼非常老于世故,轻松地对付了这件微不足道的意外事故。

最后,我想提一下顾裕昌和平肖夫人的简短对话。她问他为什么不在中国外交界步我后尘。他从容地回答说,他认为在外交界没有发展前途,而且他想赚些钱,以便能在经济上自立。他说,我本人在外交界服务近四十年,仍然不得不考虑退休后的生活来源;而他现在只有我一半年纪,月薪却已两倍于我。于是平肖夫人问我这是否属实。我回答说:"不幸得很,情况属实。"当然,我这样说是很勉强的。

这个情况过去曾经而且现在仍然对我们很多聪明的年轻人产生影响,他们本来可以成为使领馆工作的良好后备人员,但是他们拒绝参加外交界工作。裕昌曾像我那样在哥伦比亚大学国际法和外交学专业攻读学士、硕士和博士学位。他适时地写了一本有关安全理事会表决程序的书之后,参加了联合国秘书处法律组的工作。后来他坚决要求辞职,法律组组长跑来找我,要求我作为父亲运用我的影响敦促他不要辞职。我确曾试图说服他,但不起作用。

顺便提一下,提出这个问题的平肖夫人表示她是坚决反共的。她还说,她曾在伊朗工作,很了解伊朗;而且她曾在一定程度上促成了埃及公主和伊朗国王的订婚和最近的结婚。

两天后,俞大维前来告别。他在返台前将前往旧金山访问。由于我不能在次晨前往送行,我就到他下榻的谭伯羽家去看望他。我们谈了一小时,再次交换了对美国政府的意图和政策的印象。他说,从他和美国高级军官的谈话中,他得到的印象是,问题的症结在于对蒋委员长的领导缺乏信心,怀疑台湾的中国军队是否会为他作战,怀疑大陆的人民是否会欢迎他卷土重来。我觉得他是一位敏锐的观察家,但又是一位沉默寡言的人,这或许因为他是学数学和哲学的原故。

后来,军品采购技术团的韩朝宗上校向我报告说,五角大楼即将向台湾发运第二批武器、弹药和备件,这是他私下秘密探悉的。按照1945年的价格表计算,这批物资总值约五千万美元。

韩朝宗的报告产生了不幸的后果。3月27日,他来告诉我,他向台湾"国防部"发出的有关即将交付台湾的物资的情报是机密的。这个情报是美国国防机构的一位B上校私下里给他的,但这批物资仍在等待上级的批准。现在B上校得知国务院接到了美国驻台北大使馆的报告称,台北外交部已经得到这个情报,中国人曾把得到的这个情报原件的影印本给美国驻台北大使馆官员看过。美国大使馆因而追问中国人是怎样获得这个情报的。韩朝宗说,这个影印本无疑就是他发出的那份。他说,B上校当然极为不满,并表示后悔当初给他这个情报,并称今后将不得不格外小心。

不幸的是,我们在台北的人对错综复杂的外交事务并不十分警惕或老练。他们根本不应当拿着韩朝宗寄送的抄件匆匆忙忙地跑到美国大使馆去要求得到进一步的消息。这是机密,美国大使馆并不知晓,因而在见到抄件后,就报告了国务院,而国务院也深为震惊。这是国内的人缺乏经验。驻外代表尽了最大努力从朋友处获取情报,而把情报转给国内后,他们却被弄得处境十分尴尬。

3月20日早晨,我前往国民机场迎接由台抵美的中央银行总裁俞鸿钧,以回报1950年8月我访台时他对我的迎送。次日,他在中国银行总经理席德懋的陪同下前来拜访。我们交谈了一小时。俞鸿钧说,他此行并无特殊使命,而是第一次访美。他说,蒋委员长最初反对他访美,后来在必须于4月1日前返台的前提下同意了,同时要他在马尼拉执行收回四百万美元的任务;这笔钱存在纽约,名义上属于交通银行,实际上属于中央银行。

他说,上年12月,由于担心存款会因美国财政部的命令而被冻结,就把这四百万美元转到马尼拉的交通银行;这家银行是按照菲律宾的规定,依据菲律宾法律组成的独立单位,但是实际上是中国交通银行的分行。他说该行董事长王正廷已被免职,因为他曾阻挠把这笔存款按要求付给中央银行;经理也已撤换。

当我们的话题转到美国政府领导人何以目前对国民政府怀有根深蒂固的偏见时,席德懋的话倒很能说明这个问题。我曾说,偏见渊源于 40 年代初期,当时我国政府对美国政府,包括白宫和财政部在内,采取相当强硬而不妥协的态度。席德懋证实了这一点,并提到了财政部长孔祥熙和美国财政部长小摩根索之间的一次会谈,当时席德懋恰好在场。席德懋说,孔祥熙在坚持按照他本人提出的汇率金额付款时,说了一句:"我是不会受人哄骗而少收钱的。"小摩根索对此十分恼火,并转身对当时也在场的他的助手怀特大发雷霆,席德懋认为这其实完全是针对孔祥熙的。席德懋本人曾低声劝孔祥熙忍让一些并接受折衷的数字。

然后我谈到从政治上考虑,有必要解决中美间的租借问题。我对俞鸿钧说,我们必须结束有关 1942 年美国国会特别法案所拨五亿美元信贷在使用中的贪污问题的谈判,而且还必须防止在我们今后向美国要求财政援助时招来相反的结果。俞鸿钧说,他在动身前夕曾和蒋委员长讨论过这件事情。他赞成我的意见,就是尽可能圆满地和美国解决租借问题。据俞鸿钧说,蒋委员长似乎表示同意而且还记了下来。

在那以后,我曾接到外交部来电称,蒋委员长批准了我提出的早日结清我们租借账目的条件,尽管在时间上已经比我 1948 年秋的第一次建议晚了两年半,而且一直到最近即 2 月 3 日,我的建议还没有得到台北的批准。2 月 3 日,我曾接见李法端;他是江杓派来和主管租借事务的部门——国外清算委员会——解决有关太平洋上提尼安岛的废铁以及菲律宾的船只的悬案,以便收回原来指定用于按照 1946 年太平洋剩余物资协定支付的运输费约二百万美元。江杓当时任行政院物资供应局局长。

李曾对我说,总统府秘书长王世杰嘱他说明蒋总统曾指示最好等一段时间再和美国政府结清租借账目。但是我猜想这是江杓的意见,李证实了这一点。接着,我向他说明为什么这件事情不宜搁置,因为不解决这个问题日后会自食其果,就是会干扰中美两国间的关系和妨碍美国进一步援助中国。我对他讲了如下的话,这是我当晚在日记中写下的。

目前,除了中国,只有苏联的租借账目尚未结清,而杜鲁门总统每六个月就要把这个事实向美国国会作一次报告,这是玷辱我们的信誉的。我说,此外,只要账目还没有最后结清,我们的反对者就会继续指责我们贪污,指责我们在处理和使用美国根据国会特别法所给我们的五亿美元信贷方面没有财务报告书。

再者,由于国务院经管这件事情的美国代表倾向于给中国以最大的让步和最有利的全盘解决办法,我们不应放过这个机会。万一这笔账未能由我们现在予以结清,而共产党北平又肯定会拒绝承认,美国人就会把未能结清这笔账看作是国民党政府无能的又一例证。我说,前不久有人向蒋委员长建议称,有可能从美国得到一笔现金,或者由美国交付军需品,以弥补剩余物资的短缺额。但是,这只不过是我方的幻想。李说,叶公超也曾告诉他,绝对没有希望获得现金以代替继续交货。

驻外各大使馆经常发生许多这类问题和困难,这只不过是因为政府首脑的想法有时完全是片面的。他们只从中国的观点看问题,而不考虑形势,也不考虑美国方面或者我们必须与之打交道的对方所面临的问题和困难。这是我方的一厢情愿。问题在于我们这种一厢情愿和单方面考虑问题的方式,最终将导致不可避免的困境,使美国政府更加不可能改变它对国民政府的看法。

俞鸿钧来美前和蒋委员长讨论的另一件事是如何促使在美国银行中的存款早日解冻,这些存款属于中国政府机构所有,但是在法院中受到中共代表反诉的反对。我认为在我和俞鸿钧谈话时,实际上只有一个案件仍在诉讼中。大通银行曾将邮政储金汇业局的账户提请纽约法院裁决;虽然法院裁决对我们有利,但是这个案件正上诉中。

3月21日,国际复兴开发银行中国执行董事张悦联宴请俞鸿钧。我出席了宴会。在宴会上,俞鸿钧应邀讲话。他讲了半小时,表示对蒋委员长高度信任,因为他曾得到蒋委员长三次保证。他说,第一次是在南京即将失守的时候。蒋委员长吩咐他准备离去,但是向他保证,尽管局势暂时很坏,但最后还是会变好,后来局势果真变好。第二次是在日本人逼近贵阳,已经占领独山,正在准备进攻重庆的时候。俞大维告诉他,日军是何等强大,中国军队的战略地位是何等恶劣,以及日军一定会在数日内到达重庆。在向魏德迈征求意见时,他也说,局势很坏,并绝望地不断摇头。但是当俞鸿钧问到蒋委员长时,蒋委员长告诉他,局势会好转的。事实上,日军撤退了。

俞鸿钧说,最近一次,也就是第三次,是在澎湖列岛中的马公。蒋委员长又一次告诉他,台湾的局势尽管很坏,但最后会好转的。然后他引用了蒋委员长的口号:"一年准备,二年反攻,三年扫荡,四年告成。"俞鸿钧认为蒋委员长的话会再次成为事实。

接着,我应张悦联的要求讲了话。我引用了法国谚语:"有二次必有第三次。"我热烈希望蒋委员长的话会成为事实,我们大家都能返回大陆的日子终将来到。我说,到那时候我将退休以度晚年,但是我相信在座的各位都会在蒋委员长领导下积极重建家园。

3月22日中午,我同俞鸿钧前往联邦储备银行拜会托马斯·麦凯布。麦凯布尽管即将卸去联邦储备银行总裁和联邦储备委员会主席的职务,但仍然高兴地接待了我们。他对台湾的形势不甚关注,但关于美国当局对蒋委员长以及国民政府的态度则深感兴趣。他回忆了上年9月他对我和财政部长严家淦所说的话,那就是建立一个真正民主的政府和培养新的领导人的重要性,这样才能使美国政府和人民产生信心。他说,美国当局的态度目前稍有好转,但是没有根本转变。因此,他敦促我们记住他所说的话,并希望我国人民能朝这个方向努力。但是,从根本上讲,他决不相信中国人民愿意在共产党专政下,特别是在苏俄的支配下长期忍受或生活下去。

当天下午我接见了威廉·波利。他最近被任命为国务卿艾奇逊的特别助理,以协助推动在美国外交政策方面的合作以及国务院的人员改组。我本来打算去拜访他,但他宁愿到大使馆来晤谈。他愿意无拘束地交谈,他也真的这样做。他是中国的真正朋友。他告诉我,在和美国政府交往中要保持镇静和小心谨慎以及克制容忍,持这样的态度是明智的。他认为世界局势一直在朝着对我们有利的方向发展,并且补充说,“不要犯错误,继续保持耐心和容忍,这将使美国政策转而对中国有利。”

根据我照例在事后口授的谈话记录,波利首先说,他之所以不让我去看他,而宁愿来访,原因有二:一是他正好在使馆附近看一所住宅,因而他来使馆比较方便;二是他希望避免在国务院引起新闻记者的过分注意。如果我去国务院会见他,新闻记者肯定会提出有关访问的目的和远东局势等问题。

波利曾这样表白过,他在国务院的工作是承担艾奇逊交办的某些特殊任务;他的工作与中国或远东无关。但是,他一直对中国感兴趣,首先是为了他的本国,因为人们要求美国担任自由世界的领袖。他在 30 年代初到过中国,而且曾乘他的私人飞机在各地旅行了十多年,几乎走遍了中国有飞机场的所有省市。他当时是生产飞机的诺斯罗普公司的董事长;目前他仍然是该公司股东。他曾为了帮助中国建立空军尽过力;因为空军对中国抗击日本侵略是十分必要的。他说,向蒋委员长提出这个想法的正是他,而且他曾向蒋委员长推荐了三位将军,即麦克唐纳将军、安德森将军和陈纳德将军。但是陈纳德和他不能相处。他觉得陈纳德是个刚愎自用、不听忠告的人。

在回顾飞虎队成立的经过时,波利说,他召集了一批人,雇用了他们,并把他们派遣到中国,可是出了名的是陈纳德。他本来没有要陈纳德参加飞虎队,但是陈纳德到华盛顿去找他,并称愿意合作。波利说,他拒绝了陈纳德的建议,并坦率地告诉陈纳德,如果一切顺利,他陈纳德会攫取全部荣誉,而如果事业失败,则失败会归咎于他波利。在这样的基础上,他无法与陈纳德合作。但是陈纳德向他保证忠实和他共事,所以就聘用了陈纳德。

波利接着说,工作一年之后,陈纳德于 1941 年 11 月写信给他,抱怨他为飞虎队雇用的人不合格。但是,波利说,陈纳德不满意的人员实际上都显示了杰出的才能和胆量。可是蒋委员长和蒋夫人都喜欢陈纳德,因而飞虎队就由陈纳德指挥。

波利又说,他不怀疑陈纳德是中国的忠实朋友,但是杜鲁门、马歇尔和国务卿都很不喜欢陈纳德,因为他一向做事明显过火,从而招致美国政府的不满。陈纳德和一些同情中国事业的参众两院议员一起做了一些有用的工作,但是政府首脑和美国空军人士并不喜欢他。波利接着说,他对美国政府领袖对中国的误解和态度感到痛惜;他赞扬我处理这种局面的方式方法。

我说,事态的这一逆转,没有人比我更感怅惜。由于我在美国度过了将近二十年,所以尤为痛心。我在美国先是学生,然后在第一次世界大战期间任中国公使,后来一直到1946年曾多次肩负各种特殊使命来美,到 1946 年则由驻伦敦大使调任驻华盛顿大使。像波利一样,鉴于中美两国之间一个多世纪的传统的亲密友谊,在我知道这种令人不快的局面已经形成时,简直不知所措。当然,我知道问题早在我调来华盛顿之前就已形成。中国方面曾犯过很多错误,但是错误并不限于中国一方。在我看来,马歇尔访华并不是目前局势的主要原因。我问道,马歇尔对国民党中国的看法目前是否已有改变。

波利回答说,稍有好转,但是看来马歇尔有意不参加有关国民党中国的讨论,也不表示对国民党中国的个人看法,而且自从他出任国防部长以来,对有关国民政府的政策问题不予评论。波利说,早在1940年,他(波利)就曾向罗斯福总统建议,是否可以在战后任命一个委员会以研究中国问题,因为他认为五亿人的命运对于美国及其未来具有重要意义。波利认为当初如果采取了这一步骤,他相信中美两国的关系不至于演变到现在这个地步。

他接着回顾了在他访华期间,曾目睹蒋委员长在下述各方面取得的稳步进展,即统一全国,消灭军阀,建立统一币制,修筑现代化公路,扫除文盲,而最重要的是以最大决心和日本侵略者作战,这曾引起全世界的钦佩。然而,他认为不能用美国的尺度衡量中国,美国人民不应当指望中国政府按照美国的方式建立民主政治。经过多年战争带来的苦难和牺牲之后,民众愿意返回家园过和平生活,这是天经地义的。他们对日常的生活必需品比对美国的民主政治理想更感兴趣。

波利接着叙述了有一天夜晚,他很早入睡,凌晨两点半醒来,思考着能为中国做些什么。为了引起年轻美国人关注中国对美国的重要性,他想出了一个主意,提供一万美元举办有关中国的征文比赛。其中五千美元奖给了勒鲁瓦·汤普森的女儿费利克斯·汤普森小姐。其余五千元作为奖学金提供给参加《我们和中国的未来利害攸关》征文比赛的美国高等院校学生。征文比赛的前三名获奖者分别为宾夕法尼亚大学、俄亥俄州立大学和帕萨迪纳专科学校的学生。波利带来了一本有关征文比赛的剪报以及刊有三篇获奖文章的小册子。他说,在美国立案的高等院校中,有百分之七十以上参加了比赛,参加比赛的学生来自美国四十八个州的四十五个。美国各界的首脑人物也同样普遍热心于这次活动,这从征文比赛的杰出的评选人小组可资证明。

我对他举办这样一次出色的征文比赛及所取得的成就表示祝贺。我表示希望国务院有机会使他在制定有关中国和远东的政策方面贡献他的丰富知识和经验,因为他曾亲自研究那个地区的错综复杂问题,并且洞悉其间对世界和平有深远意义的争端。

波利说,他在十多年前就相信美国在为文明事业而进行的伟大斗争中需要中国的友谊。可是他不相信家庭观念很深的中国人已经真正成为共产主义者。他也不相信会出现一位中国的铁托。在他看来,中国人民是被苏俄支配下的少数中共领导人逼到朝鲜去冒险的。

我说,我觉得美国和国民党中国之间的关系目前已经成为一种傲慢与偏见。我想知道波利有什么好办法解开这个结。

波利说,他的意见是国民政府在目前的处境下要有耐心等待事态的发展。蒋委员长和蒋夫人以及政府其他领袖人物最好不要发表为他们过去的行动辩护的言论,也不要批评美国政府。他相信事态会发展为有利于国民党中国的事业。他说,通过介入朝鲜战争,中共已经做了对国民党中国有利的事情。虽然美国领导人没有改变他们对台湾的态度,但是他相信,随着时间的推移——时间是很重要的因素——他们一定会改变的。当然,没有一位美国社会活动家会承认自己的错误,因而不能指望美国政府领导人突然一百八十度大转弯,完全改变他们对国民党中国的政策。为此,他认为国府最好能赞扬美国政府领导人在逐步修改他们对国民党中国的政策以适应变化中的形势方面十分明智,并把美国的过去政策归因于美国人民对采取不同于当时所执行的政策的重要性缺乏认识和了解。换言之,要讲清楚美国之所以采取过去几年那样的政策,是因为那样的政策适合当时占上风的美国舆论,而当时的舆论界并不完全了解中国的真实情况和问题以及一个自由独立的中国对美国以至全世界的前途的重要性。他补充说,一个自由独立的中国是他的一贯主张,他在十多年前就提出过这个主张。

波利显然懂得亚洲和中国的重要性。我赞扬他在中国和远东问题上的政治家观点以及他的远见卓识,这些是制定明智稳妥的政策的主要因素。我还说,我希望和他保持经常联系;他也表示了同样的愿望。

次日,我同俞鸿钧走访了财政部助理部长小威廉·麦克切斯尼·马丁;他即将继麦凯布出任联邦储备委员会主席。若干年来,他一直是美国政府的红人。当我提到美国为防止共产主义危险向志趣相投的国家提供军事和经济援助以及美国需要远东时,他说,援助主要是集中在防务上的,但是国会很注意打算盘而且美国人民的负担能力是有限的。

午后,我和俞鸿钧走访了进出口银行副董事长艾里。这次拜访和会谈多少是例行公事。我先说明了中国为偿还进出口银行债款所做的努力;俞鸿钧强调了尽可能偿还债款的决心,但是他指出,在台湾目前的情况下,这样做是很不容易的。

之后,我同俞鸿钧前往国务院拜会腊斯克。这次会谈较为重要。我介绍俞鸿钧是中国中央银行总裁,并告诉腊斯克,俞鸿钧刚从台湾来,他主管国民政府的外汇和贸易平衡,可以介绍这两方面的情况。

俞鸿钧告诉腊斯克,政府上年逐月付出黄金来弥补预算赤字;并告诉他,自上年6月以来,他通过各种控制手段,做到了不用出售黄金就能弥补赤字。他说,台湾在经济和削减预算方面已经取得相当进展,但是维持岛上的七十万军队仍然给政府财源带来了非常沉重的负担,这项负担对七百五十万人口来说确已十分沉重。

腊斯克询问台湾的国民收入是多少。

俞鸿钧回答说,每年约四亿二千万美元。

腊斯克说,这和国务院所掌握的数字相同。他又询问上年的外汇赤字是多少,并且说据他了解是七千万美元。

俞鸿钧说,大约是五千万美元,甚至还略少于这个数字。

我说,实际数字要看以哪天为估计总数的截止日期。

俞鸿钧说,经济合作署帮了大忙,特别是花费在农村复兴联合委员会工作上的款项效果很好,得到了民众的赞扬。在一位偶然的来访者看来,老百姓穿着新衣服,骑着从日本进口的自行车,显得很富裕。

腊斯克说,他认为在削减奢侈品进口方面还应当采取一些措施,以减少外汇外流。

俞鸿钧说,这是政府正在努力解决的另一个问题,办法是加强反走私的措施并进一步从严修订进口奢侈品的现行规定。他接着提到了台湾的防务和民众由于有美国第七舰队存在而感到安全。

腊斯克说,第七舰队的存在不是为了在经济上帮助台湾。

我说,在经济方面,我国政府非常殷切希望1951—1952财政年度的经济援助金额能从本财政年度的五千五百万至五千八百万美元增加到七千五百万美元。我解释说,这是最低数字,增加的原因是过去两年推迟的某些工业建设项目诸如增加肥料、水泥等生产能力等本年必须动工。

腊斯克说,国会一直强烈要求削减对外国的经济援助,特别是因为有必要增加对他们的防务援助和加速美国本身的重整军备。甚至美国人民也不得不降低他们的生活水平,接受美援的国家也势必如此。他恐怕台湾生活水平尽管不高,也必须降低。

我说,我愿意说一说航空汽油和对台湾的军援的总的情况。我回顾了本年1月我曾对他谈到中国空军急需这种汽油。至今已两月有余,库存日渐减少,达到了危险的地步。100辛烷值的汽油库存不敷两周使用,81—91辛烷值的汽油库存则不敷三周使用。鉴于进入适于入侵的季节,台湾当局对航空汽油的短缺极为担心。我曾派大使馆好几位人员和国务院官员商谈这件事情,并根据国务院官员的建议,还派了中国空军代表前去商讨。

我说,概括地讲,涉及三个问题:第一,协助通过普通商业渠道采购航空汽油。五角大楼的美国空军官员一度曾认为我们不难通过这个渠道购进,但是后来发现这是不可能的。中国大使馆和中国空军的官员现正和美国空军官员商讨这个问题,目的是在购买所需汽油方面得到他们的帮助。第二个问题是在运输已经购妥并在太平洋沿岸等待启运的汽油方面能得到美国的帮助。这些汽油由于没有船位而未能早日起运,因为所有的远洋商船的吨位都已预订一空。第三,汽油价款的支付问题。中国政府一直从自己的资金中用现金购买汽油,但是在外汇储备现已极少的情况下,实无力支付这些价款。我说,我曾于1月份会谈时向他提出过这个问题,当时承他告知愿意考虑看有哪种款项可用于支付这种价款。

腊斯克说,关于前两个问题,国务院曾和国防部联系,据他了解,中国官员和有关机关正在探讨中。至于付款问题,他已进行调查,并发现没有可供这项用途使用的款项。

当我想知道能否从军事防御援助拨款中支付时,腊斯克回答说,国务院曾和国防部讨论这个问题,并发现诸如汽油之类的消耗品不属于防御援助计划的范围。

我说,就欧洲国家来说,我能够理解这一点。接受美国军事防御援助的欧洲国家都同时或者本身是石油生产国,或者是石油贸易国。国民党中国则不属于这两种国家的任何一种,而完全依赖从国外供应。因此,我想知道国民党中国可否作为例外。

腊斯克说,困难在于如果某一项消耗品诸如石油得到认可,其他国家就可能要求对其他消耗品诸如小麦也予以认可。

我询问是否有可能从国会向中国地带提供的两笔七千五百万美元拨款中支付上述石油的价款。

腊斯克说,他曾调查过,并发现那两笔拨款已没有可供利用的钱了。

我说,解决这个问题的第三个办法是由美国把所需石油借给中国,而把付款问题留待以后解决,换言之,就是暂时作为预付,而把筹措款项问题留待以后讨论,或者作为赠款,或者作为贷款。我说,如承腊斯克考虑这个建议,我们不胜感激。

腊斯克说,他将照办,但是对成功不能抱很大的希望。

我说,我听说新的对外经济援助法案将规定把经济合作署的经济援助调整为使得每个受援国能执行其防御计划。我想知道是否能据此作出安排,以满足国民政府在石油付款方面的急需。

腊斯克说,新法案确实将这样规定,但是这实际上意味着国会重视经济和急于减少纳税人的负担。我所谈到的新的对外经济援助法案的根本目的是强调防御计划的重要性和压缩经济援助计划。换言之,正如他方才所说的,各受援国也不得不像美国人民那样降低他们的生活水平。他给我的印象是从经济援助计划中支付石油货款的希望不大。

我在当天的日记里顺便记下了我对这次会谈的印象:

> 腊斯克询问了许多中肯的问题,仿佛是暗示俞鸿钧所告诉他的台湾的进步并不意味我们的困难已告结束,也不意味我们已经找到了解决一切问题的方法。例如,他想了解台湾前一年的国民生产总值和我们耗费多少外汇来平衡对外支付。关于前者,他同意俞鸿钧所说的数字,即四亿二千万美元。他说,据他了解,我们花费了约七千万美元来平衡外汇结算。但是俞鸿钧说,他知道大约是五千万美元,甚至还不到这个数字。为了避免在一次礼节性的访问中出现争论,我插话说,这两个数字可能都对,这要看计算所依据的日期。

> 后来,当我敦促腊斯克特别考虑我们要求的七千五百万美元作为经济合作署 1951—1952 年度对台湾的经援时,俞鸿钧说,经济合作署过去提供的援助对我们帮助很大,这一点可由台湾的经济稳定和台湾人民因富裕而开始能购买新衣服和新自行车等事实得到证实。但是腊斯克冷冷地说,由于目前各个国家都需要增加国防开支,不仅美国如此,而且接受美国援助的其他国家也如此。美国人民因此而降低了他们的生活水平,西欧人民也不得不如此。他恐怕台湾人民尽管生活水平本来不高,也必须降低。

和腊斯克会谈后,我前往纽约。第二天上午,我在纽约会见了宋子文。他告诉我,有好几个人对他谈到了他们对我经常不在华盛顿,以及当我不在时大使馆没有人负责的现象表示不满。他提到了王蓬、李法端、俞大维和蒋廷黻。他说,蒋廷黻甚至告诉他,他在联合国进行的斗争中得不到我和大使馆的合作。蒋廷黻还问他,他心目中是否有人可以取代我并能和他更好地合作。

我对宋子文谈了王蓬、李法端和俞大维抱怨的原因。王蓬想让大使馆通知国务院,说明他目前是技术代表团的顾问,因此应当承认他的官方身份并承认他有权在美国逗留和随时重新入境。但是他除了他本人的申述外,没有任何机关的证明文件。谭绍华对按照他的要求办理曾犹豫不决。这件事最后是李榦解决的。李榦以代表团秘书长身份行文大使馆,正式把他的任命通知我们。

李法端想让大使馆向里格斯国民银行证明他受权以中央银行名义开立账户,并凭他本人的支票和签字支取。但是他没有中央银行的电报或证明文件。在过去十二年中,对中国政府任何机构开立官方账户,里格斯国民银行总是要求提供授权书的影印件。因此,通知他大使馆将向中央银行索取授权书。这时候,他表示他将亲自办理,并要求我们别再管这件事情。

俞大维曾多次写信告诉国际货币基金组织中国执行董事,俞的好朋友谭伯羽说,他即将访问华盛顿。但是他每次都改变主意并推迟访问。甚至在 2 月中旬,谭伯羽告诉我,俞大维将于 17 日到达。于是我就在华盛顿等他,并把我的基韦斯特之行推迟了一周。但是他又一次改变了主意。我离开了华盛顿,而他则在我不在期间到达。当我在回程中前往纽约看望他时,他说他忙于其他约会,宁愿再回到华盛顿去和我晤谈。后来我们确曾进行了一次全面的交谈,并就美国对台湾的政策和态度互通了情报。我告诉宋子文说,俞大维甚至还好意地提到三四位美国陆军军官的名字,这几位军官我都认识;他好心地向我建议,说这几位都是大有希望的人,应当和他们建立友谊。

我告诉宋子文,最出人意外的是蒋廷黻的态度。事实上,我以前和任何一位同僚都从来没有比和他的合作更为热诚。我知道他在联合国中为保卫中国的事业一直在进行着何等艰难的工作,这个事实我对中美两国朋友都讲过,我对他所做的努力十分赞赏。我从未间断过把我在和美国政府领导人或国务院官员会谈中所收集到的有关他们对我们或对我们在联合国的立场的态度的任何情报以及我的印象都随时告诉他。如果事情既重要又紧急,我就常常用电话告诉他。否则我就前往纽约,把我收集到的有关美国政府态度的一切以及我自己对美国政府态度的看法单独告诉他或一起告诉胡适和宋子文本人。叶公超曾多次来电询问我对我们事业或者对联合国的某一特定问题的看法;为了避免给外交部造成困难,我总是和蒋廷黻商量,并设法取得一致看法。

我想不出有什么理由会使蒋廷黻认为我不和他合作。我对宋子文说,事实上,我除了为会见他(蒋廷黻)或杜勒斯之外,没有访问过成功湖。杜勒斯有一次曾邀请我前往成功湖讨论对日和约问题。我是有意不接近联合国,因为我不想显得好像我在干预,这是因为他(蒋廷黻)是我们代表团的团长,而且有足够的工作人员帮助他处理有关我们的事情。如果我来来往往,就会引人十分注意,因为我过去曾担任我国代表团团长多年,在各代表团中以及在联合国机关内有很多外国朋友。

宋子文说,他曾告诉蒋廷黻,和美国政府打交道的局面这样微妙和困难,只是由于我的耐性和保持镇静的能力才使我能够和美国政府领导人相处。他本人或者蒋廷黻,由于性格关系,不可能这样长时间忍受而不发作。我对宋子文说,我早就想退休,但是一直没有离职的原因只是因为我不愿意我国人说我是临阵脱逃,同时还因为我想通过尽全力于我们的事业以表明我对我国前途有信心。宋子文认为我这样做完全是为了中国。他说,他的美国朋友告诉他,我在美国政府官员中享有极高声望,他们都尊敬我。

蒋廷黻很容易动感情。尽管他是一位教授和学者,他有时可以突然大发雷霆。我想我有时是能同情他的,他毕竟不是科班出身的外交官,而他在联合国需要处理的问题都是最伤脑筋的。经过了这么多年,这种伤脑筋的事情对我来说,或多或少已经司空见惯,但是对他来说,这些事情不仅令人着急,而且有时令人生气。我还知道他的工作人员中有些人不是那种能够在重大问题上进行磋商或出些点子的人。

我尽了最大努力,但是关系是微妙的。代表团团长和大使馆大使的地位相等。我不希望蒋廷黻觉得我在干预,尤其因为我过去有过多年的外交工作经历,就更加应该如此。我希望他独立处理事务,我只把情况向他通报。我决不发表意见,除非他向我征求意见。但是我对于他认为我没有给他足够的帮助是能够理解的,因为他面临的问题十分困难。我想当人们像他那样受到压力时,他们有时会心烦意乱,找别人来出气,把问题归罪于他人。蒋廷黻像大多数湖南人一样,易于感情冲动。湖南人精力充沛,对事认真负责,但是脾气也往往十分暴躁。

大约一周后,我又见到了胡适。我把我听到的有关蒋廷黻埋怨说得不到我的合作的话告诉了他。我表示感到意外并说明了我的不同意见。胡适说,他认为蒋廷黻不会这样讲。他说,他曾亲自见到我多次来纽约把美国政府的意图以及国务院对我讲的话告诉蒋廷黻,因为谈话时他也在场,有时他和宋子文都在场。胡适说,不管怎样,在蒋廷黻 3 月 17 日动身去台湾之前,他有一段时间没有见到他。胡适说他和蒋廷黻只有一次短暂的会面。他建议蒋廷黻在台湾比预定的两周多住一些时间,以便能更好地了解台湾领袖的观点和意见并观察岛上的情况。

关于传说成立第三党问题,胡适认为蒋廷黻不懂政治,正如宋子文对政治也不太懂一样。我在当天的日记中写道:

胡适显然是指国务院希望看到第三种力量在中国兴起；这种力量既不同于中共，也不同于蒋委员长及其国民党。他再次明确表示，不可能创建新的反共力量，蒋委员长代表一种强大的力量，是反共斗争的象征。他说，在他看来，我不熟悉政治，也不熟悉政治的作用，因为我大部分时间都在国外从事外交工作，没有机会直接和各种政治力量打交道。

我对他说，在我和美国领袖人物会谈中，我经常向他们指出，政治必须面对现实，中国的政治领导不是一夜之间就能够形成的。此外，我曾对他们说，任何人，不管他的品德、才能和学识怎样在国际上知名，如果他不能赢得军队的信任或者没有掌握军队，他就不能成功地领导国家。

3月26日，参议员沃伦·马格纳森来到双橡园和我共进午餐。他即将启程前往东京、台北和香港，我请他来是为他饯行。谭绍华公使和顾毓瑞一等秘书也出席作陪。马格纳森解释说，他访日的主要目的是探讨和日本政府签订渔业和海运协定的前景。这样一个协定是双边的，和全面和约完全无关。

他提到了他在安排这次访日方面曾有一些不大令人满意的问题。麦克阿瑟曾邀请他作为他的私人客人访日，但是他愿意有更多的行动自由，所以没有接受邀请。但是他预计在东京逗留约十天，逗留时间长短将取决于在那里会谈的进展情况。他将由日本前往朝鲜，然后去台湾访问。他还透露斯图尔特·赛明顿的机关即国家战略资源局将有人在东京接他。

我表示希望马格纳森不仅访问台北，而且看看岛上其他一些值得重视的地方。他回答说，他希望这样；并且说，当天早晨他拜会杜鲁门时，杜鲁门曾吩咐他到台湾观察各方面情况并在返美后汇报见闻。杜鲁门还对他说，他到台湾很可能发现军队情况良好。杜鲁门说，最近他收到很多有关台湾进步的报道，他想借助马格纳森的观察来了解实际情况。我告诉他，虽然我已经把他即将赴台访问的消息报告政府，但是我现在可以确切地通知台湾，他在 15 日前后可以抵达。

马格纳森接着说,关于中国问题,似乎只要一提援助国民党中国或者使用国民党军队,就会招来老一套的答复,即一些东南亚国家反对这种做法,而无视这种反对就可能导致民主阵线的更大分裂。马格纳森说,这就是当天早晨他在白宫得到的印象。他表示他不仅在政府人士中,而且在国际外交界人士中也碰到了这种情绪。他说,这种情绪非常强烈,以致成为整个局势中真正的而且是唯一的绊脚石,也就是妨碍了在大陆上使用国民政府的游击队。他说,如果所说的关于那些国家的态度是真的,那么这不仅对国民党,而且对美国也是严重的。然而他本人认为这并不反映真正的局势,因为共产主义显然是共同威胁,他认为东南亚各国应该认识到联合起来予以抵制的必要性。

顾毓瑞认为东南亚国家的某些领袖很可能过分担心国民党中国的东山再起会使他们失掉在亚洲的领导地位。马格纳森说,如果真是这样,在他看来,他们太自私了。

我同意他这样的说法,即我们常常无法理解这种观点。我以印度的立场为例,说明中国政府如何不怕麻烦地支持印度的自由独立愿望,从而招致英国政府的不满。我还叙述了蒋委员长 1943 年的印度之行以及他对当时在关押或软禁中的印度领袖的访问。我还对马格纳森谈了中国在倡议印度在联合国和安全理事会的占一席位方面的不懈努力,理由是有必要使亚洲各国人民在世界组织中有适当的代表。但是,我说,印度代表在很多国际会议上不是报答中国的友谊,而是反过来指责中国和反对中国的席位。我举出印度代表在粮食及农业组织会议上的态度作为典型的实例。

马格纳森认为当时造成不和和分歧的是一些领袖人物的自私观点。当他又说他认为有某些其他国家也在助长这种态度时,顾毓瑞说,英国就是一例。

谭绍华对马格纳森说,尼赫鲁的观点是左倾的,此点从他的早期著作可资证明。谭绍华又说,尼赫鲁很想成为东西方冲突的仲裁人,他去年带着这样的野心来到美国,但失望地回到印度。回国后,他在印度国会对杜鲁门提出尖锐的批评确实是不平常的。马格纳森表示同意,并询问东南亚其他国家的态度。我说,当然印度有若干追随者,而且它也不放过争取追随者的任何机会;例如,印度尼西亚和缅甸就紧紧追随印度的立场,而泰国则否。此外,虽然印度是自由独立的,但是尼赫鲁的观点由于他所受的教育和教养的关系,仍然是十足的英国观点。不仅英国的政策影响印度,而且印度的政策也影响英国。

顾毓瑞接着说,就东南亚国家的态度而论,《纽约时报》最近的电讯称,日益增多的东南亚国家的华人代表团前往台湾表示效忠于蒋委员长和反共事业。他还指出,东南亚各国的华人占当地人口的绝大多数,而且控制了当地的零售商业。

马格纳森对此很感兴趣,并重申他这样的观点,即亚洲人民在反共的共同斗争中联合起来,就会赢得一切。他说,但是事实是东南亚的若干国家没有认识到共产主义的威胁,而且他们的一些领袖人物由于过去为他们的国家从殖民主义枷锁下获得解放和独立进行斗争,曾倾向于苏俄,并普遍倾向于西方的左派领袖以争取帮助和同情。因此,诸如尼赫鲁、苏加诺和许多其他领袖人物的政治观点基本上是人们所称的左派。

我说,这些国家的人民对他们国内华人之多和华人势力之大有些妒忌,这是可以理解的。然而,目前的问题是怎样有效地对付共同威胁。我觉得某些领袖所采取的态度是不现实的。马格纳森表示同意。顾毓瑞说,归根结底,印度也好,其他国家也好,都没有有效地反对共产主义的兵力,只有台湾拥有唯一的兵力。

和马格纳森的谈话使我想起约一周前的另一次谈话。我多年前在哥伦比亚研究院的一位印度同学的儿子德特尔来看望我。他一直在参加新德里政府根据与美国签订的协议举办的培训班;这种培训班和五年前我们自己举办的那种类似。我们谈了一些琐事,最后谈起了联合国的情况。

我对联合国的一些主要成员国的意见分歧感到痛惜,这种分歧是由于他们处理共产主义危险问题及遏制共产主义扩张的方法不切实际。他接着发表看法,认为印度对北平的政策是新德里政府的官方政策,并不影响印度人民对国民党中国的感情。他讲这话显然是答复我的概括的议论;我的议论是,中国乐于见到印度独立并在国际大家庭中占有合法地位。我对他说,蒋委员长和国民政府以及整个中华民族,都渴望见到印度达到这个目标,并愿为此而竭尽全力,甚至不惜为此而牺牲中国和一些主要国家——诸如英国的友谊。

技术代表团的霍宝树和李榦于 4 月 4 日星期三来访。他们是来汇报已拟定的经济合作署 1951—1952 年度的援台计划。他们说,虽然经济合作署曾敦促国务院支持并批准六千五百万至七千五百万美元的计划,但是遭到美国预算局反对,而只能指望得到六千万美元。现在他们的困难是对台湾的援助已包括在美国政府对所有国家的一揽子对外经济援助法案中。因此,任何成数的削减,都必须适合于所有的受援国。

至于列入航空汽油问题,他们被告知,航空汽油不在经济合作署援助范围之内。但是他们听说用以购买供提炼用的原油的资金可能有所增加。我再度要求他们向经济合作署进一步探讨加速粮食和棉花装运的可能性,以便间接减轻我们向军队提供衣食供应的负担,因为这方面的开支是我们国家预算赤字的主要原因。

大约在同一时间内,我得知关于美国的军事援助,参谋长联席会议曾建议成立台湾军事顾问团和训练团,并已得到美国政府批准。周末,皮宗敢还告诉我,美国已决定由蔡斯将军率领这个军事顾问团。4 月 10 日,我向外交部拍发了一份重要的绝密电报,把这个情报上报政府,但是我告诉他们,我估计皮宗敢也已直接报告国防部长。与此同时,由于我已从另外的消息来源得到更

为完整的情报,我就把这些情报列入如下的电文中:

> 第一,顾问团将由陆海空三军成员组成,共约一百五十人。陆军将有三十名军官,加上二十名其他人员。海军和空军部分也差不多,但是这两部分的高级军官尚未任命。第二,关于顾问团的任务还没有详细的指示,这将取决于该团到达并作过初步观察后所提出的建议;如有必要,顾问团的人数可增至五百人。第三,代表团团长蔡斯是少将,五十六岁,第二次世界大战期间曾任第一骑兵师师长,现任太平洋战区陆军第三兵团司令。然而,他从未到过中国。(后来知道他在很久以前到过中国。)第四,小组将于两三周后动身。

在此期间,另一件事情引起全国甚至全世界轰动。这件事情和援助台湾问题纠缠在一起,事实上,是和美国政府对华政策的整个问题纠缠在一起。4月5日,众议院少数党领袖约瑟夫·马丁曾朗读麦克阿瑟3月20日写给他的信。麦克阿瑟在信中赞成马丁关于利用中国国民党军队开辟在亚洲反对中共的第二战场的建议。白宫和政府人士的一般反应迅速而愤怒。不到一周,杜鲁门解除了麦克阿瑟的一切职务。显然,这封信成了压死骆驼的那根稻草。

麦克阿瑟免职的前一天,纽约中国银行经理贝祖贻来访。他报告了他和经济合作署前署长霍夫曼的谈话情况。贝祖贻说,霍夫曼对自由中国仍然不表同情。霍夫曼曾告诉他,正如艾奇逊所说的那样,国民政府内部分崩离析,失去了中国人民的支持;蒋委员长的不明智的政策导致他自己的垮台。霍夫曼认为,尽管美国会为台湾防御共产党入侵而提供援助,但美国不会再把蒋委员长当作领袖加以信任。

陈之迈以同样语气报告了他刚和雷蒙德·莫利共进午餐的情况。专栏作家莫利曾向杜鲁门的特别助理艾夫里尔·哈里曼询问传闻的麦克阿瑟的反复建议,即赞成利用国民党军队并为此而给蒋委员长以军事援助。据莫利称,哈里曼回答说,蒋委员长对中国人民来说是一个名誉扫地的领袖;如果美国把他作为领导反对共产党军队的反共运动的领袖,那是愚蠢的。

另一方面,当我在4月18日见到皮宗敢时,我们谈论了西方企业公司的军事采购。据我了解,这家公司正在为游击队计划办理采购,这个计划是以美国为后台和以台湾为基地,是约翰斯顿报告的产物。总之,尽管美国政府由于霍夫曼和哈里曼所陈述的那种理由,公开地强烈反对在大陆上利用国民党军队的想法,但是美国政府正继续和蒋委员长合作试验一个以台湾为基地的游击队计划。这倒不是他们真的指望这种试验会有什么结果,而是他们想消除公众和国会的压力。

担任这件事情的联络工作的皮宗敢,以前曾要求大使馆对任何公司或商行询问有关西方企业公司为国民政府购买军用物资时,都给予肯定的回答,但是谭绍华认为这样做是不明智的。所以我在18日对皮宗敢说,我们得首先要求西方企业公司派人来大使馆提供有关物资的数量和种类等情况。我们不能假装我们知道,一本正经地加以肯定,而实际上并不了解具体交易的细节。此外,我说,关于购买武器和其他军事装备,我国政府总是指示大使馆要小心谨慎而且要通知国务院,我们一直是这样办的。所以,一切以国民政府名义或以其他名义购买的军事物资都首先应由大使馆确认。

虽然我能够理解西方企业公司正在办理的这件事情的棘手之处,我还是对皮宗敢说,如果我国政府知道的话,就应当通知我们,这样美国当局至少会更加信任我方;现在他们把我们搁在一边,而他们自己则连最起码的责任也不承担。皮宗敢完全同意。他说,郑介民至少应当比较详尽地通知他。(郑介民中将是国防部参谋次长,主管与美国中央情报局等合作的某些情报行动计划。后来,他于1952年出任国防部大陆工作处处长。)皮宗敢还说,实际上主管台湾对大陆进行游击战准备工作的是陈纳德。

我准备次日设午宴招待美国军事顾问团。关于应当邀请的人的名单,皮宗敢说,他从五角大楼的计划和作战处处长吉尔克里斯特那里弄到了一张,而吉尔克里斯特可能是从顾问团的参谋长约翰·斯托特上校或顾问团团长蔡斯少将那里得到的。

次日的午宴是作为给盼望已久的美国驻台湾军事援助顾问团饯行,一切颇为顺利。参谋长斯托特了解中国。他曾在史迪威领导下在缅甸和中国第五十二师及第五十三师并肩作战。他还曾在马歇尔领导下,在三人军事调处执行部任校级军官,并在中共同意把中共军队编入国民党军队后,前往张家口为中共筹建军事学院,以履行马歇尔的诺言。但是,斯托特说,中共根本无意建立军事学院,因此这个计划毫无结果。斯托特还高度称赞蒋委员长为伟大的爱国者和世界领袖之一。

和我早些时候知道的相反,蔡斯少将也曾到过中国。他是在第一次世界大战期间而不是在第二次世界大战期间曾在马歇尔领导下在天津服役。第二次世界大战期间,他在麦克阿瑟领导下,从澳大利亚和太平洋的新几内亚一直打到菲律宾,最后到日本参加接受日本投降。他说,顾问团将为中国训练陆军,并教部队使用特别是保养向台湾提供的新式装备。

我对蔡斯和斯托特两位都谈了我们急需武器备件和包括航空汽油在内的汽油。蔡斯对我说,他曾特别要求五角大楼向台湾加快发运第二批军需品,汽油问题也在考虑中。斯托特告诉我,1951—1952财政年度的装备供应量甚至更大,而且已经有了计划,但是计划尚未确定,因为必须等待国会采取行动提供必要的款项。至于航空汽油,已决定向我们提供足够用一个月的现货。我猜想这个限制是为了防止台北把汽油随意另作他用。

当天晚些时候,我打电报给外长叶公超,报告午宴的情况,并要求他将电报抄送给国防部长郭寄峤和参谋总长周至柔。我说,蔡斯告诉我,美国军事援助顾问团的任务是双重的,既准备接受咨询,又帮助我们训练军队,特别是有关保养和使用新式武器。

蔡斯曾说,第一批人员共五人,将于4月20日离美,在东京逗留数日,预计5月1日抵达台北。第二批人员将于5月中旬离美。其余人员的派出及抵达时间,将取决于已在台湾的人员的观察和报告。蔡斯还说,海军的代表都是海军中校;太平洋运输舰队上校指挥官不久将被指定和第二批海军军官一起赴台。然而,这批美国军事顾问团的派出应予保密,等到4月20日由华盛顿和台北同时予以公布。

接着,我报告叶公超,我已把我们对某些军事装备和汽油的急需告诉了蔡斯。他说第二批军需品与一定数量的汽油不久即将运出。关于今后运往台湾的军需品,我报告说,蔡斯宣称美国国防部已制订计划,但是所需款项必须等待美国国会通过下一年度的对外军事援助计划。最后,我报告说,今后对于我们所需的航空汽油,将维持一个月的储量。

4月20日,美国国防部宣布正向台湾派出军事援助顾问团。通告宣称,这个团在蔡斯率领下将作为美国驻台北大使馆的一部分进行工作,并将执行向外国政府提供军事援助的例行任务。大概台北也发布了类似通告。

三天后,我把当天早晨《纽约时报》社论的要点电告外交部。我的印象是,这篇社论表明了美国舆论界的一个重要组成部分对美国国防部通告的反应。该社论指出,向台湾派出一个顾问团以监督美援的使用和协助技术合作,这构成了一项基本上积极的政策。这个行动并不包含我们军队有协助进攻大陆以达到光复的意图,但它确实证明了美国承认国民党军队和美国人民是站在一条战线上的,因而有必要加强国民党军队的力量。

我说,该社论指出,台湾是亚洲最大的反共基地,如何加以利用,既是政治问题,又是军事问题。然而社论说,如果目前的战局趋向扩大,那么美国人将会或者应该为有这支力量而感到由衷的庆幸。社论进一步指出,当前美国在亚洲有五个重要的盟国,最大的是台湾,其次是日本、菲律宾、安南和中国大陆上的游击队。

因此,社论指出,除援助台湾外,美国还应尽力设法和游击力量建立联系,以便让他们知道他们并没有被遗忘。

第二天下午,美国国防部副部长罗伯特·洛维特宣布,赴台军事顾问团的人数以后将增加到五六百人。但是当问到这个团的活动是否仅限于训练中国军队使用和保养美国新式装备时,他拒绝加以评论。显然,他有意不让中共获得情报。中共刚在前一天夜里在朝鲜发动了早就料到的春季攻势,把联合国军击退了十至十二英里。

事态的发展向我证实了这样一点,即北平政权的态度和行动对于美国向我们提供更多援助的态度和政策的影响比其他任何因素为大,对于军事援助尤为如此。因此,他们最终决定组织一个我们自1948年以来一直敦促的军事顾问团,甚至予以扩大。

第二节　国际背景和美国的政治争论

1951年3月—7月

1951年3月14日,南朝鲜原来的首都汉城第四次易手,重新被联合国军占领。一星期后联合国军又占领了位于38度线南侧仅八英里的重要交通枢纽春川。随着联合国军推进到朝鲜的分界线,美国的杜鲁门总统已经开始磋商以决定一项行动方针。当然,现在人们早已普遍知道,总统那时所想的是实现停战和与共产党人进行谈判,并且已把这个意图通知了麦克阿瑟将军。同时,美国政府也提出了拟递交其他出兵朝鲜的国家的以和平为目标的总统声明草案。草案指出由于共产党人已被逐回他们原来的出发地点,击退北朝鲜和中国共产党军队侵略的主要目的已经达到。换句话说,声明表达了美国政府为了有利于早日实现和平解决,情愿放弃统一朝鲜的愿望。

可是,3月24日后,这个已经征得盟国同意的总统声明被搁置起来。因为麦克阿瑟将军出于他的主动,已经发出了一项愿意与敌方战地指挥官谈判的声明,这个声明带有威胁性,即除非接受他的建议,否则联合国将把战争扩大到中国大陆,使红色中国面临军事崩溃的危险。

这些事情发生的时候,美国国内似乎对它的真实意义缺乏应有的认识。一般人认为,麦克阿瑟的声明(也登载于美国报纸上)是理所当然的事。报上曾有文章指出麦克阿瑟声明干扰了华盛顿正在进行的一项重要外交计划,但这并未引起美国人民多大注意,因为他们正被国内问题严重困扰,而且他们一直深信麦克阿瑟将军的聪明才智。

在华盛顿,一切事情仍然照常进行。这时法国总统奥里奥尔和夫人为了进一步改善法美关系正在对美国作正式访问。3月30日晚我曾竭力设法出席法国大使馆举行的招待会。但是像许多其他客人一样,我的努力彻底失败。我和我的妻子于十点三十分动身前往法国使馆,当行驶到康涅狄格桥时就发现我们的车子被夹在两列驶向同一目的地的车龙之间。我们在车中等待了约二十分钟,前进不过十码,于是也学印度大使潘迪特夫人和一些别的人那样下了车,打算步行到距离仅有五十码远的法国大使馆。

那天天气很冷,寒风呼啸,我们走进了路旁便道上的人流中。我举目四望,见到了许多熟悉的面孔,男人们都穿着燕尾服,系着白领结,女士们都穿着单薄的夜礼服,佩戴着五光十色的珠宝首饰。我们以蜗牛般的速度尽力向前挤了一个小时,在拥挤的人流中只前进了十来码,才从葡萄牙使馆前面到了紧邻的法国使馆大门外边。这时每个人都伸长脖子注视前面,想弄清究竟出了什么事情和为什么这样迟缓,但是我们看到的只是前面长长的人流正在涌入使馆大门拥向宴会厅,后面的轿车仍在络绎到来,车里的人也下了车卷入人流之中。由于时间拖延,进展不大,四周的怨言越来越多,有些人说他们从来没有见过这样糟糕的安排。

有位太太催促她的丈夫和她一道回去,免得冻出肺炎。她的丈夫说:"我不会得肺炎的,还是再等一会吧。"她反驳说:"那么我要走了,我不想得肺炎。"但最后人们一个个都转身回家了。先是上岁数的,接着是些年纪较轻的夫妇。我看见印度大使、危地马拉大使、参议员斯帕克曼以及那些穿着华丽制服的陆海军将军们都陪着他们的夫人转身离去。我的妻子也一直在催我回家,但我坚持要再呆一会儿,心想回去的人越来越多,会使我们比较容易地到达目的地。可是这种想法并没有实现,因为前面的人流仍很稠密,至少有五百余人。当我听说前一批进入宴会厅的客人们正在开始往外走时,我看了看表,已经是半夜了。这时不仅时间已晚,而且显然那些进去的人也已停留不住,所以我们没有见到法国总统夫妇就回去了。

法国总统夫妇对于我们没有出席这次招待会也许会感到奇怪,因为请帖是以他们夫妇的名义发出的,而我在任驻巴黎的中国大使时,对他们伉俪都很熟悉,但那天真没有办法出席。好在当总统夫妇到达那天,我曾派人给他们送去一篮美丽的鲜花以表示我们的敬意和感谢他们当我任职法国期间在巴黎对我们的殷勤接待。他们确实是高尚正直的人,我本来非常愿意见到他们,我想他们大概也很高兴见到巴黎的老朋友,而且我能用法语直接和他们交谈,可惜我的愿望没能实现。

第二天,我和我的一等秘书顾毓瑞乘早晨的班机前往辛辛那提。我计划那天下午在国际事务学会的午餐会上发表演说。学会的莫尔斯博士十二点左右在机场迎接我们,从机场到举行午餐会和演讲的饭店用了约四十五分钟。席间我以《亚洲和世界和平》为题作了演讲,顺序排在国务院计划处的埃默森先生后面,我和他是在匹兹堡途中相遇的。他显得很审慎,在演讲中只泛泛地谴责了共产党的野心和在朝鲜的侵略行动。他引用了我以前在国联大会上的一段讲话,即敦促对日本侵略者采取行动,这不仅是为了中国的缘故,也是为了集体安全免遭攻击。他说美国在朝鲜抗击侵略的政策同样是以这种原则为基础的。

会议直到下午三点才结束,之后,我们径赴机场前往纽约。但抵达机场后,我们获悉预订的东方航空公司班机已于一小时前在圣路易斯停飞。莫尔斯想尽一切办法力图在下一班开往纽约的美国航空公司客机中为我弄到一个座位,可是直至起飞前七分钟才算办妥,所以我几乎是在最后一分钟登上飞机,坐在联合国助理秘书长本·科恩(他也是前一天晚上在学会中的一个演讲者)的旁边,他很高兴有我作伴可以畅谈。扫兴的是我刚上飞机两分钟乘务员就把我叫出舱门说请我去一趟办公室,在那里有人告诉我预订座位的人已经来到,他们不得不让他登机旅行,否则公司须负责赔偿损失。他说另外还有两个人也已同样被要求离开飞机。他们为此对我和莫尔斯博士再三道歉,但这对于我的纽约之行并无补助。莫尔斯博士竭力劝我在辛辛那提市住一夜,可是我在纽约已另有约会。最后,经过打了许多电话和费了不少唇舌,我才在六点半钟的班机上得到一个座位飞往纽约,晚了一个半小时。

4月4日,我出席了另一个招待会,这是特拉克斯顿·比尔夫人为了招待出席当时在华盛顿举行的第四届协商会议的美洲国家外交部长们而举办的。根据他们4月7日会议结束时所发表的宣言来看,这次会议的目的是为了"敦促西半球各共和国对国际共产主义的侵略活动加速实行共同防卫"。(国务院《公报》24卷1951年4月16日,606页。)

招待会的女主人比尔夫人是巴克莱副总统的姻姊妹,她是个出色的社交领袖,被人们誉为华盛顿的"贵妇"。据说许多热衷于爬上社会顶层的人和外交圈子里的成员都希望得到她的邀请,但她在拟定宾客名单时总是要求很苛而且区别对待。那时也像现在一样,在政界和社交界中都存在着许多嫉妒和竞争。

我利用这个机会与哥伦比亚大使苏莱塔·安赫尔进行了有益的谈话。他告诉我,美国要求所有拉丁美洲国家为联合国抗拒侵略的国际联合部队作出贡献的建议将被采纳,因为阿根廷、墨西哥和古巴的反对意见,经艾奇逊在一次委员会讨论时亲自呼吁后,已经消散。他还相信美国不会放弃朝鲜,将继续从事一场有限战争的政策,以表明美国无意与侵略者妥协。我听了很感兴趣,因为早在1月份,他似乎对美国关于这个问题的真实态度和意图还感到捉摸不定,特别是因为美国迟迟没有提出谴责中国共产党人侵略朝鲜的建议草案。

他1月份还告诉过我哥伦比亚对联合国作战行动的贡献。他说虽然哥伦比亚是个仅有一千万人口的小国,但它毫不犹豫地响应了联合国的集体行动号召。它已派去一艘军舰和一千军队,当哥伦比亚政府作出这一决定时并未遇到问题。实际上军队以高度热情接受了这个决定,人人都想参加,由于希望前往朝鲜的人远远超过所需的人数,政府不得不采取抽签办法来加以选择。

这时我说,哥伦比亚做出了卓越的贡献。考虑到它的面积和资源,哥伦比亚的贡献远胜于诸如英国这类国家。他说英国派出了一万六千军队和一些军舰,而比哥伦比亚大得多的法国却和哥伦比亚相同只派出一千军队和一艘军舰。

说来有趣,他和我在1月份讨论的另一个题目是美国的准备程度和第三次世界大战的可能性。那时他曾问我,是否认为会出现全面战争。我回答说,根据我的美国朋友的情报,春季和夏季将是最危急的时期,如果能够渡过当前的危机进入8月,1951年就不会发生世界大战。

然而苏莱塔·安赫尔坚信春季就会爆发世界大战。他曾说过美国已经动员了它的人力和工业,并任命了艾森豪威尔将军为北大西洋联合部队的最高统帅;同时美国正以武器支援西欧建立它的军事力量。所有这些行动俄国完全知道,苏俄估计西欧为完成其重新武装计划需要一年半至两年时间。他们肯定不会等到美国准备就绪。他说苏俄在欧洲有强大的军队,目前且处于有利地位,他不信斯大林对此会不加以利用。战争可能不以俄国人贸然进攻西欧的形式出现,但莫斯科可能在某些地方煽动局部冲突,从而燃起全面战火。

我说,共产党人统治世界的计划是坚定不移的,他们仅仅按照形势而改变他们的策略。共产党人对朝鲜的侵略,可以清楚地证明他们阴谋征服亚洲,为最后与自由世界决战作好准备。

苏莱塔·安赫尔认为共产主义的主要目标是美国,把它当作资本主义的堡垒。美国在原子弹方面可能对俄国占有优势,但他不相信那能阻止俄国实现它征服世界的计划。

我表示我对原子弹是否能被证明为决定性的武器颇为怀疑,他同意我的看法,并说美国比苏俄更经不起原子弹的攻击。如果俄国人对纽约、费城、芝加哥和底特律等几个美国重要工业城市投下原子弹,就将使这个国家遭到非常沉重的打击;而即便莫斯科被同样摧毁,苏俄的战争潜力并不会受到严重影响。当年拿破仑在侵入俄国时就发现了这个问题。

我说希特勒在斯大林格勒也尝到了苦头。世界形势确实很严重,谁也没有把握能预见将来的变化。

2月1日来访问我的朱安将军的助手也相信美国将尽可能继续武装。他认为美国现在显然倾向于对俄国摊牌,因为此事迟早终须解决,如果不解决,世界就不能指望在和平和安全中生活。

我自己不大相信美国有摊牌的决心,正如我在3月15日对俞大维将军所说,我认为美国政府决不会对苏俄或共产党中国采取坚定强硬的政策。我还告诉他,第三次世界大战不大可能发生,因为苏俄不经过战争正在获得它一向梦寐以求的一切东西,而美国则尚未做好战争准备,它急需时间以便重整军备。

另一方面,到了3月中旬,美国明显地正在重新审定当务的重点,首先是在财政方面,这是为了面对日益加剧的冷战形势,争取在战备工作中取得进展。军事及有关费用在拟订的美国预算内占了绝大部分。对外援助也增加了,而对外援助的预算中,军事开支也占据着主导地位。

对军事安全所赋予的新的重要意义似乎进一步得到华盛顿所有政府部门以及两大政党的支持。问题在于如何实现美国的军事安全,这一点存在着意见分歧,而这种分歧主要集中在有关美国的对华政策问题上。

前面提到众议院少数党领袖约瑟夫·马丁 4 月 4 日在众议院宣读了他收到的麦克阿瑟将军的信。这封信很重要,因为它表明了麦克阿瑟坚决反对美国及联合国企图在朝鲜进行一场有限战争的战略思想。他主张以最大的兵力来反击敌军,像美国过去一贯的做法那样。他还说:"亚洲正是共产主义阴谋家选作他们推行征服全球计划的地方,……如果我们在亚洲这一仗输给了共产主义,那么欧洲的沦陷就将不可避免。"他更进一步地赞成马丁的建议,即利用台湾的国民党军队来反对中国共产党人。

整个事件在美国政府中引起了轩然大波和批评指责,白宫的反应也很不以为然,甚至发怒。那天晚上杜鲁门总统在向全国进行广播演讲时,他反复陈述美国人民不希望看到朝鲜战争扩大,并且说他不愿意"陷入亚洲大陆上的这场巨大冲突之中,如果我们主动扩大战争,那将是悲剧性的错误。"

美国政府对于亚洲战场的看法完全与麦克阿瑟不同。杜鲁门和国务院尽管对全球战略越来越重视,但他们的注意力仍然集中在欧洲。1 月份杜鲁门在国情咨文中曾说:

> 我们共同防务的中心是北大西洋共同体,欧洲的防务是整个自由世界——包括我们自己——防务的基础。

虽然战争正在朝鲜进行,美国对欧洲的军事和经济援助仍远远超过对任何其他地区的援助。参议院最后甚至已经批准向欧洲派遣军队。例如 1 月初联合国军放弃汉城后不久,韩国大使张勉曾对我说:美国方面已通知他,由于美军被牵制在欧洲,所以不能向朝鲜增派军队。

4 月 7 日我出席了一次招待会,这个招待会是由泛美联盟第四届外交部长会议的拉丁美洲成员为欢迎国务卿艾奇逊夫妇而举办的,招待会上包括艾奇逊在内仅有三四位外交部长。也许是因为泛美大厦和宴会厅外表宏伟的缘故,出席人员显得寥寥无几。招待会上的茶点很平常,客人们也缺乏热情。我不知道这是否由于代表们经过十天会议的劳顿或为烦人的世界局势所困惑而表现得心烦意乱。会上,几乎我与之交谈的每一个人都问我对于大战在近期或年内爆发的可能性有何看法。

深夜,我在日记中写道,各报和广播都大肆宣传白宫对麦克阿瑟致约瑟夫·马丁的函件的强烈反应,伦敦和巴黎的评论也很紧张不安。我认为可能会对麦克阿瑟采取某些强烈措施,或是严厉申斥,或是召回。

次日,在朝鲜有六个美国师和四个南朝鲜师越过38度线北进。4月9日中国共产党人放弃巨大的华川水库,并且打开了它的溢洪闸门企图阻滞联合国军前进。盟军预料共产党人将发动第三次反攻。美国的埃里克·戈德曼在他所著的《严峻的十年》一书中描述了当时美国的气氛:

> 在一个大雨滂沱的复活节日,战斗在朝鲜的联合国军越过38度线向北进击。以前他们曾一去一回两度跨过这条分界线;然而现在这次又能有什么更大的意义呢?尽管没有人对战局悲观,但是麦克阿瑟将军已经清楚表明他预料将形成僵局。关于战争的那些报道简直毫无意义,这里打死了一百名共军,那里则牺牲了几千人才稍稍向北推进一点,占领了几处无名高地,只不过是为了几天后又丢掉,并且仍然不知道它的名字。

4月10日我接待了贝祖贻先生,他来华盛顿谋取永久居住身份。一家世界性保险公司的首脑斯塔尔先生提出派他去拉丁美洲和非洲的丹吉尔,研究该公司在那些地方投资和安全储存资金的可能性,这是有鉴于战争可能扩大和美国必然会出现通货膨胀的未雨绸缪之举,也是一个大金融家和拥有许多公司的大亨的预见。然而,贝祖贻如要以那种身份为斯塔尔工作,他必须有永久居住身份才能自由地返回美国。他为此而奔跑以谋取支持,至今已有些眉目。

就在第二天,杜鲁门总统突然免了麦克阿瑟将军的职,使华盛顿大为震动。麦克阿瑟被解除了盟国最高司令官、在朝鲜的联合国军司令官、远东和朝鲜美军总司令等一切职务。免职命令立即生效,麦克阿瑟被允许到任何他所选定的地方去旅行。我在4月11日的日记中写道:

> 虽然不是完全出乎意料,但听到这个消息仍然有如晴空霹雳。到了下午六点,广播宣布说大批电报和信件涌向国会与白宫。西联电报公司的负责人说,收到发给国会议员和白宫的电报已有约六万件,绝大多数电报反对总统的行动。
>
> 上午八点我被我们的国际新闻社打来的电话吵醒,要求我对麦克阿瑟的被免职加以评论。因为这个消息是由白宫新闻秘书萧特于上午一点从白宫发布的,我还没有看过这个通告,所以拒绝评论。这天较晚的时候,叶公超也发来电报,说我国政府已决定对这件事保持缄默。

在华盛顿的共和党领袖们对此却绝难沉默。将近中午时,当共和党会议在众议院少数党领袖办公室召开过之后,约瑟夫·马丁告诉记者们说,会议已经同意下列两点:

(1)国会应当对政府的外交和军事政策进行全面检查;

(2)应当邀请麦克阿瑟将军向国会阐明他的全部观点。

马丁甚至说,已经讨论了可能要提出弹劾。

那天晚上杜鲁门总统在广播和电视中演讲,讲题为《在朝鲜冲突中的美国政策》。他强调美国在朝鲜的一切行动都是为了防止一场第三次世界大战。他谴责共产帝国主义和侵略行为,并说对朝鲜的侵略是共产党人曾经干过的许多事情中"最冒失和最危险的行动"。他承认"进攻朝鲜是征服整个亚洲巨大计划的一部分",但是他宣称不通过全面战争就能阻止这种征服的最好办法是在朝鲜打一场有限战争。另一方面,如果战争扩大到满洲和中国本土,美国就会由于挑起全面战争而破坏了它自己的政策。总统解释说,因为麦克阿瑟将军不同意这个政策,他不得不解除麦克阿瑟将军的一切职务,"以免人们对我们政策的真正意图和目标出现怀疑和混乱"。

    总统的演讲和解释对于平息政治争吵并未起到多少作用。当麦克阿瑟将军在欢迎英雄凯旋似的空前盛况中回到美国后,4月19日他在特别召集的国会两院联席会议上重申他的观点时,得到了广泛的支持。他说:"战争的根本目标是胜利——不是优柔寡断拖延时间",应当轰炸满洲和封锁共产党中国,还应装备台湾的国民党人以便进攻中国大陆。

    那时美国国会两院为了弄清目前的争论和美国远东政策的背景而着手进行的国会调查活动的声势越来越大。事实上,举行听证会是在4月24日公布的。至于就朝鲜的局势而言,预料中的共军春季攻势已经开始。4月22日夜,共军沿着一百余英里宽的前线发动了一系列进攻,美军被迫后撤。我在4月26日的日记中写道:

> 来自朝鲜的报道说,共产党人在朝鲜的攻势四天中已经前进了二十七英里,现在距离汉城仅十七英里。

这样的报道更加使人们对政府的有限战争政策失却信心,出现了许多有关国务院将发生变动的谣传。因此我在4月26日的日记中半信半疑地继续写道:

> 华盛顿《时代先驱报》刊载了一则报道说,杜鲁门总统已经要求保罗·霍夫曼代替艾奇逊担任国务卿。可是杜鲁门总统在今天的记者招待会上否认了此事,说他对现在的国务卿感到满意。顾毓瑞核对过这个传说后,说总统的否认不足

为凭,不久变动就要实现。可是陈之迈从其友人处另行核证后报称,原来的传说纯属虚构。

前一天来访的蒋荫恩告诉了我另一个关于总统职位的传说,他说目前正酝酿着一个行动,让麦克阿瑟来当共和党提名的总统候选人,而以路易斯·约翰逊为副总统候选人。

早些日子我曾为访问华盛顿的前教育部长、国民党领导成员杭立武举行过一次欢迎宴会,其他客人有曾琦、李惟果、于斌大主教、霍宝树、李幹等。中国青年党主席曾琦担心麦克阿瑟的免职会影响到美国对台湾的政策,但我告诉他,我认为那不致于给美国的台湾政策带来不利影响。

次日,4 月 13 日,杭立武到我的办公室来拜访。他说他经过欧洲来到美国,在罗马、巴黎和伦敦停留了约六个星期。他会见了英国政府指派接见他并听取他意见的大法官乔伊特勋爵,因为艾德礼首相和赫伯特·莫里森外交大臣害怕北平的反感,不愿出面介入。乔伊特勋爵曾告诉他,如果朝鲜的局势长此下去,英国有可能改变对北平的政策。但是他请杭立武不要以为很快就会改变,这种改变可能在年底才到来。

杭立武先会见了助理次官罗伯特·斯科特一共六次,斯科特并设午宴招待了他。在交谈中斯科特曾向他解释,并不是由于考虑到英国在中国的商业利益和投资才导致联合王国承认了北平政权,而是因为英国想要避免重犯对 1917 年革命成功后的俄国所造成的错误,那时英国对苏联政权的承认拖延得太久,从而迫使俄国采取孤立政策,并把它的反击对准西方及整个世界。

杭立武说,斯科特承认英国第一个承认北平政权的性质和意图已经证明是错误。但是他说,英国现在仍无意撤销对北平政权的承认。杭还说,事实上,在不太久以前,英国的工党议员曾要求召回麦克阿瑟,因为他鼓吹轰炸满洲和利用在台湾的国民党军队反对中国共产党人。莫里森已经正式声明,英国政府反对这样的政策,并且仍然相信朝鲜问题应当通过政治和外交途径解决。

（我了解到英国最近曾向美国政府提交一份备忘录,倡议就筹划中的对日和约问题与北平协商。此外还主张宣布台湾应当归还共产党中国。）

杭立武接着说,虽然近期难以指望英国改变政策,他仍寄希望于最后来一个转变。当他会见安东尼·艾登时,他说艾登并未对将来表态,不过艾登宣称联合王国政府应该仅限于保持事实上的承认,借以观察北平的表现,而不必急于立刻给以法律上的承认。杭立武没有见到邱吉尔,但后者通过他们一个共同的朋友传话告诉杭说,邱吉尔仍承认蒋委员长是个朋友,因为在反共斗争中,他要的是朋友而不是敌人。（邱吉尔就是这样的人。）

谈到尼赫鲁在伦敦的影响问题,杭立武认为影响不大,因为英国人怀疑他。斯科特给了杭立武同样的印象。杭立武还说,英国人也不能对尼赫鲁产生多大影响。

4月20日晚,我出席了约瑟夫·戴维斯夫妇在其寓所举行的宴会。那本来不是一件大事,但它显示了在华盛顿款待宾客的不同礼仪。戴维斯夫人是个大富翁的女继承人,通用食品公司的一位女继承人。戴维斯原先是为她处理离婚案件的律师,但后来与她结了婚。戴维斯家的宴会是那时难得见到的社交聚会之一,充满了豪华气势,佳肴美味和迷人魅力。有老式的菜肴和六种美酒,可以满足讲究吃喝的客人们的口腹。我坐在女主人的右边,她非常妩媚。宴会自始至终我和她及墨西哥大使的妻子科利纳夫人一直在愉快地交谈。

宴会后土耳其大使埃尔金找我闲谈。他同意我的看法,认为苏俄并不打算挑起世界大战,只是致力于在世界不同地区制造一个又一个危机来削弱西方。他觉得在苏俄看来,亚洲和欧洲对它同样重要。苏俄不会放弃在朝鲜的战争,并且将同时在印度支那和其他地方开始制造新的危机。西方国家迫使苏俄住手的唯一办法应该是在朝鲜或苏俄选来试探西方实力的任何其他地方表现得坚定、强硬。

土耳其大使对美国支持英、法反对土耳其加入北大西洋公约的要求深感失望和不满。他曾会见当时的副国务卿洛维特,质问为什么不能接纳土耳其,对方告诉他公约是为北大西洋国家制订的,土耳其不在那个地区之内。埃尔金曾辩论说,地区的利益不应该局限于地理概念上,必须从一个地区共同的利益的广义方面加以解释。他告诉洛维特,就共产主义的危险而论,这种威胁对一切国家都是同样的。如果土耳其被搞垮了,西欧将立即遭到灾难。可是洛维特无动于衷。

　　当意大利随后提出申请并被接纳加入公约时,埃尔金会见了艾奇逊。艾奇逊对他说,在参议院批准公约后,他将满怀同情地考虑土耳其的请求,因为当他力争使参议院批准公约时不想增加新的问题。然而,在公约获得批准之后,埃尔金再次会见艾奇逊,询问为什么意大利也是个非大西洋国家能被接纳而土耳其不能时,他仍然没有得到满意的答复或解释。

　　埃尔金接着说,英国人一向对美国国务院有巨大影响,而他们甚至比法国更反对土耳其进入北大西洋公约。于是我问,举世皆知土耳其有一支优良的军队,能为欧洲反对共产主义威胁的事业做出重大贡献,为什么英国竟会反对土耳其加入这个防卫公约。他说真实的原因是由于英国和法国害怕另一次世界大战。英、法两国都知道,如果苏俄一旦侵犯土耳其,土耳其必然奋战不屈,这就会迫使签约国全面摊牌,因此不愿意在签约国家中有这样一位易惹事的硬汉。

　　土耳其大使还认为如果美国被卷入与苏俄的争端,它不会诉诸战争,而只会遵循妥协政策。他说,事实上,他曾提到的那些国家仍然希望并且乐于和莫斯科进行谈判,寻求以和平的方式达到全面解决,而不惜牺牲他人的利益。他已了解到英国曾向苏俄提出重新考虑达达尼尔海峡问题。

　　威廉·里基特4月26日来与我共进午餐。他告诉我有关中东的形势,特别是英国,它在那里遇到了重大困难。他刚刚从伊朗来,那里在穆罕默德·摩萨台博士领导下的伊朗民族阵线政府正在鼓吹英—伊石油公司的国有化。我曾在报上看到在阿巴丹大炼油厂及其他石油公司设施中发生罢工和骚乱,英国人和伊朗人都有伤亡。

里基特说,他访问过罢工中心阿巴丹,并且曾帮助筹划解决伊朗政府与英伊石油公司之间的争端。办法是在三个月内分期付给伊朗政府一亿英镑现金,其中两千万英镑应立即交付。今后利润的百分之五十和公司所有资产的一半也归伊朗政府。里基特认为英-伊石油公司早就该这么办,他在几年前已经告诉过约翰·西蒙爵士,但当时公司以无力负担为借口而拒绝照办。

里基特不认为那年在中东会出现更多的麻烦;并且像一切英国人那样,认为美国不应该在朝鲜或亚洲卷入太深。我有意激他一下说,联合王国似乎很想加入由澳大利亚、新西兰和美国所酝酿的太平洋公约;还说一个欧洲朋友上星期曾告诉我,一旦美国与苏俄发生战争,西欧将力图保持中立,而且如有可能,将和苏俄进行谈判。里基特说:"英国人和欧洲人都害怕战争,并且认为美国与拥有五亿人民的共产党中国从事战争是愚蠢的。"

次日晚间我出席了戴维斯夫人举办的另一次宴会,这次我和秘鲁大使唐·费尔南多·贝尔塞梅耶作了长时间交谈。我问他对最近举行的泛美外交部长会议印象如何时,他说会议是成功的。最初艾奇逊好像对这个会兴趣不大,但在法国总统奥里奥尔向会议发表演讲受到热情的鼓掌欢迎后,他有了转变。采取步骤实现西半球集体安全的决议经过墨西哥、古巴、阿根廷和危地马拉无效的反对之后,终于得到了一致通过。秘鲁曾提议加强泛美国家的军事参谋会议,该会迄今每星期只草草集会一次,这个建议得到了采纳。

他告诉我,在会议闭幕的第二天,国务院的米勒分别把他和其他泛美国家使节请去,对他们说,现在这些国家必须派更多的军队去朝鲜。米勒要求秘鲁派遣五千人,并说,美国的母亲、姐妹和妻子们已经为美国军队在朝鲜遭到的日益增多伤亡反应强烈。当他们要求装备和运输工具时,米勒向他们保证美国政府会负责办理。贝尔塞梅耶说这与美国过去的态度迥然不同,那时美国的答复是美国愿意看到他们的国家派兵,但是他们必须自备武器、装备和载运军队去朝鲜的船只。

贝尔塞梅耶大使接着向我保证秘鲁将一如既往始终支持自由中国的事业。他也认为杜鲁门总统突然免去麦克阿瑟将军职务的做法,像他的许多其他行动一样,是不明智的。

他回忆起在泛美会议的开幕式上,杜鲁门总统如何抛开讲稿向会议叙述他和智利总统的谈话。在谈话中,智利总统赞成他兴修安第斯山脉水利,建立植物园和给玻利维亚一个港口的想法。问题在于由谁出钱。当然,大使的意思是想让我了解那要由秘鲁出钱。他说,国务院的米勒先生第二天把他请去向他道歉。米勒说那根本不是讲稿正文中的话,要求秘鲁不必介意,就像从未有过这事一样。

大使继续说,在一次由出席会议的全体外交部长宴请杜鲁门总统时,杜鲁门即席讲话,这次又脱离了他的讲稿。杜鲁门说,他很高兴,而且要感谢乐队为使他高兴演奏了《圣曲》,这首歌正是他的女儿玛格丽特同天晚上在一个音乐会上所演唱的。外交部长们听了都为之目瞪口呆,因为在这种场合,受到总统感谢的竟是乐队而不是他们自己。

人们可以看出职业外交家多么敏感。一位出身民间而且平易自然的美国总统并不理解他对这些听众讲话可能引起的反应。外交的敏感性是从 19 世纪或更早的几个世纪继承下来的,那时的外交界是由贵族阶层组成的。但从某种意义讲,美国从来没有受到过那种传统的影响。更确切地说,是现代化的力量把那种贵族包办外交的传统逐渐磨灭了。

约一个月后,在埃及大使举行的招待会上,我和国务院近东事务司的一位官员闲谈。他因为没有看望我而向我道歉,请我原谅。他说有这样多事情要做,只好简化礼仪,甚至连名片也不寄了。他还说,有一天迪安·艾奇逊穿着条纹裤子和礼服上衣来到国务院,国务院人为之惊奇,问他为什么这样装束。当得知他因为要去会见法国总统,认为从礼貌考虑需要这样装束时,他们都笑了,坚持要他回去换上日常衣服,他真的换了。

4月30日,我邀请联合国的刘选萃共进午餐。他以前任过我的大使馆职员,协助我处理有关远东委员会的工作。当时他是在朝鲜的联合国朝鲜问题委员会的秘书,刚刚从朝鲜回来。他说他在朝鲜的大部分时间待在釜山,发现那里非常混乱。委员会正好在1950年11月共军发动攻势的前两天到达汉城,但从一开始就瘫痪了,因为战火重燃,一切复兴和再建朝鲜的计划都不得不搁置起来。他发现朝鲜人缺乏有领导能力、懂技术和有经验的行政官员,美国军队已经把这个国家变得像一个被占领的国家。

他即将去日内瓦参加联合国的国际法编纂委员会会议,会后他准备请假回家。他征求我的意见是否应该访问台湾。我极力主张他去台湾看看这个岛屿并会见我们政府的领导人,他们将欢迎他的访问。

5月2日我出席了最高法院法官哈罗德·伯顿夫妇为欢迎参议员玛格丽特·蔡斯·史密斯而举行的招待会。我正好及时到达招待会和那位当时唯一的女参议员握了手。当时她正好接到了电话要她立即离开招待会去投票表决共和党的一个决议案,这个决议案是由外交和军事委员会联合举行公开的麦克阿瑟将军听证会。

尼尔森法官的妻子尼尔森夫人对我说,她强烈反对妇女竞选高级公职,这很出乎我的意料。她说,她认为妇女判断重大的国家问题不及男子。我们曾谈到爱娃·庇隆,据说她将作为阿根廷副总统候选人和她的丈夫总统候选人庇隆一道参加竞选。我问尼尔森夫人,她对美国有一位女副总统的前景看法如何。

至于投票表决共和党的决议案(为了此事玛格丽特·蔡斯参

议员离开了招待会），表决结果反而对民主党方面有利。民主党并不反对共和党要求全面调查麦克阿瑟的免职事件和政府的远东政策，但不赞成举行公开听证会。最后的折衷办法是，证人的证词经过删除可能危害国家安全的资料后将向报纸公布。

5月3日，联合委员会主席佐治亚洲的参议员理查德·拉塞尔主持召开了听证会，会期将延续到6月份。我在日记中写道：

> 今天上午麦克阿瑟将军在国会两院的外交、军事委员会联席会议上开始提出他的证词。根据油印记录，这份证词充满了有趣而重要的叙述。证词谈到对朝鲜的战争是如何进行的，以及真实的形势，涉及政府和他本人对于从经济上和用海军封锁共产党中国、轰炸满洲、利用在台湾的国民党军队等问题的观点，以及麦克阿瑟对台湾的情况、蒋委员长的领导和台湾政府性质的看法。

报纸公布的会议记录过去和现在都不难找到，我记录的仅仅是简短的摘要，备忘而已。当时我正密切注视着事态的发展。总之，我和大使馆都曾急于要获得有关详情和事实，至此，一些有关中美关系的机密情报终于突然公开了。

次日下午我接见了尤金·比布将军，他是由巴尔的摩的拉尔夫·周（音译）介绍来的。比布说他十分钦仰麦克阿瑟将军，他在东京曾当过麦克阿瑟的朝鲜问题顾问。但1949年他被国务卿艾奇逊下令调离原职。他认为艾奇逊是政府中的恶魔，是麦克阿瑟和自由中国的敌人。他想访问台湾搜集第一手资料，以便把国务卿的恶劣外交政策，特别是关于远东和台湾的政策更有效地告诉美国民众。但因他显得感情冲动，出言直率，我没有鼓励他访问台湾。

接着，在5月7日晚间，我听到了一个噩耗。我从办公室回到寓所后，我的管家告诉我于斌大主教刚才从乔治·华盛顿大学医院打来电话说，中国青年党的党魁曾琦已经逝世。我大为震惊，仅仅两个星期前在欢迎杭立武的宴会上他还和我一同进餐。我给于斌回了电话，他告诉我曾琦是下午九时正死的，死因是阑尾炎手术引起的并发症。他要我去医院看望，我略进晚餐后就直奔医院。

到了医院，我见到于斌、曾琦夫人、他们的儿子和另外一位妇女在房间里，曾琦遗体躺在床上，面部没有遮盖。他去世时眼睛是睁开的，曾夫人不时揉下他的眼睑。主教告诉我，曾琦在星期五诉说阑尾疼痛，于是曾琦、主教本人、曾夫人和一位医生一同商议是否应施行手术，因为医生坚持立刻动手术，否则将为时太晚，最后决定照办。次日下午动手术后，结果良好。但是星期天下午曾自诉疼痛，到星期一早晨，有肺炎征象。于斌说他从纽约回来那天晚上去探望曾琦，力图劝慰他，曾琦对他耳语说，现在已到了为他准备"后事"的时候了。

主教后来说，他曾告诉曾琦来自台湾的好消息，并且要他向上帝祈祷，因为曾琦在做手术的三天以前已经受了洗礼。在差五分九点时，曾琦在听了于斌的另一些安慰话后，答称他决心奉献他的生命给上帝，并引用了《孝经》中的一句话证明他永远信仰天主教，说完即含笑而逝。

两天以后为曾琦举行了追思礼拜，这是由于斌主教按照天主教的仪式主持的。但出我意料的是，追思礼拜结束之后便要我主持举行中国式的丧礼。所以我带领全体中国来宾向亡灵致最后一次敬礼，并应于斌的要求，简短致词，赞颂曾琦为中国的独立和自由所作的贡献，以及他终生致力于建立中国青年党，他是该党的缔造者等等。中国政府已批准发给三千美元作为他的治丧费用，我让大使馆的杨公使宣读这个决定和从台北、从蒋介石总统和以下官员、以及从美国发来的许多唁电。

11日在华盛顿的圣斯蒂芬教堂为曾琦举行正式葬礼，这个葬礼也由于斌主教主持，他发表了一篇很好的讲话，阐述了天主教的教义。他说天主教认为死亡只是暂时的分别，与佛教认为死亡是永久的分别正好相反。他在结尾时说,我们大家都将在天堂和曾琦会面,所以让我们不必为他的离去过分悲痛。

早在 5 月 8 日,我前往纽约的锡拉丘兹逗留一天,对纽约州保险商协会发表了一篇我前所未有的最坦率的演讲,题目为《自由中国对朝鲜冲突的看法》,演讲坦率表达了我那时的真实观点。

虽然我的演讲是我曾经作过的演讲中最坦率的一次,但它似乎颇受听众欢迎,因为听众大部分属上中层人物,是坚定的共和党人,反对新政和公平政策并支持麦克阿瑟。协会的前司库沃尔特·罗斯先生在宴会后的鸡尾酒会上告诉我,他要对听众说明美国政府在对待中国的做法上以往是多么错误,但当他转身左顾,看见民主党的锡拉丘兹市长在场,就忍住没有说,但是希望我了解他的感情。另一个会员上前对我说,他对我的演讲百分之一百五十的赞成。

在我 5 月 12 日星期六的日记里,有这样一段记载:

> 今天是马歇尔将军在参议院外交、军事委员会联席会议上就麦克阿瑟将军的免职事件、美国的远东政策和朝鲜冲突出席作证的第六天,参议员凯恩和参议员威利不停地无情追问自从雅尔塔会议和马歇尔访华以来的详细事实。

马歇尔的作证于 5 月 14 日结束,15 日参谋长联席会议主席布莱德雷将军开始了为时六天的作证。他对联席会议说,麦克阿瑟将军的计划将使美国"在错误的时间对错误的敌人打一场错误的战争"。这句话由于常加引用而为大家所熟知,正如早些日子麦克阿瑟说的"老兵从来不死,他们只是逐渐消失"一样,业已脍炙人口。

同日,众议院通过一项反对接纳共产党中国为联合国会员国的决议。参、众两院还通过一项共同决议,要求联合国对共产党中国实行武器禁运。在这以前,5 月 7 日,美国出席联合国研究进一步措施委员会的代表提出一份决议草案,建议防止运送武器、弹药、军事器材、原子能材料、石油和运输设备等具有战略价值的物资以及其他可用于生产武器、弹药及军用器材的物品到共产党中国或北朝鲜控制下的地区。5 月 14 日,研究进一步措施委员会决定接受这个建议,并随即把这一建议提交联合国大会的政治委员会。

美国参、众两院的这个决议,当时意在敦促联合国不失时机地把这个关于禁运的建议付诸实施。此外,还公布了得到国会广泛支持的拟议中的对 1951 年第三次补充拨款法的凯姆修正案作为一个警告,以表明如果联合国拒绝它的要求,国会将作出何种反应。修正案规定一切美国的经济和财政援助(军事援助除外)不得给予那些故意允许战略物资出口到苏俄及它的欧洲卫星国、共产党中国或北朝鲜的国家。

联合国政治委员会在 5 月 17 日通过了禁运决议,5 月 18 日以 47∶0∶8 票得到了联合国全体大会通过。三天之后凯姆修正案在华盛顿为国会通过。至于国务院,它揭露了另一件中国共产党人的违法问题。5 月 21 日,一个国务院发言人对此作了说明:

> 国务院极度关怀一些被中国共产党当局延长监禁刑期的美国国民……已经确悉至少有些人被禁止与外面的任何人联系……
>
> 国务院也关心到……中国共产党当局继续拒绝把离境许可证发给某些美国人,其中包括一些上海的商人,他们之中有的人极力要求离开中国已经历时一年以上。专横拒绝允许外侨离开一个国家,当然是违反国际法和国际惯例的基本原则的。(见 1951 年 6 月 11 日国务院《公报》947 页)

随后,5 月 18 日,助理国务卿迪安·腊斯克发表讲话,说共产党中国是苏联的殖民地,由国民党中国代表中国人民较为真实可信,故国民党将得到更多的美国援助。

简而言之,1951 年 5 月份有些迹象表明,美国政府虽然仍坚持反对把朝鲜冲突扩展到共产党中国大陆，但它正在逐渐演化，显然是走向它意愿反面的演化，变成同样坚决反对以任何方式与北平妥协，而这是国会施加压力帮助造成的。所以使我有这种印象的基本原因是，美国采取了一系列单独行动来回击中国共产党人的敌意行动；另一个例子是美国政府否认中国共产党人有权参加缔结对日和约。在答复一份俄国照会时，华盛顿说它不会"从一个被宣判的侵略者那里寻求指导"。

5月27日，北平无线电广播报道了西藏"和平解放"。这一天我离开华盛顿前往宾夕法尼亚州的库茨敦，在宾夕法尼亚州师范学院的毕业典礼上发表演讲。仪式结束后，师范学院院长罗尔巴克博士设午宴招待来宾。一个西德派到美国观察美国民主实行情况的小组中的一位年轻姑娘告诉我，她听了我的讲话后很高兴，因为它从多方面证实了共产党统治的可怕，她在东德对此有过亲身经历。她的家庭原住在东德，后来她和她的家庭被迫逃往西德。她还背诵她在电台做过的广播《我为民主辩护》，很使人激动。

另一个在典礼上讲话的是这个学院的一位校友艾伦·格里姆法官。他问我，麦克阿瑟将军在参议院的外交、军事委员会联席会议上作证说，中国共产党人进攻朝鲜是贯彻他们自己的扩张政策，并没有从莫斯科得到多少鼓励或煽动，而布莱德雷将军和柯林斯将军则同意另一种说法，即中国共产党人是傀儡，他们是在执行莫斯科的政策，在莫斯科的指挥下进行在朝鲜的冒险，这两种说法究竟谁对？

我说我颇同意布莱德雷和柯林斯。我认为麦克阿瑟将军提到的他所知道的报告是几个月以前的事。我们自己的报告仍表明中国共产党的领袖们一直和克里姆林宫亲密合作，而且苏俄特务遍布中国，监视并指导大陆上的工作。格里姆又问：会不会发生第三次世界大战？这也是过去十个月中别人常常问我的问题。我说他们有他们的既定时间表并按时间表行事。至于美国打算干些什么,几天以前我曾对杭立武说过,现在美国的政策仍然是尽量避免与苏俄摊牌,因此它愿意在可以接受的条件的基础上在朝鲜甚至在欧洲达成协议。

大约一星期后,我在罗伯特·古根海姆家举行的宴会上遇见了菲律宾大使伊利扎尔德,他走过来对我说他收到菲律宾总统季里诺的电报,征求他对罗慕洛将军建议的意见,罗慕洛建议以托管台湾作为向北平提出的和解办法。伊利扎尔德说他完全反对这种做法,并将如此告诉他的总统。我说这个建议很不现实,而且出人意料之外的是,罗慕洛身为菲律宾派往联合国的代表团团长,如果不是他存心想讨好北平,怎么能提出这样的建议。我进而问伊利扎尔德此事有无背景,伊利扎尔德说,他不认为罗慕洛提出这个建议曾得到美国代表团或国务院的授意。

从这点来看,伊利扎尔德大使提供的消息很重要,它表明寻求就朝鲜问题达成协议的活动已重新开始;也表明菲律宾人与联合国中以印度为首的亚洲—阿拉伯集团一道仍然在图谋妥协,作为达成一项协议的途径,而这种妥协是有损国民党中国的。另一方面,美国政府圈子内的人谈论的是接受沿 38 度线停战。实际上,5 月中旬,参议员埃德温·约翰逊就曾在参议院极力主张用这种解决办法。有谣传说莫斯科也已派出了和平使者,但艾奇逊和马立克已予否认。接着,6 月 1 日,联合国秘书长赖伊在渥太华举行的加拿大联合国协会集会上发表演讲说:

> 作出新的努力以结束朝鲜战争的时机已到……如果能大体上沿 38 度线商定停战,停战之后这个地区的和平与安全如果能得到恢复,那么安全理事会 1950 年 6 月 25 日、27 日和 7 月 7 日的决议就能实现。(见 1951 年 6 月 15 日联合国《公报》559 页。)

6 月 6 日,葡萄牙驻美国大使路易斯·费尔南德斯来访。他说他不信中国共产党人会像西方或他的政府所想象的那样接受停战或作出其他解决办法,我同意他的观点。

6月15日下午两点十五分,迪安·腊斯克打电话问我是否能去看望刚从伦敦讨论对日和约归来的杜勒斯。当我按约定时间到达杜勒斯的办公室时,才知道杜勒斯仍在白宫向杜鲁门总统汇报。十分钟后腊斯克走进来,他表示歉意,说杜勒斯向总统的汇报时间比预计的要长一些。于是我们两人一边等待一边闲谈。

我问起他的暑假计划,腊斯克说他想去远东旅行,但计划未定,因为负责麦克阿瑟听证会的参议院联席委员会也许会传唤他去作证。我说据报近来苏俄在东德集结了军事力量,以致那里局势严重,我问国务院是否接到了类似的消息。

腊斯克说,这类报告屡见不鲜,那里的局势一直紧张,这完全取决于俄国想干什么。由于西方国家迅速加强了集体力量,缔结了北大西洋公约,推进了重整军备计划,这一切必然使俄国感到不安,它可能要采取某些对策,虽然他本人对这种判断还不能肯定。

我说,苏俄具有内线交通便利的有利条件,而自由世界要试图遏制共产党的扩张主义,却因为远离苏俄及其卫星国,又拿不准俄国可能在何处发动进攻,因此处于不利地位。

腊斯克说,并不总是如此,例如,就朝鲜而言,美国向那里的战场运送军队和供应品就比俄国的陆路运输快得多。

我说确实如此,特别是由于美国控制了海洋。

腊斯克说,海上运输远比苏俄控制下的陆上运输简单可靠。

我表示同意,并说在西伯利亚辽阔大地上的铁路设施远远不能适应运输需要,尽管苏俄曾努力把铁路双轨铺到了西伯利亚海滨。但是就伊朗而言,西方国家就不能像苏俄那样能迅速到达那里。

腊斯克表示同意,说苏俄军队就在伊朗边界的对面,并且能很快得到增援。现在伊朗的石油问题虽然似乎有些缓和,整个中东的形势仍然严重。他说到此处时杜勒斯来了,谈话自然而然地转到了对日和约问题。

第二天,顾毓瑞和五角大楼的一位朋友谈话之后,用便笺报告了他了解到的俄国人的意图。他说就有关远东的情报而言,没有发现任何紧迫行动的征象。他说所以有那样的谣言,可能是由于一般认为美国力量足以在任何战争中打败俄国,但仍在进一步加强自己,按照常理推测,苏联可能决定在美国完成重整军备计划之前先发动进攻。他还说欧洲也没有重大的军队调动,至少不像他的那位朋友所听说的那样。

6月23日,董显光博士和我交换了对美国政策和世界形势的观感。我与董是那天下午在一次婚礼宴会上相遇的,后来他和我一道返回使馆。因为他当天晚上就要离美赴台,那是我们的最后一次谈话机会。我在日记中简要记下了我对他说的我的观感。

> 朝鲜:美国渴望在任何可能的条件下获得解决,不再坚持要求中国共产党人撤离朝鲜,他们将满足于以38度线作为分界线。

> 对日和约和我们的参加问题:美国政府、国会和一般人民都渴望与日本缔结和约,以便解除军事、经济和财政上的重担。现在美国面临两种抉择,一是签订一个没有国民党中国参加的和平条约;一是有国民党中国参加而签不成和平条约。在这二者之间,美国毫无疑问宁愿缔结没有国民党中国参加的和约。

> 世界形势:一切取决于莫斯科的意图;美国、英国、法国和其他盟国都渴望避免与苏俄对抗,可以肯定,美国在1952年底总统选举定局之前不愿与苏联对抗,其他国家则希望永不对抗。而莫斯科也不急于摊牌,因为斯大林在没有充分根据确信能获得最后胜利时是不肯冒险的,而目前没有战争,他正在获得很多利益。

董显光对这三点都表示赞同,我请他把这些向蒋委员长报告。然而,他认为美苏战争将于 1953 年春季发生,这反映了台北政府部门中的普遍观点。他推想到那时美国将赞成摊牌,以便结束在军事上和在动员国家资源上的沉重负担。

就在同一天,苏俄代表马立克在联合国电台作广播讲话。他在讲话结束时声明,解决朝鲜战争的办法,第一步可以安排停火休战,使双方军队从 38 度线后撤。后来在那天晚上,我和联合国大会主席伊朗的纳斯罗拉·恩泰扎姆在厄瓜多尔总统普拉萨夫妇举行的招待会上闲谈时,他说朝鲜的和平取决于莫斯科的诚意,但他本人怀疑莫斯科是否有诚意。

关于伊朗的石油问题,恩泰扎姆说那是个危险的局势,取决于英国想干些什么,它可以引起导致战争的爆炸性结果。我暗示说英国急于通过谈判来和平解决,他的回答是:"当英国人说他要谈判时,就意味着他要一切。"他说,当伦敦政府征求咨询性的意见时,伊朗一直认为国际法院无权判决。英—伊石油公司合同条文规定在伊朗政府与公司之间发生争端不能通过直接谈判解决时,由国际法院任命一名仲裁人,但法院已拒绝承担这个责任。他不能肯定在英国诉诸国际法院时,他的政府是否会屈从法院的裁决。

次日,我在日记中记录了对苏俄代表广播讲话的反应。我写道:

> ……在华盛顿和成功湖以及美国全国普遍产生了炸弹爆炸般的轰动,因为人们一直迫切希望在任何可能接受的条件下解决朝鲜战争。国务院说,如果建议是真心实意的并能保证今后不再重新发动侵略,美国准备予以配合。
>
> 据传杜鲁门总统正在修改他将于 25 日在田纳西州空军研究中心发表的开幕词,并公开宣传为主要外交政策讲话。

6 月 25 日我又加了这段评论:

> 联合国秘书长赖伊、伦敦、巴黎和罗马都对马立克的和

平建议抱严肃和满怀希望的看法,特别是因为北平广播说共产党中国政权完全赞同这个建议。其结果势必严重影响国民政府的地位。

第二天,伦敦领导下的英联邦国家在联合国内积极推销马立克的停火建议。可是联合国大会主席恩泰扎姆没有能与马立克约会交谈以证实苏联的意图,他说马立克患病已去长岛休养。

我电外交部报告一份从华盛顿来的专电,它说,美国当局很怀疑马立克的和平建议,但同时承认不应当阻碍苏联的停火意图。又说美国政府无意与马立克直接打交道。它还指出在朝鲜战争爆发一周年时,艾奇逊曾发表一个声明,大意为联合国在朝鲜的努力已经获得成功,共产党的和平宣传宣告破产,因为他们一面佯谈和平,而实际上则在准备战争,自由世界再也不能受其愚弄。专电接着说,今天(6月26日)艾奇逊在众议院外交委员会的发言中也曾谈到,如果朝鲜战争能在38度线停下来,可认为整个战争已胜利结束,因为用武力达到朝鲜统一不是美国的政策,无论如何不应当有这样的政策。

艾奇逊6月26日在众议院外交委员会露面是为了就政府的八十五亿美元的共同安全计划在委员会的听证会上作证。听证会刚刚召开,艾奇逊想敦促委员会批准这项军事和经济的援外计划作为遏制苏联扩张的主要措施。

共同安全计划听证会是紧接着麦克阿瑟听证会的总结会之后在同一天内召开的。麦克阿瑟听证会虽然结束了,但实际上没有解决任何问题。倒数第二个证人、前美国驻华军事顾问团团长巴大维将军反对麦克阿瑟的见解,而最后一个证人前美国在朝鲜的轰炸部队司令埃米特·奥唐奈少将却大力支持麦克阿瑟的观点。实际上听证会扩大了美国的政策论争。

不过,参议院外交和军事委员会在6月27日还是发布了一个初步调查的声明,警告共产党世界不要因为听证会"不和谐和有分歧而误解我国人民的心情"。声明说:

这些争论在我国人民中可能造成的分歧会永远被使他们团结一致的力量所超过。如果危险变成战争,侵略者会立刻遭到全体美国人民统一力量、统一资源和统一意志的回击。(《纽约时报》,1951 年 6 月 28 日。)

6 月 27 日下午,哥伦比亚的新任大使雷斯特雷波-哈拉米略博士前来作礼节性访问,我们的谈话涉及一些很有趣的论点。他告诉我,他上过加利福尼亚大学,能讲流利的英语,不像他的前任法语讲得比英语好。我们都对当代的国际争论中无视道德原则感到遗憾。我们一致认为美国和其他盟国过分急于与共产党侵略者达成一项解决办法就是个例证。英国和英联邦国家乃至印度、缅甸、巴基斯坦都对南朝鲜人民的遭受苦难和他们渴望安全不再遭受侵略视若无睹。他谈到他的国家对这场战争所作的贡献,我觉得他理应感到自豪,因为哥伦比亚除派出驱逐舰之外,还派了一千军队到朝鲜去,这在其仅有一万二千人的国家军队中占了很大的比重。

与此同时,美国驻莫斯科大使柯克已奉命访问苏俄外交部请求澄清马立克的讲话。在华盛顿,所有参加朝鲜战争的各国代表都聚会于国务院,讨论马立克的声明以及朝鲜的军事形势。我发电报给外交部,报告朝鲜问题的进展情况以及伊朗恶化了的局势。

6 月 27 日的电报如下:

此间当局承认伊朗局势至为严重。昨日艾奇逊已在众议院外交委员会谈到此一情况。今日英国已派舰队驶向产油地区准备在必要时派兵登陆,伊朗政府也已调集军队准备抵抗,局势更为紧急,因而正形成一股悲观浪潮。

我和伊朗大使交谈,他告诉我,英国虽是石油事件的主要当事人,一般伊朗人民也很怀疑美国,因此,在最近的将来会出现许多复杂情况。

今日下午,十六个朝鲜战争参与国在国务院开会讨论苏俄代表马立克的停火建议。提早休会后,他们发表声明重申会员国的义务,即遵照联合国宪章反对侵略、维护和平、采取和平手段解决国际争端、以免威胁国际和平与正义。声明又说,参与国准备出席拟议中的会谈和参加任何能促进朝鲜的真正持久和平的行动。

我认为休会的真正目的是等待今天苏联外交部副部长与美国驻莫斯科大使会谈的报告,在探明苏联的真实意图后再进行充分讨论。

第二天我再次和杜勒斯商谈对日和约。一开始我试图同时试探杜勒斯对朝鲜和平前景的看法,但他回避了我的问题。稍后我转向后来也参加会谈的负责远东事务的助理国务卿帮办麦钱特说,在他来参加谈话之前,我曾问杜勒斯先生朝鲜和平的前景如何,杜勒斯先生作为一个熟练的外交家,他宁肯说他没有负责这方面的问题,并说麦钱特先生能够给我一个比较满意的答复。

麦钱特说,葛罗米柯在莫斯科已经告诉美国大使柯克,停火谈判应该以联合国军司令部和南朝鲜军方的代表为一方,以北朝鲜军方和中国志愿军的代表为另一方;讨论不应涉及政治和领土问题。

我问他苏俄的和平建议是否能收到一定成果。麦钱特说,美国的态度带有相当大的怀疑。他认为有许多军事问题,例如双方的军队部署问题,必须慎重解决,以免共产党军队利用拟议的停战,为另一次进攻增强他们的力量。

我说,我的政府接到一些报告,据称俄国人在满洲正组织一支人数庞大的国际部队,我想知道国务院是否收到过类似的报告。

麦钱特答称,国务院收到的报告很零散,他问大使馆能否提供一些收到的有关此事的情报给国务院。

我说这里有几份报告,分开来看消息很简略,但合在一起,则清楚表明苏俄正在满洲组织一支庞大的国际部队。我还问他,葛罗米柯的答复是否已传达给其他有军队在朝鲜的国家。麦钱特说尚未传达,但准备提交给他们,以便共同研究下一步怎么办。

接着我问杜勒斯,朝鲜停战是否会影响拟议中的对日和约的讨论?会不会提出苏联参加讨论的问题?关于这个问题将在另一节加以叙述。

次日,6月29日星期五,我把国务院发布的李奇微将军致电朝鲜共军总司令的新闻稿摘要电告外交部。李奇微建议在元山港内的一艘丹麦医院船上举行停战会谈。元山是朝鲜东北海岸的主要港口,位于38度线北八十英里。

星期六,宋子文夫妇和两位与我们都相识的朋友顺便来看望我,我乘机与宋子文就国际形势问题简单地交谈。他特别想知道最近美国关于与朝鲜共军停火会谈的意图。我告诉他,美国急切希望安排停火休战,准备不再坚持保留面子的方案。至于政治问题,我认为美国宁愿留待联合国去做让步,使政府可以对国会说美国并不同意联合国的做法,但遵循民主原则,不得不接受大多数的决定。

那天《纽约时报》的一条电讯说,十六个参战国已经同意停火条款并将通知李奇微。电讯还提到李奇微已受命不得讨论任何政治或领土事项,一切有关停火的讨论必须报告华盛顿并由华盛顿批准。我把这条电讯电告了外交部。

星期一,我回访了宋子文,并留在那里吃午饭。我们继续谈论朝鲜问题和平解决的前景。我说停火将会实现,但谁也难说随后会出现什么情况。我再次表明我的看法,我认为苏俄尚未准备好进行全面战争,需要时间增强它的力量以应付别处发生的其他事件。美国的顽强抵抗大大出乎它的意料之外,它希望哄骗同盟国家,使他们对朝鲜产生一种虚假的安全感。

从朝鲜传来了共产党人答复李奇微建议的消息。他们同意讨论停火,但提议在38度线南仅数英里的开城进行会谈,以代替在元山港的船上会谈。还提议会谈在 7 月 10 日至 15 日举行。

7 月 3 日联合国军司令官发表广播讲话,表示同意会谈在 7 月 10 日或更早一些于开城开始。李奇微还建议在 7 月 5 日或"尽早的实际可能时间于开城举行预备会议……以保证有效地安排与第一次会议有关的许多细节。"(联合国《公报》1951 年 7 月 15 日第 49 页。)

我在 7 月 3 日的日记中写道:

> 由于在朝鲜派有军队的联合国各会员国如此迫切地希望解决朝鲜战争,以致李奇微将军奉华盛顿之命向共产党人建议提前于 7 月 5 日开始预备会谈而非 7 月 10 日。7 月 10 日本来是共产党方面提出而李奇微同意的正式停火谈判日期。

我在同一天致外交部的电报中说:

> 此间政府部门和公众对共产党答复的共同看法是:提议更换谈判地点无关重要,但日期不宜推迟。此外,他们认为这是共产党人惯用的欺骗手法之一。因此,李奇微在答复时极力主张早日会谈。
>
> 昨天,助理国务卿腊斯克出席了参议院外交委员会的会议并报告说:关于停火问题,共产党中国仍在朝鲜扩大其军事力量并增加了军事供应。他还说共方时常改变态度,因此难以接受他们的诺言。他说美国需充分了解 38 度线至鸭绿江之间的实际情况,所以,具体的监视与检查问题确实是停火谈判中的一个中心问题。今天参谋长联席会议主席也参加了外交委员会的一次秘密会议,据悉他表示的看法与腊斯克相似。

那天下午我再次到国务院访问杜勒斯。不言自明,当时对日和约的讨论至关重要,我正在付出大量的时间和注意力。会见之后麦钱特陪同我出来,我问他李奇微提出于 7 月 5 日安排有关停火的非正式会谈,以便为共产党人建议的于 7 月 10 日开始正式停火谈判做好准备的建议,北平政权是否接受? 我想了解这种安排的前景是否顺利。

麦钱特答称,共产党人对第一次正式建议的答复出人意料地迅速,但对李奇微将军这次的提议则尚未答复。国务院仍在密切注意共产党人的意向,特别注意共产党人建议的开始会谈的日期延迟了十天。整个事件一直使他和他的国务院同僚们感到可疑。

不过,当共产党人提议 7 月 8 日开始预备性会谈时,李奇微将军接受了。他也要求对方保证联络官和翻译人员能安全通往开城。

共产党人提议 7 月 8 日会谈的答复于 7 月 4 日公布。同日,一位刚刚从朝鲜回来的负责美国在朝鲜情报工作的上校同我共进午餐。他说李承晚在朝鲜并不受人欢迎,1949 年仅有百分之十的选民投他的票,但是北朝鲜的进攻拯救了他。

次日下午我接待了新任的南韩大使梁裕灿博士的礼节性访问。他年约五十余,到最近被任命为外交官之前一直在火奴鲁鲁做开业外科医生,也是一个热衷于投资的有钱人。他告诉我,他起初拒绝张勉总理要他担任驻华盛顿大使,但李承晚总统说服了他。总统对他说,金钱并不是一切,他应该想到他的国家需要他效力,于是他接受了张勉总理的建议。张是他的前任韩国驻华盛顿大使。

他告诉我,他于 7 月 3 日出席了在国务院举行的十六国会议讨论停火条件,他曾对他们说,要提防背信弃义。他不信共产党人是出于真心实意,认为他们一定会利用谈判时间来增强力量以发动另一次进攻。他还极力主张朝鲜统一,但显然没有能给这次会议留下影响。

这位新任朝鲜大使接着对妥协精神表示遗憾,他说国民党中国和韩国正在捍卫一项共同事业。他还告诉我,韩国国会议长申翼熙应蒋委员长的邀请正在访问台湾。

同一天,7月5日,我在《华盛顿时报》上读到一则专电,我决定将要点电告外交部。专电说华盛顿当局已经收到大量报告,据称苏俄正在中国东北修建能够容纳一千多架飞机的机场。又称苏俄继续以军备供应中共和北朝鲜人。专电还说,这种行动与停战谈判的真实目的相矛盾,美国当局对此颇为疑虑。

然而,在开城举行的停战谈判还是按照日程于7月10日开始,可是一天之后,无线电广播报道谈判已经中断。报道说,谈判是由参加会谈的联合国首席代表特纳·乔伊海军上将提出暂停的,要停到共产党人允许联合国护送的二十名报馆记者进入这个城市时为止。同日蒋廷黻从纽约市打电话告诉我,他已奉到外交部的命令,不要答复联合国新近提出的派兵去朝鲜的要求。

7月12日星期四,我出席了由议员凯瑟琳·圣乔治在"F"街俱乐部举行的宴会。她是一位经验丰富的女主人,这次她举行宴会来招待她的国会同僚,出席的客人中包括伊利诺斯州参议员德克森和新罕布什尔州参议员埃肯①和他们的夫人,缅因州参议员玛格丽特·蔡斯·史密斯,伊利诺斯州众议员玛格丽特·丘奇和新泽西州众议员罗伯特·基恩。另外一个客人,纽约地方检察官弗兰克·霍根告诉我,总统竞选活动通常决定于国内问题,而女作家弗丽达·乌特丽——她的最近著作《中国的故事》是本月份的畅销书——说,共和党人再不会赞成杜鲁门的"公平政策"计划了。

丘奇夫人说,她的丈夫(也是位众议员)在去世之前曾多次公开要求给予国民党中国更多的援助,认为这是阻止共产主义在亚洲发展的上策。我说,可惜在战后这些年中没有预见到让国民党中国垮台对美国和自由世界的安全所造成的影响。

中国的一位忠实朋友、参议员埃肯告诉我,除非处于同等地位,美国不会与赤色分子谈停火。他同意我的看法,即赤色分子

---

① 原编者注:可能是佛蒙特州的艾肯。

没有伦理和道德准则这一事实应使联合国谈判人员一开始就得格外谨慎。他认为联合国轻率地接受开城作为停火谈判地点的态度至少会被看作是一种软弱的象征,在他们看来,那是联合国急切需要停火解决朝鲜战争而引起的。

两天之后,共方接受了联合国军司令部的要求。我在日记中写道:

> 不出所料,共产党人接受了李奇微将军为了恢复停火谈判而提出的三项要求,因为他们并不想在细小问题上,诸如新闻记者去开城地区的问题上决裂,而这个问题主要是联合国代表一方的误会引起的。

随着问题的解决,谈判在开城重新开始。但由于洪水,自 19 日延期至 21 日复会,但又决定休会到 25 日。(联合国《公报》1951 年 8 月 1 日,133—135 页。)最后在 26 日双方同意了一个包括四项议题的议事日程:(1)确定一条军事分界线作为建立非军事区的基础,这对停战是十分重要的;(2)达成具体安排以建立一个监督停战的机构,包括其组成、权限和职责;(3)关于处理战俘的安排;(4)将上述议题向有关政府提出建议。

早在 7 月 12 日,各大报都刊载了对日和约草案的文本和杜勒斯的声明,同时也提到叶公超的声明,指出和约签署国名单中删去国民党中国是非常不对的,是与公认的国际正义原则不相容的。这种做法是与英联邦国家妥协,那些国家希望看到中国共产党人代表中国签署和约。删去我国政府是对它威信的一个严重打击。但仍然可以说,在过去半年中,我国政府的国际地位已经有了改进,即使还不稳定。

在 1950 年 12 月,看来美国似乎要屈服于盟国的压力,把国民党中国在联合国的席位让给北平。但到了 1951 年 2 月,美国在国际机构中的代表权问题上给了我们支持。例如,在 2 月 2 日,我对蒋廷黻说,亚洲及远东经济委员会的钢铁小组委员会、工业委员会和贸易委员会将分别于 2 月 7 日、14 日和 15 日在巴基斯坦的拉合尔举行会议,外交部对我国政府在这些会议中的代表权有被否认转而给予北平的危险至感不安,因为北平已经任命冀朝鼎为代表,正向我们参加会议的权利挑战。蒋廷黻和我商量好要密切配合,他在成功湖我在华盛顿,对美国政府和那些有代表参加这次会议而又未承认北平的国家大使馆双管齐下做工作。但是蒋廷黻并不像外交部那样担心,他告诉我美国代表团的格罗斯已经对他说过,美国当然会给以帮助,特别是现在北平已被打上侵略者的烙印。但格罗斯也曾警告我们要送去合格的全权证书,因为上次的全权证书出现技术性的错误,给我们的对手又增加一条理由来坚持他们反对我国代表权的立场。

2 月 14 日外交部发来一份电报,力主向棉花咨询委员会抗议,因为巴基斯坦政府没有邀请国民政府出席在卡拉奇举行的该委员会的一次会议,虽然该委员会的秘书在答复陈之迈的电报询问时说过,巴基斯坦政府不能向国民党中国政府发出邀请,因为它和台湾没有外交关系。但在与该委员会秘书以前的会谈中,陈曾被告知卡拉奇将欢迎一位来自台湾的代表,只要他能克制自己不扯起国民党国旗和不发表政治演讲。陈曾将此事报告,但直到会议召开前一天台北才作答复。当时外交部询问是否已接到邀请,并说政府原则上不打算派出代表。其实委员会也没有向北平发出邀请。

后来在 4 月份,我们的地位稍有增强,可是在国际货币基金组织中出现了另一个有关问题。4 月 3 日,国际货币基金组织执行董事会的中国董事谭伯羽向我报告说,格特先生已经决定不再竞选基金组织的下届总裁,埃及的董事曾和他联系,要求谭支持一位荷兰人作格特的继任者。谭征求我的意见。我告诉他,国民党中国不能支持承认北平共产政权的国家的任何国民,如果所有其他十三个理事都投他的票,我们应该弃权,并且宣布我们的立场不是为了反对这个新候补者个人。谭的看法和我一致。

谭伯羽说，美国董事曾经就继任人选征询他的意见，他以外交词令支吾作答。但中国银行的总经理席德懋劝他投票选举任何得到其余董事们支持的人，以免得罪他们。席的理由是，这次选举所选定的是个人，不应被国籍所左右。可是我告诉谭，即便如此，但是作为一个政府代表，他不能忽视候选人的国家承认了共产党政权这一事实，因为这意味着在候选人的政府和国家眼中，国民政府已不复存在。为了维护我国政府的尊严（它毕竟仍然受到联合国三分之二会员国的承认），我们不应该对这样的候选人投赞成票，而只能弃权。这种做法将被每个人理解为当前形势下合情合理的行动，如果我们投反对票，当然也是合理合法的，但他们可能非难我们。

　　一星期后谭伯羽回来告诉我，席德懋没有事先通知他已给财政部长严家淦发了电报，并说席德懋建议投任何一个接替格特的候选人的票，即使他来自一个承认了北平政权的国家。理由为这次选举是按照个人条件进行的选举，我们投反对票并不能阻止他当选，反而可能使他怀有成见，在当权时与中国为难。谭说他感到惊讶，并致电严家淦说他本人赞成弃权的意见已得到我的同意，但他没有立即收到严的答复。所以当4月9日突然进行选举时，他没有投赞成或反对票，并声明这是因为他尚未接到训令，只能如此，他个人不反对任何人。（此举很聪明、很合适。）候选人是瑞典人鲁思，他显然得到美国支持。

　　5月22日我接见了张悦联，他谈到中国在世界银行（即国际复兴开发银行）中的困难，他是该行的中国执行董事。他谈起如何应付世界银行坚持要求我们支付我们作为该行成员应摊资金百分之二中的百分之零点五的问题。根据规定，凡大战期间本土区域曾被敌占领的国家可以延期五年付款；但我们的延期现已届满，需要付三百万美元，台湾既无力筹措，又不能置之不理。

　　我建议每年象征性地交付一些，同时说明其余部分将延至政治形势恢复正常、即我们返回大陆时再付。张悦联说，我们只有这样度过难关；但又说，台湾要求目前全部免付，世界银行美国执行董事和许多拉丁美洲国家都赞成作一定的折衷安排。

次日，张悦联带来一份我们通过外交部转致财政部长严家淦的联名电报草稿，电报提出了我们5月22日同意的关于我国如何向世界银行交付应缴资金百分之零点五的意见。6月15日傍晚，张悦联又来告诉我，他接到财政部长严家淦的电报，说外交部长叶公超和中央银行总裁俞鸿钧都赞成退出世界银行，而严自己却不以为然。严要张探听一下我们在6月25日到期的百分之零点五应付资金是否有可能全部延期。

张悦联告诉我，美国代表友好地愿意支持我们在世界银行中的位置，反对任何因为拖延付款而企图取消我们资格的做法，还建议我们作象征性付款。他征求我的意见，我说我一直赞成象征性地交付三万美元。张悦联说，世界银行执行董事会主席布莱克先生曾开玩笑地说，要是那样的话，需要一百年才能全部付清今年应交的百分之零点五的金额。但布莱克认为如果我们不引用任何宪章条款，只说将尽力继续交付的话，还是可以通融的。

张请我亲向严家淦重申我的意见，严第二天就要从台北和他通电话。我像上次一样告诉他，退出世界银行是不明智的，因为要在六个月后方可收回我们已付的九百万美元，届时也很可能另外出现一些困难，例如中共可能索取这笔款项。因此，最好的途径是象征性地交付股金以继续保持我们在世界银行中的位置，任何其他途径对于我们的国际地位都有危险。

第二天严家淦果真和张悦联通了电话，接着又和我通话。他感谢我所建议的解决向世界银行支付到期的百分之零点五资金的办法，他也像张悦联那样对我说，叶公超和俞鸿钧认为中国应退出世界银行。我再次告诉他那是不明智的做法，特别是因为美国已经答应支持我们，只要我们作一些象征性的交款，就保证不施加暂停我们选举权的压力。我建议的象征性交款为三万美元，相当于1951年6月25日到期的我们应交的股金的百分之零点

五。[原文如此——译者]

在回答他的问题时,我说他可以向叶公超和俞鸿钧转达我的意见,即据我来看,我们现在提出退出世界银行是不明智的,因为要在从退出之日算起的六个月后我们才能收回已交给银行的九百万美元的股金,那时,由于北平很可能提出要求,不管我们看来那种要求多么无理,我们要收回这笔款项也会遇到困难。我告诉严先生,要求全部缓交即将到期的我国应交的百分之零点五股金同样是不明智的。

6月19日巴西大使毛里西奥·纳乌科举行盛大宴会,有四十位来宾,大家围着四张圆桌而坐。贵宾中有最高法院法官里德及夫人、空军参谋长范登堡将军、瑞典大使、世界银行行长尤金·布莱克及夫人。我坐在里德夫人和布莱克夫人之间。我觉得布莱克夫人讲话带有德国或荷兰口音,她对国际事务有广博知识。她说我是在中美关系最困难的时期来到美国的,她认为困难大多是国务院的错误判断造成的。她也很了解世界银行与波兰和捷克斯洛伐克之间所出现的难题。波兰终于放弃了会员资格,捷克斯洛伐克也像中国一样没有付清或不能付清它的全部股金,因此影响了它在世界银行中的地位。

汤姆·威尔逊先生也和我们同桌,他在中国呆过,在美国公使舒尔曼和芮恩施手下任过职,后来他在上次大战时当过一任美国驻新德里专员后成了驻伊拉克和伊朗的公使。现在他已退休,但仍保持职业外交官言语谨慎小心的习惯。他避开中美关系和亚洲问题不谈,说起苏俄的政策是国际问题的症结所在,还说美国不得不承担比它的资源所许可的更多的责任。我确信他认为欧洲比亚洲对于美国更为重要和密切相关,还相信亚洲需要很长时间来发展力量才能达到自给自足和不依赖西方的帮助来保卫自己。

三天后张悦联来向我报告,说中国的百分之零点五的股金一事现在已按照我提议的意见解决。他给了我一份席德懋作为副理事根据我建议的条件写给世界银行行长布莱克的信件副本。他感谢我的帮助。我说我很高兴台北当局按我所提的意见办事,这样可以维护我国政府的国际地位。

我再补充一点,关于我国对联合国所承担的财政义务,我们也采取了类似的方法。尽管台北政府的财政状况很有问题,它还是在6月25日付给联合国一张一百万美元的支票,支付了我们1949年度欠款的一部分。在我看来,这对维护我们的国际地位是完全必要的。那年欠款的国家,除我国外仅有乌拉圭。

6月11日蒋廷黻来访,他也切望我国政府能向联合国支付一百万美元。他说,否则由于我们未能支付两整年的会费,我国的选举权将被剥夺。他告诉我,现在的欠款,包括1951年的会费在内,总数已达五百万美元。

大约一个月后,我去比利时大使馆签名祝贺博杜安王子登上比利时王位。通常那里有一位秘书、一位职员和一个侍役在场接待与照顾来访者。在离去时,我遇见了瑞士大使,他向我问候:"早安,阁下!"我们互相握手。虽然瑞士承认了北平政权并且断绝了与国民党中国的外交关系,这只是政府采取的政策,并没有和它的驻外使节磋商,显然这位大使未曾认真对待他的政府的行动,以至让它影响他的私人关系。还有挪威大使,他是外交使团中的前辈,他曾说他完全不赞成他的政府的政策,所以也照常向我打招呼。实际上,有一次他曾请我吃饭,我说我不能奉陪,但他说我们必须照常保持友谊。按照他的说法,他认为他的政府屈从于英国的压力抢先承认北平政权,殊非明智之举。

其后在7月20日,我接待了程天放,他从1950年以来就是我们的教育部长。他说他从巴黎来美,曾作为中国的代表出席了在巴黎举行的联合国教科文组织的会议。他说他对这次会议感到满意,虽然印度曾联合捷克斯洛伐克挑起驱逐中国代表团的斗争,并极力主张接纳中共的代表团,但问题已轻易地以有利于我们的票数解决,投票结果是37票对3票,有少数几票弃权。

我告诉他,我知道美国代表团曾出力为达到这个有利结果铺平道路,我曾为此与国务院协商过。他证实了美国出了大力,还说英国、荷兰和瑞士虽然都承认了北平政权,也都投国民党中国的票,换言之,直到1951年7月,美国一直对国民党中国的代表权给以巨大的支持。

过了五天,我陪程天放去访问腊斯克。双方寒暄之后,我问程是否从台湾带来什么话需要转告腊斯克,但程天放回答说他很快就要回去,希望腊斯克告诉他一些情况带回台湾。所以我只说明程是取道巴黎来美的,他代表中国在巴黎出席了联合国教科文组织的会议。

腊斯克随即问程天放对于会议是否满意。

程天放说,这次会议进行得很顺利,美国代表团给了中国代表团很大帮助。

因为程天放没有明确解释美国代表团如何帮助,我插话说,程先生和我都赞赏美国代表团给予中国代表团的宝贵支持,其结果使中国的代表权问题获得令人满意的解决。我接着说,联系到中国的代表权问题,我也想提提这样一件事,那就是今年年底联合国经济和社会理事会将举行新成员选举,其他的选举也将于7月底之前在日内瓦举行。从两天前起理事会正在日内瓦召开会议,选举四个附属委员会的成员。我说国民政府迫切希望继续在经社理事会和它的四个附属委员会中能有代表。我说昨天我曾派大使馆崔参事去见国务院的珀金斯先生,并留下一份同样内容的备忘录。我愿意亲自向腊斯克先生再次提出请求,希望美国在各项选举中继续支持国民党中国。

腊斯克说,选举问题看来比代表问题困难更多。

我说我很理解这点,但确信如果美国公布它对中国候选资格的支持,则对产生一个有利的结果将大有裨益。

腊斯克问中国是否已是这些委员会的成员,我说是的,并补充说我了解的一般惯例是在每个委员会中除联合国的所有五个常任理事外再选举七个新理事国。至于经济和社会委员会则由十八个理事国组成,除去五个常任理事国外,十三个新理事国由选举产生。

腊斯克于是问在场的珀金斯是否知道这件事。珀金斯说中国大使馆崔参事确曾提出过同样的要求并留下一份备忘录。

腊斯克说他将和负责联合国事务的亨德森先生立即过问此事,看能采取些什么措施给以帮助。接着他问了大陆的情况。

程天放答复了他的一些问题。因为程更关切的是美国的远东政策,他随即改变话题反问腊斯克,如果朝鲜战争解决了,美国是否将改变它的远东政策。

腊斯克沉思了一下答道,一般说来不会改变,因为很难了解中国共产党人的意图是什么。国务院曾经告诫公众,对于目前在开城进行的停战谈判不能过于乐观。

我说告诫美国人民对于停战谈判不要过分乐观是明智的,因为正如腊斯克先生所说,中国共产党人的真实意图何在至今尚不清楚。

腊斯克解释说,朝鲜停战未必意味着那里再没有危险。美国将继续保持警惕,不想改变它的远东政策;但朝鲜停战对于台湾的危急形势来说,可能使之大大加剧。如果朝鲜战争解决了,中国共产党人可能把他们的军事、政治和宣传力量转移到另一处地方,很可能就再次集中到台湾这个目标,当然越过海峡入侵这个岛屿是桩艰巨任务,不是轻易能成功的。另一方面,如果朝鲜战争解决,中国共产党人又能明智地主动缓和远东紧张形势,其他国家可能会再次强迫美国接受他们对于北平政权的观点。他相信假若中国共产党人能够缓和两三年,并且致力于通过外交途径去达到他们的目的,那么他们所得到的要比用武力得到的多得多。

我说我怀疑中国共产党人未必能自由决定他们自己的政策,因为他们必须与克里姆林宫商量。

程天放说,他们必须听从俄国的指挥。

腊斯克问,有无中国共产党代表团出席波兰独立周年庆祝会?在那个会上莫洛托夫作出重要演说。

程天放说他不知道,但他相信那是欧洲共产党情报局的一次会议。据他所知,中国共产党不属于那个组织,远东另有一个远东共产党情报局。

腊斯克说,如果共产党中国出席了欧洲的共产党情报局会议,这个事实就很重要。

我于是告诉腊斯克,由在日本受过教育的中国名人郭沫若率领的大型中共代表团最近出席斯德哥尔摩和平会议并访问了布拉格和华沙,但我不清楚是否有中共代表团参加波兰的庆祝会,我想驻华沙的美国大使馆或许能查明此事。我还说华沙电讯报道莫洛托夫演讲所占篇幅很长,以致没有提到有否中共代表团出席。

珀金斯说,在三个星期以前的中国共产党建党庆祝会上,毛泽东、刘少奇和周恩来都讲了话,据说毛的讲话代表了中共政权遵循的真正政策。他问我是否见过这些讲话的全文,他希望得到这些讲话的副本。

我说,我在一份纽约出版的中共报纸上看到过这些演讲的详尽报道,可未见美国报纸有所刊登。

腊斯克问纽约中共报纸的出版者是谁,我说是中国共产党,这份报纸是在美国的中国共产党的喉舌。我提到有情报说在苏俄的支持下满洲成立有国际志愿军,看来那是一支人数庞大、装备精良的部队。腊斯克问有多少国家参加这个组织,我答称有波兰人、捷克人、俄国人和以前的德国战俘,他们都在俄国人的指挥之下。有一位中国共产党的将军担任骑兵师副师长。然后我问腊斯克是否仍像几周前提过的那样打算访问远东。

他说前几年他出国去参加美国驻远东外交使节的会议,今年他们已被召回美国开会,其中包括从台湾回来的蓝钦先生。但他想在本年度晚些时候去远东一行并访问台湾。

我表示希望腊斯克访问台湾,并向他保证他在那里一定会受到非常热烈的欢迎。程天放说,他很盼望有机会在台湾亲自欢迎腊斯克先生。

最后,程天放起身告辞,腊斯克请他转告吴国桢,他已收到吴的来信,并替他向吴问候。

那个周末我离开华盛顿前往纽约,7 月 29 日星期天,我和宋子文在拉伊同进晚餐并谈论当时形势。我对他说我不信苏俄会摊牌,而美国则表明在 1952 年底之前不能完成作战准备。我告诉他,真正的危机将在 1952 年美国总统选举之后开始。在这以前,所有的政治家都想给美国人民以这样的印象,即他们是维护世界和平的。但在选举之后,当美国的军事实力等于或超过苏俄的军事实力时,美国的领袖们将致力于寻求一种令人满意的解决办法来保证世界和平,如果可能的话,通过谈判和协定;必要时,则通过一场军事实力的较量。

星期一,我在蒋廷黻的纽约办事处与他会面。他相信某种形式的停战将在朝鲜实现,这对我国政府命运的影响很不妙。他说停战协定缔结后,联合国大会将于二十四小时内予以批准,然后关于中共政权在联合国席位的政治问题和台湾问题将再度提出,并将于今年秋季在巴黎举行的联合国大会例会上进行讨论。总而言之,1950 年 12 月以后台湾政府的地位本已逐渐有所好转,但自 1951 年 7 月底起其国际地位,特别是在联合国的地位似乎又将面临另一个危险的时刻。

第三节　共同防御互助方案及对华援助
1951 年 4 月 24 日—7 月

1951 年 4 月 24 日我致电外交部,转达那天美国国防部副部长洛维特关于派遣军事援助顾问团去台湾的通告。洛维特说已经派往中国的军事援助顾问团有四十八名军官和六十八名士兵,将来还可能增加到五六百人。可是他没说明这个顾问团的职责是否限于帮助国民党军队增强防御能力，只说关于台湾的中立化问题，美国政府没有改变主意。洛维特还透露美国政府已于去年冬天决定继续向台湾提供军援物资，一批价值约一千万美元的轻武器用弹药已于 1950 年 11 月交付国民政府。又说，1951 年 3 月中旬，美国国防部认为弹药而外，运送军事装备的时机也已到来，国务院已予同意。至于将来运送装备的数量，仍需等待国防部向国会提出一项从 1951 年 7 月开始的实施方案，纳入 1952 财政年度计划。

就在第二天，国务院向报界公布了美台在两个半月以前缔结军事援助协定的换文。中央社蒋荫恩带给我一份那天上午艾奇逊国务卿在记者招待会上发布的关于给予台湾军事援助的换文和他的声明的副本。

4 月 26 日《纽约时报》第四版刊登了一条有关的华盛顿电讯，其部分内容为：

> 艾奇逊今天透露说，美国在十周以前答应给予中国国民政府以军事援助，使台湾能合法自卫。……但说这种援助不意味美国对国民政府或整个远东的总政策有所改变。
>
> 艾奇逊先生引用了杜鲁门总统去年 6 月 27 日在共产党人进攻南朝鲜后所作的声明，并指出美国所采取的是台湾"中立化"政策，并派遣第七舰队去执行这项任务。
>
> 国务卿说，据他所知美国政府的政策未变，他确信如此。
>
> 然而，国务卿承认他不知道为什么与中国订立的军事援助协定一直保密到现在。他答应要查清楚。为此，一位国务院发言人后来说，美国认为在协定所规定的美国军事顾问团尚未组成，团长尚未选定，他的任命尚未宣布之前，没有必要公开这次协定。
>
> 发言人又说，为在这个时候公布这一协定，当时还有待于与中国人协商。

可是,有的人以为拖延的原因更主要的是出于外交上考虑。他们记得当双方已经交换了照会,协定已经达成时,联合国仍在试探中国共产党人是否愿意进行停战谈判。

决定在这时候公布协定,除了等待发表军事使团的原因以外,也可能是因为美国现在认识到中国共产党人在可以预见到的将来,不会是有诚意的或容易交谈的谈判对象。

目前正在华盛顿访问的前教育部长杭立武四天前来看望我。其实他在4月下旬和5月初已曾几次打电话告诉我他和美国人就美国对我们政府的态度和政策进行谈话的结果。4月22日他说,他曾经会见了参议员诺兰,众议员周以德,国务院的麦钱特和柯乐博。他也见到了远东事务助理国务卿腊斯克,他希望再见腊斯克一次,但因腊斯克有病,要待到他病愈出院后再去,这也许要等一个星期。所以杭就暂离华盛顿前往纽约,并说争取在返回台湾的前一天回到华盛顿。

杭立武归纳了几次谈话的印象说,助理国务卿帮办麦钱特认为台湾有进步,但以为还不够,并认为课税不够高,孙立人的权力仍不充分,蒋经国的特务的活动正危及人民的公民权利。(孙立人将军在1950年3月已被任命为中国陆军总司令,但蒋经国作为国防部政治部主任并控制着秘密警察,实际上也控制着军队,而这是美国人不能赞同的,因为原先美国人就曾促使任命孙立人为台湾的武装部队统帅,此外,美国人也反对蒋经国的做法。)

杭立武说他已告诉麦钱特,多征税并非不可能,但政府必须考虑人民的反应,如果新税款超过日本统治时代则尤应考虑。这是个新论点,似乎颇得麦钱特首肯。关于蒋经国的事情,杭曾告诉蒋委员长,香港人说他将要把国民党交给他儿子蒋经国去控制,委员长笑了笑,表示这是不可能的。

谈到援助问题,杭立武推测经济援助会继续下去,但不可能增加。另一方面,军事援助会多一些,但不能用以侵犯大陆。他又说美国仍然强烈反对蒋委员长,对他有成见。美国人告诉他,蒋委员长在他自己人民眼中已是一个丧失信誉的领袖,即使帮助他重返大陆,有多少人还愿意追随他实大可怀疑(我猜想这是他在国务院的谈话中得到的印象,不大可能出自参议员诺兰或众议员周以德之口)。杭立武对这些说法的答复是,他和他的朋友们探讨过这个问题,还没发现目前有可以替代的领袖。他也告诉他们,如果美国认为必要的话,台湾不反对建立第三种力量。杭说,经他这样一说,他们似乎满意。不过,他向他们指出,如果建立第三种力量,由于力量分散,只能更加削弱反共实力。

杭立武了解美国政府曾试图寻找一些第三力量分子并给以支持,但没有成功。他们不知道到哪儿能找到这种领导力量。我告诉杭,他们曾做过试探,有一回真的想收买一位将军,试了三次,但未获成果。

杭立武于是问我,他是否应把他知道的有关蒋经国的消息告诉蒋委员长,因为这件事很微妙。我劝他作全面、忠实的汇报,我说这一直是我的方针。大多数的人只告诉蒋委员长顺耳爱听的事而隐瞒了使他不愉快的评论或意见,但是,正确的政策决定必须建立在事实的基础上,而不是建立在一厢情愿或顺耳的事情上。

杭说他希望会见腊斯克,探明美国是满足于吸收其他非共产党的党派以扩大我们政府的基础,而仍以蒋委员长为领袖呢,还是只支持一种全新的力量。我告诉他,根据我和一些美国头面人物的密谈中收集到的印象是,他们对蒋委员长已失去信心,一直想寻找一种新力量,但迄今尚未发现。一些好心的美国朋友曾建议蒋委员长成为一位名义上的总统,不执行具体的治国任务,具体的治国任务应由其他人来执行。他们认为依据宪法建立的机构,应在没有蒋委员长干预或不受其控制下进行工作。杭说周以德也对他讲过这样的话。

我说去年8月在台湾我已把这事告诉了蒋委员长,而且我还对他说,正如我后来对十六人国民党中央改造委员会所说,我们的美国朋友认为建立中央改造委员会是一项正确、重要的措施，他们认为应该做三件事：（1）更改党的名称；（2）把民生主义置于民族主义之前；（3）使党的体制结构和统治民主化，放弃以党治国，独揽全权的体制。在美国人看来，这种体制是共产党和法西斯党的特征。

我告诉杭立武，国民党的民族主义已证明是作茧自缚，这从印度和缅甸的反民族主义的政府政策即可得到证实。现在国民党已成为国际上的众矢之的，被当作反动政治的象征。杭说，如果美国人考虑的是个扩大基础的政府。他能够为之延揽更多像顾孟馀这样的人参加。（顾博士是个自由主义者，1949年后他与香港的第三力量运动有过联系，但1950年他来到美国重新过着学者生活。）我说更改党名很重要，如果不改，则有能力、有独立见解的其他领袖人物将不愿参加，而另组集团。

那天晚间我设宴招待陈庆云和李觉之。李是纽约出版的较为重要的中文日报之一《美洲日报》的编辑。陈庆云1941年以后曾任侨务委员会副主任，这时已是主任。由于这种关系，加上他自己是广东人，所以与海外的华人社团有着紧密联系。这两位先生昨晨来访。陈庆云告诉我，他发现在美国的华人普遍对国民政府有好感。其中有些人有过看一看共产党政权的发展的态度，但他们不久就从在大陆亲属的信件和报道中了解到这个政权加给他们的可怕情况。这是促使他们增强对国民政府忠诚的一个重要因素。

陈庆云也谈到他曾为麦克阿瑟最近遭到免职而震惊。他认为我们对此应保持缄默，以免激怒美国政府首脑，因为我们必须得到他们的友好支持。他觉得我们其实应该争取民主党的好感，这比争取共和党的好感更为重要。他说他曾这样劝告过台北。我对他说，一些来过美国又返回台湾的人也持有他的观点，我也认为我们需要两个党的支持；只是在争取共和党的好感时，有必要做得隐蔽和慎重一些。我对他说明，就大使馆而言，我们总是十分小心不使我们的行动公开化，并且坚持请他们对我们的同情与支持也保密。我指出，其实从未有过所谓中国院外活动集团，没有什么由中国政府支持的院外活动以强调国民党中国的事业。强烈反对政府远东政策特别是对华政策的美国人，一直在和众议员及参议员通力合作，但他们这样做并非由于我们的推动，而只是为他们所认识的美国利益出力。

李觉之简短地提到他的报纸，说过去三年情况不好，由于他个人的努力，遍访了在美国的华侨团社，以征求订阅和招揽广告的方式争取他们的支持。结果反响良好，现在他已没有足够的篇幅来每日乃至隔日刊载这些广告。接着他们两人都询问我，由于麦克阿瑟将军的免职引起了美国人对远东政策产生争论，美国此后对中国的政策究将怎样。我说那将使此间当局与共产党人妥协的任何企图更难实现，并将迫使他们更加注意台湾。但最重要的因素在于有关朝鲜战争的国际形势的可能发展和苏俄政策影响下的世界总形势。

第二天在共进晚餐时，我们的谈话转到了国民党中国的政府企业这个话题。陈庆云指责国有化的工业，指出我们的政府没有办好它的任何工业企业。另外一位在俞大维手下任过交通部次长的客人谭伯羽说，他在改进和提高铁路、电讯管理方面做出过成绩，这些都是政府企业，以此反驳陈庆云刚才的话。他还指出美国的邮政管理局效率不高而且费用昂贵。陈之迈也在座，他立即补充说，美国邮政是政府企业，但由于它依靠政治庇护，搞得声名狼藉。谭伯羽谈到改革中国邮政的难处。他说曾拟议把信件直接送交每个收件人，以代替目前实行的把信件送到当地邮政点再重新分发的体制，但民意测验结果，大多数赞成原来的体制，反对改变。他强调说政府企业比旧时的民信局好，旧民信局是一种遍布全国的私人企业，在各省雇用大批邮差把信件送到人们家里。

作为一项政策来说，我支持私人企业，因为像在美国那样，竞争能够促使改进,而政府企业则可能流为官僚主义的温床。这不仅是我 1950 年 8 月在台北强调指出的一项内容,早在战争年代我到重庆时也着重提出过。

几个星期后,我设宴招待胡适博士,杭立武是陪客之一。他私下告诉我,他终于见到了腊斯克,可能次日再和他作一次最后交谈。他迄今仍觉得腊斯克没有放弃在中国发展第三力量的念头。杭说,会谈的结果,他将告诉我。

5 月 11 日,杭来辞行时果真谈了他们交谈的情况。例如,他告诉我,国务院在反对蒋委员长的领导这一点上并没有改变。当杭说明要创造一个想象的第三力量的想象领导人物如何不切实际和徒劳无益时,腊斯克显得非常失望。腊斯克给他的印象是,国务院仍然希望从台湾现有的人物中物色到一个新领袖,而不一定要从大陆上反共力量中去找。

杭立武还说,看来腊斯克不仅反对蒋经国当秘密警察首脑,也反对培养他为蒋委员长的接班人。腊斯克还反对蒋纬国任装甲兵团的司令,拥有蒋委员长授给他的日益增加的权力。至于马歇尔将军,杭立武也见到了,他发现马歇尔内心里对我们的政府仍不甚友好。

所有这些都与我那时的印象不相上下。我发现当时美国政府对台湾提供更多的军事援助和派遣一个军事顾问团去帮助训练使用美国供应的武器并不表明美国对蒋委员长的成见有任何基本的改变,只不过是迫于中国共产党人对美国怀有敌意而采取的权宜之计,用以应付当时的形势。

关于这点,我想提一下 5 月 8 日我在纽约州保险商协会上的演讲词。在这次演讲中,我对蒋委员长领导下的国民政府的立场的重要性,和我国政府能为朝鲜战争及为美国目标的实现做贡献的重要意义作了阐述和辩解。这是那时我试图向美国公众说明情况以抵消美国政府的偏见所做的工作之一。

可是,正如我向杭立武明白指出的那样,在美国政府最高级领导层中,对我国政府及蒋委员长的领导仍然缺乏正确的评价。杭立武和我都一致认为,除非蒋委员长能够或愿意寻求一种适应美国态度的方案,我们只能等待美国政界来年的发展。杭立武还说,腊斯克没有表示能提供多少、实际上是任何经济贷款的指望,只表示按照新的法规可能有更多的军事援助,当然,那是朝鲜战争的紧张局势促成的。

杭立武所提的经济贷款是台北渴望获得的,以便解决外汇严重不足问题。特别是政府衷心希望从进出口银行得到一笔两千万美元的贷款,以下一季收获的食糖抵付。4月25日,我请中国技术代表团秘书长李榦来见我,以便和他磋商。我也想知道他对我们国防部拟向经济合作署要求得到价值一亿八千六百万美元军事辅助援助的反应。

李榦报告说,美国想把一切对外军事和经济援助包括在一个包括欧洲、亚洲和远东在内的一揽子议案中。此外,这个提交国会的议案还包括第三项即辅助军需品援助,属于这类军需品的有供应台湾的汽油、航空用汽油、军队的食物和服装,但数字尚未确定。经济合作署的格里芬第一次与他(李榦)会谈时,认为我们提的数字太大,未予考虑,但近来的谈话中格里芬显得颇感兴趣。

关于食糖贷款,李榦对其成功的可能性表示怀疑。不过我们在华盛顿的困难和失败,可以当作一个论据促使在台北的经济合作署中国分署和其他出席经济安定委员会的美国人员提出另外的建议,帮助我们解决外汇不足问题。我告诉李榦准备一份作为拟议中贷款抵押品的食糖产量的备忘录。

经济安定委员会是按照经济合作署驻华代表团负责人的建议于1951年3月成立的。它由政府的高级官员如财政部长严家淦和台湾省主席吴国桢等人组成。其中实际上没有美国成员,但是经济合作署中国分署在一切会议中都代表美国出席,并且在制订委员会方针时扮演了积极的角色。据我了解,它的职能是检查和协调贸易、支付以及有利于稳定物价的金融和财政政策。我也

了解到,在执行上述职能时,中美官员迄今一直在高度合作。例如我在 4 月 27 日的日记中有这样一段:

> 看了台北的经济安定委员会的会议记录,可以清楚地知道美国代表在台湾经济的各个方面与委员会合作得何等密切:诸如国家及省、市预算;税金征收;外汇比值;土地改革和农村福利;工业生产和原料、成品进出口;来自美国的军事和经济援助等。甚至关于提高或降低棉花、布匹的海关税率的问题,如财政部长严家淦向委员会所报告中所说,在一个委员会上讨论了十七次,又经行政院两次开会讨论,都未能解决,现在提到经济安定委员会来解决。美国成员似乎袒护尹仲容(台湾区生产事业管理委员会副主任委员和中央信托局局长),赞成不提高税率,而不顾严家淦等人的反对。

(尹仲容是个杰出的经济学家,现已去世。他确实是一小批专家中的主要智囊。他指导这些专家采取措施解决外汇赤字问题,鼓励引进美国资本和促进台湾的出口贸易。他是卓越的人,他的许多工作现在仍然对台湾的轻工业发展具有影响,在他的鼓励下,出口也得到增长,外贸的进展也达到贸易顺差,这一切使台湾跻于亚洲极少数国家的行列。现在台湾的国民收入按人口计算,甚至仅次于居亚洲首位的日本。)

中国技术代表团团长霍宝树回台湾近一个月后返抵华盛顿。1951 年 5 月 16 日我约他午餐,以便畅谈。他说他在台北时曾向陈诚行政院长及蒋委员长汇报,其要点是美国将继续给予经济援助,数额大致与去年相似,即本财政年度的数额约为六千五百万美元。台北没有讨论食糖贷款,但叶公超对他说,此事他已给我发了电报。我告诉霍,我准备与国务院磋商,但在进行之前,希望由他探明进出口银行从技术角度上看向我们提供食糖贷款的前景如何。我说我对进出口银行会同意这种贷款不抱什么希望,但是我们先与它交涉，对我向国务院提出要求有利。

上星期天，5 月 13 日，内布拉斯加州的参议员巴特勒乐观地告诉我，情况对我国正在好转，他希望能变得更好。他还告诉我，1946 年他在南京见到马歇尔将军时，马歇尔显得很沮丧。我和巴特勒相遇是在内华达州参议员马隆夫妇举办的"团聚"宴会上，这是一次共和党人的聚会，但有些民主党参议员也出席了。宴会中所有做牛排的肉都是从内华达州空运来的。我们正进餐时，马隆参议员站起来介绍宾客，我妻子和我在第一批站起来与来宾见面的人士之列。可是有许多参议员和其他美国人被主人忽略了，看到他们一个接一个在众目睽睽之下走向讲台，对马隆参议员耳语道出姓名后，主人立即大声通报进行介绍，这种场面使人看了颇觉有趣。参议员德克森夫妇因为必须参加在斯塔特勒饭店举行的招待杜鲁门总统的烤肉宴，提前退席了。德克森开玩笑地对我们说，他不得不去欢迎杜鲁门，因为这是最后的机会，言外之意，杜鲁门将不再竞选，也不会再度当总统了。

5 月 15 日，我接见了《旧金山纪事报》总编辑保罗·史密斯先生，他刚刚访台归来，在台北他曾受到蒋委员长及蒋夫人的接见，并且参观了陆、海、空三军，对他们的高昂士气印象很深。此外，他极力主张美国在军事上援助国民政府，使它成为东亚的强大反共力量。

史密斯曾向艾奇逊汇报，艾奇逊请他与腊斯克及麦钱特共进午餐，但他告诉我这些大人先生们给他的印象是仍然对蒋委员长怀有偏见，他们宁愿支持另外的人作为中国反共力量的领袖。他们对他所说的国民党军队士气良好，政府廉洁而有效率，印象颇深。但他们仍一再询问台湾有无出现第三力量的可能性，而且依然怀疑国民党军队真愿意作战，而不再像他们从前在大陆那样望风溃逃。他说他觉得难以回答他们的问题，因为，归根结底，谁能保证这支军队真心愿意作战？他要去见杜鲁门总统，可能也要被问到同样的问题。因此我向他作了一番简要解释。我说这些军队都来自大陆,老弱和不可靠的分子已被清除,留下的也经过重新整训。此外,从他们老家传来的消息和信件倾诉了共产党的镇压,使他们比以前更希望打回老家去赶走共产党侵略者。检验他们与共产党人作战决心的最好办法是给他们一个自我证明的机会。史密斯看来对这种论点感到满意。

5月17日埃尔莫尔·史密斯中校前来参加我为他和几个其他美国朋友麦克奈尔中校夫妇等所设的午宴。史密斯中校将于那天晚上离美赴台,参加驻台北的美国军事顾问团。他和麦克奈尔中校两人都很同情国民党中国,赞成给我们更多的军事援助。史密斯告诉我,参谋长联席会议曾建议顾问团应有更广泛的职责,但由国务卿起草和下达的指令却规定了狭窄范围,限定它的职责只是应台北统帅部的要求随时提供咨询意见,和训练中国军队使用及维修由美国供应国民政府的武器。

麦克奈尔认为顾问团的职责应不仅限于与中国参谋部合作,而应参与制定军事行动计划和参加军事行动,就像在希腊所做的那样。否则,顾问团不能提供有效的帮助。但他认为国务院或许不愿意这样干。因此在一年或六个月之后国务院就能看到顾问团的失败,于是就将说它当初反对派遣这样一个军事顾问团是对的。实际上,他觉得这个被派出的顾问团只不过是政府借以抚慰国会中的共和党人的一种办法,并不真心想看到它成功。另外一个客人众议员阿姆斯特朗同意这种看法,并说,当对外军事援助法案提交众议院讨论时,他将提出一项修正案,按照麦克奈尔中校的建议扩大军事顾问团的职责。

阿姆斯特朗最近曾去远东旅行,他在席上对我们说,为了节省时间,他搭乘一架运输机从东京飞往台北。抵达时他见机场上无人迎接,于是他打电话给美国大使馆。到达使馆后,由蓝钦给黄仁霖将军通了电话(黄当时是联合勤务部队副司令),黄立刻前来道歉。他说他没有想到阿姆斯特朗会乘货运飞机旅行,接着提出了一个详细日程安排,每五分钟一个项目,以照顾阿姆斯特朗访台期内的时间。

阿姆斯特朗说他在大使馆看到关于麦克阿瑟将军被杜鲁门总统免职的新闻电讯,他觉得无法置信。中外报纸记者们向他提出这个问题,他也作了同样的回答。但这是真事,他明白后大为吃惊。蓝钦已得到东京的证实。

这件事很像《旧金山纪事报》总编辑保罗·史密斯说的另一件故事。他说4月7日星期六,他正在蒋委员长官邸赴宴,蒋委员长问他谣传麦克阿瑟将军可能被华盛顿解除职务是否会成为事实。史密斯向蒋委员长保证不会成为事实,并且以政治上、军事上的理由和个人的看法向蒋委员长论述谣传不可能实现的理由。可是三天之后,麦克阿瑟的免职通告成为事实。当他再次见到蒋委员长时,因为作过错误的论断而表示歉疚。蒋委员长沉思片刻后说,麦克阿瑟将军本人恐怕要比史密斯先生更为惊诧。

几天以后,我在另一个场合又偶然地遇见众议员阿姆斯特朗,他说起在台北时有一位温将军曾访问过他,代表一些受命发动大陆游击活动的将领们要求军事援助。我说我知道温将军,(我了解他指的是温应星,一个美国西点军校的毕业生。)台湾并不大支持他。阿姆斯特朗说那无关紧要,因为任何致力于反对中共的人都是有用的。

5月18日,远东事务助理国务卿腊斯克在纽约的华美协进社以《中美友谊》为题发表了他的著名演说。5月19日我在日记中写道:

> 迪安·腊斯克在纽约华美协进社二十五周年庆祝会上的演讲是惊人的。他说共产党中国是苏俄的殖民地,真正代表中国人民的是国民党中国。援助国民党中国将继续以更大的规模进行。

问题就来了,这个演讲是否标志着美国对华政策的改变。我在中国大使馆一等秘书顾毓瑞的鸡尾酒会上遇见了参议员布鲁斯特，他对于腊斯克在华美协进社的演讲并不重视，认为腊斯克说的话未必算数。他觉得国务院对国民党中国的政策并未真正改变，最终会出卖国民党中国。

这种评论和其他类似的评论似乎证实了我自己的看法，即国务院仍然坚决地反对蒋委员长和国民政府，但是其他共和党人抓住腊斯克的讲话作为政府的政策已经改变和政府终于转而接受共和党对国民党中国的观点的一种迹象。例如，纽约的众议员萧特于 5 月 21 日评论腊斯克的演讲说：

> 这是以往六年来国务院远东政策的全面扭转，与政府再三坚持的立场相反。

他还毫不掩饰地嘲讽道：

> 现在听到腊斯克先生说美国承认国民党政权，因为它更真实地代表着中国要求从外国控制下获得独立的愿望，这确实使人耳目一新。我们是从来就承认作为联合国的一个成员的国民党中国的。不知从前腊斯克先生站在哪一边？

这篇评论登载在《国会议事录》的报告中，这种记录通常都提供给我参考。

显然国务院认为不得不澄清事实。同一天，5 月 21 日，国务院首席新闻发布官迈克尔·麦克德莫特发表一个声明，否认从腊斯克的演讲中能够推论出政策有任何改变。麦克德莫特说：

> 企图把助理国务卿迪安·腊斯克星期五晚上的演讲硬说成相当于暗示政策改变，不管怎么说都不能认为是正确的。这篇演讲是想要而且确已重申了中美人民之间的深远友谊和美国人民对中国保持独立与完整的关注。以及我们对中国人民被共产党领导人在朝鲜战争中当作牺牲品所表示的关怀。这篇演讲也重新肯定了我们的希望和信念，即中国人民不会放弃他们渴望和平生活及与世界各国从事和平

贸易的民族特性。演讲所谈到的是我们过去时常说的话,即美国不会默许或帮助一个把自己的利益从属于某一外国利益的政权凌驾在中国人民头上;这个政权没有权力在国际社会中代表中国发言。这篇演讲中肯定没有新的内容。

演讲说明了我们继续承认中华民国国民政府这一事实,我们相信它要求从外国控制下获得独立是代表着有历史传统的中国人的态度。演讲说明了我们正在援助国民政府。我们是明白、公开地这样做的。

演讲的结论是,如果中国人民决心争取自由,他们将在一切热爱自由的人民中找到朋友。中国人民的这种决心显然会恢复中国和世界其他各国人民之间的密切关系。

力图把这些说法牵强附会卷入中国内战的不着边际的结论是绝对不正确的。(1951 年 5 月 28 日《国务院公报》,848 页。)

在前几年我经常出席华美协进社举办的类似集会。建立这个社是为了传播关于中国和中国人民,特别是中国文化、艺术方面的知识。迄 1949 年止我一直是这个社的名誉社长。但协进社的理事孟治显然醉心于政治,且受到华盛顿偏见的怂恿反对国民政府,已经造成了一种困难的局面。他试图按照自己的心愿办协进社,很可能怀有野心,想使协进社成为扩大他自己的影响和权力的工具。因此,他设法争取莫里斯·穆尔夫人的友谊和合作,而穆尔夫人当时是计划委员会的主席,对协进社有很大影响,因为她的弟兄鲁斯是协进社的主要财政资助人。孟治也显然有意避开中国大使馆。

几个星期以后我见到杭立武,他力劝大使馆原谅华美协进社以往的错误,消除误会,并且要求我看在他的面子上,允许他引见孟治,使孟能和我握手致歉。我婉言拒绝了会见孟治。我说就私人关系而言,我与孟并无芥蒂。至于华美协进社,大使馆从未试图干预它的工作,只是应它之请给以一臂之助。可是协进社,主要是孟治,一直回避着大使馆。按理他应当在协进社、大使馆和中国政府之间起联系与合作的环节作用。我告诉杭立武,关于孟治办社的方式,特别是他企图绕过大使馆设法使协进社能控制给中国学生的经济合作署助学金,和企图与北平政权接触,(孟显得急于与共产党人交往,或许他确信北平政权不久将成为中国的唯一政权,将占有一切国际组织中的中国席位。)这种做法是不明智的也是不必要的,当然终归要失败,因为他的态度不正确。

因为那时候国民政府在美国仍然得不到人们,特别是美国政府的欢迎,作为政府在美国的最高代表机构的大使馆自然被看成是它的意识形态和政策的象征。当时的普遍印象,尤其在美国一部分公众中,认为国民政府是个极权主义的独裁政府。有些人说这个政府甚至力图通过国民党的活动对中国留美学生进行洗脑。特别是穆尔夫人,显得深受这类反对国民政府宣传的影响,也相信共产党政权是未来的中国代表。前文曾提到过,她曾支持孟治的意图,要使大使馆与中国留美学生助学金不发生任何关系。

杭立武说,他了解到华美协进社犯了不少错误,但是新任社长克拉克将军将访问我,并正式请大使馆给予合作。杭立武也听说,协进社在 1949 年没有通知我就把我和司徒雷登博士的名誉社长除名。又听说虽然我们两个人的姓名曾出现在 5 月 18 日庆祝学会成立二十五周年的宴会程序单上,但协进社固定名单中至今尚未列入,这显然是为了避免刺激北平。至于邀请胡适、蒋廷黻、李惟果在庆祝宴会上讲话一事,当这几位先生已经接受邀请之后,又被孟治取消了。我告诉了杭立武,我已派陈之迈代表我接见孟治并听取他要向我说的一切,然后向我报告,并不需要孟治亲自向我作任何解释或向我道歉,我从不让任何私事妨碍我的工作。

纽约的华美协进社社长克拉克几星期后果然来访。他身材魁梧,平易近人。他说明他是以华美协进社社长的资格前来拜访,并为由于疏忽没发给我 5 月 18 日在纽约华道夫—阿斯多利亚饭店举行的宴会请柬向我道歉。当时参议员保罗·道格拉斯、约翰·福斯特·杜勒斯、助理国务卿迪安·腊斯克是宴会上主要的演讲人。他还说他对于一年来协进社信笺上端漏列我和司徒雷登作为名誉会长深为抱歉。他又说，中国驻美大使和美国驻华大使任学会名誉会长是合适的和必要的。

他说鉴于5月的宴会颇为成功，鲁斯和他曾商量应该在冬季的某个时候再举行一次，届时希望我能出席。他说去年的形势发展变得对国民政府比以前更为有利，他为此而感到高兴，这也构成协进社为什么应该增加或继续活动的另一个理由。他希望大使馆予以充分合作。显而易见，他此来负有协进社的外交使命。

我对他说，最近有位朋友告诉了我，我才注意到协进社信笺上漏刊我的名字，这我并不介意。至于宴会的成功，我感到高兴。我还说，大使馆的常规工作是与美国政府及公众保持联系，它随时准备并愿意对为我们两国人民进行有益工作的任何团体和任何活动提供充分合作。中美人民彼此一直是亲善和有深厚友谊的。我们不想通过别人或团体的工作为自己牟利，但在有求于我们时乐于提供合作。我请他确信，无论何时需要我们合作的话，大使馆将继续与协进社合作。他和我都没有提到孟治的名字或态度。正是由于孟治的态度才在中美双方以至大使馆和协进社的关系之间造成了这样多的误会。

5月19日，我设午宴招待联邦储备银行的切斯特·莫里尔先生。他将去台北任我国中央银行顾问。他上了年纪，显然已到退休的时候，对银行学持有很保守或正统的观点。霍宝树曾说过，不能指望他会提出任何根本办法以解救我们的财经困难，这话看来得到了证实。我对莫里尔说，我们的主要财政问题在于必须用一个岛屿的资源来维持一支必需的五十多万人的军队，因此需要美国的特别援助，给予拨款或贷款，例如像食糖贷款那样，使我们度过下半年的困难。莫里尔答称，唯一的办法是削减国家预算以便缩小赤字。不过莫里尔外表沉着老练，举止文雅。

5月25日霍宝树本人来访。他听了我的建议曾与崔存璘一道访问过进出口银行的高思,探询有关食糖贷款事项。高思说,中国已欠银行好几笔贷款,只要旧债一日不清,就没有希望会同意给我们新贷款,尽管所提的食糖贷款期限很短,又有食糖收成作可靠保证。他不知道是否有对此感兴趣的商业银行,并暗示我们可向商业银行试探一下。不过他相信这项贷款具有政治性质,所以经济合作署或国会可能对此最有帮助。我们同意把探询结果电告外交部和财政部长。

后来,我患了枯草热病,第二天登门找乔治·斯图尔特医生医治,他是一位过敏症专家。我经受了一系列的检验,总计有三十五项之多。和我第一次就诊时一样,斯图尔特对远东形势颇感兴趣,他问我是否认为苏俄在这一年里将发动战争。他说他相信周以德的论点,即美国政府对国民党中国的政策是不公平的,对中国大陆沦于共产党人应负责任。如今美国不得不在朝鲜作战,这是自食其果。他还说,如果美国当初没有听任国民党中国垮台,导致共产党人统治大陆,则朝鲜战争决不会发生。这就是一位过敏症医生对形势的看法。

董显光没有事先通知就来到了华盛顿,给我带来了有关周至柔将军案件的资料,这个案件我在以后将加以叙述。他告诉我,蒋委员长命他再次访问美国。蒋夫人要他如见到马歇尔将军时,转告马歇尔说她前两个星期因为忙没能给他写信,但会再给他写信的。

接着他对我讲了一些有趣的事。他说蒋委员长有一次对朱世明将军很生气,命他(董)告诉朱将军返回台湾,否则蒋委员长将命令在东京的何世礼将军把他赶回台北(何将军继朱世明任中国驻盟国最高司令部代表团团长)。董未能完成这个使命。后来报告蒋委员长时,他很不高兴。董显光解释说,蒋委员长没有办法贯彻他的命令,因为何世礼在日本无权按他的要求行事。

董显光还曾受蒋委员长委派去向麦克阿瑟表示,蒋委员长对他即将离开日本深感遗憾。但抵达东京后,他谨慎行事,以便摸清麦克阿瑟是否乐于接见他。最后在 4 月 18 日,当麦克阿瑟离日返美时,他去机场送行。在那里麦克阿瑟的副官邦克上校对他耳语说,麦克阿瑟将军不接见他对双方都有利。董告诉我,实际上蒋委员长原来想派张群和他一同前往东京向麦克阿瑟转达他对麦克阿瑟被免职的同情慰问,但张群意识到这种微妙的处境,未接受这个任务。

董显光认为,由于没能得到麦克阿瑟的接见,已经证明蒋委员长也没有必要通过我的大使馆送信给麦克阿瑟。我说我也怀疑此时这样做是否明智。可是蒋委员长的电报是以断然的语气发来的,附有信件全文,包括称呼在内,指示我把它译成英文送交麦克阿瑟。董显光接着说,他通过邦克上校交给麦克阿瑟的信是用中文写的,附有一份英文译文。他又说,台北还不明白,麦克阿瑟在现在这种情况下是不会很欢迎接收此类信件的。

这些事情是难以理解的,只有那些熟悉国际政治或在国外的人能够理解,然而缺乏了解可能导致不幸的结果。举例来说,蒋荫恩曾于 4 月杪来看我,他谈起蒋夫人赞成麦克阿瑟轰炸在满洲的中共基地的主张激怒了杜鲁门总统。杜鲁门的一位秘书曾告诉他,当杜鲁门总统在报上看到这条报道时(正好在麦克阿瑟被免职之前)简直怒不可遏,他嚷道:"他(麦克阿瑟)是为美国总统工作的还是为台湾的蒋夫人工作的?"这实际上只是一种传说,但它说明了如果对形势没有充分的了解就采取行动,只能增加不必要的紧张。

董显光说,他认为杜鲁门对麦克阿瑟的真正反感,即导致麦克阿瑟免职的反感,是因为后者当北朝鲜在 1950 年 6 月发动进攻时,玩弄了使美国介入朝鲜战争的花招。杜鲁门觉得他已经落入麦克阿瑟设下的圈套,然而他又不能把此事告诉美国人民。这只能是董的怀疑,他想征询我是否同意他的看法。我对他说,他的看法不见得正确,那时杜鲁门是迫切希望介入的,他的行动不仅在美国,而且在整个自由世界赢得了拥护和赞扬。

董显光接着告诉我,外交部长叶公超已申请辞职(上个月叶公超曾来信秘密通知我这件事),陈诚将军已要求蒋廷黻继任外交部长。我说我耳闻蒋廷黻已经予以拒绝,并于3月份去过台北,主要就是面陈他的决定。董说,可是蒋廷黻要求给他三个月的时间进一步考虑这个问题。现在三个月时间已到,陈诚要他(董)去征询蒋廷黻的确切答复。

5月31日杭立武又来看我,因为他想告诉我他就美国对华政策问题与国务院及其他部门成员进一步会谈的结果。他告诉我,迪安·腊斯克在华美协进社发表的演讲是一次好的演讲,它激起了英国和印度等国家的反对,但据艾奇逊在新闻记者招待会上的解释,实际上并没有发生政策的改变。杭立武认为国务院和美国政府正如以前所述,仍然反对蒋委员长做中国领袖,目前的美国军事援助仍仅够作防卫之用。

他又问我,成立一个新的与国民党对立的政党是否就能减轻美国对国民政府的反感?我说时间对我们来说已很紧迫了,必须寻求一些办法来帮助美国挽回它的面子,使它能公开全力地支持我们光复大陆。在我们现政府的领导下,美国决不会真心实意地帮助我们完成这一任务。如果成立一个新的政党仅是为了装饰门面,它将起不到任何好的作用,只有助于进一步削弱美国政府对我们的信心。

我告诉杭立武,目前美国的政策是尽一切努力避免与苏俄摊牌,所以它愿意在一个适当的、可以接受的基础上在朝鲜甚至在欧洲达成协议。我说美国1952年的大选是时间表上的一个关键点,但尚难以肯定共和党人将会获胜。假如新的世界战争在1952年11月以前到来,没有充分的美国支持我们就不能做好返回大陆的准备;然而如果我们找不出能够对付美国的偏见与骄傲的方案,我们就不能获得美国的支持。我认为蒋委员长和国民党一定知道这点,并能够为中国自身的利益筹划出一种方案来加以克服。

杭立武还说,他应李宗仁将军的要求,曾在纽约与李会见。李宗仁请他告诉蒋委员长,他希望与委员长合作,只有在争取到美国的军事援助后,他才回台湾。杭立武解释道,换句话说,李宗仁那时将回去主持国政,也就是说蒋委员长将靠边站。杭立武和我都认为李宗仁的这种态度是不现实的。杭对我说,他甚至不想把这件事报告蒋委员长。(其时李宗仁虽然仍在美国,但从不与任何美国官员接触。他的主要支持者和积极的代理人甘介侯已放弃鼓动美国支持李宗仁的工作,而在美国任教。)

至于杭立武即将出席的道德重整会议,他说他也知道在那里没有多少活动,但奉命必须参加。台北给他的这个任命是出乎他的意料之外的。

董显光也被指派出席这次会议,他从会议地点密执安州的麦基诺岛返回后,于6月14日来访,这天正好是美国国旗制定纪念日。他说他和杭立武在会上没有积极活动,只是在布克曼博士的七十五岁生日时,他在大会上递交并宣读了蒋委员长的贺电,仅此而已。(布克曼博士是道德重整运动的领导人和创始人。)他说日本人在那里已有五十名代表。可是他和杭立武发现这个会议的意义不大,它的活动与公众利益无关。(我早就对他们这样说过。)

6月6日,葡萄牙大使路易斯·费尔南德斯来访,他来征求我对于美国对台湾的真实政策的看法。他想了解这个政策是真变好些了还是仅仅做点表面上改善的文章。他以前就不信中国共产党人会准备在朝鲜停战,或像西方相信的那样寻求一项解决办法。我同意他的见解,并给他讲了下列事实以资佐证,即已给了台湾更多的军事援助并派遣了一个军事顾问团前往台北。我告诉他台湾的情况已经有了很大的改善,我去年8月亲自在台湾的访问,以及越来越多的美国访问者包括福斯特先生、经济合作署行政官员、参议员、众议员、工商业巨头、新闻记者和报刊专栏作者的报道可资证明。

关于我对葡萄牙大使所说的这番话,我想再加上一句,美国军事顾问团团长蔡斯从台湾送回华盛顿的一些报告也是对台湾有利的。昨天,6月5日,我致电蒋委员长,说蔡斯将军在报告中称赞了我们军队的士气。我也答复蒋委员长5月8日关于我们打算提议建立中美参谋长联合机构的电报说,如果美国军事顾问团的职权扩大而且需要建立联合参谋部,蔡斯将军肯定将会提出,因此,最好留待他去提出此项建议。

葡萄牙大使离去之后,我走访了迪安·腊斯克,与他商谈经济和军事援助问题、食糖贷款、对日和约,我们的签署权和解决办法以及中国与西德结束战争状态和建立外交关系的意图等等。这次会谈不言而喻是一次长谈。会谈时中国科科长柯乐博也在场。

我首先提出我们政府申请经济和军事援助问题。我说,记得2月中旬中国国防部长曾交给美国驻台北代办蓝钦公使一份关于防御台湾的军事需要的意见。2月20日,我本人为此事曾向国务院递交一份照会。后来在4月份蓝钦公使收到一式三份的名为紧急军援项目的预算,有两个部分:(1)一亿三千三百万美元用以在美国采办军需品,包括士兵军服用的布匹和给养用的辅助营养食品等;(2)约五千四百万美元用以支付为即将接收的军援作好当前准备的开支,例如,为大型飞机的起落,现有跑道必须延伸扩建;为重型坦克的通过,桥梁必须加固,道路必须改进。我说,早些时候,中国政府和在台北的经济合作署中国分署经过互相研究、商讨,已制订过一份1952年财政年度经济援助计划。但我知道美国政府向国会提出的将是一项综合议案,把对外国的军事和经济援助都放在一起。我问腊斯克能否告诉我此事现在进展如何,是否已把议案提交国会,预计何时才能得到国会通过。

腊斯克答称他不知道议案已否正式提交国会,但他知道议案将以所谓混合议案形式提出,包括各种对外援助。这将是个重要的议案,因此,他预料将会慎重考虑和争辩,说不准会持续多长时间,他怀疑能否在 8 月底以前予以通过。

我说,由于有这个间歇时间,我国政府担心到时青黄不接。台湾的经济形势倒是有了改进,在本财政年度主要依靠经济合作署的援助、出售黄金和出口贸易赚来的外汇已能度过。但黄金储备已达到不能再事出售的程度。政府很焦虑,唯恐物价上涨、台币贬值和经济形势失去控制,除非能够得到某种追加援助,才能度过这段间歇时期。我国政府希望能从欧洲经济合作署基金的百分之三剩余中得到一两千万美元。

腊斯克说,他知道这笔剩余基金一部分已拨给台湾,其余部分都已分配。

我说剩余基金确有约一千六百万美元被加到本财政年度的四千万美元总额中,但今后的三四个月里政府的外汇情况很紧张。这个问题虽已由以美国大使馆和经济合作署中国分署的经济专家为一方,以中国的有关部门为另一方进行了共同研究,并按照美国专家的建议已把每月的进口定额限制在六百万美元,但仍然未能达到所需的数额,我问能否设法帮助中国政府度过这个过渡时期。

腊斯克答称,那需要国会批准,他不能肯定国会是否会准备从欧洲基金中再行转拨,因为这不符合原法案的意图。他问从 7 月 1 日起的下一个财政年度需要多少款额。

我说需要七千万美元,略大于本年度的款额。(精确数字是七千五百万美元,我回大使馆后,打电话要谭绍华通知柯乐博。)

随后我提出食糖贷款问题。我说为了适应过渡时期的需要并有鉴于外汇储备异常紧缺,我国政府愿意得到一笔三千万美元的贷款,以下一季食糖收获量五十至五十五万吨的一部分作保证。其办法是在食糖收获总量中拨出二十万吨作为预售或供拟议中贷款的担保。我说明本财政年度政府之所以能应付它的外汇需要,主要靠经济合作署的帮助,部分靠出售价值约三千万美元的二十万吨食糖的收益。但下一财政年度已播种的甘蔗要到今年年底才能收获,因为甘蔗的成熟期需要八个月,不像稻谷仅需四五个月。如果这笔贷款能作为食糖的预售款筹集,则食糖可以在 1952 年 1 月至 5 月的五个月中交货。如果作为以食糖的收获作担保的贷款,则偿还期可以从 1952 年 2 月至 5 月分为四期偿还。换言之,保证既具体可靠,时间也很短。

我说我的政府最初希望能从进出口银行获得这项贷款,但银行告诉大使馆说,拟议中的贷款有较强的政治性,银行不能办理。我还说,我也曾与纽约金融机构接洽,看来他们对贷款条件颇感兴趣,不过他们认为从报纸的报道判断,台湾的形势,无论政治上或军事上都不够稳定,因此他们的意见是,如果能得到美国政府的某种保证,他们将予以考虑。当然,我认为这是行不通的,因为美国政府没有这样做的成例。柯乐博也说美国政府从未这样做过。

我说,如果国务院或经济合作署能实事求是地证明台湾的情况没有理由使人担心,他们在今后十个月或一年中不会遇到任何麻烦,那就可以鼓励纽约的金融界人士考虑这项贷款。

腊斯克问贷款收入打算如何使用。

我回答说将被用来满足外汇的需要。

腊斯克又问,是不是经济合作署的援助不能用于这个方面。我说经济合作署的援助将用来满足某些基本项目的需要,例如纺织工业用的棉花,桥梁和钢轨用的钢铁,改进农作物用的肥料,但还有些民用项目没有包括在经济合作署计划之内。

腊斯克问是些什么项目。我说我不能马上拿出一个完整清单,但像农民迫切需要的布匹这类东西是必需品。事实上,台北经济安定委员会曾在美国大使馆与经济合作署中国分署经济专家以及中国各有关部门代表参加下对经济形势进行共同研究。作为结果,政府已发布命令,禁止一切奢侈品进口,只允许输入必需品。

柯乐博问，台湾的水果素负盛名，是否能够增加产量并予以输出；在日本人统治时期，这些水果销往何处。我说，主要销往日本，它过去是台湾水果的最大市场；但日本现在无意购买水果，因为它宁愿选购更为必需的东西。

我重复说明，上述三千万美元贷款在今后六个月中非常急需，否则物价会上涨，台币会贬值，人民的信心也会动摇。

腊斯克问，这项贷款是否不用于稳定台币。我说稳定货币和拟议中的贷款是两件事，这项贷款仅是一种临时性措施。腊斯克说，他认为控制物价和稳定通货不必与外汇储备问题联系在一起。

柯乐博问，假如得到了今后六个月所需的这项贷款，在这六个月之后中国政府又将如何措置？我说，我也曾提请我的政府注意这个问题。但是目前的形势如此紧迫，只好把这个问题留待以后考虑；换言之，先救眼前之急，至于遇水搭桥，到时再办。

腊斯克问，经济合作署难道不能助一臂之力？我说我曾通过中国技术代表团对经济合作署提过，据说经济合作署对台湾的当前情况深有了解，甚表同情，因为该署的中国分署经常出席经济安定委员会召开的会议，每星期集会一至二次，经济安定委员会密切注视着每天的经济形势。但该署认为贷款是个政治问题。

腊斯克说，他不理解为什么那是个政治问题。我说经济合作署很可能认为这件事情需要从政治上考虑解决。

腊斯克沉思了片刻后说，国务院将向经济合作署提出这个问题，试试是否能有所助益。

至此，我提出了对日和约问题。我们谈了一阵之后，我转到解决大战期间和战后年代的租借问题。我说整个问题非常复杂并且涉及大量金额，我无意予以细述，只想说明我的政府迫切希望问题得到解决。实际上，过去三年一直在讨论这个问题，其所以迟迟未能解决，部分，或不如说主要由于我们发生了意想不到的变化，部分由于所涉及的账目的复杂性。大使馆的代表曾与墨菲先生谈过这个问题,我了解他负责租借问题。(腊斯克和柯乐博两人都不知道墨菲是谁,也不知道谁负责租借之事。)

我说不管怎样,讨论一直在进行。我希望早日结束,即是按照美国方面的多次声明,为了有利于解决,整个问题将采取大方慷慨的风度予以结束。

腊斯克说,他对那个问题完全不了解,他将告诉索普先生并进行调查研究。

我说我提出这个问题并不想深入讨论,只想把国民政府有解决问题的诚意通知腊斯克先生,特别是因为我国政府知道美国政府现在除了俄国和中国之外,已与所有有关国家解决了这个问题。我和我国政府不希望看到中国在与美国解决财政账目上有任何拖延。我想美国政府也有早日解决这一问题的同样愿望。如果真如所言,我相信问题不久就可能得到解决。

腊斯克说他不能回答我,但将告诉索普,有何结果将让我知道。(索普是国务院负责经济事务的助理国务卿。)

我提的最后问题是关于我国政府想结束与德国的战争状态。我告诉他,中国立法院为此已在准备一个议案,我的政府愿意与美国和其他大国同时解决这个问题。我问他,美国政府是否已决定了采取这个行动的日期。

腊斯克答称,这又是他职责以外的事,归亨利·拜罗德先生负责。

柯乐博说,前些日子崔存璘对他谈过此事,但问题还有不少困难,这些困难现仍存在,没有新的发展。

我说除了与西德结束战争状态的问题之外,我国政府还正在考虑与西德建立正式外交关系。中国驻巴黎大使馆曾接到指示,为了这个目的与西德接洽。我提起这个问题的用意是使美国了解情况,以便有关这方面的报道从欧洲传到国务院时,国务院不致感到意外。

第二天是 6 月 7 日,当艾奇逊国务卿在麦克阿瑟的听证会上作证时,俄勒冈州参议员莫尔斯——军事委员会的重要成员——和康涅狄格州的参议员麦克马洪一道提出了"中国院外活动集团"的问题。不消说,他们两人都是国民政府的严厉批评者。我电告外交部如下:

> 昨天艾奇逊出席了参议院军事委员会和外交委员会的联席会议,回答问题。当他作证时,麦克马洪和莫尔斯提出质询所谓的"中国院外活动集团"。同一提议还攻击了我们的军事和政治领导人,说他们借美援自肥。艾奇逊回答说,他已经命令国务院收集一切有关资料,以便查明对美国援助的款项是否有什么使用不当之处。

查阅一下那些听证会的正式记载,(《远东的军事形势》,第三部分,2073—2074页。)看来参议员麦克马洪提到的是指 1942 年五亿美元的信用贷款,特别是运往中国价值二亿美元的黄金,指责在出售黄金上存在着大量的贪污。据记录所载,他说:"如果这批钱为了影响舆论又回到了美国……应该让美国人民知道那些事情……"他还希望政府能对此采取一些措施。正是为了答复这个质询,艾奇逊答称他已命令国务院收集有关的资料。接着,在下午的会议上,参议员莫尔斯谈到美国存在着"极端主义集团……他们不代表美国的利益,只代表中国内战中两个主要争权者的利益。"他还说为国民党工作的集团,即"中国院外活动集团",它所使用的钱可以推想是来自原先美国对中国的援助。他特别提出中央通讯社的威廉·古德温,此人最初受雇于大使馆,后来被中央社和宋子文雇用。

6 月 8 日中央社的任玲逊来访,征询我认为对参议员莫尔斯所说的"中国院外活动集团",尤其是对他指控的中央社为了疏通活动已花费六亿四千三百万美元一事应采取什么对策为好。我告诉他,我已作了慎重考虑,结论是最好置之不理,也不要发表任何声明加以否认或驳斥。我指出莫尔斯提到的钱数是大得难以相信的。我还说,如果我们回答的话,只会引出更多的问题,如我们为什么不答复听证会提出的其他指控等等。回答一个指控将会留下这种印象或暗示,我们对其他指控无言答对。此外,我们的回答将被认为在美国国会辩论中赞成一方,反对另一方。我告诉他,应该由国务院首先作出回答,我们可以看看它会提出什么证据——本案是毫无实据的。任玲逊完全赞成我的意见。

同一天,在听证会上,当"院外活动"和政府有意进一步调查这项活动的议题被参议员斯帕克曼和莫尔斯重新提出时,参议员布里奇斯插话说,他要求弄清楚,任何调查热忱不应局限于调查国民党同情者的可能活动,也应调查中国共产党同情者的活动和企图影响美国舆论的任何其他国家的活动,换言之,他认为政府正在尽一切努力维护它的中国政策,为了达到它自己的目的而提出对亲国民党活动的调查,这种主意未免做得过分。倘若需要调查,他希望普遍调查外国的院外游说者的活动。

6月10日,我再次致电外交部报告关于调查"中国院外活动集团"问题。我在报告中说,在那天的听证会上,艾奇逊声称杜鲁门总统已对有关政府机构发出指示,要他们收集并研究有关资料,如果发现确实存在这样一个企图影响国会的院外活动集团,他将采取必要的法律步骤,建议立法机构进行审议并公布事实真相。但艾奇逊说,他现在已查看过国务院的案卷,没有发现足以证实所称非法利用援款的证据。

次日,以《国会议事录》为根据的报告说,参议员弗格森要求印发他对报界的声明,声明称赞总统在国会调查"中国院外活动集团"时给他充分合作。弗格森说:"所以要称赞,是因为他设想总统的提议将是对一切企图影响美国对华政策的人进行调查,既有亲国民党分子,也有亲共产党分子。"

同一天,蒋廷黻博士按约定来访。他先问食糖贷款的前景如何。同时,他渴望我国政府能付给联合国一百万美元的会费,以免我们被剥夺选举权。(前文曾述及该款已于6月20日付给联合国。)我说,已努力与经济合作署、进出口银行、国务院和纽约的商业渠道接洽过食糖贷款,但尚无多大成就。

随后我问他台湾之行的情况,他说,印象良好。他还说他在国民党中央改造委员会作的演讲,提倡吸收青年分子,组织一个反对党,国防部长由文官担任,因而与张其昀辩论了一场。(张其昀当时是中央改造委员会的秘书长,是国民党的一位理论家和历史学家,曾写过许多本书,是个忠诚的国民党员和蒋委员长的追随者。)蒋廷黻说,他们的辩论一直继续到陈诚行政院长介入并称赞蒋廷黻的坦率胸怀,说他提出的建设性意见可供研究,至此辩论方告休止。

蒋廷黻说,他也曾告诉王世杰,美国赞成政府改造,去掉蒋委员长,可是他本人支持蒋委员长和改造。他告诉我,陈诚曾请他担任外交部长,因为叶公超打算辞职,他只答应考虑这个建议。他曾极力主张国民党中国效法美国的两党制,但在台北这种主张并不投合和他谈话的人的心意。他还说,联合国的工作对他仍然很重要,因此不能担任外交部长,可是王世杰对他说,他可以像菲律宾的罗慕洛一样一身二任,但蒋廷黻认为那是不可取的。他说他已答应陈诚考虑这个问题,现在还一直在考虑中。

6月12日我拜访了宋子文。宋告诉我,蒋廷黻从台湾回来后曾见过他,并对他说,他(蒋)对于担任外交部长曾提出三个附加条件:(1)国防部长由文官担任;(2)国民党中国效法美国的两党制;(3)外交政策由政府决定,外交政策的执行完全由外交部掌管。宋又说,蒋廷黻尚未真正接受任命,但答应在三个月内作出明确答复。

我们接着谈到顾孟馀,他是中国政界闻名的自由主义者,曾被企盼为第三种势力的领袖。宋子文说,顾孟馀过于消极,而美国中央情报局属意的许崇智将军则只是个挂名领袖,没有能力从事任何实际的领导。他认为美国企图鼓励在大陆建立与台湾无关的第三种势力不会有多大结果。

关于调查"中国院外活动集团"的问题,我告诉宋子文,大使馆的策略是保持沉默,正如对有关麦克阿瑟将军免职和美国远东政策特别是中国政策听证会所持的态度一样。宋说,无论如何,对无端指控中央社花费六亿四千三百万美元进行国会院外活动的谰言应当驳斥。我说,这事可以而且应该通过一些友好的参议员间接去做,不必由我们正式出面。中央社社长曾虚白在台北已予驳斥,但收效不大。

同一天我报告外交部,谭绍华应邀参加国务院的一次会议,讨论 1951 年第三次补充拨款法案的凯姆附加条款。该条款禁止任何正在向共产党国家运送战略物资的国家从美国得到经济援助。6 月 2 日杜鲁门签署了这个法案,但签署时他批判了附加条款;同时有提议延长期限之说。

出席会议的其他人员有中国科的代理科长和负责经济技术事务的远东司成员。后者告诉谭绍华说,按照第三次拨款法案的修正案,一切接受美国经济援助的国家都不得向苏联和它的傀儡国家包括北平政权出售任何弹药及军需品等。倘若一个接受美援的国家想要继续得到美援,在上述附加条款通过的十五天内必须出具证明书,证实他们没有向上述国家运送任何列入禁用清单的军需品。6 月 17 日的期限已经很迫近了,然而禁运物品名目繁多,实际上完整的清单仍在准备之中。因此,如果我们发现这个修正案难以执行,按照它的规定,国家安全委员会已被授权可以宣布豁免。他也说曾提议把期限再延长一个月,但尚未正式获准。

谭绍华说,如果在完整的禁运清单公布之前就要求友好国家对上面提到的事项出具保证,看来似乎不大合理。但为了遵守这个法令而又使这个意见得到支持,国务院正建议由我国政府和其他接受美援的国家在近几天内提出一份大意为支持修改条款并乐意遵行的一般性声明,那样,我国就能继续不断地获得美国的军事援助。

向外交部报告了这一切情况以后，我又阐明了自己对这个问题的看法。我说，由于我们急需经济援助，看来应该按照要求提交一份证明书，以表示我们的合作意愿。这份证明书经政府批准后，可由大使馆送交国务院。待他们的完整清单公布时，我们可以看看其中有无我们难以照办的限制项目，那时再提出问题进行谈判。至于声明的措词，我经过考虑，认为应包括以下几点：

（1）中华民国政府注意到业经通过的 1951 财政年度第三次补充拨款法案和美国总统 1951 年 6 月 2 日声明。

（2）中华民国政府愿意支持上述法案的附加条款，该条款有利于增强各自由国家之安全。

（3）为自由世界共同事业之利益，中华民国始终赞成采取集体强制行动，反对国际侵略。

（4）中华民国政府虽尚未得机会审查有关禁运物品清单，但愿意表示同意下列基本原则，即自由世界不得通过贸易向从事侵略活动的政府或政权提供可能增强其力量的商品和物资。

6 月 16 日收到外交部复电，指示我在收到正式要求时可以递交证明书。复电说我提的各点都是令人满意的，但建议在第三点后面再增加一点如下：

由于与苏联断绝了外交关系，中国政府已严令禁止向苏联及其卫星国控制下的任何地区运送任何物资、日用商品或任何种类的货物，并已采取措施，使禁令产生效果。这个禁令已被证明是有效的，而且一直在执行并将继续实施下去。

此外，在措词上还建议作些改动，最后的文本于 6 月 26 日送交国务院。

6 月 16 日，我又为要求接受美援国家提出证明事电外交部。我说，昨天（6 月 15 日）国家安全委员会发表声明，把期限延长到九十天（至 9 月 5 日）。它还发布命令，要求一切办理此事的机关着手向各有关国家提出这个问题，使他们能严格遵守这些限制条款。

同一天，顾毓瑞与一位在五角大楼的朋友谈话后报称，美国军事顾问团团长蔡斯已提出下列建议：（1）把他的顾问团的规模扩大到六百至七百人；（2）改编国民党陆军的某些部队，以便增强师一级的火力。顾毓瑞说，那位朋友对他说，国民党陆军现在有三十三个师和四个炮兵团，这些炮兵团是附属于兵团一级的。蔡斯希望有更多的炮兵配备到每个师里，以便使各师具有较大的自我支援力量。顾毓瑞认为蔡斯的建议五角大楼肯定会批准。然而他也被告知，一旦进行改编，台湾方面可能会提出异议，因为某些师仍然受一些特殊人物的指挥，他们可能不愿充分合作。次日，我把蔡斯的建议电告叶公超，也请他转呈蒋委员长。

6月21日我又给外交部发电，并要求把我的电报转呈蒋委员长。我说蔡斯关于扩大美国军事顾问团的报告已被华盛顿当局批准。至于需要增加军事装备以增强某些师的火力问题，美国军事顾问团已被授权进行研究、估算和提出要求。我还说，我了解到用于这一目的的款项可以从国会通过的军事援助计划中拨出，约为七千万美元。

几天以前我在巴西大使的宴会上曾遇见汤姆·威尔逊，他是一个退休外交官，曾在中国和中东服务过。他明确认为对于美国来说，欧洲比亚洲更重要，更为存亡攸关。他说亚洲的力量要经过长期发展才能自给自足，才能在没有西方帮助下进行自卫。我说，中国很想实行发展经济的长期计划以提高人民的生活标准，包括公路建设、农田灌溉、改良土壤、改善耕作方法和公共卫生。他的回答是极耐人回味的，他说，更为必需也更为重要的是领导，没有领导，其他问题就不能有效地抓住和解决。这是对我们政府的含蓄的批评，完全与国务院前几年的政策一致。

前几天（6月15日）我与迪安·腊斯克一面闲谈，一面等候杜勒斯到来商谈对日和约问题。腊斯克问我的第一个问题是关于吴国桢,也许那只是礼节性的探询,但从另一方面看,美国政府一直关注蒋委员长是否能给吴国桢和孙立人将军相当的权力,使他们能不受牵制地进行工作。我答复说,吴的近况很好,不仅表现在他作为台湾省主席的工作方面,而且也表现在其他活动如领导经济安定委员会方面。我说,国民政府的临时驻地虽在台湾,可是该岛仍被看作是一个省,除了关税以外,所有台湾的税收都归台湾省政府征集,用以加强该岛的经济。我们闲谈了好长时间,杜勒斯才进来。我谈这些的意思是,要知道美国是否愿意承担对台湾提供日益增加的援助,就要了解其间的来龙去脉及美国人所属意的范围。

6 月 23 日,在李幹女儿的婚礼上我遇见了董显光,他和我一道从婚礼后回来,所以在他那天晚上离美赴台之前,我们有机会再次交谈。我们谈到许多话题,包括美国对我国政府的态度和政策。他首先告诉我,在纽约他得悉蒋廷黻对政府要他出任外交部长接替叶公超一事作了答复,他未予接受,理由有二:(1)蒋认为联合国的工作仍然重要,他在这个岗位上可能对国家更有用处;(2)他和他前妻的家庭纠纷使他不可能在台湾任职而不给政府招添麻烦。董说,他本人既未见到正在美国的孔祥熙,也未见到孔令傑。董又告诉我,1943 年孔令侃曾请他担任扬子贸易公司总经理,薪金优厚,而且每年年底还可分红,他没有接受。

董显光还告诉我,他上次访问美国时在哥伦比亚大学拜访了艾森豪威尔。艾森豪威尔对他说,解决台湾问题的最好办法是使台湾成为一个独立的国家。董说他表示不同意。他告诉艾森豪威尔,这样的计划中国人民和台湾或大陆的政府都不能接受。艾森豪威尔接着问他,如果台湾由于美国的帮助而得到安全,它还希望做些什么呢? 董回答说,我们要打回去光复大陆。艾森豪威尔显得大不以为然地说:“那样将意味着与苏联打仗。”

这次董显光于 6 月 19 日见到了马歇尔,发现马歇尔对国民政府和蒋委员长都不怎么友好。马歇尔主要谈的是国民政府在军队方面应该办理的事情,说那样办了也许就不会出现军事崩溃。董说,马歇尔现在每月训练三万人,以补充在朝鲜的军队。马歇尔还说,在他最近去朝鲜与日本途中,差一点要去台湾。董和我对此说都感到疑惑。董那天中午在陆海军俱乐部还见到了怀曼将军,怀曼向他打听一位翁将军,说翁某与中国共产党人有联系,已被中央情报局察觉。怀曼是中央情报局头子史密斯将军的副手。

然后,董显光和我交换了各自对美国政策及世界形势的看法,我请他把这些看法报告给蒋委员长(我们的谈话见前文)。一言以蔽之,我们的看法几乎完全一致,只是我认为最近的将来不会有战争,而他则认为战争将在1953年春爆发。他的意见反映了台北政界的普遍观点。

就在同一天,苏俄代表马立克发表声明,大意为朝鲜战争有可能通过安排停火和休战来解决。美国国务院也公开表示,如果苏俄的建议出于真心并能有一定保证,美国准备接受这个建议。这正好证实了我的估计,正像我最近对董显光说的那样,莫斯科和华盛顿双方都不愿摊牌。

次日下午(6月24日),司徒雷登庆祝他的生日,我前去祝贺。他的私人秘书及朋友傅泾波先生几天以前曾打电话告诉我,司徒雷登将届七十五岁,并邀请我出席一个由司徒雷登的几位国务院和中国友人为他举办的庆祝茶会。我说我很高兴参加。我随即向蒋委员长发电,请示是否愿意届时以他的名义赠送鲜花。董显光以前对我说过,蒋夫人曾请他去看望司徒雷登并转达蒋委员长和她的良好祝愿。董照办了,司徒雷登颇为高兴。但蒋委员长想必仍对司徒雷登不大愉快,因为他复电说没有必要祝贺。

不管如何,我自己还是去祝贺了。司徒雷登显得比四五个月前我们会面时更好些,更健壮些,虽然他说他不像外表那么良好。尽管柯乐博夫妇在场,但出席的美国客人并不太多,大多数是中国人,其中许多是司徒雷登从前在燕京大学时的学生。

第二天上午,霍宝树和李榦来访并向我报告经济合作署对中国援助所作努力的最近进展。据经济合作署的人说,现已批准四千一百万美元作为对台湾的补充援助,至于定名为"共同安全计划"的1952财政年度的援外法案,仍在等待国会通过。

1952年的援外法案已于5月24日由政府提交国会,总计需要八十五亿美元,其中六十二亿五千万美元用于军事援助,二十二亿五千万美元用于经济援助;亚洲和太平洋地区将得到五亿五千五百万美元的军事援助和三亿七千五百万美元的经济援助。众议院外交委员会第二天将召开关于这个法案的听证会。

我乘机对霍宝树提起食糖贷款问题,并建议以黄金作为贷款的辅助抵押品,当然主要的抵押品是1951年年底收割的下年度食糖收成。霍认为这个建议不可能得到蒋委员长的批准,而蒋委员长是亲自实际控制着中央银行的黄金储备的。但是霍同意我的看法,即美国预算局批准补充援助后,大概可以不必再争取食糖贷款了。

那天过午不久,我设午宴招待经济合作署的一些成员。该署远东处处长格里芬谈到经济合作署成功地使预算局批准了四千一百多万美元的补充援助,这个数目是从1951财政年度欧洲的经济合作署援助剩余中调拨过来的全部百分之三余额。他说这是由于国务院和国防部的联合支持,也由于印度的尼赫鲁公开批评了国会对给予印度的小麦拨款附有政治条件以致拖延时日。最后决定把全部小麦拨款改作贷款,从而让出了几千万美元原定用于这方面的专款。

格里芬还说,这项补充援助在一定程度上准备用来帮助中国弥补1951年下半年的外汇缺额,因为知道中国可能难以从国外获得拟议中的食糖贷款。经济合作署的中国援助计划负责人约翰·纳森认为虽然新的补充援助对中国帮助很大,但我们为了弥补外汇短缺可能还需要其他款项。当李榦策略地询问能否动用这笔援款时,格里芬和纳森都说在动用前应先提出来讨论。

关于军事援助问题,我电告外交部长叶公超说,美国陆军的计划与作战部门的马尔科姆·吉尔克里斯特中校如今已受命飞往朝鲜、台湾和日本进行视察,他将于 7 月 5 日或 6 日到达台北逗留一周。除了考察我国军队的情况外,他的使命是与蔡斯商讨有关台湾防务的所有问题,以便返美后提出报告。

我还说,我获悉蔡斯顾问团的编制和成员的选派都已筹备就绪,这都是由吉尔克里斯特负责办理的,因此他这次访问台湾,对该顾问团将来的工作有着直接关系。最后我说,据悉要加派到台湾去的顾问团员约为八十九人。

同一天,杜鲁门总统在田纳西州塔拉荷马的重要演讲中没有说几句国民政府的好话。在前文中我曾经说过,在 6 月 23 日马立克关于朝鲜停火问题的无线电广播之后,据说总统修改了这篇庆祝一所空军研究中心开幕的演讲词,把它作为一次重要的外交政策讲话来公布。但他 25 日演讲时对朝鲜问题含糊其词,并避而不谈马立克的声明。另一方面,他攻击国民党中国,说它未能动员全国力量,以致丧失了大陆。

我觉得他是在为他的对华外交政策辩解,这种政策已经遭到国会共和党人和外交委员会与军事委员会联席召开的麦克阿瑟听证会上几位证人的严厉批评(听证会那天刚刚结束)。这样的辩解似无必要,但在当时他回击国会内外的批评者,则是着眼于下一年的总统竞选活动。

次日午餐时,我的客人、著名报刊专栏作家塞西尔·布朗告诉我,他即将去欧亚旅行,大约 10 月份能到台湾。在答复他的问题时,我建议他调查一下中国政府与驻台北的经济合作署中国分署之间及中国政府与驻台北的美国军事顾问团之间应如何改进合作方法,并为他自己和美国人民查明中国官员一再被指责的在处理美援时有贪污行为究竟有多少真实性。我又把我自己如何处理一亿二千五百万美元军事援助特别拨款和制订一套防止贪污措施的经验告诉了他。这些措施很起作用,国务院和国防部都很满意。

7月6日早晨，外交部长叶公超从台北打来电话。他说了三件事，其中第二件是任命俞大维来大使馆当我的特别助理。早在6月初，叶曾在给我的私人信件中谈过此事。6月16日，他从台北打来电话时也答应待俞的任命决定后立即发电报通知我。但像我在7月6日向他指出的那样，事情的真相是行政院下达的命令与外交部的译文并不符合。行政院命令的措词为由俞大维在美国掌握经济和军事援助及军需品的采购事宜，而外交部把它译作由俞大维协助中国驻美大使处理这些事项。

叶公超解释说，原先外交部和俞大维一同拟定的推荐书是俞大维"协助大使处理"经济和军事援助问题以及军需品采购事宜，可是陈诚院长把措词改成"对此负责"，后来蒋委员长又改为"主管此事"。最初俞大维原想进见蒋委员长，请他删去这句话，后因朋友们的劝告才作罢。但他仍坚持措词不应该译作"主管"，此外，他愿意称他先生，不愿意称他将军。

俞大维将军深明形势，非常谨慎，他不喜欢那些表明由他主管军事、经济援助和采购事宜的词句。外交部同样认为大使是全权代表，他应该比俞大维更负主要责任，俞本人也赞成"协助"大使这样的措词。但中国政界的情况对此有不同的看法，蒋委员长和陈诚或许不大熟悉外交使团的性质与驻外首席外交代表的地位，可以这样说，他们想给俞大维把药丸包上糖衣，让他易于接受。殊不知俞大维对国际关系中的情况远比他们熟悉。

问题在于俞大维这次的任命，在当今或以前的内阁部长中都是第一次，所以蒋委员长和陈诚觉得应加维护，使他在华盛顿就任这个职位时免遭外界可能加于他的任何非议。但俞本人充分理解，虽然受命在华盛顿主管这些重要事项，但如不通过大使馆和通过大使，他就不能正式工作。例如，要提出什么正式公报，都必须经过大使签名。在外交组织系统中，除大使的顾问和助理之外，没有另外的独立代表。像俞大维担任的这种工作，实际上与海军武官或商务专员的工作无大区别。任何具有约束力的行动都必须由大使办理。

再者,俞大维受任本职的真正目的是为了离开政府,因为他不喜欢频繁出席会议、接见政客、周旋于政治圈子中的阁员工作。叶公超显然充分意识到这种微妙的处境,所以外交部在翻译命令时采取了灵活的方式。

叶公超说的另外两件事是对日和约草案和大使馆的译电室。关于后者,他说鉴于译电室工作繁重,他有意另派一人去分担译电室的负责人王君的工作,他征求我的意见。我说,他要派就派个能干的人。因此叶说,他心目中是派外交部两位最好的译电员之一,但级别要高于鲍君,鲍是译电室第二号人物。于是我请他暂不选派,因为那可能引起个人嫉妒的问题。我说,译电室的三人中有两人反对再来第四人,只有鲍赞成,并已由他个人写信给部里。叶公超同意停派。

三个人中有两人反对外交部再派人来,因为那将影响他们的特别津贴,这笔津贴是我给他们的一笔固定款,由译电室的人分摊。他们的工作确实很辛苦,有时一直干到午夜或凌晨一两点钟,所以该室是大使馆中最忙碌的办公室。有时在凌晨一点,一封电报才译完,其中一人就得乘出租汽车把电报送交给我,因为我坚持要求他们电报译出后立即送交给我,所以他们的工作很劳累。为了鼓励他们,我给他们特别津贴。他们认为加派另一个人将会减少他们每人的份额。当然,这个问题是无足轻重的,但它说明了会影响业务正常秩序的正是人为的因素。

当天下午,霍宝树对我谈了另一个部门之间的问题。中央信托局局长兼行政院物资供应委员会委员尹仲容希望崔存璘代他担任这个委员会的代表。我解释为什么我不能同意时说,崔存璘是大使馆的参事,是高级官员,经常要为大使馆到国务院去洽谈业务。他不能一身二任,因为不能指望国务院每次都能分清崔是以参事的身份为大使馆说话,还是以代表的身份为中央信托局说话。此外,物资供应委员会的观点很自然地局限于照顾它本身的狭隘利益。过去当他提出要求时,大使馆必须从大处着眼加以适当修改后才能提出。霍宝树同意我的意见,他说他会向中央信托局的尹仲容说明原因,但希望崔存璘能陪同中央信托局纽约代理人一同去访问国务院。

霍宝树来访的主要目的是报告争取经援的进展情况,为此他与李榦一同来访。他们告诉我,已从四千一百万美元中拨出三分之一作为 1952 财政年度第一季度经济合作署对中国的援助,这样,第一季度的总数就达五千四百万美元。他们也提到经济合作署的建议,即由我们预备一份附文供一些参议员或众议员参考,因为八十五亿美元的共同安全计划法案当时正在国会讨论。附文应为台湾提出一个固定金额,不少于上述之数。我告诉他们,那样可能使台湾的分配额成为我们的反对者在国会中进行攻击的目标。我相信努力争取由众议院外交委员会和参议院外交委员会在他们的报告中提出这个问题会更好一些,因为那样对政府将具有道义上的约束力,而且能给经济合作署一个有力的论据,使它可以去催促预算局迅速、完全地批准支付给中国的援助。

至于计划中的食糖贷款,纽约中国银行席德懋于 7 月 11 日从纽约打来电话报告说,他接财政部长严家淦来电,请他继续努力争取食糖贷款,可以以黄金作第二担保品。席说已与欧文信托公司联系。他说他已向欧文信托公司提出贷款问题,但迄今没有表明以黄金作第二担保品,也未减少贷款的数额。

7 月 4 日清晨,是日为美国的国庆日,我照常去我的办公室,但只有我的机要秘书傅冠雄按照我的指示留在那里。下午两点左右,我请一位国务院情报机构的下级官员与我和大使馆三等秘书陈家博在双橡园共进午餐。这位官员在日本和朝鲜负责美国情报工作刚回来。他说他曾几度访问台湾,显然那与促进大陆游击活动的工作有关。他证实了我前些时候收到的报告,即有位中国将军曾被美国陆军、空军和海军的情报人员在三次分别的谈判中进行收买并三次付酬。他说,现在这项工作已协调得较好。他的意见是不要让游击队提前活动,否则只能被共产党当局分批消灭。他说游击队的活动只有与突然袭击或有组织的正规军进攻配合起来,价值和作用才最大。

这位官员还告诉我台湾政府领袖人物之间的政治倾轧仍然很紧张。至于美国对国民政府的政策,他说,时间对台湾政府有利。他指出,美国军队始终赞成援助非共产党中国的政策,而国务院则确实一直是反对者。(这一论点再次从不同渠道得到证实。)

几周以后,我接待了教育部长程天放,当时他正在华盛顿。程天放证实了那位情报中校军官的印象,即台湾仍然存有许多政治倾轧。他举了吴国桢与陈诚之间、孙立人与陆军当局之间、以及海、空军与陆军之间的勾心斗角作为例证。

同一天,7月20日,我接见了马格纳斯·格雷格森博士。他和弗雷德里克·麦基一道来访,告诉我他台湾之行的印象。格雷格森作为医药援华会负责人4月份曾到台湾访问三周。他说,他看到的政府、军队,台湾人民和工业生产都使他相当高兴。他认为台湾岛在即将到来的反共产党统治斗争中是整个亚洲希望的中心,也是远东稳定的中心。他还想把一个正在受教育的西藏女学生带到美国来,为的是使她以后可以将美国的民主生活方式带回她的家园。

7月25日,我陪程天放拜访了助理国务卿迪安·腊斯克。先是程天放于7月20日来访,出人意料之外的是,据他说他不想会见华盛顿教育界的领导人物,只想访问迪安·腊斯克和一些著名的参议员及众议员。因此,我答应为他安排一些约会,与腊斯克的约会是第一个。

在和腊斯克的会谈中,助理国务卿问了共产党大陆的情况。他听说学生是中国共产党政权的最热情的拥护者。

程天放说,恰恰相反,中国的学生深感失望。在共产党控制大陆之前,学生们认为他们能从共产党那里得到较好的待遇。但经过近两年来的亲身体验,他们的幻想破灭了。

在场的珀金斯插话问道,为什么中国留美学生很少回到台湾去?

程天放回答说,前几个月约有十人回台湾,但去年从美国返回大陆的有六百多人。中国学生一般不愿意回到台湾的原因,是害怕如果去了台湾,他们在大陆的家属将会受到共产党当局的虐待。

珀金斯又问,在国外的中国学校是否被共产党人控制了。

程天放回答说,中国共产党人曾试图介入,但并无大的成就。在暹罗和马来亚的大多数中国人是同情国民政府的。例如,以在香港的中国学校而论,中国共产党人曾试图让他们使用共产党的教材,但英国当局拒不考虑。接着,由于程天放对于美国的远东政策实在很关切,他问腊斯克,如果朝鲜战争得到解决,美国是否将改变它的远东政策。

读者可能还记得,上文曾谈到腊斯克是如何答复的。腊斯克的回答基本上是美国不想改变它的远东政策;但朝鲜停战对于台湾的危急形势来说,可能大大加剧。

次日是星期四,我设午宴招待程天放。我们谈了如何保证那些去台湾充任政府机关职员的中国学生的忠诚问题。我告诉他,要求大使馆出具保证是不现实的。程说台湾的保安机关坚持要这种保证。我说这种责任应由他们负。他们可以调查这些学生,或在他们到达之后进行考察。此外,现在几乎没有毕业生愿意去台湾,因为他们的家属在大陆,而且台湾的待遇太低。再者,据我看来,把他们弄到台湾,让他们等候分派差事,即便他们在候职期间由政府负担费用也是不可取的。我还说,政府应给他们优厚的待遇,以便鼓励其他青年中国学生重视国民政府。

在这以前的星期日,我再次于全国广播公司的"会见记者"电视节目中露面,这次谈的大部是有关我们被排除在对日和约、朝

鲜停火谈判之外的问题。星期一,获悉我的三个老朋友已经去世,我在日记上写下这几行:

> 人到老年最难堪的事情之一是看到朋友的讣告越来越多。过去几周,我接到了欧内斯特·贝文;英弗查佩尔勋爵;乔治·克拉克爵士;王正黼先生;黄晓华上校等人的噩耗。今天又有四位朋友逝世,即:鲍里斯·贝克麦特夫,俄国革命后克伦斯基派来的大使;博恰德教授,我在哥伦比亚大学约翰·穆尔教授主持的国际法研究班时的同学;贝当元帅;海军作战部长谢尔曼海军上将,他在两次心脏病发作之后死于那不勒斯。

星期二,我以大部分时间专心处理在华盛顿的中国代表之间的内部问题。台北政府曾经下令,一切在美国与采购工作有关的各方人员和机构应合并成为新的统一的购料委员会,但空军的毛邦初将军拒绝合作,不肯把他的空军办事处移交给新建组织。麻烦的真正根源在于毛和他的上司周至柔旧怨未解,长期不和。这些本来是个人恩怨问题,但到了7月下旬,已经造成种种不良影响,甚至有发展成为重大法律案件的危险。

第三章　毛邦初与周至柔之争及个人专断的政治;这些问题对美国舆论和美国援华政策的影响

1950 年 9 月—1958 年

第一节　毛邦初的控诉及其反响

1950 年 9 月—1951 年 8 月初

毛邦初与周至柔之间的斗争可以回溯到 1950 年 9 月中旬,至少据我在华盛顿的大使馆所知道的是如此。那时,中国空军驻华盛顿办事处和美国参议员威廉·诺兰就已向我举发过传闻采购事务中有某些不正轨情况。

举个例说,那年 9 月中旬某日,是星期五,中国空军驻华盛顿办事处一位姓向的上校来报告说,有一批中国国际商业公司①在美采购的飞机配件被美国海关的检查人员扣留,其中包括一套无线电设备和几台航空用监控器。公司代表向海关检查人员报称,该批货品是台湾行政院物资供应委员会的订货。向到大使馆来查询此说是否属实。他说,如果我们承认该批货品确系台湾行政院的订货,就可获放行。不过他以为美国官方之所以要对此事追根问底,是由于他们怀疑中国政府当局与该公司合谋走私,希图

---

① 　似乎是在 1950 年初,空军司令部经由中国国际商业公司,并在柯克海军上将帮助下,建立了一条新的航空采购渠道。中国国际商业公司(CIC)乃专为国民政府采购军用物资而建。

取得正式佐证,以便立案追究。

星期六,空军办事处主任毛邦初来我处声称,向上校所报情况是严重的、确凿的。空军办事处对该贸易公司所称此项货物与我国政府有关一节不予承认,并希望大使馆对此项否认加以支持,以免陷入美国国务院主管军事供应部门所设的圈套。

几天以后,我使馆的武官皮宗敢将军向我报告了同样的案情。据称有一批 P-51 型飞机配件在西雅图被美国海关扣留,是中国国际商业公司企图无照出口的走私品,该公司代表同样声称是台湾国民政府所有。他说,此事是美国国务院军品管制司的负责人通知他的;该负责人并称,如果大使馆提出出口申请,他可予以考虑。皮和向一样,怀疑这只不过是一个圈套,企图使我们承认我国政府与闻此项走私出口所购货物的策划。因此他坚决主张,即使确实是我国政府所有也宁愿让这批配件被充公。三天以后,毛又再次来访,他完全支持皮的见解,并同样怀疑这是国务院军品管制司所设的圈套。

在同一时期,我于 9 月 16 日应邀走访了参议员诺兰。他通知我,据报有两起中国官员所作的违法事件:(1)今年春,中国官员通过旧金山一家杂货店采购了三百万加仑航空汽油,中间人获得佣金十万美元;(2)中国官员向美国采购了剩余物资 P-51 型战斗机 25 架,每架价格三万六千美元,而美国政府的价格每架仅为一万六千美元。

他对这些事件感到不安,打算亲自告知蒋委员长,但因他不在台湾,要求我代他向蒋委员长报告这两起事件。他说,这些事件必须予以澄清,否则将使中国的名誉受到损害,给努力争取扩大援华的美国朋友们增加许多困难。因为反对援华的一派必将以中国官员这种昭彰的劣迹为借口而横加阻挠。

我完全理解诺兰参议员的意思,此时必须防止任何不利于我国的报道,否则我政府和我自己为了获得美援而争取美国朝野同情所作的努力必将受到损害。迄至最近,取得美国军援的僵局似已打开,因为美国国务院于 1950 年 8 月 16 日通知中国政府,美国将允许中国政府用现金向美国代理商采购军用物资。不过,自从 1950 年 1 月杜鲁门总统发表声明全面禁运对台军援以来,这还仅仅是一个初见端倪的转机,经不起风吹草动。

我对诺兰说,我对那第一件事有所了解,并已着手调查事实真相。根据台北介绍的情况,我知道这笔买卖并未成交。

事情的经过是这样。毛邦初在《华盛顿邮报》上见到一封信,它的内容是揭露国民政府的贪污腐化。为此,他于 1950 年 5 月 18 日来见我。其时华盛顿围绕美国对华政策失败问题的政治争论方酣。参议员约瑟夫·麦卡锡指控国务院内的颠覆活动,并对他认为应负对华政策失败责任的太平洋学会和拉铁摩尔以及菲利普·杰塞普的活动进行调查。这些事引致了对他的反击,反击者声称麦卡锡是由亲国民党的院外游说者支持的;也引致了有人在报纸上和议会中向国民政府发动正面攻击。

《华盛顿邮报》上那封署名为玛丽·约翰逊的信件明白指称,国民党政府人员通过旧金山市唐人街某杂货店采购航空汽油三百万加仑,中饱十万美元。毛邦初来见我时,声称此事属实,空军办事处已电告参谋总长兼空军总司令周至柔,建议取消此项合同,因其每加仑的价格比华盛顿市价高三美分,比毛的办事处在华盛顿购进的另外三百万加仑同等品质的汽油总共要多付十万美元。但周在复电中却坚持此笔买卖要拍板成交,并示意他不必多所考虑,只管向供方(城市石油服务公司)出具不记名信用证。随后,他又查明此项合同系由宋子良主持的一家进出口公司孚中公司在台北签订,而由该公司驻美代理机构、旧金山的华南企业公司从城市汽油服务公司购进的。据邓恩-布雷兹特里特公司的资料记载该华南企业公司的资本仅二千五百美元,它在旧金山的写字间也很小,只有一间屋。毛并说,该批汽油城市汽油服务公司还未发货,因为他们无法如期将汽油运到旧金山,也不能按毛的要求出具质量保证书。毛认为该公司根本不愿成交,因为这笔交易的特殊好处不归该公司而归中间介绍人。

毛和我一致认为,为国家着想,这笔交易必须制止。如果任其成交,则玛丽·约翰逊信中所称"中国政府一手托钵乞求美援,一手捞钱中饱私囊",就铁证如山,百口莫辩了。我说,美国商务部国际商业局中国科科长迈克尔·李由于对中国采购的航空汽油有意扣发出口许可证而受到了参院的控告和审查;现在看来,玛丽·约翰逊信件的消息内容正是来源于这个方面,其目的在于证明出口证之被拖延不是由于李的阻挠,而是中国政府本身的腐化行为所引起的,至少部分原因是如此。毛说,该信件选择在此时机发表,可能是他们把空军办事处购进的三批汽油误认为有问题的那笔交易了。他将立即致电周至柔和外交部,要求中止这笔交易。在此同时,我也向台北致电询问详情。最后,我通知诺兰参议员,该批汽油已中止成交。

关于诺兰 9 月 16 日所提的第二件事,我一无所知。但我说我将电请蒋委员长彻底查清,以靖谣诼。我当晚即将电稿拟就,次日发出。

与此同时,我收到了国防部给我的复电,并于 10 月 14 日将复电情由转告毛邦初。看来毛对拟购中的 25 架 P-51 型飞机向国防部所报价格比该部估价为高。而且该部估价中还包括包装和运输,外加无线电设备以及武器等费用,(该部给蒋委员长的报告中说,该后二项估计共值一万四千美元。)而毛所报单价为三万三千美元,还不包括这些项目。这一情况是从总统府秘书长王世杰给我的一份报告的抄件中获悉的。国防部给我的复电和报告中并未提及此节。

毛说,他的报价仅是估计数。为了避免由于涨价需要追加预算等麻烦,这种估计数经常偏高 20%。毛并称,无线电设备仅值三百二十美元,武器约值二千三百美元,总计也远不到国防部向蒋委员长所报的一万四千元之数。

10 月 16 日,毛又到我处,声称他已致电蒋委员长指控国防部参谋总长周至柔虚报无线电及武器设备价格,因为他自己从未报过这些估价,而且两项合计也远不到该部所报一万四千美元之数。最后,他交给我一份电文抄件。

十天以后,毛来我处称,他奉蒋委员长之命,将回台北汇报。并说,此行可能与 P-51 型飞机采购一案有关,因他向蒋委员长告发他的上司周至柔虚报价款以来,尚未见复。

11 月 14 日,皮宗敢来报称,美国国务院军品管制司的埃利奥特告诉他另一件疑案。据说,有一批从英国运来的 108 毫米炮的炮车,已在巴尔的摩码头上放置一年,是由中国国际商业公司为国民政府采购的。这批炮车不经彻底修理是根本不能使用的,但迄今并未做过任何恢复使用性能的修理工作。皮说,这批炮车向巴尔的摩海关报关的价格是七千美元,而向国务院申请出口许可时所报价值是二万八千美元。埃利奥特说,这样中国政府就吃亏了,不知我们是否愿意他将此项出口证撤销。皮对此一无所知,因此要求他将此事暂搁置一周,以便向台北查明情况。

三天以后,我又收到关于另一件事的电报,内容是关于台北向纽约本迪克斯航空仪器公司订购九套雷达设备的问题。电报署名毛邦初,实际是向惟萱发的。我不喜欢电文的语气。他的目的显然是希望以此作为备案,他说美国空军司令部曾有电话约他前去磋商有关订购雷达设备事宜,为此他在前天到我处请示如何答复(我对此事并无所知)。他在给我的电报中表白说,由于未能见到我,他已转向中国空军司令部请示。

简而言之,事情的大概是台湾又一次直接经中国国际商业公司订购雷达,向则借此发泄他对该公司以及台北空军总部与该公司打交道一事的不满。然而这笔雷达交易似乎并无不当之处。台湾方面因慑于大陆的进攻威胁,要求把原定的 1951 年 3 月交货日期提前到 2 月末。在麦克阿瑟将军也提出这一要求后,美国有关当局已经批准提前交货,现在此事已经有所安排,只等我方向美国空军确认这笔订货合同。他们给向打电话约他会面,无疑就是为此。

到10月20日，向确实来到了我处，他说美国空军已经证实，本迪克斯公司将在1月份先交两套雷达设备，其余七套则在3月1日前后交清。这是由于麦克阿瑟将军由日本发来电报，强调了这些雷达设备对台湾的防务极关重要，他们才这样安排的。这一情况说明，麦克阿瑟对台湾是深为关心的。而且我相信在华府指示之下，关于台湾防务供应问题，他是有权下达命令的。

11月27日，我邀刚从台湾回来的毛邦初午餐并会谈。他说，他在台湾曾四次晋见蒋委员长，但并未详谈去春由华南企业公司购进的汽油以及通过中国国际商业公司购进25架P-51型飞机等问题。蒋委员长嘱他去和周至柔研究。但周似乎不愿见他。于是他便把事情的原原本本告诉了蒋夫人，请她转陈蒋委员长。随后周至柔又接见了他，但对他所呈报的问题并未亲自处理而是责成下属去研究，却要他执行周以国防部参谋总长的名义召向惟萱立即回国的命令。他对毛说，他有权召回向惟萱。毛说，他先要考虑一下把向召回对美国方面，尤其是对国务院和商务部将产生些什么影响。不然，可能会被看成是由于对美方诚实地反映了有问题的案情而处罚他，召他回国。

显然，周、毛之间龃龉不和，不能协调一致。但是毛说，他自己一直小心翼翼，避免招致外界猜测，以为他此次返台之行是去告周的状，所以他始终没有到冈山空军司令部去会见空总的老同事们。

毛、周二位将军都是中国空军的高级官员，周至柔是中国武装部队的参谋总长兼空军总司令，毛邦初是中国空军副参谋长兼中国空军驻美(华盛顿)办事处主任，同时他还是联合国军事参谋团中国代表。毛总觉得他应该担任中国空军总司令。可是由于某种原因，蒋委员长却把这一职位界予周至柔，因此周就成了毛的上司。会不会是由于周为人圆通，对于中国官场应付秘诀，胜毛一筹？或许蒋委员长心目中认为周比毛更忠诚可靠，更认真负责,或者更精明能干一些? 不管怎么说,其后果是两位将军之间公私交恶,互相猜疑,也造成了台湾空军司令部与空军驻美办事处之间数不清的误会和互不合作,凡此种种,无不导源于他们二人之间的角逐。在回顾空军案件前前后后,就我驻华盛顿大使任期内所积累的大量账目数据,以及台湾与华盛顿之间连篇累牍的往来函电来看,真是触目惊心。这都反映着一桩事实——就是他二人之间的争权夺势。

在这一背景衬托下,就不难理解为什么周至柔要把向惟萱调回台北了。首先,周知道向是华盛顿办事处的二号人物,他大权在握,能便宜行事。可以说,向既是毛邦初办事处的智囊,又是毛个人的左右手。向本人颇具才智,精明强干。他是奔走出面与各方周旋接洽的人,结识了美国政府中许多人物。特别是在美国空军、陆军和报界中交游甚广。他精力充沛,不知疲倦,担负了很大一部分责任,毛邦初对他倚仗甚深。但正是这一情况,使我对他产生了另外的看法。向这个人胆大而多所主张,有时竟发展到很不慎重的程度。他性情易于冲动,这就使得他往往考虑欠周,采取任性的行动。例如,他曾把采购事务中发生的一些可疑的不正规事件拿去和美国有关当局谈论。此类情况周至柔必然有所耳闻,因此他把向视为一个祸胎,决定把他调离空军驻美办事处,回台北国防部另行任用。只是由于毛不同意把他调走,所以向还留在华盛顿继续供职。不过直到此刻,周、毛相争的故事还没有达到最后的高潮。

1951 年 1 月 6 日,我接见毛邦初时告诉他这样一件事。有一位为中国政府经办某些采购业务的美国上校名劳伦斯·史密斯,最近告诉我的一等秘书顾毓瑞说,美国联邦调查局通知他(史密斯),向惟萱曾于 1 月 3 日到该局抱怨局方把他(向惟萱)的名字透露给史密斯,接着史密斯就向中国大使馆提出了此事。向惟萱显然曾向美国有关当局告发过史密斯在采购业务中手脚不净,他自以为有关方面不会把他的名字暴露出来。顾向我报告时还说,史密斯事后给联邦调查局看了一份案卷,其内容是有关他正在经办中的两项采购业务——一批单价为一千美元的坦克和一批0.5英寸口径的子弹——联邦调查局对他处理这些业务的方式认为没有问题。这样,反而把向置于不可信任的境地。顾又说,现在联邦调查局正在设法从华盛顿某报馆中调出一份"清单",无论如何也不让他们发表。

那份"清单"即所谓的备忘录,实际上是一份谈话记录。其内容是中国国际商业公司一位主要代表法苏里斯和向谈及该公司在美国政府中有那些门路使他们的事能够办成。如果我没有记错的话,向就是以这份"清单"为依据,怀疑史密斯在该公司为中国采购军用物资中插了手,并从中取得回扣。因此,向就送了一份"清单"的抄件给美国空军,可能也送了一份给联邦调查局,而且不知为何还有一份落到了华盛顿一家报纸手中。可是顾说,由于联邦调查局认为对史密斯贪污的控告并无实据,转而对向的动机产生了怀疑。现在该局正在对向本人和他的活动进行调查,旨在查明向本身与美国国内的颠覆性活动和组织是否有什么联系。

我嘱咐毛对向必须有所约束,不准他再和美国官员们和国会领袖们去议论此事,除非事先得到毛的同意和指示。我说向这个人秉性易于冲动而莽撞,处事既不老练,又不谨慎。当时毛对我的意见似颇重视,保证一定追询向惟萱在上星期三(即1月3日)前往联邦调查局的原因,以及究竟是否向该局提供了所谓"备忘录"副本。我说我实在想不通为什么向又要给美空军一份备忘录,这一份可能已经转交给报界了。总之,这是一件使人遗憾的事。我说,国民政府打算把向撤回台湾,也许向有理由为他所受到的对待而心怀不满,但他的所作所为却实在有损于中美两国政府的名声。

毛说,他曾力图向蒋委员长说明向是何等样人,当真把他撤回是不妥当的,有可能使他铤而走险。他并回忆道,有一天向为此事伤感得涕泗横流,他费了三个小时才好容易使向平静下来,并使他认识到今后必须谨事慎言,决不能走诸如公开抱怨国民政府等等的绝路。毛保证一定把向控制住,今后非经他的同意,向不得私自访问任何美国官员。

1月9日,毛再次来访,他说已对向惟萱进行了详尽的询问,结论是向已对他说了真情实话,确实没有向联邦调查局控告中国国际商业公司或与中国采购军用物资有关的美国官员。他自己也觉得向的性情确实较易冲动。他说,尽管向对国防部对他的处理方式非常反感,但他这个人还是诚实可靠的。毛并说,蒋委员长也有意把向召回国内,但他终于设法没有照办。接着他又推卸责任说,顾毓瑞可能是夸大其词了,甚至顾本人或许有意于插手购料事务,因为顾曾为他引见过某些军火商人并从中撮合谈判。

1月18日诺兰参议员约我在参院共进午餐,这是因为他要向我查询近几月来有多少军用物资运到了台湾,另外要查明蒋委员长对周以德众议员提请注意中国在美采购事务中两桩不正规的事件的信何以迄未见复。我理解这是指他早已向我提过的汽油问题和P-51型飞机问题。于是我说,我一定立即查询对周以德的复信问题。周以德1950年10月18日致蒋委员长的信件是由诺兰于同年11月访问台北时面交蒋委员长的,可是周以德直到最近才获悉该信业已照交。

此次谈话之后不久,我发现自己误解了所说问题的内容。原来周以德给蒋委员长的信中所提的并非汽油问题和P-51型飞机问题,而是说的中国空军在美人员把公款转入私人账户的问题。于是我在2月7日给诺兰打电话,说明了我自己的这一误解。我还了解到周以德还未得到答复。

关于转移存款则是一件性质完全不同的事。我在前面说过,在两年以前大陆动荡时期,有些中国官方驻美代表或者奉上司指示,或者出于主动,将公款转入他们的私人账户,其目的是防止在美存款落入中共之手。周以德信中提出的问题很可能就是指的这种转移。

在我第二次和诺兰对话时,周至柔和毛邦初之间的矛盾又升格了。1 月 25 日早晨八点十五分,外交部长叶公超由台北打来电话,他说周至柔告诉他,据报向惟萱对台北是否忠贞大有问题,迄今为止,毛邦初始终拒绝将向调回,目前此事已提请蒋委员长定夺。他说,事实上毛手下已经有三个人投奔共产党,而向的问题早在这三人出事以前就已提出来了。另外,他说现在毛邦初负责的存款要有另外两个人签字方能提取。(在此以前,毛对存款可以全权处理,有权签署有关支票,动用有关存款。)

从叶部长的谈话中,我感到向惟萱的问题是由于美国国务院拒绝受理中国国际商业公司关于从本迪克斯公司订购的成套雷达设备之事而促成的。周至柔对叶说,他们的报价是最低的,而中国国际商业公司索取的只不过是通常的百分之二佣金。因此他要我催促美国国务院签发所需的出口许可证。显然,是向惟萱的活动使得美国有关当局取消了原已作出的全部雷达设备至迟在 3 月 1 日左右对台湾交货的决定。

第二天,即 1 月 26 日,台北"总统府"机要室的周宏涛打来一份电报。他奉蒋委员长之命要求查明外传向惟萱曾向美国政府报告说,中国国际商业公司曾向中国共产党提供雷达设备一节是否属实。(这种说法暗示,即使在美国现行的严格禁运规定之下,此项九台雷达设备最终也将落入共产党之手。)我就把毛邦初找来要求他加以解释,他断然否定此事,他说向决不会对美国政府方面说这种话。他说,向虽然性情莽撞,处事无方,但也不可能向美国政府提出这种指控。另外,他又把周至柔如何力促召回向惟萱,以及他自己如何反复坚持要慎重考虑此事的后果等情再次向我复述了一通。他说,他曾提醒周至柔,在他统辖下各机构内的人员任免事项属于他的权力范围,此事曾引起周公开表示不悦。(前一天叶在电话中告我,毛的驻华盛顿空军办事处颇有被撤销之虞。)

1 月 27 日,我电复蒋委员长,将周宏涛奉命来电查询的问题,以及荆棪石在美国的活动情况向他作了报告。凡此均表明蒋委员长已获悉中国政府某些驻美官员参与了对台颠覆活动，因此感到非常关切。荆某确曾打算致电蒋委员长建议成立除中共以外的各党各派联合政府。我的商务参事刘大钧曾于2月3日向我转送荆的有关函件，但他提醒我在转出之前要予以慎重考虑。

一个月后，蒋纬国少将由台北打来电报，要求我复电澄清李大为上校的活动情况，因有人检举他在美有不正当活动，但无实据。李新任装甲兵副司令，并将赴美复任装甲兵团采购事务，但在我未予澄清之前，国防部将不让其离台去华盛顿。蒋纬国本人为装甲兵司令，并且是国防部参谋本部的参谋人员之一。

李大为原先于1949年3月受命来华盛顿利用一亿二千五百万美元特别军援专款为中国陆军采购坦克。此项任务系由蒋纬国以装甲兵司令身份亲自指派，直至次年（1950年）3月他回台湾任装甲兵副司令之职以前，他始终在美负责采购任务。由于史密斯上校经手的业务也包括李大为过去通过中国国际商业公司采购的部分坦克，李大为很可能也是由此而涉嫌，因此国防部决定暂不令其返回华盛顿。但我并未闻及李有任何不法行动，因此我告诉蒋纬国，我将据此给他复电。

蒋纬国又问起在里格斯国民银行以装甲兵团名义开一个账户，凭他自己的签字支付的事。在此以前李大为已用电报向银行联系此事，但美国的银行一般都规定要由大使馆出具证明信。李大为早先要求过大使馆证明他有权办理此事，但是那时除了他的口信而外，我们没有任何依据，因此我坚持要先由台北发给我此项授权的电报。这时，我向蒋纬国解释说，在主管当局未来正式函电以前，我们未能出具证明，但在接到他的电报以后，我们业经照办。

4月7日，外交部打来电报，要求我规劝某高级官员今后不要再到美国国务院攻击中国国际商业公司，因为台北国防部对该公司完全满意。而且最近与该公司签订合约前，曾经通过美国驻台大使馆向国务院征询意见,国务院表示对该公司毫无异议。

这一次是皮宗敢被怀疑为这一事件中的反派角色。于是我就为此请他来晤谈,问他曾就中国国际商业公司之事向国务院军需署的负责人说了些什么。但实际情况是,插手此事的并非皮而是向。我在与皮宗敢谈话后的日记中写道:

> 实际上是向惟萱将他与此间中国国际商业公司某代表的谈话记录交给美国空军。该代表在谈话中夸说他与美国国务院及国防机构人员有密切联系,并提及若干美国重要官员姓名,说他们曾协助他获得台湾所需各种物资,遂使若干涉嫌人物受到联邦调查局审查。事后某官员曾向我大使馆抱怨说,使他受到牵连殊非公允,而他无非是为了帮助"自由中国"。

此人便是史密斯上校。

皮与此事无关一定使外交部和国防部都感到满意。不久,他便被任命为一个新成立的军品采购委员会的首脑。这一新机构取代了原有各个从事采购工作的单位,也包括毛邦初的空军办事处及韩朝宗上校的军品采购技术团。

以往中国政府各部门在华盛顿派驻了许多代表机构,各自为政,甚至彼此间经常产生矛盾。上述的新任命其目的就在于协调各代表机构的活动。

早在 1950 年 8 月我回台北时,就向行政院院长陈诚将军报告了中国政府驻华盛顿的许多代表机构之间重叠交错,摩擦横生的情况。陈诚说,政府正在考虑将驻美的军需采购部门合并为一个委员会,由大使馆管辖。归根到底,驻美各机构的多头活动给台北和华盛顿都造成了许多麻烦。而机构改革的实现,实际上还是由下述两方面的因素促成的:一方面是 1951 年美国决定向国府提供大规模军援,向台北派驻一个军事代表团;另一方面则是各方对采购事务中的许多不法事件作了不少检举和指责。诸如众议员周以德向蒋委员长提出的检举信,参议员诺兰提出的许多意见,以及周至柔与毛邦初之间的互相指控等等,也促使中国政府深信改组驻美采购机构已属刻不容缓。

皮宗敢于1951年4月28日来访,商谈改组采购机构问题。他说,他受命领导一个新设的委员会以取代原有的各种独立采购单位,此事如何着手,希望我给予指教。国防部参谋总长给他的电报包括总统的命令和国防部的具体行动训令,要求以皮为首(代表陆军)包括海军中校黄思研和空军少校夏功权组成一个新机构,由我和毛邦初全面领导。该组织的款项由毛、皮和俞国华掌握,支票要由其中二人签字方能兑现。我建议在大使馆举行一次全体会议,以便安排改组事宜,会议日期由我和毛邦初商定。

是日,我在日记中写道:"皮将军看来对其新任务并无多大信心。"这也是可以理解的,他的所以被界予新任务,完全是由于台北认为他诚实可靠。他来美以前本是委员长侍从室的一员,担任委员长的秘书兼翻译,深得委员长和蒋夫人的信任,在台北颇有人缘。他聪明能干,老练圆滑,说得一口漂亮英语,我估计这些就是他深得委员长信赖的缘由。有这些长处的人才确乎不易多得。可是他的新使命也确实给他带来了不小的困难,因为即将归并到他手下的各种代表机构和办事处的主管人必将提出许多问题,这是毫无疑义的。在他的新机构中的许多同事们眼中,这位皮将军还是个后进。只是由于他来自委员长的左右,又深得蒋夫人青睐,所以才被破格重用。可是他毕竟是个新贵,声望不高,挑此重担的确匪易。

讨论改组事宜的会议定在5月3日,星期四举行。开会前数分钟,毛邦初先来找我,并出示他与蒋委员长之间最近的往返电报。他的去电表示不打算返台(这是最近给他的命令),并辞去其在美职务,而委托向惟萱暂代。委员长在复电中晓谕,召他回台是为了便于就他所控告的贪污问题与周至柔当面对质。委员长谴责毛未获国防部长批准,擅将职务委诸向某,这是违犯军纪的行为,尤其是因为2月10日皮宗敢由台湾作短期逗留请示工作后回美时曾带来口信,召向惟萱回台,这事毛本人前此也曾向我说过。此次一定是委员长经过对向案进行审查后亲自下达的命令。毛邦初当然还是死死保住他的得力助手,不放他走。

毛邦初给蒋委员长的电报实际上对周至柔进行了直言不讳的指责,甚至对政府也提出了强烈的批评。毛说,去电以后,蒋夫人曾打电话劝他回台,并保证仍将让他返美。但他没有回去。

此时,各机构代表们都陆续来到,其中有皮宗敢、韩朝宗和曾庆澜上校等。谭绍华公使和王守竞也到会。于是我就宣布开会,由我主持,开始时比较顺利,我本想把这会议开得井然有条,但我觉察到显然韩朝宗、毛邦初和向惟萱等都心怀不满。一开始我的空军武官曾庆澜(他在夏功权从台湾来美正式接管空军采购事务之前受命暂代此职)希望摆脱此项困难处境,置身事外,婉言推托说他能力不济,不能胜任此事。接着是向惟萱向皮宗敢开炮,他字斟句酌地指控皮宗敢1949年通过一个叫宗凌的人经手采购25台无线电设备时大肆贪污勒索。在座的其他几位也都宣称宗某是个骗子。向当场宣读了皮给世界贸易公司的一封信,信中指令该公司付给宗凌无线电价款四千九百美元,向说此款超过当时市场价格二千美元之多。这时,毛邦初又站出来为向撑腰,一时会场空气紧张非常。

为了避免使人产生猜疑,我没有打断向的话头,而是让他把话说完,但我同时也给予皮以答辩的权利。然后我宣布这一控告的情节是严重的,但此次会议的目的不在审理这类案件,如果向要追究此事,取得法律性的裁定,则应另循适当途径。我说,我们的政府是个有组织的政府,许多部门各司其职,我们应当依法办事。不料毛邦初竟然站出来反驳我说,如果政府滥用腐化人员,我们就不应盲目服从其命令(他显然是指关于改组驻华盛顿购料机构的命令而言)。而且如果政府滥用职权,以至于损及国家在海外的声誉,则他个人就敢于反抗政府的权威。

我说,他有权坚持他的主张,但不在我们这次会议的讨论范围之内,而我们大家都是公仆,每一个人都必须完成自己的任务,遵守自己的职责。我说时语调平和,所以并未使他火上加油。接着我归纳了皮宗敢和其他各单位为将业务迅速移交给新机构所应采取的各项步骤,并向大家宣布了当天早晨由外交部用急电传达的行政院的详细指令。最后平安无事地宣布休会。

另外,毛邦初又对我说,蒋委员长怀疑他告洋状,在外国人面前说中国人的坏话,指望外国人支持他自己,所以对他不满。他并说,一两天内参议员诺兰或众议员周以德会来找我谈周至柔的贪污劣迹。据毛说,周的具体贪污事实便是侵吞了中国空军存在纽约中国银行的五十万美元存款。去年 12 月,周下令把这笔款项分作五张各为十万美元的支票转到一家香港银行他个人名下。毛说此事已由纽约州银行管理委员会驻中国银行的代表向美国政府提出了报告,因此引起了上述两位参议员和众议员的注意。

毛邦初感到非常烦恼,但我不了解他烦恼到何等地步,也想不出在下星期一以前他还会出些什么花样。那天清晨外交部长叶公超由台北打来电话,他说蒋委员长收到报告,说毛邦初准备召开一个记者招待会,在会上揭露中国国防部内的贪污事件;报告还说向惟萱已向美国政府提出了政治避难的申请。

这些报告必然是蒋委员长的驻美情报人员提供的。叶公超希望查明这些情报是否确实。他说,由于毛邦初告洋状,要求洋人出来主持公道,使委员长非常震怒,并且要求我通知美国政府,他(委员长)打算对毛邦初和向惟萱采取严厉制裁手段。

此际,如果再让美国政府对我国政府的印象进一步恶化,实在太不合时宜,为此,叶公超问我应采取何种妥善途径。我建议他去劝说委员长暂勿对毛、向采取严厉手段,我将力劝他二人放弃公开宣传的打算,因为如果进一步使美国政府和人民增加对我政府的不良印象,必将使我们的事业受到损失,特别是此时此际,由于麦克阿瑟提出了争议,美国政府正在对整个远东和中国问题重新检讨,并有迹象将改善其对华政策,因此更须慎重。叶说,他完全同意我的见解,一定按我的意见去劝说蒋委员长。他并说,毛邦初不应忘记他多年追随在委员长左右和他们之间的私人关系。(毛邦初是委员长元配夫人娘家的远房侄子。)我说一俟我同毛、向二人谈话取得结果就立即电告。

5月7日早晨第一个来访者是皮宗敢。他说,他认为向对他的无稽诽谤必须加以公开澄清,否则将妨碍他的工作。我说,由于向惟萱星期四在会上提出的问题不属于该会议程范围,因此我没有将此问题报告台北。不过台北看来已经知道,并给我打来电话,提到了毛邦初反对改组,以及他打算向美国公众揭露问题等情。皮说,他所闻与我略同。

当天,蒋委员长的秘书长王世杰来电说,委员长要求我主持监督将所有采购业务移交给新机构。国防部也来电加委韩朝宗为新机构的第四个成员,在委员会内作为空军的代表。

下午,韩朝宗来访,我告以他已被指派为皮宗敢领导下的新委员会的成员之一,并问他何时可以将他的原有业务移交给新委员会。他说他会移交的,但还有待于国防部兵工署他的直接上司下达命令。他也认为服从政府命令与皮宗敢的问题(指向惟萱对皮宗敢的指控)是全然不相干的两件事,决不应混为一谈。

随后,我又接见了向惟萱。向是我找毛没有下落而找来的。毛的驻华盛顿办事处说他在他的家里,我给他家里打电话时,他家里说他在纽约。我又往纽约打电话,回说他正在来华盛顿途中。我根据与外交部长通电话的精神给向提了几个问题,他作了一段长长的回答。他说,毛邦初近来很不愉快,因为政府对他不信任。星期四,即5月3日晚间,他感到非常气愤。那晚他喝了几杯,接着高喊要开记者招待会,把周至柔的劣迹,以及台北政府拒绝对周进行处理等情一齐公诸于众。当时李惟果在场,劝毛要以国家为重,不能出此下策。向说,他相信毛不会当真想这样干,因为当时向对他说,这不是处理问题的办法,假如他果真采取这种行动,向就打算和他分手,让他自己干去。听了这一席话,毛很快就冷静下来了。接着,他接受向的劝告,上楼睡觉去了。

关于他自己申请避难的问题,他说纯属子虚。实际情况是,去年周以德众议员、泰丁斯参议员和联邦调查局要他详细谈谈关于外传在为中国空军采购汽油和剩余飞机业务中的舞弊情事,他要求议员们在一旦我国政府发觉此事而要求美国政府将他驱逐出境时,要保证他的安全,否则他就什么也不能谈。因为他生怕周至柔会对他采取报复手段。

(1950年参院正以马里兰州民主党人米勒德·泰丁斯参议员为首,对麦卡锡参议员指控国务院内部颠覆活动案进行审查。如同1951年刚开始的对麦克阿瑟的听证会一样,在这次审查中,国务院的对华政策不多时就成为一个中心问题。因此,向惟萱所说种种似乎颇为言之成理。关于中国政府官员贪污舞弊的传说有的已经见于报端,也很可能已经引起了泰丁斯参议员的注意。泰丁斯和杜鲁门总统及艾奇逊国务卿都很接近,某些共和党人把中国大陆的失陷归罪于艾奇逊。)

向惟萱接着说,当他知道撤销空军办事处和建立新的联合采购委员会的命令时,他害怕我国政府将对他采取行动,因为皮宗敢已经带来委员长口信说,委员长命令他迅速返台。但他并未向国务院申请避难,不过倒是找过周以德重提了前一年提过的要求。

向惟萱自称他是始终忠贞于我国政府的,他仅仅是要求根除我国政府内的贪污现象。他说,对周至柔的贪污控告件件有根有据,我国政府应当立即处理,以便向美国政府昭示我们已经改革一新。

他说,毛邦初已把空军驻美办事处的业务全部委托给他,他敢于说,该办事处的财务账目完整有序,全都可以公开。但国防部怀疑空军办事处不愿从所控制的巨额存款中为空军采购付款,这是莫须有的。毛邦初将军洁身自好,并无私蓄。实际上他正是为此而唯恐失去现职。以上是向惟萱的表白，当时我只能姑妄听之。

那天晚上八点，我打电话到毛邦初家中，才知道他刚从乡间回来。他立即来到我处，我告诉他关于他打算举行记者招待会将全部问题公诸于众的传闻传到台北时，引起政府和蒋委员长震怒的情况。我劝他放弃此念，并表示希望传闻失实。我说，值此美国的对华政策正显露好转之际，他更应该把个人因素与我国在美国政府和人民心目中的令誉区别对待，慎重行事。

他接受了我的意见，但还是坚持必须先对周至柔的案件进行清算并对周予以惩处，然后他方能将空军办事处移交给皮宗敢。他目前无意于公开披露此事件，但如果蒋委员长要对他采取行动，则他已作好一切准备，甚至已经聘请了一位律师，以便为他处理一切。他说，万一委员长要对他采取严厉制裁，则他就无法阻止他的美国朋友们出来揭露其事，这些朋友们都感到事情与他们自己有关，因为他们都曾为我们的事业而斗争，并称赞我国政府业经改革一新。

他又说，如果政府要求我将他驱逐回国，我必须执行命令，这是他能理解的，不过他希望我能事先通知他，他将进行公开反抗。我力图使他明白，这种做法对我国政府，对蒋委员长，对我们的事业都将造成毁灭性的后果，我们的唯一希望是要争取美国的政策朝着有利于我们的方向转变。我说，没有美国的援助和支持，我们就没有希望光复大陆。

他说，支持一个腐化而又不愿改革的政府是无济于事的。如果这个政府真的回到大陆，则以前造成它在大陆倒台的情况仍将到处出现。他的情绪显然过于激动。我还是劝他把执行政府命令，移交办事处和告发周至柔这两件事区别对待。但我也对他提问道，如果问题一清二楚，那么委员长何以不能明断，并对周至柔进行法办？我的意思就是暗示他，他说的可能是一面之辞，事实未必尽然。毛说，可能委员长有什么把柄落在周至柔手里。我又问蒋夫人如何,我知道蒋夫人对毛印象不错。他说,蒋夫人的话并非总是像外界所想象的那样起作用。

我以毛和向的话为基础,给叶公超发了一份急电,电文语气力求客观,温和,以免使事态进一步恶化。必须审慎周详地处理这一问题,方不致造成爆炸性的后果,损及我国声誉和大业,而能达成圆满的解决。我力求做到公允不偏,我唯一的考虑就是我国政府的令名,因为中国政府在华盛顿已经不受信任。

两天以后,俞国华来访,并解释他何以未能出席新的军品采购团筹备会。(改组命令中规定,他是掌管联合机构存款的三个人员之一。)我们谈话中,他证实毛邦初确曾扬言要把所传周至柔的贪污问题,以及我国政府对此未予追究等情况公诸于世。但他又说李惟果和他自己都曾劝毛悬崖勒马。

俞国华说,他和我一样,对这种人事纠纷的态度是不偏不倚的。他也同样认为毛邦初不应把执行改组命令与他对周至柔的控告混淆一起,因为毛作为一个公仆兼军人,必须绝对服从命令。至于毛、周之间的误会与对峙,则并非一朝一夕之事。俞还说,不管用什么标准来衡量,毛都应该被任命为中国空军总司令。可是蒋委员长却把这一重要职位委任于一位陆军人员周至柔,这个人对飞行和空军都是门外汉,真是令人百思不得其解。俞说,毛邦初对此深为不平,并且深信周至柔正在处心积虑地利用他作为参谋总长兼空军总司令的巨大权力,把他(毛)压垮。

俞说,关于在美的政府存款,毛邦初手中掌握着由各项采购项目撙节下来的余款约合二百万美元,因为向政府上报的采购预算一向是宽打窄用,以便应付各种意外支出。他另外还掌握着八百万美元的空军存款,这是蒋委员长于 1948 年大陆失陷前夕为了安全而转给他保管的,以防落入共产党手中。除此以外,还有一大笔存款本来是由他(俞)自己和毛共同掌握的,但后来其中有一半已转到毛手中由他单独控制,这笔款项足够支付各项已经进行采购的项目,包括已订合同的和分期付款的。

俞国华是蒋委员长的表兄弟,委员长对他很垂爱,也很信任,因此他介绍的情况是可靠的。他还控制着此间银行中委员长名下的存款,可以根据委员长的指示随时支付。俞国华是国际货币基金组织的中国执行董事,同时亲自照管着委员长在美国的银行和财务上的账目。他为人诚实可靠,能干负责。

后来俞国华被任命为台湾银行董事长,再后又转任中国银行董事长,最后又被任命为财政部长。他的步步高升是众料所及,因为他深得委员长的信任,又是百分之一百五十地忠于委员长。

5月10日,我把皮宗敢找来了解有关成立新采购机构的进展情况。他说在8日曾召集中国政府驻华盛顿各代表机构主管开了一次会,研究如何尽速成立新机构问题。他概述了此次会议的情况,他说除空军办事处外,其他人员都出席了会议,会前毛邦初在电话中对他说,毋庸着急,有可能还要发生局部性的变化。

他说,在会上仅韩朝宗一人提出,鉴于向惟萱对他(皮)提出了指控,有必要考虑按原议筹组新机构是否适宜的问题。韩认为尽管这是个人的问题,同新机构并无直接关系,但是一个机构的主管人是否清廉正直如存在疑问时,整个机构的声誉以及与其共事的同仁们的令名就不可能不受影响。

不过这次会议还是达成了一些协议。关于到会各单位的移交日期待本周末再次开会决定。各采购小组的存款移交给新机构后,再由各该小组原负责人与皮联合签字,方能提款。同时这些存款只准使用于台北各有关部门原定的用途。

皮宗敢问我,何时方能将新机构的成立正式通知美国国务院。现在他认识到,在存款和档案没有接收完毕以前,他是无法履行各单位过去签订并已在执行中的许多合同的。我向他提出,假如这一问题不获解决,则势将损及我国政府的信誉,并将引起与第三方面——也就是与美国政府和有合同关系的美国各厂商——发生新的纠纷。

继而韩朝宗应召来访。我要求他汇报接收进展情况。他提出了一份 8 日皮宗敢召开会议的详细书面报告,其内容比皮宗敢自己概述的更为详尽。但我觉察到韩的态度确如皮所报告那样,我就再次要求他把向对皮的指控问题同执行政府命令的义务区别对待。我说,我们作为驻外代表,大家都应尊重政府的命令,政府是决定政策的。我要求他把个人问题和官方事务区别开来。

在我还未及发表意见之前,他先向我道歉,因为他把大使馆给他的信件退回了,该信中有一段是行政院关于合并驻美各军政采购机构的决定中与他有关部分的摘录。他在信上批道,仅有摘录而无全文,不能生效,因此他代表他的办事处拒绝接受此信。他这样做可能是一时的冲动。他自己也说事实上他就是由于激动而出此,事后已认识到这种行动是错误的。我提起此事,意在说明当时有关各方都是十分激动、紧张。

有一天,周以德众议员与我共进午餐,促膝谈心。那时我正想和他约见,他却于星期四打来电话说准备找我。因此我俩就于5 月 11 日星期五在双橡园见面,研讨传说中的周至柔贪污空军存款问题,以及向惟萱的安全问题。他说,美国政府是去年才获悉有一笔中国空军的四十五万美元存款,在令人可疑的情况下由中国银行转出。这一情报并非来自向惟萱而是美国政府偶然得来的。据传是周至柔下令将此款分成四笔转存到香港的广东银行,第一笔是十万美元,最后一笔其零数精确到美分,是纽约银行监察官的代表在报告中偶然提到此事,他(周以德)才获悉,于是便把向惟萱请来进行详细了解。开始时周以德曾试图就商于毛邦初,但未能找到他。

周以德又称,事后他曾写一封信委托诺兰参议员面交蒋委员长,但未向诺兰透露信中详情。接着,当时德克萨斯州的参议员兼参院罪行调查委员会主席林顿·约翰逊获悉了这一案件,他就把向惟萱找去,并且威胁他说,如不将他所知全盘托出,就要把他驱逐出境。但向申明自己是政府官员,不能这样做。约翰逊便声称,他将要求司法部长将向驱逐出境。(周以德暗示,直到此时,并在周以德担保绝不让国民政府为了报复而使向被遣返之后,向才提供了某些情况。)

周以德接着说,由于台北对向日益不满,这有皮宗敢带来的消息可资证明,又由于台北下令要求向回台,又命令撤销空军驻美办事处,另设新的军需品采购机构,这些动向使向感到恐惧。他找到周以德,诉说了自己的恐惧,并要求周以德履行诺言,保证他的安全。

周以德认为找司法部研究此事不大合适,倒不如先找我商量,一旦台北果真要求我把向遣回时,希望我不予办理,以资维护我政府在美国的声誉,同时也免得使像他自己以及诺兰等美国朋友们为中国而奋斗的事业受到破坏。当时美国政府执行的是一种蓄意使蒋委员长及其领导下的国民政府垮台的政策,而这些美国朋友们正在与此作斗争。周以德说,林顿·约翰逊曾告诉向,据他了解,有一位参议员和一位众议员也都与此案有牵连,所以不把向仓猝遣回台湾就更有必要。他说,此事发生在他委托诺兰带信给蒋委员长,向蒋委员长说明此案详情,并要求彻底清查,严肃处理的时候。这是 1950 年 11 月份的事,而皮宗敢在 1951 年 2 月份给他带来回话说,此案正在审查中。

我说,我知道蒋夫人已写信把我国所采取的措施向他详告,另外蒋委员长又责成王世杰函告我,委员长在接到周以德去信以前,也已从空军获悉此案,并且通过详细调查,已查明周至柔此次转移存款是根据中国空军财物公开监察委员会决定的命令行事,其原因是为了防止该行存款被美国政府冻结。此款现已转到寓居香港的中国空军前司令黄光锐名下,以策安全,并已记入空军的账内。从那时起,该款已由台湾当局结存于广东银行。上述各情是奉蒋委员长之命,通过调查得来。并已缕述于委员长命其秘书长王世杰致我的专函中,以便我了解一切。我对周以德说,因此,此中并无弊端。

可是周以德说,他对我所述各节不能置信,因为由孔令杰少校转交他的蒋夫人来函中说,此案还在调查中。而且据孔令傑说,其中确有某种弊端,蒋委员长正在考虑免去周至柔的空军总司令职务,让他专任参谋总长,而将空军交给毛邦初掌管。

以上情况来源于蒋夫人,正如前面说过,蒋夫人对毛邦初是颇为垂青的。的确,毛深得蒋夫人器重,因为毛确是一位英俊活跃的空军军官,说得一口英语,在美国交游广泛。由于蒋夫人担任航空委员会秘书长多年,是中国空军的倡导者和缔造者之一,她当然对空军非常关心。此外,每逢蒋夫人来美访问,毛邦初无不悉心侍从。但她致周以德的信无疑是在蒋委员长给我电报以前写的,而当时根据委员长命令进行的调查尚未得结论。因此我相信,委员长来电所告一切乃是在美国朋友们对此案的关切之下最近所作调查的结果。这是我对当时情况的估计。可是,这种情况却使本案案情以及整个事件在华盛顿更加复杂。

周以德说,他希望能知道更详细的情况,并问是否可以给他提供一份调查报告。他表示对此案十分重视,因为它不仅涉及美国人民,特别是许多对华友好人士对中国政府的信任,同时也关系到他自己和诺兰参议员的政治前途。他们二人都始终为支持中国的事业而奋斗,并正在呼吁向国民政府提供更多的援助。我说,我将向他报道一切,并设法为他取得更详尽的有关情报。

5月29日,董显光忽然来到华盛顿,给我带来了有关毛邦初指控周至柔贪污案的更全面的资料。谈到此事时,他说王世杰望我能为委员长把这一大堆麻烦事整顿好,这是指毛邦初告周至柔的状,建立由皮宗敢领导的军品采购团,毛邦初拒绝向新机构移交他的办事处等等。

实际上,这个任务是非常棘手的。6月13日,我约毛邦初来吃午饭,为的是让他来看蒋委员长发来的关于周至柔贪污案调查结果的代电,以及随代电附来的一大包证明周至柔无罪的文件。毛邦初读完代电,并把文件翻阅了一下,似乎无动于衷。他要求给他一份代电的抄件,并要求给他一段时间,以便他对这些文件进行研究。关于代电的最后部分,内容是说对违抗命令的官员将采取纪律处分,毛说他从来都是一个忠实的军官,但他是为祖国的福利服务的,贪污腐化的行为必须消灭,贪污腐化的官吏必须惩治,这点他一定要坚持到底。

19 日下午,他又来我处谈他对蒋委员长的来信以及所附各种证件的反应。他说,他对这些都进行了细致的研究,委员长来信中所述理由是不充实的,他从未阻挠过任何物资的采购,相反,他指控的是周至柔为自己谋私利而玩弄的许多花招。他举例说,周曾反复电示他采购一批喷气式飞机,大使馆费了九牛二虎之力,好不容易才使得美国政府同意供应,周至柔却以经费不足,无力购买为理由,把这项谈判一笔勾销了。他又举出另一个例子,一次周下令购买一批 P-51 型飞机,当时这种飞机已经停产,因此很难买到,又是经过大使馆同国务院多次谈判,才使得美国同意提供 50 架 P-47 型飞机。据毛说,P-47 型是一种同样良好的飞机,而且更为经久耐用。此外,美方是在 1950 年 12 月前后同意出售的,当时可以作为剩余物资,以每架几千美元的低价卖给我们。可是周又一次以经费支绌为由,把谈判勾销了。但是在美国国务院提供上述优惠条件以前,周总是不断督促他把这种飞机买到手。

毛又说,借助于科学仪器经过仔细察看,他发现各项证明文件是伪造而成,借以为周开脱的。我对他说我需要知道更具体的细节,他说,他将责成向惟萱给我详细汇报。这些情况又使我脑海中泛起了一个严重问题:难道台北对这些文件的真实性根本没有怀疑过?

三天之后,向来到大使馆。他同样声称,台北发来的证明文件是不真实的,伪造的。他特别指出,其中有一份中国空军财物公开监察委员会某次会议记录的影印件,经用显微镜观察,发现其中有与会人员签名的一件是拼凑而成的,签名部分系由另一次其他会议的记录上剪下,然后贴附到来件记录的第二、第三两页上,而来件的记录则是后写的,可以看得出两种纸张是不一样的。最后他给我写了一个疑点备忘录:共计九条。

我向他了解一些情况,他说周、毛交恶已有好些年。毛以往曾一度统率过空军,其后他率领一批飞行员到意大利受训,周奉命由陆军调到空军,代理他的职位,后来毛由意大利回国,周就没有为他让位。

向说,后来有一次毛和蒋委员长谈话时,强烈反对蒋夫人出任航空委员会秘书长职务。其时蒋夫人正坐在隔室,她故意咳嗽向毛示徵,但他置若罔闻,依然反对如故。他说,妇人不能胜任秘书长之职。翌日,周至柔便提升为空军首脑(我想他指的是航空委员会主任),而蒋夫人则被任命为秘书长。毛邦初则受任为航空学校的负责人。后来周由于某种原因(据说是违命订购了某种飞机)被解职,由钱大钧任空军首脑。钱在任时,曾得到宋子文的同意,把一笔空军预算中的余额分发给各级官佐,其中也有毛邦初一份,但毛谢绝收受此款,使钱颇感不悦。其后毛从甘肃回来,去拜访钱,钱问他为何不受该款,是否为了炫耀自己,以贬低他人,毛便补领了此款。当时周任另一航校主管,获悉此事后在委员长面前告发了他。因此毛受到了谴责,被撤了职。他说,以上这些都是30年代后期的事。他还说,毛认为从专业、经验及威望等方面说,空军首脑职务应当由他担任。然而近十五年来,委员长一直将此职委任周至柔,使毛深为憎恨。

向说,毛邦初之取得蒋夫人的支持,那是1950年才开始的事。那时蒋夫人在美,住在里弗代尔。从此她才发现毛为人诚朴、爱国、敢于就各种问题向她提出自己的看法,与皮宗敢、陈之迈等人迥乎不同,他们只知一味迎合奉承蒋夫人。

向还说,上年毛邦初回台湾揭发了周至柔六七起贪污疑案,持有各种文件和不能使用的剩余飞机的照片为证。一开始蒋委员长表示要下令检查周处理空军公款的情况,但后来又搁下了。前面提过,诺兰参议员访问台北时带去一封周以德众议员给蒋委员长的信,促请委员长注意一件可疑事件,就是周至柔下令将中国空军原存纽约中国银行的四十五万美元存款转存到香港广东信托公司利生公司账内。蒋委员长怀疑这事是毛邦初所策动,毛因此奉命在数小时内立即离开台湾回美,以防他和诺兰合作,迫使蒋委员长受理此案。(据我所知,事实上诺兰访台是在 1950 年 11 月 17 日到 24 日,而毛邦初是在 11 月 26 日前后由台北返美的。台北召他去台则是在此一个月以前的事。)

向说,台北对周至柔案迟不审理,使得在华盛顿的周以德众议员深为不满,并向皮宗敢表示了其不满之意。皮是在 1951 年 3 月 17 日给他带来蒋委员长的口信,说该案已在审查中。3 月 20 日,周以德又给委员长去信,措辞强烈,以致委员长为此而召孔令杰去台。他们二人和蒋夫人一起会商,研究如何处理此案,以取信于周以德。委员长起初提出完全否认有这回事。但孔令杰和蒋夫人都认为这样不能解决问题。于是又决定让小孔遄返华盛顿,去对周以德说,此事确有弊端,准备给周以撤职处分,而由毛邦初继任。孔令杰约在 4 月 3、4 日将此情况告诉了周以德。

此举目的何在,向说不上来。当周以德得悉前情时,蒋委员长已再次电令毛邦初返回台北(给毛的电报是委员长接到周以德 3 月 20 日去信后发出的),并指示毛不得把台北的召唤向任何人透露,连我这个驻华盛顿大使也不让知道。该电是用委员长私人代表俞国华的密码发来的。向说委员长显然急于要毛邦初回台,表面上是让他亲自作证,实际上是打算把他扣留在台湾,因为委员长认为毛企图利用美国人的压力,迫使他制裁周至柔,因此对毛非常愤怒。

向说孔令杰已把他这次台北之行的经过统统告诉毛邦初,还说蒋夫人是支持毛邦初的,并为他拒不回台辩护。夫人曾对委员长说,他的话难以使人完全信任,因为他在南京时曾当她的面向宋子文保证张学良在南京的自由,但是这位少帅至今仍然被幽禁。于是委员长就给蒋夫人写了一封信,书面保证他决不把毛扣留在台湾，一定让他回美国。

向说，毛邦初也怀疑到蒋委员长无论如何会把他扣留在台湾。向还听说周以德曾应孔令傑的要求给蒋委员长写了一封信，请毛面交，借以间接地向毛保证，他（周以德）将注意到不让毛被扣留在台湾。但是，后来有一位毛从前的学生现在在国防部服务的，给毛发来一份密电，说现在周至柔形容沮丧，垂头丧气，因为外界盛传他的空军司令职务将由毛接替云云。这引起了毛的疑虑，他怀疑蒋委员长心中的机密问题，何以竟会让台北的国防部知道了。最后他肯定这是一个骗局，目的是要骗他回去。

向在所有这些谈话中对蒋委员长的为人虽无不敬之词，但也几乎直言无隐。他说，作为委员长在日本求学时代的一个老留日学生，认识委员长多年。委员长从前在上海交易所做投机生意时的活动，他都清楚，并曾一齐干过，私交上从未有过什么芥蒂，使委员长感到不快。另一方面，他一直称赞毛邦初为人正直、清白、廉洁、爱国。他说，毛是真正为中国的自由，为子孙后代的幸福而奋斗的。

向说，据他所知，周至柔是在1949年才开始成为蒋委员长亲信的。在此以前，委员长似乎把他看得一文不值，经常加以训斥。到1949年春天大陆失陷前夕，委员长已是众叛亲离，唯有周至柔和桂永清两人始终效忠左右。委员长不止一次地打算自尽，是在他二人劝阻下才舍弃了绝念。当时蒋委员长四面楚歌，生命也经常处于危险之中，他不知何人可以信赖，何处可以安身。是周至柔派了一架飞机，把他从上海接到杭州，驻在笕桥空军军官学校，并由空军学员组成卫队日夜护卫。当时海军总司令桂永清也表示可以用舰艇把他送往安全处所，但乘船离开上海很难避人耳目，而如果在杭州登陆，则必将为陈仪所俘，因当时陈已倒向共军。

谈到当前的情况，向说毛邦初曾呈请辞职，而蒋委员长不准。但是，只要他继续供职，他就可能以抗命犯上的罪名受到军法惩处。因此,他只得称病请假,这是委员长不得不批准的。至于他自己,向说,一旦改组命令下达,他相信就有被遣送回去的危险,因为国防部已多次下令,命其回部另候任用。不得已,他只好去找周以德,要求履行诺言,防止他由于向其吐露有关周至柔贪污疑案的情况而受迫害。一开始周以德打算去找司法部长麦格拉思,经过再次考虑,他决定还是先来找我,要求我在接到将向遣回的命令时,不要对向采取严厉手段。

6月23日,我和董显光谈了这一问题,当时他即将离美赴台。他曾多次问我打算如何处理毛邦初抗命的问题,此事惹怒了蒋委员长,可能会对毛采取某种严厉措施。他同毛本人、皮宗敢、俞国华、李惟果等一直在计议此事。他也劝我,一旦台北下达严厉命令时要慎重从事,因为这必将迫使毛孤注一掷,采取不可挽回的爆炸性行动,其后果将对我们不利。当此军援正有所开展,中国院外活动集团问题即将开始调查之际,尤其如此。(前面曾提到,中国院外活动集团问题是6月份艾奇逊在麦克阿瑟问题听证会上作证时提出来的。)董说,一旦惹起风波,势将舆论哗然,流言蜂起,大有损于我国的事业。

我说,彼此所见略同,因此我始终力劝台北政府和蒋委员长假以耐心,赶紧寻找解决问题的办法。我也曾多次向毛说明:(1)改组采购机构,把原有各单位合并;(2)周至柔的贪污疑案;(3)诺兰和周以德对这些问题的关心;这三件事应分别对待,不能混为一谈。

我说,毛邦初应当遵照上级命令,把他的办事处合并于新机构,同时移交公款,周至柔案应要求政府依法进行公开合理的审理,取得法律解决。家丑不可外扬,他应全力维护政府和蒋委员长在美国人,特别是美国政府心目中的声誉。但是,他看来是怒不可遏,全不考虑蒋委员长和政府的声誉,以及国家的事业,意在尽毁一切而后快。我说,我仍将以国家的利益为上,一如既往,继续审慎耐心地处理这一问题。

我请董显光给蒋委员长带去一封信,是答复他就毛邦初控告周至柔案给我的那封代电的。董同意了。为此我必须赶写两封信,一封给蒋委员长,另一封给王世杰。信由我自己执笔,并让傅秘书赶抄向惟萱对证明周至柔无罪的各种证件所提出的九点疑问,附在信内。董定于当晚十一点十分乘飞机去旧金山,我必须在他行前写好这些信,以便让他带走。傅到十点三十分才写完抄件,并赶到国家机场送交董显光,以致连晚饭都没时间吃。

三天后,皮宗敢前来报告说,他同毛邦初商谈归并办事处问题毫无结果,他三星期前为了解释误会给毛写了一封信,也未得到毛的答复。在此期间,台北国防部曾多次下令,要求采购某些空军急需物资。由于他一无档案,二无人手,三无料款,实在无法执行命令。

7月2日,宋子文与我同进午餐,他也问起了周、毛的争吵问题。我向他介绍了周、毛交恶的梗概,并说现在皮宗敢也间接地卷入了这一旋涡,因为他已接办军需品采购业务。宋说,他知道周、毛积怨已有多年。1938年他曾建议委员长把他们二人分开,以利国家,于是委员长便把毛派驻美国。他又说,这些军人都是一丘之貉,言下颇表悲观。

7月5日,毛把他以前送呈蒋委员长的电报给我看,蒋委员长前曾给我发来一电,指示给毛过目,毛的电报就是对委员长来电的答复。毛的电报是在6月20日直接呈给蒋委员长的。该电措辞强硬,他指称,为周至柔清洗罪名的各项证件都是伪造的;如果送到我们的美国朋友们手中,那就只能是错上加错,欲盖弥彰,因为他们对周的罪行的指控另有他们的佐证。毛的这份电报措辞强烈,至今没有得到委员长的复电。

我告诉他,我也已写信给蒋委员长,把他和向惟萱指称委员长的代电中所附证件不实的情况向委员长作了汇报,并请求委员长对此予以澄清。毛说,他也把周至柔的问题告诉了董显光,并对他说,我们的美国朋友们渴望蒋委员长采取切实行动,澄清这一问题,以使他们满意,否则他们将无法继续支持委员长和国民政府。

我在日记中写道:

> 这就是董显光之所以要求我对此事要慎重处理,避免促使毛邦初采取鲁莽行动,把整个案情向美国公众摊开。

这时,由于毛邦初拒不交出他的空军办事处,以致政府急需的航空汽油无法采购。除此而外,用空军料款采购航空汽油一事本来就是台北空军总部与其驻美办事处之间争端的焦点。如前所说,毛和向曾指控空军总司令周至柔在汽油交易中贪污,其后美国报纸上(指玛丽·约翰逊的信)以及诺兰参议员均提及此事,很可能参院的一个调查委员会也注意到此事,因此,这一问题更加复杂。

1951年4月19日,我设宴为即将离美赴台的美国军事援助顾问团饯行,席间该团主要成员斯托特将军告诉我,美政府已经决定向台湾提供足敷三十天用的航空汽油,这是1951—1952年美国对台军援计划的一部分。4月25日,李榦又报称,即将提交众院的对外军援法案中除军事和经济援助外,将增加一个第三部类——辅助项目——其中包括向台湾提供汽油和航空汽油等。在此以前,我们也曾向经济合作署进行交涉,希望该署的援华计划本身就包括提供购买航空汽油所需款项,但霍宝树回报称,这不属于该署管辖范围。这是美国当局考虑到所有外援都互相交错,而决定合并为一个可以互相支援的计划以前的事。由于当时众院还没有就一揽子法案举行听证,所以直到7月份我们还在继续和经济合作署谈判用对华经援拨款购买汽油问题。

7月11日,霍宝树和李榦来说,经济合作署不同意为我们偿付航空汽油的差价,因为对这种问题美国审计人员是如此规定的,而按市价供应的汽油也很少,根本买不到,只好考虑其他办法。霍、李二人即将出席有经济合作署、国务院和国防部代表参加的一个会议,专门讨论这个问题。他们了解到,由美国政府代我们采办航空汽油的想法是不能实现的,因为美国空军不同意减少他们在东京的库存量,也不同意给予我们低于市价的优惠待遇,以免引起其他国家提出同样要求。汽油商也不同意美国政府为我们采购汽油,或按政府特价由油商卖给我们,因为这将影响到他们的利润。

于是霍、李二人又提出要求我空军驻美办事处代经济合作署为我国采购航空汽油问题,此意见经济合作署曾非正式地提出过。我让他们通知美方,此问题我们将加以研究,但暂时不能作答,因为中国政府新近下达的政策是将其驻海外各军用民用采购机构进行归并和协调,这一政策正在付诸执行中。

不久,霍、李二人又参加了一个会议,在会上经济合作署、国务院和国防部三方代表保证以合理价格向我方提供一批航空汽油,其数量相当可观。但当时我方付款仍有困难,只得提出放弃这笔交易。7 月 13 日,向惟萱来访。他合情合理地提出,这笔汽油交易是由美国空军建议的,其数量达四万八千桶,价格合理,自 2 月份以来我们一直在要求他们促成此事,由我们自己付钱,而今我们却一笔勾销,未免要引起美国空军方面的疑虑。所有美国官方代表都说,现在坚持要求经济合作署付款是不现实的。因此,他建议大使馆要求毛邦初动用他手中的空军汽油专款支付,其中包括美国政府要退还中国空军的六十一万三千美元。

这正是我的打算,要解决汽油付款问题而不致触动周、毛之间的宿怨,这是上策,特别是因为向惟萱提醒我,对毛必须声明这是我的意见,而不要说是政府的命令,一提政府命令,毛反而会顶着不办。事实是购买汽油问题已经成为国防部与毛的驻美办事处之间争吵的焦点,非常敏感。驻美办事处一开始就希望经办汽油采购业务,并打算把他们控制的余款(包括美方已答应退还的款项)用罄,使国防部无法再要求他们将资金解回台北。如果说是政府命令,毛肯定就将重提周把空军公款转移到香港他私人名下之事,并宣称他拒绝为周的贪污舞弊再提供筹码。

然而台湾需要航空汽油非常紧迫,我已两次与王守竞研究,如何使用毛邦初手中控制的款项支付,以便使汽油可以迅速运到台湾。这就是说大使馆须去国务院要求再次更改支票户名。

头痛之事真是接踵而至,但本来都不是不可避免的。关于毛邦初驻美办事处的财政状况,大使馆并不十分清楚,台北政府亦然。当我敦促美国政府在购买航空汽油问题上给予支持的时候,(可参阅本书第七卷第二章第一节1951年1月18日我同助理国务卿迪安·腊斯克的谈话。)所有必要的采购任务一直似乎全部可由毛邦初的空军办事处承办解决。至少在局势发展到美国方面宁愿由经济合作署作出安排,或是提供一笔单独拨款或借款,或是改变定价方法等以前,情况是如此。但是,空军办事处在不符合毛和向的意图情况下是从不提供合作的。

7月16日,毛应约亲自来我处研究为台北急需的四万八千桶航空汽油付款问题。他提出的办法是向银行借款,由他作保,而不是用他手中的空军购料款支付。(但他后来又打来电话说,可以用空军购料款支付全部汽油价款;并说,他这样做是顺应我的要求,而不是执行国防部的命令。)

毛和我商谈的另一件事是关于国防部要求我会同俞国华和皮宗敢审查他的账目问题。他说,他可以把他的全部财务情况向我说清,但决不见皮。事后我和俞国华商量,查账的事如何进行为好,其中包括毛和俞,以及毛和皮联合控制的购料款账目。毛和皮联合掌握的购料款是以某公司的名义开户的,该公司由毛、皮和华盛顿某家银行的董事长出面组成,地址在特拉华,资金即置于该公司名下,作为该公司代他们办理采购业务之用。此点毛未向我说明,而是俞告诉我的。我还了解到,毛和俞联合控制的购料款中一部分是以美元存在美国某瑞士银行中。1949年1月,蒋委员长下令将一千万美元转移到毛邦初名下作为空军购料款,以确保日后不致落入中共之手。上述款项即是这一千万美元的一部分。至于所谓节余账目,目前全部都在毛邦初一人控制之下,其数额达六百三十万美元,而专用的购料款仅存一百五十万美元。(此数在当时也是一个可观的金额。)

下午五点,我和霍宝树及李榦开会(其后王守竞也应我之召参加会议)研究如何使用经济合作署经援款购买航空汽油问题。研究的就是最近经济合作署提出的低价长期购买方案,他们提出的价目表,价格极低,在当时市场上是无法按之购到实物的。但经济合作署仍要求我们设法在市面上试为搜购,以便他们可以用我们徒劳的结果当作理由向预算局和他们自己的审计员办公室争取把航空汽油的价格酌为提高到他们能接受的价格。此外,他们在运输方式上还要求我们采用散装而不用桶装。

这些情况都将引起一系列困难问题,必须先与台北空军总部商定,然后我们才有可能得到空军驻美办事处的合作,但还不能肯定,因为这两个机构之间已陷入僵局,既不能互相商量,也无法协调共事。我在那天的日记中写道:"情况一如既往,在任何问题上要使我们自己的各部门协调一致,比同美国人打交道还要艰难复杂得多。"

次日,即星期二上午,皮宗敢来到我处。我告诉他国防部和参谋总长要求我会同他和俞国华对毛邦初经管的空军款项进行审查,并向他征询如何着手。他也认为毛不愿在任何会议上同他见面,因此同意我的意见,先找毛要他提供一份财务情况报告,然后进行查核,这样来完成我们的联合任务。

星期三上午,皮又来我处。我同他研究了美国陆军部向我们提出的采购程序,其目的在于简化我们采购发射火药的手续,但同样适用于采购其他军需物资。在此以前,与美国陆军部有来往的业务都属于韩朝宗的职权范围。但自从合并命令下达以来,韩与皮相处得不大愉快,因而韩向新机构移交任务的工作也就进行得不那么顺利。

皮说,王守竞也将上述陆军部意见向韩提出。韩于是就给王守竞写了一封信,请他就我国兵工厂所需物资一事直接和美国陆军部接洽办理。但皮的想法和我一样,他认为,他本人是联合采购委员会的首脑,这种问题应首先提到他那里。他说,他将与韩研究,并将结果告我。但他也认为在他的新机构完成接收空军驻美办事处和向美国国务院发出正式通知以前,最好还是由王守竞代表中国接受美国陆军部提出的采购程序,而不要让他出面办理。

1951 年 8 月 3 日,霍宝树和李榦来向我报告称,经济合作署的特纳从五角大楼获悉中国正用本国款项大量购进航空汽油,这使他深为不满。因为这件事会引起一个问题:既然我们自己有能力支付,经济合作署为什么还要帮助我们偿付航空汽油款呢。该署感到非常尴尬,因为他们刚刚收到了一笔援助中国用的四百多万美元拨款。

我对李说,想必是向惟萱为了用掉美国政府允予退还的六十一万美元,又向城市石油服务公司多买了三万二千桶 100 号航空汽油。美国退还的六十一万款子并没有指定专门用途,因为空军办事处已用他们手中的购料款付清了我们已购进的四万八千桶汽油价。我说向惟萱曾经向我建议,并要求授权他再多买一部分汽油,当时我觉察到此事可能造成与台北发生纠纷,因此没有同意他的意见,让他暂缓办理。

霍和李又说,经济合作署已经从预算局取得了需要的款项,他们急于开展为台湾觅购航空汽油的谈判;我们对此抱拖延态度也使他们颇感为难。我说,十天前我已为此事向国防部发出了电报,但至今尚无复电,只有台北美援运用委员会副秘书长兼技术委员会顾问王蓬给我通了些消息。王也给他二人发了电报,告诫他们切勿草率从事,因为此问题涉及台北的政治纠纷。至于有些什么政治纠纷,我则一无所知,而且我发现他们二人和我一样,也是不甚了了。

我把向找来,要求他停止购买航空汽油的谈判,因为我们没有专款,同时经济合作署受到了预算局的责难,该局向经济合作署提出了质问,说既然中国有能力购进额外航空汽油,该署为什么还要为中国支付购买航空汽油的价款。我并要求他收集有关长期趸购航空汽油的情报数据,提供经济合作署参考。

就在这一天,8月6日,毛又来访。我把王世杰的来信给他看,此信内容是关于他控告周至柔的问题,同时把该信的附件交他带回去研究。附件的内容是中国空军总部就他所提的九点疑问所作的解释。此外,我还提出国防部要求我审查他的公款账目问题。关于这点,他在7月16日曾说准备给我作详细报告。但这次他改变了,他说我是应周至柔的要求查账,所以他不愿向我作报告,因为他本人和周至柔已有很长一段时间互不联系了,他不愿使我卷入他们二人之间的纠纷。我说,他可以按他的意愿办事,不过我个人认为,他不应把对他所经管公款提出的问题置之不理,这样有损他的身份,特别是因为提出了一些有关某些款项下落不明的具体问题。

第二天,毛又来到我处,他说经过研究,他又从王世杰的信件和附件中找出了更多周至柔作假的证据。王世杰的信中还强调说,主要的事实是所称被周贪污的款项目前仍以空军的户名存在银行里,这可以说明台北认为本案业经结案。但毛说,这种说法站不住脚,因为周的贪污企图业已得逞。

我要求毛把他的答复写成书面材料,以便转交给王世杰。我又问毛,周以德、诺兰等美国朋友们对周至柔案都很关心,他们并亲自促请蒋委员长注意此事,我应该如何去澄清他们的看法呢?他说,周以德对周至柔掩盖自己罪行的徒劳企图一清二楚,他手中掌握着充分的罪证。并说,自从前次收到委员长的复信,以及周呈报的所谓无罪证件以后,向惟萱曾数度与周以德见过面。总之,毛认为一个政府对它属下的官吏贪污腐化虽罪证确凿也不予惩治,就没有必要为它去向美国人辩解,即使辩解也是徒劳的。

那天下午,我接见了李大为上校。他刚由台北请假返美。他最近由装甲兵团副参谋长调任国防部的一名参谋长,而没有实职。这显然是明升暗降,因此使他颇感不满。正如他自己所说:"白天打网球,晚上打扑克,虚度时光。"他提升后的月薪只有九美元,实不足以维持他自己和他的美籍夫人在美的生活。他将无限期地续假,以图摆脱军役,自行谋生,以便在美国过丰衣足食的生活。

我竭力规劝他不要放弃公职,要理解中国军政界的陈风积习,耐心等待改进。我说,此中确有很多陋习,需要改革,但要假以时日。但看来他已决心引退,除非委以实职。

毛、周之间的长期倾轧,使军界产生了一种传说,认为军需采购任务是一种肥缺,有利可图。李大为的明升暗降,多少与此有关。蒋纬国原打算命他以新委的装甲兵团副参谋长名义回美重新为装甲兵团办理采购任务,但蒋委员长认为李以调离采购业务为宜,借以预防或制止流言蜚语涉及其子纬国,因为李是直接听命于蒋纬国的。所以,调李是出于慎重,而李则认为无事可做,且待遇菲薄,打算一走了之。

几天以后,俞国华来访,他说他真正了解情况的仅有一笔款项,那便是蒋委员长在 1949 年 1 月委托给他、毛和皮保管的一千万美元。其中有八百五十万已转入毛手,供采购之用,但他并不了解这部分款项是如何处理的,仅毛一人知道。至于其余一百五十万元,他将向瑞士银行函索财务报告,以便了解确切的现况。换言之,毛迄今仍不合作,要想查清他手中资金的情况是极端困难,甚或是不可能的。

第二节　政府采取行动

1951 年 8 月中—10 月末

1951 年 8 月 20 日,叶公超外交部长来电通知,由于毛邦初玩忽职守,违抗命令,所管公款账目不清,蒋委员长即将下令,暂停其所任中国空军驻美办事处主任兼中国出席联合国军事参谋团代表职务。该电并称,驻华盛顿空军办事处二号人物向惟萱已予免职。上述命令业已照会美国驻台代办蓝钦,并要求其转请美国政府协助执行。行政院长陈诚也来电要求我和俞大维将军采取步骤,防止毛将其所管公款转移,并接收该项公款共同保管。(俞定于近期到达华盛顿,其主要任务是协助我处理有关美援事宜,以及新的驻美军品采购委员会的组织工作等。毛的问题和不满与这项改组直接有关。)

这两份电报来到之后,案情就戏剧性地展开了。在此以前,一直是毛邦初指控周至柔,并指责政府对周案未予追究,政府则一直不暴露意图,现在则是政府行动起来,对毛加以指责,这就开始了一场双方互相责难和反驳的论战。我原已估计到政府要对毛采取行动。我对毛就他本人与周至柔之间的争吵所作的表白一点也不信服。政府命令他把他的办事处归并于新调整的采购委员会,并要求他上报所管公款的账目,他都拒不执行,他的理由也都不能使我满意。

8 月 21 日早晨,我把毛召来交给他叶外长发来的两份电报:一份是传达蒋总统命令,暂停他所任两项职务;另一份是传达行政院长陈诚的命令,要求俞大维和我接管他手中的公款。同时我也把周至柔以空军总司令身份将向惟萱免职并令其回台听候依法审理的命令交给了他。

毛说,据他所知,众议员周以德将于次日来见我。这是确实的,我已与周以德约好次日在双橡园同进午餐和会谈。据毛说,周以德愿对他和向的安全负责,因为是他周以德通过诺兰首先向蒋委员长提出了周至柔的贪污疑案的。按毛的说法,总统的训令和周至柔的命令中对他和向二人的惩处也隐含着对周以德的挑战,而周以德是准备接受这一挑战的。

毛问台北是否命令我要求美国国务院把他们二人遣送回台;

并说,不管出现什么情况,周以德将全力制止引渡他和向。我说并未接到这样的命令,不过叶公超已经把政府所采取的措施通知蓝钦代办并请其转达美国国务院。毛说,他不能和我长谈,因为他正在和他的律师共同草拟一项声明,这是周以德的建议。他并说,他已聘请了四位律师,其中以赫伯特·埃利斯顿推荐的考克斯律师为主。埃利斯顿是《华盛顿邮报》的主编;该报已多次登载过德鲁·皮尔逊的文章,宣扬毛对这些争端的说法。显然该报对这一争端早已有所了解。

我劝毛对发表声明的问题要慎重,否则会损及自由中国的大业,特别是因为当时国会正在考虑三亿零七百万美元对华军事和经济援助拨款案,并且得到了国务院的支持。我问他什么时候可以遵照上级命令把他所管的公款移交给我们;并向他指出,尽管他认为蒋委员长由于受周至柔的影响而对他处置不公,但他作为一个公仆,应该毫不犹豫地尊重政府命令和维护总统的威信。

他说,他不能支持或者尊重一个对自己的高级官员贪污腐化熟视无睹的政权。这真使我大吃一惊。当然,他所说的贪官就是周至柔。他又说,就在最近,他还通过蒋经国给蒋委员长写过信,表示他的本心是爱国家、爱中国人民的,他也尊重领袖,不过如果领袖不爱人民,不爱国家,那么他就不能爱这位领袖。这样的领袖,这样的政权值不得支持。

至于他所掌握的公款,他不能移交给台北这样的腐败政权,因为他怕这笔钱最后会落入私囊。他宁可把这些款项用来为中国人民谋福利,比如说办些慈善事业。我明知白费唇舌,但还是对他说,这些公款是属于政府这样一个集体的,任何个人都无权随心所欲地加以处理。我说,他果真要这样做,那么就连他的美国朋友们也会谴责他的。那天我在日记中写道,这次谈话从头至尾都有些不愉快,但总算保持住情面。

第二天,周以德众议员来同我共进午餐,这是因为他希望和我仔细地研究一下毛的问题。他告诉我,诺兰参议员也希望和我谈谈,但他在加利福尼亚,要第二天才能回来。我们二人对毛的事都很惋惜。我向他说明了此事的背景,以及自从30年代初期以来毛邦初和周至柔之间互相争衡的情况。我对他说,毛、周双方都向蒋委员长控告对方贪污,使得真相不易大白。譬如说,周当时就在指控毛和向不忠实,不合作。我还对他说,蒋委员长多次召毛回台湾与周当面对质,而毛始终不去,这使蒋委员长很生气。毛则说,他不可能指望会有公平的质询,倒是很可能遭到陷害。

周以德认为毛回台湾是危险的,因为周至柔是仅次于蒋委员长的最有权力人物,他的敌对影响会使毛被清除掉。我说,他从毛那里听到的七起贪污事件,台湾至少已经进行了两次检查,第二次是由于毛对第一次检查提出了九点疑问,而后由我自己亲自请求蒋委员长追究的。但是周以德并不能释然,他说还有一起,那就是周至柔曾令毛用他所掌握的空军款项向黄仁泉、采购委员会萧某的夫人萧太太、还有两家私营公司分别支付了四张不同款额的支票①。周以德并说,他手中掌握着周至柔所下电令的抄件。我说,这些支票可能是用以偿还中国空军已在台湾从上述四个方面收到的划款的,未必有什么问题。

周以德说,他不理解,为什么存在纽约的存款非要转移到香港才保险。我说,就我所知,当年蒋委员长下达过一道命令,要求采取全面措施以防在美公款被冻结,甚至最终落入中共之手。把纽约的存款往香港转移,就是根据这项命令办的。毛邦初自己也采取这种措施把一些公款转移到他私人名下,事实上他受命保管的款项数字很不小。周以德听了我的话并不满意,他认为周至柔

---

① 编者注:据一份记录着1951年8月下半月,美国驻台北大使馆的罗伯特·林登就毛案向外交部时昭瀛次长询问有关毛案的报告中所载,林登引用了周以德在那天和顾大使的谈话,说周以德"对中国空军总部四次电令其驻华盛顿办事处经由台北的几个私人给空军工业局汇款一事表示怀疑"。林登于是询问有关汇款的具体事实。答复中说明有关私人是黄仁泉、纽约的李澍和两次汇给俞同泰(音译)。

身在台湾,他有条件对蒋委员长施加影响,以不利于毛。

周以德说,迪安·腊斯克助理国务卿曾给他打电话,了解有关此事的情况。他告诉腊斯克他将到我处吃午饭并弄清楚情况。前一天下午,向惟萱出于害怕中国政府会下令将他和毛引渡回台,曾到周以德处求助,周以德也把即将和我面谈的计划对他说了。周以德称,如果台湾要求引渡,他就要到众议院发表演讲,把他所知内情全部公之于众,说明把他二人遣回是不公道的。我说,此点不必担心,因为我并未接到这种命令。虽然叶公超已把案情通知了蓝钦,但我相信也并未提出此种要求。(通过蓝钦向国务院提出的要求仅是协助防范毛、向二人离美逃往他处。)周以德认为台北应该收回成命,对毛方为公允。我说,这显然是办不到的。

当然,当时并不存在引渡的问题。令毛停职和把向撤职召回台北的命令是顺理成章,完全可以理解的。这首先是因为台北把向视为一个惹祸胚;把向调走是为了减少麻烦,也就叫作调虎离山。其次,在华盛顿空军办事处的一切业务上,向惟萱实际上是毛的耳目,而毛自己又和周至柔势不两立。当然,向的所作所为都是得到毛许可的;因此,为了剪除毛的羽翼,就有必要把向调回台北去。第三,向曾一而再,再而三地把那些风传的贪污案向报界公开,告诉议会中的知名人士,甚至直接或间接地向美国政府部门宣扬,这就惹得蒋委员长大为生气。把纯属本国政府和本国官员的事向外国人申诉,就叫作告洋状,是根本要不得的,甚至是可恶的;不仅政府认为是这样,在中国公众心目中也认为是这样。

但是周以德众议员和诺兰参议员的观点和我们不一样。他们认为,如果中国政府由于向惟萱把中国高级官员的贪污行为告诉了美国议会领袖们和其他一些美国官员,因而把向调回台北,那是不公正的。他们二人都自认为是在为中国的声誉而斗争;而中国政府却自毁其名声,对揭发贪污者进行报复,把他调离美国。他们认为这个人之所以敢于说出真情实话,部分是由于受到了他们的鼓励和敦促。他们并曾向这个人提出了保证,如果他由于此事而受到打击,他们一定给予支援。换句话说,周以德和诺兰都认为向是无辜的,他揭发贪污是为了希望消除腐化现象,这是爱国行为,值得称道。

其后,周以德打电话给我说,众议院军事委员会收到美国空军一份报告。报告说,几年来他们一直在注意观察中国空军驻美办事处的采购活动,认为该处的工作正当而有效率。如果台湾要求引渡毛和向,则委员会的部分议员将要求对他们的犯罪事实公开听证。我说,如果使这种细微小事扩大成为中美两国的关系问题,那将对他本人所深切关心的自由中国的大业造成不利后果。

那天早晨,威廉·波利从佛罗里达州的迈阿密市打来电话了解有关毛案的具体事实。他说,他和毛早已相识,多年来在业务上往来频繁,认为他无可非议。当时波利是艾奇逊国务卿的特别助理。他说,他对中国政府据以责令毛邦初停职的理由连一句也不信;现在报界采访记者们纷纷要求他对台北令毛停职的电讯加以评论,他将发表一项声明,以满足报界的要求。

我告诉他,此事十分错综复杂,涉及到毛邦初和周至柔之间基于多年来互相抗争而产生的一系列彼此责难、控告和反控告。波利说,那是十五年前的事了,这他早就知道。他自己最近还和毛邦初夫妇在一起吃过午饭,他对毛的喜悦一如往昔,对毛的正直无私仍然毫不置疑。他说他最近在台湾也见到了周至柔,周是他的老朋友,周并请他吃饭,彼此欢聚直至深夜。他还见到了蒋委员长和蒋夫人,对他们深为敬仰。

我说,波利先生完全可以想说什么就说什么,但是我要请他注意他发表意见的时机是否适宜。即以当前而言,他发表任何言论都会在公众中引起思想混乱,因为像他这样一位著有名望的公职人员的言论肯定是受到公众高度重视的。(我在日记中写道:"我是为了平息风波,以免损及我们取得国会正在考虑中的对台军事和经济援助的前景。")波利说,我提请他注意时机问题是对的,他将不发表声明而代之以为毛邦初给蒋委员长和蒋夫人写信的办法。他说他定于星期日回到华盛顿,届时将找我约定一次谈话时间。

俞大维将军由台来美途中,在西海岸小憩后,于星期四,即8月23日到达华盛顿。他告诉我,他是受命来协助我解决毛邦初问题的。(台北准是认为俞是一位前部长,又是与国防部有密切联系的军方人员,他在台北声望甚高,联系甚广,与蒋委员长的关系也颇密切,并且深得委员长的信赖,因此在军需品采购事务和解决毛邦初问题两方面都将给我以巨大帮助。另外,他还有一个有利条件,就是能以非官方身份发言,而我则只字片语都或多或少被认为是代表官方的。)俞说,台北各方自委员长以下都对毛邦初抱极大反感。各方都认为他是赤裸裸地犯上作乱,企图告周至柔的洋状,因为经过反复调查,证明他对周的控告毫无根据。总而言之,他所指控的非法采购事件,没有一桩是能够成立的;他所说由纽约非法转移到香港的存款则自5月份以来也已存储在台北中央银行里。

俞说,他自己认为,并已向蒋委员长以及台湾党政要人们表示,衡诸当前影响我国前途的大问题,此事实属微不足道,因此不宜过于张扬。政府不应对毛采取严厉手段,以免激化感情,使事情变得更为复杂。他认为他能够说服毛邦初,使他交出他手中的公款。他说,此点政府认为至关重要,因为长期以来政府急需外汇,特别是美元,以应付各方的开支。

俞对蒋委员长下令将毛停职,将向免职一事深感意外,他认为这是由于德鲁·皮尔逊的文章给我国政府施加了压力,迫使摊牌,才出现了现在这样的危机。不过就是那两篇文章也没有正面指控周至柔有贪污罪行,而仅仅是旁敲侧击。但是他从私人交谈中听说,身在台北的周至柔却非常恼怒。不管怎么说,他总是毛的顶头上司。周曾再三敦请委员长采取行动,如果委员长相信毛对他的指控确有实据,就把他周至柔撤职,交军法处置;如果事情确如两次检查的结果那样毫无根据,则请治毛以应得之罪。

俞催促我把事实真相通知美国国务院,我说时机尚未成熟。但我们一致认为,毛应遵令把公款交出,他不论以什么为借口都没有理由可以拒不执行。俞建议由我向毛正式发函,通知他移交公款,并遵守上级命令;而他则应我之请,表示愿意相机找毛面谈,一如我已做过的那样。不过俞说,他不能采取主动,必须有个第三者建议毛去找他,或是预先得到毛同意谈话的表示。

第二天晚间,我设宴为俞大维接风。毛、向都应邀作陪,对他们的问题大家都避而不谈。而且俞还引人注目地给毛敬起酒来,意在建立友谊;他满满地饮了一杯,并说由于得了胃溃疡,他已多年不碰酒了。宴毕,我送毛出去时,把他拉到一边,问他打算在什么时候按台北的命令把他办事处的文书档案和款项办理移交。他说,他已被控抗命和处理公款有弊,但还不知道控告的具体内容。在他获悉详情以前,他不能作答;一旦获悉详情,他还需要使用这些档案、账目、收据等,据以作全面的辩护。离开了这些,他就无法进行辩护的准备工作了。他说,一旦获悉详情,他就遣返台湾,出庭辩诉;在他的问题解决之前,他不能交出这些档案。我又问他,他所经营的公款怎么办,这同档案应该分别处理。他说不能分别处理。于是我就对他说,我打算用正式函件向他提出这一问题,希望他给我一个书面答复。他说一定照办。

8月25日俞大维来问我毛是怎样答复的。我请他自己去找毛谈,这样有好处。他仍然认为他不能主动地去找毛。他说他主动去找毛谈这个问题未免太敏感,他想找一个第三者来从中撮合。随后他把我交给他的关于毛案的文件还给了我。

一点十五分,诺兰参议员应邀来我处餐叙,因为他希望和我谈谈。我们就毛的问题谈了约有一小时。我把蒋委员长的来信给他过目,信中要求我向诺兰参议员说明关于周至柔处理空军公款的问题,经过两次正式调查,业已证明周是无罪的。我又向这位参议员剖析了这二位将军互相抗争,互不谅解,以及周对毛进行了反控告等等背景情况。我说，不幸的是毛不能，也不肯遵照蒋委员长的意愿和命令，回国和周对质，以便蒋委员长能以判断究竟谁是谁非。毛拒不回国对质；在合并采购机构的命令下达后——这是政府为了节省开支，促进协调和提高效率而坚决推行的政策——他不办理移交；国防部再三申令，要求他呈报直到最近为止的公款账目，他又置之不理；是他的所作所为刺激了我国政府，使我国政府不得不采取最近的严厉措施。诺兰说毛是正直的，这点我同意。但是我说，他拒不执行命令，使得我国政府陷于难堪的境地。

我征求诺兰参议员的意见，我说此事诉诸法庭是否比诉诸美国政府较好一些。他认为这可能是最后可行的途径，这种做法可以保证对有关各方都能完全公正，所做出的决定也定能取得大家的信任。他说的"大家"是指的国会中的美国朋友、国务院及有关各方。同时他还认为首先必须明确，中国政府据以令毛停职的罪名是否证据确凿。如若事实证明控告失实，则中国政府的威信将受到一次沉重的打击。

他说，他希望毛回国与周面质，以剖白他的无罪。他认为毛不难辩明他的无辜，但必须保证不会受到清洗或暗害，而能返回美国。他的观感与见解与周以德如出一辙。他说如果中国政府能就此点向他自己和周以德等这些人提出保证就行了。我说，即使有此保证，我也不信毛和向回去后还能回来。

关于公款和档案问题，诺兰参议员的看法和周以德的也一样。但他又说，这些东西可以先转交一个第三者，诸如某一家有名的银行代管，在此案结束后移交给中国政府或其指定的接收人，同时毛也可以使用这些东西为辩诉作准备，并动用他手中的款项，充作辩诉费用。如果毛能找到一位开业会计师为他出具一份查账报告就更好了，在美国这种报告将为各方所承认。

次日，我给蒋委员长和叶公超分别发了电报，把毛案的现况以及我同诺兰参议员的谈话向他们作了报告。8月28日，我请俞大维吃饭,再次同他研究这一问题。俞说他也会见了诺兰参议员,觉得他并非十分祖护毛邦初。我把毛对我要求他交出公款和档案的正式公函所作的复信给俞过目。他在复信中仍然拒绝移交,既不交案卷,也不交款项,除非等到正犯法办、全案了结。俞提议再给毛写封回信,告诉他可以直接向政府申诉他的冤情,但必须遵照总统训令,把他所经营的公款交出来。

波利已经回到华盛顿,并和我通电话约定了会见日期,于是我们在 8 月 29 日会面,继续讨论毛的问题。我先向他说明了毛、周之间的背景情况,这就使他明白毛把自己置于政府法令之上是何等地错误。他说,毛邦初把他与周至柔之间的个人案件同他对政府应负的责任,以及他作为国家官员和一个军官应当服从政府法令的义务混淆起来,这就使他自己陷于错误。波利说,由于毛拒不申报他所负责的公款账目,又不遵命交出公款,他就给自己的是否清廉正直打上了问号。波利特别问到,毛要他经营的款项集中起来进行移交是否有什么困难。他打算以私交关系劝毛放弃他现在所抱的怪诞立场,这种立场对他自己实在不利。

这次谈话使我有机会让波利了解问题的实际情况,从而能判明我国政府和毛邦初双方的立场,达到了我预期的目的。他立即认识到,毛邦初拒不执行政府归并海外采购机构的政策,把持着空军办事处不办移交是不对的;他不按上级命令把公款交出来也同样是不对的。

第二天,俞大维来访,他再次主张给毛去信要求他交出公款。虽说台北的指示明确要求毛把公款移交给我们二人,但他却要求信中不提他和我的名字。当时他正准备去旧金山接他的家眷,但我请他先和毛谈一下再走。他说在去旧金山以前一定先找毛谈谈,劝他执行政府的命令。

9 月 4 日,宋子文请我到他家中吃饭。我们谈了毛的问题,大家都深深为他拒不移交档案、公款以及坚持采取宣传手段的做法感到惋惜;这种宣传在美国对我国政府和我们的事业危害极大。

宋说,虽然委员长并未要求他干预毛的问题,但他打算找毛谈谈。考虑到双方的方便,他和毛约定在郭慧德先生家见面。宋的想法是,如果毛能如命交出公款,他就去劝说委员长不要再进行追究。

我祝愿他此举能取得成功。我们约好如果成功,他将打电话给我约时间会谈;否则就干脆不来电话。那天晚间我应邀出席一次晚宴,有一位我们两人都认识的女宾进门时告诉我,宋托他带话说,宋同毛谈了一个多小时,但他不给我打电话了。我心中明白,宋的努力又枉费了。出乎意料的是,毛邦初夫妇却跟着就进来了,他们是和这位女宾一同来赴宴的。但是,我们谁也没有提起那个问题。

9月6日皮宗敢来报告说,俞大维已在上星期四,即8月30日同毛见面。我估计这就是他和我谈话以后的事。但皮仅了解到毛的态度仍是那么顽固,其他别无所知。稍晚,俞国华应邀到我处吃饭,他说俞大维请他向我转告,毛断然拒绝交出他手中的公款。俞大维提醒他这样做不对时,毛甚至声称他已决心进行"革命",就是说,他要造反;并且俞大维当然明白,既要造反,自然也就要用钱了。这时,俞就指出毛的言谈越轨,他无法再谈下去,并立即离去,径赴机场,登机往旧金山去了。

下午,霍姆斯·亚历山大先生来访,他是一位新闻记者,是通过马隆参议员介绍而来的。当时他在巴尔的摩的一家报社工作,并为其他几种美国刊物写专栏文章。他要求我就毛和向的问题发表一些中国政府的意见,我当即予以拒绝,并说如果我早知他的来意,就不接待他来访了,因为我没有什么话可供发表。不过,我在申明谈话内容不得发表后对他说,毛和向的问题牵涉甚广,其中有长期的私人争吵,个人的品质问题,军纪问题和政府的采购政策问题等等。我说,此事有很多背景情况,目前报纸上为数众多的报道都是以一方(指支持毛的一方)的说法为基础的,只能代表事情的一部分,而不能代表全面。问题的全貌将在适当时间公开发表。我还说明了我自己的感想以及我思想上的一个最重要的准则，就是家丑不可外扬。亚历山大说，他完全同意我的观点，欣然辞去。

蒋廷黻也从纽约打来电话。他说周以德给他写了一封信，强烈谴责台北给予毛邦初的处分；并威胁说，如果问题得不到全面彻底的调查并公布详细的报告，他将不再支持继续援助国民政府。蒋说，他主张任命一个调查委员会，以便把事情调查得一清二楚，使美国公众可以放心。周以德表示同意他的意见。

蒋说，那天上午他接见了毛，并对毛说，他不应该把整个政府都说成是贪污腐化的，因为如果是那样，那么他蒋廷黻作为政府的一个官员也就成了贪污腐化分子了。但毛不愿意谈论什么道理，只是说他可以接受任何审查。我并应蒋的要求把我所知道的有关这一事件的前后经过及其背景，以及毛抗拒政府的指示，拒不向我和俞大维交出公款的无理做法等等，一一说给他听。

9月7日，大使馆的法律顾问哈罗德·里格尔曼从纽约来华盛顿看我，我请他共进午餐。他要求我推动给邮政储金汇业局发一份营业执照，因为这家银行是中国政府的一个机构。另外他又问起关于他所提出的，把中国政府各部门驻美代理机构的律师们组织起来，加以协调，借以避免意见矛盾，并节省开支和时间的建议，中国政府有何反应。关于毛的问题，他说有许多美国朋友都去找他打听情况，并对这一事件表示遗憾。他自己并不了解情况，只得向人们实说。不过他敦促我要对问题进行调查，并把全部事实公开。他认为如果要使美国人民充分恢复对中国政府的信心，就必须这样办。

我把有关的各种问题给他介绍完以后，我们就研究可以采取些什么行动。他认为诉诸法庭不能满足当时形势的要求，因为整个中国政府是否廉明似乎都已经成了问题，而美国公众则把这两个空军军官看作是处于一个热衷于贪污的上司压力下的牺牲品。他说，只有在公众对案情全面了解之后方能采取法律手段。因此，他和蒋廷黻和周以德一样，主张成立一个委员会把案情调查清楚。他认为该委员会应由几位不任现行公职的美国知名领袖组成，他并建议赫伯特·胡佛、约翰·佩顿·戴维斯（一位前外交人员，有十年在华工作经验）、法官勒尼德·汉德、斯特劳斯海军上将和金凯德海军上将等为该委员会成员。他认为魏德迈将军这个人美国政府中对他的看法颇有争议，因此他不推荐。

由于情况急剧发展，并且趋向逆转，我就打电话到旧金山请俞大维提前回华盛顿，以便商讨有关毛的问题。他说，我可以处理一切，他只能从旁协助；但他将在下星期内提前回来。第二天，总统府秘书长王世杰就毛的问题打来一份电报；我回电建议成立案情调查委员会，由社会公认正直、声誉卓著而不在公职的人士组成，以便对毛的问题，以及毛指控周至柔贪污的问题进行深入调查并予公布。我说，该委员会成员中必须包括一位前国际法庭法官、一位知名学者和一位军人，最好是将级军官但不在现役；所有这些成员都应是在中美两国都久著声誉的。我并建议必须待该委员会的报告公布以后，方可采取法律手段收回毛手中的公款。

王世杰立即回电，表示正在呈请政府接受我对处理毛邦初问题的建议，首先由国内外卓著声誉人士组成案情调查委员会，把事实调查清楚，并予公布。由于蒋廷黻也主动向王提出了同样建议，因此王也给蒋发了一份相仿的复电，由大使馆转交。但是，几天之后王世杰又发来另一电报，内称政府认为由案情调查委员会进行调查有许多严重缺点，但未说明缺点何在；并称政府主张采取法律手段，把毛手中款项收回。

9月11日，席德懋给我看一份威廉·洛布给孔祥熙的电报抄件，建议我就毛和向的问题发表一项声明。洛布是新罕布什尔州曼彻斯特《工会领袖报》的发行人，同时他又和艾尔弗雷德·科尔伯格两人联合主持美国对华政策协会，该会以同情国民党中国闻名。稍后，霍宝树又给我看一份美援运用委员会副秘书长王蓬打来的电报，要求我对受到毛和向攻击的中央信托局给予声援。中央信托局目前是经济合作署的采购承办单位,将为中国政府提供二千万美元物资。

席德懋和霍宝树都是来参加我为出席国际货币基金组织和国际复兴开发银行会议的中国代表团举行的宴会的。稍迟,我的新闻秘书顾毓瑞也来到,他也坚决主张大使馆应该发表声明,表明政府对毛、向问题的立场。我对他说,在还没有掌握具体事实和档案之前就发表声明,表明立场,那是既不明智也不合时宜的。但我还是口授了一项声明,拟由大使馆发布,其目的是使公众放心。我又征求谭绍华对此稿的意见,他认为不适宜,我便打电报给叶外长请示批准后再发表。

整个问题正在异乎寻常地迅速扩大。顾毓瑞也报告说,俄勒冈州的参议员韦恩·莫尔斯甚至倡议参院对毛、向问题进行全面彻底的调查,并拟把他二人找去当原始证人。这位参议员6月份指控中国国民政府在进行院外活动中行贿,7月份曾向参院提出一项议案,要求对"中国院外活动集团"进行调查,现在又要对外国的院外活动发动调查。正是为了满足他在这方面的需要,所以他把毛和向的问题提出来,作为中国政府的贪污腐化已经涉及到美援的例证。我对顾说,假如台北处置得当,这种轩然大波本来是不会发生的。

两天之后,莫尔斯参议员要求把《华盛顿邮报》9月12和13两天所刊登艾尔弗雷德·弗兰德利和德鲁,皮尔逊关于"中国供应问题"的文章载入《国会议事录》。上述弗兰德利的文章是五篇连载中的最后两篇,刊载在《华盛顿邮报》的头版,皮尔逊则在专栏中和他呼应。这些文章的主旨是扬言中国政府要把毛和向调回去是由于他二人力图阻遏中国官员贪污受贿之风,特别是关于中国国际商业公司经办的军需品采购业务中的许多问题,也涉及其他一些传闻与周至柔和其他官员有勾结的经纪人。文章中列举了许多具体事实,其中有一篇甚至说,有一家中国国际商业公司的联营公司——也许就是该公司本身——曾试图和中共做生意。当时美国正处于政治紧张时期,无怪这件事被抓来当作把柄。

同一天,即 9 月 13 日,叶公超发来复电,同意发表我为加强美国公众信任所拟的声明,并指示我尽快发表。事情很明显,诺兰参议员最近发表公开声明,对我国政府和大使馆都无所表态感到惊异,这一消息已经传到了台北的叶公超那里。

9 月 14 日,潘朝英博士来到我处了解有关雅尔塔会议的几个问题,当时他正在写有关这方面问题的文章。他是代表反侵略同盟来美国的。后来他告诉我,他曾为毛邦初问题找过诺兰参议员。这位参议员对他说,蒋委员长对毛邦初控告周至柔一案迟迟不作调查使他很不满意,他已提醒蒋委员长本人加以注意。蒋委员长虽然应允立即查处,但诺兰认为他把这事拖得太久了。诺兰并说,他还向蒋委员长提过,政府不应受国民党过多的控制,蒋委员长也同意,可是并没有作出什么改变。诺兰参议员特别强调国民党没有民主,中国政府的政策没有连续性;这些至少是诺兰参议员个人的看法。

潘也会见了周以德。周以德对毛邦初问题同样不满和失望,他表示除非这一问题得到澄清,他(周以德)将不再支持给予国民党中国更多的援助。周以德并说,他将反对任何引渡毛和向的企图。

潘和国会议员、众院拨款委员会委员华盛顿州的霍兰也就这一问题进行了交谈。霍兰说,众参两院的拨款委员会已达成谅解,在中国政府采取措施,使毛邦初问题得到澄清以前,该两委员会将不受理指拨对华军事和经济援助款项事宜,虽然他们并非肯定地反对援华法案本身。

上述种种都说明,毛和向为了谋求美国朋友们的支持,把他们拉到自己一边去,已经无所不用其极。由于他们说的都是一面之辞,因而使我听到的尽是偏袒一方的各式各样的说法和见解以及与之俱来的种种建议和劝告,有的还含蓄地对我们争取美援的努力提出了威胁。不难想象,其结果就使我一时大受困扰。

此时,俞大维已由旧金山回到了华盛顿,在那天下午三点来我处。他说,他回来后已经见到周以德,并发现周以德的态度并非那么反对我国政府对毛邦初问题所采取的立场,对毛拒绝交出公款和档案并不赞同,但认为毛对周至柔的控诉必须予以澄清,而在问题澄清前则不应强使毛交出公款和档案。周以德并说,他觉得毛邦初在1951年3、4月以前是始终忠于蒋委员长的,只是从那时起他才表现出对蒋委员长有反感。俞说,他给台北的报告仅限于他所观察到的周以德的态度,而丝毫未涉及此次谈话和周以德的想法。(俞的为人素来非常谨慎周到。)俞认为在当时情况下,必须使周以德相信周至柔的问题已经经过调查,并已证明他确实没有贪污行为。

那天晚间,我乘飞机去纽约。次日,即星期六,9月15日,宋子文、胡适、蒋廷黻和我四人按原定计划在卡莱尔饭店午餐并会商。我把毛邦初问题的现状给大家作了介绍,然后就下述二点征询了大家的意见:(1)我所持的不偏不倚的政策,对毛和向在报纸上发表的历次申述以及由他们授意的各篇文章中所提到的各点问题,一概不予置答;(2)关于我和一些同情中国的美国朋友们商讨后提出的成立案情调查委员会的建议。这些美国朋友们和我一样,都在为毛、向问题对美国政府和人民所产生的影响而担忧。

他们三人都认为上述第一点是正确的做法。关于第二点,由于蒋廷黻也曾建议过成立案情调查委员会,把毛对周的指控以及毛的账目一并调查清楚,他当然也认为是一种好办法。但胡适和宋子文都说,我不应介入,而应一如既往保持不偏不倚的中立态度。他们都衷心支持我的建议,即由中、美两国具有国际声望,公认正直之士组成混合委员会进行调查,这个委员会的调查结果毫无疑问将为美国公众所接受。正如宋子文所说,这样就立即可以使问题停止扩大,同时使国民政府在美国人民心目中的令誉得到恢复。我们大家一致认为,单纯由中国人组成的专门小组不能解决问题;但我指出,台北可能不赞同包括外国人在内。

宋子文提出哈佛大学法学院前院长罗斯科·庞德是最适当的人选。我说,这位先生虽然是个第一流法学家,但是他曾任中国司法部顾问,而且是众所周知亲国民政府的,因此人们很可能认为他偏袒台北。另外,一人负责调查(我估计宋有此意图)不如数人组成的小组,譬如说由三或五个人组成一个小组较好。胡适推荐前东京国际战犯法庭法官刘世芳以法律学家身份参加调查小组;蒋廷黻和宋子文一致提出当时在伦敦的郑天锡为一适宜人选,因为他曾任前国际法庭法官。至于美方人员,我们提的是:海军上将尼米兹、金凯德和白吉尔、魏德迈、赫伯特·胡佛和约翰·佩顿·戴维斯等人。此外我们一致认为凡现任美国政府公职人员不能考虑。

胡适同意给蒋委员长去电说明成立调查小组的重要性和必要性。宋子文说,他也打算以私人关系致电蒋委员长提出同样意见,并强调要迅速行动。

胡适告诉我,纽约《美洲日报》有一篇社论指责我没有行动。蒋廷黻说,美国出席联合国大会代表团的格罗斯对他说,由于毛案,我一定甚感为难,正如他自己当报纸以大字标题在头版大登博伊尔案件时那样。(民主党全国委员会主席威廉·博伊尔曾被控因运动复兴金融公司放出某项借款从中受贿,参议院成立调查委员会正在对此案进行调查。)

我回到华盛顿后,又和俞大维研究了毛的问题。他强调台北对此事群情沸腾,因为毛对周至柔的控诉业经以王世杰为首的可靠的三人委员会调查完毕,此事是背着周进行的,事后还引起了周的极大愤慨。俞说,这就说明政府确实真心诚意地在努力查明事实真相,做到公正无私。他的意见和我一样,也认为应该成立一个中立的、不偏不倚的小组,但这一小组的任务并不是去重新调查案情,而是要对三人委员会的结论进行审查,因为该委员会已经得出全体一致的结论说,原诉的贪污问题是没有根据的,有关的款项确实存在中央银行中国空军账户内。

俞大维又一次敦促我找一位高明的律师,把拟议中的案情调查委员会应负责审查的问题确定下来。他主张把王世杰负责进行的审查工作是对周至柔保密的这一情况向周以德和诺兰着重说明。他自己已打算再度去同他们二位研讨这一问题。我说,我正在物色一位适宜的律师,这位律师必须符合下述几项条件:必须是在华盛顿开业的;不能有过浓的政治色彩,对中国政策问题没有什么众所周知的强烈意见;在美国政治生活中不是一个有争议的人物,对远东——最好是对中国——的法律和风习必须有一定的了解。

我在纽约时,胡适曾经提到过《美洲日报》上的一篇批评我的社论,我自己回忆起来,在这一时期确实有几家纽约的中文报纸和华盛顿的美国报纸刊登过一些批评我个人的文章。大使馆对毛邦初问题保持缄默,一些中文报纸都不能理解。他们很轻视大使馆的那篇声明,而是强调说,这篇声明是诺兰参议员对大使馆默不作声表示了惊异才逼出来的。这篇声明确实正好在诺兰参议员发表意见的第二天发表,不过这是巧合,实际上是等我请示台北得到批准后才发表的。9月18日王定邦上校来访我的一等秘书傅冠雄时就曾提到这一情况。

王是毛邦初的助手。他对傅说,毛见到一些中文报纸对我进行批评和攻击,感到很遗憾。接着他说,毛认为在当时情况下他不宜来见我,我也不宜约他来。不过假如我需要他来谈什么问题,他随时都可以来。傅问我是否要给王什么回话。我说,告诉王我已把他的口信记下来就行了。

我推测王来访是由于毛希望见我,但又不愿直说。而我则除非他提出要求,我也不愿表明是否想见他。因为如果我说不打算见他,他就可以扬言他曾求见大使,但大使不愿见他。反之,如果我说愿见,他就会来;来过以后就可以扬言他是应大使之召而去见面的,不得不去。我对他的居心有所怀疑。后来事实证明,确乎如此。

当时的情况确实已到了非常错综复杂的地步。举个例说,有些有关采购的问题我们就无法解决;因为空军办事处的前途未卜,大使馆和新采购机构又未能接收所需的款项和文件档案;而持有公款和文件档案的那些人又不能合法而公开地执行职务,因为一个被停职,另一个被撤职。9月19日,星期三,空军武官曾庆澜上校来找我,因为美国国务院军品管制司的安德森非正式地向他询问,鉴于报载空军办事处已撤销,尔后有关中国空军供应问题的通知是否仍送交中国空军驻美办事处。我对他说,今后就由他以中国驻美大使馆空军武官身份接收国务院和美国其他机关的有关资料。他有些为难,我就对他说,如果碰到什么重大问题,可以随时向我报告请示。

我又让王守竞给安德森发了相应的通知,并声明这是一项临时措施,在我国政府驻美采购机关改组完毕以前就按此办法执行。但是几个星期以后,又发生了一些问题要求改变这一局面。10月5日,俞大维来我处,经过研究,我俩一致同意需要呈请政府特准自即日起由毛或向具名向国务院申请空军物资出口许可证,由于毛被停职,向被撤职,不经政府特许,他们就无权签署申请书。尽管这样授权是十分尴尬的,但是非办不可。因为事关台北急需的一批100号航空汽油,这是原已在办理的事,现在已可以交货,但还需要取出出口许可证。

我告诉俞大维,王守竞的意见和我们不一致,他提议用大使馆人员的名字去代替毛和向,但这是行不通的。过了几天,王改变了主意。我们两人一致认为,在大使馆递交国务院的出口申请书上至少不应再出现向的名字。我征得曾庆澜的同意后,就让王用曾的名字代替了向。想不到向已被撤职之后,崔存璘还漫不经心地把六份由向签署的申请书送到了国务院,幸而被王发现,当时国务院还没有处理,王当即请他们暂时搁置,等候通知。

在9月19日,星期三,曾庆澜来谈关于安德森询问空军供应通知问题之后,我接见了俞国华。俞是应我之邀而来的,因为王世杰曾通知我,俞打算向我提供某种情报。据俞透露,李惟果于一星期前的星期四曾主动去看毛邦初,意在劝他勿走公开宣扬的极端,而谋求合情合理的解决办法。毛表示原则上同意。李于是又找陈之迈和俞国华,同他一起与毛开会研究。总的精神是:(1)毛应发表声明,重申他效忠于蒋委员长和中国政府,由李等三人建议政府采纳毛的主张,即由政府任命由我、俞大维和李惟果组成三人小组,对所控周至柔问题进行审查;(2)在发表政府对三人小组的任命以前,毛必须先书面确定一个日期,把他所掌握的款项、文件档案以及他主管的办事处按照政府指示,全部移交给我和俞大维。

据俞国华说,那天毛大致倾向于接受这一解决办法,说他会加以考虑。但是9月16日,即三天之前,《华盛顿邮报》上有一篇文章,描述了一段令人怀疑的故事。文章说,有个某某某,他代表台北当局找到毛的一个助手,说只要毛不走极端,就可以送给毛三十万至五十万美元。文章中还说,台北的电报是由蒋委员长的一位亲戚转达的,意思就是指的俞国华。由于俞以往确曾为台北转达过一些电报,特别是其中有一份是蒋经国所发的,但绝无上述内容的电报。为了避免引起是非,他决定不再过问此项调解事宜,并将此意通知了王世杰和在华盛顿的二位调停人。

那天晚间我见到了毛邦初。果不出我之所料,他派王定邦来找傅冠雄,并对报纸上提到我的名字表示不安,其目的就是要想见我。就在那天(傅传达王的消息的次日)上午,毛打来电话要求在我方便的时候见我。我给他定在晚间九点半钟见面。他一来到,首先就对一些中文报纸把我的名字和他的问题扯到一起,并指责我无所作为一事表示遗憾。他说,他的问题影响所及已经超越了他所能控制的范围。安东尼·莱维罗(《纽约时报》驻华盛顿记者)的文章所依据的资料并非他的办事处所提供,而是另有其来源,并说该文表达了美国公众的观点。他说,像莱维罗这样的作家是不为利诱的,不可能做他们认为不公正的事。(莱维罗的文章同《华盛顿邮报》刊登的艾尔弗雷德·弗兰德利和德鲁·皮尔逊的文章一样,也反映了毛、向对政府和周至柔的指控,其内容之详尽不禁令人揣测,作者似乎能直接接触到毛所掌握的资料。)

毛又对我说,宋子文已经和他约定在纽约拉伊附近的某友人家见面,并表示愿意为他出些力,帮他解决问题而不损及中国在海外的声誉。毛说,他对宋主动和他打交道非常感动,特别是因为他二人以往并无深交。这说明了宋是个伟大人物。他并引用宋的话,说宋提倡采取改组的办法来革新政府,以及主张使用集体力量对政府施加压力,以求达到这一政治目标。毛问我在这方面有什么想法,并说,这样大规模的运动和改组必须由德高望重,才识卓著,像宋和我这样的人来领导才行。他说,他自己并无野心,他所希望的只是推动形成一个清廉的政府,使我国得以发展。他说,台湾的现政府是没有希望的,也不可能指望蒋委员长去廓清内部或者建立一个民主而清廉的政府。

我觉得毛邦初听到宋子文的观点多少有些和他本人的相似,认为政府也有不是之处,使他颇感鼓舞。他就抓住了宋的这一态度,极力发挥他自己的主张,就是扯起造反大旗,另立新政权。这样,他就可以摆脱他对现政府应承担的义务,借以间接地免除他移交的责任,其中主要的是款项而不是档案。

我对毛说,我颇不理解他的目的何在。我猜测他是打算组织一个新政党,不知这样理解对不对。他说,美国朝野对他的问题的反响可以证明在美国公众舆论中有一股强大的力量在支持他,因此,为了我们祖国的利益,我们应组织起来去利用这股力量才是明智的做法。我说,这是一个重大而严肃的问题;每个爱国的中国人都渴望着看到祖国有一个清正廉明的政府,并发展成为一个强大国家;但是他所选择的时间和方法都不恰当,不正确。他不可能取得成功。

我对他说,凡是同我谈论过他的问题的人,美国人也好,中国人也好,都感到痛惜,都深恐此举会损及我国的事业,对他自己和他的前途都不会有好处。其中有不少人是他自己的知交。大家和我自己一样,都感到我们国家正灾难深重,我们的政府犹如飘摇于怒涛之中的一叶扁舟,现在避难孤岛。我们这些人,包括他在内都是风雨同舟,舟在人存,舟覆人没。因此,首要的事莫过于力避危及此舟的举动。

其次,我说美国政府和美国人民中的一部分可能不喜欢蒋委员长,对我国政府的印象也不好。但他们现在的看法已变得比较现实,已经认识到,以蒋委员长为首的国民政府有一支支持它的武装力量,有向共产主义作斗争的信心和决心,因此在反对共产帝国主义的斗争中是一个有用的因素。它是亚洲反共力量和自由中国的象征。我并向他指出,美国政府已经开始进一步执行现实的实力政策,其目的在于利用具有共同意志的各方面力量,而暂时不去考虑对其政治制度或政府模式的不满,至少在目前是如此。当年希特勒入侵苏俄的时候,温斯顿·邱吉尔曾主动向斯大林提供援助,这不是由于邱吉尔放弃了他的反共立场,而是因为他认识到,任何愿意向共同敌人作斗争的人都是朋友。我说,现在美国也已转向这种观点,今后将给予台湾更多而不是更少的援助,以培植台湾的武装力量。这支武装力量的作用首先是保卫台湾岛,其次是在必要时向大陆的中国共产党作战。基于同样理由,美国对南斯拉夫这样的共产主义国家,以及被认为是反动独裁的西班牙也都在提供援助。

我接着说,国务院内有少数几个人可能仍在试图在中国培养一种"第三势力"或铁托主义,但是至今没有什么结果。要知道,领袖人物是不可能在一夜之间成长起来的。蒋委员长尽管有许多错误,但他在反共斗争中仍不失为一位富有经验的领袖。国民政府是亚洲反对共产党统治的最有决心、最有成效的实体。因此,我对毛说,他企图组织第三势力的主张是与美国现行政策背道而驰的,不可能从美国取得真正的支持。况且更重要的是,任何政治运动必须取得民心,而迄今为止,他的问题没有给他赢得中国的民心。从中文报纸来看,无论是在美国或在别处的中国人都反对他。

我就是这样苦口婆心地给毛解释,他的主张既不健全也不现实,只能给我国的事业造成损失。我说,老实说,我的方针就是要维护美国人民和美国政府对我国的友好情谊,要捍卫我国政府的名声,要"大事化小,小事化了",这是我一直反复对他说过的。我提醒他要客观地看待他自己的问题,尽快取得一个合理的解决。

我问毛,由于他对周的控告已经经过审查,而且由于他不肯交出他经管的档案和公款,这样就连他自己的朋友们,不论是中国人或美国人都感到不能理解,他到底打算怎样来解决他的问题。我说,如果他对审查的结果不能满意,则可以要求复查,但他决不能把所有问题搅在一起,弄得一团糟。这样对他自己不利,对我国在全世界的信誉也不利。他说,他将考虑我的劝告,同时也要求我为他考虑考虑,他的问题怎样解决最好,因为他敬仰我为人公正。

第二天上午,俞大维来访。他告诉我周以德在前一天晚间去看过他,并自称是礼节性拜访。周以德对他说,毛和向发动的诉诸公众的运动搞得太过分了。(我估计他这才意识到所有报纸上的爆炸性文章都是毛和向授意写的,他们妄想如此公开宣扬就可以迫使国民政府对他们的问题松手了结。)他对俞说,他认为毛不交出公款和文件档案是不对的,不仅如此,他还要继续支持对台湾提供援助。可是他仍然认为,为了把问题弄清楚,为了重振美国人民对台湾的信心,还须由美国人组成一个委员会,对周至柔的问题进行一次复查。

于是俞大维对周以德说,周至柔的问题已经由王世杰等几位公正无私的人物背着周进行了彻底认真的审查,结果认为贪污问题是不存在的。他说政府已经尽了最大的努力。事后周至柔了解到王对他进行了审查,十分伤感,以至落泪;他的自尊心受到了打击。蒋委员长这么做，目的是为了弄清问题的真相。俞说，周以德听了这一席话颇为感动。但他仍然认为有必要由美国人组成一个小组，对这一问题进行一次复查，这样才能清除人们对国民政府贪污腐化的不良印象。俞意识到周以德觉得是他自己代毛到蒋委员长那里告了状，他对毛和向的安全和利害负有责任。

同一天，使馆的陈之迈也就毛的问题和我进行了长谈，但他没有透露曾同李惟果、俞国华和毛在一起研究过解决办法的事。另一个来见我的是崔存璘。他说，国务院内他有几个朋友由于毛的问题而深感不安。他认为我国政府若不迅速行动，组织中美混合小组，把问题理清，则将有损其地位。他说，国务院的人们对蒋委员长父子三人对政府一把抓已经感到十分不满，特别不满的是蒋经国在军队内设立的政治部和他的秘密警察体系。他们决心要设法废止这种制度。此外他还说了一些诸如此类的事。最后我告诉他，早在两星期前我已得到这些消息，并已及时报请台北注意。

如前所述，各方人士一再提出应组成公正的中美混合委员会，对毛的问题及他对周的控告问题进行调查并公布真相。这种想法早已向政府作了建议，但始终未见批准。9 月 21 日，王世杰来电通知，政府同意组成中美混合委员会对毛邦初的问题进行调查。此外，来电还要求我找几个美国律师研究一下如何采取法律程序，从毛手中收回公款。

这就意味着对毛的问题要采取双管齐下的处理办法。一方面要聘请律师向法院控告毛和向，要求从他们手中收回属于政府所有的资财和文件。另一方面是要组成一个调查委员会，其目的是既要查清毛邦初控告周至柔贪污及政府由于本身腐化而对周加以袒护的问题，同时还要查清政府和周至柔对毛、向所提出的反控诉。前一个问题是司法性质的，而第二个问题则是政治性的。

同一天，外交部长叶公超从台北打来电话说，政府对我建议的任命中美混合委员会来处理毛案并提出报告一事,先是否决,但现在又接受了。政府并选定胡适、蒋梦麟、俞大维和我本人为中方成员,美方人员则选了欧文·罗伯茨法官、罗斯科·庞德院长,还有一人未确定,但要由下列人员中遴选:参议员诺兰、众议员周以德、魏德迈将军或前美国驻上海法院法官希密克先生。他并就此征求我的意见。

9月22日,我打电话给俞大维,把叶公超的话和王世杰来电通知政府已同意任命混合委员会处理毛案等情转告他。并告诉他,我已请求叶外长不要把我和俞大维或其他政府官员纳入这一委员会。

傍晚,俞大维回我电话,他说已把政府接受他的意见任命混合委员会的消息通知周以德。周以德对政府迅速行动感到满意,并提出几个委员人选,其中有胡适、我和俞大维,而美方人员则有罗斯科·庞德和罗伯茨法官。

第二天上午八点半,叶公超又来电话说,虽然政府批准了成立混合委员会,但由于周至柔起初反对曾使政府的决定推迟。叶并说,委员会的中方人员仍维持四人,但为了尊重我和俞大维的意见,我们二人将不列入,而代之以蒋廷黻和李惟果;董显光则为第四个中方成员。

关于美方成员,叶公超同意我的意见,不包括周以德和鲁斯,因为他二人都不大可能参加,而完全由俞大维和我斟酌选定。我又提出查尔斯·爱迪生或麦考益将军,他认为这两人都很好。爱迪生在战时曾任美国联合援华总会主席,还当过海军部长和新泽西州州长等职;麦考益将军则当年曾在国联李顿调查团中担任过美方代表,后任远东委员会主席。我又对叶说,事实上我在二十四小时前已有电报向他推荐这二位。他说还未见到电报。

叶非常同意由蒋梦麟担任委员会成员。至于美方成员,他提到了前国防部长路易斯·约翰逊和魏德迈将军,但未作决定。他又要求我提出委员会成员的人选条件,并准备给美方人员发邀请信。他附带说,适才所谈一切,详见已发出的电报。

第二天果然收到了叶的一份长电。我在日记中写道:"这份电报给我出了难题。"王世杰也打来电报说,蒋总统要求我先去征得美方成员的应允,并说叶公超也将来电提出同样要求,这本来就是意料中的事。我看完这两份电报,并浏览了外交部发来的有关毛案的资料,其中包括台北所任命的毛案专门委员会的历次会议记录。我在该会第三次会议的记录中看到,周至柔反对我所建议的成立混合委员会对控诉与反控诉进行调查查明真相的理由。(建议是以我所征求的中美两国朋友们的共同意见为基础而提出的。)他说这是毛的主意,只是从我嘴里说出来而已。周认为由政府任命这样一个委员会是不得体的,并且极力声称他的问题业经由以王世杰为首的委员会彻查,认为无罪。他主张将毛交军事法庭审判,他将以原告身份出庭与毛对质。从记录中可以看出,周的反对意见是在第三次会议上提出来的,而我的建议则是在第二次会议上,在他缺席的情况下被通过并呈交蒋总统的。可是第三次会议的结果,当会议记录送到蒋总统那里时,终于决定对此问题再作慎重研究。

事后,我打电话给俞大维,把叶公超来电所述有关委员会的规模及中美两方人选的考虑等情况扼要地述说一遍。但俞大维不以为然,他仍坚持由一个美国人,例如罗斯科·庞德那样的人,把王世杰就周案所写的报告审阅一遍就可以了,这样复查工作就可早日结束。他说,拟议中的七人委员会过于庞大,可能造成一种假象,似乎问题十分严重。他说,即使是珍珠港事件那样大的问题也只有一个人审查。(那个人就是欧文·罗伯茨法官。)他认为我们不应小题大做。

我说,再要改变主意恐怕为时已晚,依我看五个人就够了,要是一个人则太少,因为问题毕竟不限于少数一二个官员的贪污腐化,而是已经牵涉到了整个台湾政府。客观情况很明显,例如:白皮书;最近美国国会就美国对华政策举行的听证;美国国会内和报界对该项政策是否正确的争论,争论的焦点在于支持中国国民政府是否明智的问题等等。俞看来不以我言为然,我们就约定翌日再谈,因为那天他的家眷刚从西海岸来到华盛顿,我们不能继续谈下去。

第二天俞大维如约来我处。我把叶公超的电报内容进一步更详细地说给他听。但他仍然主张人数要少一些,涉及面要小一些。他怀疑和麦考益将军,或查尔斯·爱迪生打交道是否明智。不过他声明还是按台北的意思由我作主。我说,我打算同蒋廷黻和胡适研究研究,也听听他们的意见。后来我和蒋、胡等研究时也请俞参加,但他谢绝了。

俞大维说,他从周以德那里得知,蒋夫人曾有密信给毛邦初,说只要他不为已甚,可贿以重金。但俞决定在给蒋委员长的报告中不提此事,而另外给蒋委员长的机要秘书周宏涛发出一电,声称他自己对周以德从毛邦初那里听来的这段情节毫不置信,不过还是放心不下,希望得到澄清。他又请俞国华给周宏涛打电报要求他把此事请示蒋委员长核实一下,并指点俞国华在翻译"bribe"一字时最好改用适当的中文词汇"贿诱"以代替原拟的"贿赂"二字,因为"贿诱"仅意味着用金钱为饵相诱,而"贿赂"则是事实上的行贿,是违法犯刑的。

俞国华说,周宏涛已来复电称,蒋夫人曾写信通知毛邦初,一旦他辞去空军驻美办事处主任职务后,仍将留在美国专任联合国军事参谋团中方代表。毛复函称,如果那样,他将面临入不敷出的问题,每月将亏损八百美元之多。蒋夫人又函告他可以按月给他津贴,补足此数。这同周以德从毛邦初那里听来的说法毫无共同之处。

9月26日,我请谭绍华公使到国务院去找中国科的珀金斯了解一下,关于叶公超通过蓝钦要求美国政府采取措施防范毛、向二人逃离美国一事,国务院有何反应。我又遵俞大维之嘱,把他对毛案的想法打电报通知了叶。另外,我又通知李惟果,他已被任命为调查委员会成员,同时把其他几位中国成员的姓名也告诉了他。我还把我自己对毛案中各种问题的分析,以及我曾劝毛对这些问题和他个人的恩怨不要混为一谈,以免招致不利等情一一都对他说了。这些事情办完以后,我就动身去纽约。到那里后,我同宋子文、胡适和蒋廷黻等按原定计划在 9 月 28 日开会,研究成立毛案调查委员会的问题。

我在会上宣布了政府任命的七人委员会成员,其中四位是中国人,三位美国人。同时我还宣布政府同意我的建议,要先征得本人同意,然后才发聘书。当时胡适对这一任务显得有些踌躇,他说在向台北发电表示赞同成立调查委员会时,就深恐作茧自缚。他说,他为了考订《水经注》的正误就花费了五年时间,这足以说明他那种考证的性格不适于担任毛案的调查委员职务。大家都希望他不再推辞,我们说,国难方殷,他义不容辞。他还是推荐由刘世芳代替他,但并非坚持不干。蒋廷黻说愿干,但他要去巴黎出席 10 月 23 日的联合国全体大会,在会议期间要请人代理,最好是请刘世芳暂代。

宋子文和胡适都认为委员会规模太大。我说俞大维也主张缩小一些,同时我还把俞对调查范围的意见也向大家作了介绍。我说,俞主张调查范围要明确规定,仅限于周至柔在空军采购事务中是否犯有毛邦初所指控的贪污行为问题,以及对蒋委员长所指派的台北的调查委员会的调查结果进行审查。

我也表明了我自己的主张。我说我认为首要的事情是要确定如何恢复美国人民和政府对我国政府的信心,因为由于毛和向对周至柔和整个政府进行的宣传战,这种信心已经受到动摇。为此目的,必须由一些无党派的公正的领袖人物组成一个大小适当的委员会对案情进行审查,然后写成报告,公开发表。七个人的委员会确实过大一些,但是台北已经确定此数,并且已经请蓝钦向国务院转达,因此不宜再加变动,除非无法找到足够的美方知名人士,则又当别论。他们三人都同意我的意见,并且认为由一个人或三个人组成的委员会不足以赢得公众的信任。随后,他们同我共进午餐,至二时四十五分离去。稍晚我到胡适住处接他,同乘飞机赴华盛顿。

第二天,我为中华教育文化基金会的董事们举行午餐会,席间,蒋廷黻告我,他已把昨天的事对俞大维说了。俞表示,他深恐委员会人数过多会使事情受到拖延,同时使人产生错觉,感到案情异常严重。另外,他认为调查或审阅的范围应有所限制。蒋对他说,重要的是要排除美国人民对我国政府是否廉明的怀疑,为此必须有一个大公无私的组织提出一份详尽的报告。

9月30日,星期天上午,俞大维和胡适如约来我处商讨毛的问题。俞说,他已告毛,周以德的态度已经与前不同。周以德现已了解我国政府始终力求做到对他(毛)和周(至柔)无偏无私,并衷心同意我国政府打算组成专门委员会,对全部事实进行复查,然后予以公布的主张。俞并向毛强调指出,他必须交出他的办事处的全部档案和公款。俞说,在台北宣布成立委员会以前,我们应该再次写信给毛,促其办理移交。

俞又一次强调指出,他认为委员会的调查工作应只限于审阅在台北以王世杰为首的委员会的报告,以便肯定周至柔到底有无贪污行为。但是胡适和我都认为这样不够全面,我们认为必须责成委员会对毛、周互相指控的贪污问题进行全面的调查。不过,我们认为没有必要把周对毛的各种指控逐项写入委员会受权调查范围内。

下午四点三十分,胡适又来大使馆查阅毛案卷宗,特别是着重查阅对周的指控和周对王世杰委员会所作结论的意见。当晚,他应约与别人晚餐后于九点半又来。此时他已查阅过大部案卷,他表示由他担任调查委员会职务是否适宜,或者说他能否胜任此事心存犹豫。他说,他不能久离他的夫人左右,因为他夫人不懂英语,既不能读,更不能说,甚至独自出外买些东西都不行。他费了九牛二虎之力,才教会她怎样给几个中国朋友打电话,他把电话拨盘上的字母和数码都译成了中文,还编了一张表供她打电话时使用。但是,在他离家外出时,一定要给她找个妥人陪伴照顾她。(她比胡大一岁,而且重听。)

我极力劝说他不要再推辞,因为所有中美朋友,凡是和我交谈毛案、并主张成立中立的案情调查委员会为政府清理此案的人都一致推举他出任此职。我虽然没有对他明说,但我总觉得他推辞不就的理由实在是过于牵强。总而言之,胡适在中国政治舞台上驰骋活跃,已历有年所,离家远行,是家常便饭,并不希罕。不论他所持理由如何,实际表明他在阅览过本案有关各种卷宗之后,发现毛、周二人之间仇深恨重,牵涉到的问题也很复杂,因而决心不接受此项指派,拒绝参加这个调查委员会。

10 月 1 日,司法行政部次长查良鉴、总统府秘书周宏涛与代表空军参加新成立的采购机构的夏功权少校来作礼节性拜访。其中查次长是行政院长陈诚所任命的五人专案小组组长,该小组的任务是协助我处理毛、向问题的。周宏涛也是小组成员。据陈家博由飞机场打来的电话,他们五人于昨晚到达华盛顿。

查向我面交了委员长给我和俞大维的信件。信中指示我们对毛案不要多所顾虑,犹豫不决,而应勇往直前,积极从事,使此案得到法律解决。我在日记中写道:

> 来函语气显然对毛案已感厌烦,而欲诉诸法律,以求速决。

委员长指示要径对毛提出法律起诉,毋庸顾虑重重。我有所感触,因而又在日记中写道:

> 实际上我们一直对此案全力以赴,从未拖延。但凡事都须细心研究,即使物色人选亦须如此,因此必须假以时日。至于物色何人为处理此项法律案件的最佳人选,必须正视美国政府中许多重要人物的意见,以及美国公众和国会对本案的关切。凡属对国民党中国的观点与美国政府非常一致,或

现在担任公职,或在历史上倾向于国民党或者公然反对过美国对华政策的人都不适宜。而其他适宜的人物又很可能不愿插手。我认为罗伯特·巴德森法官是颇合理想的律师。我通过一位我们彼此都有交往的朋友预先对他作细心谨慎的试探,然后才亲自向他提出聘约。至于物色调查委员会的人选,就需要更加仔细从事。

查良鉴说,他和他的同僚们是奉政府之命前来协助我处理毛案的,特别是他们带来了大量文件资料(他们带来六千份文件,全部是原件)以备查考。此外他们还要协办对毛进行法律诉讼,迫令其交出公款和档案,从而使毛案得到解决。他们的另一项任务是用带来的统计数字与纽约中国银行的账目进行核对,以便查清多年来中国空军和中国政府历次汇寄给毛的款项数字。我还了解到,他们在台湾的准备过程中已对空军所掌握的各种有关文件资料进行了深入细致的研究,我相信其中有些文件也带来了。

那天是星期一,晚间我设宴欢迎他们一行。第二天中午,我又请查良鉴、周宏涛、夏功权和大使馆的谭绍华、傅冠雄等举行工作午餐,研究毛的问题。席间,查良鉴交我一份拟发表的文件草稿,其内容是对毛指控周的答复或者说是反驳,还有政府对向和毛分别给予撤职和停职处分的理由。我对他们说,这份声明稿内容欠妥,漏洞很多,必将招来回驳和反控诉,此外,我还说,政府对毛案最有效的答复就是任命一个重要人物组成的案情调查委员会,查明事实,公诸中美各界人士,以示政府无所隐讳,并欢迎揭露真况。我说,在报纸上零打碎敲地答辩不能解决问题。查和另外二位对我的意见都表示同意。

我把一份调查委员会的职权范围草案交给他们进行研究并提出意见。我说这是我在星期天晚间临时口授的初稿,因为当时胡适希望了解我在这方面的意图,好和我讨论研究,当晚他确实提出了些意见,因此删去了两段。查良鉴说,他将把文件带回旅馆去研究,如觉得有需要修改的地方,再提出建议。

星期二上午,纽约世界贸易公司副经理夏鹏来见我。他形色慌张,据称有一个大使馆的秘书对他说,毛邦初不肯交出他的公款,因为他在纽约股票市场投机,赔了一百万美元,而这笔投机生意是夏经手的。我说从未听说过此事,并嘱他不必担心。但他说,有人给他通风报信,说皮宗敢已把此事传开去,告诉了当地的一些中国人。他还幽默地说,如果他当真替毛做投机生意,在目前这种行情一直看涨的市场上,怎会给毛赔钱呢,这真叫他更感到委曲。

当天晚饭,夏鹏和张悦联还有李榦都是我的座上客。这时他又提出了他被卷入毛案的传说。他说,实际上他倒是曾经应我之邀,规劝过毛对自己的问题应有清醒的认识,对于他对周的控告与他自己遵照执行政府再三催他移交公款和空军办事处档案的命令分别处理。他并进一步告诉毛说,即使他对周的控诉完全有理,但由于抗拒政府命令,他自己在公众心目中也成了一个犯错误的人。只有把他所掌握的全部公款一清二楚地交还政府,只有把空军办事处的全部文书档案办理移交,人们才会承认他是一个爱国者。

与此同时,调查委员会的问题取得了一些新进展。谭绍华遵我之嘱,星期一一整天努力设法去找罗斯科·庞德院长、欧文·罗伯茨法官和麦考益将军。最后他打听到麦考益刚刚歇完暑假,正在返回华盛顿途中,要到星期二晚上或星期三早晨才能到达;罗斯科·庞德正在洛杉矶;欧文·罗伯茨则地址不详。到第二天谭才找到了罗伯茨法官的地址,原来他在宾夕法尼亚州的佩奥利,就给他通了个长途电话。

罗伯茨法官说,他在乡间家中小住,可于下星期一十一点三十分在他的费城办事处和我见面。通话那天才是星期二,我希望早些和他见面,把聘请他的问题定下来,就表示愿去乡间看他。他说,城乡往返,恐于我不便。但到星期三他又来电话说可以提前见我,问我能否在星期四五到他乡间别墅共进午餐。因为我中午离不开,就约定在星期四下午见面。至于其他两位,麦考益将军和我约定在星期三见面;但罗斯科・庞德院长则干脆谢绝了这项聘任。

正如所料,为调查委员会聘请委员也并非易事。迄今为止,美方人选中已经有一位表示谢绝。麦考益和欧文・罗伯茨虽然同意面谈,但也未必就准能应聘。在中方人选方面,蒋廷黻即将出席联合国大会;胡适则一直在犹豫。星期二忽然收到胡的专函,表示不愿担任拟议中的调查委员会委员,并推荐刘世芳担任此职。他的理由是他"不适宜于有政治的一切调查工作"。他要求把他的推辞电告政府。我遵嘱打电报通知了叶公超,不过同时我又电请王世杰向胡劝驾,促其打消辞意。

10月3日,星期三下午,我去麦考益将军家中造访。事先他曾表示要来看我,但我坚持应由我去拜访他。他看上去比两年前我们见面时要健壮一些。他说,经过服用一种叫作土霉素的新药,并在科德角彻底静养了四个月,消除了两年来一直在折磨着他的病毒。在那四个月的静养期间,仅仅因老友马歇尔将军夫妇去访问他而打扰了一个月。由于过去在李顿调查团中同我共事期间彼此颇为融洽,他表示本愿意毫无保留地为我效劳,不过医生们都叮咛他不可担负使用脑力之事。他没有敢把医生的劝告让他的夫人知道,但认为医生的意见是有道理的,因为他感到不能长时间集中思考任何问题。他说,这可能是年龄关系,因为到下个月他就七十七足岁了。

我表示,我国政府和我自己都热切希望能取得他的合作,因为我再想不出有任何在名望、经验以及国际地位等方面能及得上他,适于充任拟议中的毛案调查委员会成员的人了。他说,毛的所作所为使他感到惊愕,他认为政府决定设置一个公正的机构来检查案情,然后对外公布,这是非常明智恰当的行动。遗憾的是由于个人健康关系,他无法效劳。

六点三十分,我给蒋廷黻打电话,当时他在纽约里弗代尔他自己家中。我告诉他麦考益已表示不能担任调查委员会职务,我请他立即代我和正在纽约的查尔斯·爱迪生州长联系。我又告诉他,胡适也已来信表示不就,我请求他和我们协力劝胡打消辞意。另外我说,罗斯科·庞德院长也表示不就,但欧文·罗伯茨将在近期同我晤谈。蒋提出,我们可以请一位劳工领袖参加调委会。他说劳工界人士对他说,从美国劳工界聘请一位成员,例如美国劳工联合会副主席马修·沃尔或劳联自由工会委员会的司库乔治·米尼等是有好处的。

第二天,我乘火车往宾州的佩奥利去见罗伯茨法官,他到车站来接我。他很谨慎,建议我们就在他汽车内交谈,我们谈了约半小时。我把毛案的性质,政府决定组成调查委员会等情一一向他说明。我说调查委员会将由四个中国人和三个美国人组成,其任务是调查案情,然后写出报告,以便使中美两国公众对中国政府是否廉明正直的疑团可以一劳永逸地烟消云散。我说再没有别的人比他更有资格充当这个调查委员会委员,我国政府渴望取得他的支持和合作。我并说,我国政府准备给每位成员提供月俸,到华盛顿该委员会视事时另外按日给予津贴。

罗伯茨法官立即理解到我国政府采取这一举措的宗旨,并且完全同意我国政府的态度。他觉得像毛邦初这样的高级官员,竟然如此目无法纪,违抗政府命令,拒不移交公款及档案,实在令人惊诧不置。他对于我国政府对那些其观点同美国政府十分一致,或以亲国民党中国闻名,或正担任公职的美国人,出于谨慎之故,不加邀请,深为赞许。他问委员会要多少时日才能够完成任务。我说这要看毛的律师作出什么样的辩护,玩弄些什么样的手法,不过我估计最多也就是几个月。

他说,他今年七十七岁,已遵照医生的劝诫,摆脱一切固定职务,辞去了宾夕法尼亚大学法学院院长之职,因每天往返于费城与佩奥利之间实在不胜劳顿。此外,他和他夫人正在考虑于12月间赴南美一游,因此不能立即对我说行与不行。但是他将与他的"司务长"（意思是说罗伯茨夫人）商量一下，并在四十八小时内给我答复。我道谢后辞去，乘五点十二分的火车经费城返回华盛顿，我在那天的日记中写道：

> 虽然罗伯茨法官已是七十七岁的人，但看来体力脑力都
> 还很壮健机敏，一丝不苟。

10月5日，星期五午后，俞大维来我处研究毛案。我首先把迄至目前为止，我为争取中美两方成员接受调查委员会任务而奔走的情况向他作了介绍。我表示对胡适不肯参加特别失望，问他是否能设法劝胡重作考虑。另外我告诉他已经聘请罗伯特·巴德森法官为我方的律师，代办一切诉讼事务。不过要等下星期初我同他直接谈判后方能最后确定下来。俞大维急着要答复查良鉴带来的蒋委员长给我二人的信，他主张先给委员长打个电报，告诉他我们正在积极推动起诉事宜，同时设法尽快组成调查委员会；我们正在物色一位律师；我们正就此案的政治影响征求众议员周以德的意见；关于调查委员会的职权范围，我们也正在草拟，并将和律师商讨等等情况。他说，委员长和整个政府一定急待消息，我们现在应该、也必须把进展情况向上汇报。

我说，我一直在向叶公超和王世杰汇报我们的工作进程。但是和人洽谈，争取他们同意参加工作，这些都是具体事务，办起来需要时间。即使是中方成员也不是痛痛快快接受任命的。采取法律手段使毛邦初交出公款和文书档案势在必行，但要求速战速决也是不可能的，必须假以时日。我们过去同大通曼哈顿银行、旧金山富国银行和第一花旗银行等打交道，要求收回政府各代理机构的存款的经验告诉我们，办这种事就是要费时间。当年那些问题虽然缠讼经年、耗资巨万，但是到头来法庭也始终没有判决。而俞大维认为，只要毛不交出公款和档案，诉讼就不可避免。他说，毛已明目张胆地对他说，只有牢牢掌握住这笔钱他才能继续生存下去，因为他必须聘请律师为他自己辩护，没有钱是不行的。

换句话说,就是毛要用国家公款来和国家打官司。

星期五,查良鉴又来我处,带来了经过修改的调查委员会职权范围草稿,这是我几天前交给他的。更动之处一般说来有所改进。他还向我出示了财政部长严家淦的一封来信,以及查自己给世界贸易公司和中国银行的去信,信的内容是要求各该行号在调查工作中给予协助。

那天晚间,我设宴介绍台湾派来的三位使者查、周、夏与纽约中国银行的席德懋见面,以便向他说明,在准备起诉时需要该行提供哪些方面的协作。饭后,查提出了一份清单,上面开列着1945年以来空军总部和政府历次向毛的空军办事处所汇款项,总数约为三千九百万美元。席德懋也从银行案卷中找出了一些单据,总数也在三千九百万上下,但奇怪的是年份不同,是从1943年起而不是1945年。我的意见是中国银行有必要把该行经办过的汇交毛或其办事处的所有款项打出一份报告。席说,该行着手清理案卷已有一段时间,这是纽约州银行管理委员会要求办理的,因为他们也希望对毛案进行深入了解,以便掌握详情。他回忆说,纽约州银行管理委员会一直在把有关中国政府资金的动态向国务院作报告,特别是汇交毛邦初的款项。

查强调提出,席在银行中进行的工作必须保密,因为据他了解,毛在该银行中颇有几位密友。席说,纽约该行经理李德燩是实际负责日常业务者,此人虽与毛过从颇密,但也只是打扑克或玩桥牌的牌友而已。席也主张解决毛案最好不要采取法律手段,宁可设法调解,而不要撕破情面,因为诉诸法庭则势必要把所有有关国民政府的问题不适当地公开出来。查良鉴一听此话,似乎有些吃惊。因此我说,已经有不少中间人士极力从中斡旋,但无济于事;毛只是抓住了公款和档案不放手,从来也提不出一条言之成理的理由。但我又补充一句,我说如果席先生心目中有这样一位人物,确实能说服毛邦初,使他执行政府命令,至少是要交出公款和文件档案,那是最好不过了。这时席认识到他的建议很不现实,于是他说,毛的行径毫无道理,既害自己,也害国家。必须强迫毛把公款和文件交出来,这是所有和他谈论过毛案的中美人士的一致意见。

蒋廷黻从纽约打来电话说,那天上午查尔斯·爱迪生主动去找他见了面。晤谈之下,爱迪生表示愿意担任调查委员会工作。爱迪生说,不论在那方面他都愿为我国政府出力,但不知这次是否能派个年轻人为他办些具体工作,因为他实在没有时间把所有文件全部过目。蒋廷黻向他保证,这点没有问题。爱迪生又说,他还要找几个朋友研究一下,两三天内给回音。可惜这个好消息因李惟果拒绝担任调查委员会的任务而被冲淡了。

远东委员会中国代表李惟果于 10 月 6 日来大使馆面交我一封信,表示不能担任此调查委员会职务,原因是健康不佳,他并请我把此事报告台北。他已在数月前向蒋委员长报告了自己的健康情况。他说,他同意我的主张,凡与政府有直接关系的官员不应参加这个调查委员会,并说我自己不参加是对的。在他看来,我的任务应限于在筹备工作就绪后召开首次会议,介绍委员们互相认识,然后就请他们自己选举主事人员并组织起来。他认为政府任命胡适、蒋廷黻等为该委员会成员是不明智的。他认为他自己和蒋廷黻都是政府官员,即使没有其他问题也不应参加此委员会。他说他曾经敦促毛邦初执行政府命令,交出公款和档案,但并未奏效。他认为不管怎么说,毛在这点上是错的。

宋子文从纽约打来电话,他说已经收到我的信。另外他了解到胡适不愿担任调查委员会职务是由于产生了误会,他以为政府打算把他当作毛案的挡箭牌。宋说,他打算派人向胡劝驾,促其接受使命。第二天,宋又打来电话,他希望了解我同巴德森法官接洽的情况。他要求我在三两天内赴纽约把调查委员会和聘请律师的问题定下来。他认为罗斯科·庞德仍有可能应聘,爱迪生和罗伯茨则肯定会接受。他说,他自己和胡适不太熟识,打算请蒋廷黻出面向胡劝驾。他说,他告诉我的情况有一部分是他以前的律师汤姆·科克伦提供的,这正符我的猜测。

10 月 8 日,我和查良鉴一同去找巴德森法官。俞大维不愿和我一同去,他说我和巴德森第一次见面,以单独交谈为宜,他将另找机会和巴德森会见。我们同巴德森的会谈是融洽而有成果的。一开始我们仅是闲谈,他向我们谈了一些关于他的事业的情况。他曾担任过助理陆军部长;其后在史汀生上校担任陆军部长时任副部长;再后,在杜鲁门总统任内,他自己也担任过两年陆军部长。在杜鲁门任参议员和参院作战经费审查委员会主席的年代里,他们二人经常发生争吵,杜鲁门批评过陆军部。但后来杜鲁门任总统时,他却要求巴德森留任陆军部原职,并且请他捐弃旧嫌。从此他二人成了朋友。1948 年杜鲁门竞选连任时,巴德森自己虽是个共和党人,但出于对杜鲁门的忠诚,还是投了杜鲁门一票。

巴德森说,在 1936 年,作为一个忠实的共和党人,他投了胡佛和兰登的票,但是在 1940 年和 1944 年,他投了罗斯福的票,这是因为他赞成罗斯福的对外政策,尽管他不同意罗斯福的对内政策。在 1940 年他预见到战争即将来临,并且相信罗斯福能够领导美国度过迫在眉睫的危机。我对巴德森说,你确实是一位善于独立思考,能把国家利益置于党派利益之上的人。他说,他父亲是一个坚定的共和党人,他自己则是个继承的共和党人,如此而已。

接着我们又谈论了一回共产帝国主义的问题。我们一致同意,认为和共产党人在伦理观念和国际法上是没有共同准则可言的,这就是苏联统治下的共产党国家与自由世界间关系紧张的根源所在。

快吃完午饭的时候,我提起了毛的问题,要求巴德森给予助力。巴德森说,我对与此案有关的各项问题的分析都正确,毛拒不移交公款和档案是毫无理由的。他说,他将愉快地接受我们的聘请,担任中国驻美大使馆或是中国政府的法律顾问。

我向他解释道,自从 1938 年以来,中国使馆的法律顾问一直是由里格尔曼-诺德林格律师事务所的里格尔曼担任的,他为我们处理各种法律事务。最近以来,他的事务所又在为我国政府办理收回过去存在美国几家银行里的存款,因为此事受到了中国共产党人的干扰和阻挠。巴德森说,里格尔曼他们那个律师事务所是很不错的,他跟里格尔曼和诺德林格二位也都相识。

我对他说,关于律师事务费和其他费用的问题我们将书面通知他。关于诉讼案本身,他认为应由我以大使的名义或者用中华民国的名义起诉。关于此点我有不同意见。我说,我的主要职责是处理中美两国间的外交问题。因此我享有某些豁免权。如果我以原告身份出现,把自己置于美国法院的管辖之下,那么我就必须接受他们的命令,服从他们的传票,法院就可以传令我呈交大使馆的有关文件;不论被告或其律师提出什么样的问题,我也都得出庭答辩。经过解释,巴德森才同意以中华民国的名义对毛起诉为宜。

他建议先要采取一项预防措施,就是请求法院给毛和向下达一道抑制令,禁止他们使用他们所控制的公款。命令之所以要下达给他们二人,是因为他二人都应作为被告。巴德森又再三查问是否知道公款存在银行中所用的户名有哪些。如果知道,则应采取另一项措施,提请法院向有关的美国银行发出禁止令,要求各该银行止付这些户名下的存款。他说,他可能有办法找出这些存款的下落。另外按照我的建议,他可以设法到过去给毛或向供应过食品或其他货品的商号查看他二人付账的支票,就可以找出一些存款的下落和户名。但巴德森提出要提防法院拖延时日。他同意我的想法,就是首先必须重视时间因素,以便充分利用拟议中的调查委员会的调查或复查成果。

巴德森说,在采取司法手段的同时,政治和宣传工作也很重要。他并提出像赫伯特·斯沃普这样的人如果能帮助我们进行宣传工作,实属最佳人选。他是通用电器公司杰拉尔德·斯沃普的弟兄,以前曾供职于《纽约世界报》。他还和罗伊·霍华德谈过这方面的问题,他说此人也是我们可交的好朋友,可资臂助。我对他说,董显光博士是霍华德的朋友,他本人就是一位职业新闻工作者,将来也是调查委员会成员。他们打算把他找来,一起研究如何开展我们的宣传工作。

我们两人研究了调查委员会的成员问题。巴德森提出勒尼德·汉德法官是一位很适当的人选。我告诉他说,有不少中美两国朋友们都推荐过这位先生。巴德森说必要时可以由他出面去接洽。不过我指出,汉德可能不会接受邀请,因为他已经不担任经常性工作,仅有时出来担任一些特殊性的法律工作。

关于建立调查委员会是否得宜的问题,我也征求过巴德森的意见。对此,他提出了一种比较独特的见解。他说,在一般情况下,应当着重考虑不可损及中国政府的威信,但是诚如我所指出的那样,本案情况非同寻常,它牵涉到美国的公众舆论;因此中国政府必须采取某些措施,以取信于美国公众,表明中国政府是襟怀坦白,无所隐讳,并且乐于由一个独立的团体来对本案进行调查,得出它自己的结论。他认为政府的权限如与上述声誉问题相比则是次要的。他指出,当年美国政府由于有九十多名军事学员在考试中作弊而受到开除处分,曾决定以勒尼德·汉德法官为首,成立一个由非官方公民所组成的委员会,对该案进行调查,以判定西点军校或陆军当局作出的该项处分是否恰当。但按照法律和权限而言,西点和陆军当局完全有权作出他们自己的决定。他说毛案牵涉及中国的声誉和权限问题与上述历史事实在性质上极为类似。

我回到大使馆,看到一则毛邦初抛出的卑鄙宣传。10月8日的《华盛顿邮报》上在德鲁·皮尔逊的专栏内登出一段关于周至柔的儿子的故事。故事说,中国空军武官奉台北周至柔之命,把现在美国西海岸的周氏之子用为雇员,借以"逃避兵役",并说,我自己也以大使身份向国务院去函,"弄虚作假"地把周子的学生身份改成官员身份,可是事实上周子从来也没有来使馆武官处报到过。德鲁并且引述了台北"命令"中和我给国务院所发通知中的一些原句。他甚至还说,美国援助中国的金元已被用来贿赂艾奇逊和美国政府其他官员,用来做大豆和燕麦等投机买卖,还偷税漏税。

这真是十分恶毒的攻击,尤其是那后面两件情节更是凭空捏造的。我当即把空军武官曾庆澜上校找来,问他此事的来龙去脉。他说非常抱歉,给我造成了这么大的麻烦,不过这篇文章所说的第一部分确有其事。事情是这样:早先有一个台北空军总部的低级军官给他写来一封信,说是周至柔的儿子希望参加空军武官处工作,以便取得一个军官身份,以求豁免兵役,此事要请他帮忙。他回信说,此事必须总部下令方能办理。到2月份他接到周鸣湘的信,周要求玉成此事。周鸣湘是周至柔的叔父,当时任参谋本部办公厅主任兼空军总部主任秘书。曾,因此,他就给大使馆写了一封信,请求大使馆通知美国国务院,说周一西(周至柔之子)已服现役,同时请我把他的学生身份改为官员身份。他说这是由于不得已,如果报界或者美国政府追问此事,他愿意承担责任。届时他就说,小周受命从事研究工作,无需常驻华盛顿。另外他说,自从毛案发生以来,他就给空军总部写信,建议最好把小周的姓名从空军武官处的花名册中删去,但至今未见回复。

当时我决定给《华盛顿邮报》去信,说明事实真相,用以回击对我的大使馆和我国政府的无稽诽谤。但是经过思考,并同我的公使衔参事商量后,我决定以曾庆澜武官的名义去信。我打电话把此事通知了曾,并说准备派大使馆的陈之迈把此信稿送他过目,由他修改后发出。他同意照办。

可是第二天曾又来找我。他说据传德鲁·皮尔逊也写信把周至柔之子被安插在他手下任职之事告诉了蒋委员长,但不知委员长如何作复的。他的意见是我们原定给《邮报》的信最好不发,他深恐此信和委员长给皮尔逊的答复有所矛盾。我听得出这不是真话,实际上是他不愿署名写信,以此为借口搪塞我而已。因为委员长不大可能给皮尔逊回信;即使回信也不会说什么与我的信有矛盾的话。我写信的目的不过是说明我大使馆和曾的武官处所采取的合法立场而已。

后来我对他说,什么也不用害怕。但他还是向我的秘书傅冠雄提出,必须让他先向空军总部请示后方能发出此信。显然,事实是他根本不打算为自己的行动承担任何责任。他的行动完全是从个人利益出发而向周至柔讨好,因为他是周所指派的人,他难于拒绝为周的儿子卖力。因此,我只好和陈之迈商量,请陈在信上署名后送交《邮报》发表。我在日记中写下了自己的感想,认为这是"这位上校的官僚思想的典型事例。"当然这是可以理解的,不过问题并没有了结。

10月22日,周宏涛带着向惟萱给蒋夫人的一封信来到我处,此事在前一天他已打电话告我,说王世杰给他一封信要送给我详细过目。向惟萱在信中向蒋夫人报告了周至柔的儿子由周的叔父、参谋本部办公厅主任下令,任命为空军武官处官员一事。此信语含威胁,说是如果蒋夫人不予迅速答复,他就要把此事向美国报界宣布。蒋夫人和王世杰要求我对此事相机处理,王并把向的原信转交给我。可是我已经给《华盛顿邮报》发过一封信,就是由陈之迈署名的那封;该报也已经刊出,因此外界对这一问题的视听已得到了纠正。我认为也就无须再进一步采取什么行动了。

我在10月8日见过巴德森法官之后,就打电话给宋子文,告诉他巴德森已同意担任我们的律师,但欧文·罗伯茨不愿参加调查委员会。宋告诉我,他还未得到胡适和蒋廷黻的回信。他同意我的意见,认为必要时可以把委员会的人数减为三个中国人和两个美国人,这样不仅易于凑足人数,也便于早日组成,更加切实可行。9日晚间,我又打电话问他爱迪生有无答复。他说还没有回音。另外蒋廷黻曾给他打过电话,可是他正外出不在家。

11日,巴德森法官从纽约打来电话。他说本想早一些给我写信,由于他要把我们请他担任中华民国政府的律师和法律顾问的事通知他的老友艾奇逊国务卿和腊斯克副国务卿,所以耽搁了一些日子。他已征询二位正副国务卿有无反对意见,他们都说没有。他还要写信给国务院,这是法律规定要办的。我说,他把此事通知正副国务卿,做得非常审慎明智,这样对有关各方都有好处。那天下午,他又来电话说,他即将来华盛顿办事,届时他将把他的应聘信亲自交给我。

与此同时,俞大维应我之约到我处研究几个问题,其中之一为毛案。我告诉他,最近叶公超来电,不同意将调查委员会人数由七人减为五人,即三名中国人,两名美国人。我请他把我们曾设法聘请庞德、麦考益和罗伯茨三位,但这三位都未接受等情况通知周以德。我建议他问一下周以德是否能劝罗伯茨对此事重新考虑一下;尽管罗伯茨早已有信表示坚决不就。俞要求看看罗伯茨的信,我把信给他,同时对他说,如果周以德要看,就让他也看看。俞也认为胡适是关键人物,王世杰很可能也已经给他电报劝其重新考虑了。我说,我已向王提出这一要求,但他回电说已转请叶公超出面向胡劝驾。我估计这可能是因为他(王)考虑到自己已经承担了审查毛告发周至柔一案并向蒋委员长报告的任务,因此不便出面。

12日巴德森法官带着他的应聘函来到我处,但尚未签名。他请我过目审定,如无问题,他就签字。他又表示打算给艾奇逊及腊斯克去信备案。他说,实际这并不是非办不可的事,按照外国政府代理人登记法的规定,他可以在事后向司法部致函备案。他在致我的信中对他自己的工作作了明确的规定,就是为中华民国收回属于该政府所有,而现时在毛邦初及其同伙掌握和控制下的各种文书档案以及款项一案制订和执行诉讼程序。他的律师事务费暂定为二万五千美元,将来的酬劳金额要看工作的性质和工作量大小而言,暂时无法预定。

我说,他的条件是合理的,但我希望他能谅解,除信件所提各项任务而外,我还希望同他研究一些与毛案有关的其他问题,例如关于成立调查委员会以便对毛控告周至柔贪污案的有关事实进行调查研究的问题等等。他表示同意,并说这是不言而喻的;不过他眼下不愿意在他致国务院的信件中提到这些。此外,他还将和查良鉴一同审阅调查委员会的职权范围,这也是我要求他办的。最后他在信上签了名并交给了我。我则表示准备发给他一封收到他的信的通知和一张支付他的事务费的支票。他还问起毛是否仍旧保留原来的身份和豁免权。经过研究他同意我的观点,认为毛的身份之所以享有某些特权,是为了便于他能执行他的官方职责。既然现在他的政府已经将他停职并且对他提出诉讼,当然就不再存在任何对他豁免的问题了。

下午,我前往纽约与宋子文、蒋廷黻、胡适等开一个会。一到那里,就接到查良鉴的电话,他说周宏涛收到蒋委员长的电报,查问关于对毛起诉和建立调查委员会两项工作为何进展迟缓,并要求他设法推动,加速进行。看起来蒋委员长有些不耐烦了,他不理解办理这些事情需要和多少人接触联系,要进行多少次商量安排。

会议在第二天中午举行。此次会议的目的是研究毛案调查委员会问题。我在会上再次向大家说明,庞德没有接受聘请,因为他在加州大学法学院每星期要讲两次课,不能缺席;麦考益由于健康不佳,也没有应聘;欧文·罗伯茨一开始颇有就意,但和他夫人商量之后也谢绝了。不过我已委托周以德向罗伯茨说项,劝他重新加以考虑。(关于巴德森已经接受聘请一节我也对大家说了,大家对巴德森的酬劳条件也都认为合理。)另外我告诉大家巴德森正在试探约翰·戴维斯的态度。

蒋廷黻又一次敦促我们大家考虑聘请马修·沃尔,他说此人对我们大有用处,因为他所领导的美国劳工联合会控制着千千万万的工人。但是我反过来提醒大家要注意,聘请沃尔是否能得到委员会其他成员的欢迎;美国劳联对我国政府控制着工会的看法与该委员会的工作和目的是否会发生抵触。胡适和宋子文都与我有同感。但是蒋廷黻说,美国劳联的政策一直是支持国民政府的国际地位以及其反共政策的。因此最后我们都同意了他的建议。蒋认为我所提的第一个问题倒是值得注意。我说,我过去已曾将劳联方面的人选向台北推荐过了。

在中国成员方面,胡适说,叶公超以毛案调查委员会召集人的名义,给他发来一份长电,敦促他接受该委员会主席一职。我们大家都劝他不要再迟疑,他是关键的人选,为了国家的利益,希望他毅然受命。大家都说,只要他一接受,其他人员就不难说服了。况且他还可以介绍一位具有司法素养的能员充任秘书长,例如刘世芳这样的人,代他执行组织工作,以及开会的准备工作等等。他表示愿意接受大家的劝告。

这时蒋廷黻又说,他忙于巴黎方面的事,无法担任委员一职;我又报告大家,李惟果已由行政院长陈诚批准不进入调查委员会。于是大家就一致同意把刘世芳作为第三位中国成员。第二位则是董显光,他正在来美途中,一两周内便可到达。可是散会以后,胡适没有立即离去,却留下来对我说,他不大愿意担任主席,主席一职他主张通过选举产生。我说选举可能是得体的方式,但实际上我相信大家必然选他。

我把俞大维、查良鉴以及我自己对调查委员会职权范围的不同意见给大家作了介绍,于是展开了讨论。俞还是主张委员会工作仅限于对政府就毛指控周至柔问题的报告进行审查,以判定究竟有无贪污事实。而其他几位则一致认为这样的审查未免范围过窄,与建立委员会的基本意图不符。特别是查良鉴主张应把审查周对毛的指控也包括进去。他说否则我国政府就显得像个被告人了。(事后我了解到,此点是台北给他的指示的一部分。)但胡适指出,周至柔指控毛的诉状文词谫陋,多处理由欠周。他之所以有此印象,可能是阅读了大使馆的有关文卷而产生的,这些文卷是我应他的要求而交给他看的。通过深入讨论,最后我们取得了全体一致的结论——委员会的职权范围要写得笼统些,不提毛、周彼此指控的具体问题。

我们一致认为委员会设五个人比七个人更适当,但为了满足某种心理要求起见,最好中美双方各设三人,着重于多设一个中方人员是没有什么意义的,倒反而显得我们好像害怕在委员会作出最后决定时得不到多数票。胡适和宋子文都说,必要时每人都可以提出一份表示个人见解的报告,而且委员会也并非必须提出全体一致同意的报告不可。

那天上午,我给在华盛顿的谭绍华打电话,请他给叶公超发一电报,把我同巴德森洽谈的结果报告给叶。稍晚,我又亲拟了一封电报,向叶报告了开会的结果。我在这份电报中附带请叶通知纽约中国银行给我开一张支票,用以支付巴德森律师的事务费,另外再保留二万五千美元,准备作今后付给他酬劳金之用。

第二天,我又和纽约中国银行的席德懋谈了此事。他说,虽然他曾接到过上级指示,要求他在我处理毛案过程中为我提供帮助,但如果要求该行提前支付巴德森的事务费,则他还得同纽约州银行管理委员会驻行代表商量一下。我说我将电请台北给他特别授权。接着在16日,查良鉴打来电话说,他一整天在中国银行查看毛邦初在该行的汇款及使用该行支票付款的记录,为即将举行的诉讼作准备。他附带提到席德懋已经开好准备给巴德森的支票,并问我是否已把授权的信交给席。

与此同时,俞大维来访,他已经见过周以德。周以德曾自告奋勇,愿意出面请欧文·罗伯茨重新考虑参加调查委员会之事。他听说我们很快接受他的建议,请罗伯茨参加委员会,并请他出面去邀请,使他非常感动。俞说,周以德认为我们的行动说明,国民政府对公众确已做到开诚布公,对周至柔的问题确已进行了认真的调查,对周的指控确属查无实据。因此他已与罗伯茨联系,请罗伯茨重作考虑。

俞认为蒋廷黻提出邀请美国劳联人士参加委员会并非良策。

同时，他又再一次提出委员会宜小不宜大的主张。他同样也不赞成查良鉴提出的把周至柔指控毛邦初的问题纳入委员会职权范围的意见，而主张定得笼统些。他的意见和胡适一致，认为委员会中至少要有一位美国律师或法学家，此点至关重要，其他美方人员则关系不大。

10 月 17 日，巴德森打来电话说，他已同约翰·佩顿·戴维斯接洽，戴维斯虽乐于帮忙，但不能参加委员会。另外，巴德森表示，他和查交谈以后认为需要看看大使馆中有关毛案文件的英译本，并且希望在星期五下午能见到。这时已是星期三。我说我将尽力设法满足他的要求，但至少要到星期六才能办到，而且只能给他一些主要的文件，因为有关的案卷实在太多。

巴德森建议，大使馆应向国务院发出书面通知，声明根据我国政府命令，毛已被停职，向已被撤职，因此他们二人业已丧失驻外人员身份；同时还应通知国务院，中国空军驻美办事处业已撤销。我说我业已考虑到这些问题。关于撤销毛、向驻外人员身份问题，巴德森早先也和我讨论过，我体会他的意思是此事无关紧要。但由于他现在坚持要办，我宁可当作预防措施办一下。至于撤销办事处问题，我说这牵涉到：(1)我们要负责办事处过去所签各项合同的付款问题；(2)我们要负责向台湾发运物资的工作。可是所有文件和款项均未移交过来，这就无法履行我们的职责，既不能付款，也不能提货发运，到那时许多制造商和供货商就要指责我们破坏合同。因此，我说我将和我的僚属们研究一下这些问题，然后再和他商定最妥善的办法。

过了几天，俞大维来研究如何按巴德森的意见对国务院通知撤销空军办事处，以及如何应付上述这些困难问题。最后我们一致认为只有一往直前，迎着困难而上。事情已很明显，不可能再指望毛邦初能理智地平平安安交出他的办事处。既然如此，那么不论用多长时间，也必须找到最后解决的办法。于是我们就决定向国务院发出正式通知，并尽可能妥善应付由此而产生的一切问题。关于通知的措词,我们决定先让巴德森审阅后再发出。

蒋廷黻也在 17 日打来电话,他说刘世芳可以来帮忙,但他并未向刘说明任务是什么。因此我请他立即向刘问明是否能参加毛案调查委员会。蒋并说,台北已经同意聘请美国劳联的马修·沃尔。但我对他说,我们先得聘请一位法学家,因此请他暂缓同沃尔联系。

叶公超于 10 月 19 日打来电话和我谈了好几个问题。他请我不必再向台北报告谁已经答应参加调查委员会,下一步还应邀请哪些人等等。他希望我只管便宜行事,等委员会组织工作完成后再行报告。他说蒋委员长不爱听有多少美国人不愿应聘,也讨厌美国监察员干预中国银行的事。我估计蒋委员长是不理解为什么中国人的银行里要有一位外国人在那里监视着。我对他说,这个美国人是纽约州银行管理委员会所派。叶问是否可以请该员撤离,因为蒋委员长十分希望他撤走。我说该监察员原已提出,鉴于台湾的情况已经好转,他已没有必要继续留驻该行,可是我们自己的人却要求他继续待在那里。无论如何,在毛案解决之前,我们不宜请他撤离。最后叶问我有许多人说俞大维太过于学究气,是不是如此?我说俞明白事理,讲究实际,对我帮助很大。

不久,俞大维又来研究如何通知国务院有关撤销毛的空军办事处问题,以及调查委员会的组织问题。他对邀请美国劳联的沃尔是否明智仍抱怀疑态度,并且力主委员会的组织越小越好。但是我们一致同意委员会中必须有一位美国籍的律师。这时傅冠雄送来一份叶公超打来的电报,内称 12 日在纽约举行会议后所呈报的各项建议政府业已全部认可,其中包括聘请沃尔以及把委员会的人数由七人减为五人。另外该电还要求我设法尽速完成委员会的组建工作。

第二天午间,俞又来研究委员会的职权条例。他又一次力主把委员会的职权范围限制于一个问题上,即毛所指控并业经台北检查认为无据的周至柔的贪污一事究竟是否属实。他说,委员会的工作如果越出这一问题,就将旷日持久,不能迅速提出报告,向上呈报。他仍认为委员会只须把台北的委员会的检查结论审查一遍即可。另外他认为,未来的中美混合委员会向美国公众发布报告时必须声明,毛控诉周一案业经查明,并非真实。

我对他说,胡适和蒋廷黻都认为,如果把委员会的任务局限于这一点,将来可能给政府造成麻烦。因为委员会可能找不到周至柔有什么贪污腐化行为,而周至柔却有某些不正当的行动是成问题的,不规矩的。我说可以肯定,毛和他的律师必然力图使事态扩大。如果有人提出说这种问题并未列在委员会职权范围之内,甚至坚持反对审理,那时政府就将处于被动。不如留有余地,到时让委员会去声明它不受理这类不相干的事。不过我们一致同意不应把周对毛的指控具体地提出来,因为这样就等于承认政府无能,对一些官吏的抗命和贪污腐化行为都处理不了,例如周至柔身为长官,对属员毛和向的罪行还得进行控诉,这是很不得体的。

10月21日,星期日,王守竞从纽约回来。他向我报告了在纽约同巴德森、巴德森的伙伴贝尔纳普和查良鉴在纽约巴德森事务所开会的情况。他在会上向大家提供了大使馆档案中有关毛案的许多最重要的文件,其中包括:大使馆就毛的身份问题给美国国务院的通知;我国国防部关于账目统一问题的要求;大使馆就台北将华盛顿各采购机构合并的命令致毛邦初的通知;台北对两位空军军官分别给予停职和撤职处分的命令;以及大使馆要求毛移交空军办事处经管的款项和卷宗的通知。他并向大家介绍了该案的案情全貌,以及他自己对毛手中实有款额的估计,使得与会者深感满意,备加赞许。

王说,查良鉴又给皮宗敢和俞国华打电话,问他们有关毛和别人共同控制的联名账户的情况。王说毛和皮联名的有四笔,毛和俞联名的有三笔。至于毛单独控制的公款数字则全然不知。甚至就连所谓的联名账户,毛也没有向皮和俞提供过银行的月报副本,因此他们二位对这些账目的真实情况实际是被蒙在鼓里。

过了几天,查良鉴打来电话说,他已从纽约回到华盛顿。他在纽约花了一个多星期到中国银行查看了有关毛的账目;同巴德森和他事务所的人员研究了向毛收回公款和卷宗的起诉准备工作。另外他告诉我,巴德森将在星期二来看我。

星期一上午,查良鉴亲自来向我报告他同巴德森会谈的情况,以及他从中国银行档案中发现的空军总部历年来给毛的汇款数字。他查明,毛手中还有四百万美元上下的余款,这还不包括所谓的周转金,即活期存款账户,其数字也在一百万美元以上。此外还发现毛办事处的办公费是由空军司令部另行汇款支付的,六年(战后年代)来这笔费用总计约达五百八十万美元,另外毛又超支三十八万美元,是由总部批准后从购料款内挪用的。(这笔办公费数字着实不小。他设有两个办公处,若干辆汽车,交际接待大肆挥霍。)

10月23日午后,我召集巴德森法官、查良鉴、俞大维、谭绍华和王守竞等开会。巴德森是带着他事务所的同事贝尔纳普和格拉姆一同来的,另外还有哥伦比亚特区律师界的威廉·莱希,他将掌管诉讼文卷和出庭辩护。会议开了两个多小时,巴德森法官首先报告了他为诉讼进行准备工作的进度,并对诉讼程序作了概述如下:(1)向毛和向下达抑制令,不得窜改或动用空军办事处之档案和公款;(2)接着向法院申请发出禁止令,禁止他们动用所有经手控制的任何公款;(3)正式起诉,追回全部档案和公款。

接着他要求我签发一份宣誓书,保证他递交法院的申请书中全部情节都确凿无误。我对他说这样办不妥当,因为这样被告的律师就可以坚持要我出庭对质,以便使我难堪。在法院来说,既然是我自愿接受法院的管辖,它就可以命令我出庭。这样一来,我就给外交使团造成了一个不利的先例,我将受到其他使节们的批评和谴责。我说这件事最好还是请别人来办;譬如说,可以由负责经办此案的查良鉴先生来办,也可以由中国空军总部采购部门的主管刘炯光上校出面。(刘炯光与该部门的石兆骜上校于10月10日一同来到华盛顿。)巴德森说,最好还是由最高级的代表人物签名,法院比较重视,但他将对此事再考虑一下。我说,有几件美国法院即将审理的其他案件我也是这样办的。但,查和我也答应对巴德森的建议作进一步研究。

我又告诉巴德森说,一俟调查委员会组织就绪,就宣布正式成立。我说,如果他能够把正式宣布对毛、向起诉的日期和我们宣布正式成立委员会的日期协调一致起来,那就最好不过了,两者并无冲突。我们的声明是一般性的,而他的声明则可以把起诉的性质和目的说得具体些。

当时大家对调查委员会的职权范围有两种观点,一种认为涉及范围要大些,另一种主张要小,因此我建议也讨论一下。总的来说,巴德森赞成涉及面要小。他甚至再次警告说,如果政府支持周至柔的立场不是绝对可靠,万无一失,则决不能把审查毛对周的指控包括到职权范围中去。俞大维告诉我,他正在考虑一种方案,要使得调查委员会发表的意见不至于一面肯定周至柔没有贪污罪行,一面又说他采取的方法步骤不正派。

委员会需要物色三位美国知名人士,特别是需要其中有一位美国律师。巴德森说,必要时他可以找曾任陆军部长的罗亚尔先生或是曾任海军部长的沙利文先生。这两位都是著名的律师,人望颇高。

第二天,我和俞大维、查良鉴、周宏涛及王守竞等又开了一次会,研究了我们的律师提出的一些问题,以及查在中国银行查账中发现的一些问题。在讨论中我们了解到,毛手中除了采购款和办公费以外,不仅有一笔周转金,还有一笔所谓节余款。王守竞发现,从采购款中划给毛的三十八万美元并不是他那几年中的全部办公费,而仅是全部办公费的一个零头。那几年他花完了台北汇寄给他的办公费专款五百八十万美元还不够,所以又另划给他三十八万美元,以资挹注。这样大的开销真让王守竞大吃一惊。

在那天的会上有个问题使我生气，就是前一天会上巴德森提出来的同一问题，这天查良鉴又提了出来。前一天巴德森曾要求我署名签发一份宣誓书，声明关于毛拒不移交公款和档案等情都确凿无误，并支持要求收回公款的诉状。这次我再一回作了耐心的解释。我提出三点理由说明我不能签署：第一，如果我签字，就是表示我自愿接受美国法院的管辖，毛邦初一伙就会要求我出庭对质，我虽享有外交豁免权，也不能拒绝出庭。被告的律师就可以玩弄各种花招来侮辱、奚落我国政府，这都是我们自己招来的。第二，我自愿放弃外交豁免权将使外交使团的同仁们抱怨我给他们开创了一个有损于大家的先例，特别是鉴于驻美外交代表的豁免权是受到美国法律保障的，我这样违法破例，将更为大家所不能容忍。第三，我对宣誓书中所述各项情节并不熟悉，一旦被传出庭，将无法进行答辩和说明。

一如我对巴德森说过的那样，我对查良鉴说，他以司法行政部次长的身份签署宣誓书最为恰当。我说在英、美，凡是以国家名义提出的诉讼或检举案件，都由首席检察官或其同僚出任代表，这是惯例。可是查却说，最重要的问题是要打赢这场官司，我们必须想尽一切办法在法庭上取得胜利。据律师的意见，利用我在这个国家的声誉和威望可以赢得法庭的重视。他说，他之所以来美协助我处理毛案，完全是出于爱国心。周宏涛和他一唱一和，也极力怂恿说，为了国家的利益，还是由中国大使签署宣誓书为好。

我答道，作为外交代表，我的首要任务是保卫我们国家和政府在这个国家人民心目中的尊严。如果我以赌咒发誓方式去签署一份宣誓书，保证誓书中句句是真，那就将使我卷入诉讼中去。到那时招来被告律师糟蹋我个人事小；但是我是国家派驻在这里的最高代表，他们指桑骂槐，辱及我们的国家事大。我说此事可请示台北决定。

一开始俞大维站在他们一边，但经过我说明道理之后就改变了观点。王守竞说,先前他同其他几位(显然是指俞、查、周等人)谈论此事时也不同意我的意见,但今天上午和我一谈,听了我讲的道理之后,他现在也认为不宜由大使出面,最好还是请查良鉴签署。我说,如果查一定不答应,那么由空军司令部采购处的刘炯光或石兆鹜签署也未尝不可。

我为何如此坚决拒绝签字呢? 我想应该进一步说明一下。在台北派来协同我办理毛案的同事们看来,我身为大使,是国家派驻美国的最高级官员,应该在宣誓书上署名,这种办法好像顺理成章。不过他们的视线都集中在如何打赢这场官司这一点上,而我身为大使却不能如此简单看待问题,我不仅要考虑到事情对我本人,以及我所代表的政府会产生什么样的反响,还必须考虑到外交界同行们的看法。我们这些职业外交家们把豁免权问题看得至关重大。一旦在宣誓书上签了字,我就把自己置于法院的管辖之下,因而随着案情的发展,我就是不自觉地在给自己制造或引致一些新问题。但是很难要求一个不熟悉豁免权和外交事务情况的人能够考虑到这些问题。他们单纯地从打赢官司出发,就坚持要我署名。因此我说,如果他们不考虑我不能签署的苦衷,实在要我签,那只有把问题提到台北去作最后决定。散会以后,我就发电报给外交部叶公超部长报告了问题的内容和我在会上发表的意见,因为我感到查良鉴也必然会电告台北,外交部必然要对有关双方都作了解。

29 日,叶公超发来回电,是给查和我两人的,电文指示查在对毛的诉讼案中充任政府代表,作为诉讼基础的宣誓书由查签署。这就是说采纳了我的意见。他另外指示,如果有必要,可由我出面证明,查在诉讼中代表中国政府。

俞国华于 10 月 25 日下午来我处。他告诉我他已向瑞士信贷银行纽约分行提出要求,把他自己和毛邦初的联名账户注销,重新以新的中国政府采购委员会名义开一新账户,其支票要有俞大维和我两人签字方能生效。原来毛和俞的联名账户在用款问题上有一项谅解,就是在急用时,他二人都可以单独支款。正是由于有这样一条规定,俞才得以背着毛把原账户注销。

使我感到惊异的不是他把原账户注销,而是他事先不向我打招呼就通知了银行,该账户的支票要我和俞大维联名签字。按道理讲,这种事他应当先征求我的意见,或和我说一声,再通知瑞士信贷银行和皮宗敢,皮是新采购委员会负责人。可是他通知完银行以后才向我简单说明他已如此办理,而今后我则要对这个账户负责。

俞国华说,他曾核查过原协议,该项存款确实是可以由毛或他自己单独提取的,因此他渴望我在收到瑞士信托银行的有关函件时能立予批准和承认,以防毛走在他之前把存款全部提走。但他没有说明何以事先未和我打招呼。在我看来,他是一位良好的公务人员,良好的公务员总是很谨慎的,他不愿意承担不必要的责任。一旦看到有办法使他自己摆脱对这笔存款承担的责任时,他就毫不犹豫地付诸行动,因此事先连招呼也没有和我打。

四天之后,俞国华又来到我处,这次是和皮宗敢一同来的。他要求我签一个签名样本,以便交瑞士信托银行作为存底之用。因为他已按照政府的命令,把原来存在他和毛名下的存款转到新采购委员会名下,而由我和俞大维联名监护。由于我刚接到银行的来信,而来信是寄交俞大维和我两人的,因此我对俞国华说,我得先和俞大维商量。我告诉他不必担心毛向银行提出抗议或是用他的名义把存款提走,因为银行已经按他自己的要求给我和俞大维来了信。第二天,我和俞大维商量此事,他说样本可以签,但要我带个头,我先签,他后签。

25 日我还会见了周宏涛。我要求他就有关毛邦初指控周至柔的论据,以及周宏涛本人会同王世杰,和联合勤务总司令部财务署署长吴嵩庆将军等在台北所作调查工作的性质等等提供一些资料,因为胡适需要了解这方面的情况。通过和周的谈话,我推测当初蒋委员长对此案颇感为难,不得已才下令进行调查的。

当时要求调查的不单是空军方面周至柔的问题,同时也调查了海军的账目。我估计这是出于不使周至柔过于难堪。周宏涛说,他自己对所有有关文件都全部看过,并把其中比较重要的部分交给王世杰阅看,以便他据以草拟调查报告。

鉴于蒋委员长对周案的调查工作处理得如此审慎持重,我方才明白周至柔和委员长之间的关系是非常密切的。显然,委员长下令调查是出于无奈,而且后来还用调查海军账目来作陪衬,这完全是为了免得使周过于下不了台。由此可见,该案错综复杂,其中牵连着许多私人因素。

第三节　法律起诉和难产的调查委员会

1951 年 10 月 26 日—1952 年 1 月 27 日

巴德森法官报告说,政府对毛和向的诉讼准备工作已经完成,已可向法院正式起诉。这是 1951 年 10 月 26 日的事,当时我正和这位法官以及大使馆的谭绍华和王守竞举行另一次会议。巴德森说,必要时两天之内就可以起诉,但他对是否有必要成立调查委员会仍抱怀疑态度。他说,有一位闻名的公共关系问题专家纽瑟姆对这一问题向他表示过和他相同的看法,他还打算找霍华德-斯克里普斯出版公司的罗伊·霍华德谈谈这件事。他生怕委员会调查的结果可能有损于中国政府的威信。他说当地公众对此案并不重视,仅《纽约时报》和《华盛顿邮报》刊登了几篇有关的文章,那也是毛邦初唆使和他有关系的人所写的。

事到如今还有人宣扬放弃调查委员会的想法,真是令人泄气。我赶紧对他解释要组成这个委员会的道理。我说事情很明白,本案的法律问题政府是站得住脚的。但是,由于多年来共产党人以及国民政府的其他一些敌人对政府展开了诽谤性宣传,以及毛邦初一伙最近发表的一些中伤文章,已经动摇了美国人民对国民政府的信心，或者说已使自由中国政府蒙上了令人怀疑的面纱。国会内外许多美国朋友们，以及一些中国人都认为，为了澄清舆论，并防止许多负责处理美援问题的美国朋友们思想上产生疑虑，成立这一委员会是有必要的。我说，从政治上来看，这是必要的。我们寄希望于该委员会，通过对毛的指控进行认真细致的调查以后，能给国民政府开出一张明确无误的健康证明书，从而使得一切关于我国政府及其高级官员贪污腐化的流言蜚语很快地销声匿迹。

巴德森问道，我们的立场是否有百分之百的把握。我说毛的控告已经经过调查，证明毫无根据。不论怎么说，我们已经聘请了中方全部委员和美方的一位委员，已经取得了他们的同意，现在再谈放弃这一计划实在是为时已晚。可是他说这没有问题。我又对他说，中国政府当初也怀疑过这一措施是否明智，也曾一度予以否定。但是中美两国各方人士纷纷提出要求，不约而同地主张设立这样的委员会，中国政府因此又重新加以考虑并终于决定采取这一措施。经过我这一番解释，巴德森才同意不再提出异议。

问题是甚至作为中国政府辩护律师的巴德森也不相信如此一个委员会经过调查就能给中国政府开出一张健康证，因为当时在美国对中国政府贪污腐化的恶劣印象已传播甚广。他担心调查委员会在对毛邦初指控周至柔和整个中国政府的问题进行调查之后写出一份于政府不利的报告会危及他打赢官司的机会。我们认为如果不把毛的指控予以否定，疑云终会存在，社会舆论就无法澄清；而巴德森却正是害怕一份不利的报告会使现存的丑闻欲盖弥彰。他毕竟是个非常接近美国政府的人士，大概听到不少关于中国政府和高级官员贪赃枉法的传说。他一定是认为如果委员会的调查工作和法院的审理工作同时并进将会使问题混淆，从而削弱他在法庭上的辩护。实际上巴德森从心底里就不敢相信中国政府没有贪污腐化劣迹，这是问题的症结所在。

我则不然,我认为必须对这一问题进行彻底调查,所谓中国政府贪污成风的谣诼方能得到澄清,因此我力主成立调查委员会。我认为此委员会的调查报告一定会令人满意,因为我已经把台北委员会的报告通读了一遍,他们的结论使我有了这样的信心。他们所调查的许多问题中有些看来似乎颇为蹊跷。举例说,政府的存款为什么从一家银行转到另一家,一转再转,先是从纽约中国银行转到香港某银行,接着又转入当地另一家银行,最后又转到台湾,这似乎很令人费解。其实这只是一种障眼法,用以隐蔽政府存款的去向,以免共党对国府的存款提出所有权要求,并防止国府在美资产遭到冻结。总而言之,当时台湾的国府正在风雨飘摇之中,前途莫卜,不仅在许多美国人心目中是如此,不少中国人的想法也如此。当时美国报界竞相争辩美国承认共产党中国的问题,颇为热闹;并且有一帮颇有影响的远东问题专家公开主张承认中共政府。另外红色中国进入联合国的问题在联合国各机构也相继成为争论的题目。

还有,我同巴德森作这次谈话的时候,已经完全意识到,虽然毛邦初在向惟萱的策划帮助下,打着爱国者对贪污腐化作斗争的旗号,实际上他自己却并非清清白白。后来事实证明我是想对了。不久以后清查他的账目时,果然发现他账目不全。他甚至挪用公款和一个中国古董商合伙,在芝加哥开设了一个商店,另外他还投资于美国西海岸的一家商业行号。

10月27日,胡适到我处。他把向惟萱访他会谈的要点告诉我。向对胡陈述了他的一面之辞,并反复申明他自己如何衷心爱国。他还说到他自己把胡视为领袖仰慕已久;他在上海就学时,甚至多次从学校偷跑出来,到同济大学去旁听胡的讲学。但胡适说,他却直截了当地给向指出,他和毛对政府召他回台,以及撤销他们办事处的命令拒不执行是错误的;他们拒不交出他们手中的公款和公文档案,更是错上加错。

我在那天的日记中写道:

我听胡适说他和向的谈话时,觉得向之所以对胡专程拜访,是由于他了解到胡即将在拟议中的调查委员会负重要责任,希图探明胡对此案的见解。我深恐向在了解到胡的看法以后,又将在报纸上发动另一次宣传战,攻击委员会成员持有偏见。不过,我宁愿自己揣测错了。

两天之后,我见到俞国华,谈了他和毛联名存在瑞士信贷银行纽约分行的存款的转移情况。他说,他和毛在新泽西州纽瓦克市的蒙特克莱银行和瑞士金融公司也都有联名存款。另外,在汉密尔顿银行还有一笔以标准件公司名义开户的联合存款。这家公司是由毛、他自己(俞国华)和汉密尔顿银行总经理巴纳姆·科尔顿三人设立的,其目的是准备万一美国承认共产党中国时作为国民政府的采购代理机构。(有关的档案说明,所谓"汉密尔顿银行"实际应称为"华盛顿国民银行";科尔顿其人则实际就是华盛顿国民银行的总经理。)标准件公司向美国当局登记时,俞名义上是该公司的秘书,科尔顿是总经理,而毛则是司库。该联合账户由他三人出名,但事先约定只要有他们中二人签署的支票就可以支款。

俞说,他曾以秘书身份打电话给科尔顿,要求给他发一份标准件公司账户下的账目报告。可是作为银行总经理又兼公司总经理的科尔顿却加以拒绝,他说必须由毛和俞二人联名提出此项要求才行。我建议俞最好给科尔顿写封信,用书面方式提出此项要求,并要求他给予书面答复。

俞国华又说,他也曾要求过蒙特克莱银行发给一份账目报告,也同样遭到了拒绝。不过该行总经理有书面答复说,如果俞和毛联名提出此项要求,他就可以发给。据称这家银行规模不大,其总经理兼任世界贸易公司的总经理,该公司也是中国政府开设的。

10月30日,周以德来我处研究有关调查委员会的问题。他说欧文·罗伯茨极力推荐斯通法官担任委员会成员,不过他不是一个富裕的人。我说我们本来打算对各位委员的工作时间和所作贡献都要给予一定报酬的;我并且就斯通先生的酬劳金和办公费如何考虑方为得体征求了他的意见。我说我们有两点想法:如果报酬过高,可能引起外界的评论;如果待遇过低,则和他们的声望地位又不相称。周以德完全同意这种观点,他说待遇过高会使人们认为我们是在向他们行贿,希图他们写一份有利于我们的报告;待遇过低则不足于表示我们对他们的尊重。他认为可以按内阁阁员的等级来对待他们,譬如说查尔斯·爱迪生就是一位阁员。美国惯例,内阁阁员一般年俸为二万二千五百美元。故委员的月俸可定为一千五百美元,但我建议给二千美元一月。关于出差费,我建议按日计算。但是周以德说,美国的按日出差费标准是每天五十美元,即相当于每月一千五百美元,他认为此数已足够政府用以开支各委员食、住、行的费用和必要时某些办公助手的费用了。

他说他立即就给在圣·路易斯的斯通写信,希望在三天内就能得到回音。我又告诉周以德我们已就聘请马修·沃尔一事探询了查尔斯·爱迪生的意见。爱迪生说他没有异议,并说沃尔是一位很合适的人选。周以德认为斯通也不会不愿意同马修·沃尔共事。

我又向周从德提起了巴德森对成立调查委员会是否明智一事心存疑虑。周以德则认为,这个委员会肯定是必需的。他还说这比向毛索回公款和公文的诉讼案件更重要,因为归根到底,此案所牵涉到的钱毕竟是有数的,而美国人民的信心和好感则是无价的,因为只有这些因素才能保证国民政府今后能取得更多的美援。他力主只能在委员会成立以后再采取法律手段,而不能在此以前或是两者同时并进。到此为止,周以德的见解和我是完全一致的,而和巴德森则颇不一致。不过这种情况很快就有了改变。

那天下午,查良鉴来我处向我报告他同纽约来的律师讨论的情况。这时他已同意在宣誓书上签字,并担任政府的诉讼代表,不过他还是要求我作出保证，在所有这些事务中要继续给予他支持和协助。查良鉴要求我给他一份书面保证，我同意照办。我建议他要把他从台湾带来的全部有关文件加速进行翻译，要立即组织一个翻译小组尽快着手。关于调查委员会，我建议他找一位律师协助他把政府的案情提交给该委员会。我并告诉查良鉴，巴德森建议我们聘请威廉·莱希，这位律师适于担负此项任务。（前已提及已经聘请莱希在哥伦比亚特区法院为控告毛邦初的案件进行辩诉。）我考虑尽管调查委员会的工作和法院诉讼是两件事，但两者必须互相协调，而且事实上两者在相当程度上是互相关连的。

董显光于10月29日从纽约打来电话，告诉我他已由台湾经东京到达美国。30日他来使馆访晤。他表示，由于他已经受聘为调查委员会成员，他不准备访问此间任何美国官员，也不接见毛邦初和向惟萱。他说6月份回台后已把毛案的严重性向蒋委员长作了报告。蒋委员长问他应该如何处理，他建议蒋委员长对毛要一如既往，表示信任。蒋委员长未置可否，看来颇感不悦。不过在德鲁·皮尔逊的文章在《华盛顿邮报》上刊出以前，政府确实未采取过任何对毛邦初不利的行动。但皮尔逊的文章特别是那第二篇文章，使蒋委员长忍无可忍，决心向毛采取行动。董说，整个政府的观感都是这样。（德鲁·皮尔逊后来的几篇文章和艾尔弗雷德·弗兰德利的文章内都包含着一些只有毛本人或其办事处人员方能提供的具体数字。）①

董显光说，他对本案案情并无全面了解，但他决心要做到大公无私。政府之所以决定成立调查委员会有三大目的：(1)借以表明政府对公众无所隐讳；(2)由委员会作出调查报告公之于世；

---

① 编者注：当指皮尔逊在《华盛顿邮报》1951年8月10日的专栏文章。皮尔逊在该文中说给中国的军援遭到浪费，因为采购业务通过中间人，助长了贪污贿赂等等。文章并援引了"中孚公司"经办价值一百万美元的航空汽油，以及中国国际商业公司种种行动作为例证。

（3）政府决心实施委员会的建议，如果查实毛所指控有据，政府将毫不犹豫地惩办所有犯法之人。政府这样来承认错误并表示乐于改革，从善如流，这不仅不会损及它的声誉，反而将提高它的威信。我完全赞同他的这些观点。董显光不赞成巴德森所建议的聘请某些公共关系代理人的主张。另外他又建议让我召集三位中方成员举行一次会议，以便磋商一切。但是我认为此举不适宜，因而提出先和胡适会谈一次。

10月31日，我为董显光洗尘，并邀俞大维、查良鉴、周宏涛、俞国华、皮宗敢和台北空军总司令部采购部门的刘炯光、石兆鸳以及夏功权，谭绍华和王守竞等与宴。入席之前，我同董显光、俞大维、查良鉴和周宏涛等先叙谈了一会；这几位是应我之约提前半小时来到我处的，其目的就是为了进行磋商。

我们研究了调查委员会的职权范围。查良鉴出示了一份致委员会各委员的聘书稿，是柯克海军上将草拟的。当时柯克上将正在华盛顿，我估计是为了向参议院就美国对朝鲜政策作证而来的。在此以前，我于10月23日为他举行过一次午宴，查良鉴、俞大维、皮宗敢和周宏涛也都应邀与宴。

柯克海军上将在聘书草稿中首先叙述了中美关系的重要性和现存的一些困难，以及由于美国报纸不公正地指责国民政府贪污腐化而造成的损害，并提到了毛和向的指控，把它作为对国府进行无理攻击的一个例证。除查良鉴外，我们大家都认为柯克草稿中涉及的范围过广，一致主张涉及面要有个限定，只提毛对周的指控而不及其他，尽管这一指控业已经过调查，并证明其不实。我们认为不宜把周至柔对毛邦初的指控也包括进去，更不宜把它置于毛对周的指控之上作为委员会的第一项任务来对待，因为这要由政府来处理。我们认为，一旦在美国的委员会发现毛的指控不实，国府便可根据中国法律对毛进行处理，而不必再顾虑会受到什么使用压迫或高压手段的指责。至于毛的账目不清问题，政府已向美国法院正式起诉，要求收回毛所经管的一切公款和文件。

查良鉴表示反对,他宣读了台北毛案委员会授予他的指示要点。该指示把周对毛的指控作为此间的调查委员会应予处理的首要问题。查说,要是不这样办,政府在调查委员会面前就成为被告了。我们都不同意这种说法,但主张委员会的办事程序中不应像法院那样让双方当事人公开对质,而应要求他们先提出书面陈诉,然后再让双方分别作口头解释。我们认为毛或向不会拒不递交陈诉书或不承认委员会的权威。

刘、石、夏、皮、俞国华、谭和王守竞等先后来到,席间我们不谈大事,只作社交寒暄。董显光回顾了他 1935 年①陪同海军上将杜锡珪访问德国兴登堡总统时的情景。他说,当时杜身穿大礼服,头戴大礼帽。兴登堡对他这样的穿戴大吃一惊,因而问他是否更喜欢穿便服而不喜欢穿他的海军上将服。董说,这一问颇难置答,尤其是因为总统把杜的这种举止当作失礼,而事实上杜在北京政府时代曾担任过海军总长和总理等官职。

11 月 2 日,我在双橡园同柯克海军上将,俞大维、查良鉴、董显光和夏功权等举行了一次会议。会议商讨的是柯克对毛案的看法,以及他最近以来同胡适、巴德森、周以德、爱迪生和魏德迈等谈话的内容。是柯克建议我邀请其他几位先生一起同他会谈的。他在纽约时也曾打算会见麦克阿瑟将军,但没有见到。我们了解到,他所举行的多次谈话都主张要尽快成立这个委员会,他把这个委员会称作事实调查委员会,这也是我在事情一开始时建议的名称。他说,爱迪生特别主张成立这样的委员会。

柯克说,周以德星期三(10 月 31 日)告诉他说尚未和斯通法官联系,这使我惊讶。因为周以德在星期二就向我保证,他当天就给在圣·路易斯城的斯通写信,希望在三天内得到回音。事实

---

① 杜死于 1933 年,兴登堡死于 1934 年。杜于 1929 年 10 月奉派为考察日本及欧美海军专员,1930 年 10 月回国,董任秘书。故 1935 年应系 1930 年之误。——译者注

上我一直和周以德保持着联系,等待着听到斯通的答复。

这位海军上将还向我们出示了另一份准备发给委员会各成员的聘书草稿。他说这是他起草的,并说应该把它公布出去。我只说,他对调查委员会如此关心并亲自起草聘书使我们深为感激。这说明我们大家都把恢复美国人民对国府的信心问题看得至关重要,而把毛案仅看作是一不幸事件。之后柯克就退席了。

柯克在谈话过程中曾引述他同胡适的谈话,胡告诉他,向惟萱又去见过他一次。柯克离席后,查良鉴解释道,胡适确曾在星期三(10 月 31 日)接见了向惟萱。当时胡曾问到他,台北曾指责关于 1945 年收到为数一千九百多万美元一事,办事处所报数目不符。向答称政府提出的数字不可靠,因为如果是指 1945 年一年所收到的款项而言,那数字就太大;如果是指自 1945 年以来所收款项,数目就太小,空军办事处收到的不止此数。

查说,向还告诉胡说,毛邦初手中还掌握有一些机密文件可以作为他控告的佐证。俞大维也说,周以德也听到了同样的消息,并急于想知道是否真有这类文件,但向曾对他说过“白种人的眼睛休想看到这些文件”这样的话。夏功权说,空军办事处奉命撤销时,蒋夫人给毛邦初写过一封信,保证他一旦辞去空军办事处职务,就每月津贴他新旧薪金之差八百美元。可惜信中并未说明这笔津贴的具体用途。但据我们所知,这是用来帮助毛邦初的,使他在办事处并入统一的采购委员会后仍可以保持一定生活水平,过得下去。

第二天早晨,我和在明尼阿波利斯的周以德通了电话,他告诉我就在我们最近见面的那天,他已如约给斯通法官写了封信;并要求他的秘书一经接到斯通的答复就立即通知我,因为他自己将出门,要到下星期二方能回家。周以德并说,听说我们已聘定罗伯特·巴德森为律师,他极为赞成。他说,聘请到这样一位律师是一件高明的事情,这说明我们具有政治家的风度和技巧,因为巴德森和政府领袖们很接近,凭他(巴德森)的名字就足以向美国公众证明,指控中国政府贪污腐化是不会有什么真凭实据的。换句话说,只要巴德森愿意受理此案,并向法院起诉,就足以说明对中国政府的控告是毫无根据的。

周以德认为巴德森主张首先由他自己宣布为了收回公款和文件已经对毛、向起诉,然后公布成立毛案调查委员会是个好主意;因为巴德森的名字本身就能使美国人民产生良好的印象。此外,如果毛和向敢于出来声明,说他们已拒绝政府的命令,不愿移交资金和文件时,我们就可以宣布要成立一个不偏不倚的机构,对他的指控进行调查研究。而我们是早就知道他的控告不过是无中生有而已。周以德说,他认为这一新建议是可取的,因此他改变了主张。他原来主张先宣布成立调查委员会,过几天再宣布法律起诉,或是两者同时并举。我说,我们正在研究巴德森的建议,对他的意见也要密切注意。

接着我口授了一篇关于毛案的声明,准备发布。下午一点,胡适、董显光、俞大维、查良鉴、王守竞和周宏涛参加工作午餐会,直到五点方散。胡适说他并没有把调查委员会的职责范围草拟出来,仅向我提示了一些要点和措辞。由于我也拟了一份草稿,俞大维对我拟的草案颇为满意,胡适也感到很高兴。我的草案中缕述了毛案的背景,以及迄今为止政府在处理毛、向问题上始终抱着耐心和宽容的态度等等。我又把周以德的话告诉了大家。有几位,特别是周宏涛提出要求给斯通打电话问个究竟。我劝大家耐心等待,到星期一再说。

5日,王守竞给周以德办公室打了电话,知道斯通仍无回信。下午他再次打电话,还是音信杳然。凡此都说明中国方面,即大使馆方面是何等地急于把调查委员会建立起来。就我而言,草拟的声明和调查委员会的职权范围均已脱稿。

傍晚,周以德在明尼阿波利斯作旅行演说刚回来,就打来电话说他仍未得到斯通的消息,并问是否还需要他再次给斯通打电话。我说无论如何要打,并请他把电话费转向大使馆算收。大约三个钟头以后,周以德打来电话说,他已和斯通通了话。法官先生刚从最高法院院长那里接受了一项任务,要忙五个星期,因此现时无法顾及其他。这真令人失望,因为我们原指望他能应我们之聘的。周以德也感到非常失望,他同意我们立即再和沙利文和沃尔联系。但他接着又说,最近他在纽约同巴德森的同事贝尔纳普共进晚餐,听贝尔纳普谈到他不同意建立调查委员会来处理毛对周的控告案,这和巴德森的主张一样因此他周以德也倾向于同意贝尔纳普的主张,认为两种措施中应当以诉讼为主,调查委员会可以暂缓建立,而应立即向法院起诉。

周以德说,他原来认为起诉应该安排在委员会成立之后,但现在他认为先起诉后成立委员会才是正确的。他说,无论如何,中国政府愿意诉诸法律说明它本身的立场是强硬的,这将使美国人民看到中国政府无所隐讳,也无所畏惧。周以德把毛案同美国的阿尔杰·希斯案对比。他说当初美国人对希斯是否是个爱国者也是有分歧的。但是一经法院判希斯有罪,并把他送进监狱,人民就同意了法院的判决,再也没有异议了。

我对周以德说,巴德森法官曾两次敦促我们放弃建立调查委员会的想法,因为他深恐建立这样一个组织会使公众思想产生混乱,于我国政府不利,使公众的注意力不能集中在诉讼中一清二楚的争点上。但我还是认为我们应该双管齐下。其实只须同时宣布要进行这两项措施就行了,也就是在宣布我们打算成立调查委员会的意向时,就可以立即着手进行诉讼程序,然后假以时日来建立委员会。我说,实际上毛案牵涉到两个方面:其一是司法问题,这是使毛头痛的,我们必须积极进行;另一方面是政治问题,这是毛认为于他最有利的,我们则用调查委员会来对付他。如果不建立一个委员会来处理他对周至柔的指控,则他就可以任意宣传,大肆污蔑、攻击政府,使之声誉扫地。周以德也同意这两者我们都需要,但仍然重复他的意见,认为可以先进行法律起诉而后再宣布成立委员会。

我给胡适打了电话,告诉他斯通不接受调查委员会之聘,并问他同马修·沃尔是否相识。胡说和沃尔曾见过二三次,他毛遂自荐,愿与沃尔联系,请其担任调查委员会的委员。我又通过王守竞转请贝尔纳普给在百慕大的巴德森打电话,请他和沙利文明确一下到底能否出任调查委员会委员之职。那时我自己不便和巴德森通电话,因为不列颠王国已于1950年1月份撤销了它对国民政府的承认,转而承认了北平政府,我不宜亲自往一个英属殖民地打电话,因为这是一次由国民政府大使馆官方打出的公事电话,我怕他们不会给我接通。他们可能说,在英国政府眼里,所谓中国国民政府驻华盛顿大使馆已经不复存在了。也许这是我的过虑。但我不想自寻烦恼。

11月7日,我和贝尔纳普、科茨、查良鉴和王守竞等开了一次会,以便让这位公共关系问题专家科茨解释一下何以反对调查委员会和法律起诉二者并举这一意见。他拿出他的笔记本,列述了许多理由来解释他为什么支持巴德森的观点,反对在对毛和向起诉的同时成立调查委员会,以及为什么即使委员会的正式成立可以向后推延,他也反对同时宣布这两项行动的道理。

科茨提出的最有力的理由就是,成立这个委员会将使公众的注意力转移到谈论国民政府的腐败问题上去,并促使美国人民纷纷给众参两院议员们写信,要求干脆停止对华援助。我向会议申明,这些理由实际上对我一点说服力也没有。关于他建议要在美国开展广泛的宣传工作,宣传国民政府的事业,以赢得美国人民的同情和理解一节,我说将给予认真的考虑,但这显然与目前的事态毫不相干,是个长远问题。

贝尔纳普又一次向我强调他曾一度向我作过的保证,就是不论我就调查委员会问题作出什么样的决定,他和巴德森都将衷心地给予支持。他说,巴德森已经离开百慕大,正在归国途中,9日便可到达纽约。巴德森已经同沙利文联系过,在沙利文就是否接受调查委员会的聘任作出最后决定以前,他还将亲自和沙利文磋商。

9日，我前往纽约并在次日上午接见了巴德森。他说沙利文对我的聘请非常感激，他将用几天时间来考虑这一问题。不过他手头有几桩案子要到3月份才能办好，在此以前，恐难以再承担此事，因此还不敢说是否定能应聘。我和巴德森都认为等到3月份为时未免太晚。后来事实证明，沙利文到3月份也还是无法抽身。

巴德森告诉我，到11月13日诉状就可以准备完毕，只待开业会计师审查毛的账目数字。这时他又再次提出不同意在起诉的同时成立调查委员会。我不得不再次给他讲述必须成立委员会的各种理由。我说，中国共产党人和国际共产主义阵营发动了一系列对国民政府的污蔑活动，美国朝野有些集团又为之推波助澜，毛邦初的控告仅是其中一例。现在各方对国民政府是否公正廉明颇多疑难，而美国官方对国府的不信任至白皮书的发表已经登峰造极。因此国会内外的朋友们一致主张，此时此际必须有所作为，一扫笼罩着国民政府的疑云，并要力求做到一劳永逸。因此必须有一些素称廉正之士组成一个无偏无私的独立团体，为国民政府开出一张健康证明。国会中的朋友们开诚布公地对我们说，流言可畏，如果不予肃清，他们就无法继续为我们争取美援了。

巴德森说，他对白皮书未予过多的重视，他认为最近以来美国官方的对华态度和政策都大有改善。他倒是认为这样一个委员会的作用只能是搅乱公众视听，把公众的注意力引向议论国民政府贪污腐化的种种流言蜚语上去。他相信如果能在法庭上一举彻底击败毛和向，那对国府的好声誉便是一种极为有力的证明，因为美国人民对他们的法院是高度信赖的。我说，台湾各界，我自己以及许多在野的中国知名人士们对现时流行的所谓国府腐败之说都感到非常伤心。按照这些说法，似乎任何一个中国官员都不足以取信于人，都是腐化分子。不过对于他的意见，我将仔细研究,并将向台湾请示。

11月8日星期四,董显光来访。我告诉他胡适对调查委员会的态度又在动摇,并要求他向胡说明,调查委员会的重要性较诸法律手段实在有过之无不及。因为毛和向蓄意污蔑国府贪污腐化,旨在左右美国舆论,转移公众视线,使公众不满于政府对他二人的制裁;而不去注意他二人拒不移交公款和文件,违抗政府命令的行为。凡此种种,我们必须予以有效的还击。他答应在星期六胡和我与宋子文会见时他将尽力为之。

星期六,宋子文应我之请首先提前到会,以便和我单独晤谈。我把与董显光所谈一切告诉了他;就是说,胡适与贝尔纳普晤谈后,对成立调查委员会是否明智又产生了动摇。我说必须使胡相信,此委员会对中国极关重要,胡是个关键人物,他若不参加,委员会就无法组成,宋同意我的意见。

会议于中午开始。胡适首先发言,他先就会见贝尔纳普以及贝尔纳普反对在起诉的同时成立调查委员会的意见如何使他加深认识等等着力解释一番。然后又说,他自己对有关毛案的文件已经过目,尽管他并未发现什么可列为贪污的罪嫌,但也感到周至柔在转移存款的做法上有许多地方需要澄清。另外他还认为我们应该听从律师们的意见,特别是巴德森的意见,因为我们正是为了在诉讼中能得到他们的指导而聘请他们的。

接着董显光发言,阐明他的立场。他说,诚如他已向蒋委员长和王世杰保证过的那样,他要做到彻底大公无私。(他说,他曾向王世杰表示过,此次受命出任委员会工作可能使他今后再也不能回到台湾去了。)如果他发现任何弊端,他将毫不犹豫地写入他的报告中去。他的观点就是,一旦发现任何弊端,委员会就应立即指出并提出报告,政府则应采取措施加以纠正。他认为这种坦率态度远远胜于任何文过饰非的企图。他说,只要认真,美国人民是能够理解的。因此,他认为为了应付毛邦初对周至柔、而且实际上是对整个政府的指控,建立这样一个调查委员会是绝对必须的。他认为宣布委员会成立不妨推迟到宣布起诉之后一二天，但完全不应该放弃这种构想。

宋子文接着说，我们为了找到合适的美国成员而耽误的时间实在不少了。他认为如果实在难以找到三个知名的美方成员，那么两个也未始不可，只是希望委员会要尽快成立起来才好。他同样认为不应该放弃组织调查委员会的构想。尤其是因为此议已为毛和向所知悉，如果半途而废，则毛、向更会振振有词，说政府唯恐调查结果证实毛、向对它的指控有据，故而不敢进行。

这一来，胡在表面上对成立调查委员会的构想似乎已不再置疑。于是我们大家就开始研究委员会的职权问题。经过研究，大家一致认为不能同意台北提出的扩大委员会职权范围，也不同意在宣布对毛和向起诉的同时发表一项关于毛案背景的官方声明。

事后我给驻纽约总领事游建文打电话，请他找美国劳工联合会的马修·沃尔为我约期面谈，同时也为我和查尔斯·爱迪生约会。游复电称此二人都在乡间，他将在星期天再找他们。星期天，即11月11日，游又打来电话称，沃尔办公室无人接电话，也找不到爱迪生的秘书。

11月12日，我休息了一天，但第二天就同爱迪生见了面，这是游建文作的安排。我对爱迪生说，罗伯茨法官、麦考益将军、伦纳德·霍尔、斯通法官和庞德院长等对调查委员会职位都已谢绝，仅沙利文仍在考虑中。爱迪生表示沙利文也未必会接受。他另外又提出了一些人选，其中有尼米兹、哈尔西、哈特和亚内尔等几位海军上将，前大使吉·普·肯尼迪，以及前美国驻英大使卢·道格拉斯等。

我向爱迪生出示了委员会的职权范围草稿，准备发给各位委员的正式聘书和大使馆准备就毛案发表的声明等等。他一一过目，并说他认为一切都很好，只是聘书和官方声明第一句都太长。爱迪生认为委员会是我们为了向毛追回公款和文件而起诉的必要补充手段。他认为关于指控国民政府贪污腐化并无实据这一点,真正需要使其了解真相的是美国公众而不是毛和向。爱迪生是个政治家,对委员会的重要性一目了然。当然,他之所以赞同设立调查委员会也是由于他长期以来一直对国民政府非常同情和友好,而巴德森则由于他曾在政府任职,而且一直和政府保持着密切的联系,美国政府对国民政府的不满和抱怨以及传说国民政府贪污腐化的话可能听得太多,所以对案情调查委员会没有信心。

爱迪生说,他相信即使在目前,美国政府内外对国民政府心存怀疑的也还不乏其人。他提出要重视宣传工作。他说他自己是有人帮助作宣传的,委员会也需要有些人做宣传工作,这样才能把许多重要情况公诸报端,引起美国人民的注意。他告诉我,他任新泽西州州长时期在这方面有些经验。他说当时他很幸运,在报界代表人物中有许多朋友。因此,每当新泽西州的政治巨头黑格编造谎言攻击他时,就有一些记者打电话报告给他,有时甚至是在深夜打来,这就使他能及时撰稿否认,并与假造的报道同时刊出,而且常常是刊登在谎报新闻的上方。他又给我提出许多可以考虑聘为委员会成员的其他人选,并且提醒我说,委员会再不能过事迁延了,不过在委员会组织工作全部完成,并可以宣布成立以前,最好不要提这件事。我们交谈了约一个半小时。

11月13日我拜访了马修·沃尔先生。仅仅谈了十五分钟,但他对我的意图却已能了解。他说建立这样一个委员会,以使此间对国民政府是否清廉的疑惑得以澄清,这在国府来说是个上好策略。他说,为了收回公款和文件而对毛和向提出法律起诉是完全必要的,但这一行动并不能解决他们指控政府贪污的问题,因为在审理此案时哪一个法院也不会去触及这个问题。

沃尔说,眼下他忙于参加几个会议,关于能否参加我们的委员会,他将深入考虑,需要五六天时间方能作出决定。如果要求他即席答复,那他就要说不行。我说他尽可以从容考虑,希望周末能听到他的回音。他说还不能那么快,要到下周才能给我答复。他年近六旬,显得仍很精明能干而果断。

晚间,我乘飞机离纽约赴华盛顿去会见巴德森法官。他把对毛和向的起诉书给我过目,准备于第二天递交法院。所请的开业会计师已经审查了毛的账目数字,查明毛手中现有资金不下七百万美元。诉状向法院提出了三点要求:(1)下达抑制令,禁止两被告在十天内动用或贷出款项和转移文件;(2)下达初步禁止令;(3)判决将全部公款和文件交还国民政府。这些似乎都顺理成章,我仅提出了个别次要的更动。

随后,巴德森又把他准备发表的声明给我过目,其中包括了大使馆准备发布的消息中的各个要点。我认为他的这份声明稿措辞得当,明确具体、要言不繁。可是他不认为大使馆准备发布消息一事是明智的。他认为大使馆应当等一等,看看我们的起诉对这两名军官产生什么作用再定。他并建议我聘用一名宣传人员,并提出一位叫洛基特的人选。不过他对此人并不熟悉,仅知他一度曾为陈纳德将军做过宣传工作。

第二天谭绍华给我送来一封信,是查良鉴和周宏涛两人联名写给他的。信中也是敦促我们聘请宣传员来对付毛、向的宣传战,还提及报纸上某些针对大使馆和我国政府的毁谤性报道,措辞相当辛辣。我立即打电话把董显光请来看这封信。我希望他不再反对聘用宣传员。我说为了取得各方的合作,为了满足专程由台来美协助办理毛、向案件全体同仁的愿望,以及使美国公众更便于了解本案情况起见,最好还是设置一位宣传员。董显光同意了这一意见,并请我授权由他去聘用。

问题的焦点在于从台湾派来协助我办理毛案的人们很自然地会要求无所隐讳,尽情揭露,而董显光是个有经验、有素养的新闻宣传家,他对这样的宣传工作缺乏信心,因此不同意这样做。台湾来的人急于要物色一位新闻发布人员,而巴德森法官和爱迪生州长也都坚决支持这种主张。鉴于他们对此要求心情迫切,而且他们毕竟代表着办理毛案人员的主体,我就劝说董显光勿再坚持己见。最后终于决定聘请一位宣传员来处理宣传工作。

同一天，即11月14日，终于将起诉状递送法院。同时并向国务院送交了一份正式通知，说明奉中国政府命令，毛、向二人已改变身份，或者说已经失去官方身份；同时声明空军驻美办事处业已撤销，其原有业务归并于新成立的中国国防部驻美采购委员会。从此原有各军事代表机构的账户一律注销，而以新机构的名义开一个统一新账户，支款时支票要由皮宗敢和俞国华两人联名签署方能生效。此外新的委员会另外还立有一个行政费账户，由皮宗敢单独签署即可支款。

这最后一个问题拖延了一段时间。11月1日，皮宗敢曾来问我，当时分别以海军、兵工署等各部门代表名义所开的老账户，是否需要吊销，并另由新的采购委员会开立新账户，而支票则规定要由采购委员会主任（当时为皮宗敢）和各该部门有关成员联名签署后生效。我让他暂维现状，等新任主任江杓到任后再说。我说，就大使馆正式通知国务院我国成立新的采购委员会，同时将原设各种独立采购机构撤销，特别是撤销空军办事处一节而言，他所提出的变动并非必要，并不是非办不可。账目过户和签字问题仅仅牵涉到银行和采购委员会之间的关系，是属于采购委员会内部管理问题。鉴于目前规定的支票由原来各负责人签署后再由委员会主任签批这一程序执行得很顺利，这就更没有必要作什么改变，因为变更某些手续是非常麻烦的事情。（在这个问题上，王守竞曾不同意我的意见，因为律师们强烈地劝告他把账户转移到委员会名下。）

关于委员会的名称如何译成英语的问题，皮报告我说，全体成员一致主张译为 Chinese Military Procurement Commission（中国军事采购委员会）。我说，这与政府给我的指示不完全一致。政府原定的中文名称是"国防部驻美采购委员会"，可以译成为 Procurement Commission in the United States of the Ministry of Defence。我说如果要作什么变动，那最好先向政府报告请示，经上级批准后再办,因为原来的名称很可能是行政院批准的,国防部必须恪遵,任何变动都必须请示政府批准。皮说,按原文逐字直译则译名太长,使用不便。我说,使用时可以缩略。

江杓于 11 月 5 日到达华盛顿,第二天就和俞大维一同来见我。此时忽然接到叶公超发来的电报,内称,政府决定暂缓组成新的采购委员会,候我、俞大维和江杓会商结果再定,因为毛和向百般阻挠,造成许多困难。我们磋商后一致认为,为了便于向美国法院对毛起诉起见,大使馆给国务院的通知中只应提及新采购委员会成立于 5 月份,由皮宗敢负责。这样一来,我们就杜绝了毛借口新委员会筹组工作未完,地位仍不明确,因此他尚未将机构和公款办理移交。

我告诉大家,实际上向确已给我写了一封英文信,其内容正好是上述这种遁辞。向在该函中称,空军办事处早已准备移交公款和文卷,但由于政府对他和毛的信没有答复,同时新采购委员会的业务又没有充分展开,因此他仍旧得负责把收到的订货发运出去。与此同时,向还要求大使馆催促国务院把已申请的出口许可证迅速发下来。

此时江杓对接管新职犹疑不决。我建议在正式向法院起诉之前,不妨仍以皮宗敢名义和美国政府打交道,而由他掌握实权。俞大维建议江杓把当时仍由各武装部队代理机构掌管并且使用老户名的资金接管过来,他对此也是迟疑不决。但是事情很明显,为了便于诉讼起见,最好是把所有账户都归并到新委员会户下,以示委员会是按政府原来的命令执行业务的。俞说他将再次与江研究。不过这事终于还是拖到了 14 日才解决。

对毛和向的起诉是由巴德森、莱希及其助手于 11 月 24 日下午二时向哥伦比亚特区美国地方法院提出的。不久该法院法官柯克兰就发出了一道临时抑制令,由法警向被告执达。该项抑制令禁止毛、向和他们的代理人等动用或以任何其他方式处置中国政府委托给他们的一切款项或其他财产。同样,该项命令禁止他们转移、销毁或以任何方式控制中国空军的一切账册和文件。另一道法院命令则命令他们提供证词说明他们所掌握的其他未动用公款的下落。同一天，中华民国以原告身份申请法院发出一道初步禁止令，使临时抑制令中的限制性条款继续生效。

那天上午，王守竞交给我一封信，是巴德森致查良鉴的，信中仍是综述在此时机宣布成立调查委员会的不利之点。巴德森可能是要使他的这一意见见诸文字记录，而查则十分同意巴德森。于是我就召集与此问题有关的各位首脑人物开会研究。

俞大维说，建立调查委员会一事是周以德首先倡议的，他本人原来并不赞成，但由于周以德坚持此议，使他感动而转趋支持的，现在再要求他放弃此议为时已晚。不过我们在组织工作完成以前尽可秘而不宣。可是我却认为大使馆不能再事缄默，我们至少可以立即宣布有建立委员会的意图。查良鉴和董显光对此均表同意。数小时后，俞大维打来一个电话，他说周以德适才通知他，周以德与巴德森谈话之后，觉得我们还是暂不宣布成立调查委员会，而先进行起诉为好。现在周以德认为我们应该接受巴德森的意见，先冷静观察一下法律行动对这二位空军军官能产生些什么影响，然后再决定到底有无成立调查委员会的必要。

俞大维这个电话使我颇感吃惊，甚至有些生气。事到如今竟然还有人要求我们放弃宣布要成立调查委员会，而且必要时还要完全放弃这一意图。尤其是当初主张成立调查委员会的就是周以德，是他首先提出这一主张，坚决要求办理，如今主张放弃的又是他。我对俞说，我们现在不能这样办，否则人们会说我们简直是儿戏，台湾肯定就会这样说。俞劝我给周以德打个电话，并说他本人就是因为周以德坚持才同意建立委员会的主张的，如今周以德不热衷此事，要我们暂缓宣布，他又认为我们不妨就按周以德的建议办。这似乎是在推诿责任。

我还没有来得及给周以德打电话，他却已经给我打来了电话，把俞刚说过的事给我说了一遍。接着他又再一次说，我能够请到巴德森这样一位德高望重的人来为我们效劳,应当向我祝贺;并强调巴德森能出面为我国政府办理此案,这是我国事业上的一次胜利,因为美国人民将从中得出结论,认为我方一定理由充足,中国政府肯定是对的,否则巴德森不会来担任我们的代理律师。周以德力劝我要按照巴德森的建议办事,切勿宣布成立委员会之事,而由巴德森去发表声明,推动诉讼事务。他说,巴德森曾向他强调,如果现时宣布要成立调查委员会的意向,必将使公众思想产生混乱,这话他甚信服。

周以德承认,是他自己首先提出并坚持建立这个委员会,不过那是8、9月间的事,现在情况已经不同了。现在他认为应该进行法律起诉方合时宜。尤其是因为我们得到巴德森这样一位卓越律师的臂助,就更应走法律解决的道路。(他这一席话使我回想起了从前段祺瑞将军任总理发表一项和先前矛盾的政策时所说的话:此一时也,彼一时也,岂可同日而语哉。)周以德说,我们到底是否需要成立委员会,将来可以根据两个被告有何反应来决定。我向他暗示时不我待,以及此时如放弃或推迟宣布则将造成不利后果,可是他仍强调我们无论如何应顺从巴德森法官的意见,并说,他自己听了巴德森的意见后,已经心悦诚服地改变了立场。

我在花园中寻思了几分钟,得出了一个结论。我想现在既然有那么多的美国朋友主张首先诉诸法律,还有这么多的中国同事也改变了主意,赞成巴德森的意见,(仅在半小时前,宋子文也打来电话说,他的许多美国朋友都强调巴德森的说法有道理,他本人也认为我们可以把声明暂时搁置一下。)我不妨姑且放弃发表声明,且看那两位军官收到我们向美国法院起诉的通知后作何反应再说。于是我就嘱咐王守竞通知早晨同我开会的人们再来我办公室举行另一次会议。

在这第二次会议上,我把在电话中和周以德以及纽约的几位中国朋友的谈话(我没有说是宋子文)复述一遍,然后请大家重新发表意见。大家一致主张把关于委员会的声明推迟发表。我说，我愿接受大家一致的意见，并负责向台北说明我们为什么决定改变计划。会后，我打电话给胡适，告诉他改变计划之事，以及诉状业已递送，并通知了两被告。他说，按巴德森的建议办是明智的，对我这样做非常高兴。他并告诉我，已把刘世芳找去，让他观看有关毛案的各项文件档案，并劝他在委员会成立以前暂勿放弃经济合作署的奖学金。（他正靠这笔奖学金在美研究。）

下午七点四十五分，我同台北叶外长通了电话，报告他诉状已经呈递，临时抑制令已经发出，上述两项诉讼程序的通知也已经送达两个被告人。同时我告诉他，巴德森法官和周以德众议员两人都坚决主张台北现在不要对本案的背景情况发表任何声明，我也支持他们的意见；特别是不能透露我们原计划建立调查委员会的意图，因为我们的律师力主先进行法律诉讼程序，而不希望旁生枝节，出现一个调查委员会致生干扰。

叶急切希望知道法院的名称以及我们的律师向法院提出了哪些措施等等，以便他可以向蒋总统汇报。他说，他将宣布我们已对毛和向起诉，除此之外什么也不打算透露。另外，他又要求我必须想尽一切办法为调查委员会物色到三位美籍成员。我说一定照办。我对他说，鉴于诉讼的现状，我们不宜向瑞士银行支取与此案有关的款项，尤其不宜用以支付委员会的酬金，并说关于此点我将用专电详告。晚饭后，我把秘书傅冠雄找到我的寓所，我们二人分别起草电文，向外交部报告毛案的进程和发展情况。

就在同一天，查尔斯·爱迪生从纽约打来电话，提出了几位可以担任调查委员会第三个美方成员的人选。他提的是两位海军上将亚内尔和哈特，联合果品公司的丹尼，卢·道格拉斯，吉·普·肯尼迪，希恩，吉姆·法利，欧文·扬，帕特·赫尔利和威尔·海斯等人。我们就这些人交换了意见，最后决定先向海军上将哈特和肯尼迪两位联系。爱迪生于 11 月 16 日回电，说哈特乐于应聘,爱迪生也同亚内尔联系过,但对方自称年事渐高,难以胜任,现在爱迪生正在等待时机向肯尼迪联系,因为彼此并不熟识。

我于 11 月 15 日见到了柯克海军上将,他推荐伯纳德·巴鲁克,卢·道格拉斯和大通银行的查尔斯·奥尔德里奇等人。他并表示愿意同这几位联系,探明他们是否愿意应聘。另外他还要敦促沃尔尽快作出决定。在他所提出的人选中,我们一致同意伯纳德·巴鲁克最为合适,他愿意先去劝驾,这当然并不意味着就此说定,而是如有意受聘,再另由我正式同巴鲁克联系。柯克听说诉状已经递交法院感到很满意,但他认为就争取美国公众而言,仍然需要成立委员会来应付毛、向的挑战。我自觉似乎是处在几种矛盾意见的夹缝之中。

正当成立调查委员会的问题难于做出决定的时候,司法诉讼工作似乎进行得很顺利,至少在一开始时是这样。当时对毛邦初和向惟萱的诉状已经递交法院,法院已经下达临时抑制令。据我所知临时抑制令和起诉的通知也已送达两个被告人本人。可是到 11 月 15 日,王守竞却来报告我说,法院法警未能将通知送达毛和向本人。为此巴德森和莱希打算申请法院允许我们雇用一个侦探对毛和向的住宅进行监视,必要时还要对他们进行跟踪。他们二人显然是在起诉通知和抑制令送达他们本人以前就已离开了法院的管辖区。据我所知,他们已经到达纽约,当晚并在那里打电话约了几个中国朋友打麻将。王守竞说,台湾派来诸人对此案办事松懈,使得我们没有能够及时把法院的起诉通知送达两名被告,他对此感到很沮丧,很心烦。台湾派来帮我办案的人都是毛的老朋友,正如我和毛是老朋友一样。问题在于他们对毛和平时一样,照常交往谈笑,这样一来,毛邦初对我们想要做些什么都一清二楚。

司法行政部次长查良鉴是台湾派来办理此案的五人小组的组长。他 16 日打电话告诉我办案情况。他说司法警将把法院通知送往勒鲁瓦广场毛和向的办事处,王守竞建议由他(查)和皮宗敢陪他和法警一起去。我说,查本人没有必要去,我也同意他的意见,认为皮最好也不要去,因为他去可能引起麻烦。在此以前,王自己曾打电话告诉我说,法院法警曾向国务院请示过,把法院通知送达到毛设在华盛顿的中国空军办事处是否适当,因为该办事处是个中国政府机构。国务院礼宾司答复他说,只要中国大使馆派个人陪同前往就可以。我当即派崔参事前往。

崔去后,从空军办事处附近一家药房打来电话报告说,他和王守竞在空军办事处门外等候法警,但一直未见来到,请示如何办理。我对他说不要在那里老等,可与王一起到 19 号街使馆办公楼,毛在那里另有一个办公室,可在那里等法警到来。然后三人会同再回到勒鲁瓦广场的空军办事处。但事后我听说,那位法警也始终未去 19 号街办公楼。最后,在第二天傍晚,查来报告我说,毛的律师给我方律师莱希打电话说,他的当事人准备把空军办事处交由法院看管,并要求莱希相信他这是君子之言。我们遵照巴德森的意见,暂时接受这位律师的保证,以免惹起公众对我们不满的意见。

星期天(11 月 18 日)我身体不适,我的第二臼齿痛了一个星期,一直没有顾得上治。我决定找牙医生把它拔掉。拔牙并不费事,但是很疼,然而我还是从牙医生那里直接回到我自己的办公室,接见巴德森和查良鉴。巴德森建议把空军办事处接收过来。因为让两个被告控制着这个办事处,还声言在办理采购业务,实在不像话。我说,我不反对,但必须请法院派出某个与双方无利害关系的第三者来监管,以保证一切文书、档案、账册不致被篡改。如果法院不找个局外的第三者来负责文书档案,则将来被告可能会提出控诉说,部分足以证明他们无罪的重要文件已被抽掉,那就死无对证了。而且我深恐被告已经把重要的文件和账册转移了,因而我们把剩下来的接管过来就没有什么用处。可是由于是巴德森坚决要接收,我只得同意,但必须满足上述条件。他对我的要求是理解的,因此他说,他将要求法院派出代表参加。

巴德森说,据报毛现在纽约,他的寓所宾客众多,电话不绝。毛自己还到里弗代尔区去拜访过一位中国要人,此人寓所外面有警车巡逻。这使我立即意识到,毛一定是在乞灵于李宗仁,企图祈求李宗仁出来为他撑腰。我当即如实报告台北。

第二天,我了解到毛的律师发表了一项声明说,毛不承认蒋介石是总统而认为只是一个篡位者。这是毛和他的律师企图驳回司法诉讼而采取的一种行动。他们所根据的理由是:中华民国的合法总统是李宗仁而不是蒋介石,因此,法院根据蒋介石代表中华民国提出的诉状而采取的司法行动是不合法的。

11 月 23 日,我在纽约旅次给谭绍华打电话,要求他给外交部复电,因为外交部曾来电询问有关毛承认李宗仁为总统的情况。我嘱咐他报告外交部,大使馆已收集一切必要文件,以便向法院证明毛的行动是一种叛变。24 日,我着手向宋子文研究这一问题。我对他说,虽然李宗仁在中文报纸上否认有支持毛的事,恐怕问题并没有就此结束,三两天内可能会有进一步的政治性事态发展。我说,由于美国法院对毛采取了司法行动,使他处于现在这样的窘境,他一定会想尽一切办法挣扎摆脱。星期一,我回到华盛顿后,由车站驱车径往我的办公处,果不其然,办公室里好几个人等在那里,神情紧张,王守竞正用我办公桌上的电话和外面通话。

陈家博已经交给我一份毛的律师向法院申请驳回起诉的申请书副本,其理由是毛和向不承认国民政府,也不承认蒋委员长是总统。他们只承认李宗仁才是合法的总统,而蒋委员长则是个篡位者。申诉书的附件中包括李对毛呈文的指令,其中说李在 1950 年 3 月 2 日发表的文告中申明他仍然是合法的总统,因此蒋委员长的所作所为应认为是非法的、不能成立的、无效的。另外选有一份甘介侯写给毛的律师的信也说,从宪法和历史上说,蒋委员长不可能是现在的合法总统,只有李宗仁才是。这一辩诉之词早在我意料之中,不足为奇。正如前此我对外交部所报告那样,所有有关的公文都已汇集,并已译成英文,以供巴德森在法庭上用以驳复毛的申诉。但是,事后王守竞给我送来一份李宗仁的所谓指令的中文本,其中还有一句话,指令毛对蒋总统的命令"置诸不理","继续执行其职务"①。此事使我十分惊诧,立即电告了台北。

11月26日下午,有一位巴德森的法律业务伙伴莫泽与查良鉴同来我处。他建议我向国务院发一份通知,声明毛和向已没有资格保有空军办事处及其公款及文卷,也无权代表中华民国政府,同时巴德森和莱希已由中华民国政府授权作为中国政府代表出庭办理诉讼事务。他说还应向国务院发出另一份通知,声明蒋委员长是合法选出的总统,并要求国务院如实通知法院。

莫泽说,两份通知都已拟成,重要的是务必于当晚送达国务院。他的态度相当坚持,我甚至感到有些过分。我就对他说,我会考虑这个问题的,特别是关于通知国务院蒋委员长是根据宪法选出的总统等情的那个通知。我对他说,国务院历来不办这种事,如果现在要求国务院办这种事,这会使它踌躇起来,而任何踌躇都可能使问题复杂化和引起误解,这是不妥当的。用国际用语来说,这是中国政府的内部问题。1950年3月1日,蒋委员长复任总统当天,我已经正式通知了国务院。如果法院要求美国国务院证实这一问题时,那个通知就足以解决问题。我说,据我看来,举世公认从无争议的事实,法院是不会不承认的。假如法院认为需要请求国务院予以证实或指示,则通常国务院无须向大使馆征询就会径予答复。

顾毓瑞和查良鉴也提出需要找个记者找国务院新闻发布官去问问关于这个问题的究竟,我也没有接受。如果新闻官在即席回答这个问题时稍一踌躇或者态度有些不自然以及措辞不当,那马上就可能引起各方的疑窦。我再次向莫泽说明,我愿认真考虑

① 所引词句,录自李宗仁指令原文。——译者

他的建议,并将仔细阅读他草拟的通知全文;但我也让他明白,即使我同意他的建议,我仍将把他草拟的通知(给国务院的)按照外交惯例和使用外交语言改写。但是他离去后一个小时又打来电话,再次叮咛该项通知务于当晚送往国务院。他声称打算去见国务院的法律事务官,该项通知最好由他亲自带去。这点我没有同意他,我说我们会尽最大努力把通知准备好的。

谭绍华、王守竞和我三人一同整理这份通知稿,直忙到晚间十点三十分。我把通知稿中关于到底谁是总统的那一段重写,大意仅是万一法院提出这一问题,希望国务卿认可向法院提示一份我于1950年3月1日递送国务院的通知副本。至于以何种方式提示,可请国务卿酌定。同时我决定关于毛和向已被停职免职的另一通知应由王守竞亲自交给国务院中国科科长,而将一份经过签证的副本交莫泽转致国务院法律事务官,以便要求他采取行动。但我又打算把关于谁是总统的那份通知扣下暂不发,要等情况弄清,国务院确需此件时再发。

第二天,即11月27日,俞大维来访。记得上次和他谈话是在六天以前,那时他说准备去纽约逗留几天。他认为现阶段的毛案办得很顺利。他为处理毛案提出一个口号:坚定、简化和沉着。我说,彼此所见略同。并说,当初这里有些人为此而过于紧张、激动,都是不必要的。如果他们也采用了这句口号,那就完全可以避免了。接着俞说,他也一直在向五角大楼的人们说明毛案的情节。毛在那里,特别是在美国空军军官中有一些朋友。

27日和俞大维晤谈时,我提起了毛和向不承认我们的政府和总统的合法性后所产生的局势。我告诉他,虽说律师和朋友们另有建议,我自有我的应付之策,并向他作了说明。他完全同意我的主张。并说我们不应草率从事,以免政治局势益趋复杂。

同日,国务院法律事务官塔特对莫泽说,如果法院以书面提出咨询此事,国务院可以就提出的问题咨复法院,并在中国大使馆同意下,附送我1950年3月致国务院照会的副本。于是我们就给国务院打了个电话,表示我们同意这样办。我决定次晨要办的第一件事便是让王守竞把我们已准备好的关于总统问题的照会亲自送交国务院,以肯定此事。与此同时,法院在塔特建议之下给国务院写了一封信查询上述问题。

事态的演进正符我的预计。问题在于莫泽也和美国的其他律师们一样,只善于用美国法律去处理美国案件,对于国际关系的要求则茫无所知。我自己在法学院就读时则有所不同,我学习美国法律的目的是把它作为进一步攻读国际法和外交学的基础。我的美国同学们则不然,他们学习美国法律就是为了日后在美国法庭上当律师,几乎十分之九以上的人都是如此,我就想不起当时有哪一位同学对国际法发生过兴趣。因此,在我看来,巴德森和他的同事们提出的意见,从来也不是十分中肯的观点。

毛邦初竟然背叛国民政府,宣布承认李宗仁为总统,不过是一场闹剧。从国际法的观点看,本不存在什么了不起的问题。可是巴德森和他的伙伴们却弄得惊惶失措,竟然打算采取一些会导致不利于国民政府的对策。而国务院则不然,他们采取的行动同我向巴德森和他的同事们所提的建议完全一致。从国际法的观点看,这种做法是完全正确的,而美国律师们的认识则往往与此不同。

第二天,即 28 日清晨,台北的叶公超打来电话说,他将发出一份照会,由我递交国务院,其内容是关于总统的合法性问题。我说我已经准备了一份即将发送,并把内容给他说了,另外还向他指出无需为此而过于焦虑。他对此表示同意。我说准备把我的照会全文电告。他说 1950 年 3 月 2 日,毛邦初、李惟果、皮宗敢及俞国华曾联名给总统发了一份贺电,这就说明毛当时完全承认蒋总统的合法性。

那天上午,王守竞向国务院送交了两份业已准备好的通知。下午四点,据报法院以柯克兰法官为审判长开了庭,当莱希请求驳回毛方律师的请求时,柯克兰法官乘机声明,他曾向国务院函询,并已获得书面答复。接着他就宣读了国务院的书面答复。其内容是,美国政府所承认的中华民国政府位于台湾的台北,其驻美大使为顾维钧。关于该国的总统,该大使已于1950年3月1日书面通知国务院,蒋介石委员长业已复任总统职位。该报道并称,上述我的照会副本业已送达法院,该副本有代理国务卿韦布的签证,随附我发出的另外二份照会的副本也有同样的签证。接着法院批准派遣一位监管人员,前往接管中国空军驻华盛顿办事处,清点造册。

这一事件得到了满意的办理之后,我就把注意力转向其他紧迫的问题。首先,毛的律师提出了四点要求作为接受起诉的条件。这些要求是:(1)要继续给空军驻美办事处的人员发放工薪;(2)撤回纽约法院的诉讼;(我想这是在向华盛顿法院起诉之同时,为了解决银行账目等问题,向纽约法院提出的。)(3)原告不坚持接收办事处,而接受被告律师负责保管全部文件的保证;(4)照常支付日常办公费(每月二万美元)。这些要求需要研究后再作决定。

其次,毛的律师在申请中还提出另一借口要求驳回我们的起诉,该项借口我希望得到澄清。这一借口是说原来在毛和俞国华联合户名下的存款已被俞提出,并转入俞大维和我二人的联名户头,供私人使用。因此我把俞国华找来,请他给我们的律师写一封信,声明他之所以把该项存款提出并转到俞大维和我名下是奉政府之命办事。这就正式驳复了毛的律师申请中的借口。我认为这样办比由大使馆发表声明好,因为对一个问题的驳复或否定可能被曲解为对另一项指控的默认。俞大维在前一天还要求由大使馆发布一个消息加以驳复,但他现在却说宁可置之不理。这事再一次使我感到,一个人要担任公职必须具备法律基础知识,这在用法律观点考虑某些问题时是非常重要的。

11月28日下午我召开了一次会议,听取毛案的最近发展情况,并对新产生的问题进行研究。参加会议的有俞大维、查良鉴、周宏涛、夏功权和大使馆的谭绍华、王守竞以及傅冠雄。王守竞汇报有两项声明已在起草中,其中之一是大使馆致空军办事处全体成员和雇员的,声明中向他们保证,政府并无为难大家之意;另一项是致供应商和承包商的通知。在新建立的采购委员会中代表空军的夏功权报称,有一位叫麦克拉肯的已被任命为监管人,负责接收空军办事处。他是法院应莱希律师的请求而任命的,法院已在今天下午认可。我给在纽约的胡适打电话,把法院方面的最新情况通知他,并告诉他,我已给他发去一套毛的律师提出的文件。

29日我再次召开会议,研究我方律师在控告毛邦初和向惟萱案中所采取的法律手段。夏功权首先汇报了接收空军办事处的详细情况。他说,接收工作是由法院监管人办理的,当时毛的律师、夏功权少校本人、我方律师以及空军办事处的成员都在场。但是进入该办事处时还是耽搁了一些时间,因为里面有个人走到电话机前去打电话,显然是向纽约打的,他隔了好长一段时间才来应门。

接着查良鉴报告了向毛送达抑制令的情况。我方侦探似曾向我方律师作了如下的报告。当毛的律师罗伯茨去到毛的寓所和他会谈时,我方侦探和法警就跟了进去。但是在罗伯茨的坚决要求下,毛立即遁入浴室,并把浴室门反锁,不肯出来。侦探和法警等了许久,终于在罗伯茨的强求之下离开了该处,未能把抑制令当面送达毛本人手中。这是一套司法诡计,因为只要没有把抑制令当面交到毛本人手中,执达任务就不能算完成。

夏功权接着继续叙述接收空军办事处的经过。他说,毛的律师对在场人员提出,双方应各派两名代表会同造册。但是夏和麦克拉肯一致毫不犹豫地驳回了这一要求。麦克拉肯说,他得先研究一下。夏和王守竞一起报告说,经对办事处初步检查,显然所有重要的文件、账册以及重要设备如打字机、计算机等(有了这些,毛的班子就可以继续执行业务)都早已迁移他处。于是王守竞就向我方律师提出,需要造册的不是现存的文件,这将枉费人力物力,而应该是那些已被挪走的文件。

尽管经巴德森建议,洛基特自 11 月 17 日起正式成为我们的公共关系代理人,但是当所有工作都在进行之际,却似乎没有人在做宣传工作。我批准雇用洛基特的那天,曾指定他隶属于查良鉴和巴德森办公室,他的任务是使美国公众随时了解毛案的真相,并反击被告及其律师对事实的任何歪曲。但是到 11 月 28 日为止,洛基特一连四天不见踪影,我们的宣传工作无形停顿,令人颇感失望。巴德森不见洛基特露面,火冒三丈,要求立即予以解雇。顾毓瑞给洛基特的妻子打电话,她也不知道她的丈夫在哪里。最后我们在罗斯福医院找到了他,原来他因酗酒中毒,正在那里治疗。我们只得辞退了他;几天之后,查良鉴客客气气地让他办了解雇手续。

12 月 2 日,王守竞、周宏涛和我本人在一起研究一个行动纲领,作为办理毛案的全面指导方针,其内容包括如何处理法院诉讼,宣传工作、情报通讯以及调查委员会的准备工作等各个方面。我们决定在大使馆内设立三个委员会:一个是处理司法程序和法院诉讼的,以查良鉴为首;另一个是处理空军办事处人员问题和重要的采购合同等问题的,由新任采购委员会主任江杓领导;第三个是筹备调查委员会和办理宣传事务的,以周宏涛为首;王守竞则担任我自己和这三个委员会之间的联络官。其后在王守竞的建议下,我们决定第一个委员会应兼办司法诉讼和情报工作。关于资金问题,查建议我给外交部打个电报,要求政府从美国政府退还给空军采购账户下的六十一万美元中划出一笔款项,供我们应付各项开支之用,诸如律师的诉讼费和日常开支、宣传费用、侦探费、委员们的酬劳金以及付给政府派来协助办理毛案人员的津贴等等。我认为这是一个好主意,但又觉得这笔资金必须先从原账户划归政府,方能转给我们,而且俞大维从军需品采购资金中预支的一万美元已经花用在这些方面,也要从政府拨给我们的款项中提出归还。我说要开个会来宣布这项计划,还得去纽约找胡适、董显光等商量筹设的调查委员会到底应该起到哪些作用。

12 月 3 日,在上述会议开会之前,俞大维突然来访。我就把与周宏涛、王守竞等所研究的如何组织安排有关毛案各种问题的计划告诉他。负责和参与处理毛邦初和向惟萱案的人手实在太多,必然不时会出现各种不同的意见。我自己决定了一个方针,即任何问题都要经过所有有关人员充分讨论,然后根据多数人的意见作出决定。

俞大维同意关于组织三个委员会的计划,但主张不要把组织搞得过于刻板。他说最好把各委员会称为小组,用第一、第二、第三小组等来加以区别。他并建议要采取慎重措施,谨防毛和向发动反宣传,把他们自己说成是受迫害者。他建议由台湾或大使馆草拟并发表一份官方声明,阐述毛案的背景情况,并说明政府对毛和向对周至柔的指控已经进行了审查。他的意思是要把主动权掌握在我们手里,而不能采取被动姿态,他们攻击一下我们就答辩一次。后来周宏涛见到我时表示不同意俞的想法,他问我怎么办。我说,俞和我是上午研究的,他坚决主张要发表声明,我则对这样做的时机是否适宜和这样做是否可取都表示怀疑。我答应对此再作进一步考虑,并说,不管怎么说,最好先征求一下巴德森的意见。

会议在十一点三十分开始。我向俞大维、江杓、查良鉴、周宏涛、刘炯光、石兆鸶、谭绍华、陈之迈以及大使馆的王守竞和顾毓瑞等宣布了组织三个小组的计划。俞大维建议由陈之迈和周宏涛共同负责三个小组。周宏涛则提出由陈任主席。于是我就要求周不必谦让,并要求陈同他合作。经刘炯光的建议,石兆鸶加入了第一小组(前文提到过,刘上校是台北空军总部采购部门的负责人,石是他的下属。他二人都是由于空军采购业务被毛案搅乱后于 1951 年 11 月由台北派来华盛顿的。)

下午四点半,查良鉴报称,毛邦初的律师已经通知我方律师,他们接受我方的起诉和诉状,并将作出答辩。但我方律师们对来文中的……"诉状和申请业已正式提出"一语颇费猜测。律师们为此正在查阅我国为了收回中国银行和邮政储金汇业局存在美国银行中的某些存款而与共产党人进行确定权利的互相诉讼的资料,以防毛的律师们提出与共产党人相似的要求。

次日下午,我离华盛顿赴纽约。在纽约除了有几个关于毛案的约会之外,我还将出席一次宴会,就亚洲和世界和平问题发表演讲。我刚到旅馆谭绍华就来报告,他说,毛的律师终于向法院提出了申请,要求把我们的起诉、法院的命令以及我们的申请等一概作废;他们在申请中对中国大使的权力提出了异议,因为他们认为中华民国的总统不是蒋委员长而是李宗仁,而李宗仁并未委任我为驻美大使。

第二天即12月5日上午我接见了巴德森法官。他对诉讼的进度作了报告。他即将去华盛顿,对毛的律师所提废除已指派的监管人、我们的申诉以及法院的抑制令的申请进行驳斥。他们的理由是,公认的政府的总统不是蒋委员长而是李宗仁。巴德森把他们这种手法名之为律师诡辩,没有正当的理由。

接着巴德森问起关于由蒋委员长下一道命令将毛撤职的事。他说,这一行动并非出于法律诉讼的要求,而是用以使美国公众认识到,毛已经公开背叛政府,从而受到了撤职处分。迄今为止,毛只是被停职,这就是说在接受审查期间毛不得执行其办事处职务;但是,一旦经过审查,毛被认为无罪,周至柔当然要依法受到惩处,而毛则应予恢复原职。换句话说,目前他的职位仅仅是悬起来。而撤职就不同,是意味着使他和政府完全断绝关系。

原纽约总领事、现任中国出席纽约联合国代表团顾问游建文打电话对我说,李宗仁向此间中文报纸发出了一份中文的声明。声明说,关于毛邦初对周至柔的指控,他从未获悉有任何证据或迹象。毛、周之间的互相指控,应由公务员惩戒委员会处理,他已函知台北该会。此一声明并无爆炸性。但据游了解,李宗仁将于是日招待美国记者、摄影记者、电视记者等,并发表英语声明。

其后游又来电话报告李宗仁的英语声明内容。李向记者招待会宣布,他是中华民国的合法总统,蒋委员长则是一个篡位者,他将采取适当行动设法予以驱逐,但不一定使用武力,到适当时机他将宣布他的计划。此外,李还给杜鲁门总统和国务院分别发出了备忘录,重申他作为中华民国总统的立场。我给谭绍华打了个电话,请他把这一报告的要点转报台北。

12月6日上午十一点三十分,我会见了胡适和董显光,把在华盛顿法院对毛和向的法律诉讼情况向他二位作了说明。胡对李宗仁自称为合法总统,并"命令"毛对蒋总统的命令置诸不理并继续执行其职务等情深为惋惜。他说:"这样一来,李宗仁就使自己在美国公众心目中变得十分可笑了。"我说,李可能已经掉进了毛为其自身利益而设下的陷阱。胡说不然,李并非如众人所想象的那样头脑简单的人物。他举了亲身经历的事例加以说明。那就是1948年李在北平争取当副总统候选人所用的一套手法,当时胡本人也是副总统候选人之一。

不久,李给毛下令一事的内情就水落石出了。通过某一可靠的来源,我获悉李的命令是毛用五万美元献金获得的。毛的这笔献金如不是直接交给李本人,就是交给李的太太,借以表示对李作为总统的忠诚。依靠这笔献金的法力,毛竟然赢得了李的命令。想一想,这简直像是一出喜剧!

四点三十分,我乘飞机赴华盛顿。我刚到华盛顿航空站,陈家博就将一份毛的律师递呈法院的辩诉状副本交给我。辩诉状中要求法院把我方的起诉、抑制令、监管人的任命等统统驳回,并宣称只有李宗仁是合法的总统;并称由于李既没有下令中止毛的工作,又未向我授权起诉,因此法院没有审判权。听说法官将在12月10日作出裁定。

我刚回到双橡园就接到叶公超当天第二次从台北打来的电话。那天早晨我在纽约时他已经来过一次电话,问我是否需要政府发一份正式声明,以驳斥李宗仁那份荒唐的宣言。我没有同意这样办。我说,国务院给柯克兰法官的答复已经使这一问题得到了彻底解决,问题已不复存在,我们不应再另发声明,使情况复杂化,以致显得我方对这一问题过于提心吊胆。我并说,这一问题最好留待我们的律师去解决。今天华盛顿法院开庭时将对这一政治问题进行正式辩论,我方律师将予以驳斥,我对辩论的结局有充分信心。

我并对叶说,台北方面充其量只应由立法院或监察院的某位法学家或委员出面发言,说明现任总统和现届政府完全符合宪法规定,不容置疑,某些跳梁小丑自立为王,不值一笑。但政府绝不应为此事发表任何正式声明。叶表示同意我的意见。他说,台北方面仅有少数立法委员感到激愤,并提出质问。我说,如有某些人士以个人名义发表他对李宗仁大言不惭的反感,那倒无伤大体。叶第二次来电话是询问当天开庭的结果如何。我把大致情况给他说了,并告诉他,法官将在 12 月 10 日宣布他对法院审判权问题和政治问题的裁定。

第二天,12 月 7 日中午,我接见了《美洲日报》编辑梁声泰,该报是纽约华侨创办的亲国民党中国的中文报纸。我给他介绍了毛案的背景情况,以及为什么政府和大使馆在作出行动方案并付诸实施之前保持缄默,而不对该案的性质发表任何官方评论。换言之,即政府和大使馆都打算经过充分考虑,并制订出一套行动计划之后方有所举动。特别是鉴于毛邦初在其律师的协助下,力图刺探政府的意图和动向,以便抢先一步,来攻击政府和大使馆的行动,因此我们尤其要这样做。我说,我们的法律起诉如迅雷不及掩耳,使毛和向手足无措,而政府则稳若泰山,岿然屹立。

梁切望为他的报纸收集毛案的详细情况。他说,迄今为止,他们报纸所写的社论都是一鳞半爪,不见全豹。现在他知道了许多情况,可以写得更确切些了。我对他说,我们大使馆打算尽可能给本地所有各家中文报纸都寄发邮讯,这样各报就不至于只能根据美国报纸所载,不管对与错照抄照登了。我并说,必要时他可以给大使馆打电话,由大使馆负担电话费,以减少报馆的开支。

下午,几个星期前新任命为大使馆助理商务专员的吴锡泽来我处作礼节性拜访。但他说,行政院院长陈诚有令,让他暂勿就职。我对他说,原任这方面的官员都已解职,大使馆当前没有适当人选可以接替,该缺又不宜久悬,因此最好还是请他尽快到差。他说这需要向台北重新请示。其实俞大维在上午已把吴的愿望告诉了我,即吴自己也愿意再拖一下。后来我才知道,吴提出延期到职是与毛案有牵连的。原来毛案已使陈诚受到大量指摘,吴希望不要由于他仓卒就任新职而使陈受到进一步的攻击。吴与陈诚共事多年,此次受命来华盛顿任职又是陈的安排,他深恐给陈造成任人唯亲之嫌。

12月8日我会见了周宏涛,他向我提供一个情况。他说毛在空军办事处的下属王定邦上校对陈之迈参事说,他并不赞成毛的态度,他认为毛的想法似乎错了。长期以来毛一直指望着能成功地对付一个调查委员会,不料这次在美国法院里告了他一状使他大栽跟头。王说,连毛的太太也向他提出过警告,有可能受到依法起诉,但他不信,现在才感到处境困难,心烦意乱。

不过周的来访主要还是为了解决他自己的问题。他曾给王世杰打过电报要求回台一行,以便把此间情况作一汇报。王复电说,蒋总统命令他留在美国,但又让他和我研究此事。他说,在他来美时,"蒋总统"曾指示他一切要向我报告,并听命于我。因此,他要求我给王世杰打个电报,表示支持他回台一行。我同意立即为他发电报,但同他说妥,在台短期逗留后即行返美,因为筹组调查委员会以及对毛和向的诉讼等事务在在都需要他的臂助。

另外,我告诉他,我为调查委员会的委员、律师和宣传人员申请的七万五千美元已经收到了,但是为台北派来的代表们所需各项补贴费用所申请的拨款还未得到答复。他说,关于台北派来的人应该给多少薪俸和差旅费很难定,他自己就是台北派来的。举个例说,如果给他以谭公使一样的待遇,或给查良鉴以大使一样的待遇,那是不公平的。因此他们一致认为最好是把薪给问题放下不谈——由台湾支付——而在这里发给他们差旅费就行了。外交部定的差旅费是每人每天十二美元。但是他说,他和其他同仁都感到此数不敷膳宿两项费用。我说,这里的房租确实很贵,请他们大家提出一个合理的数额,我将批准照付。(他们确实对待遇不满,感到发给他们的津贴费不足以度日。)

此时此际,我需要处理的问题真是形形色色,甚至台湾派来协助我办案人员的报酬问题,以及他们的牢骚不满,都得由我来解决。这些问题在在都影响到我们手头各项工作的进展。例如,法院曾向我方律师要求提供一份中国宪法的官方英译本。这是由于在毛申请法院驳回我方申请的请求书中附有一封李宗仁的追随者甘介侯致毛方律师的信件,该信中附有一份甘介侯自译的中国宪法。法院为了正确裁定,需要另一份译本以验证甘译本是否正确无误。这一来有不少人提出了各种各样的译本,但我认为使馆无权任意选定哪一本。因此只得申请外交部下达一份正式译本,以供对毛进行诉讼之用。凡此种种都要耗费我的时间。

12月10日,柯克兰法官下达了意见书,认为国务院的反应足以说明我是业经美国政府正式承认的中华民国大使,我已受权代表我国政府起诉,被告所称本案牵涉到干预外国内政的问题不存在,起诉手续合法,法院有权受理。这样,被告提出的驳回原诉以及撤销初步禁止令和指派的监管人的申请就被否决了。

傍晚,查良鉴来我处详述当天他在开庭时的所见所闻。他还说,毛的律师曾告诉我方律师说,他的当事人对柯克兰法官的决定将向哥伦比亚特区巡回上诉法庭进行上诉。不久,叶公超来电话讯问当天开庭的结果,他说将委员长适才要求他去汇报情况。我把法官的决定告诉了他;并告诉他,毛的律师曾要求把毛手中的资金划出一部分,以备偿付律师酬金。对此莱希嗤之以鼻,法院也予驳回。

叶又再次问起政府是否需要发表声明,作为对李宗仁自封总统的回答。我还是表示不同意。其后我见到巴德森时和他提起了此事。巴德森仍然主张对李宗仁的声明应等闲视之,政府不必发表任何官方声明。他说,关于到底谁是总统这个政治问题,国务院和法院都已作了明确而正式的答复,胜利属于我们。

12月11日,巴德森从纽约打来电话和我作了长谈。他报告了前一天(12月10日)所取得的成果,对此他很高兴,我也赞扬了他的工作。接着他提出要求法院批准把被告指使空军人员存放在华盛顿某仓库中的四箱文件接收回来。当初法院派出监管人时,我们满以为毛办事处的全部账簿、档案都存在原地未动。但我们很快就发现,大批档案都已搬走,其中包括许多重要的财务账册。后来,被告律师在法庭上承认,有几个加了锁的箱子,里面装着上述文件档案,业经移交给他,现收存在一个仓库内。

第二天下午,在处理毛案有关人员的全体会议上,大家一致同意应按照巴德森的建议,立即把那四大箱文件收回,哪怕重要或关键性文件多半已不在箱内。12月21日,柯克兰法官果然下了一道命令,把该四箱文件移交给法院监管人员监管。

我们明知道空军办事处的人员中有好些人曾对毛邦初的不法行为给予支持帮助,甚至有的人还是事前事后的同谋,可是在会上我们还是一致同意不对这些人采取任何法律手段,这一决定是非常明智的,因为采取法律手段的威胁,会使他们感到恐惧,甚至会逃离美国。我说必须全力防止这种意外事件,因为一旦发生这种事,被告就可以理直气壮地找到借口说,有些负责官员已经失踪,并带走了一些文件,这些文件中包含有他们为抗辩所需要的凭证,现在无法找到。会议决定我们应立即同我方律师们商讨,我们应采取哪些步骤防止办事处的人员逃遁,以免被告借口无法取得必须的资料而回避辩诉。

这时俞大维又一次提议说我们应该发表某种官方声明,说明本案的背景情况以驳斥毛的指控。毛最近又发表了一项新的声明指控周至柔,并扬言必要时他将把事情闹到美国国会中去。大家一致主张不发表官方声明,而是让我们的新闻宣传人员(我们新近另雇佣一人以代替洛基特)用有关的材料写一篇新闻报道。这种不用官方声明的办法,得到了董显光的特别赞赏,他称赞这是一项明智的行动。

与此同时,周宏涛已接到台北复电,特来向我致谢,由于我致王世杰一电,他已获准回台作短期逗留。我说我将就毛案情况写信,交他带呈蒋委员长和叶公超,并令其将有关详情当面作口头补充。应他的要求,我又让他向二位上峰说明,迄今为止,毛案虽在法院进行得很顺当,并且于我方有利,但短期内恐难结案,因为被告方面百般阻挠,拖延抗拒,无所不用其极。关于调查委员会问题,我嘱他报告上面,现在最好改为审查委员会,一俟法院作出决定后,如果仍有必要,再予宣布。

当我们大家都在关心注视着法院里诉讼的进展情况时,调查委员会的性质和职权范围问题也在酝酿之中。在11月29日举行的毛案专题会上,董显光宣称胡适委托他向大家声明,在胡看来,司法诉讼的进展情况已使局势趋于简化,现在调查委员会所必须做的仅是把台北的三人委员会对毛邦初控告周至柔贪污一案进行调查后写出的报告加以审查,然后在两星期内把审查的结果予以公布即可。(他有些过于乐观。)董的话引起了一场激烈的辩论。查良鉴和王守竞坚决反对在此时成立这个委员会,而周宏涛则同样坚决地认为,委员会仍有一项必须完成的任务,那就是把毛的指控从头至尾检查一遍,如果周至柔确实没有贪污行为,则应为政府洗刷,恢复其名誉。

我自己也认为不应完全放弃这样一个委员会。我说,在诉讼进入最后阶段以前,我们不能对这一问题作出决定。作为一种策略,政府完全有可能还须依靠该委员会来审查并通过台湾三人委员会的报告,以防人们议论说中国政府之所以诉诸法律并取得胜诉,其目的无非在于转移公众视听,使人们不再注意原来那两位军官的控告。同时也防止人们指摘说中国政府利用美国法院的权威来压制和迫害两位军官。诉讼在表面上是为了收回公款和档案,而实际上是借以掩盖台北的贪污丑闻。我还是坚持我的一贯主张,认为归根到底,通过委员会为政府取得一张健康证明,这比通过法院收回公款和档案重要得多。俞大维完全同意我的意见,并且在他的建议之下,我补充说,无论如何,仍须请在场各位仔细思考这个问题。我们目前不需要立即行动,不论最后怎样决定,都必须先请示政府,而且发表一项声明的时机也是至关重要的。接着我就宣布休会。

几天之后,(12月2日)王守竞来研究调查委员会问题,其后周宏涛也来一起讨论。这次至少我们三人是一致主张要保留这一委员会,不过委员会的任务仅限于对台湾三人小组的报告进行审查,并作出结论,到底有无贪污事实。同时我们决定不采取诸如公开听证,双方对质等做法,甚至也不要求任何一方提出补充证据。事实上三人小组的报告已将毛所提出的证据全部包括在内。另外我们又决定,新审查委员会的结论要与法院宣判同时公布,或者在宣判之后随即公布。

12月3日,我同俞大维商谈此事。我问他关于委员会的事对外面应该怎样说。他认为不宜声张。我说,以前我一直主张把法律起诉和成立委员会两事同时宣布,只是由于一向主张先成立调查委员会的周以德被巴德森说服,并打电话让我听从巴德森的意见,直到最后一分钟我才顺从他们的主张。我说,不过现在事态的发展与预料有所不同,诉讼的情况始终是我们占上风,我们现在如要发表某种官方声明,以对付毛对政府的指控,应当先同巴德森研究一下。但是我也指出,根本不提设立委员会之事是说不过去的,而如果现在提出,则等于为毛和向打开了搅乱公众视听的方便之门,使他们有机可乘,把公众的视线引到法院裁定之外,这是他们求之不得的事。这样一来,就等于授人以柄。我说无论如何,此事值得进一步深入研究。

那天下午会后,周宏涛留下来和我谈了些其他事情,我因而再次同他研究了上述问题。他听说宋子文和毛邦初往来频繁,宋在为毛撑腰;还听说宋有意组成一个新政党。此外还有与上述问题密切有关的事,他说董显光给他转达过胡适的建议,认为调查委员会只要把台湾三人小组的报告审查一遍就行。他考虑了这一建议,认为只要有胡适和爱迪生两人似乎就足以担当这一任务了,是否可以提出如此的建议。我认为现在要决定这一问题为时过早,而且爱迪生是无论如何不会同意这样办的。

12月3日我和巴德森晤谈时,把这一设想征求了他的意见,就是把委员会的任务局限于把三人委员会对毛指控周至柔问题的报告审查一遍,作出结论,写成报告,在法院宣判的同时或紧随宣判以后发表。我说,这样做的目的是想把毛案的政治方面问题作个一劳永逸的处理。所谓毛案的政治方面问题指的是毛对周至柔和国民政府的指控,以及毛企图把水搅浑,以掩盖其抗拒政府命令,拒不交出其所保管的公款和文件等情。我并说,审查过程中不作公开听证,不要求提出更多的指控和证据等。

巴德森说,他不反对这一拟议,但现在不能宣布委员会的成立,同时要静悄悄地进行工作,也不对两造进行意见听取会。他个人认为,只要法院一经宣判毛、向败诉,公众就会自然而然地不再重视他们的指控了。他说,不过他也能理解,我方希望把问题彻底解决,以免人们指责国民政府在美国法院控告毛和向是为了转移公众视线,冲淡毛、向对政府及其高级官员贪污腐化的指控。

巴德森还推荐了一位斯沃普先生,说此人是个公共关系专家,在设立委员会以审查台北三人委员会对毛的指控案所作结论的工作中,将是很好的顾问。他说斯沃普很高明,但收费较高,因为所有公共关系专家们对他们自己工作的重要性都看得很高,因此需要有一个大方些的预算。(这是在考虑接替洛基特的人选时提出来的。)

最后,我于12月6日同胡适和董显光研究了这一问题。我对他二人说,我们在华盛顿研究后得出的结论是,委员会仍须成立,但其任务仅限于对台北委员会的报告进行审查,其审查报告应暂时秘而不宣,搁置一下,等待适当时机,结合法院对毛案的裁定再予宣布。董显光对这种观点表示赞同,并主张,所审查的罪证仅限于毛的原始指控诉状及其证明文件、三人委员会的报告、毛第一次提出的九项疑问、三人委员会第一次就这九项疑点提出的报告、毛第二次提出的另九项疑点以及三人委员会就此提出的相应报告。胡适表示同意。

接着我又向他们说明了几项附带条件,就是不作公开听证,不要求任何一方人员出席,也不在事先宣布成立委员会。我并说这些条件已取得巴德森的认可。胡适建议说,既然如此,该委员会可在纽约办公,其工作内容是研究有关报告、文件和静电复印件。宋子文在午饭后来和我与胡一起研究,董显光则刚好在宋来到之前便离去了。宋也同意把委员会的职权范围作如此的限定。

关于诉讼问题,被告方面已于12月12日向哥伦比亚特区上诉法院提出了上诉。12月17日,查良鉴报称,巴德森认为被告对柯克兰法官的三点裁定进行上诉,除初步禁止令一点外,其余二点是没有依据的。这另外二点裁定(驳回被告以法院缺乏管辖权为由要求取消此项诉讼的申请和指定监管人)是不可上诉的。但是两天以后王守竞报告我说,由于被告提出了上诉,而柯克兰法官又声明在上诉未经裁定之前,他的法院没有管辖权,因此审理不能进行,这使巴德森很感棘手。他不同意柯克兰法官的声明,因为他说管辖权和监管人的指定是不可上诉的。因此他打算和莱希一同去找柯克兰直接交涉,不行就找院长,因为柯克兰是一位新法官,他的声明显然是错误的。这一上诉至少要三四个月方能得到裁定,因为巡回上诉法院的议事日程一般都排得很满。

王守竞说,巴德森指出,须把前空军办事处的九名官员留下作证,这点非常重要,必须加以重视。他建议我国政府批准这九个人辞职,命令他们回台述职,在此同时,大使馆应知照国务院,请他们采取一切措施,使这些人返回台湾或留在美国不得离境。王本人也力促我注意此点。

我对他说明,这一步骤对我们毫无好处。一旦我们批准他们辞职,而又允许他们保留军阶,他们在此势必无事可做,不承担任何公务正是他们求之不得的事。其次,如果他们要离开美国,那是无法阻止的,连美国国务院也无法公然留难。而一旦他们决定离美,那就无法保证他们一定返回台湾,他们在中途可以在任何外国口岸停留,拒绝行进,我们既无法将他们引渡,也无法强迫他们留在美国为我们作有利的证明,或者作任何发言。

经过我长时间的解释,终于把王守竞说服,他表示愿意向巴德森转达我的意见。同时他说,巴德森也正打算采取步骤,收集一些被告不法行为的确证,以便把他们的犯罪意图明确无误地通知法院,从而促进审讯工作。我让王在原空军办事处的九个人员中做工作,找一个人出来说话,给我们指路,这样案件就比较容易推动。

12月17日,我的一等秘书傅冠雄也向我报告一个情况。他说向惟萱曾想方设法要找周宏涛谈话。有一次他发现了周坐在皮宗敢的汽车内,曾两次兜圈子想截住皮的汽车。他说,向的律师一直在试图给周送一张传票让他去作证,但周不愿接受。经过精心安排,周宏涛于半夜驱车去费城,然后再经芝加哥到明尼阿波利斯去乘飞机回台湾。(不过,这样走简直是绕道!)这样他才摆脱了向惟萱向他送达传票的企图。

第二天,即12月18日晚间,王守竞也来向我报告毛和向的律师试图向周送达传票的消息,使我了解到更多的情况。他说,前天夜间,向惟萱在一位邓上校的协助之下,曾到周宏涛所住的旅馆去堵截他。但周在顾毓瑞处听到了这一情况,就没有回旅馆,而直接去费城,留下行李随后由别人为他收拾送往芝加哥。王说,夏功权因邓某充当侦探角色而申斥了他。夏并设法把向惟萱找去谈了一次话。

次日,夏亲自来向我报告他同向谈话的情况。据他说,他们一直谈到凌晨三点钟。我希望了解他找向谈话的动机,他的态度,尤其是他是否有意寻求妥协。此外,向曾否表示有同毛分手的意向。夏说并无此种迹象。向的目的是想把周截住,把传票交给他,让他到律师事务所去作证。不过,向倒是确实想把对周至柔的指控告诉周宏涛,要他去向蒋委员长报告。夏说,向曾向他抱怨说,台湾来的官员们实在不易见到,他希望见见查良鉴。夏对他说,外间有一种别有用心的谣传,说台湾来的官员们曾企图用五十万美元收买他(向)和毛,这就使得台湾来的人们要回避和他们二人见面。但夏还是应允给向安排一次和查良鉴见面的机会。

为此我对夏提出了告诫,我说查良鉴是奉派来美代表政府对毛、向起诉的,夏在未征得查本人同意并与律师们商讨之前,不应接受向的要求安排此等会见。法院现已受理此案,如果查和向见面,就可能使法院误认为我们有和解之意。我并说,被告之所以提出这一要求,可能本来就是蓄意要造成和解的假象。

据夏说,向承认当他和毛听说政府对他们起诉,确实吃了一惊,而随起诉同来的一系列麻烦使他们深感烦恼。向问道,为什么当初打算设立调查委员会的计划没有实现。夏答道,那是因为他们扬言委员会的成员人选必须由他们审核同意,方能保证公正无私。

这里我还要说明一下,如前所述,所有台湾派来协助我处理毛案的代表们,以及我大使馆的属员,连我自己在内,都同毛和向非常熟稔。这些代表们既然都是毛、向的老朋友,他们就都习惯于同毛、向毫无顾忌地往来。但是,讼案一经兴起,我们大家同毛、向当然就处于敌对立场,因此我有必要提醒大家注意同毛、向两个被告人之间的关系。

12月20日下午,我召开会议,听取毛案的进展情况,并研究与该案有关问题。查良鉴报告了巴德森关于如何对待那九位空军军官的建议。他说,这些建议仅是初步设想,还需要加以周密的考虑,并制订一个周密的计划,以防他们逃离美国,从而使被告的阻挠计谋得逞。大家一致认为我们必须先制订出这一计划,然后才向国务院提出要求,禁止他们出境。俞大维断然反对要求把这些人引渡,他说即使下达通缉令,美国也不会同意照办。他不同意采取任何可能遭到国务院拒绝执行的措施,这是正确的。他提出了一个非常切实的问题:如果把他们作为被告方面的人物对待,难道我们能依靠压力使他们提出有利于我国政府的证辞吗?

但是,最使俞担心的是,美国国会将于 1 月份复会,有些参议员和众议员可能会抨击我国政府而把被告当作与贪污作斗争的爱国者,为他们辩护。这倒不一定是出于对被告方面的同情心,而是作为一种推进他们反国民政府政策的有利途径。我说,我一直在依靠一些美国朋友们防止这种攻击的出现,不过有无效果,还未可知。因为在美国政府内外,确实还有那么一帮人,他们趋向于大肆贬低国民政府,以为他们所推行的反台政策作辩解。尤其是因为明年是大选年,在总统竞选活动中,共和党人肯定会把现政府对华政策问题提出来作为攻击的靶子。

我们还研究了另一个问题,就是在新的采购委员会成立以前由各采购单位签订的现已生效的许多合同问题。虽说已开出的信用证是不能撤销的,但与会人员一致主张与银行和制造商联系交涉,把各项合同的执行事宜转到新成立的国防部驻美采购委员会来办理。

1952 年 1 月 2 日,我再次召集毛案小组开会,讨论审查委员会和宣传工作事宜。我打算作为重点研究的问题是,如果国会内有人提出要讨论毛案,以及毛、向再三指控的空军最高当局,甚至整个国民政府贪污腐化问题时,我们应该怎么办。我问道,是否需要按照俞大维的意见,发表一项声明。如果要发表,则我们在声明中应说些什么,同时要考虑到一旦我们决定要设置审查委员会时,我们还得另发一份更详细的声明。我请小组对这一问题研讨后给我提出方案。我说,我自己倾向于不发表任何声明,即使某些国会议员在参院或众院发表有关言论,我们也不作反应,特别是因为今年是个大选之年,美国所面临的局面是失掉了一个国民党控制下的亲美的中国,并且由此而燃起了朝鲜战争之火,面对这一局势,两党必然要在关于美国对华政策问题上力图为各自的政策及立场辩护。

1月7日,叶公超由台北打来电话,询问有关查良鉴及其所属人员的情况。他收到查的一封电报,内容可能比较紧张。当时周宏涛正在台北,他的四位同组的同事也给他打了一个电报,一致要求返回台北。他们说,他们都已为此案竭尽辛劳,现时案情进行顺利,无需他们继续参加了。查在电报中还问及1948年汇给毛的一千万美元应作如何解释,另一个问题是他(查本人)是由谁派到美国来的等等。这些都是他对毛的律师答辩时所必须解答的问题。(约十天之前,查曾报告我说,毛的律师已正式提出要求周宏涛和他本人出庭作证。)

叶公超立即意识到,赴美小组之所以骤然一致提出要求回台,其真正原因在于1月3日他们接到的外交部致他们的代电中削减了他们的出差津贴,引起了他们对经济待遇的不满,这与事实完全合拍。叶说,他们甚至还强调说在美国人身有危险。(这点他们从未向我提出。)我对叶说,关于查是谁派遣的和一千万美元是如何汇给毛的这两个问题都不难答复,因为这些都是按蒋委员长的命令办的。至于在华盛顿的人身安全问题,我说在华盛顿不会有问题,我将加以注意,并采取必要的措施,可以请他们放心。关于待遇问题,我说鉴于美国,特别是华盛顿生活费用之高,外交部的标准确实失之过低。于是叶就要求我提出一个为他们增加津贴的数目,他将予以批准。按照现行规定,他本人却不能提出这种建议。

自从政府迁往台湾以来,已经作了许多改进,其中之一便是严格的财政监督。各部委都要定期上报财政情况,报告中要求说明公款是如何开支运用的。年终须将拨款余额上交国库,由财政部统一掌握。因此,外交部对财政拨款的开支也十分谨慎。

1月9日,董显光来我处午餐晤谈。他在不久前见到了胡适,共同研讨了拟议中的审查委员会问题。胡托他给我面致一函,该函已经查良鉴过目。由于胡知道查是不赞成设立委员会的,因此此函特托董交我。胡在函中回顾了我们两人在纽约时的谈话,我曾同意要按他的建议把查良鉴由台湾带来的账目资料交他审阅一通,以便日后进行正式讨论。为了避人耳目,也曾决定此项审阅工作在纽约进行而不在华盛顿。尤其是我二人都认为,如果诉讼进行得顺利,不需要设立审查委员会时,就有可能放弃建立这个委员会。

董显光说,他在同查谈话中发现查对设立委员会事仍极力反对,也不同意把有关的资料送往纽约。他对刘世芳特别反感。查并告诉他,查自己和另外三位曾联名致电台北,请求批准他们返回台湾。这显然是为了抗议而作出的一种姿态。我把叶公超在长途电话上说的话扼要地告诉了董,我说,看来待遇问题是根源,外交部下令减少出差津贴使问题激化;而查和周则早已向我提过需要增加津贴的事。我说,我将根据叶的指示提出为大家增加津贴的建议数字。不过周宏涛的问题已经解决,上面已经决定让他留在台北复任"总统府"秘书原职。

我又劝董本人继续留美,静待法院审理的结果如何,再决定是否成立委员会。我说我打算把我的想法电告王世杰。周宏涛显然曾建议过董可以先赴东京一行,然后再返回美国,但董本人不同意这样办。董又给我说了下述一段情节。他说毛邦初的太太曾约请一位双方都熟悉的人去见胡适,请胡出面调停。这个人对胡适说,毛太太打算向胡解释一切,并向他交出公款。但胡谢绝接见毛太太,并说毛可以把公款按照政府的指示,直接交给中国驻美大使。

星期四,即1月10日,查良鉴来我处报告特区法院处理讼案的结果。他说莱希和巴德森顶住了毛方律师的申请。法院方面，这次是由莫里斯法官轮值顶替了柯克兰法官。莫里斯法官决定了如下的开庭日程，即：邓悦民会计于 11 日出庭作证，17 日毛出庭，18 日向出庭，查良鉴等则从 2 月 1 日开始出庭。并规定被告应在十天内即 1 月 20 日前对法官的裁定作出答复。

后来查良鉴解释说，他之所以致电叶公超要求回台是有感于刘炯光、石兆鹜和夏功权等的灰心而发的，他们几位都认为政府对他们的待遇有欠公允。他们为了办理毛案日夜奔忙，而所得甚微。这几位也同样为他（查）抱不平，说他身为司法行政部次长，负责办理本案，夙夜从公，作用至大，而月给仅四百十一美元。江杓虽同为次长（国防部次长），奉派来美负责采购事务，月入则有六百多美元。查说，说老实话，他自己并不斤斤计较待遇高低，但也与其他同仁一样感到灰心、抑郁、失望。他把自己同刘世芳作了个对比。他说，他从政二十年，积有丰富的经验，现时奉派来美办案，责任重大，而所得不过尔尔。反观刘世芳，自从担任调查委员会委员以来，饱食终日，无所事事，而月入竟达一千五百美元之多，相形之下，何能令人心服。

我给他解释了为什么刘世芳的待遇特别优厚。我说，我们对中方委员们必须给予同样的待遇，一如我们对中美两方人员的待遇不能有所轩轾一样。委员会成员们的酬金是含有政治意义的，因为他们是政府聘请来担负特殊任务的，而查和其他同仁则是现任政府官员，接受了新任务而已。我没有提到将发他们几位的特别补助金问题，而是转达了叶公超对他们几位的工作十分赞扬，并且要求尽快提出一个为他们调整薪给和补助金的方案。我请他向另外三位同事转达上述各节，并请他把他们认为合理的待遇通知我，我将把这作为我自己的意见向叶提出建议。

事有凑巧，18 日查来向我报告诉讼进展情况时，带来一份他收到的汇款清单，其中包括我汇给他的汇款和政府直接汇给他的汇款。鉴于蒋委员长对他本人和他的同事们已经分别给了一笔特别津贴,是否还须由我呈报叶公超再申请增加他们的待遇(薪给和出差费)一事他有些犹豫不决。我说,他仍应向我提出建议计划,以便我作为我的建议向叶公超提出。

接着我们又重新回到10日所谈的问题。我和他研究了胡适要求提供文件,供他和刘世芳审阅,以便为毛案的审查和调查研究工作作准备。查良鉴一开始有些不同意,此节董显光早已告我。我就提出胡和刘可以来华盛顿查阅文件,这样在对毛的诉讼事务中,查和其他同仁也可利用这些文件,对双方都方便,于是他就不再反对了。此外我又向查保证他和他属下各位的人身安全。我说将通知国务院采取必要措施,保护他们。12日我确曾命谭绍华去国务院就此事进行磋商。

1月18日下午四点,毛太太来见我;这是事先约定的,空军武官曾庆澜曾两次要求我的秘书为毛太太安排一次会晤。她缕述了自从政府对毛起诉以来,他所经受的痛苦和烦恼。她极言毛对否认蒋委员长为中华民国总统一事,痛自悔恨。他表示希望政府把诉讼撤回,她丈夫将把全部公款,除已花用部分之外,悉数交出。她考虑如果长此缠讼不休,真正获利者将是双方的律师,国家的资金在扣除律师酬金和其他费用后将所余无几。她还向我出示一份致蒋夫人的电报,其内容是希望蒋夫人在总统前为她的丈夫请求恕罪。不过她说,此电发出虽已十天左右,但迄未得复。她认为没有复电正好说明尚未收到。她请求我向蒋总统呼吁,赐予复示。

我对她说,我曾再三再四地劝说她的丈夫要服从政府命令,把公款交出来。我告诉他,他这样抗拒政府命令的行为将在美国公众中造成不良影响,使他本人的形象以及我们国家的事业遭受莫大的损失。可是他不仅拒不执行命令,竟然声言反对蒋总统和国府。这种行动不仅无补于事,反而使他自己陷入了不拔的深渊。我说,由于他既是个负责人,又是此案的主要被告人,首先他必须向蒋总统公开请罪,同时提出移交公款和文件等的具体请求。我说，只有在这样的条件下，我方能考虑是否可以申请政府对她提出的请求予以优容和谅解；这一点也还得先同律师们商量。反之，如果他不采取上述二项行动，那我对她的请求就无可奉答；尤其是因为诉讼已经进行了相当一段时间，并且是由得力的人在进行。

另外她请求我设法帮助她向银行解冻几千元美金，以解决她家中的日常开支问题。我问她账户时，她说是她丈夫的户名。我说，那我就无能为力了。我说，如果她确实需要用一些款项，她应告诉我款子存在那家银行，有多少款额，以及其他有关情况。最后我把毛太太来访的经过以及她的要求等给王世杰打了个电报，并请他转报总统和叶公超。

我虽然认识毛太太，但和她见面不多。一则是因为她寓居在纽约，而我则经常在华盛顿。再则是每逢毛举行宴会，虽然总有许多中国的上流社会女宾赴宴，但毛太太却照例是不出场的。而且在毛到美国工作的头几年里，他的夫人并未随行而是留在台湾，直到毛案发作之前的几个月她才来到美国。在台湾时，她同蒋夫人和蒋委员长是相识的，但彼此间未必经常往来。由于毛同蒋委员长有远亲关系，毛太太无论如何会想方设法去接近委员长和他一家，这也是理所当然的。

当日稍晚我和查良鉴进行了交谈，这次会见上文已经提到。查似乎仍不愿意把他和刘炯光从台湾带来的资料交胡适查看；尽管我主张这样办也不行。他说，刘炯光和石兆鹭反对得比他更坚决。如果我愿意向他们疏通，则他可于次日请他二位同来。我决定在第二天上午十一点会见他们，但未实现，因为查和律师们的讨论未能及时结束。但他说，他打算直接找胡适说明他的观点。

查又对我说，毛显然渴求在法庭之外了结此案。他说，毛除了让其太太到纽约去找胡适，还让她去找过董显光。但董拒不见面，说他与本案无关。最后曾庆澜武官同石兆鹭谈了此事。他问石，为什么诉讼非得继续下去不可，这样对政府有什么好处，由毛把公款交出,立即予以解决有何不可。最后石让曾自己去找他(查)研究。查接见了曾,曾把上面的意思又说了一遍。但查说,他告诉曾,现在无可挽回了,因为毛已经不承认总统和政府,而且案子已经在法院进行审理。

乘此机会,我就把上峰关于私了这场官司的要求告诉了他,其内容大体与他所说的一致。为我传递这一信息的第三方面,姑隐其名。同时我把我的答复也对查说了。我的答复是,毛必须写一份悔过书,一份道歉声明,一份明确的移交方案。办了这几件事,我才能考虑同我方律师磋商,并向政府报告,请示方针。

第二天,我把以上情况告诉了俞大维。我首先告诉他,查不允许胡适和刘世芳查阅由他从台湾带来的关于毛邦初控告周至柔的文件。俞说他同刘世芳相识多年,近期也曾与他晤谈。刘似乎并非如查所说的那样反对政府。(这是查据以反对刘查阅文件的理由。)俞并说,刘这个人心直口快,对一些事情惯于随意发表自己的观点,是个典型的学者或教授,完全是"教授派头"。经过和俞一席谈话,使我认识到让刘和胡查阅文件无伤大体。于是我便把王世杰的来电给俞过目,此电到达才几分钟。该电称,蒋总统已同意胡适查阅文件,以作准备。但并非委员会全体成员都可查阅,仅限于个别人。俞的意见和我一样,认为我们应对胡的良好意愿表示充分信任,至于何时可带刘协同参阅,以及要求刘研究哪些问题,这一切都由胡决定。我说,如果不让胡或其他人查阅文件,可能引起他们猜疑,认为政府对他们有所隐讳。

关于审查委员会的基本构想,俞仍然希望最终能免此一举。周以德原是设立该委员会的最初倡议人,现在也认为,如果法院对毛案的判决有利于政府,那就根本没有必要再去设立这个委员会。周以德的这种态度使俞颇感满意。

1月21日,查良鉴来我处称,他曾去纽约会见胡适,胡还是要求查看那些重要文件。查给他解释为什么不给看的理由。胡说,他特别要查看的是三人小组的调查报告,以及毛批评这一报告的九点备忘录之类的文件。他倒是并不希望看什么秘密文件。至于让他到华盛顿去看，他说这样会过于令人注目，可能会引起毛和他的律师们的注意。

查到底为什么反对，我还是不能理解，我表示同意他给我作个书面解释。他把反对查阅文件的主张归之于刘炯光、石兆鹜和夏功权三人。不过他认为像刘世芳那样的委员，饱食终日，无所用心，政府倒每月要付给他一千五百美元，实在不公平。他说，他和他的三个军方同僚每人月得仅四百多美元。刘世芳从未在政府任职效劳，只应安排在他之下，现在却委以审查委员会委员之职，居于他查某之上，月入竟与他们四人的总数相埒，确乎令人忿慨。他语含威胁地暗示说，如果将文件交胡、刘查阅，从而产生泄密危机，损及诉讼事务，则他和他的同事们不如不再过问此事，返回台湾。

我当即指出，胡适要求查看文件同我们的诉讼事务是毫不相干的。至于刘世芳与他本人之间待遇悬殊，这完全是由于他二人所处情况不同，而决非政府或我本人对查的工作评价不高。可是此话未能说服他。于是我就说，一俟收到他对此事的意见书，我将进一步研究这一问题。此外，我又再次请他提出认为满意的待遇数字，我将转请外交部酌情采纳。

查这个人颇难对付，他曾在美国求学，因此他和大多数美国人一样，认为谁勤奋工作，谁的待遇就应该高，而他本人是勤奋工作的。老实说，设法处理好台湾派来的使者所提出的各种各样问题，确实是我在华盛顿期间的一桩艰苦任务。这些人是奉派来协助我开展工作的，可是他们老是提出各种各样的个人困难来向我发牢骚，有时还隐含向我威胁的意思，一不如意，就提出要返回台湾。当然在我来说，对于这种种牢骚和要求都要抱着公平和同情的态度去对付。

后来查打来电话报告说，毛的律师罗伯茨已针对我们的诉状呈递了答辩书，所述理由与他上次在庭上的口头辩护大体相同，不过这次提出了赔款的要求,说是因为我国政府发言人对毛和向进行了污蔑性诽谤,该发言是由《中华新闻社》公布的。该律师要求给毛赔款二百万美元,给向一百万美元,另十万美元作为惩罚性赔款。

自从毛太太对我进行了访问,表明了毛愿意低头服罪,并请求宽容以后,案情的发展就变得像是一幕滑稽剧,特别是毛的律师们在法庭上还在大放厥词,提出蒋委员长作为总统是否合法,以及有无资格进行起诉等等。他们还说什么"总统是李宗仁",现政府无权调动毛的职务,毛的调动只有李宗仁有权批准等等。幸而莫里斯法官立予制止发言,声明此问题国务院已有正式通知,没有争论余地,法院必须遵从。

1 月 22 日,我同董显光晤谈。我二人都觉得查良鉴似乎把他从台湾带来的文件视为个人所有,坚决不允许审查委员会成员胡适和刘世芳查阅。董劝我不要硬性处理此事,宁可暂时让步一下,他将去找胡适进行解释,以便我亲自去见胡适,劝他暂缓要求查阅,待以后再说,并请他不要把每月付给他的酬金退回。其时胡对无法见到文件等问题十分不满,声言要把酬金退回。董本人也同样享受酬金,他建议下一次致酬金时不要再注明月份日期,而作为最后的一次酬金。今后如果委员会真的成立了,再继续发给酬金。

到此时为止,所有接受聘请参加委员会的各位,包括美方成员在内,虽未正式视事,但都一律按月付酬。他们即已首肯受聘,一旦我们认为需要,他们都随时可以效劳,这就是我国政府求之不得的收获。但是,尽管我本人始终坚信委员会必不可少,而该委员会发挥作用的前景却日见黯淡。不过,如果审判本身的性质确实能给人以明确的印象,即毛对周和政府的控告纯属捏造,而他自己则是贪污腐化,并从他所掌握的政府资金中盗用了大量款项,他的言论无可置信,在这种情况下,政府就占了上风,而委员会也就不再需要。尤其是因为毛对周的指控在台北业经公正无私的小组调查,认为并无实据,而且还由于对毛的诉讼是由大名鼎鼎的巴德森法官经办的。

换句话说,到这个时候,我也还没有承认不设审查委员会是可取的,但我愿意耐心等待,到讼案最后揭晓时再说。同时,由于很难找到合适的美方成员,这一问题也已显得更为棘手。我确曾深感失望,因为我们已经为此找了许多美国人,可是他们都各有困难,谢绝应聘。

但是到此为止,我对任何主张放弃这一委员会的论调依然毫不让步。而俞大维则从一开始就反对成立,即使在决定了把委员会的职权范围缩小为仅限于审查以后,他也没有同意立即把该委员会成立起来。查良鉴和俞大维的观点是一致的,也不赞成。我自己以及当时在纽约的其他一些人如胡适、宋子文等都坚决主张设立这一委员会,我们的观点是,问题不单纯是周至柔一个人是否清廉,而是涉及了整个国民政府。这就使问题比任何个人的清廉与否严重得多,尽管这个人在政府中确属身居高位也罢。

最后我和董显光分别同胡适研究了查不同意对文件进行预审的问题。1952 年 1 月 27 日,我和胡适会谈时,一致认为查坚拒交他查阅文件,并且甚为反对刘世芳,其中必有某种个人因素存在。胡不理解,为何他所指定的几个重要文件需要保密,而实际上并无问题。2 月 13 日董来说,他已说服胡适不退还酬金,也不坚持要求审阅台北带来的文件,因为查坚决反对如故。

第四节 一些意想不到的事件

1952 年 1 月 22 日—12 月

1 月 22 日晚间,董显光来我处商谈。鉴于诉讼事务进行得相当顺利,设立委员会之议似乎可以作罢,因此我们最后决定此事暂缓办理。董去后不久,忽然接到一个噩耗,据传巴德森法官在当天下午由纽约飞往布法罗途中因飞机失事身亡。董也听到了这一消息,他立即打来电话通知我。不过还没有得到正式报道,因为晨报还没有出刊。

随后的三小时内,我一直等着顾毓瑞、王守竞和查良鉴他们查明事实真相,心中总希望巴德森已在布法罗乘火车回纽约途中,因为他的同事克拉姆对查说过,曾为他在布法罗至纽约的某班火车订了座,有可能他已在乘火车回纽约途中。可是到了九点顾毓瑞来电话说,美国航空公司已经证实,在他们的失事班机旅客名单中查出确有巴德森的名字。迄今为止,在出事地点仅查明了九具尸体,巴德森的尸体尚未找到。噩耗传来,真令人难以置信,就在两天前巴德森还和我在一起共进午餐!

第二天,我们不得不召开会议,研究是否需要另找一位律师,以代替巴德森办理对毛的讼案。至于巴德森法官,他不仅是个高明、干练的律师,而且有很高的威望,与政府和公众的最高级人物有往来关系,确实是个不可多得的人。我还未及说完会议的议题,查良鉴就迫不及待地表示,我们同巴德森律师事务所的业务关系不能中断。原来克拉姆对他说了,尽管巴德森业已遇难身亡,但讼案仍可以顺利进行;因为此案的准备工作是巴德森事务所的人经办的;至于巴德森则是确定方针之人,在重大问题上由他做决策,以及与莱希结成伙伴关系而已。

我在会上指出,按照我们东方人的情理,我们不能因为巴德森一经去世就同他的事务所断绝业务关系。但是我们必须考虑到,巴德森的作用不仅限于他在法律方面的见解和出庭处理案件等等,同时他在必要时可以接触到朝野各界以及一些重要人物,这些都是他能起到的重要作用。如何在同他的事务所保留原有业务关系的情况下,而又把这一缺口弥补起来,这是我们需要研究的重要问题。还有一点很重要,巴德森生前经常能够影响莱希,使莱希遵从他的决策;巴德森的同伙中有谁能做到这一点?而莱希本身是华盛顿有名的开业律师,是很有主见的。俞大维马上体会到此点的重要性,认为必须慎重考虑。接着查良鉴也认识到了,并且立即赞同了我的意见,认为我们需要再聘请一位顾问律师,与巴德森事务所通力合作。大家一致同意,应先由我出面找贝尔纳普研究一下此事,他现在是巴德森事务所的高级成员,然后再确定向台北推荐的人选。

巴德森法官的葬仪在华盛顿大教堂举行,那天是星期五,1月25日。我当然参加了葬仪。美国总统也参加了,另外还有内阁的许多阁员,有美国最高法院首席法官和法官们,以及其他许多知名人士,其中有马歇尔将军、亨利·摩根索先生、拉尔夫·本奇博士和法国、比利时两国的大使。仪式非常简短,总共只用了二十分钟。事毕,我赴纽约参加一些会议。但我的主要目的是去那里参加另一次葬仪,就是中国银行总经理席德懋先生的葬仪,是在基督教堂举行的。这是一个无比悲痛的日子。

这次在纽约时,我和贝尔纳普作过一次会谈,谈了一个小时。通过此次会谈,他同意在对毛的诉讼中继续代表中国政府;并经商定,我们将进一步研究我们应采取什么办法来弥补由于巴德森亡故而产生的缺口,因为巴德森律师事务所确实不具有他本人的威望和他生前同各方面的联络关系,因此不能起到他本人的作用。同时我也把毛太太的谈话和我的答复大体上给他作了介绍。

在此期间,毛的律师们不仅向法院提出了赔偿他们名誉损失的反诉,其中还包括要求把俞国华按政府指示由瑞士信贷银行纽约分行提出后移交给我和俞大维的存款交还给他们。毛对我方律师就公款问题所提控诉的答辩是,这笔资金已被俞国华"非法"转交给中国大使和俞大维,并被用于与空军采购业务无关的不正当用途。

2月2日,查良鉴把我方律师们对对方反诉和指控的答辩书草稿交我过目,并说应在2月4日递到法院。4日,我又把俞大维请来磋商。莱希律师事务所的休斯和巴德森事务所的克拉姆给我提出一项建议,希望我要求国务院致函特区法院或司法部长,声明关于毛就所谓毁谤名誉要求赔偿,以及要求发还瑞士银行的存款等所提的反诉,美国政府确认中国国民政府享有司法豁免权。

我认为这种要求从政治上说是不可取的,因为这二位建议者本人就已指出,国务院有可能不同意给予此项豁免认可。这种情况一旦发生,则美国和台湾的公众都将产生误解,从而损及政府的威信。我又指出,从司法角度看,这一要求也不足取,因为此项赔偿损失的要求根本与本案无关,法院可以直截了当地拒绝受理;而关于要求归还存款之事,客观事实从头到尾都是对被告不利的。俞大维完全同意我的观点。

存款已由俞国华合法地提取出来。这是一笔由毛和俞二人联名存入银行的公款,当初议定由他二人之一签署即可提款。而且与他们的诬告相反,这笔存款完整未动,并未动用分文以支付律师费用或作其他用途。因此我对俞说,我们有条件彻底驳倒对方的要求,而如此彻底驳倒对方的无理要求将增强我们在法庭上的地位,使被告受到毁灭性的打击。俞也同意了这种论点,因此他也不主张作任何向美国政府申请豁免权的举动。

过后不久,我同莱希研究了对毛的律师对我方诉状所提答辩书应该采取的方针。我先说明了我的观点,他表示完全同意。他说,1951 年 11 月国务院致柯克兰法官的信件已经充分而且明确地承认了中国政府的统治地位,这就是最为有力的根据,所以最好还是保持现状,不要再向国务院申请或要求它向法庭认可豁免权,以免冒可能遭到拒绝,从而在公众中引起猜疑的危险。

莱希刚去过纽约,已同贝尔纳普进行过会商。他们一致同意我在纽约向贝尔纳普提出的意见,要继续向被告施加压力,力求尽快进行审判。莱希深信被告会千方百计设法推迟审判,以期出现某些有利于他们的情况,俾得有所借口不按政府的要求移交公款和文件。他认为毛所经管的公款已被他花掉不少,而毛和向所提出的赔偿损失的款额很可能就等于他们在做投机交易中蚀掉的款项。他还认为毛无法交待这全部款项的去向。我把两星期前毛太太来请求我出面转圜,恳求在法院之外私了的情况告诉他。莱希说,毛邦初怕只好一死了之。

2月7日,王守竞来报告贝尔纳普、莱希、休斯、查良鉴和他本人举行会议的结果,会议的目的是研究办理毛案应采取的策略方针以及如何对付被告向法院呈递的申请。王说,莱希和休斯完全同意我的观点,认为从政治上说,我们不宜去要求国务院重申它已经确认我国政府的统治地位及在美国享有司法豁免权。但是在那天上午的会议上,他们却一致同意向法院要求对被告提出的两项反诉给以答辩豁免权。如果法院把被告的两项反诉区别对待,对后一项从瑞士银行提取款项问题不予豁免,则他们准备就这第二个问题提出答辩。

2月12日查良鉴通知我,毛没有按原作的安排到莱希办事处作证。他的律师说,根本不知道他在什么地方。但向惟萱却在2月9日如约到场,不过他只宣读了一份事先写好的声明,拒绝承认蒋介石总统,声称他只服从李宗仁总统,并说李已指示他继续在空军驻华盛顿办事处担任毛邦初的助手。此外他拒不答复任何问题。查说,据报毛已离华盛顿前往得克萨斯州度假。我命他立即设法找到毛,加以监视,以防其逃离美国。

不到两天,我接到报告说,毛已去到美国与墨西哥交界处的埃尔帕索。我立即召集查良鉴和王守竞开会,请他们通知我方律师雇侦探查明毛的下落,并采取措施防止他逃出美国。我说,现在情势至为紧急。我命当时也与会的谭绍华去国务院找该院中国科科长珀金斯,请他协助采取措施,以防毛逃走。我又命王守竞请莱希与联邦调查局联系,采取紧急措施,防止毛邦初逃离美国。王和查私下告诉我,联邦调查局早已着手收集有关毛非法处理我国政府委托他监管的公款的情况,并转达给美国司法部当局,以便采取必要的行动。

我要求各方行动的呼吁未能奏效,2月20日得到消息说,毛邦初已越境逃到了墨西哥城。王守竞与查良鉴都来报告了这一消息及其对讼案的影响。鉴于毛未能按期于2月8日出庭作证，我方律师已申请法院撤销毛的申辩，并开始缺席审判，以示惩戒。当我方提出的这项申请在法庭辩论时，毛的律师只得承认他的当事人已逃往墨西哥，他说他曾到墨西哥城去找到毛，要求他返美，然而并未奏效。于是法院下令限毛于十天内到案，否则就将予以缺席审判。

我早就估计到毛会逃走，因此曾再三要求查雇用侦探对毛进行每天二十四小时监视。但他经过几天试办之后来报告我说，我方律师认为此举耗费太大，殊无必要。我对他说，此种费用不应节省，我们至少应当对他进行监视两个月，以待法院裁决。我甚至曾让谭绍华去美国国务院要求采取措施防止毛邦初逃离美国，同时还要求律师们请美国联邦调查局也给予协助。显然上述各方面都没有采取任何有效措施。我让谭把毛已逃跑的消息通知国务院，并要求他们查明毛越境的情况。我并立即拍电报将此事报告了外交部，估计蒋委员长知道后定将懊恼不置。

2月22日是乔治·华盛顿的诞辰，我拜访了爱迪生州长，并向他说明为什么调查委员会还没有组织起来。自从去年11月份以来，我一直没有和他见面，但听说他一直在纽约打听此事。例如，胡适就对我说过，前清华大学校长梅贻琦曾告诉他，爱迪生曾向华美协进社社长孟治问起过委员会的情况。因此，我向爱迪生详述了巴德森不赞成在当前成立这一委员会及其理由，以及最终我向他的观点作了让步等等。爱迪生向我回顾说，当时他认为这一委员会是非常必要的，而且事实上，这在当时确是澄清美国公众视听的唯一办法；当时在毛邦初恶意宣传的渲染下，美国公众对国民政府的贪污腐化问题，议论纷纷，甚至《纽约时报》也把这种谣言用大字标题刊登在头版上。我说，毛的逃跑说明他自己才是个贪污犯，他对国民政府某一人员的控诉根本不值一顾，这一来倒有可能为我国政府在美国公众心目中得到公正的评价铺平道路。

爱迪生认为我们有权要求墨西哥政府将毛引渡,因为他逃避审判一事证明了他贪污渎职,因此是个罪犯。我说我将把案情随时通知他。如果我们将来需要成立调查委员会时还将请他大力协助。

2月26日,查来报告我方律师已向特区法院提出的各项申请和法院的裁定。我请他去同贝尔纳普和莱希研究一下下列几个问题:我们应当采取哪些步骤促使法庭在被告缺席情况下作出有利于我方的判决;如何迫使毛和向开户存款的各家银行向我们公开情况;我们能否采取某种措施把毛追回来,并防止向逃跑等等。他说,他将把贝尔纳普请来我处。我又请他叮嘱侦探人员科斯特洛要严密监视向惟萱。向很可能也要逃走,也许还想把现仍在他和毛名下的存款提走。随后,查带着科斯特洛的报告回来说,向可能在马萨诸塞州,因为他的女朋友的双亲居住在那里,也可能在佐治亚州的海岛,至于向的太太和孩子则已去往西海岸。

28日,查再次来访,他要求为侦探科斯特洛增加报酬。我虽然认为此人的工作并不十分令人满意,但还要按查的意见照付。另外,我要他转请律师们就办案的情况写一份中期报告,并请他(查)的办事人员就办案费用草拟一份为期三个月的预算,其中要包括华盛顿和纽约两处的律师、开业会计师、调查员、侦探、法院监管人、宣传员,以及他的代表团人员的报酬及费用等。我并告诉他,关于我向外交部为他们申请增加待遇之事还没有回音。他说,目前他将暂按台北外交部通知他的标准发放工资和支付费用。

2月29日,王守竞来报告说,已在佐治亚州海边的圣·西蒙斯岛上找到了向惟萱,而且在他的律师的紧急通知下已匆匆离开,表面上说是前往萨凡纳。他的律师给他的电报节录如下:"完全失败,火速出走,万急。"我让谭绍华立即与国务院中国科的珀金斯联系,把这一情况告诉他,并请他采取措施,以防向逃走。同时又嘱王守竞把这一情况通知莱希。我要求他请莱希以我方律师的身份,利用私人关系,与他在司法部的朋友联系,请其设法阻止向的逃跑企图。谭多次挂电话找珀金斯,但时已下午六点半钟,他已下班走了。第二天早晨谭才和他联系上。珀金斯说,他将把情况向他的上司汇报,并将与有关机关联系,但并没有说明是哪个机关。后来又找向的太太查问,她说他们已经离婚,她不知道向在何处。

当我们仍在追寻向惟萱的下落并考虑采取何种行动时,忽然接到台北通知,命令我们举行记者招待会,宣布政府对本案的态度,同时取消设立调查委员会。3月1日,使馆译电室的译员刘铄来电话说,外交部给我发来电报称,蒋委员长命我举行一次记者招待会,邀请所有的美国朋友和华侨代表参加,当众宣布政府为根除贪污舞弊所作的种种努力以及毛案的实质和经过,并驳斥毛和向对政府发动的诬控。至于举行招待会的具体时间则由我决定。3月2日,刘铄又报称,叶公超另致查一电。叶在电文中说,查的意见甚为允当,他已电知我相机行事。至此我才恍然大悟,原来举行记者招待会一事是查良鉴发动的。因此我在当天的日记中写道:

> 查对如此重大政策性问题事先不与我相商,亦不使我与闻而径向台北提出建议,殊使我为之惊讶。他一直不赞成设立任何形式的调查委员会,为此而向台北提出撤销设立委员会的建议,这也不出人意料。何况蒋委员长已有亲笔条谕:"可以取消调查委员会。"我原已有此看法,一星期前就曾向爱迪生州长表明此意。至于举行记者招待会之议则颇有不利之处,目前尤为不宜。

就在第二天,1952年3月3日,给予毛的投案期限届满,特区法院决定就中国政府控告毛、向一案进行缺席判决,并命令法院会计、检察官安排由两造会同查账。我立即在使馆召开会议,研究判决的结果,以及如何使判决得以早日执行。送达华盛顿各家银行要求披露毛和向的账目情况的法院通知于 3 月 10 日生效,届时我方律师和各银行的代表将举行首次会议。

鉴于法院已经作出裁决,会上还研究了前空军办事处的九名人员的问题,以便决定我们应该如何对待他们。原来我们考虑在办理毛案起诉过程中可能需要对他们进行质询,也许还需要取得他们的帮助,因此想扣留他们。但现在已没有必要,并决定通知他们的主管人员不再扣留他们。另外,我们又决定从现在起,我大使馆可以应国防部采购委员会提出的要求,通知各银行对前空军办事处所签订货单开出信用状。但是,律师就这一问题拟出的通知函草稿还需修改,使其与使馆历次致国务院的有关通知中所述情况相吻合。

3 月 5 日,我请俞大维午餐,以便商讨台北电令我举行记者招待会问题。我对俞说,从叶公超的回电可以看出,此事是查良鉴背着我向政府建议的。俞认为此时不宜召开记者招待会或发表声明,也不宜由使馆出面发言。他认为我们应按电文指示,慎重地选择适当时机,而且声明应由国府出面发表;因为无论是在大陆或是在台湾的人民,以及美国以外其他地区的华侨对本案都很关心,而如果声明由驻美大使馆发表,则美国人可能认为声明带有偏见。我完全同意他的意见,并说,当前不是召开记者招待会的最好时机,因为很可能有人会批评或怀疑我们是在利用法院对毛作出的缺席判决。最好是等到向的问题发展到适当阶段,特别是向有可能跳出来进行垂死挣扎,以摆脱自己对公款和文件档案的责任,从而展开一场破坏政府声誉的宣传活动,到那时候再举行为宜。我们一致决定向台北提出这样的建议。他要我把复电拟好后交他一阅,使彼此向政府建议的步骤一致。

我又告诉俞说,我遵医嘱将赴基韦斯特或波多黎各海滨作三个星期休养,叶公超已经准假。在我休假期间,毛、向一案要请他偏劳照管。俞力主我暂缓离开,但我说一切均已准备就绪,包括旅馆、飞机等均已定好,而且按照医生的意见,我早就应该休养,现已延搁颇久了。

经过三星期的必要休养,我于3月31日回到华盛顿。4月1日,查良鉴来报告案情进展情况,重点报告了被告的律师对特区法院所作的缺席判决,以及指定会计检察官审查两造所呈账目的裁定提出上诉。他说,在我离开期间,向曾第二次出庭作证。如我所料,向在此次作证时的主要之点是把自己对公款的责任推卸得一干二净,坚称他无权独自签发支票。他说,他签发支票时必须有空军办事处会计邓悦民或其他指定人员联署方能生效。但是,就在我方呈递诉状(1951年11月14日)前一个星期就发生过这样一次,他受毛之命,给毛开了一张七万美元的支票。查还把他自己的证词,以及被告律师罗伯茨向他提出的一系列问题,一一给我说了一遍。他说这些问题都不难对付。

他又提到已辞退科斯特洛,并另雇了一位布罗迪接替他监视毛和向的银行账户和他们的活动。他说,台北的一切命令均已照办无误,唯有对向进行日夜监视,防其逃脱一点尚未安排。我说,这是台北的加急命令,我们务必遵办无误,以防再次发生犯人逃脱事故,不应考虑代价。最后,查又一次问到他所属小组人员的待遇问题。我说,我将第三次电请台北答复。我看他为此愤愤不平,非常生气,只得好言慰藉。

次日,叶公超由台北打来电话和我商讨对日和约问题。我们谈了一会,但电话很不清楚,最后只好搁下。我在电话中问他,为什么委员长电令我要把毛案作为使馆的重要任务来办,但叶听不清楚,因此我决定给他写信了解。显然,这是查告过状,说使馆或我个人没有给予全力或及时支持。不过问题的症结所在还是查对给予他的经济待遇不满意。一旦这一问题得到了解决,事情就比较好办了。幸而还没有等到月底就传来好音。4月30日,查来向我道谢,说是外交部已经接受了我的建议,现已批准为他本人和所属人员增加薪津。

4月3日,采购委员会主任江杓来向我辞行,说要回台北一行。他说他此去虽是述职,但可能将在台逗留一段时间。我敦促他速去速回,并请他向委员长陈明,我对毛案一直全力以赴,但必须谨慎从事,因为美国的法律和诉讼程序复杂,本案牵涉面又极为广泛,如若处理不当,会对美国公众对我们的舆论以及美国政府对我政府处理公款的信心产生不良反响。我又请他转陈委员长,现在美国的总统选举运动已经接近高潮,双方候选人的政治斗争将日见炽烈。我们不论在美国或在台湾,在公开发表言论或作任何表示时都必须十分谨慎,以免使美国人民产生疑虑,引起不必要的批评和恶感。

　　三个月后,7月3日,甫于1952年3月19日就任中国空军总司令的王叔铭来大使馆访晤。原总司令周至柔已于3月间辞职,但仍保留其原任的中国武装部队参谋总长职务。周的辞职,官方说是因为任期届满,但也有人说是由于工作繁重,不胜负担。不过外界都知道,周由于种种政治的和个人的原因,对空军总司令一职,早有倦勤之意。王叔铭总司令是应美国空军之邀来美作参观旅行,刚到华盛顿。那天晚餐后谈及毛邦初的问题。他认为毛的所作所为是完全不对的。他说他和毛是多年好友,对毛的行为表示惋惜。他告诉我,毛太太曾多次要求和他见面,但他力避不见,因为无话可谈,也无可相助。

　　几天之后,俞大维和谭伯羽在一家中餐馆设午宴欢迎王叔铭,我也应邀赴宴,正好在餐馆门口遇见了王。他似乎有些烦躁,正同谭伯羽、查良鉴、使馆新任空军武官衣复恩上校、皮宗敢、夏功权等说着话。他们几位看上去都有些不安,因为毛太太正带着她的家属同两位美国人在里边吃饭。王叔铭感到这肯定是毛太太蓄意要和他当众吵一架,因为她曾力图见王,而王则始终坚决拒不见面。当时就有毛的一个儿子正站在餐馆门口监视着他们几位在便道上谈话。

　　王叔铭问我如何办好。我坦然地对他说,不必害怕。我说也可能这仅是一次巧合。如果她来找,他可以告诉她,工作日程很紧,需要研究一下再通知她是否能设法去看她或接待她一次。如果她行动粗暴,我们大家会出来阻止她。但王还是怕她当场吵闹,并公开为她丈夫的官司鸣冤叫屈。他怀疑那两个美国人是她的私人保镖,其中一个还盯着我们。我说,如果她有什么越轨举动,以及他们双方说些什么,我们将来都可出来作证。谭、夏、皮等对我的话都表赞同,但无济于事。王还是决定不参加宴会,与查良鉴、衣复恩和夏功权驱车他去。我同其他几位则进去就餐。

这件事不过是毛案中的一个插曲。至于案件本身,下一步的重要问题乃是是否应向墨西哥提出引渡毛的要求。我们第一次提起这个问题是在 1952 年 7 月末。与此同时,我们在纽约和华盛顿两地积极搜寻和追回原来毛、向所掌管的各项文件和款项,工作颇有进展,而被告律师向高等法院提出的上诉则被驳回。这本来就是不能上诉的问题,可是被告方面仍旧硬着头皮提出上诉。1952 年 4 月 30 日,我听完贝尔纳普关于办案情况的报告后在日记中写道:

> 事情很明显,被告律师是在使尽一切手法阻挠法院的判决,以期推迟判决的执行,等待有利于被告的情况出现。

可是,当时正担任我方主要律师的贝尔纳普则似乎颇有信心。他在 1952 年 5 月 13 日给我的信中写道:

> 此次判决(指 3 月 3 日对毛的缺席判决)对美国公众舆论的影响之大是无以复加的。毛邦初的爱国假面具已经完全撕破。他畏罪潜逃,原形毕露。不禁令人回忆起《时代》杂志曾在报头提出过的问题:"倒底是谁贪污了?"毛现在为了躲避我们法庭的民事指控而成了一个逃犯,甚至不敢应他自己律师的要求回来申述供职的经过。你们政府的敌人惯于把毛捧出来当作受迫害的正义人物,作为他们进行攻击的矛头。他现在再也不是这种光辉的象征了。

7月28日，查良鉴来到我处，他刚从墨西哥回来，我则正在阅读一份外交部发来的电报。该电称查建议要求从墨西哥引渡毛邦初，外交部询问我方律师的意见如何。政府似乎有意采纳查的建议，并汇来三万美元，供查支付他在墨西哥所聘请的律师费用。查说，7月16日他去墨西哥城之前曾设法通知我，但我的秘书傅冠雄对他说，当时我在沙特阿拉伯大使馆出席一个招待会，要很晚才能回来。他去墨西哥的入境签证和回美国的再入境签证是通过我方的律师和特别侦探布罗迪取得的。我想他是带着布罗迪一起去的。他在墨西哥时曾两度由人指引去观察了毛的寓所，据说毛带着两个墨西哥仆人和一个女伴住在那里。他说他在那里没有见到毛本人，但外交部却曾电告我查自称见到了毛，这可能是译电的错误。

　　查说，毛聘用了一个律师名叫罗梅若，是墨西哥政界颇有势力的领袖人物，但此人在7月初忽然暴卒了。查自己也聘用了一个律师作为我国政府的代表，此人曾任墨西哥代理总统，名叫波特斯·希尔。查说，希尔一经受聘，便带他去见内政部长。这位部长保证给予支持。虽然中国与墨西哥之间并未缔结过引渡条约，但只要中国的引渡申请与墨西哥的法律相符，就可把毛向台湾引渡。查说这位墨西哥的部长对于毛的非法入境感到不满，事实上他可以把毛驱逐出境，但墨西哥的法律规定，被驱逐的人有权声明他愿去往哪个国家。查认为，在这种情况下，毛很可能会要求去哥斯达黎加，因为有一位我国驻墨西哥使馆秘书的儿子和哥斯达黎加驻墨西哥大使是好朋友，有意配合墨西哥当局助毛一臂之力。查说，我国驻墨西哥的大使冯执正对他所聘律师表示同意，但在查找毛的下落以及引渡事宜等方面则并不积极。

　　我对查说，关于要求引渡的利弊，我还没有定见。考虑这一问题时必须全面衡量它将对美国地方上诉法院的司法程序带来哪些影响。据我所知，我国政府采取法律手段的首要目的，除了澄清整个案件的谁是谁非外，毕竟还是要收回被告拒不交出的大量公款。可是查说，使毛到案有利于收回这些公款。最后，我们一致同意此事首先必须就商于我们的两位律师。我让他尽快先把贝尔纳普请来研究，以后再征求莱希对此的看法。查又说，他知道莱希事务所的休斯是主张要求引渡的。

三天之后，我请贝尔纳普、谭绍华和查良鉴共进午餐，研究从墨西哥引渡毛邦初可能对此间法院的司法程序产生哪些影响。贝尔纳普认为引渡成功不会使在美国法院的诉讼事务受到损害。当然，我一直在揣测，毛的律师会利用此事大做文章，在法庭宣称中国政府之所以对毛起诉，从一开始就是有其政治目的的。贝尔纳普说，法院方面不致因此受到什么影响，相反，如果引渡失败，则毛的律师更会利用墨西哥政府拒绝对毛引渡一事大放厥词。他们甚至可能会再发动一场宣传，希图淆乱视听，以期有利于毛和向。不过各级法院不会考虑这些问题。他本人还是希望拟议中的引渡能够成功，他表示应全力以赴争取胜利。不过他还是有所顾虑，因为不能肯定墨西哥的官员们和各级法院是否廉洁奉公。他说，墨西哥的政、法界水平不像英国和美国那样高。毛邦初手中控制着大量的钱财，他可以大肆活动以阻挠引渡。

接着查说，他并未见到毛本人，仅两次去看了他所住的房子。他说，只有我们的侦探看到了毛，或者至少是据说侦探看到了他。但当我们的侦探说明情况时，事实又与猜想不同。实际是，有人给毛的寓所打电话找"卡洛斯"，因为毛的化名叫卡洛斯·王。只是在电话上听到毛本人命令接电话的人回说他不在家。

查并说，墨西哥的总统、外交部长和内政部长都表示愿助一臂之力。而且据墨西哥律师波特斯·希尔说，内政部长还迫切希望帮助我们把毛引渡，因为毛是非法潜入墨西哥国境的，这使他很不愉快。查说毛也可能被驱逐出境，但希尔叮嘱不要去催办此事，因为墨西哥法律规定，被驱逐人有权选择去往哪个国家。贝尔纳普接着强调说，如果毛被引渡到台湾，则只能按引渡所提出的理由判罪，并且无论如何不能处以极刑如死刑等，因为这会在美国引起不利的反响。我又再次要求查一俟莱希回到华盛顿就立即去找他,就已研究的各种问题征询他的意见。

最后我们决定提出引渡要求。中国驻墨西哥大使于8月7日正式提出了引渡申请。两天以后,墨西哥联邦警察就在格尔纳瓦卡的集市广场逮捕了毛,那是离墨西哥城不远的一个旅游胜地。与此同时,墨西哥当局接收了毛在格尔纳瓦卡购置的房屋和他所有的文件。

8月11日上午,查在墨西哥城打来电话报告说,毛邦初已于8月9日由墨西哥当局逮捕,和他一起被捕的还有一个美国女郎和一个墨西哥人。现在他们被扣押在墨西哥总检察长特别总部,将就毛的偷越国境问题和我们所指控的贪污公款问题进行审讯。毛存在墨西哥市银行内的存款也已截获,但为数不多。查说,他急切等待着我国政府在中国法院对毛提出的公诉。他还叮嘱我说,墨西哥当局要求对此事保密。可是,顾毓瑞来到我的办公室时却说,有一位美联社的记者已经打电话把这一消息通知了他,说消息见于发自墨西哥城的合众社电讯,并要求我们对此发表意见和提供有关的细节。

第二天,我同俞大维谈论了毛在墨西哥就逮的情况,以及查良鉴致力于把毛引渡到台湾的进展情况。俞对查的活动是否能取得成功表示怀疑。我说,此事即使能成功也将是旷日持久的。我告诉俞,很可能墨西哥政府首先要依该国法律惩治其非法入境之罪。果然如此,则毛可能会要求被驱逐到美国来。不过我们的两位律师一致认为引渡决不致有损于我们在美国法院对毛、向的讼案。

大约一个月后,我设宴招待徐柏园及其一行,他们刚在墨西哥城开过世界银行及货币基金会议后归来。席间我又听到一些关于毛被捕的情况,客人们把他们在墨西哥城听到的关于墨西哥当局为捕毛所采取的行动,一一给我作了详细叙述。毛显然是在汽车上被密探逮住的,当时他正带着一位凯莉小姐驱车前往格尔纳瓦卡的商业中心。凯莉小姐是他以前的秘书,据说长得很漂亮。毛一经被捕,查良鉴就立即带着他的墨西哥律师的代表和他自己的特别侦探去到毛家中检查毛存在那里的文件。

毛存放在墨西哥家中的文件中包括由华盛顿和纽约发来的许多密信和一些银行的账单。查在这些文件中偶然发现了一些有关毛的银行账户和投资等的线索。此外,他还发觉空军的某些文案存放在长岛毛太太的寓所。

8月19日,我正在纽约赴几处约会。回来时,知道有一位亨廷顿先生由长岛的拿骚城给我打来过电话,因此我就打电话回去。他自称是拿骚县的代理检察长。他说,有一位查良鉴先生,现时正在他办公室中,要求他协助搜查毛邦初太太的寓所,以寻找某些与毛案有关的文件,他请我以大使的身份向他说明,查是否确系中国司法行政部次长,是否有权代表台湾中华民国政府采取此项行动。我说先要和查谈一下,以便了解实际情况,他就让我和查谈话。

查说,他在墨西哥城通过密探布罗迪和他的墨西哥律师波特斯·希尔的协助搜查了坐落在墨西哥城格尔纳瓦卡的毛邦初寓所,获悉有某些关于毛处理公款的重要文件现藏匿在长岛毛太太的寓所。他说,必须迅即设法获准搜查该寓所,否则该宗文件将被转移。他并说,根据美国法律规定,毛太太应属共犯,但他认为现时不宜对她起诉,重要的问题是要取得上述文件。

听完查的报告以后,我就通知亨廷顿说,查确实是台湾中国政府的司法部次长,关于中国政府为了收回公款和文件问题而对毛邦初和向惟萱提出的诉讼案,查有权采取一切必要的司法手段。亨廷顿说,毛太太既然在他房屋中为毛、向藏匿文件,她实际上就是毛、向贪污公款的共犯。我说,这个问题应按美国法律原则和习惯处理。他又问我是否要同查的律师布罗迪谈话,他现在此。我说没有必要。事后我照例把我同查和亨廷顿的谈话用电报向外交部作了报告,以便该部充分了解情况。

拿骚的地方法官给当地检察官签发了搜查证,随即组成了七人检查小组对毛太太的住宅进行了搜查。该小组搜出了四十六册文卷,这就收回了毛所藏匿的部分档案,但最重要的文件包括大批账册仍未发现。

查于 9 月 17 日来向我报告搜查的情况。他说,毛太太当时拿着成卷的美钞,企图向执行搜查的警员行贿。他绘声绘影地叙述了当时他如何迅捷而机密地执行搜查工作。他还说,几星期前代理检察长亨廷顿同我通电话的时候,当地地方法官和他的手下人员也通过一个麦克风亲自听取了我们二人的全部谈话。这使他们确信,我以中国大使身份已正式确认了查本人的资格,并确认了他在执行对毛的诉讼中有权采取一切必要的法律手段。

查又说,毛的律师以毛的次子的名义提出了申诉,指称搜查证是非法的,并要求把从他们家里取走的各种文卷、电码本等送回去。这一申诉被原来授权签发搜查证的法院批驳了。但是,法院命令把搜出的文卷和电码本等全部由检察长办公室保管,这显然是因为中华民国和毛的儿子双方都对这些东西提出了收回的要求而作出的一种折衷处理。

与此同时,又产生了另一个与此有关的问题:那就是如何处理那九名中国空军办事处人员的问题。3 月 3 日法院作出裁决后,曾经决定至少在华盛顿,我们不应继续扣住他们,而应在新的采购委员会中为他们安排新职。但到 4 月份,采购委员会空军代表夏功权专程来问对这九人如何处理,因为他们拒绝到采购委员会报到,而是要求辞职。王叔铭总司令曾过问过这事,并对他说,国防部事实上已经解除了这九人的职务。

我对夏说,我已同俞大维研究了这一问题。我们二人的意见是一致的,那就是我们现时对这九人不应采取任何行动,不免职,不削军籍,也不批准他们辞职。因为向的案子还悬而未决,我们不知道这九人或其中某些人是否有所牵连,有可能还需要他们出来提供某些证据或情况,例如有关空军办事处的公款和文卷的去向,以及毛和向的活动等等。我说,如果现时把他们免职削籍,则似乎对他们的处置比毛和向迄今所受到的惩处还严。如果批准他们辞职,他们就可以逍遥法外,远走高飞,而此间的法院就管不到他们了。但是一星期后,夏功权与陆军武官皮宗敢和空军武官衣复恩一同来找我再次研究这一问题。他们向我出示了国防部分别将这九人免职的通知抄件。

将近8月末,谭绍华由华盛顿向我(当时我在纽约)报告说,外交部对九名前空军办事处官员的指令已经到达,他准备送交我过目并请示处理办法。我收到这些通知后,就给谭去电话,要求他请俞大维和查良鉴还有他自己于8月27日同来我处共进午餐,并研究这一问题。我对他说,我觉得外交部的指示要求把这九名官员逮捕并押解回台湾,这比国防部的指示要严重得多,需要慎重研究,要从国家的利益出发,对问题作全面考虑。

原来这是查良鉴给外交部长叶公超和参谋总长周至柔打电报提出的建议,将这九个人逮捕押解回台。查的这一行动事先并未和我或俞大维磋商。可是这九人的问题与毛和向是截然不同的。所计议的行动对美国公众的舆论会产生何种影响,那九个人又会作出什么反应,这些都是事先必须加以深思熟虑的问题。因此我进而要求谭请俞大维于8月27日先来我办公室单独面谈。

实际上参加8月27日会议的有俞大维、江杓和谭绍华等人。查良鉴事先就提出他不能来参加会议。我们研究的问题是,如何向国务院要求把这九个人驱逐回台湾,以便制止他们,"……继续作反政府的恶意宣传"(外交部指示原文)。实际上除向惟萱在两三个月以前对政府曾进行过恶意宣传外,其他诸人谁也没有做过这种事。我指出,如果正式要求把他们驱逐出境,可能迫使他们不得不要求在美国避难。他们可以扬言由于他们不同情政府或者反对过政府,因此政府有意于日后惩处他们。国务院也不会不问个究竟就顺应我们的要求。他们必将提出许多疑问,必将就我们的和他们自己的问题征求美国法院的意见。这样一来倒会促使那九个人去作反对台湾的宣传,以赢得美国公众的同情。

我说外交部命令中指示要求国务院把这九个人移交给大使馆,以便把他们押解回台湾,这显然表明外交部不了解这样做有多大困难,也不了解美国政府的传统,他们历来都不轻易把一个罪名未经证实的外国人移交给他的本国政府。况且我国与美国间并未签订过引渡条约,即使有这种条约的约束,美国政府在执行上也历来是极端谨慎的。俞大维也认为国务院不会同意这样办。如果美国拒绝移交这九个人,则将不利于从墨西哥引渡毛邦初,这样对政府来说是弊多利少,但是外交部的命令不可违背,因此他觉得最好是非正式地向国务院提出此事。谭绍华对于国务院是否会同意也有怀疑,因为这个国家对引渡问题有它确切不移的政策。因此我说,最好还是先探明国务院的态度。我完全同意俞大维的意见,认为不应向国务院发送任何照会或函件。

9月3日,我又举行了一次会议,这次会议的参加者有贝尔纳普、莱希、谭绍华、查良鉴和俞大维等人。讨论的问题仍然是是否按照国防部的意图和外交部的指令要求国务院把前中国空军办事处的九名成员遣返回台。俞和我自己还是认为,当此毛、向案件正在美国法院审理,在墨西哥又有引渡问题之际,再去向美国政府提出这项要求,极不相宜。此外,我们指出,一旦我们要求遣送这九个人,他们肯定将聘请律师为他们辩护,并要求政治避难,这就将使我国政府受到非常难堪的攻击。同时有鉴于过去的成例,国务院必将把这一问题推给法院。这就将导致旷日持久的诉讼,而且毫无胜诉把握。而如果失败,则对在墨西哥进行的引渡工作必将产生不利的反响。

贝尔纳普坦率地表示不同意拟议中的行动,但他和莱希之间还没有就这一问题进行过磋商。接着莱希发言,他表示支持查的建议。他认为此事即使不成,也无伤大体。不过他也说,在将毛引渡到台湾以前,不能轻举妄动。他也认为应千方百计套取这些人的证词,对他们要讲究策略,以免于追究为条件,劝导他们尽馨所知。

　　上述建议是我提出来的,贝尔纳普也深表赞同。我的目的是希望能通过这些人找到一些更直接的线索,以便找出各项公款的下落,以及被告们已用掉的部分款项的去向。查对最后达成的结论也表示了同意。我们应暂缓把这些人牵连到讼案中去,至少在由墨西哥引渡毛邦初成功之前应如此,但要尽快劝导他们把毛和向的行动尽情托出,特别是有关公款和账目的情况。俞大维和谭绍华对这个建议也都表示同意。

　　这时查良鉴又提出一个新问题:毛用空军公款购买的房屋怎样过户。经我提议,大家一致同意应该使用中华民国的户名,另外是当前不应将这项资产出售。俞大维认为最简单的办法是把房屋接收下来,并把户名改为采购委员会。我说那是我们自己的问题,可以稍缓再决定,当前的问题是要设法使过户工作和华盛顿产权保证公司对产权担保出具保单之事加紧进行;该公司是以谨小慎微的保守作风著称的。至此俞也同意了大家的共同决定。

　　稍后,刘炯光又来问我如何处理该项房产。在这以前,查把该房产的房地契已由托管人手中接受的情况报告台北。空军总部指示他(刘)把这房子出卖,并着他和我磋商如何卖法最好。我把那天上午讨论的情况告诉了刘,并向他说明最好把房地契过到中华民国的户名下,并暂时延缓出卖的理由。我向他保证,中国空军对此项房产应有使用权和控制权;如果以后再卖,则其价款将归空军所有。我并补充说,这仅是我们内部的问题,不难解决,因为大使馆并没有使用它的打算;而且据我所知,也没有任何其他机构有使用它的意图。

　　很显然,这件事由于办得匆促而产生了纷争。问题的起因是查直接向台北提出了建议。由于他是派来负责处理毛案的,所以我一直就坚持要他担任办案的负责人,因为我觉得这样他在接待访问以及出庭等方面都比我这个大使方便得多。从此以后,他的做法就似乎有些过分。譬如说,他先是直接向台北建议开展一场宣传战,继而又建议把九位空军军官逮捕遣回。稍后,又因蒋委员长曾表示希望我把毛案作为大使馆的一项重要工作来办,他甚至写信给台北,表示对大使馆有某些不满;说我没有向他提供有力而及时的帮助。到最近又把房子问题向台北作了报告。他事前既不就近和我商量,又不了解华盛顿各方面的情况。这样,他在不知不觉间就造成了一些不应有的麻烦。这次他把房子问题向国防部和空军总部作了报告,因为房子是用空军公款购买的,这就使得双方都急于占有这座房子,抢先下手。实际上现在还不是双方争论房产归谁的时候,那是我们内部的问题,不难解决,不应与当时急待解决的产权过户问题混为一谈。

现在回到毛案中更重要的一个问题,就是收回属于政府的文件档案和款项问题。我在此先概述一下查良鉴在9月12日对他自己的工作所作的报告。其内容涉及:(1)对坐落在长岛的毛的寓所进行搜查,搜出藏匿在该处属于中国空军的许多文卷、电码和其他重要文件;(2)由拿骚县法院任命了一位前法官隆巴德为掌卷官,负责保管毛占为己有存放在瑞士银行以及纽约化学银行的公款,以及他用这些资金的一部分购买的证券;(3)他和贝尔纳普的商讨。贝尔纳普起初主张采取查封程序而不是委托一位掌卷官;(4)根据我收到的报告,毛正在设法行贿,希图逃出墨西哥监狱。我随即通知了查,查则据此对我方律师提出了警告;(5)他曾在华盛顿我方律师的协助下,设法查明毛用国家公款以他本人名义所买下的美国短期国库券;(6)他为从华盛顿希布斯公司取得情报所采取的步骤。这家公司是华盛顿的一家证券经纪商行,毛曾用国家公款与该公司做投机买卖。

总而言之,到1952年秋天,从各银行以及其他各方的证词可以看出,毛一直在挪用大量公款,供其本人私用,而向则佯作不知,有意纵容,这些事实已没有多大疑问。例如,毛于1950年曾在证券经纪商行希布斯公司花用五十万美元,这就构成了挪用国家资金做投机买卖的事实。1951年4月,毛曾先后两次分别从公款中提取了一次十万，另一次五十万美元，以其个人名义存入瑞士银行。1951 年 5 月，毛又从公款中提出五十万美元以他本人的名义存入纽约化学银行和信托公司。上述各情都是发生在政府下令将各采购机构合并之后的事。11 月，他被停职以后，又再次提出八十万美元存入上述同一家银行他自己账户内。此外，毛又用从华盛顿国民银行提取的公款，以其私人名义购买了价值二百万美元的无记名美国国库券，这些证券据说是存放在纽约化学银行和信托公司他自己名下的保险箱中；其中有一张票面为十万美元的已在 1952 年 2 月他逃往墨西哥时兑现。有可能这些国库券已不存放在保险箱内，不过已采取步骤要求美国财政部为了我国政府的利益注销此项证券或拒绝兑现。

10 月 16 日，纽约中国银行的李德燏来访，他是为到联邦储备银行办理业务而来华盛顿的。早先他曾对顾毓瑞说过，毛太太曾请他向各方疏通，希望能通过孔祥熙设法使毛案获得解决。若能解决，他们愿把毛手中现存的公款全部交还政府。但他此次来访并未提及此事。

三天之后，我和叶公超作了半小时的谈话。他是由台北来纽约出席第七届联合国大会，于 10 月 13 日到达的。我们谈论了各种事项，也谈到毛邦初问题。第一是王世杰给叶来电，询问有可能从毛邦初手里收回的公款的详细数字。叶请我代为回电。第二是陈纳德将军给他的一封便函，极言在法院之外解决毛邦初问题有许多好处，并力促用这种方式解决这个问题。叶把便函及其附件交我阅读，并要求我提供意见。我一面浏览便函，一面对他说，李德燏曾告诉顾毓瑞，毛太太曾经找过他，请他代毛找孔祥熙出面调停。她说毛愿意把他手中现存的和由他监管的一切公款——并婉转暗示其中已有部分公款被挪作私用——交还政府，唯一的条件就是要保全他的性命。但陈纳德的便函中却提出多项条件，其中包括：毛要求扣除二百万美元以便偿付他的律师们的报酬和弥补他在投机买卖中的亏损（暗示此意）；撤回墨西哥的引渡案;给予他在美居留的自由,如果他有此种要求。我对叶说,我要经过仔细研究这份便函后再提出意见。但总而言之,我认为现在政府再考虑这种解决方式为时已晚,人们不禁要问政府究竟为什么要采取这种折衷解决办法,这将引起误解,不能不损害政府的声誉。

陈纳德和毛邦初都是空军将领,彼此熟稔。因此,毫无疑问,终日为求助而奔跑的毛太太一定也去找过他。陈纳德是热心人,见毛有困难,渴望解决,难免有援手之心。不过,还弄不清这份便函从何而来。从它的内容看,特别是其中的论据和许多有关公款的具体数字,我觉得这份备忘录可能出自毛的律师之手,至少是在他们的实际帮助下写出来的。但这也仅是我的揣测而已。

21 日,叶部长再次要求对陈纳德便函发表意见,这次他说请予"指教"。我说,我很乐于说说我的意见供他"参考"。第二天我就口授了一份便函送交给他。在该函中我指出进行私了之不相宜。我说,必须由美国各级法院对本案作出明确的最后裁定方能对我国政府的完好声誉和合法主权起维护作用。我针对私了能使政府获得某种经济性利益的说法指出,即使就私了能收回款项而言,谋求法院作出最后判决的好处也未必不如私了。

10 月 27 日我见到胡适时,也和他研究了这一问题。我将最近毛邦初方面主动寻求私了官司的经过,以及各方支持这一办法的各种似是而非的说法,特别是有人说,私了可使政府很快收回大量公款等等告诉他。他也认为收回公款是次要问题,最重要的还是在于维护我国政府的声誉和主权。这种私了论点至少在当时颇为流行,但嗣后相当长一段时期内,在华盛顿没有人再提起私了或陈纳德信件之事。

11 月 21 日,李惟果来访。他说纽约有一家中国报纸攻击他曾于 1951 年 7 月找毛邦初借贷过五万美元,并说这"显然借的是毛手中的公款",他请教我应该怎么办。我提起此事,为的是说明毛案所引起的意想不到的琐碎问题。李打算在报纸上发表声明,否认他当时知道该款是由公款中抽出的;如果确实是公款,一旦法院作出裁决,他就还给政府。我对他说,要求毛归还全部公款,此点法院早在对毛进行缺席判决时就已作出裁决,只是应还的确实数字还待确定而已。因此我说,他最好还是声明,因为法院已经判定毛犯有贪污罪,他将把由毛处借来的款项直接归还给政府。

过了不到两个星期,李惟果再次来访。他提出要我写封信给他,通知他从毛处借用的五万美元应归还给中国政府。他认为这样做可以使毛无权使用法律手段向他追索这笔债务。我对他说,此事最好还是找查良鉴办理,因为大使馆自始至终要坚守一项原则和政策,就是不直接介入对毛的诉讼案,以维护政府的声誉和威望。任何直接出自我的建议都可能受到毛方律师们的利用,他们可以借题发挥,对我国政府进行谩骂。

至于偿还方式,我说他应该表明将立即向政府交付一部分现款,其余将在一定期限内还清,而不是无限期。唯有如此,他方能脚踏实地,免遭进一步的指责。李同意照办。到 1953 年 4 月末,他已交给我两张支票,每张一万五千美元,抬头是中国大使馆空军账户。这两张支票均存入了银行。

12 月 7 日,我同叶公超进行了晤谈。他刚去墨西哥旅行一周后回到美国。此行是代表中华民国向墨西哥新任总统鲁伊斯·科尔蒂内斯表示祝贺,以示友好。叶向我谈了他在墨西哥所受到的礼遇以及毛的引渡手续进展情况。他说,新政府的副外长曾对他说,我们要求引渡毛邦初的工作很有成功的可能。因为新总统坚决反对贪污腐化,而维护政府清廉。不过毛邦初已经花了大量金钱在墨西哥展开了公开的宣传,极力攻击中国和一切赞成将毛引渡的墨西哥官员。因此我们需要下力量为政府做些宣传工作,使墨西哥总统感到公众舆论的支持而放手做去。

叶公超告诉我,当时担任驻墨西哥大使的冯执正在办理毛案中与查良鉴之间的关系不甚和谐。当时查带着他的侦探布罗迪,此人本身也是律师,颇得查的信赖;而冯则因为此人对冯没有礼貌对他极为反感并下令禁止他进入使馆。但同时冯执正却对布罗迪的助手颇为垂青。此事引起了布罗迪的嫉妒,将其助手解雇,着其回纽约。

我还向叶公超报告了大使馆及时给各家律师发放报酬的情况,其中包括斯莱特先生,以及支付查自己的费用。斯莱特是查聘用的,事前并未与我商量。我还竭力主张最好把在美国办理毛案以及在墨西哥办理引渡工作的备用金一起拨归查保管,因为迄今此款一直按政府规定由大使馆负责,对大使馆实在是一项额外负担,而且也会引起查的疑虑。但叶说,政府令我负责这宗款项是经过慎重考虑的。

关于叶公超提及的冯、查交恶之事,过了大约两年,直到1954年10月份,我才听到冯执正亲口的说法。当时我去纽约赴几个约会,冯大使正好在美国。他到机场接我,并驱车把我送到宋子文寓所赴宴。他想乘机把查在墨西哥办理毛案时的一些活动告诉我。他对查极为不满,因为查打算直接和墨西哥政府打交道办理毛的引渡,而不让冯与闻其事。他说查完全依赖布罗迪和墨西哥律师波特斯·希尔。他真的找到墨西哥外交部去交涉,并且要求该部不要通知中国驻墨西哥大使。这是异乎寻常的!可是,墨西哥外交部对他说,此事只能由中国大使馆提出正式要求,墨西哥政府方能采取行动。查这才给冯打电话,召冯去见他,而他自己却没有说明他的身份。这实在太不寻常了。

冯执正接着说,他发现查这些怪僻行动,完全由于查怀疑他有意保护毛邦初,希图获得重贿。查确实向墨西哥外交部说明了这种理由,而冯的墨西哥朋友们又把这一内情泄露给他。查还向台北发过一份告发冯的电报,据冯说是给蒋委员长的,说冯接受了贿赂,对毛庇护。冯了解到查的这种行动后,整整用了三天三夜,写成一份详尽的报告,包括他的外交记要、会谈记录和给墨西哥外交部的声明等等,也报告了查在墨西哥处理毛案中的异常行动。(指查把大使蒙在鼓里,并在墨西哥当局面前破坏他的名誉。)冯说,他给台北的报告是递交给台北由知名领袖人士组成的毛案调查委员会的。该委员会后来为他清雪了名誉。叶外长也收到了一份同样的报告,该委员会曾委托叶向冯保证该会对冯深为信赖,对他就毛案所作各项贡献极为赞扬。冯说,他很难理解查为什么在背后攻击他,会不会是查想把他撵走,由查自己来当大使。

这种问题虽属常有,但我不愿说这次发生的就是这种问题。就这次问题而言,当时查是司法行政部次长,过去是名律师,并在上海地方法院当过检察官,是从不肯轻易对任何嫌疑分子放松警惕的,这可能就是他对驻墨西哥的冯大使行动乖谬的原因,而这位大使却是深受墨西哥政府领导人的尊敬的。虽然这类事件从表面上看来在中国官场中并非少见,但是我知道查良鉴作为一位严酷的检察官,他对与墨西哥当局办案中所取得的胜利,较之想在墨西哥谋一个本国的外交职位恐怕要更关切些。

1952 年 12 月 13 日,即我与叶公超谈话的一个星期之后,即将返台的刘炯光上校来向我辞行,他问我有无口讯需要他向参谋总长周至柔或国防部长郭寄峤转达。我请他转达六点:(1)毛案的最后判决肯定要拖延时日,尤其是从各家银行收回公款问题更是如此;(2)引渡毛邦初成功的可能性只有五成;(3)一旦毛的引渡办成,不宜让他乘飞机经美国赴台湾,因为飞机在美国降落加油时,他的律师有可能根据"人身保护权"采取行动;(4)诉讼和司法费用昂贵,不可避免地要大量花钱,故须大量拨款,以便把官司继续打到底;(5)使馆虽然名义上对这项专款负责,但每次查提出要钱,大使馆均照付,供他本人或律师们的开支。现在我们在美国至少已聘有四家律师,在墨西哥还有一家;(6)各笔公款一经查出下落,我们即尽力设法收回。

以上是 1952 年 12 月中的情况。自从我收到台北最初的电报,通知我毛已停职,向已撤职以来,已经有十六个月,自政府向法院呈递对毛、向的起诉书以来也已有十三个月。打官司的时间并不算太长，可是其间我们已经遭遇到许多异乎寻常的困难，例如主要被告人毛邦初的逃往墨西哥，我们的律师罗伯特·巴德森不幸因飞机失事丧生，而他的作用则是别人无法代替得了的。

第五节　毛邦初案续记

1952 年 12 月中—1958 年

1952 年 12 月中旬，我曾向台北政府报告，从墨西哥引渡毛邦初的工作只有五成的成功希望。1953 年 1 月墨西哥法院对毛案进行了审理，但未作判决。3 月份，法院作出裁定，不同意引渡毛邦初，其理由是毛的宣誓供词说中国政府所告不实。这个裁定对毛有利。事情变得非常棘手。经办此案的司法部次长查良鉴认为一定是墨西哥当局受到了毛的贿赂。

我们对墨西哥法院的这一判决提出了上诉。到 4 月份，这一问题被提到了墨西哥总统那里。其中一些有关问题，我曾于 1953 年 4 月 9 日向墨西哥新任驻美大使曼努埃尔·特略作过说明。出乎我的意料，他来向我作礼节性拜访时，就对毛案在墨西哥的情况谈得非常详尽。

我对他的新任命致以祝贺，然后问起毛案。我说，据我所知，墨西哥法院已作出裁定，反对引渡毛邦初去台湾。问题已经呈到总统那里。但我不了解按照墨西哥的法律该案将会如何。

特略说，如果墨西哥总统决定不顾法院的裁定，下令将毛引渡，毛可以向墨西哥最高法院提出上诉。但如果总统同意法院的裁定，则问题就算最后解决。

我说，我对墨西哥法院的裁定感到惊讶，因为中国政府所指控的毛未能就他所掌管的大量公款说明用途，也未能把余款交还政府，这些问题都是证据确凿，毋庸置疑的。

特略说，据他了解，毛和他的律师一直在墨西哥大肆宣传，从而造成一种印象，即他的案子是一种政治迫害，其原因是他不同意中国政府的政策，而部分墨西哥报纸则为他鼓吹。

我说这也不奇怪，因为现在毛手中还有一大笔公款，他显然可以随便花用其中的一部分来制造混乱的舆论，以图挽救自己。接着我们的谈话改变了题目，特略提到近来共产党人在国际阵线上表现了某种和解姿态，他问我的观感如何。

几个月后，到 1953 年 8 月末，查良鉴第二次去墨西哥后回来，到我处报告引渡工作的进展情况。他对局势的估计并不乐观。法官把否决引渡的判决书亲自送交给毛一事使查怀疑法官对毛邦初这种异乎寻常的关照的原因。查指出，毛现在的律师过去曾任墨西哥总统的秘书，去年 11 月份才退休卸职。他又说，判决书已经提出有好几个月，外交部长理应有所行动向总统提出建议，可是这位外长却毫无动静。我方律师质问他时，这位内尔沃外长却说，他还没有时间来阅读该案的文件。

查的悲观是不无理由的。新的一年，即 1954 年来到了，而毛案引渡问题仍有待于墨西哥外长裁决后向总统提出建议。1954年 1 月初，行政院长陈诚曾电令查良鉴回台北报告毛案情况，查来找我商量应该怎么办。我认为他应当去台，但事先应赴墨西哥一行，以便了解将毛引渡回台问题的最近进展情况，此行为时最多一个星期。他同意我的意见，立即拟就电稿，向台北报告此意。他并附带说明墨西哥之行是我的建议。我把这句改为我同意他去墨西哥一行，这样，对他来说比较体面。

过了一个多星期后，查来告我，陈诚院长已准其所请，在返台述职前先赴墨西哥一行。我给他一份账单，是使馆会计朱光泽精心编制的，其内容是已由毛的银行账户下收回而置于使馆监管下的各笔款项，以及在外交部指令下由该款拨出用作各项开支的款数。于是查立即动身去墨西哥。

他回来后，我请他餐叙。他说，谣传毛可以离开监狱去逛夜总会,参观博物馆等等,均非事实。实际上他是在监狱中充当一名花匠领班。可是他的引渡问题仍然悬而未决,墨西哥外交部长对此事仍然延宕推托。我问他为什么如此无限期拖延,他说不知道,而且冯执正大使同样也不知道。这是 1954 年 1 月 20 日的事。

早在 1953 年 3 月,大使馆曾奉行政院令,着将从毛邦初那里收回的公款全部转到中国银行纽约经理处国库账户。我于 3 月 17 日将此命令告知俞大维,并向他说明,此命令是作为行政院对各部所掌管的各种政府资金的总方针下达到使馆的,但俞还是很不满意。他反对的理由是,如果一切国家预算款项操于驻台的一些美国人之手,则政府就无法应付紧急开支,以应付外交局势的需要或改善公共关系的需要,这就使我国政府被剥夺了任何一个主权政府都应有的行动自由。

6 月 11 日他来报告军援情况时,我们继续商讨这一问题。这一次,他对台北不断要求动用迄今为止由毛邦初那里收回的款项以应付各项开支感到不安;例如为蒋委员长修理座机须动用此款,国防部订购一台多波段无线电机须动用此款,外交部又须动用四十万美元交付联合国作为 1952 至 1953 年度我国应负担的会费一部分。俞大维希望把这笔款项保留下来,作为办理毛案,从毛手中收回其他款项,以及其他特殊需要之用,这样就可以免得再去向行政院经济安定委员会请求审批,该委员会是由若干美国外交人员、经援人员以及军事代表们把持的。有一次刘瑞恒博士要出国参加世界卫生组织的会议,所需费用仅四百五十美元,也得向该委员会申请。这件事使他感触很深。试想,仅仅四百五十美元的旅费居然还要向台湾的行政院经济安定委员会去办理申请!当时由于外汇十分紧张,以及其他某些原因,故而由中美两方人员组成了这样一个委员会。凡不在原已批准的预算之内的外汇支出,都必须由该会专案审批。

俞大维说,他已请准陈诚院长,多波段无线电机不用此款开支,而用积存在日本的易货存款支付。因此,他打算把存在瑞士信贷银行纽约分行的全部余款提出来,作为偿付所欠联合国部分欠款之用。这样就可以声称,购买无线电机所需的七万美元专款已无法筹措。我认为我们不该把瑞士信贷银行的账户结束,因为我们需要银行界的好感,这有助于我们收回现仍存于各银行毛邦初账户下的数百万美元。因此,我们最后决定把瑞士信贷银行的存款留下不足七万美元,而不是全部提光结束往来。

我于1953年7月23日召开了一次专门研究收回公款问题的会议,希望对这些公款的收回能有所促进。但事先我一如既往,先找俞大维商量,向他说明此会的目的。参加会议的还有莱希以及与毛案有关的其他律师们。我对俞说,我们的目的是要研究如何推动此案。特别是要推动法院的会计检察官从速作出决定,他仍在把我们上交的账目仔细审查,我们希望他核实其中毛负有责任,并应交还政府的确实数字。我说,这是个关键问题,举凡为了追回毛在各银行的存款所采取的一切步骤都将取决于此。我在会上对莱希说。最好是要设法催促法院的会计检察官尽快作出决定。我并说,毛方旨在私了官司的任何企图都将是徒劳的。

1953年12月,毛案又发生了另一个波折,此事对台北政府分外富于刺激性。毛的律师罗伯茨通知我方律师们说,他将请在纽约的"代总统"李宗仁1953年12月10日作证。查于12月7日向我报告此事,他说已和我方律师们商定向法院提出申请,取消该项听证。他说我方在华盛顿的律师莱希和休斯也反对此项听证,但我方在纽约的律师贝尔纳普和克拉姆则主张听其自然,他们认为提出反对也不见得能奏效。莱希则认为此项听证是一种阴谋,其目的在于转移视线,使这场控诉贪污的诉讼转变成为一场对我国政府和总统进行的政治污蔑。他认为这是罗伯茨的狡猾之举,因为他正拼命想为他手中的这件无望的案子找出路。

查离去不久,谭绍华给我看一份电文抄件,这是在我不在的时候他用查和我的名义拍发给外交部转行政院长陈诚的。该电称我们正在设法阻止此项听证,但毫未表示我们有任何驳斥这个

"代总统"头衔的意图或想法。我强调在我的反诉中有纠正这一点之必要,此项纠正应以与本案无关为理由提出,因为这一问题在法院对毛作最后判决时原已曾明确地解决完了。不过我对反对举行听证这件事本身是否明智却是心存疑虑,尤其是因为:一则贝尔纳普认为他阻止不了这次听证,而且,我们提出反对听证倒有可能予毛方律师以可乘之机,说我们害怕拟议中的听证;二则,查和我方律师都担心,罗伯茨所提出的主要问题将是 1950 年1 月 21 日,即蒋委员长交卸总统职务引退之日下令汇交毛的一千万美元;三则我们都深恐此次听证的目的有可能是要利用最近台北发生的一次政治危机,这场危机导致王世杰以"贪污腐化"、"滥用职权"的罪名被免职。关于这一政治危机我准备在后面作更详细的叙述。

但查良鉴已同意提出反听证申请。谭绍华则主张继续由查负责决定我们应采取的司法手段,而大使馆则仅掌握诉讼的总方针。因此,经过进一步讨论,结果还是全体一致同意提出一项反听证申请,并对所谓"代总统"的头衔予以驳斥。我认为后一点更为重要。

第二天,12 月 8 日,查给我送来一份关于反对李宗仁出庭作证的申请书修改本。该修改本中除其他陈述之外,还指出"代总统"这一头衔对李已不适用。10 日,查来我处会商对外交部的两份来电如何答复。这些来电是答复我们就李宗仁应毛方律师之邀,即将亲到毛方律师事务所作证一节向外交部所发的报告电文的。台北方面对此似乎十分激愤,要求尽一切可能制止此种听证。万一制止不成,则予以抵制,以防产生李宗仁具有"代总统"这一头衔的观感,这一头衔是李在毛方律师向法院呈递的申请书中自封的。外交部希望直接向美国公众和华侨社团开展一场宣传,用以对抗任何掀起反政府思潮的企图。

台湾方面显然对此事过于激动,因而反应过分,在我们这些驻华盛顿人员看来,上述指示是非常不可取的。由于大使馆曾于

1950年3月1日就蒋委员长恢复总统职务一事给国务院发出过照会,国务院并就此通知法院作了证明,因此无论是初审法院或是上诉法院都根据这一通知办事,使问题得到明确解决。我们感到完全满意;并且法院对我们提出的对毛的起诉已经据此作出有利于我国政府的最后判决。我们认为台北提出要发起宣传战的意见并非明智。最好不要打草惊蛇,因为当时美国舆论界和政界都已充分了解毛是渎职。至于抵制听证的办法,那只不过是放弃及时和直接的驳斥而将讲台奉让给对方而已。最好的办法还是由我方律师到场提出反对任何李宗仁的证词,并否认李宗仁自称的所谓"代总统"。这样,我方的反对意见便可以和对方的声明同时记录在卷。

我于是请查按此意草拟复电。我完全能理解为什么台湾方面感到如此激动,但他们所设想的做法却完全不适合美国的情况。因此我请查宁按此间实际情况的要求行事,而不要死板执行台北的指示。我经常必须如此行事,这样做是从国家和政府的利益出发的。

1954年1月3日我在纽约接见了李宗仁的代表甘介侯,事先他曾来函求见,说有事相商,而且事关国家声誉。甘说毛的律师又一次请求李宗仁出庭作证,这一次他们要求作证的问题是1949年1月21日蒋委员长下令汇给毛邦初美金一千万元,而那一天就是蒋委员长引退,李宗仁受任代总统之日。李请该律师与甘介侯联系,甘即访问了律师,对律师说李宗仁享有豁免权,不愿出庭作证。

甘说,他也曾到华盛顿去找过罗伯茨的代理人伍兹律师,了解到他们打算向李宗仁提问的是:他是否曾以代总统身份授权汇出上述的一千万美元;如果没有,则他是否曾批准使用总统印玺下令汇出该款;如果没有,则他对该笔公款的非法转移是否知情。(这是毛方律师企图使问题复杂化的一种手腕。)甘说,如果李出庭作证,他就必须对这些问题一一作答,但李不愿卷入此案。伍兹曾向他暗示,打算请法院出传票传李到庭。甘对他说,谁敢向李送达传票,谁就将被李的保镖一脚踢出门外。

甘接着说,由于李不能说假话,如果出庭,无论作任何证词都将对案情不利。而且目前我们国家的处境已十分艰难,因此他建议李不要使我国在众目睽睽之下进一步陷入困境。他认为,如果李要出庭作证,这将是必然的结果。正如伍兹所说,这个问题是"蒋委员长与毛邦初合谋盗用国玺的问题",除非最后能证明该款不是公款。而如果不是公款,毛就没有向美国法庭就本案交待账目的义务。(在此我应说明,美国人并不理解,在中国转移公款并不需要使用国玺,只要下一道手谕或者打电话传个口谕就行。但是美国律师们却认为这是个重点。我断定罗伯茨就是这样想的。)甘说,因此我国政府或大使馆应采取行动,以免李被迫出庭或到毛方律师事务所作证。

实际上甘介侯是求助于我而来,但他避而不谈,而把他的来意说成是为了我们,为了台湾,应当防止法院发出此项传讯。我对他的本意一清二楚,但并未说穿。我感到虽说李本人是不愿出庭作证的,但一旦出庭,从台湾的角度看,也确乎不利。因此,我对甘说,如果李出庭作证,那就错了。我说,这将极大地影响他在此间的身份,尤其是因为他最近一次为毛案所作声明中自称为代总统,对于毛邦初送呈给他的效忠呈文所下达的指示自称是"指令"(即总统的命令)。可是由于国务院曾致函法官,重申蒋介石才是中华民国的正式总统,毛邦初那份鲁莽的申诉,已被法院摈弃。我并说,李本来就不应该使自己卷入这一案件,他根本不该发表声明,自称代总统,并且"指令"毛对台北的命令置诸不理。

甘强辩道,由于毛邦初称李为代总统,李未便拒绝或置之不理。因为李如果拒绝,无异于否定了他自己所声明的中华民国总统职位。(这实在是一种很牵强的逻辑,一位名副其实的总统可以对很多事情置之不理,而决不至于认为这会危及其总统的名位。)我说,李的这一行动非常不明智,欠考虑,使自己显得很可笑。因为毛的案情属于贪污公款罪,李的干涉等于庇护他的罪行,而且使人感到李自称是总统似乎依赖于毛的承认。我说,总之,法院已经明确判决,毛应负责交回公款,现在唯一尚待确定的仅是数字问题而已。这还有待法院的会计检察官提出报告,然后由法院作出裁决。

甘介侯请我把他告诉我的情况转达给查良鉴,并说李宗仁是否出庭作证的问题就留给我们去决定了。这就是事情的梗概。李宗仁给甘介侯出了个难题,甘又把它转嫁给大使馆。我表示不同意李露面,这一定使他感到高兴,而且不露面作证也符合李本人的利益。我说,我回华盛顿后就立即告诉查良鉴。甘走后,我就打电话给大使馆秘书傅冠雄,要他去找查良鉴,请查于星期二上午到我处,有要事相商。

1月6日,查良鉴来我处说,他给甘介侯打了电话后,甘就到旅馆找他,所谈基本上和对我说过的情节一致,无非还是毛的律师曾要求李宗仁出庭作证,以及李宗仁不愿出面等等。我建议查把此事向台北打一份简单的报告。他说,他将把报告写出来请我过目,经我同意后再发。

这一事件的结果,据我的记忆,终于由甘介侯出面代替李宗仁去对付毛的律师提出的要求。这次李宗仁终于没有就此案出庭作证,以后也没有。事实上李的副总统任期到是年5月份即将届满,台北将召开第一届国民代表大会第二次会议选举新的正副"总统"。况且早在1952年1月份监察院已经检举了李宗仁玩忽职守,等待国民大会作出处理决定。由于自1948年以来,国大从未开过大会,因此立法院于1954年1月把监察院的结论向大会作了传达。

1954年1月23日,陈之迈来见我,汇报他应周以德之约进行晤谈。不出我之所料,晤谈内容是有关李宗仁被弹劾一案。在此以前,甘介侯曾致函周以德,扬言台北如此逼迫李宗仁,李将把自己的情况公诸美国公众,以资辩白。这对蒋委员长个人和政府来说肯定都是不利的,而当时我国国际地位情况不佳。甘并向周以德保证说,李宗仁已经决定,在他的副总统任期届满之后,即将摆脱政治。周以德颇以此说为然,他请陈之迈向我转告,希望我把上述各情向台北转达,并希望附带说明,在他看来,此时此际,把此案搁置起来是最聪明的办法。可是为时已晚,此案已无法搁置。3 月 10 日的国民代表大会以压倒多数的投票罢免了李的副总统职务,理由是说他玩忽职守,败坏法纪。此时距他的任期届满之日不过数月而已。

1954 年 4 月 30 日,查良鉴给我送来一份备忘录,其内容是有关毛用公款购买的美国国库券问题。长期以来,我们一直在同美国财政部办交涉,甚至还挽请国务院向财政部疏通,希望止付此项国库券。当时这些国库券尚未兑现,经过我们的陈诉,美国财政部已通知联邦储备银行及其各分行,请他们注意。不过我们距离收回这笔款项还很遥远,因为要办到这一点,美国政府和财政部还有一些法律问题待解决。

这种证券和钞票一样,既不记名也可转让,美国政府认为除非能证明这些国库券仍在毛邦初之手,那就无法止付,也不能注销。(至此为止,我们并不能证实此点。)换言之,即这些国库券是无记名票据,而且不在我们手里,美国财政部认为难于应承我方的要求。因此,我方律师们感到有必要另找出路。

查良鉴 4 月 30 日送来的备忘录是我方律师撰写的,其目的是请美国财政部把尚未付现的面值为一百九十万美元的国库券偿还我们,理由是该款属于我国政府,被毛邦初非法用以购买了美国国库券。查建议此事由大使馆向国务院交涉。我提醒他注意不要操之过急,我说国务院除了把我方的要求转达给财政部外,其他什么问题也解决不了。它既不能,也不愿促使财政部给我们付款。我们匆忙行动只能引起误解和混乱。首先应该使美国财政部相信,我们自己也在竭尽努力,设法解决问题。我们可先在报端把国库券的号码公布一段时期,警告公众切勿收受这些国库券。如果经过一段时期没有人提出产权问题，那时我们的地位就比较有利，可以要求美国财政部把这笔钱还给我们了。我说，即使到了那时，如果有第三者拿出在我们公布通知之前以正当手段取得的国库券要求偿付时，我们也必须给予赔偿。我说我将仔细研究律师的备忘录。但最后我终于还是向美国财政部提出要求偿付我们一百九十万美元的国库券。

过了一段时期，6 月 8 日，我又再次接见查良鉴。这次他是来向我说明毛案的最近发展情况，以及几件从属案件如张止戈问题，向惟萱问题，另外还有关于新泽西州纽瓦克市纽瓦克和埃塞克斯国民银行的存款问题。（大约六十万美元，前已提及。）张某是个侨商，他曾于 1947 至 1948 年从美国政府买到一些美国剩余物资，到中国出售，在上海赚了钱。他这些买卖显然是和毛合伙做的。1954 年 3 月，他在洛杉矶被拘留待审。并已开庭审讯。不过这场官司如果打下去，还要花很多钱，而其结果则毫无把握。可是查却想打下去。

关于收回国库券问题，查良鉴说如果斯莱特把官司打赢了，该给他多少报酬，他还没有拿定主意。斯莱特是查聘请的律师，专门负责处理毛案的这一特定问题。

查又说，一星期前，正当特区法院为最后作出决定开庭审理毛案之前，毛的律师罗伯茨曾找贝尔纳普谈过话。查说在此以前，在 3 月份，罗伯茨曾找贝尔纳普谈过一次。那次他说，他曾去墨西哥看过毛，当时毛非常沮丧。在这次谈话时，罗伯茨说，他了解到毛听到蒋委员长通过合法选举连任总统后，不再反对他了，而愿意承认蒋委员长为总统。而且如果政府愿意撤回把他从墨西哥引渡的要求，他就打算交回全部已被冻结或扣押的资金。贝尔纳普在答复他时宣称，最好还是等待法院根据会计检察官的报告作出最后判决。贝尔纳普就此事征询过查良鉴的意见。查说，先得请他把同罗伯茨所谈各节写成书面报告后，才能报请我加以考虑。这种意见是对的。查说，莱希也不同意在眼前考虑这种建议。他说过分地信赖罗伯茨的话是不明智的。如果我们在这方面稍表赞同，罗伯茨甚至就可能在报纸上大肆鼓吹，到那时我们就将功败垂成。这种见地也是对的，我们必须慎重从事。

6月23日，查给我送来一份哥伦比亚特区美国地方法院关于毛案的最后判决文书。上文曾述及1952年3月法院同意对毛进行缺席审判时，曾指定一位法院会计检察官进行查账。这位会计检察官最后于1954年4月14日向法庭呈递了他的报告。接着法院在1954年6日21日开庭审判，并作出判决。判决书中除其他事项外，对会计检察官的报告进行了确认，并宣布中华民国政府有权向被告索还美金六百三十六万八千五百零三元四十七分，按年息六厘计息，并以今后所发现被告的任何财产抵付。判决书并宣布，举凡纽约、华盛顿和瑞士等地所有各家银行中毛邦初名下的各种货币和存款，以及美国国库券、账册、有关的文书档案等等，悉数应归中华民国所有，并应限期由毛邦初本人向原告办理移交，如毛拒不履行，则由其代理人代为履行。

法院的判决并未使毛案结束，但却具有一定的实效。首先，这一有利于中国政府的判决证明毛过去对中国政府及作为政府首脑的蒋委员长所提出的各种指责，完全都是谎言。其次，这是我国政府在法律上所获得的胜利，它的权利得到美国依照宪法设立的法院在法律上的承认，其结果是毛的一切指责和诡辩全部由法院从法律上予以否定。换言之，我们在澄清我国政府的声誉方面是成功的。这一点在我看来，同时从政府的角度看来，正是我们把毛送上审判台的主要目的。

但法院的判决在使我国政府真正收回已明确无误有权收回的公款方面并不是那么成功，这是由于判决的执行问题。如果我没有记错的话，1954年法院下达判决书时，我国政府已经追回了不少的款项，记得在三百万美元以上。剩下有待收回的是美国国库券、毛在瑞士境内各家银行建立的编号账户存款以及在美国几家银行内的存款。在这些方面，法院的判决起了一定的作用，它使得法律上的结局明确地有利于中国政府。有些银行,特别是几家瑞士银行,都曾声称他们在法律上有困难,法院的判决有助于排除或解答这些借口。它使这些银行感到有压力,使他们变得比较合作些。它在道义上给我们增添了力量。这对瑞士各家银行来说特别重要,因为美国法院在瑞士境内并无司法管辖权,瑞士已不承认中华民国,而且瑞士所有银行都有一种惯例,这种惯例是得到瑞士法律保护的,它们拒绝向外界透露编号账户的所有人姓名,除非瑞士政府特别授权。

尽管初审法院的判决对中国政府有利,但是被告人仍可提出上诉,把案子拖下去,他们就是这样做的。除此以外,法院的判决对我们收回美国国库券的努力也没有什么作用,对在墨西哥的引渡诉讼更是毫无裨益。

大使馆空军武官衣复恩上校曾为毛案去墨西哥。1954 年 6 月 30 日他刚从墨西哥回来就带着几张毛的照片来见我,这些照片是在墨西哥城监狱中拍摄的。驻墨西哥的冯执正大使对他说,引渡成功的希望现在比百分之五十稍强一点。可是墨西哥的人却告诉他,在美国提出的三百四十多件引渡案中,被批准的仅有两例。他说,墨西哥是一个名闻全球的政治避难所,该国公众对此引以自豪。

衣复恩的报告实在是令人丧气。几天之后,我又和查一同去拜访墨西哥驻美大使特略,这次谈话也不能令人振奋。我向特略大使递交了一份美国法院对毛案的最后裁决,并向他探询引渡毛邦初的前景。这位大使说,墨西哥通常甚少同意引渡,过去所有引渡申请案例中仅有百分之二被批准。他说,如果墨西哥法院不同意引渡,政府可以变更其决定,但这种情况非常少见。而如果发生这种情况,被告还可以向最高法院上诉。反之,如果法院一开始同意引渡,而政府不予执行,则申请者无权上诉。特略说,我们聘请的波特斯·希尔是一位很好的律师,应该对我们大有帮助。当时他正有事准备回墨西哥协商,我请他转向该国外交部长波迪利亚·内尔沃致意问候,并转达我恳请该外长加速推动毛案的执行,因为据我了解,这个问题仍由他掌管。大使说,他乐于接受我的托付,但恐怕也不会有多大效果。又一年过去了,墨西哥当局还是没有作出最后决定。

关于美国国库券问题,我想提一下查良鉴 1954 年 8 月 27 日的报告。他来我处报称,我要求美国财政部对此问题给予特殊考虑一事已被拒绝。我曾向美国财政部要求偿付我国政府一百九十万美元的美国国库券值。这些国库券是毛邦初用他当时所经管的中国政府公款购买的,现尚未兑现。查说,美国国务院转来了财政部的答复。该部说这样通过申请就直接偿付是没有先例可援的,该项国库券可能还会有真正的持有者出来要求兑现,尽管该部也承认这种可能性不大,因为据报这些国库券仍在毛邦初手中。国务院的照会说,这种偿付必须先由国会根据法院对毛案的裁决通过一项法案授权偿付,然后方可执行。

一个月后,即 9 月份,即法院作出有利于我方的裁决已经四个月后,政府急于要把官司收场。办案的费用和时间已经大大超出预料。因此,当政府要求我提出一项结束毛案的计划时,我丝毫也没有感到惊奇。

9 月 23 日,我请查良鉴起草一份条陈。9 月 25 日,他把准备好了的草稿送来。该条陈草稿论述了结束中华民国控告毛邦初一案中各种诉讼的前景。但我觉得该条陈仍然夹杂着大量的"官腔",并且在估计各项未了诉讼的取胜机会方面未免失之过于乐观。

9 月 26 日,我同叶外长会谈,当时他是又一次为出席联合国大会而到美国来的。我们打算研究一下如何将毛案收场,以及要求政府为此拨款等问题,因此把查良鉴也请来一起会商。我首先向叶提出政府没有及时批准有关办理毛案的拨款问题,诸如律师们的诉讼费,查良鉴的办公费等等,尽管使馆曾多次催办,但这些费用都已拖欠了十四个月之久。叶对这个问题和我一样,也感到非常生气。他说外交部为此事曾四次呈行政院催办,最后还告到总统那里,因为行政院拖着不办。他感到主要的问题在于新任行政院长是个银行家。把钱看得很重,因此对任何拨款都不肯轻易批准。此人便是俞鸿钧,他过去曾担任过中央银行总裁、财政部长等职。

关于毛案收场的问题。叶说,这首先要看查良鉴个人的愿望而定,不知他是否一定要按既定计划回台湾结婚,同时照看他的女儿,还是可以继续留在美国。我说不能让查离开美国,因为如果没有他,非常错综复杂的毛案就无法处理。叶提出大使馆可以接过来办,但我断然说不行,因为人手不够。两个多月前陈之迈和张慰慈被派参加中国出席联合国的代表团,崔存璘被派参加出席世界银行和国际货币基金理事会会议的代表团。陈家博则已回台湾,还没有人来接替,使馆人手极感短缺。这一来,叶也认为查的回台问题无法考虑,至少在目前是如此,这时已近十二点半,我知道叶第二天下午要在联合国大会演讲,自然心中有些焦急,因此我们决定在星期三,即9月29日再继续研究。

第二天,9月27日,我在使馆召开了一次会议讨论财政问题,如国家预算问题等。参加会议的有中国财政部长徐柏园和经济部长兼台湾银行行长张兹闿。他们二位刚抵华盛顿,是来出席世界银行和国际货币基金组织年会的。另外,谭绍华和使馆的几位秘书也都参加。我提出的问题之一仍然是办理毛案的拨款问题。我告诉大家,政府对使馆早在一年多前呈报的拨款申请始终不见行动。我说,已经十四个月过去了,律师们的诉讼费和查良鉴的办公费一文未付。我请求徐柏园给予臂助。他说,他将乐于给行政院长俞鸿钧打电报。又说,行政院坚持要把结束这场官司的整个计划上报后再批准应拨付的所需经费,这实在出乎办事常规。他也说,现在的行政院长过去是办银行的,对任何开支都过于谨慎。

我还告诉徐,使馆现在还保管着七十二万美元,原封未动,可供使用。但是我恪守原则,动用此款必须先经政府批准。我说此款来源于毛的部分银行存款,我把它看作是属于国库的,使馆仅负保管之责。到此为止,会议的讨论就转到其他议题。

随后不久,我们申请的拨款居然获得了批准,并且拨付给大使馆。没有这笔款项我们就无法着手结束此案。现在我已经记不清那七十二万美元是否也花费在这方面。为了结束此案,需要制订许多方案,当然查良鉴得留下来负责此事,至少也得留到年底。到那时,他可以回台湾一行,处理一些私事,但事毕仍得回到美国来。

1954年12月,又出现了一阵私了官司的活动。这次是世界银行行长尤金·布莱克博士和他的前任尤金·迈耶博士发动的。12月8日,李榦来向我报告,他说布莱克曾把他请去,告诉他有一位有地位的友人向他提出一个意见,就是我们应该把毛案私下了结。他说,如果中国政府对毛不再追究,则毛愿意交出他过去拒绝交出的全部公款。中国政府就可以把这笔钱交付给世界银行,以抵偿中国至今还拖欠着的应交份额。上述这一席话是布莱克的朋友在电话上谈的,他已记不起这位朋友是谁了。我估计是尤金·迈耶,后来布莱克对李榦说,果然是他。迈耶是《华盛顿邮报》的老板,该报刊有德鲁·皮尔逊专栏。

李榦对布莱克说,他将把此事向中国大使报告。我告诉李,此路不通。我说我们对毛所采取的法律行动已经进行到这种程度了,并且已经收回了相当一部分毛所贪污的款项。况且毛案所涉及的不仅仅是收回公款,还有原则问题,特别是他拒绝承认总统和中华民国政府,以及他作为中国武装部队的一名军官,竟然公开背叛国家,这些都是原则性问题。我对李说,我甚至都不打算把这一情况报告给台北,希望他婉言劝告布莱克,不要再干预此事。另外我说,关于把未收回的余款缴交世界银行,以抵偿中国所欠份额之议,台北未必认可。

1955年2月,毛的律师罗伯茨又一次提出要求通过协商解决毛案,这次是由莱希转达的。罗伯茨仍然是以毛的代表身份间接地来同政府接洽,希望在法院之外解决问题。莱希来到双橡园和我商谈,当时外长叶公超正好在我家中作客。果不出我所料,莱希此来和我谈话不多,他的目的是要试探一下叶公超对了结毛案取何态度。他的结案办法是毛邦初交出仍在他手中的全部公款,政府则撤回诉讼,并使他在墨西哥恢复自由。莱希说,他是受罗伯茨的嘱托,来和叶公超磋商法院外解决办法的。他说叶公超是毛邦初认为可以相信的唯一的中国政府成员。

毛当然是不断地在改变主意,这已是他第三或第四次试图通过罗伯茨私了官司。而且在这以前也作过多次尝试。例如,有一次是由毛太太出面;一次是在纽约由陈纳德出面(前文曾有叙述);一次是在华盛顿由汤姆·科克伦出面;还有尤金·布莱克也插过手。但布莱克出来调停的一次是否是毛自己发动的,我不能肯定。几个月之前莱希就曾找过我,那是在华盛顿,他在法院外面被罗伯茨截住过之后。

叶部长说,如果毛果真愿意把他所掌握的全部公款交还政府,这倒有可能使他的问题得到解决。这时他转而征询我的意见。我说,莱希应该和罗伯茨讲明,如果他希望和叶部长谈话,那就必须由毛先保证必定把全部公款交出,以示他诚心想要结案。这一要求并应由莱希以主动姿态向罗伯茨提出,而不能提及已经见过叶部长。和过去历次发生过的这类事情一样,我都要强调指出,我将高度警惕,不许罗伯茨向报纸记者透露任何有关中国政府已开始谈判私了官司的消息。我说,罗伯茨也许仅仅意在破坏我国政府的声誉,从而损及我们在法庭上的立场,以便为他的上诉赢得好处。当时他正在为抗拒低级法院所作对毛全面不利的判决而进行向高级法院上诉,并且高级法院也即将进行判决。我的分析暂时起到作用,因此私了官司之议又一次被搁置下来。

那年4月6日,有一位前墨西哥驻美大使安东尼奥·德·洛斯·蒙特罗斯先生来访。当我1946年来美时,他已经驻节在此,并代表墨西哥出席旧金山会议。从那时起,我们彼此就已相识。他为人很直爽。这次的谈话不仅饶有兴趣,而且颇有启发。他使我了解到毛邦初的引渡被拖延的内情和原因,也使我认识到在墨西哥办理毛案的难处。当然,能够知道个中内情的人是不多的,蒙特罗斯是其中之一。

他说,他的来意是要告诉我,毛邦初的引渡是墨西哥总统出于某些政治原因而压下来的。现任总统是前总统(1934—1940)拉萨罗·卡德纳斯将军的门徒。这位前总统由于间接地控制着墨西哥的武装部队,掌握着墨西哥的工业和金融,因此仍然是墨西哥现政府幕后的实力人物。他说卡德纳斯现在仍然野心勃勃,希望有朝一日能够卷土重来,掌握政权。但是美国对他印象不佳,因此他正在大耍阴谋,想让美国人看看他的厉害。他一直在向共产党人暗送秋波,不仅是墨西哥的共产党,也包括中美洲的共产党。以前的危地马拉亲共产党政权在去年夏季由于美国的间接干预而被颠覆以前,他曾给予同情和支持。因此,他对国民党的中华民国的事业是不同情的,从而也不赞成将毛引渡。他说,这就足以说明为什么墨西哥现政府采取拖延手段,迟迟不作决定。蒙特罗斯希望我能把这些情况告诉美国政府和国会中的美国朋友们。他说,他本人乐于把上述情况告诉参议员诺兰,他认为诺兰是国会山上我们的忠诚朋友。应他之请,我为他设法安排在星期六上午和诺兰参议员见了面。

结果毛还是没有引渡。我和蒙特罗斯谈话后一个月多一点,墨西哥政府下令将毛开释。我一听到这消息就立即把查良鉴请来商量如何采取措施,以防毛被墨西哥政府开释后产生些什么不良后果。我请查赶紧采取一切措施,防止那九家瑞士银行里的存款被提走。我让谭绍华把毛的获释通知美国国务院。我又给驻墨西哥城的冯执正大使打电报,请他证实迄今只从无线电广播中听到的这一消息,并请他给我附寄墨西哥政府就开释毛邦初事所发表的声明文本。另外,我请查设法监视毛的行动,在墨西哥那边则已要求冯大使监视。

第二天下午即 5 月 25 日,我召集谭绍华、崔存璘、张慰慈和顾毓瑞开会,研究毛被开释后所应采取的措施。冯大使在回电中摘要地报导了墨西哥政府的声明,该项声明极力为开释毛邦初一事辩护。其中有一点理由就是说墨西哥法院和墨西哥政府都没有考虑美国法院对毛邦初贪污一节所作的判决,因为我们向墨西哥政府提出要求引渡毛邦初时,并未把这一问题包括在内要求他们一并考虑。但声明还是承认了我驻墨西哥大使馆曾用照会方式把毛的罪行通知过墨西哥外交部。

我也接到了外交部发来的电报;外交部对此事的反应与我相仿。它要求我设法防止毛邦初窜回美国滋生其他事端,阻挠瑞士银行交出他所经手的存款。我曾经说过,凡用毛的户名存有我国政府款项的各家瑞士银行从来都比相应的美国银行难于办事,这本来是不足为奇的。但是最近以来,瑞士金融公司和瑞士信贷银行的态度有所转变,较前稍好。双方的律师已接近于共同拟订一项由银行交出存款的办法。

星期四,5 月 11 日,查良鉴来报告他通过双方律师与瑞士金融公司和瑞士信贷银行谈判的结果。同时,查交给我一份由涉讼财产代理人斯莱特律师起草的关于他(斯莱特)的报酬的协议草案。(涉讼财产代理人是纽约法院为便于追查和查封毛所持有的账户和其他款项而任命的。)按照草案的规定,我们对斯莱特除已按我方律师待遇付给报酬之外,还应付给以上述两家银行收回款额总数的 6.9%。此外,我们还应向涉讼财产代理人本人另付一笔报酬。不仅如此,上述两家银行也一直在动用毛所侵占而以他自己的名义或与俞国华联名存入这两家银行的中国政府公款为他们各自的律师偿付酬金。

我对查说,斯莱特的要求似乎过大了些。查说,斯莱特在收回资金工作中确实起了些作用,不过最初发现这些隐匿的存款还得归功于布罗迪。布罗迪是巴德森为了解决这类问题而介绍给我们的,我们一直在付给他丰厚的酬金。可是,他指出,任命一位涉讼财产代理人的构想本来是由斯莱特提出,经我们同意后由他经办的。我对查说,虽然如他所说,斯莱特所要求的酬金总额远低于台北政府的委员会原来规定的 10% 限额,但是无论如何,此事必须请示台北批准。问题是他们一开始还不知道事情的牵涉会有多广;在当时 10% 似乎不是个什么了不起的数目。

5 月 31 日,查又来我处报告。这次他使我大吃一惊。他说,他已按照克拉姆的意见,会同瑞士信托银行的律师们为该行向我国政府发还毛的存款问题拟出了另一种证件形式。查所设想的文件需要由行政院长俞鸿钧签署方能生效。作为行政院长的俞鸿钧,其权力远远大于外交、财政、国防等部部长以及空军总司令。这种拟议中的证件要由他正式签署,最后还要由美国驻台北使馆证实,该证件业经中国司法部长验证无误。

据克拉姆说,需要使用如此繁复的一整套手续的理由,是为了避免要求我以中国大使的身份进行签署。这样,万一毛邦初或中共企图向各家瑞士银行提出存款主权要求时,就可以避免触及我的外交豁免权问题。我对他的解释并不十分同意,关于这种手续上的改变他事先也没有和我商量过,但是我也不表示反对,而是留待政府去作最后决定。

可是 1955 年 6 月 2 日,叶公超由台北打来电话,问我是否愿意在同瑞士一些银行就收回毛过去用他自己的户名存在这些银行中的政府公款的协议上签字。他说,蒋委员长只准三个月限期,不能再拖延,三个月之后,查良鉴必须回台北。叶估计如果要由查签字,他就提出延期返台的要求。我说,由查签署本也无妨,但是如果部里命令我签,我当然照办,不过我认为大使馆不便单独承担处理毛案的任务。叶说,他决定让我签。然而最后,考虑到有必要维护我作为大使所享有的豁免权,外交部还是决定由查良鉴签署。这是应采取的正确途径。7 月 14 日,我收到了表示那个意思的电报。

关于查良鉴在美国停留三个月的限期问题,我还得进一步说明一下。在此以前,他已经回过台湾述职和续弦,均已如愿以偿。他是在 1955 年 4 月份的第二个星期回到美国的。4 月 13 日,他来向我报告在台北商讨毛案的情况。他说,蒋委员长规定三个月内尽速把毛案收场,能结束多少就结束多少。如果到期(即 7 月份)还不能完全结束,则移交大使馆处理。(我怀疑这是否是由于疑心查对别人耍了政治手腕,特别是对中国驻墨西哥的大使。委员长一定对此已经有所了解,所以不大愿意让查继续留在美国。)我对这一决定很不同意,因为我缺少足够的人手和费用,可是大使馆已经收到了外交部发来的指示,其精神与上述相同。该指示还提到,已按蒋委员长的指示,责成驻墨西哥的冯大使在可能范围内推动引渡案,力求实现。总之,查良鉴手头已经没有足供此目的使用的经费,所有余款都要交给驻华盛顿大使馆。

大约过了两个星期,我接待了新任驻墨西哥大使馆参事陈先生。他是在赴任途中经过美国,特来我处作礼节性拜访。他过去曾任外交部美洲司司长,为人很干练,深得叶公超的信赖。我们谈了毛案的情况,以及最近政府决定在三个月之后把查良鉴召回的问题。我说,无论从人力条件或经济条件来说,大使馆都无力接办全部毛案。查良鉴虽然用全部精力办案,并有他办事处的二位同事协助,还异常忙碌。我使馆内只有张慰慈一人保管该案案卷,并和外交部保持联系,但他还得担负使馆的其他任务。张慰慈过去曾在外交部担任叶公超的私人秘书,1953 年随叶访美出席联合国大会,叶回国时把他指派在我使馆工作,他在使馆除办理其他工作之外,主要担任毛案的监察员。

我又向陈解释道,如果我们把我们在纽约、芝加哥、洛杉矶和新泽西等地的律师们全部召集到华盛顿来协商,那么他们肯定将不仅要求我们付给咨询费,还将要求我们负担他们为此而耽搁的时间费用和旅行费用等等。陈完全同意我的见解。

但他说,蒋委员长对此事已经不耐烦了,经台北毛案委员会申请,他已下令在三个月后把毛案移交给大使馆接办,而令查良鉴返回台北。

但是关于查的问题,最后还是决定把他在美逗留的期限再延长三个月,要求他把毛案尽快结束。这说明台北承认了大使馆既没有人手也没有经费来接办毛案。但是查在获准延期回台之前对于及早结束毛案一事感到压力很大。这就是为什么他在6月10日又来大使馆,再一次商讨试图私了官司。查说,贝尔纳普曾找他研究调停毛案的可能性,这仍是毛的律师发动的。他说,贝尔纳普看来是赞成这种构想的,并且向他指出了可能取得的一些好处,譬如说几家瑞士银行可以立即发还存款,美国国库券也可以收回,因为罗伯茨说,毛已经同意这样办,但要求可否让他留下五十万美元。查说,他曾表示对我方是否能接受贝尔纳普的建议有所怀疑,但未作肯定答复,等和我商量后再说。

我说,在今年和去年两年间,毛已经作了四五次尝试,希望把官司私了,甚至还挽请贝尔纳普的同事莱希直接找叶公超外长谈过,但叶和我磋商后一概都拒绝了。我说,时至今日,再也没有考虑这一问题的余地了。我说,政府的立场不是单纯为了钱的问题,而是要弄清是非。一旦我们在原则上同意私了,毛肯定会要求谈判具体安排,到那时他就会提出一些无法考虑的要求,诸如要求我们撤回对他的全部法律起诉,要求台北赦免他的罪行等等。这些事情,我怀疑台北是否能够照办。如果办了,则将引起外界对政府的立场产生怀疑,并且将使我们与美国政府间产生许多纠葛,因为美国国务院和财政部始终是在和我们全力合作,协助我们收回公款的。我提醒他说,他们甚至将要向美国国会提出一项法案,请求国会批准把毛用公款购买的美国国库券的券值偿还我国政府,仅仅扣除毛已经通过非法渠道兑了现款的部分。至于他正在设法兑现的那一部分,我们已经设法防止。对德克尔的起诉(此人在可疑的情况下,已把总值二百万美元的国库券中一张票面为十万元的兑了现款,他还曾企图将另一张国库券兑现,但没有办成。)正在芝加哥加紧进行中。我乘机对查说,我们应按照我方律师们的意见,到内华达州去查明自称为施奈德(实际就是德克尔)的人,以便和他对质事实,并按照我们律师的意图,用确凿的证据揭穿他的谎言。

6月20日,查告诉我,他准备把他的办事处结束,7月1日返回台北。我再次对他说,我希望他能再留六个月,特别是因为当时发生了下述新的复杂情况。毛的律师们已通知瑞士银行不要和我们妥协,不要把存款移交给我国政府。美国财政部则打算拖着,延缓向国会建议通过一项专门法案,授权他们把国库券的券值付给我们,这些国库券是毛邦初用委托他保管的政府公款,用他私人名义购买的。因此,这一时机极关紧要。查本人很愿意留下,但此事必须由台北批准。我对他说,我将向台北要求批准他再留一段时间。

我正在等待台北回音的时候,又产生了新的纠纷。6月23日上午,谭绍华来报告说,国务院中国科科长马康卫打来电话说,国务院接到一张传我的传票,是芝加哥法院在德克尔的煽动下发出的。此人曾兑换过两张美国国库券,总值计为二十万美元,其中一张已兑现,另一张未兑成,被芝加哥地区美国联邦储备银行扣留。为此,我们正在对他进行起诉。马康卫说,德克尔坚决要求把扣留在联邦储备银行的那一张国库券兑现。他说国务院希望我派一名使馆人员去和他们研究一下,如何处理这一事件。我感到有些不快。按照美国法律的规定,以及国际法和国际惯例,他们应该知道,我对法院的任何诉讼手续都是享有豁免权的。传票问题他们应该自行处理,而无须征询我的意见。我着谭绍华按上述精神毫不客气地回复他们。此外并告诉他们,如果是要研究毛案的全面问题,而不是专门研究关于德克尔的问题,则我当然可以派人去。

谭按我所嘱办完回报称,马康卫说,国务院法律事务官希望了解毛案和德克尔案的现状,以及我们进一步办理这两个案件的打算。关于传票问题,国务院当然知道应该如何处理,大使对司法诉讼享有豁免权,是不会去出庭作证的。于是我就令谭打电话回复他们,我打算派他、张慰慈和查良鉴(如果他从纽约回来)去国务院参加会议。那天下午,我和饶伯森在国务院约见时遇见马康卫,又亲自对他说了一遍。他说,关于开会的目的有些误会,他的意思是请我派人代表大使馆去出席会议。会议的目的并不是研究给我的传票问题——国务院礼宾司当然知道我享有豁免权,他们会懂得该如何处理那张传票的。会议的目的是要听取一下德克尔案的简要介绍,以及我们建议采取什么步骤去推动它。他的解释澄清了情况。

后来,谭绍华和张慰慈回来报告了他们在国务院开会的情况。查良鉴也曾去参加,并且声明,毛案是由他本人在我的指导下经办的,如有需要,他可以出庭作证,过去几次都是由他出面的。他说,他对毛案的始末,知之甚详,最好由他出面陈述,并答复德克尔的律师可能提出的一些问题。查的这一声明使谭、张都感到满意。

两天以后,叶公超由旧金山打来电话。张慰慈过去在外交部担任叶的私人秘书,最近奉命调回外交部。叶请我通知他给叶打一个电话,谈谈他是否愿意按照命令回台北外交部任职。我对叶说,这事毫无问题,如果需要张回去,他只要把在大使馆经手的工作结束一下便可以走。但是我感到确实需要他留在这里继续办理毛案,现在毛案连同德克尔案,毛在墨西哥的被开释,以及其他一些棘手的问题,已经到了紧急关头。我对叶说,基于同样理由,我还希望查良鉴也再留六个月。

叶部长说,蒋委员长对查在此间的逗留和任务已经确定了一个时限。但是如果有必要的话,我可以再建议延长一下。我说,我虽然已经给外交部打电报,请求让张慰慈延期回台,我希望叶以部长的身份予以批准。叶说,只要张最后能回去,他完全可以同意他再留一段时间。他说,虽然由于林参事的离开,外交部很需要张回部工作,不过再留几个月是完全可以的。

叶还告诉我,他在旧金山见到了墨西哥外交部长波迪利亚·内尔沃,(内尔沃和叶一样,也是在旧金山参加联合国成立十周年纪念活动。)他了解到,内尔沃曾向他的总统建议将毛引渡,但是那位总统出于某些政治原因而作了相反的决定。叶说,当台北了解到毛被释放的消息时,蒋委员长曾要他把驻墨西哥的冯大使撤职,但是叶为他作了申辩。他说,冯的过错在于对毛案发展的情况报告得太少,特别是关于毛的引渡问题。(但我早先曾指出,冯的处境十分困难,因为他是被查蒙在鼓里的,消息很不灵通。关于毛案问题,他是处于局外人地位。事实证明,不了解情况,仅凭主观见解就来评论一个人,特别是评论一个人的功过问题,未免过于轻率。)

要求把毛案结束的压力越来越大。因此台北(主要是台北毛案委员会)决定把几桩从属讼案先予私下了结,这些从属案件既情况复杂又所费不赀。叶公超又一次代表中国政府出席联合国大会来美。他于9月14日从纽约给我打来电话说,蒋委员长急于要把毛案结束,并把查良鉴召回,以便节省开支。我对他说,查申请延长在美逗留期三个月已被批准,届时瑞士各家银行的问题当可结束,德克尔案,毛的房子问题,以及张止戈的问题等也都可以私下了结,等到那个时候,查就可以返回台湾。

关于德克尔案的和解问题,我曾于8月2日和谭绍华、张慰慈进行了会商。我强调必须设法使当地有关的美国人理解,为什么我们愿意使这一问题达成和解。否则,我怕他们会认为,就在他们应我们的请求尽力给予一切协助之后,我们却辜负了他们。他们在下令秘密调查德克尔的活动,以便找出其余一百九十万美元国库券的下落,并且请求国会通过法案,授权把其余一百九十万美元国库券券值支付给我们之后,他们已经留置了德克尔出面向芝加哥储备银行兑现的一张十万美元票面的国库券。

至于毛太太的房子,则是一个落实法院判决的问题。法院判决中国政府有权向毛收回公款,以业经查明的毛在任何地方的任何财产为抵偿。不过这所房子虽是毛所购买,他自己也住过,但却用的是他太太的名字,因此政府企图通过法律手续,取得变卖该房之价款时,就遇到了许多困难。最后,只得在法院以外和毛太太达成妥协,把变卖该房所得价款由毛太太和政府共分。

　　至于主要讼案,查良鉴于 10 月 1 日报告说,毛在此间地方法院的上诉期限业已届满,因此对毛的原判就成为最后判决。这就算又向结案前进了一步。10 月 4 日叶公超再次来访,研究如何尽快结束全案。他说这是因为蒋委员长又在催促早日结束此案。谭绍华应我之邀也参加了会谈。他提到,大使馆一直在为毛案奔忙,可是台北却对查良鉴的主观报告偏听偏信,认为案件之所以拖延不决,部分是由于大使馆的行动迟缓而造成的,实在太不公平。谭又提到外交部对待他自己也缺少鼓励。他说,几年来虽然我多次向外交部为他推荐,但部里始终没有给他增加薪给。我对他的说法当然完全同意。

　　10 月 5 日,我把叶公超就了结毛案所拟电稿阅读了一遍,其中包括在华盛顿、纽约、芝加哥和洛杉矶等地的许多从属诉案。我认为需要作一些更动,事后他和我通电话时同意了。10 月末,查的三个月延长期届满,他即将返回台北。我在 11 月 3 日为他设宴饯行。当晚他取道巴黎返台北。

　　这并不是说毛案就此结束了,实际还有六七个从属案件遗留着。11 月 7 日,我召集我方经办毛案的主要律师们,包括贝尔纳普、莱希、克拉姆和休斯,另外还有大使馆的谭绍华、赖家球和朱光泽等一起开会,研究如何处理这些遗案。11 月 23 日,我又和谭、赖研究了遗案之一,毛邦初太太的房子问题。我们决定坚持该房售出后所得价款由政府和她对半均分,这就是最高限度,而不同意她所提出的除分得一定数额之外,还要再加百分之六的要求。对于毛太太的律师所提出有关解决房子问题的其他条件,我们也决定一概予以拒绝。

1955 年 12 月 8 日,我又同谭绍华和赖家球会商遗案中的另一个问题,芝加哥的德克尔案件。正如我所预料,德克尔一案碰上了暗礁。美国财政部在对德克尔的周密调查完了之前,不能撤销对德克尔的纳税申报单的留置,而此项撤销则是德克尔的律师所提出的和解条件。1956 年 2 月 2 日,我和斯莱特研究了这一情况,他是专门负责处理整个毛案中这一方面的问题的。我在日记中写道:"斯莱特为人足智多谋,手段老练,但在谋取丰厚报酬方面,确实也是贪婪异常。"他指出,最好能找到为毛与外界联络、代他办理兑换国库券的人,让他讲出全部内情,这对于我们收回国库券大有好处。他说,向惟萱这个人狡猾异常,出庭作证时不可能吐露什么有用的东西。

换言之,到 1956 年 2 月,距我的大使任期结束离开华盛顿前不到三个月的时候,毛邦初案从整体上说,仍然没有结束。主要的也是最重要的案件业经美国哥伦比亚特区法院于 1954 年 6 月判决我方胜诉,当然可说已经得到解决。但是还有一些从属案件分别在纽约、芝加哥和旧金山起诉的,都还悬而未决。另外,还有美国国库券问题,由于是无记名证券,也很不容易追回。

通过台北毛案专门委员会的缜密研究,政府早已得出结论,认为此案耗资巨万,应该尽快收场。这是政府向我大使馆下达的指示,使馆和我本人也一直在全力以赴,促其实现。但是司法程序相当复杂,很难推动。到我离任的时候,台北为了减少律师费用,又进一步决定对某些从属案件和解了结。即使如此,这些案件也仍然拖延了很长时间。

就我个人来说,我认为所有的讼案都应进行到底,一直到有关的被告愿意交出侵吞的公款为止,正如我始终主张把主要讼案进行到底,使问题得到彻底的解决一样。由于我们已经把资金的大部分收回,所以我并不十分重视下余的部分,但是我希望把收场工作做得干净利落,以便我们可以有一份全面而明确的记录,把毛邦初指控的所谓政府贪污腐化,周至柔贪污腐化,这个或那个官员贪污腐化等问题,统统置于光天化日之下,让全世界的人们看看,头号的违法乱纪分子倒底是谁,制造种种谰言,借以掩盖自己的贪污腐化劣迹的又是谁。但是政府当局,我认为尤其是由几位行政院委员组成的毛案专门委员会却倾向于并最后决定了与毛和解,其目的是要取得那批美国国库券。这批证券的总值不过二百万美元,实际到手的还不足此数,因为还要减去解决德克尔案时已取得的那部分。

最后的和解不是在我的继任人董显光任内实现的,而是在叶公超担任中国驻美大使时期。叶公超继董显光就任驻美大使后,就着手办理毛案的最后和解。关于和解的条件我不打算说什么,一则我对这些条件并不确切了解,也没有人征求过我的意见;再则我从原则上就不赞成在我们为了维护政府的声誉已经做了这么多的工作之后又来和解。但是我要说明,这次和解是以美国国库券为中心直接和毛办理的,而其他从属案件则一概被放弃,不再追究了。

关于毛邦初,自从墨西哥政府拒绝将他引渡以后,他一直留在墨西哥,直到案子最后达成和解为止。有一次叶公超告诉我,毛同意协议解决,但是他提出了一些附带条件。他希望能够留下一部分钱,大约二十万美元左右,以便维持生活。根据我对叶谈话的回忆,政府终于同意了他的要求,只要他把剩余的美国国库券交出来。我想这件事是在 1958 年办妥的。后来根据毛所提的条件,他被宣布为无罪,于是他回到了美国,据说他现在寓居在美国西海岸。

附录一 陈之迈的备忘录:朝鲜危机爆发后美国国会的舆论

本备忘录系根据过去三周内国会议事录对国会舆论的分析。

北朝鲜共产党人进攻南朝鲜事件引起了美国的震惊。总之,美国对远东政策问题,已成为美国国内争议纷纷的课题。人们在极度困难的局面下,一直想摸索出一条出路。杜鲁门总统果断的决定也使国会多数议员感到意外。因为众所周知,不论军事官员或外交官员向来都不认为南朝鲜属于美国防御范围之内,因此总统的决定更加使人感到突然。

美国国会非常圆满地通过了杜鲁门总统的决定。俄勒冈州共和党参议员莫尔斯说,"总统的历史性声明向世界上爱好自由的人们清楚表明,我们决不能容忍共产党侵略自由世界。"(6月27日)或如康涅狄格州民主党参议员麦克马洪说:

> 我和美国人中的大多数一样,深信面临朝鲜那样的局势,总统唯一可能做的就只能是这样。要是他选择其他的办法,必然会遭致一国跟着一国地相继沦亡。这是30年代中我们亲眼目睹希特勒所玩的手法。(6月29日)。

甚至抨击政府远东政策最严厉的内布拉斯加州共和党参议员惠里也说:"总统目前选择的道路是唯一可采取的光荣道路。"(6月30日)。

看来参议员惠里代表了共同的感受。当时他说,"总统最后终于采纳了我们一些人的建议,他划定了忍耐的限度,在太平洋问题上,他放弃了举棋不定的做法,这使全国的人都松了一口气。"(6月30日)。

在国会两院的民主党领导集团以饱满的精力来捍卫政府当局的新政策,同时号召美国人停止以往出现过的争端。共和党领导集团也在拥护团结的同时,支持对朝鲜问题的决定,并指出他们以往就是这样主张的。得克萨斯州民主党参议员兼参议院外交委员会主席康纳利的呼吁如下:

> 所有美国人,特别是美国国会的议员应该放下不同的政见,紧密团结起来,这样的时刻已来到。我们一定对美国总统的声明,支持到底。以便向全世界表明,特别向那些对我们的自由和自由制度进行挑战的侵略者表明,我们将坚守过去每次严重危机中我们始终如一坚守过的立场,团结一致,下定决心,使正义和自由继续统治着上帝恩赐给我们的这块高贵的士地。"(6月27日)。

共和党领导集团的看法,正如俄亥俄州共和党参议员塔夫脱6月28日在会议上发表的长篇演说那样,对在朝鲜所采取的行动给予一般的支持,同时还指出,"总统声明中的政策同迄今为止政府所公布的政策和纲领,呈现了一次彻底的变化"。他回顾了他曾建议,对远东的共产主义要采取更为坚决的态度,而总统的新政策正是"朝那个方向转变"。他指出"当前的危机是由政府的拙劣而又前后矛盾的政策造成的"。而且,"政府的对华政策助长了北朝鲜的侵略"。塔夫脱又指出,"从军事观点而言,干预朝鲜比起干预台湾来是一项更为愚蠢得多的冒险行动"。他回顾半年前他曾主张派遣美国海军巡逻台湾海峡。他详细地回顾起他对台湾问题的建议,当时曾遭到参议员康纳利的嘲笑、杜鲁门的驳斥和艾奇逊的拒绝。他说朝鲜问题的决定"是直接否定了国务卿艾奇逊1月5日的政策立场";并要求国务卿辞职。塔夫脱说:

> 我建议,任何一位国务卿,当他和他的上级站在如此相反的地位,他的政策促成了战争危机,最好是辞职,让其他的

人来执行一项纲领,这项纲领他过去强烈地反对过,也许现在依然反对。

据国会议事录的记载,就在这时会议席和旁听席响起了一阵掌声。

记得在 1949 年后期到 1950 年年初台湾问题大辩论期间,国会中许多人认为,要使台湾免遭中共进攻,只有美国进行干预,才能获救。而且要美国介入台湾,只能在台湾地位未定,等待缔结对日和约之时,美国方能进行干预。在参议员塔夫脱建议派美国海军巡逻台湾海峡时,国务卿艾奇逊答以有关台湾的法律地位已不存在任何问题。艾奇逊 1 月 5 日声明中说到,台湾的地位在《开罗宣言》时已予以确定,而在波茨坦会议上又再加以肯定。在过去的四年期间,不论美国或其他任何盟国都未曾就国民政府对台湾的“占领及其主权提出过异议”。正是针对这个历史背景,塔夫脱断言,艾奇逊的政策已被总统翻转过来。

关于台湾问题的决议,只有一人持不同观点,即加利福尼亚州共和党参议员诺兰。他 7 月 1 日作如下陈述:

> 台湾岛是中华民国的组成部分之一。作为一个国家,我们应该保证我们的国家荣誉,而决不能再像雅尔塔会议那样,受到玷污。

不过参议员诺兰的政见未能取得普遍支持。拥有优势的意见仍然是只能提出台湾的法律地位还是一个问题,才能说明美国派遣第七舰队是正当的。至于制止进攻中国大陆是否明智,也有些人存有疑虑。内华达州共和党参议员马隆 6 月 27 日引证了杜鲁门总统声明中涉及这个问题的那一段话:

> 第七舰队将会看到所实行的是这样的方针。他们①必须停止为了他们的国家而战。换句话说,蒋介石业已垮台,再

---

① 指国民党人。——译者注

也不许他去打共产党。总统先生，这是什么意思？它意味着共产党的地区将不再受到国民党中国政府的进攻，而共产党人将有更多时间协助北朝鲜共产党进攻南朝鲜。

但是，他的政见不合时宜，因为人们普遍认为，至少暂时不应作出"触犯中共"的任何行动。在持续不断的争论中，值得注意的是，只有一个人（密执安州共和党参议员弗格森7月13日的发言）就有关中共可能施展的活动问题，大胆提出自己的意见。他悲观地认为美国必将陷入"一场在亚洲的代价极大而又没有尽期的战争，但却未能击中世界问题的核心……那就是苏联的统治权威这个祸根"。

政府当局通过杜鲁门总统和国务卿艾奇逊一再强调，朝鲜的军事行动是"为了联合国的利益而采取的警察行动"，并且由于美国的带头行动，联合国已提高了声誉。但国会议员中很少有人看重这一点。

正当报刊大事渲染尼赫鲁的调解工作时，这个问题也或多或少被国会的领袖们置若罔闻。

看来，舆论的主流认为，朝鲜的侵略造成美国的危机，美国将尽自己的努力保证制止侵略。

在此背景下，杜鲁门的行动计划，要求增加军费开支一百亿美元和实施局部动员。这是他向国会和公众的演说中提出的，国会两院大概将会顺利通过。谁也不否认，目前正面临严峻时刻，必须全力以赴，挽救这个局面。

尽管共和党人可能提出是否应首先审理一下自觉控制的问题，但各种不同措施的法案仍有待提出，而这些法案将会顺利通过。

共和党人将会继续宣扬参议员马隆的论点，即"亚洲危机是'集愚蠢之大成的国务院'所造成的"；塔夫脱-惠里要求国务卿艾奇逊辞职的呼声还会继续下去；甚至指控共产党分子渗入国务院的麦卡锡法案，也可能成为11月份大选中争论的主题之一。

总之,不能忘记这是大选之年,反对党绝不会放过这类的政治问题。当然,要推测这种抨击在大选中将收到何等效果,目前肯定还为时尚早。

除了这种明显的政治问题外,还有几个国会领袖们经常谈论的问题,现列举如下:

(1)批评中央情报局对朝鲜入侵未能事先提出警报。

(2)批评国防部长约翰逊关于武器、给养方面的经济政策。

(3)塔夫脱批评在制定外交政策上,从未有过真正的两党合作,特别是远东政策。

(4)7月11日康涅狄格州民主党参议员本顿批评其他国家,一直未在朝鲜分担它们的任务。关于这一问题,值得注意的是,当许多人认为"如由菲律宾或巴基斯坦派遣军队去帮助朝鲜作战,可以使朝鲜人注意到,这场战争实质上决不是一场白人的帝国主义战争"之时,只有加利福尼亚州共和党参议员诺兰提出了由中国派遣作战部队的问题,还说:"是否接受中华民国提供军队的问题,应根据需要,留待我们远东的统帅去决定,而不是由那些在去年12月23日写备忘录说台湾毫无战略价值可言的人去决定。"(7月1日)

国会许多议员,面临朝鲜危机,也提出一些具体建议,概述如下:

(1)重新强调《第四点计划》的拨款,许多人确信,这是一项亚洲国家反对共产主义的根本途径。

(2)重新强调对《美国之音》的拨款,康涅狄格州民主党参议员本顿特别坚持这一点,大概过去他同国务院这项工作有过瓜葛(7月11日)。

(3)衣阿华州民主党参议员吉勒特6月29日演说中提出一项很有深远影响的建议:

让我们决议请行政部门和我院外交委员会立即初步研究建立一个太平洋联盟,平行并相似于拟议中的大西洋联盟。这样我们就可以向朝鲜、日本、台湾、菲律宾、印度支那、印度尼西亚、澳大利亚、新西兰,还有加拿大、墨西哥和我们自己的人民建议组成一个太平洋地区民主国家联盟,并且和相对应的大西洋联盟一样非常强大,这样就不致有人想谋求中立或失去信心,从而屈服于苏联的威胁。一个强大的太平洋联盟,使得苏俄也好,其盟友中共也好,只要进攻其中任何一国,就等于是进攻其全体。也就是说,这个全体包括也是太平洋联盟一部分的北美。

除了这些由个别众议员或参议员提出的建议而外,迄今尚无人就诸如朝鲜的前途问题,或中共统治中国大陆的解决办法问题,或甚至对日和约问题提出任何解决方案。看来,所有这些问题都必须等到局部动员案和拨款案经立法机关审议处理后再行提出讨论。

国会很可能不会在原定的 8 月 1 日休会。

附录二　崔存璘的备忘录：美国的对华政策

　　美国政府抵制共产主义的政策是全球性的，但是它推行的政策的范围却是有选择的。在西欧，苏联及其卫星国的任何侵略活动将使美国直接卷入战争；在中东和巴尔干地区，美国会迅速给予援助，但不愿积极参与战争；在远东，美国只希望以尽可能少的援助，制止共产主义的扩张。

　　那么，朝鲜局势是否真的引起了美国政策的变化？答案是"否"。南朝鲜的被侵略只不过改变了美国的策略。事实上，美国在朝鲜作战的同时，眼光却注视着其他地区，特别是伊朗和南斯拉夫。美国政府的期望是，它的坚强决心可以制止共产党分子在别的地区挑起事端。拯救南朝鲜只是附带的目的。

　　因此，杜鲁门下令第七舰队在台湾和中国大陆之间维持和平，美国的对华政策并未丝毫改变。杜鲁门政府对中共的兴趣远胜于国民政府，对台湾这个地区的兴趣也远胜于国民政府。拯救国民政府也是附带的目的。

　　美国政府的意图，将通过以下的步骤推行：

　　（1）如中共政府对美国有表示友好的迹象，美国将承认中共政府。

　　（2）如不可能出现"铁托主义"，就离间分化共产党的领导层。

　　（3）保持台湾作为反抗共产主义的象征，以使中国大陆上那些反共分子不致丧失希望。

　　（4）利用台湾作为同共产党进行讨价还价的手段。

　　（5）在台湾建立一个自由主义分子集团，将来中共组成的政府经美国承认后,这些自由主义分子可以参加其联合政府,这和在伦敦的波兰及捷克斯洛伐克的自由主义分子一样,那些自由主义分子以后就参加了波兰和捷克斯洛伐克的共产党联合政府。

如果和共产党人绝无妥协的希望时则:

(6)利用台湾作为防共的堡垒。

(7)在台湾举行公民投票,决定台湾人是否要求在联合国托管下,进行独立。

在此情况下,国民政府可采取如下做法:

(1)精简中国武装部队。保持一支庞大的常备军已无必要。甚至已有人建议,国民政府应从一些地方撤退,例如金门岛等地。

(2)进行改革,对那些贪污政府公款者予以严惩和课以罚款。下一步,特别要改善中国和台湾的平民生活。

(3)建立自给自足的财政预算。国民政府不再从其他国家接受任何贷款或信贷,而应通过输出或其他办法,获得外汇。

(4)经济合作署和《第四点计划》各方案提供的一切援助,应该用于复兴和重建台湾,使台湾人民过上富裕生活,以便尽量减少他们对政府的不满,并可影响公民投票。

(5)争取那些在美国人民心目中有威望的中国人士参加政府,这样,如果美国政府决定撤销承认国民政府,则它在博取公众舆论上,如《纽约时报》和《生活》杂志所表明的那样,就会困难重重。

(6)保存我国在军事上、政治上和财政上的实力,等待国际大局发生变化,使美国政府同中共发生直接冲突。

附录三　关于外交部就有关台湾的一些问题致联合国大会备忘录的报告

该备忘录虽未注明日期,但似系 1951 年[①] 10 月下半月发出。该备忘录开头称,全体大会的议程内有两项议程与台湾有关:(1)对美国入侵台湾的控告;(2)台湾的法律地位。但是,第一个问题很难与台湾目前的法律地位分开。接着,该备忘录扼要陈述了对台湾地位的基本立场如下:

(甲)中华民国的立场:台湾是中国领土的一部分。通过缔结对日和约,最后决定台湾的地位仅是一种形式。因此,我国政府反对把这一问题提交安理会或全体大会。

(乙)美国的立场:台湾的法律地位有待将来通过国际行动以友好的方式加以确定。因此,美国政府向联合国提出这一问题。美国也欢迎联合国考虑对美国侵略台湾的控诉。

该备忘录指出,美国的目的显然是:(1)依靠联合国的权限和威望,洗清美国所遭到的毫无根据的污蔑,并请联合国裁决,美国保卫台湾的行动不属于侵略行为。通过这种方式使美国采取的协助防卫台湾的行动能取得法律根据。(2)使美国保卫台湾的行动成为联合国采取的联合行动,而不是个别国家的行动。

该备忘录说,就目前而论,这种行动方针对台湾的防务是有利的。然而,从另一个角度看,它使我们处于为难的地位:(1)因为美国对台湾的法律地位的观点同我们的正好相反;(2)因为美

---

① 当系 1950 年。——译者注

国坚主台湾海峡两岸停火,这同我们光复大陆的意图相抵触,在我们为实现这一目标而和美国采取共同措施的道路上设置了障碍。

该备忘录中下面的一大段是关于美国在联合国内被控侵略台湾的问题,其中对全面局势作了分析,提出了可供我国代表团遵循的最佳方针。第一,备忘录对台湾是中国领土的见解提出了正反两方面的论点。第二,备忘录指出即使所有国家都承认台湾是中国的领土,也仍然存在若干纠葛,这就是:(1)像苏俄和英国这类已经承认共产党中国的国家,会认为台湾属于北平政权;而依旧承认我们政府的国家如美国、法国,则将认为台湾属于中华民国;(2)只要承认台湾是中国领土的一部分,则我们进攻大陆的一切行动,以及在确认中共政权只不过是苏俄的工具以前,中共进攻台湾的企图,都是内战行为,别国无权干涉。所以,尽管我们的立场很正当,但是要贯彻这一立场则是有困难的;第三,该备忘录提出了三种论点。根据上述分析,如果要从法律角度挫败苏俄对美国的控告,则必须采用其中之一。这三种论点是:(1)台湾是中国领土的一部分。中共政权是苏俄的工具。如果中共进攻台湾,这就是对台湾的一种侵略行动,从而也就构成了苏俄的侵略行为。因此,由美国联合防卫台湾,实际上就构成了联合国的一个成员国为了防止另一个成员国遭受侵略而采取的紧急措施。(2)台湾是中国领土,国民政府是美国承认的唯一合法政府。因此,美国对台湾采取的任何措施,只要国民政府认可和同意,就不能认为是侵略行为。(3)台湾应归还中国,但是,在归还手续执行完成以前,台湾应看作是盟军在对日战争中共同占领的一块领土。假如这块领土受到威胁,则所有盟国都有防卫台湾的责任。

在分析这三种论点的基础上,该备忘录提出:

(1)假如我们采用第一种论点,则将导致美苏之间全面破裂,并揭开第三次世界大战的帷幕。现在美国对这种事态还没有下决心,或者说还没有准备好。

（2）如果采用第二种论点，则将使英国与美国形成对立。这样会破坏西方民主国家的联合战线，也将使美国感到手脚被束缚。就是说，从今以后，美国对台湾采取的任何行动，都必须得到我们的认可。

（3）第一、第二两种论点都不是美国所欢迎的，因此，当初美国派出第七舰队的时候，就是立足于第三种论点。而且，自从6月27日杜鲁门发表声明以来，美国当局就已反复采用第三种论点作为公开声明的根据。但是，第三种论点同我们的根本立场不无抵触，因此，我们碍难同意。但是，在我们设法摸清美国的真实意图时，觉得美国似乎想洗刷自己，把该国主动对台湾采取的防卫措施变为联合国正式授权的集体行动。因此，为我们自己的利益着想，我们应该认真对待美国的这一行动。

接着，该备忘录转到我们应该如何对待的问题。首先是要消除美国进行侵略这种嫌疑。该备忘录说，我们应该全力支持美国。在任何公开声明中，我们应该强调联防台湾是得到我国政府同意的。由于是我们同意的，这就不能说是侵略了。

该备忘录又指出，把美国联防转变为联合国联防，必须以台湾中立化为条件。这一条件对我们是不利的。然而，备忘录说，基于下述四点，我们原则上不得不姑且接受联防：

（1）军事联合防御对我们不无好处。（2）既然我们已经同意和一个国家联合防卫台湾，我们就没有理由拒绝同几个国家联合防御，就是说，没有理由拒绝由联合国负责保卫台湾。（3）我们仍然迫切需要美国的军事和经济援助，所以必须最大限度地努力同美国合作。（4）美国的行动方针，肯定会得到大多数民主国家的支持，我们无法单独反对，因为那会使我们自己陷于孤立的境地。

备忘录说，但是为了减少我们接受这种立场时可能遭受的损失，在我们接受联合防御台湾计划时，原则上外交部和驻联合国代表团应该发表一项庄严声明，声明应措辞如下：

每个主权国家都有保卫国家独立和领土完整的根本权利。联合国根据其宪章原则,应特别尊重这些根本权利,并应促使联合国全体成员国尊重这些权利。中国政府认为联合防御台湾的计划,只是在当前情况下对付现存危机的一项紧急措施。中国政府基于这种认识,在原则上准备接受此项联防计划,同时宣布保留将来重新审查这一行动计划的权利。

各方认为,这项宣言一方面应该保全我国政府的尊严,另一方面还应该保留我们光复大陆的立场。同时,其他方面也不见得会做一些不必要地破坏中美两国间友好情谊的动作,使美国认为我国不愿同该国合作。另外,我们应该私下同美国谈判,使美国理解我们所处的困难境地,以及我们采取这一行动方针的原因。

备忘录对全体大会上提出的上述问题的一个方面作了应如何处理的叙述以后,鉴于安理会已经作出决定,让中共代表出席会议,就转而谈到了设置调查委员会的问题。备忘录说,中共指控美国侵略台湾的时候,美国立即宣布欢迎进行调查;并盛传联合国将组织调查团赴台湾进行调查。美国曾向我们说明,此举目的在于阻止中共到安理会申诉案情。但是,安理会 9 月 29 日已经决定,将在 11 月 15 日讨论侵略台湾问题,并且按照安理会议事规则第三十九条的规定,安理会将允许中共政权派一个代表,以个人身份出席安理会参加辩论。我们要想阻止中共出席安理会参加辩论,是毫无作用的。但是我们应该设法敦劝美国放弃原先的提案。换句话说,即便有些国家主张进行调查,我们应该要求美国也不要给予支持。备忘录说,同时,我们还应当促请许多友好国家,在这一提案被提出来时投弃权票,这样就能使提案归于失败。备忘录用括号加了一个附注,说根据美国新闻处从香港发出的报道,说中共已经拒绝上述邀请,并请求安理会从议程上删去这一问题。这当然是讹传。

备忘录进一步指出,安理会的任何提案,都要有七票赞成才能通过,假若十一个成员国中有五个对某项措施投反对票,或者弃权,就不能通过。备忘录说,如果苏俄认为台湾属于反叛政权,就可能反对向台湾派遣调查团。但是,苏俄的态度是不是这样,并无把握。如果苏俄当真投反对票的话,那么印度和南斯拉夫也很可能投反对票或者弃权。因此,如果我们有把握得到法国、古巴、埃及或厄瓜多尔的支持,哪怕弃权也罢,就能够否决该项提案。备忘录再次用括号补充道,古巴在安理会的理事国任期和埃及的任期不久即将届满,继任的是巴西和土耳其,不过,这两个国家要到 1951 年 1 月才开始接任。

备忘录说,不过,在这个问题上,苏俄和美国的利害关系是针锋相对的。因此,当决定是与非的决议草案付诸表决时,有利于苏俄方面的草案,不会获得足以通过的票数。就是印度和南斯拉夫也不大可能同意确认美国为进行侵略的条款。至于有利于美国的决议草案,肯定将被苏俄否决掉。所以,如果全体大会受理这一问题,并试图作出决定,那么全体大会的决定将是联合国对这个问题的唯一决定。

换句话说,如果安理会无法作出决议,那么整个问题就必须由全体大会来处理。

然后,备忘录转而谈到全体大会上的几种可能性。备忘录说,关于决定问题的是与非,美国在全体大会上有压倒一切的优势,能够赢得全面的胜利。但是,关于下列两点:

(1)是否允许中共进入联合国,

(2)是否组织调查团到台湾进行调查,就没有那么大的把握。因为把中国和美国计算在内,全体大会有六十个国家参加,其中已经有十七个国家承认了中共政权。因此,即使美国全心全意支持我们的立场,也还是没有把握把局面控制得有利于我方。关于中共出席全体大会问题,备忘录说,如果美国不能同我们合作阻止中共出席,那么,不管我们反对得多么激烈,联合国还是要准许中共出席的。(备忘录在括号内提出说,在我们商请美国和其他友好国家支持我们的立场时,我们可以指出这两个问题的差别,就是台湾的法律地位问题和侵略台湾的问题。解决起来,一个困难,一个容易。如果是为了台湾的法律地位问题而让共产党中国出席,他们就可能长期出席,因为问题会拖下去,这会给我们造成很大危险,此点应该提请美国注意。)

总之,备忘录说,像印度、英国这些国家的阻力将会很大。因此,形势未可乐观。根据下述理由,我们应该坚持自己的立场,竭力阐明我们的反对意见,到了表决的时候就投反对票。

关于派遣调查团到台湾进行调查的问题,备忘录说,根据以下理由,有可能避免。

(1)没有我们的合作,调查团很难顺利地执行任务;

(2)全体大会与安理会不同,一年只开会一次,如果调查团在本届会议闭幕之前不能完成任务并提出报告,那么问题就将拖下去。

所以,急于想要洗清自己的嫌疑的美国,对于摆脱侵略台湾的指责,然后把防卫台湾的包袱卸给联合国,当然会意识到,提出派遣调查团的建议是不明智的。联合国内支持美国的其他国家也会紧跟着采取和美国同样的立场。

备忘录又说,为了防止出现不利于我们的情况,我们应该向美国和其他友好国家指出下述各点,敦促美国重新考虑其提案,敦促其他国家反对这一提案,至少不予支持:

(1)苏俄控告的主要论点纯粹是一个法律问题,没有必要进行现场调查;

(2)苏俄的控告可以很快以有利于美国的方式加以解决。如果先要进行调查,事情就会拖下去,这对中国、美国、联合国都不利。

(3)控告虽然是苏俄提出的,实际是以周恩来给联合国的一份通知为依据的。我们对苏俄的控告,多少年来不仅毫无进展,甚至连派遣调查团去调查苏俄行径的事,也早已束之高阁。然而,中共发出毫无根据的谰言,美国就立即要求派调查团到台湾进行调查,这种行为肯定将引起中国老百姓的疑虑,以至愤慨,从而给联合国的威望造成损害。

(4)根据以上(2)、(3)两点,我们碍难同意上述调查团的台湾之行。如果该团内包括任何已承认北平政权的国家,我们为保护军事机密起见,肯定不能批准他们入境。

备忘录接下去说,如果经过上述种种努力并且投了反对票之后(我们在全体大会投的反对票不构成否决票),仍不能阻止组织上述调查团,那么,我们只能尽可能地减少调查团访问台湾的不良影响。但是,总的说来,我们不应该断然拒绝向调查团提供访问台湾的机会。备忘录接着举出了几点理由,说明为什么说断然拒绝于我方是不得体的:

(1)虽然全体大会决议案只有道义上的约束力,不会给我们带来法律责任。但是,如果我们完全置之不理,我们的行为就不符合我们的传统政策,并且将使一些国家误解我们同苏俄采取的态度相类似。

(2)以美国为首的一些民主国家正在设法增强联合国的权限,推进它的活动,以反对苏俄。由于苏俄在安理会享有否决权,因此上述那些国家正在设法提高全体大会的权限。为此,正在设法间接地把安全理事会的一些权限转到全体大会来。此时此际,如果我们采取认为全体大会通过的决议案没有法律约束力的立场,对大会的决议完全置之不理,我们的行动就和全体大会内民主国家当前的动向正相抵触,这就难免引起反对我们的严重反应。

(3)现在我们的国际地位极其脆弱,如果我们失掉一些民主国家的同情,或者引起严重的反应,就很容易危及我们在联合国的代表权。如果我们突然丧失代表权,就很难恢复我们的地位。

(4)中美关系也必将受到损害。

接着,备忘录提起了全体大会议程上有关台湾的第二个问题,就是台湾的法律地位问题。备忘录说,为了保卫我国的国家权利,避免给我国的武装部队的士气和民众的普遍情绪造成不良影响,我们必须坚持我们的根本立场,即台湾不论在法律上或事实上都是我国领土的一部分,无需全体大会讨论这个问题。这一立场必须作为我们的根本立场坚持到底。即使这一立场除了苏俄及其卫星国以外,在其他的国家中得不到支持,我们还是应该做到寸步不让。

　　备忘录说,幸运的是,这个问题不可能立即得到解决。此外,根据美国向我们的表白,它也无意于寻求立即解决这一问题。(备忘录用括号加注道,合众社由成功湖拍发的一则急电表明,美国已经拟就了指导对日和约谈判的第二个备忘录。该电称,第二个备忘录提出,台湾、澎湖列岛等地将来的地位将由中国、美国、英国和苏联通过谈判加以解决。如果对日和约签订后一年之内,四强还不能达成协议,这一问题就将提交全体大会解决。备忘录说,虽然这个报道不可全信,但看来很可能美国是无意于寻求立即解决台湾问题。)因此,经过冗长的辩论以后,这个问题不可避免地要拖到下一届全体大会去继续研究与辩论。总之,眼下这个问题我们虽然无法获致满意的解决办法,但是如果我们要求暂时把它搁置,那倒是不难办到的。

　　备忘录接下去说,但是,使我们不安的是,全体大会将成立一个特别委员会专门研究这个问题,并等待该委员会作出报告作为讨论的基础。在本届大会期间,这个报告肯定无法完成并提交大会讨论。尽管这样推迟决定台湾等地的法律地位对我们还是有利的,但是如果日后该委员会来台湾调查,那就对我们不利了。因此,我们应该设法挫败成立特别委员会的计划。

　　备忘录接着说,所幸根据该委员会的职责条例草案,该委员会没有必要实地前往台湾,真正去台湾的可能性不大。备忘录说,如果这一点能作为职责条例的部分内容,在全体大会决议案中加以明确,从而使我们得到适当的保证,那我们就没有必要去过分关心委员会的组成了。此外,要阻止这事总归是困难的,因为我们在全体大会上没有否决权。但是,备忘录指出,在设立委员会问题进行表决时,我们仍然应该投反对票。这有双重的意义:一是保持我们根本立场的前后一致性;二是万一委员会仍然要去台湾,我们可以保有回旋的余地。

备忘录最后部分谈的是关于外传台湾由联合国托管的可能性。备忘录说,根据外交部掌握的情报,现在没有任何迹象能肯定这一传说。而且,美国已经私下告诉我们,美国从来没有同任何方面商谈过这事。但是,备忘录说,假如任何国家主张托管台湾,我们可以用几种强有力的理由予以反对。主要的理由有:

(1)联合国宪章第二条第七款载称:联合国无权"干涉在本质上属于任何国家国内管辖之事件",由于我们早已采取台湾属于我国领土的立场,我们自然可以主张,有关台湾的任何事件都属于国内管辖。所以,我们没有义务接受联合国的任何干预。

(2)第一百零七条规定:"本宪章并不取消或禁止负行动责任之政府对于在第二次世界大战中本宪章任何签字国之敌国因该次战争而采取或受权执行之行动。"因为中国政府是"负行动责任之政府",而日本是中国在第二次世界大战中之敌国,所以中国政府接受台湾投降之行动,以及其后对台湾行使主权之行动,都构成联合国不得取消或禁止之行动。

备忘录说,总之,我们在台湾拥有可观的军事实力,只要这支实力还存在,台湾就不必担心被置于托管制度之下。备忘录说,不能设想联合国会使用武力在台湾实施托管。

附录四 1950年11月9日和12月27日外交部长叶公超和美国代办蓝钦的会谈记录

1950年11月9日

蓝钦先生:我已接到国务院来电询问中国政府对在印度支那的两万名中国军队的态度,我们正在寻求解决这些军队的方法。贵国是想让他们在印度支那发挥作用,还是把他们送回台湾。主要问题是在哪里和怎样使他们发挥作用。

叶部长:关于这个问题,我须向政府请示。我现在不能给您答复。我的个人意见是,这些部队本来是可以在印度支那使用的,但是法国人一直不愿意。然而,考虑到印度支那目前局势危急,除非本地的军队能很快组织起来并得到训练,否则现在在那里使用中国军队可能对局势没有多大帮助。如果把这个问题提交联合国,并由联合国提供地面部队,那么,我们在那里的军队作为联合国军的一部分,在反对共产党的战斗中可以起到很有效的作用。您能否说明是巴黎的法国政府目前急于使用这些部队,还是这件事情正由贵国政府考虑中?

蓝钦先生:我已收到一份很长的电报,告诉我有关贵国军队的情况,并指示我弄清中国政府是坚持把他们遣返回国,还是愿意考虑让他们在当地发挥作用以加强反共阵线。我国驻在那里的公使已和尹凤藻先生讨论过这个问题,并于事后向国务院报告。国务院来电报询问我的看法。

叶部长:请您更确切地查明在当地使用中国军队是否法国政府的

意图,以及贵国政府的态度是什么。我还愿意更多地了解怎样以及在哪里使用中国军队。我愿意知道这些问题的答复,然后向政府报告此事。

蓝钦先生:一定照办。

叶部长:我个人认为,印度支那的局势极其危急。我不知道补给品是否很快送往那里。我认为补给品并非唯一问题。我常说,如果当地军队的训练抓得紧,使用当地军队是必不可少的因素;同时,还有加强保大政府的问题。据我们所知,有影响的政党均未参加政府。我希望这个问题能够从现实角度加以研究。在当地的所有政党中,以武鸿卿为首的政党似乎追随者最多,他的实力在河内老街地区。武鸿卿本人是一位有能力而可靠的人。或许贵国政府愿意得到这个情报。

蓝钦先生:这是令人感兴趣的。我一定转达。这位武鸿卿先生现在在哪里?

叶部长:他和保大一起在法国,但是我估计他现在已回到西贡。

蓝钦先生:您认为你们在印度支那的军队的实力怎么样?

叶部长:他们属于我们的精锐部队。

蓝钦先生:军官也都在部队里吗?

叶部长:我想即便不是全在,大多数军官是在部队里的。

蓝钦先生:一俟从国务院听到回音,我当即奉告。

1950 年 12 月 27 日

叶部长:有几件事我想和您谈一谈。第一件事是关于处理被拘留在印度支那的中国军队问题。您可能记得,我们上次谈到这个问题时,我说我愿意更确切地知道法国人对处理这些军队的态度,而且承蒙您答应在这方面作出努力。我愿意知道您是否已获得这方面的情报。

蓝钦先生:我确实曾设法搜集这方面的情报,但是我恐怕没有多少可以奉告。我们上次会谈后,我曾收到一封电报。法国政府似乎愿意把这件事情交由中法两国代表就地直接谈判。

叶部长:我恐怕直接谈判不会有什么结果。以往曾多次尝试直接谈判,但是结果一无所获,因为法国政府不愿意在这个问题上作任何承诺。我或许应当把这件事情的原委告诉您。在我们上次会谈这件事情以前,我国驻西贡总领事曾一再提出这个问题向印度支那的法国当局交涉。为了使这些军队获得释放,他曾不止一次联系皮尼翁先生。皮尼翁表现十分友好,并答应向巴黎建议予以最后批准。法国政府惟恐招致中共的全面进攻,拒绝了他的建议。我们的消息还表明,皮尼翁对这些军队的战斗力印象深刻,并表示他个人希望能利用这些军队在印度支那和共产党作战。就在德塔西尼将军接替皮尼翁之前,我国驻巴黎代办又一次向法国外交部交涉释放这些军队,但被告知法国政府不能考虑这个要求。法国政府当时一点也没有表示有征募这些军队服役的计划。在德塔西尼就任之后,我们获得消息称,德塔西尼向法国政府建议,如果局势变得难以防守,就考虑把法国军队全部撤出印度支那。黄杰将军没有带新消息回来。很明显,不论印度支那的法国当局可能持什么观点,法国政府的态度依然不变。

在我们方面,我们愿意让这些军队回来以加强本岛防务以及用于未来的其他目的。如果法国当局不能同意在目前释放他们,我们不反对把他们单独武装成一支作战部队。然而我们反对把他们当作工兵部队使用,或者把他们分散编入法国各部队。我们认为,只有保持他们的整体性,才能最好地使用他们。

我确信您同意我们在这件事情上表现了极大的克制。法国的态度是极为令人愤慨的。如蒙协助敦促法国政府重新考虑其对释放这些军队的态度,或者考虑在当地使用他们于反共目的,我将十分感激。

蓝钦先生:我将乐于协助,并将建议国务院予以推动。